于漪全集

（修订版）

于漪全集

第一卷

基础教育

上海教育出版社

2018 年 8 月，在《于漪全集》第一版首发式上

2018 年，被评为“改革先锋”

20 世纪 80 年代后期，应邀赴珠海讲学

家访时，与小同学聊天

课后活动，畅所欲言，亲如一家

20 世纪 80 年代末，与青年教师座谈

21 世纪初，上海市语文名师培养基地于漪基地全家福

20 世纪 80 年代初，学校领导规划校园

和学生一起打球，师生皆乐不可支

学生的儿女都是宝贝

出版说明

《于漪全集》是基础教育领域首部特级教师的全集，也是上海教育出版社为特级教师出版的第一部全集。自2018年8月第一版出版以来，在传承、弘扬和建设新时代社会主义文化、以教育自信创建自信的教育等方面发挥了重要作用，深受广大读者特别是第一线教育工作者的好评。

《于漪全集》收录了于漪在不同时期出版的专著以及发表于全国各类报刊的论文、讲话、序跋等作品。编辑过程中，虽尽力搜集，仍难免挂一漏万。部分文章的写作时间和出处未予注明，留待日后修订逐步完善。在此，也对原发报刊编辑部、图书出版单位一并致谢。

《于漪全集》第一版由上海市教师学研究会组织有关教师、专家编辑。于漪的教育思想植根于教学实践，是理论与实践有机融合的生动阐述。有时一材多用，是为了从不同角度阐释相关问题，为读者呈现丰富的不同历史阶段的思考成果。

《于漪全集》第一版以“一辈子学做教师”为线索，根据文章内容，分为二十一卷，从基础教育、语文教育、课堂教学、阅读教学、写作教学、教师成长、序言书信、教育人生八个方面多维度展现于漪来自教育第一线的理论研究成果，基本体现了当代教育家的典型形象。

于漪自2019年9月被中共中央授予“人民教

育家”国家荣誉称号以来，担当新的历史使命，坚持思想创新，特别是在中国特色教育学、教师学等重大理论建设上奋力探索，笔耕不辍，不断形成新的思想成果。鉴于此，上海市教师学研究会及时组织学术力量，对《于漪全集》第一版作了全面修订：一是补充了于漪教育新论述；二是增加了于漪教育活动年表；三是在版式、装帧上作了调整，从第一版的较小开本八类二十一卷改为较大开本的八类十二卷；四是对文字和内容错漏加以改正。

我们希望，《于漪全集》修订版能够继续为广大教育工作者学习于漪教育教学思想，探索中国特色教育学、教师学，为国育才，为党育才，发挥应有的作用。

目录

于漪知行录

锐意改革，开拓前进

“教育要面向现代化，面向世界，面向未来”是邓小平同志为景山学校题的词。它是教育改革的纲领性指示。它极其深刻地揭示了教育与社会主义现代化建设、与未来的共产主义宏伟目标之间的内在联系；极其精辟地指出办现代化的教育不能与世隔绝，而要有面向世界的胆略和气魄，要学习、借鉴、创新、腾飞。

邓小平同志“三个面向”的指示是我们从事教育改革的精神武器。它涉及的面既广且深。认真积极地贯彻这个指示，从教育结构、管理体制、课程设置、教学内容到教学方法等方面必将发生越来越深刻的变化。语文教学要进一步改革，当然也须努力贯彻“三个面向”的精神。仅就语文学科而言，以“三个面向”指示对照，教学大纲、教材体系、教学内容、教学方法等均有深入研究探讨的必要。我自己作为一名语文教师，由于实践与认识的局限，难以把方方面面想周到、说完备，只能从语文教学实践者的角度，谈一点粗浅的体会。

众所周知，教学质量的高低相当程度上取决于教师质量的高低。同样，语文教学能不能体现“三个面向”的精神，关键也在于在第一线从事教学实践的广大语文教师。在教育总体改革、语文教学总体

1983 年 10 月 1 日，邓小平同志为北京景山学校题词：“教育要面向现代化，面向世界，面向未来。”本文作者从当时教育所面临的现实问题和自身从教的切身体会出发，深刻认识到该题词在当时的时代背景下对于教育工作的重大意义，当即写下本文并于 1984 年正式发表。文章所提出的三个行动指向是：一是思想上松绑，从思考问题的习惯轨道上解放出来；二是下大决心同陈旧的不适应时代潮流的教学方法告别；三是变“等”为“创”，争做语文教学中开拓型的教师，这从专业领域呼应了邓小平同志“三个面向”题词精神。该文的发表引发了基础教育领域各学科专业教学如何贯彻落实“三个面向”题词精神的广泛讨论。

改革尚在孕育、探索之时，在现有的教学条件下，语文教师是坐等，还是积极进取，摸索改革的途径和方法？显然，后者的态度是正确的、积极的。要在语文教学中体现“三个面向”的改革精神，以下几个方面至为重要：

一、思想上松绑，从思考问题的习惯轨道上解放出来

较长时期以来，我们教语文，总是看课堂里的学生多，看学生的成绩多。如果说想得稍远一些，那就是想到毕业考试，想到如何考入高一级的学校。因此，对语文作技术性的处理多，育人考虑得既少又肤浅。道理明摆着，教文是为了育人，育人是大目标，教文是为育人服务的。不从分数、考试、就文论文、题海战术等条条绳索中解放出来，育人的观点就树立不起来，考虑问题也就必然总是在狭隘的圈子里打转，以致形成许多做法上的回环往复，跳不出圈子，迈不开步子。

“三个面向”的指示打开了我们的视野，教育我们看问题要动脑子，要站在时代的高度，看得远一些，想得深一些。眼前的学生是教师教学的出发点，要调查了解，熟悉他们的知识、能力、内心世界。但出发点毕竟不是目标，因此，教师在把握学生实际的同时，脑子里一定要有清晰的明日建设者的形象，以明日建设者的要求来指导和促进对今日的学生的培养。

一名教师应具有相当程度的职业敏感，要密切关心国内外大事，善于接受来自各方面尤其是教育、科学、技术方面的新信息。邓小平同志在《在全国教育工作会议上的讲话》中谈到培养训练专家和劳动后备军时说：“我们不但要看到近期的需要，而且必须预见到远期的需要；不但要依据生产建设发展的要求，而且必须充分估计到现代科学技术的发展趋势。”尽管这是就制定培养人才的周密的计划而言，但对我们教师不同样有重要的启示吗？初一学生入学，教师就应

考虑到六年以后或十年以后他们进入社会的情况。那时，现代化建设的成就已怎样？现代科学技术发展到怎样的水平？具有怎样的思想和能力的人才能适应？对这些问题教师必须严肃地考虑。教师是为祖国未来培养人才的，由于工作的性质所决定，他们必须与时代同步前进，必须走在时代的前面，而不能落后于时代。

解开思考问题的旧习惯的绳索，我们的目光就会敏锐起来，就会勇敢地接受新时代的挑战，自觉地把教学工作和现代化建设，和当今的世界，和灿烂的未来紧紧联系在一起，勇于改革，努力创新。

二、下大决心同陈旧的不适应时代潮流的教学方法告别

不改不变，没有出路；不改革，语文教学中的无效劳动难以避免，语文教学的质量难以提高，学生语文能力的培养受到很大限制。

照本宣科，满堂灌，死记硬背，抄黑板……大家都知道是不合时宜的陈旧方法，但对它们又似乎有感情。这不仅因为用起来驾轻就熟，十分顺手，而且认为“广种”总能“薄收”一点，“塞”一点总比“不塞”好。把教学只看作“知识的给予”的活动，而不承认学生是活泼泼的人，学习上有主观能动性。在一些人的脑子里，抗拒“变”的思想是根深蒂固的，总觉得牌子是老的好，方法是老的强。语文教学中也存在这个问题。一个词用注释的方法讲 10 分钟甚至 20 分钟，黑板上写一大堆，为什么不能让学生查工具书，自己动手动脑去获得知识，加强理解呢？如果检字比较难，教师可以提示，可以指导。文章的中心思想为什么要抄在黑板上？为什么要背？为什么回答时不能越雷池一步？死记 10 篇乃至 20、30 篇课文的中心思想，不等于学生就具备了阅读文章的能力，具备了概括中心思想的能力。用一些无用的支离破碎的词句、语段充塞学生的头脑，怎么可能开发他们的智力呢？人类社会已经跨越了 19 世纪的蒸汽机动力时代，又跨越了 20 世纪初期中期的内燃机动力时代，今天，科学技术已经发展到

了一个全新的时代，即信息时代，电子计算机的运用进入了越来越多的领域，以空前的规模和速度应用于生产，使社会生产的各个领域面貌一新。80 年代的今天，面对着科学技术的突飞猛进，面对着社会生活节奏的加快，还在用 50 年代、40 年代，甚至更早时期的陈旧方法教学生，怎能从根本上调动学生学习的积极性主动性？怎能有效地激发他们旺盛的求知欲？怎能和时代的要求合上节拍？生活在现代社会的学生，各种新的信息通过广播、电视、报刊、展览等多种途径作用于他们的感官；他们的保守思想少，对新鲜事物特别有兴趣，带着十分好奇的心情关心、追求、寻找满意的答案。用陈旧的方法进行教学，无疑是要关闭他们认识现代社会的窗户，把他们拽到沉闷的、与现实脱节的陈旧的教学程式之中。这样，他们怎不以学为“苦”？他们的思维发展岂能不受到极大的障碍？学习质量、语文能力又怎能有效地提高？

现代社会需要的人才绝不是书呆子，绝不是那种只会背现成结论的人。就算是背功很好，充其量也不过是个“机器人”。我们要培养的是设计和制造机器人的人，是掌握现代科学技术向生产的广度和深度奋勇进军的人。这些人应该是目光敏锐、思维活跃、有事业心的人；是能迅速接受外来信息，并能在纷繁复杂的现象中作出正确判断的人；是有一定的知识基础，“小仓库”里知识利用率较高，并能据此有所创造的人；是有求知渴望和自学能力，能自觉学习和吸收新知识新技术，注意知识更新的人。培养出这样的人才，是各个学科共同的目标，而语文学科更负有特殊的使命。

当前，我国实行对外开放、对内搞活经济的富国强民政策。资本主义国家先进的科学技术引进了，随之而来的不可避免地会渗进形形色色的腐朽的资产阶级思想和生活方式，各种思潮会在文艺领域寻找赖以生存的土壤。我国政府已经明确宣布，台湾回归祖国，恢复对香港行使主权以后，50 年内那里的制度不变。这就是说在一定时期内我国将实行两种制度并存的方针。语文教师教文育人，必须认真地想到这些问题。我们的奋斗目标是建设社会主义，实现共产主义。在学生世界观形成的过程中，语文教师要充分运用教材的说服力与感染力对学生思想进行有效的教育，以爱国主义精神、高尚的道德情操、坚定的共产主义信念塑造学生的心灵，教会他们识别假恶丑，教育他们在前所未有的复杂情况下，能坚持真理，坚定信念，抵制各种病菌的侵蚀。当然，这种教育绝不是读写教学的外加，油水分离，而是把思想政治教育和道德情操教育蕴含于语言文字的教学之中，贯串于听、读、说、写训练的全过程，因文解道，因道悟文，文道统一。不立足于育人的高度，不远瞩时代的前程，教学中就难以真正把文道统一起来。相反，只会有意无意削弱教材的教育作用，丧失雕塑学生心灵的良机。

语文教师目中要有人。为了适应时代的需要，必须改革单纯传授、灌输知识的方法，着眼点要转换到开发智能、提高素质的方面来。这不是说舍弃语文知识不管，拎空地搞智力开发，而是把知识融于听、读、说、写的能力训练之中，在训练学生语文能力的同时，发展他们的思维力、想象力、观察力、记忆力，引导他们在分析问题和解决问题的过程中理解和掌握知识，锻炼和提高素质。要做到这一点，陈旧的教法是一定担当不了的。为了学生的现在和未来，为了祖国建设事业的发展与兴旺，我们必须下大决心与陈旧的教学方法告别。

三、变“等”为“创”，争做语文教学中开拓型的教师

有一种较为流行的偏见，认为凡事学会了才能做，不学就不能做。于是就等着那第一个做的人出现，等着别人做了以后总结出经验（最好是系统的无可非议的经验）。于是，等，等，等啊等，岁月在等待中流逝。细想一下，实在有些可笑。如果每一个人都“等”，不用说第一台电子计算机创造不出来，就连“抄黑板”也出现不了，因为它也要有人“发明”啊！

语文教学中如何贯彻“三个面向”的精神，不是等待别人去创

造，也不是等着去学别人的，而是靠自己去学习，体会，实践，总结，创造。别人的经验可以开阔自己的视野，启迪自己思考，但起点主要还在自己的脚下，要脚踏实地，兢兢业业地干，他山之石再好，也不过用来攻我语文教学之玉，拿来为我所用。

贯彻“三个面向”的指示精神是语文教师的共同任务。但是，学校情况不同，学生基础不同，教师各自的条件也不同，要想在短时期内有个“整齐划一”的做法是不可能的。不过，每名语文教师都有充分创造的权利，可以根据此时此地此校此班学生的情况，找出影响“三个面向”精神贯彻的症结所在，寻找突破口，进行改革。可以在处理某种类型的教材上突破，可以在某项训练上突破，可以在某种教法上突破，取得经验，提高认识，然后再扩大“战果”。一入手就贪大求全，毕其功于一役，这是不现实的，也是不可能的。城市学校教师有改革的用武之地，农村学校教师同样有改革的用武之地；重点学校要“三个面向”，大面积的学校同样要“三个面向”。每名语文教师都应有时代责任感，都应有开拓的勇气和实干精神。能勇于开拓和实干，语文教学课时多、收效少的局面就一定会有所改变。

开拓不是凭主观臆想，不是随心所欲，想怎么教就怎么教，而是要深入学生中间调查研究，弄清学生的学习实际，要梳理自己的教育思想、教学思想，审视自己的教学习惯、教学方法。以“三个面向”精神衡量，明确应发扬什么，改革什么，怎么改革。只有实事求是，从实际出发，语文教学改革才能迈出坚实的步伐。

要改革，要开创，语文教师丝毫不能放松自身的思想建设和业务建设。常言道：打铁还需自身硬。要能“生产”出现代化的人才，教师自己须思路开阔，执着地追求知识，努力从社会生活中吸取养料，有丰富的精神生活。居高才能临下。只要认真学习，锐意改革，必能在开拓中前进，必能创造出语文教改的新鲜经验。

重要在于素质培养

师范学校的一切工作都是为了培育合格的小学教师。“合格”的内涵极其丰富，知识、能力、智力、思想、道德、情操、意志、兴趣、爱好等，可以说无不包孕其中。怎么培养呢？是散兵游勇式地抓一个算一个？还是紧扣培养目标揽其要狠下功夫？从几年办学实践来看，我认为是后者。

揽其要的“要”是什么呢？是师范生的素质，功夫要下在师范生素质的塑造上。工艺雕塑师要雕塑出巧夺天工的珍品，非常讲究材料的质地，不管是玉石、象牙，还是黄杨木，都要做一番精选的工作。洞悉质地特点，识别纹理纹势，因势造形，必能取得理想的效果。师范生的培养情理相同。进入师范学习的学生，将来能不能成为合格的甚至拔尖的小学教师，关键在于素质的培养。素质，简言之，就是为人、为学、将来为教的基本规格，在学生成长过程中做人做教师的思想、道德、行为、文化、能力等方面的基本建设。根子扎得正、扎得深，日后就能枝繁叶茂，果实累累。目前，师范生的生源不尽如人意，基础工作更不能掉以轻心。

塑造师范学生的素质是十分艰巨的工作，不可能一蹴而就。短期行为，突击一下，难有成效。它需要细心，耐心，精心，细水长流，熏陶感染。它需要全校教职员工逐步调整认识，统一认识，相互配合，协同教育。我们的主要做法是：

一、
优化学校环境，陶冶学生性格

《孔子家语》中有“入芝兰之室，久而不闻其香”“入鲍鱼之肆，久而不闻其臭”，都道出了环境对人潜移默化的作用。师范学校的校容、校貌整治得如何，对学生性格、情感的培养有直接或间接的影响。我们所要求的学校环境，正如教育家陶行知先生所说：“不是浪费的盛装，而是内心的艺术感所求的朴素的表现。我们的校容要井然有条，秩然有序，凛然有不可侵犯之威仪。”为此，我们在整、洁、美三个方面着力。

校园比较大，但杂乱无章；校舍有一定面积，但陈旧破损，墙壁斑驳，脏水四溢；绿化有不少覆盖面，但挤塞堆砌，杂草争长，令人窒息。至于墙上乱涂乱画，地上出现痰迹，时有发生。针对这种状况，我们采用了反复教育、分块改造、落实责任、评比检查等方法进行整治。针对“环境卫生是小事”，不屑一顾的想法，学校在多种场合反复讲述环境美的意义和讲卫生的必要，抽调一位教师专门负责全校的卫生扫除工作。在全校师生中构成一个整治室内室外清洁卫生的网络，交任务，明职责，制定质量验收标准，开展定期的评比和突击性的检查。整治的要求具体明确，维护整洁环境的要求也具体明确。用质量标准统一师生认识，统一师生行动。道路整洁、教室明净、校园里绿草如茵，花树环绕，看似环境的变化，实质是心灵美的塑造。爱集体、为他人的好思想在艰苦劳动中得以萌发、滋长。学生一进校门，就会油然而生庄严感、神圣感，舒畅的感觉更会充盈胸际。

二、
强化行为规范，树立良好校风

没有规矩，不成方圆。师范生良好行为习惯的养成在今日师范学

校极其不易。在初中毕业阶段，家长的注意力往往集中在子女的升学问题上，行为习惯方面常缺乏严格要求，部分家长对子女娇惯，更谈不上有什么要求。社会上的干扰不断，增加了规范行为的难度。为了切实提高师范生的思想素质、道德素质，我们把落实行为规范作为突破口，严格要求，勤加督促，制定规章，褒贬奖惩。

要强化行为规范，首先要在思想上明辨是非。师范学校应是精神文明的摇篮，不能置培养目标于不顾而任意降低培养标准，或迎合社会上庸俗、低级的事物。对师范生不严格要求，没有良好的行为习惯，怎可能成为合格的教师？其次是加强班主任队伍的建设。班主任的认识水平、工作态度、管理能力直接影响班级学生行为规范的落实。因此，加强对班主任队伍的领导，交流信息，督促检查，至关重要。再次是反复训练，锲而不舍。良好的校风是在长期的教育实践中反复训练逐渐树立起来的。严格而合理的规章制度是强化学生行为规范、形成良好校风的保证。有步骤分阶段锲而不舍地抓常规训练，使学生心理定式、行为习惯初步可自我监督、自我教育。三年来，对学生的发型、穿着、爱惜粮食、节约水电、勤奋学习、认真劳动等方面敢于抓，敢于锲而不舍地抓而逐步见成效。

三、
建立活动基地，
培养热爱儿童的感情

对从事教师职业的人来说，“爱”是一种必备的基本素质。一个具有事业感和责任心的教师，对学生总是满腔热情满腔爱。而这种热情这种爱的种子又靠师范学校的教师精心撒播、培育。

教材的师范性，教学方法力求体现师范特点，有利于专业思想的树立与巩固，但仅止于此远不够。重要的是建立师范生课外活动基地，提供与儿童多多接触的机会，熟悉儿童，了解儿童，指导儿童开展活动，与儿童交朋友。

建立课外活动基地的方式不尽相同，内容精彩纷呈。有班级与小

学某班级挂钩的，有学科挂钩的；有辅导儿童课外小组的，有辅导少先队工作的；有小学活动基地，有社会实践活动基地；有各年级各班级分散的活动，有节日全校性为少年儿童服务的活动，有与少年儿童联欢的活动。在多种多样的实践中，学生热爱小学事业、热爱儿童的感情就会潜滋暗长。这种“情”能发放能量，推动学习的积极性，推动能力的训练，责任感、使命感就会得到加强。

性格、感情、品德、行为等非智力因素看似不甚显眼，但在师范生素质培养的过程中其重要性绝不低于知识的传授和能力的训练。在微尘中显大千，在有限中寓无限，分量是极其沉重的。

育人，重要的在于素质培养。

1988 年

两代师表一起抓，创造良好的学校小气候

我们第二师范学校是 1984 年秋根据上海市培养小学师资的需要在杨浦中学的基础上恢复的。

当时社会大环境不太理想，而师范教育与小学教师的地位待遇又未得到社会上的充分认识和理解，在这种情况下要办好师范学校难度很大。尽管如此，但我们有一个强烈的信念，那就是：一定要艰苦奋斗，群策群力，切实贯彻党的教育方针，两代师表一起抓，努力创造良好的学校小气候，以实际行动显示社会主义学校教育的功能与威力。

为了使这种信念付之于实施，我们主要做了以下一些工作。

本文是作者在 1990 年上海市中小学师资工作会议上的发言。1990 年 1 月以《艰苦奋斗，创造良好的学校小气候》为题，对本文在个别字句上作了修改，被《课程·教材·教法》杂志全文刊载。1984 年，为了适应上海市小学师资培养需要，市政府决定将杨浦中学恢复为上海市第二师范学校（简称“二师”），第二年 8 月任命作者为“二师”校长。当时教育领域出于拨乱反正的需要，全力加强知识教育，高度重视“双基”训练，而相对地在思想道德教育和行为规范教育方面有所缺失。针对这一现实问题，作者提出必须立足“三个制高点”思考教育问题，疾声呼吁站在时代高度、战略高度和与发达国家教育竞争高度来思考办学的总体要求，并指出学校是“育人”的场所，必须对育人大目标有清醒认识，对学校外部环境和内部条件作出实事求是的分析。在担任“二师”校长的办学实践中，作者以校风建设为突破口，以“一身正气，为人师表”为校训，强调“两代师表一起抓”：既要求学生增强“为师”意识——明日教师，今日做起；又满腔热情培养青年教师，发挥中老年教师的骨干作用，为教师成长发展点火助力。学校创造的这种良好的“小气候”影响不断扩大，成为师范教育的“大气候”，当时被称为“二师现象”。“二师”1988 年被评为“上海市文明单位”“上海市花园单位”，1991 年被国家教委评为“全国中等师范学校办学成绩显著单位”。

一、确立制高点

办学必须有制高点。在改革开放的条件下，要把学校办成社会主义师范学校的样子，须站在相当的高度来思考问题，须在宏观上有较为科学的总体设想。而这种设想的前提是牢固树立目中有学生的观点，清醒地认识育人的大目标，对学校的外部环境和内部条件作实事求是的分析。

首先，要站在时代的制高点上。根据国家教委中等师范学校教学方案的规定，师范学校应培养出合格的师范生，合格的小学教师。然而，这个“格”究竟是什么？80 年代的和五六十年代的有何区别？社会在发展，时代在前进，生活在现代社会的师范生，他们的思想、道德、行为、兴趣、视野、习惯无不渗透着时代的气息。与过去的师范生比，他们具有相同的年龄特征、相似的心理特征，然而又毕竟有 80 年代独有的特点，如见识比较广，接受外界信息的灵敏度比较高，生活知识丰富，不少学生有主见，个性强。与此同时也存在明显的不足，如国家意识淡薄，集体主义观念淡薄，学习上缺乏追求，生活上讲舒适，劳动习惯差。研究现代师范生的特点，为的是在“合格”上下功夫。一名合格的小学教师应是一名合格的公民，热爱党热爱社会主义，有理想有道德有文化有纪律，除此之外，还要热爱小学教育事业，有一定的教育教学专业知识与技能。如果前者不合格，或缺陷很大，后者即使较好，也难以成为符合党和国家要求的教师。

其次，要站在战略的制高点上。师范生的素质不仅关系到一代小学教师的素质，而且关系到一亿几千万少年儿童心灵的塑造，要清醒地认识到：在每一个师范生的背后，都有着浩浩荡荡的可爱的少年儿童。师范生将来是义务教育法的执行者，他们任教的水平关系到义务教育法能否真正贯彻，关系到儿童能否健康成长，关系到民族素质能否有效提高。师范教育在整个教育系统工程之中，看起来虽无大学那样显要，但其战略意义不言而喻。学校的一切工作都是为了培养认真贯彻义务教育法的合格的小学教师。要牢记师范教育的战略地位，绝不搞短期行为。

再次，站在与基础教育先进国家竞争的制高点上。日本和西欧一些国家的基础教育质量是上乘的，正因如此，他们的劳动力素质比较好，在经济、科技、教育等各方面均有竞争力。尽管这些国家已无中等师范，社会条件也不一样，但他们从严治校，科学管理好，教育效益高。他们能办到的事，我们为什么不能？因此，要有与基础教育先进国家竞争的意识。这不是争一所学校的意气，而是争民族的志气、民族的自尊，争在基层显示社会主义精神文明的威力。

综上所述，我们确立了站在时代高度、战略高度和竞争高度来思考办学的总体要求。具体地说，要做到三个瞄准：一是瞄准 21 世纪的小学教育，努力把 80 年代的师范生培养成为 21 世纪的小学教育骨干；二是瞄准国外基础教育先进国家的小学教育，从严治校，发愤图强，办出水平；三是瞄准国内、市内兄弟学校的办学经验，博采众长，力求少走弯路，办出特色。在大环境不理想的情况下，竭尽全力把学校办成师范学校的样子，能经受改革、开放的考验，使学校真正成为培养社会主义合格小学教师的摇篮，建设社会主义精神文明的场所。

二、选择突破口

教育质量是学校的生命，质量低下，就等于浪费学生青春，浪费教育经费。怎样才能把质量抓上去？突破口又在哪里？

教育中有三个因素，或者说焦点区域，这就是学习者、学习过程和学习环境。最为重要的是学习者，因为没有学习者就没有学习。我校的生源状况不要说与市、区重点中学比，就是与一般的完全中学比也是逊色的。从总体上说，学生缺乏足够的内部学习动力，缺乏积极进取、奋发向上的精神状态。怎样才能促使学生有旺盛的求知欲，出现良好的学习过程与闪光的学习情境呢？从大量的教育实践中，我们体会到：就学习抓学习，往往捉襟见肘，事倍功半；抓思想促学习，树理想、有追求，学习动力就厚实，就持久。要抓思想，抓精神状态，除教书育人、管理育人外，还要环境育人，优化学校环境，创造良好的小气候，在治理校容、校貌过程中，规范品德行为，陶冶思想情操。为此，我们选择了以校风建设为突破口，切实加强师生员工的思想政治教育和专业思想教育，推动教学业务的进展，以求全面提高质量。要形成良好的学校小气候确非易事，我们的主要做法是：

“敢”字当头，敢抓敢管。学校不是真空地带，金钱拜物、享乐思想侵蚀着部分师生的心灵，赌博、酗酒、浓妆艳抹进课堂的情况时有发生，纪律松散、工作懈怠屡见不鲜。更有甚者是周末，校门口骑摩托车、叼香烟的一群群男青年真是门庭若市，扰得学校不得安宁。面对这种种现象，我们深切感到资产阶级歪风邪气争夺学校阵地，争夺我们学生，如果退让、手软，就是失掉教育者的起码责任。为此，我们敢于在学校弘扬社会主义道德风尚，敢于批评和抵制歪风邪气，排除社会上不良影响对学校师生的干扰。我们深感要御外，必先强内，只有扎紧篱笆，野狗才钻不进。为此，大力加强思想政治教育，强化教师队伍和学生队伍的建设。

理解 20 世纪 80 年代师范生的心态，坚持正面疏导，在“善于”上下功夫。当今的师范生特别爱美，但对“美”的内涵的理解却大相径庭，不少学生涂脂抹粉，花枝招展，发型翻新，心思根本不在学习上。围绕这一点我们多角度地开展讨论，花气力疏导。请老校长作校史报告，讲述艰苦创业情况；请老校友作校史报告，讲述如何勤奋学习，严于律己；请劳动模范、先进教育工作者讲述小学教师必须具有的思想素质、文化素质和审美情趣；开展“师范生应该追求什么”的专题讨论，反复强调培养目标，师范生应具有的形象，反复强调如果学校风气降低到社会的一般水平，那是教育的失败。社会上允许的，学校不能都允许；社会上流行的，学校也不一定都提倡。师范学校提倡朴素美、庄重美、大方美，组织学生自己设计校服、设计发型。民主评定，经过疏导，学生穿校服，剪短发，把追求穿着打扮的美，追求生活方式的所谓“美”转换到追求理想美、心灵美、行为美方面来，改变了穿奇装异服，花枝招展的情况。

制定一系列的校规校纪，强化行为规范的训练。良好的行为习惯的培养不可能一蹴而就，靠的是思想先行，说清道理；靠的是管理到位，坚持不懈地训练；靠的是自我教育，督促检查。根据师范生培养目标，针对学生实际，我们制定了一系列的学规、食规、宿规、会规、劳动规章等，让学生懂得在集体生活中要健康成长，须有自我约束力，自觉遵守纪律。如考试规则中有严禁作弊的内容，教师反复讲清师范生不能作弊的道理，考试中又严格管理，几年坚持下来，一定会收到良好的效果。一般地说，现在的学生比较娇，怕脏怕累，为了使学生意志、毅力、体力有所锻炼，培养他们劳动的习惯，要有专门的教师负责劳动教育，统筹安排全校劳动，包括校园清扫。各项制度均强调落到实处，教导处、年级组、团委、学生会，多渠道地督促检查，定期评比。有重点分阶段锲而不舍地抓落实，使学生形成心理定式，学生由此初步做到自我教育，自我监督。

统一认识，统一步调。良好的气候绝非一两个人所能形成，需要全校师生员工统一认识，统一步调。教职工认识不一致，再严的要求，再好的规章制度也只是停在口头或一纸空文。为了齐抓共管，进行校风建设，教职工恢复了坐班制；为了统一认识，我们反复讨论师范学校的培养目标，讨论社会主义的师范学校应具有怎样的形象，对自由与纪律、保守与开放、改革与放任等问题进行严格的区别，强调把教工的精力集中到教育学生的事业中。澄清开放就是放任不管的糊涂思想，克服无所作为、无能为力的观念，反对教育的随意性，反对把学校教育降低到迎合社会上低层次的水平。全校教工对学生的思想政治教育形成“三线一面”的格局，即政治课、年级组（班主任）、团与学生会三条线有机结合，对学生进行思想政治教育；各学科根据学科特点在课内外渗透思想政治教育，提高教育效果。高尚的要提倡，诲淫诲盗的要坚决抵制。

良好的校风看来是无形的，但它却如春雨一般，“随风潜入夜，润物细无声”，给学生以熏陶感染，促使他们在短短几年的学习生涯中耳濡目染，提高素质，增强内在前进的动力。

三、
两代师表一起抓

学校的质量说到底就是教师的质量，尤其在师德、师表方面，对学生来说更为重要。要抓好学生队伍，先抓好教师队伍。怎样使全校师生有凝聚力？怎样使师资队伍生气勃勃，有后劲呢？我们的主要做法是：

以“一身正气，为人师表”作为办学的精神支柱，作为全校师生的座右铭。精神支柱能起灵魂导向作用，有强大的凝聚力。教师自身的思想政治方面，决定了教育教学的思想政治方向；教师的道德言行不管是有意识还是无意识，都会对学生起潜移默化的作用。因此，我们反复强调教师应加强自身修养，堂堂正正，光明正大，在学生心目中能形成高大的形象；强调教师的德、才、识、能，尤其是事业心、责任感应成为学生的表率；强调教师的一言一行对学生都应具有示范作用。要想把阳光撒播到别人心中，自己心里先要有阳光。与此同时，我们注意运用表扬与批评的方法，树正气，压邪气，对有损教师形象、有损师德的言行展开批评，防微杜渐。

满腔热忱地培养青年教师，进行岗位培训，创造机会让他们显露聪明才智。学校教育教学的后劲寄托在青年教师身上。我校 35 岁以下的青年教师占教师总数的 46%，这支队伍如精心培养，打好做教师的德、才两方面的扎实基础，学校事业的发展就有希望。否则，散散漫漫，不仅影响现在的教育质量，也影响他们自己的健康成长。首先，与他们在感情上沟通，对他们坦诚相待。要设身处地想想他们身上的几个“变”：从受教育的学生变为教育学生的教师，身份不一样了；从比较“放任”的大学生变为须自我约束的教师，反差很大；从只讲或偏重书本知识变为须具备教育教学实际能力，一下子适应不了在所难免。学历水平不等于岗位水平，人不能自然成才，总要靠培养，对教育新兵要真心实意地百倍爱护，政治上关心，生活上帮助，充分肯定他们的长处，也真诚地指出他们的不足，严格要求。其次，采取教育教学评优的办法，组织他们岗位练本领。组成三级网络：师傅带徒弟；教研组集体培养，组长负责；学校组成教育教学评审委员会。岗位练本领做到五定：定目标、定内容、定项目、定时间、定测评。充分发挥中老年教师的骨干作用，促使青年教师切实增强责任感，切实养成良好的工作作风和工作习惯。经过几年坚持不懈地帮、带、领、评，青年教师中出现了一些教育骨干和教学骨干的苗子，班级风气正，课深受学生欢迎。学校活动，校园美化，组织青年教师参加；如雕塑、壁画等艺术品自己动手设计、制作，培养他们艰苦创业、热爱学校的精神。

增强学生“为师”的意识，明日教师，今日做起，以“师表”的要求严格塑造自己的自觉性。师范生是未来教师，一进师范学校门就要向他们灌输和加强“为师”的意识，把“为师”和“为学”结合起来，加大师范生的学习动力，再和“为人”结合起来，培养“四有”的合格的教育人才。为此，我们着力在全体学生中开展“为学、为师和为人”“当代师范生的形象”的系列教育。请部队离休干部作革命传统教育讲座；请老山前线战斗英雄谈人生和理想；请盲童学校的学生谈他们为了心中的祖国怎样顽强地学习；请盲人乐队用精彩的演奏诉说怎样做生活的强者；请著名电影配音演员谈“我爱祖国语言美”。为此，我们还着力开展党旗、国旗、团旗的教育，举办“话说国歌”的系列讲座，使学生热爱党、热爱祖国的高尚感情在胸中激荡。在学生干部中，要求更高一点，组织他们学习《共产党宣言》《纪念白求恩》，在他们心灵深处播下共产主义的火种。

教师和学生双向评估，教与学双向检查，发现问题，及时交换意见，及时处理。教师与学生双向促进，扎扎实实提高质量。

两代师表一起抓的效果是：教师有凝聚力，学生有进取心，有一定的免疫力，学校对师生有一定的吸引力，良好的校风逐渐形成并日趋巩固。

四、
团结战斗，身先士卒

整洁美观的校貌，勤奋踏实的学风，严谨负责的教风，良好的校风靠全体师生共同创造。其中，教职工的事业心、责任感是关键，而学校领导深知这一点的重要性，故而努力做到：

紧密团结，一切以学校大局为重，以事业得到发展为重。团结是学校工作得以顺利开展的力量所在。在工作中对一些问题看法不完全相同是极其正常的，关键在于彼此之间要坦率、真诚、尊重、谦让，重要的事情反复商量，统一到发展事业、提高学校教育质量的基点上。学校的事十分繁杂，某位同志已决定的事，其他同志都采取补台的态度，责任大家挑。

身先士卒，勤恳刻苦，爱校如家。干部就要干在前头，先教工之忧而忧，后教工之乐而乐，不计时间，不计报酬，什么地方困难，就挺身而出，尽力解决。爱学校的一桌一椅，一草一木，做有心人，走一路做一路好事。

真心实意为每个教工着想，既提要求，又转换位置，设身处地想想教工的难处，上下协调，增添使机器转动的润滑剂，减小摩擦系数。廉洁奉公，不谋私利，主动接受全校教工的监督。

学校的主人是学生和教师，行政干部是为他们服务的。由于我们认识水平和能力水平所限，不周之处屡见不鲜，故而不断修正错误，改进工作。俄国文学家契诃夫曾经给拒绝修改自己作品的作家打比方说："要知道在大理石上刻出人脸来，无非是把这块石头上不是脸的地方都剔掉罢了。"我们正是本着这种精神，学习兄弟学校的办学经验，不断认识自己的不足，纠正工作上的缺点。我们只有一个心愿：努力把学校办成师范学校的样子，为师范生的健康成长作出微薄的贡献。

师范教育面临新挑战

一、问题的提出

世界经济的发展趋势直接影响着各国教育改革的进程，教育的质量问题已成为现代教育的全球性问题。教育的质量说到底是教师的质量，因此，世界发达国家从适应新的技术革命和面向 21 世纪出发，对教师的期望和要求越来越高，教师的任务和责任也发生了重大的变化。

美国小学教师学历不低于大学专科，并受过专门师范教育训练，有些州、学区要求学历达到大学本科以上。1986 年，卡内基基金会公布一份题为《国家为培养 21 世纪的教师作准备》的报告，提出要“重建”美国教育制度，而且这个“重建”必须以“彻底地、全面地检讨自己在师资聘用、培训和工作待遇等方面现行做法”为前提，进而谈到“只有保留和造就最优秀的教师，这个国家才能摆脱它所陷入的困境”。在此以前，美国还提出师范教育要以培养教育“临床专家”为目标。1985 年，日本文部省教师培训审议会的《改革教师的培训、任务制度》规定大幅度提高获取教师资格的学分数。从 20 世纪 70 年代末开始，日本就办起研究生院，目的在逐步实现中小学教师均达到硕士毕业生水平的目标。英国教育与科学部、威尔士事务部于 1985 年 3 月向议会提交题为《把学校办得更好》的白皮书，提出了提高各级学校教育能力的若干重大措施，其中有一条是要更有效地进行教师在职培训。

我国台湾地区 1993 年师范教育有新政策新规定。台湾地区教育事务主管部门中等教育司7月底公布的最新师范教育政策有：未来的中小学师资全面提高到大学程度以上；教师必须通过资格考试，完成试教、实习等过程；积极调整师资教育课程，培育通识教师；建立教师评鉴制度和进修制度等。“师资培育法”草案于11月10日经台湾地区立法机构教育委员会初审通过，主要内容有师资培育多元化，合格教师须通过三阶段检定，一般大学可以开设教育学系及课程。

显然，上述种种做法都是为21世纪的教师做准备，目的是全面提高教育质量，以适应本国本地区经济的发展及国际竞争的需要。

到20世纪末，我国基础教育的奋斗目标是基本上实现九年制义务教育，即85%的儿童、青少年接受九年义务教育，10%的儿童接受六年教育，5%的儿童读三至四年小学。如今小学入学率是历史上最高的，达97.8%。21世纪义务教育质量要在这个基础上大幅度提高，为民族素质的提高打下坚实的基础。要面向全体学生，全面实施德育、智育、体育、美育和劳动教育，建设一支热爱教育事业、思想素质良好、业务能力强的教师队伍是根本大计。师范教育是培养中小学师资的工作母机，面对国际国内教育的形势与任务，须加大改革力度，迎接挑战。谁在师资队伍培养上有远见卓识，行动上抢先一步，谁就在教育质量的竞争上取得主动权。

二、历史与现状

师范教育要在迎接挑战中攀登新台阶，有必要对师范教育的传统作简单的回顾，对现实状况作简要的述说。

我国师范教育有优秀传统。首先，它植根于老百姓之中，与老百姓血肉相连，尤其是在乡村培养儿童的教师，与家家户户紧密相连。就读于师范学校的学生，往往家境比较清寒，对生活的艰辛有真切体会，思想情感与老百姓贴近。其次，师范教育高悬育人目标，教学生为人之道、为师之道，在人格、人品、道德、学识上有明确要求，将来在所教对象面前能起表率作用。不少师范学校教育学生以天下为己任，在学生心中撒播做人的良种，培养出许多对国家作出贡献的革命家、教育家、优秀教师。再次，在文化落后的旧中国，师范学校培养学生读、写、算的能力，在许多城镇、乡村，尤其是乡村，教师和学生成为当地文化的带头人。

中华人民共和国成立四十多年来，我国的教育工作取得了显著成就，教育事业有了很大发展。师范教育作为教育事业的重要组成部分，同样有了很大发展。师范学校在数量上发展迅速，遍布各省、自治区、直辖市及其市、县，学生人数成几倍甚至十几倍增长，源源不断地为中小学输送学历合乎国家规定、热爱教育事业、有一定专业能力的教师，形成了一支千万人的教师队伍。改革开放给师范教育增添了勃勃生机。特别是中等师范学校以战略的眼光审时度势，牢牢抓住机遇，以办学条件标准化为突破口，加大师范教育建设的力度。经过七八年的奋斗，师范学校有了显著的变化。校舍、场地、设备等办学条件的标准化，带动了学校管理的规范化，全国涌现了一批办学有特色、管理水平高的好学校。师生精神振奋，热情高涨，一片欣欣向荣、积极向上的气象。与此同时，进行师范学校课程建设，革新中等师范教学方案，变封闭型为开放型的四个板块，即课程结构由必修课、选修课、课外活动和教育实践组成，使学生的理论知识、专业基本功、实践能力均获得有效的培养。重视师范教育师资队伍的继续教育，在全国范围内举办师范学校校长学习班和优秀青年教师骨干培训班，一期一期持续办，特别是后者，是跨世纪的“希望工程”，为21世纪的师范教育积攒力量。

纵观优秀传统，认识现实状况，我们可以毫无愧色地说：“我国的师范教育是有质量的，改革的步履是坚实的，进展是显著的。在这个十分牢靠的基础上迎接挑战，我们信心百倍。”

三、思考与对策

回顾走过的历程，我们清楚地看到师范教育成绩巨大。这是事物的主要方面。然而，从发展的观点来看，以改革开放的时代要求来衡量，以基础教育课程、教材改革的需要来衡量，不适应的地方也是显而易见的。从办学的指导思想到教育经费的投入，从课程结构的组合到教学设备的配置，从教师队伍的建设到科学管理的到位，从教学方法的改革到教学效率的提高等，都须站在21世纪的时代高度，放在全面提高教育质量和参与国际竞争的广阔背景下深入探讨，在认识和做法上有新的突破。

21世纪的师范教育应该是中国师范教育优秀传统与现代观念、现代知识、现代管理的有机结合，造就素质良好、业务能力强、有一定专长的中小学教师，即培养“合格加特长”的教师，创建有中国特色的师范教育体系。

师范教育优秀传统寓含着奋发向上的民族精神，这是师范教育的“魂”。由于这种精神的哺育，才培养出一批批为教育事业以及其他建设事业作贡献的优秀人才。这种精神与现代化的要求结合起来，就能具有浓郁的时代色彩，就能培育出为现代基础教育作贡献的教师。不在现代观念、现代知识、现代管理上下功夫，就难以创建有活力、有竞争力的现代师范教育，对经济和社会发展、对中小学教育改革的适应性就差。反之，如果只重视现代的内容而忽略优秀传统的继承与发展，民族特色就有可能被削弱乃至消失，这对师范教育的发展也是极为不利的。因此，二者不可偏废，应有机结合。这一点应成为师范教育工作者的共识。

且不说高等师范，就以培养小学教师的师范学校而言，培养目标同样须用现代观念总绾。既要面向全体学生，使全体学生在德智体美诸方面都得到发展，又要充分认识学生的个性差异，考虑学生发展的多样性，不能用一个模式去要求学生。既要有思想道德素质和专业技能培养的规格，又要重视学生潜在的能力，培养特长，发挥特长。既应要求学生具有扎实的读、写、算的能力，又须要求学生关心现代科学技术的进展，学习并掌握一定的科学知识。既培养学生遵纪守法的高度自觉性，又培养学生具有竞争意识和探索创新的精神。简言之，培养的是具有现代思想、以教好儿童为己任、奋发向上、有专业技能和特长的现代教师。为此，必须更新教育观念，转换旧有的不适应时代要求的学生观、人才观。

要实现上述培养目标，课程结构须改变一元线性的体制，代之以立体化的逻辑框架。80 年代后期，师范学校课程已初具立体模型，学科知识、实践活动，校内知识与技能的培养，校外见习、实习与社会考察活动的锻炼构成多维空间，使学生获得多方面的培养。在这个框架中，学科须优化组合，活动与实践须寻求最佳效果。必修课少而精，让学生学习最基本的理论知识，达到举一反三的目的；选修课有一定的覆盖面，扩大信息量，开阔学生视野，训练教育专业多种能力。课外活动特别要重视个性差异，因材施教，发挥特长。针对师范传统教育中的弱点，必须加重自然科学学科的分量，加强动手能力如科技小制作等方面的能力。文科、理科应并重，要注意文理渗透。教育学科与教育实践要紧密联系，使理论在指导实践中闪发光芒。

要完成如此要求的学业，学习期限须延长，学历层次须上一个台阶。小学教师须达到大专毕业，有条件的发达地区可有计划地让其中优秀者继续深造，达到本科毕业水平。20 世纪末经济发达地区的师范生达到专科毕业水平，就能为 21 世纪的小学教育注入勃勃生机。

师范生提高学历层次，师范教师本身须采取有效措施提高素质，增强本领。一是来源。可由一元制改为多元制。除师范大学毕业生充实师资队伍外，其他大学毕业生、研究生同样可充实师资队伍，还可从高等学校、研究所、小学教育研究机构请兼职教师。二是兼教。教师，特别是青年教师应一专多能，能主教一门课程，兼教几门课程。教中学习，教中提高，知识广博，能力多样，有利于大大提高整体教学水平。三是职后进修。任教五年之中有半年时间进修，或进修新学科，或深化本学科学业，或开展专题教学研究。着眼于增进新知识，更新知识结构，开阔视野，培养研究能力，增强教育工作的后劲。增添教学设备，运用现代化教学手段，提高教学效率。教师拘囿于讲解，不接触现代化教学手段，很难教出思维活跃、求知欲旺盛的学生。师范教育不仅在培养学生方面要有超前的意识，在教学设备方面也必须讲究先进，讲究完善，力争超前。比如，计算机教育是现代化手段的龙头，培养现代人，离不开计算机教育，因此，师范教育中数量足够、质量良好的计算机配备必不可少。教学手段现代化不仅使学校教学和社会上迅速发展的科技有通道可寻，而且对培养师生的现代意识起直观作用、积极作用，对授课的科学性，对教学效率的提高大有帮助。

课堂教学要加强学生的实践训练。注入式的讲解抑制学生的学习积极性，必须大力改革。教师点拨、示范，学生学习、实践，使师生关系由单向型的往复结构变为辐射型的网络式结构，让每个学生进入学习的角色，充分发挥他们作为学习主人的聪明才智。

振兴民族的希望在教育，振兴教育的希望在教师。要培养出德才兼备的教师，须花大气力办好师范教育，须下决心加大师范教育的投入。应该把它作为教育系统工程中的“重中之重”，牢固树立这样的观念，措施一一到位，全面提高教育质量就大有希望。

1990 年

教育的生命力在于质量

“八五”期间上海基础教育面临着“量”的急剧膨胀与“质”的能否提高的尖锐矛盾。这个时期，中小学入学进入双高峰，市区小学、初中学生总数达 107 万。与此同时，教师退休又进入高峰，“八五”期间市区中学教师退休将达 4 800 人。中小学双高峰的到来给师资、校舍、设备、场地等带来了一连串的困难，如不高度重视，不抓住时机采取切实有效的措施，势必影响教育质量，甚至导致质量下降。

基础教育要有活泼的生命力，办出水平，办出质量，使青少年具有良好的思想道德素质和科学文化素质，教育部门振奋精神、深化改革责无旁贷，但还须各级政府加强领导，以及全社会的大力支持和家庭的积极配合。只有方方面面形成强大的合力，才能重振上海基础教育的雄风，为培养上海经济建设和社会发展所需要的人才打下良好的基础。

把青少年培养成为社会主义建设事业的接班人是全社会的大事，绝非一个部门、几所学校就能全部担当起如此重任。“八五”

本文发表于《上海人大月刊》1991 年第 9 期。“八五”前夕，上海基础教育出现了中小学入学高峰及教师退休高峰，作者时任市人大教科文卫委员会副主任委员，对此十分担忧，遂撰写本文指出，教育的“双高峰”会带来校舍、场地、师资缺乏等困难，应引起各级政府高度重视；政府要指导教育部门满腔热忱地办好每一所学校，教好每一个学生，为今后成为合格公民打牢基础；全社会要大力支持教育，形成合力，以确保“双高峰”不影响教育质量。对于如何保证新师资质量，作者积极建言献策，引起了各级政府的高度重视，学校场地、校舍以及师资培养等问题均得到妥善解决，切实保障了适龄儿童、青少年接受义务教育的权利。

期间中小学双高峰带来的校舍严重缺乏，除教育部门尽力内部挖掘潜力，尚须增建扩建校舍20万平方米。而在市中心改造扩建的难度更大。为此，政府应加强领导，对计划、建设、土地、财政等有关部门统筹协调政策，增强急事急办、实事实办的权威性，帮助教育部门解决入学双高峰的实际困难，保障适龄儿童、少年接受义务教育的权利。

我们的义务教育要让儿童与少年接受平等的教育。不管将来成为科学家、发明家，还是普通劳动者，儿童时代与少年时代都应接受良好的义务教育。这种教育是为今后的公民打基础的教育，根子扎得正，基础打得牢，德智体全面发展，学生一辈子深受其益。在人的幼芽时期，千万不能以几分甚至一分半分之差就划分等级、层次，弄不好，会把人才扼杀在摇篮里。人的培育成长不能只以分数来衡量，考分不能反映思想品德、体质，也不能反映意志、毅力、良好的习惯，即使是知识、能力，也难以恰如其分地衡量出来。单以分数或智力判断学生的高下是不公平的，也是不科学的。要从狭隘的或片面的质量观中解放出来，面向所有儿童与少年，提高全体学生的全面素质。为此，政府要指导教育部门满腔热忱地办好每一所学校，千方百计提高教育质量，教好所有的学生。

学校的质量说到底就是师资的质量。有一支德才兼备的师资队伍，学生就会如在春天一般受到春风细雨的滋润，茁壮成长。“七五”期间政府为稳定师资队伍做了不少工作，但仍存在着隐忧。且不说外语、美术、音乐教师的流失，单是新师资的来源，情况就十分严峻。一是生源的质量。上海的师范学校生源，尤其是市区的，不要说和市、区重点比，甚至低于完全中学，处在中下层次，与外省市横向比较，后劲远远不足，潜伏着教育质量下降的危机，令人担忧。二是男女生比例问题。以一所学校为例，1986、1987年新生入学男女比例是1∶8；1988、1989年是1∶17；1990年男女生比例急剧变化，竟然达到1∶39。师范学校快成为女子学校了。小学教师如此女性化，对儿童素质的培养，对民族素质的提高均会带来极大的妨碍。上海要振兴，经济要腾飞，教育就要适应，就要超前，就要办成第一流；没有第一流的教师，哪能有第一流的教育？新师资质量不提高，“八五”乃至“九五”的教育质量根本得不到可靠的保证。为此，建议市政府：提高培养小学教师的学历层次；允许市区师范学校招收郊县一定名额的男学生；补贴师范生的生活费，以弥补每月 20 元 5 角的过低的助学金。增强师范学校的吸引力，努力消除潜伏的危机。

对学科教学体现德育的探讨

教育，说到底是培养人。师范学校的崇高职责就是培养思想道德素质和科学文化素质良好的合格的小学教师。为了实现这个培养目标，学校必须坚持以教学为中心，把德育工作放在首位。怎样把二者有机地结合起来？我们组织全校教师围绕教书育人这个课题，探讨在学科教学中体现德育的途径和方法。

一、探讨的目标

在实施德育的诸途径中，各学科教学是学校向学生进行思想教育最经常、最基本的途径。课堂教学是学校教育的基础形式，学生日复一日、年复一年地学习，伴随着科学文化知识的吸收，受到马列主义基本观点的教育，受到健康高尚的审美情趣的感染。这种教育的特点是潜移默化的，能使学生点点滴滴入心头，对人生观、世界观的形成起重要

本文发表于《人民教育》1991 年第 3 期。20 世纪 80 年代末，学科教学重智轻德倾向比较突出。1990 年国家教委颁布《中国教育改革和发展纲要（1990—2000）》明确指出：“加强德育工作是全体教师必须承担的任务，教师应当有强烈的政治责任感和历史使命感，履行教书育人的职责，以自己的楷模作用，促进学生的全面成长，把思想品德教育贯穿到教育教学的过程中去。”作者时任上海市第二师范学校校长，带领全校教师学习领会《纲要》精神，开展“学科教学体现德育”的探讨和实践，帮助各学科教师寻找德育体现点，一改学科教学只是知识传授的单一功能，把说在嘴上、写在纸上的“教书育人”切实装到每个教师心里。

作用。为此，我们把学科教学体现德育探讨的目标定在三个方面：

1.
转变教育思想，
树立正确的教育观

教师都有教好学生的愿望，但由于种种原因，往往在不知不觉中重知识传授，轻思想道德情操的教育；重学科成绩，未将学生素质教育放到应有的足够重要的位置。俗话说，“经师”易做，“人师”难为。然而，再难，也要向“人师”的目标努力。人民教师应该是塑造学生优美心灵的工程师，应该在教育实践中自我教育，自我完善，清扫“匠气”，切实挑起培养学生的重担。探讨学科教学体现德育，目的是把说在嘴上、写在纸上的“教书育人”切实装到教师心里，使教师自觉地站在“育人”的高度进行学科教学，在向学生心田撒播知识种子的同时，撒播做人的良种。

2.
提高师德，
培育爱生之心

热爱学生是做教师的基本道德。这种爱超越亲子之爱、友人之爱，因为它包蕴了崇高的使命感和责任感。教师对学生的爱可表现在关心学习、关心健康、关心生活等方面，但最紧要、最深厚、最炽热的莫过于培养他们健康成长，在德智体美劳诸方面打下良好而扎实的基础。热爱学生的炽热感情不可能自发产生，而是锻炼、培育的结果。对我们的社会主义建设大业越情深如海，越觉得肩上有千钧重担，越千百倍地珍视学生的青春年华，就越会对学生满腔热情满腔爱。探讨学科教学体现德育，目的是在胸中绘上育人的蓝图，教书、育人双管齐下，有机结合，把爱生之情付之于教学实践，通过反复的教学实践进一步培育火热的爱生之心。

3.
深入备课，锻炼教育教学技能技巧

南宋诗人陆游在《示子遹》中说过这样的话："汝果欲学诗，工夫在诗外。"教课也是如此，要使课有质量，做到科学性和思想性水乳交融，发挥独特的育人作用，功夫在课外。课前必须深入备课，将教材的来龙去脉、编写意图梳理得一清二楚，对教材的重点、难点了如指掌，对教材内在的教育因素能深入体味。把握不住一堂课的知识点和训练点，找不准体现思想、情操教育的体现点，不要说育人的功能不能发挥，就是知识传授、能力培养也会有极大的障碍。探讨学科教学体现德育，目的在以寻找德育体现点为突破口，深入钻研教材，使教材烂熟于心，深入了解学生，加强教学的针对性，从而锻炼和提高教育教学的技能技巧。

总之，学科教学体现德育绝非为体现而体现，而是加强德育工作的需要，提高教学质量的需要，培养师资队伍的需要，全面贯彻教育方针的需要，是一举数得的好事。

二、
探讨的途径和方法

学校体现德育的途径很多，除学科教学外，在班主任工作、团与学生会工作、管理工作、服务工作中均可有畅通的渠道。而方法更是不胜枚举。即使在学科教学中，途径和方法也很值得探讨。

1.
精心设计，使课堂教学闪现思想的火花

学科教学体现德育，课堂是主要阵地。各科教学在授课时都应力求熔知识传授、能力培养、智力发展和思想情操陶冶于一炉，力求课上发挥多功能作用，提高课堂教学效率。伴随着知识的传授、能力的培养，使课堂教学闪现思想的火花，从而逐步完善与发展、提高课堂教学育人的整体效益。

（1）紧扣学科的性质与特点加以体现。对学生进行思想教育绝非外加于学科，游离于学科之外，而是由学科本身的性质和特点所决定。问题在于教师是否洞悉所教学科的性质，做有心人，全面理解和落实教学大纲。因此，教师要做到有效体现德育，须认真研究和准确把握学科的性质和特点。

文科教学着力探讨爱国主义精神、高尚的道德情操的熏陶感染、历史唯物主义观点的树立。例如，语文课的基本特点是工具性和思想性，语言文字为表，思想内容为里，课文是思想内容和语言文字的辩证统一。课文大部分反映了人文的内容，写社会、写人物、写景物，无不倾注了作者的爱与憎、好与恶。教学时缘文释道，因道解文，以文中内在高尚的思想、道德、情操拨动学生的心弦，让学生既感受到语言文字表达情意的表现力和生命力，又受到文中情和理潜移默化的熏陶感染。

数理学科的教学着力探讨辩证唯物主义思想的体现。数学尽管是工具学科，但在阐释定理、推理证明、解析判断的过程中，不仅蕴含形式逻辑美，而且闪烁着唯物辩证思想的光芒。教学时，引导学生透过数学符号的运用，把握定理、定律内在的辩证思想，树立正确认识事物的基本观点。理、化、生学科都是帮助学生认识自然、认识自然规律的学科。自然的发展、变化有其客观规律，人对这些规律要洞悉底里，不仅要尊重事实，崇尚唯物论，而且要以辩证法为认识武器，

剖析其原因、结果，剖析其发展、变化。教学时，挖掘这些学科知识中内在的辩证唯物的因素，就能滋润学生的心田。

有些学科看来是训练学生的技能技巧，其实，稍加钻研，就可发现其中同样蕴藏着极其丰富的教育因素。例如，电化教具课看来是教授如何使用一些电化教具，培养当代小学教师必须具备的专业技巧。其实，在传授方法的同时，体现爱护国家财产的教育，体现一丝不苟精神的教育，学生会在不知不觉中受到熏陶，有利于学生良好心理素质和良好道德品质的形成。至于体育学科体现德育，更是显性的居多，它对意志的磨炼、集体主义的形成、精神状态的奋发，起着十分重要的作用。

各学科尽管各有特点，德育体现的侧重点也不尽相同，但绝不是相互割裂，各唱各的调，完全可以因教材的具体特点而确定德育体现点。适合某一文科的，同时也可适合某一理科的，殊途同归，有异曲同工之妙。如民族自尊心的培养、民族自豪感的激发，各个学科都可结合教材中精辟的理论和生动的例子担当起培育学生的重任。

（2）潜心研究，寻找体现德育的最佳结合点。要找准知识传授与思想教育的最佳结合点，十分重要的是把握教材的个性，不仅要在深入挖掘教材内在因素的基础上把握教材的总体，而且要把握教材的局部乃至细部，即对每个章节、每个段落、每个定理等个性均能有所领悟。共性寓于个性之中，个性越把握得准，把握得深，知识点、训练点越明朗，越显露，德育体现点也就越能落实。

例如，物理课教电学中串联与并联的知识。教师以 220 伏 5 瓦灯泡与 220 伏 40 瓦灯泡串联与并联的实验操作传授给学生相关的知识，与此同时，揭示具体问题需具体分析的观点，学生既掌握了灯泡亮度与电路连接有关的知识，又懂得了分析事物的基本思想。思想观点教育体现于知识教学、实验操作之中，无斧凿痕迹。

又如，音乐教学，在教宫、商、角、徵、羽五声调或曲调时，从纵向极其自然地述说这种曲调伴随着中华民族文化的发展，源远流长；从横向看，它超越国界，移植到其他国家，创造和发展了他们的民族乐曲。纵横交错，让学生在识乐、练曲的过程中，受到民族自豪感的熏陶，增进热爱民族乐曲的感情。

德育体现不是凌空的，体现需有附着物，或知识点，或训练点。所选知识点应有丰富的内涵，能牵一发而动全身，所选训练点往往能充分调动学生的感觉器官和思维器官。这样，或动之以情，或晓之以理，科学性与思想性水乳交融，学生就会深受其益。

2. 课外延伸，开展丰富多彩的学科活动

学科教学有两个阵地：一课内，二课外。课外是课内的延伸。学科德育体现既要落实在课内，又要延伸到课外。前者面对全班学生，后者可有较大的灵活性，人数不拘，形式多样，因材施教，发展兴趣爱好，发展个人特长。德育有“面”上的体现，有“点”上的滋润，点面结合，学生就徜徉于良好的思想教育氛围之中，耳濡目染，潜移默化。

（1）发挥教师个人特长。组织多彩的课外活动，寓教于知，寓教于技，寓教于乐。有的教师手巧，能变废为宝。手工课的课外活动就着力于把不起眼的或看来无用的废物，经过创造性的劳动变为好看的或好用的宝物。变废为宝的过程是培养手工制作技巧的过程，也是进行勤俭节约思想教育的过程。

（2）结合师范专业特点，引导学生组织少年儿童的活动，寓教育于活动之中。学生在教育儿童的同时，自己的能力得到锻炼，思想上有所提高。例如，组织儿童小乐队，既让学生教授儿童吹奏的技巧，又指导学生如何把儿童组织起来，服从统一的指挥，有利于学生的集体主义教育和美的熏陶。

（3）走出学校，参加社会实践，寓教育于社会实践活动之中。例如，历史组围绕爱国主义教育这个主题，组织兴趣小组的同学多次参观访问，实地调查。从上海乡土的形成到帝国主义侵华的物证，从抗击侵略者的遗迹到中国共产党的诞生地，从嘉兴南湖的红船到吴淞口

今日风貌，访古观今，抚今思昔，热爱祖国、热爱社会主义之情就会充盈于学生胸际。

教育是有计划、有目的的，组织课外活动也是如此，目的性越强，针对性越强，效果就越好。体现德育当然需要明确之目的，不能盲目，不能随意，不存在“无心插柳柳成荫”。

三、探讨中亟待解决的难题

应该说，这几年在教书育人方面有所进步。但是，我们面临着两个亟待解决的难题。

一是进行德育的基本功不厚，有的还很欠缺。罗曼·罗兰说过：“要散布阳光到别人心里，先得自己心里有阳光。”要对学生进行马列主义基本观点教育，自己先得具备观察社会、认识世界的唯物辩证观点、阶级观点；要以理服学生，先得以理服自己；要对学生进行爱国主义教育、道德情操教育，自己先得净化感情，把心贴在祖国的事业上。不知德育为何物，当然就无从谈德育。把握德育丰富的内涵，就能居高临下，开辟教育的渠道，创造渗透的多种生动活泼的方法。

二是教学的基本功有待提高。钻研教材没有过硬的本领是难以深入教材底里的，只有吃透教材，才可能驾驭教材，才可能运用教材对学生进行培养，进行训练。对教材浅尝辄止，课堂上就往往浮光掠影，既缺乏深度，也缺乏广度。

这两个基本功不着力提高，德育往往处在“围城”阶段，在学科外面活动，搞外围战，不能深入其中，“体现”不过是徒有虚名。当然，我们不能坐等两个提高再进行德育，而是要边探索，边实践，边提高。因此，学科德育不仅是培育学生的需要，同时也是教师队伍建设的需要。

难题尽管很难，但只要本着做教师的使命感和责任心，提高认识，努力去做，是完全可以获得满意解答的。

在科学管理上学步

“七五”期间，我校在市教育局的关心支持下，办学条件逐步得到改善。在改善办学条件的同时，我们清醒地认识到：国家有限的教育经费支撑着庞大的教育系统工程，教育经费来之不易，办教育的应该也必须千方百计提高效益。就我们学校来说，如何向管理要质量、要效益，是急需探讨和解答的课题。为此，在教学管理中，我校做了如下一些探索，简括地说就是：围绕一个目标，建立两个网络，坚持三个“化”，完善四个板块。

一、围绕一个目标

教学管理的核心是提高质量。我们的质量观，就“教”来说，要求教师全面贯彻教育方针，教书育人，把德育放在首位，把思想政治教育、高尚的道德情操和爱国主义精神渗透于各科教学的全过程，要求适应上海小学课程、教材、教法改革的形势，从面向小学、面向 21 世纪、面向世界的高度考虑问题，给师范生的德、才、识、能打下了扎实的基础；就“学”来说，要求师范生热爱小学教育事业，热爱儿童，有较为良好的政治思想素质和科学文化素质，有较为扎实的专业基本功。“教”引导“学”，“学”又促进“教”，为了一个目标，那就是：聚精会神抓教学，把学生培养成立志献身于社会主义小学教育事业，并有扎实专业技能技巧的合格的小学教师。

1991 年在全国师范学校校长会议上的讲话。

二、建立两个网络

教与学的对立统一是决定教学性质，贯穿教学过程始终的根本矛盾。为了实现教学管理的上述目标，必须有科学的教学管理体系作为保证。为此，我们组建了教和学两个网络。两个网络由校长总揽，既自成体系，有“经”有“纬”，纵横交织，又有机结合，浑然一体，井然有序地开展工作。

教的网络的总框架是：教导处、教研室—教研组—备课组—教师。教导处与教研室是校长领导下抓教学研究与教学管理的两个机构。学校制订的教学工作计划，由教导处、教研室实施落实。目标一致，分工各有侧重，教导处在教学管理的第一线，主要抓：(1) 教研组长学习及教研组建设；(2) 审查教研组工作计划、备课组及教师个人的教学计划，并组织实施；(3) 组织“观摩教学”听课评讲，总结经验，改进教学，提高质量；(4) 组织考试命题，检查教学质量；(5) 组织学生的课外活动，落实基本功的各项要求；(6) 组织见习、实习活动；(7) 组织安排学生的体育卫生工作；(8) 负责日常教育行政工作等，以保证全校教学活动的正常开展，保证教学任务的全面完成。教研室则居于二线，潜心研究，着重于对学校的教学工作进行检查、评估、总结、提高，主要抓：(1) 组织教师学习教育理论，普及科研知识，强化科研意识；(2) 组织管理科研课题的研究；(3) 组织教师进行岗位培训；(4) 对各科教师的教学进行评估、总结等，以教学带动科研，以科研促进教学。但两个部门又相互沟通，在师资培训，构建完善必修课、选修课、课外活动及教育实践的有机结合等，乃至于教学管理的全过程的各个方面，相互协作，有效地开展工作。

教研组是学校落实学科教学任务，组织教师学习教育理论和教学业务，开展教研、科研活动的重要组织；而备课组则是开展集体教研活动的最小单元，学校关于教学方面的种种要求大多通过备课组最终落实到教师。我校现有教研组 12 个。近几年，我校加强教研组建设，定期组织教研组长学习教育方针及教育理论，探索在学科教学中如何渗透德育，探讨交流开展教研工作的经验，还组织他们与上海市中小学课程改革的试点小学挂钩，使各科教学更好地适应小学教改的需要。

我校规定，教研组的工作主要有：(1) 组织教师学习教育方针政策，端正教育思想，形成优良教风；(2) 组织研究教学大纲、教材教法，选编教材，钻研教学理论和专业知识，帮助新教师提高业务能力，开展教改活动；(3) 抓好备课活动，检查、督促完成教学计划，分析教学质量，总结交流经验；(4) 指导开展课外活动；(5) 负责日常的考勤及业务考核等。为了保证教研组工作的正常开展，学校除了抓好每两周一次的教研组长学习工作会议外，还规定了每周一次的教研组集体活动。校领导及教导主任分头深入各教研组检查指导工作，期初抓计划，期中抓落实，期末抓评估，发扬先进，交流经验，改进工作。教研组这一环节得以加强，使备课组被激发出活力，调动了教师教书育人、研究探索的积极性，提高了教的网络的效能。

学的网络的总框架是：教导处—年级组—班级—学生。教是为了学。在教与学的矛盾中，学既是教的出发点，又是教的落脚点。只有带领与指导学生“学好”，具备了明天为师的真本领，才是真正的“教好”。教导处把学校的要求，通过年级组、班级最后落实到每个学生，引导他们树立为儿童而勤奋学习的志向，帮助他们养成良好的学习习惯，组织他们交流学习经验，了解他们的学习情况。在重视学的网络的积极作用的同时，我们还注意发挥学生团委、学生会等非行政组织的作用，组织学生参与管理，培养他们的自治、自理、自律能力，增强他们的主人翁意识。

为了实现教学管理的总目标，我校既十分重视发挥教与学这两个网络各自的作用，又注意两者的有机结合，纵横交织，相交贯通，充分发挥它们的整体效益。

我校为四年制中等师范学校，贯彻执行国家教委中师教学方案，1—3 年级按市教育局颁布的课程设置安排教学，4 年级按国家教委颁布的中师四年级课程设置安排教学。由教的网络层层落实，又通过学的网络不断把“教”转化为“学”，实现教学计划的规定要求。在教学管理的全过程中，我们始终十分注意通过学的网络了解、收集学生对教的各种意见，经过分析处理，再利用教的网络反馈给教学人员，改进教学，提高教学质量。在教的过程中，经常会产生教与学的矛盾；在教的内部，同一年级学科之间存在安排方面的矛盾等。我校由教导处召开年级组、班主任及全体任课教师联席会议，协调矛盾，共商良策，充分发挥两个网络的作用，取得了良好的效果。我校抓起点年级教学质量的成效充分说明了这一点。

我校除英文打字、儿童文学、竖笛等部分选修课教材之外，全部采用国家教委和本市规定的中师教材，并按大纲规定使用教材。

我校十分重视体育卫生工作，把它看作是贯彻方针、实现培养目标的重要方面。多年来，我们坚持两课两操两活动。体育课每班每周两课时，每天坚持广播操（雨天在室内进行）、眼保健操和两次课外体育活动，并把这项工作与校风建设结合起来，取得了显著的效果。在卫生保健工作上，我们坚持“预防为主”的方针，向师范生普及卫生保健知识，卫生室设立学生健康卡，指定专人保证食堂饮食卫生，全面做好学生的卫生保健工作。学校还把校园环境卫生工作与培养学生的劳动习惯，创设良好的育人环境结合起来，收到了良好的效果。我校体育教研组被评为区文明组室。我校于 1988 年被评为“上海市花园单位”。

我校重视教育科研工作。我们认识到，教而不研，难以提高；研而不教，难见成效。要提高教学质量，就必须花大力气开展教育科研，以教育教学带动教研科研，以教研科研促进教育教学。我校加强教研室的建设，创办了校刊《园丁》及简报《星光灿烂》；从小学教育实际与学科特点出发，确立校、组及个人三级课题，定人员定时间开展活动，在教研科研的实践中提高能力，出论文，出成果，改进教育教学。目前，全校教师的科研意识大大增强，不少教师结合教学，写出了许多质量较高的论文，有的已在有关报刊上发表，有近 40 篇论文在全国、华东地区及本市各级各类论文比赛中获奖。1989 年，我校又建立了三级课题网络，共有课题 26 个，现已有 13 个课题的研究相继完成，其中《中师教师工作评估》和《优秀教师性格调查》分别获得上海市科研成果二等奖和华东地区中师青年教师论文比赛二等奖。

教与学两个网络充分发挥作用，使我校教学管理工作的总目标得以逐步实现。目前，我校已初步形成了良好的教风与学风，教学秩序井然，教师认真教，学生主动学，教学质量稳步提高。复校以来，我校已有三届毕业生。他们受到各区教育局及小学的普遍欢迎，被誉为“最受欢迎的”。首届毕业生沈梅毕业不满两个月，就荣获上海市小学中青年语文教师教学大赛优胜奖。最近，虹口区举办 90 届新教师教学评比，在进入决赛的 20 人中，我校占了 11 人。杨浦区举行 90 届中师毕业生教学比赛，语文有 7 人进入决赛，其中获一等奖的就是我校毕业生、杭一小学的新教师冯月芹；数学有 7 人进入决赛，其中获一等奖的是我校毕业生、建设附小的新教师高煜。金山石化地区举行青年教师三项基本功（粉笔字、钢笔字、即兴演讲）“大比武”，我校毕业生蔡琼获一等奖，李清获二等奖。蔡琼所带五（1）班还获得石化地区文明集体的称号。

三、坚持三个“化”

教学管理的大量工作在抓目标、抓计划、抓制度。我们在管理上基本做到了规格化、制度化、经常化。

1. 管理规格化

没有规矩，不成方圆。在教学管理上，我们从严务实，要求具体，做法规范，努力做到教有教规，学有学规。

（1）备课教案有要求。我们认真贯彻落实市教育局《关于教师备课的几点要求》这一试行文件，结合我校特点，提出备课要求。

现在我校教师基本做到每节课的教案有明确的教学目的，有具体的教学重点和难点，以及渗透德育的结合点和有利于学生理解和巩固所学知识的训练点。

（2）批改作业有记录。作业是教师检查自己教学效果和学生理解巩固所学知识的重要环节。我校为每位教师建立了“作业批改记录本”。教师每次批改作业都须做好记录，记录布置作业的日期、作业内容以及学生完成作业的情况，以利教师评讲和制订改进教学的措施。批改作业上了规格。

（3）试卷命题有规定。我们要求命题体现师范性，既考知识，又考能力。教师应根据学校规定的题目比例命题，即基础题占 60%，知识运用能力题占 30%，有一定难度的题目占 10%。任课教师人人命卷，备课组长综合，教研组长审核，教导处、教研室有权调整 20% 试题。

教师必须认真按“流水作业”法阅卷，合理评分；阅卷后，从教与学两个方面总结经验教训，认真填写“质量分析表”。“质量分析表”内容包括班级考试人数、各分数段学生占全班考试人数的百分比、全班总平均分数、质量分析及今后打算等项。

（4）管理过程有档案。为了科学地进行教学管理，我们建立并健全了教学管理档案和学生档案。关于教师方面的有《教师业务档案》、《历届班主任及各年级组长名单》、历年来各学期《教学进度表》、历年《教师任课安排表》等。关于学生方面的有《历届学生名单》、《历届毕业生去向表》、《在校学生学籍卡》、历年来各学期《考试汇总资料册》、《学生处分记录》、《学生考勤记录》、《学生健康卡》等。

2.
常规制度化

为了强化教学管理，我们建立了一系列制度，其中主要的教学常规管理制度是：

（1）集体备课制。我们要求教师在个人钻研教材的基础上参加备课组的集体备课。集体备课每周不少于一次。要求做到“四统一”：统一内容、统一进度、统一教学目的、统一训练要求；“一放开”：教学方法放开，提倡大胆探索。要求做好集体备课记录，教导处进行定期检查和不定期抽查，检查督促，期末存档。

（2）听课评教制。为了及时掌握教学情况，探索教改规律，我们要求每名教师每学期至少上一堂公开课。除此以外，教研组长以上干部可对教师随堂听课。学校规定中层以上干部每个学期听课不少于20节，教师相互听课每学期不得少于10节。教研组长听课节数应相对比教师多一些，要听每个年级的课，全面掌握情况。每次听课后，必须进行评教，共同研讨，提出教改意见，不断提高教学质量。

（3）教学反馈制。为了及时了解教学情况，在教学反馈方面采取了三种措施。第一，设立了“班级日志”，由学习委员负责填写每天的上课情况，提出建议或意见，每周向教导处汇报。教导处设专人汇总教学情况，发现教学方面的问题，由教导主任找教师谈话。第二，任课教师填写教学日志，旨在让教师填写教学内容、进度，反映班级出席情况。第三，每学期不定期地召开学生座谈会，较有效地全面地了解教学情况。

（4）教研组长学习制。教研组长每周学习一次。学习内容包括马列主义哲学著作、教育方针、中小学课程教改方案等，以提高思想认识和教学管理水平。

（5）青年教师岗位培训制。为了加强青年教师的事业心与责任感，使青年教师打好德、才两方面的扎实基础，我们组织青年教师进行岗位培训。除采用师傅带徒弟的方式组织中老年教师对青年教师带教外，我们每学期还举办一次青年教师教育教学评优活动。学校组织评审委员会，做到五定：定目标、定内容、定项目、定时间、定测评。

（6）毕业生负责制。对毕业生进行测评已经成为我校教学管理的常规制定。一般分三步进行：第一步，向毕业生所在小学寄发反馈表，从毕业生的教学技能、师德表现等十个方面进行评估；第二步，由教导处派专人下小学逐一了解毕业生的表现；第三步，校长主持行政会，全面评估毕业生情况。从 1988 年开始贯彻毕业生负责制以来的情况看，这有利于教学管理。例如用人单位反映 88 届毕业生板书潦草，我们及时调整书法教学，89 届、90 届的毕业生所在单位就普通称赞我校毕业生板书工整。

3.
检查经常化

为了保证各项章程制度的执行落实，我们用普查与抽查相结合，分散查与集中查相结合的方法，经常检查教学常规的执行情况。

（1）经常检查教学计划的执行情况。教导主任和分管教学的校长经常深入各教研组，有计划有目的地参加教研组和各备课组的活动，指导和检查教研组的工作，抓“三查”：查制度、查教案、查作业，保证教学计划的落实。

（2）经常了解各科教学情况。主要方式是：下班级听课，召开学生座谈会，定期填写教学反馈表，了解教学常规执行情况，并经常分析各学科的师范性，调整处理好各学科在教学上的矛盾与问题，采取切实有效的措施，改进教学。

（3）经常开展教学研讨活动。我们经常组织教研组与校一级的专题教学研讨活动，以提高教学质量和研究的水平。近几年来，先后组织了全校性的“电化教学情况发布会”“学科教学德育渗透研讨会”，以及多次“课堂教学观摩会”，推动教学改革向纵深发展，倡导全校教师关心参加教学研讨的风气。

四、
完善四个板块

我校教学管理工作努力贯彻国家教委颁布的《中等师范学校教学方案》，突破单一的必修课模式，初步实现了必修课、选修课、课外活动、教育实践的有机结合。

1.
必修课

必修课作为教学活动的主体，是培养师范生在道德品质、智力、体质等方面全面发展，对师范生进行职前教育的主要途径。我们抓必修课的主导思想：讲究思想性、科学性、师范性，加强德育渗透，优化课堂教学，落实基本功的培养。

在优化课堂教学，学科渗透德育的探索中，我校教学管理工作取得了三个方面的突破：

第一，对转变教育思想，树立正确教育观的意义有了进一步的认识。教师要自觉站在育人的高度进行学科教学，在向学生心田撒播知识种子的同时，撒播做人的良种，这已成为教师的共识。评教评学、寻找结合点、实践探索已逐步形成风气。

第二，初步形成了深入备课，精心设计课堂教学，提高教育教学技能技巧的局面。备课组加强集体备课，深入钻研教材，落实知识点和训练点，重视个别指导。课堂教学力求熔知识传授、能力培养、智力发展和思想情操陶冶于一炉，力求课上得立体化，发挥多功能作用，提高课堂教学效率。1990 学年上半学期共开实践探索课 89 节，本学期已开了 76 节，各学科老师在实践的基础上撰写了 9 篇论文。课堂教学的优化促进了现代化教学手段的运用，1990 学年第一学期教学录像占 143 课时，第二学期（至 5 月份）占 104 课时；教学电影第一学期 43 场，本学期已放映 30 场，语音室每周使用率均在 28 课时左右。

第三，课内外结合，落实基本功训练。教师普遍重视基本功训练，文科做到课前 3—5 分钟练口，结合教材设计小品表演、诗画配、文画配；理科也在课内安排学生练口内容。各学科结合教材特点列出训练要点，方法是分年级落实，课内外结合。以语音、常用字、板书为例：一年级以掌握汉语拼音，能为 1 000 常用字注音为要点；二年级的训练标准是过好口语表达关，要求语音准确，语句通顺流畅，能为2 000常用字注音，学好毛笔字；三、四年级则要能指导小学生学习和运用汉语拼音，过好教学语言关，学好硬笔书法，课外利用早自修，以兴趣小组成员为骨干辅导同学反复练习。基本功的考核方法是：分班逐项抽查，学校组织力量综合考查。普通话建立了检查卡，书法设立五阶十等，不定期检查验收。现在，见习、实习小学普遍反映我校学生板书整洁、字迹端正规范。

学科教学渗透德育是必修课在更深层次上的改革，它对优化课堂教学起着积极的推动作用，促使教学计划更加完整，教学目的更加明确，教学过程更加科学，教学手段更加先进。学校对学科渗透德育实践活动进行了总结。《熏陶感染塑心灵》一文在《师范教育》《人民教育》和《中国教育报》上相继发表，将我校的教学研究引向纵深，在社会上引起了强烈反响。

2.
选修课

选修课要面对两个实际：一是面对上海处在沿海经济发达地区这个实际；二是面对小学教育发展实际，特别是面对未来1993年小学整体改革的实际。从这两个实际出发，我校设选修课的做法是：排入课表，全面普及，长短结合，逐步到位。从90届毕业生的反馈看，他们走上工作岗位之后，能运用选修课中学到的知识，独立带领课外小组活动的，其中开设手工课外小组的最多，占40%，有些科技活动小组还在区里获科技活动奖。

目前，我校选修课的内容共三类。

（1）学科深化类：阅读教学、儿童文学、《小学作文教法》讲座、《小学自然教材教法》讲座。

（2）专业技能类：电脑、电教、手工、誊刻、卫生保健、书法、英文打字。

（3）艺术体育类：手风琴、口琴、竖笛、舞蹈、形体。

选修课基本有教材，有考查。已自编《气象》《手工》《竖笛》《英文打字》《硬笔书法》《誊刻》《卫生保健》《儿童文学》《趣味数学》《小学思想品德》等十种教材。

选修课的总课时 380 课时，达到了国家教委规定的选修课时应为总课时的 7%—15% 的规定。

我校对选修课的教学管理正在探索中，我们在面向小学、发展教师的专长、拓宽学生知识面等方面有了一些成功的经验。但是，总体上看还需要逐步完善，逐步到位。

3.
课外活动

课外活动注重因地制宜，培养兴趣，发展特长，服务小学，巩固专业思想。我们确定活动项目的原则是：（1）服务性原则，为小学开展课外活动的需要而设立选项；（2）教育性原则，有利于巩固专业思想，有利于思想教育；（3）发展性原则，即未来的小学教师的兴趣得到充分发展，个性特长得到充分发展；（4）系统性原则，课外活动既要自成系列，又要成为课堂教学的补充、延伸和发展；（5）可行性原则，既有传统活动项目，又要根据学校人力、场地实际逐步发展。

课外活动的基本情况是：

（1）课外活动坚持“七定”：定时间、定地点、定项目、定教师、定年级、定标准、定考核。1—3 年级学生根据需要选择一项，学校统一在周五下午开展课外活动。目前有 39 个活动组，三个年级所有学生都参加了活动组。

（2）课外活动的专业训练意识强。在老师辅导下，师范生课外活动组经常请进来，走出去，与小学生一起活动。数学课外活动组每年举行一次小学生数学邀请赛，从调查筹备到比赛阅卷都由数学课外活动组同学承担。《故事大王》课外活动组自编课本剧、排练木偶剧，到小学去演出；竖笛小组帮助小学建立竖笛队，受到欢迎。

（3）课外活动考核方法具体。考核采用每学期评分、三年累计积分制。每学期成绩得 50 分为优，40 分为良，30 分为中，20 分为及格。三年六个学期积 200 分为合格。

（4）课外活动的主要成效：不仅培养了一批能歌善舞、能写会画、专业技能出众的骨干，而且巩固推动了课堂教学的优化。仅以 1990 学年第一学期为例，有 37 人获市级以上竞赛一等奖 2 项，二等奖 5 项，三等奖 1 项。

4.
教育实践

教育实践是教学管理的重要组成部分，要讲究整体效应。我们在组织教育实践活动中，努力按照教育理论与教学实践相结合、学校师资与小学师资力量相结合、分散与集中相结合的原则，做到计划落实、检查落实，尽心、尽力、尽职地搞好教育实践。

（1）教育实践的基本格局：一、二年级学生在学校领导下，与附近小学挂钩，以“彩色基地”命名，每周二下午深入小学，参与小学主题队会的组织，编排黑板报，与优秀教师座谈，和小学生联谊等活动，累计每学期实践活动两周时间。三年级集中两周见习，辅导小学班队工作，听课评课，了解小学课外活动情况，观摩小学生的学习、品德表现和个性特征，并写出观察报告，尝试性地上 1—2 节课。四年级集中 6—8 周实习，具体指导小学班队晨会课，实习班主任工作，主教语文、数学，兼教自然、音乐、体育、美术中的一科，带课外活动小组；实习过程中，举行公开课，学写品德评语，学校组织实习宣讲队向师范学校低年级学生宣传实习体会，扩大教育实践的影响。

（2）教育实践的组织领导：成立以分管校长为组长，包括教导主任、年级组长等组成的领导小组，全面安排，检查教育实践活动。

（3）教育实践的检查考评：对见习生的检查分四项逐个进行评定，学校与见习、实习单位共同考核。检查考评的四项内容为：教育思想、教学工作、师德表现、专项成绩（普通话、钢笔字、教案）。学校每年举办实习成果汇报会，组织毕业生验收活动，总体评估教育实践的效果。

科学管理讲究计划、执行、检查、反馈，我们仅仅是学步。

跟上时代步伐，狠抓师资质量

义务教育，说到底是国民的素质教育。素质教育从儿童开始，小学教师负有培养儿童具有良好的思想品德素质、科学文化素质、身体心理素质和劳动技能素质的光荣使命。中等师范学校是培养小学教师的摇篮，肩负着小学教育的未来。师范教育质量与小学教育质量呼吸与共，息息相关，要提高小学教育质量，非狠抓中等师范教育质量不可。尤其是上海这样一个国际化大都市，改革深入，开放步伐大，对人才需求多，对人的素质要求高，师范教育必须加大改革力度，狠抓质量，在适应上下功夫。

为了跟上时代步伐，培养跨世纪素质良好的小学师资，我们浅层次的设想是：以培养目标总揽全校教育教学。

学校的根本任务是贯彻教育方针，培养为现代化小学教育服务的合格教师，实现师范学校的培养目标。培养目标是总揽全校工作的纲，是衡量教育教学质量的准绳，学校一切工作均需以此为依归。

上海师范学校培养目标除与全国师范学校培养目标具有共性外，还需有地区的个性，有沿海地区的特点。我们打算在三个方面有所进展：一是热爱，二是基础，三是能力。

树立热爱小学教育、热爱儿童的信念，以提高民族素质为己任，排除对小学教育认识上的种种干扰与冲击。

本文撰写于1993年。针对上海作为国际化大都市改革深入、开放步伐大、对人才需求多、对人的素质要求高等时代特征，作者指出，学校须用培养目标总揽教育教学，师范学校培养的是为现代化小学教育服务的合格教师，师范生的素质决定着未来小学教育的质量。因此，必须在提高师范生的综合素质上有所突破。在实践中，作者站在育人的高度，狠抓师资质量，积极提升师范生的综合素质，全力培养未来合格的小学教师，以适应时代发展的要求。

基础扎实牢靠，视野比较开阔。写一手规范、端正的粉笔字和钢笔字，说一口标准、流利的普通话，文章文从字顺，专业知识扎实，阅读面较广，对发展中的教育、科学、技术等有所关心与了解。

加强五种能力的培养：辨别是非能力，教学能力，动手操作能力，自学能力，特别是更新知识结构的能力，以及独立分析问题和解决问题的能力。

在这些方面有所突破，方能适应上海小学课程教材改革的需要，适应上海改革开放的形势。

以三个结合落实管理措施。

教师的主导作用与学生的主动性、积极性相结合。充分调动师生两个积极性，教师重在引导、点拨、开窍、示范，学生在德智体美劳诸育中主动学、积极学。以教引学，教学相长。

校内教育、校外实践相结合，增加师范教育开放度。强内而拓外。优化教学环境，美化校容校貌，建设良好的校风，加强教学管理；与小学教育、家庭教育、社会教育紧密联系，增强实践环节，服务于小学，服务于社会，以外促内，从校内延伸到校外，撒播精神文明的种子。主渠道必修课与副渠道选修课、课外活动、教育实践相结合。必修课是引导学生打知识基础、培养多种能力的主渠道，理应在教育过程中起核心作用、辐射作用；而副渠道旨在巩固知识，开阔视野，锻炼多种能力，尤其是教育教学能力。二者有机结合，搭配得当，就能相辅相成，相得益彰。

完善结构工资制度，探索人事改革途径，优化教职工结构，增强凝聚力和内驱力。

教师的质量左右着教育教学的质量，也左右着师范生的质量。建立激励机制，增强教好学生的内驱动力，发挥教师集体的聪明才智和创造力至为重要。

面对社会主义市场经济的发展，学校在经济方面需有相当的实力，以稳定骨干教师队伍。为此，要着力完善结构工资制度，探索人事改革途径，使学有专长、教而有方、服务优质的教职工能安于本岗位，施展自己的才能。

法制观念必须加强

在庆贺全国人民代表大会成立 40 周年的日子里，回顾自己当市人大代表的历程，深感在全体人民中树立法制观念的重要性。邓小平同志说："我们国家缺少执法和守法的传统，从党的十一届三中全会以后就开始抓法制，没有法制不行。法制观念与人们的文化素质有关。"一语破的，小平同志把法制的重要性说得入木三分。建立社会主义法制是建设有中国特色的社会主义的重要保证，作为社会主义国家的公民，必须强化这个意识。

十多年来，无论是参加人代会、人大常委会，还是视察、检查，都是和"法"打交道。对我这样一名长期从事基础教育的教师来说，真是开阔视野，增长见识，接受一次次活生生的法制教育，大大加强了法制观念。其中体会最深的有以下几点。

一、抓住时机立法，能促进建设事业的顺利发展

立什么法，不是凭少数人的主观臆断，而是事业发展的客观需要。立什么法，既要有战略眼光、超前意识，也要有全局观念，不能只顾眼前，只顾一时一事。现代化建设要有数以几亿计的素质良好的劳动者，要有跨世纪的德才兼备的在国际上有竞争力的出类拔萃的人才。这些人从何而来？人不可能自然成才，要靠培养，靠教育，靠从小打下扎实的基础。基于这样的认识，许多代表认为，上海这样的大

本文发表于《上海人大月刊》1994 年第 9 期。

城市，应率先制定义务教育方面的地方性法规。于是由时任教科文卫委员会副主任委员孟波同志牵头，提出了制定上海普及义务教育条例的议案。经过反复酝酿，多方审核，在义务教育方面立了法，比全国义务教育法制定早一年。“法”制定以后，大大促进了上海基础教育的发展。单是学校的危房改造，就解决了几十年来未能解决的难题。“法”发挥了威力。职业教育、成人教育、义务献血、文化市场管理等，都是抓住时机，成熟一个立一个法，保证了这些事业健康而顺利地发展。

二、法的尊严靠人来维护，法的威力靠人来发挥

“法”制定以后，怎样发挥它的威力，维护它的尊严？一靠执法部门严格执法，二靠监督部门认真监督。这两条如果不落实，“法”就缺乏权威性，就不能起褒善贬恶、扶正压邪，促发展、促进步的作用。几千年来，我们国家是人治，缺少执法和守法的传统。人总是各司其职，不可能万事通，不可能是所有行业的专家。因此，执法与监督的过程实质上是学习法、宣传法、统一认识、增强法制观念的过程。大家执法、守法，法的尊严得到维护，威力就得到发挥。例如，前几年上海市是小学生入学高峰，根据测算，部分地区部分学校须实行两部制。两部制给家庭给社会带来的严重问题不言而喻。大家为了维护义务教育法的尊严，方方面面动脑筋，想办法，终于平稳地渡过难关，法树立了权威。

人民选我当代表，学习法、宣传法、遵守法是我应尽的义务。

我们的目标与任务
——学习《邓小平文选》札记

我们的国家是有希望的。我们的目标，第一步是到二○○○年建立一个小康社会。雄心壮志太大了不行，要实事求是。所谓小康社会，就是虽不富裕，但日子好过。我们是社会主义国家，国民收入分配要使所有的人都得益，没有太富的人，也没有太穷的人，所以日子普遍好过。更重要的是，那时我们可以进入国民生产总值达到一万亿美元以上的国家的行列，这样的国家不多。国家总的力量大了，那时办事情就不像现在这样困难了。比如，拿出国民生产总值的百分之五办教育，就是五百亿美元，现在才七八十亿美元。

摘自《争取整个中华民族的大团结》（一九八六年六月十八日），《邓小平文选》第三卷第161—162页

【学习提示】

这是邓小平同志会见来自美国、加拿大、澳大利亚、联邦德国、巴西以及港澳等国家和地区的荣氏亲属回国观光团部分成员和内地的

登载于1994年《教育参考——学习邓小平教育思想专刊》。

荣氏亲属时谈话的摘录。邓小平同志关于建设有中国特色社会主义的伟大战略部署是：20 世纪 80 年代人均国民生产总值翻一番，解决温饱问题；90 年代再翻一番，人民生活达到小康水平；在这个基础上，再翻两番，到 21 世纪中叶达到中等发达国家水平。摘录的这段话是说到 20 世纪末建立一个小康社会的问题。这个目标对发达国家来说是微不足道的，但对中国来说，是一个雄心壮志，是一个宏伟目标。这个目标既从中国的国情、中国的实际出发，又表现出非凡的勇气。社会主义最大的优越性就是共同富裕。鼓励一部分地区、一部分人先富裕起来，也正是为了带动越来越多的人富裕起来，达到共同富裕的目的。坚持社会主义，实行按劳分配的原则，就不会产生贫富过大的差距。邓小平同志主张我们社会主义国家没有太富的人，也没有太穷的人，日子普遍好过。经济发展，综合国力加强，就有更多的财力投入教育。国民生产总值一万亿美元以上，拿出百分之五办教育，比现在的教育投入增长几倍。站在理论思维、战略全局和事业成败的高度论述教育、关心教育是邓小平伟大战略思想的重要组成部分，提出的目标鼓舞人心，教育事业随着经济的快速、持续增长，必能获得长足的发展。

【启发思考】

① 教育投入与经济发展有怎样的关系？

② 到 20 世纪末，我国的国力怎样？教育会有怎样的发展？

*　　*　　*

党的十二大提出，到二〇〇〇年，我国的工农业年总产值，要比一九八〇年翻两番。最近几年的情况，表明这个宏伟目标是能够达到的。当前的主要任务，是要对妨碍我们前进的现行经济体制，进行有系统的改革。同时，要对全国现有的企业，进行有计划的技术改造。要大大加强科学技术研究工作，大大加强各级教育工作，以及全体职工和干部的教育工作。全党和全社会都要真正尊重知识，真正发挥知识分子的作用。这样，我们就一定会逐步实现现代化。

摘自《在中华人民共和国成立三十五周年庆祝典礼上的讲话》（一九八四年十月一日），《邓小平文选》第三卷第70页

【学习提示】

这篇讲话回顾了中华人民共和国成立35年以来的光辉成就，指出20世纪末的宏伟目标能够达到，提出了现行经济体制要作系统改革是当前的主要任务。社会主义的首要任务是发展生产力。邓小平同志在认真总结我国几十年来社会主义现代化建设正反两方面经验的基础上，站在历史的高度、全球的高度，针对严重束缚我国生产力发展的计划经济体制和长期“闭关自守”的现状，提出了革命是解放生产力，改革开放也是解放生产力的著名论断。在生产力诸因素中，人的因素是最重要的。旧的经济管理体制束缚人的积极性的发挥，只有从根本上改变束缚人的积极性的经济体制，才能解放和发展生产力。改革是发展的强大动力，是中国的第二次革命，坚持改革开放是决定中国命运的一招。围绕经济体制的改革，相应地也要改革其他体制。抓改革开放的同时，要大大加强教育与科技工作，形成尊重知识、发挥知识分子作用的好风气。从某种意义上说，现代化不仅仅是器物或者体制的现代化，而更主要的是人的现代化，是人的综合素质的提高。社会主义现代化对人的素质要求和塑造是全面的，不仅指科学技术、文化水平，而且包括思想、道德、心理、体质等各个方面，因此，教育工作须大大加强。

【启发思考】

① 为什么说改革是解放生产力、发展生产力？

② 在建设社会主义现代化过程中，为什么要加强教育工作？为什么要尊重知识？

*　*　*

抓住时机，发展自己，关键是发展经济。现在，周边一些国家和地区经济发展比我们快，如果我们不发展或发展得太慢，老百姓一比较就有问题了。……上海在人才、技术和管理方面都有明显的优势，辐射面宽。回过头看，我的一个大失误就是搞四个经济特区时没有加上上海。要不然，现在长江三角洲，整个长江流域，乃至全国改革开放的局面，都会不一样。

摘自《在武昌、深圳、珠海、上海等地的谈话要点》（一九九二年一月十八日——二月二十一日），《邓小平文选》第三卷第 375—376 页

【学习提示】

邓小平同志这次谈话的要点内容极其丰富。他强调要抓住时机，发展自己，关键是发展经济，力争隔几年上一个台阶。抓住机遇对加快发展有着极为重要的意义。对于中国来说，大发展的机遇并不多。从国际形势看，全球正处于大转折大过渡时期，和平与发展仍是当代世界两大主题。尤其是东亚政局相对稳定，经济发展一枝独秀，正在成为世界上发展活力最旺盛的地区。中华人民共和国成立四十多年来第一次处在没有同任何一个周边国家紧张对峙的环境中。这样，我们就有了充分利用国际经济、政治环境加快发展的可能性。从国内形势看，随着改革开放的推进，综合国力积蓄了巨大的能量，市场经济新体制开始建立，整个国民经济进入新的发展阶段。我们有自己独特的机遇，有几千万爱国同胞在海外，他们对祖国现代化建设的积极支持与参与，就是一个十分有利的发展机遇。综观全局，大发展的历史机遇已经清楚地展现在我们的面前，关键在于我们要善于抓住机遇。

上海长期处于全国改革开放的“后卫”态势，邓小平同志的谈话，1992 年 10 月党中央的重大决策——“以上海浦东开发开放为龙

头，进一步开放长江沿岸城市，尽快把上海建成国际经济、金融、贸易中心之一，带动长江三角洲和整个长江流域地区经济的新飞跃”，使上海碰到了千载难逢的历史性大机遇。抓住这个宝贵的机遇，是上海加快发展、实现“后来居上”目标的关键所在。世纪之交又是世界各国和地区为赢得21世纪竞争与发展主动权而进行紧张准备的关键时期，在一场世界性的经济竞赛浪潮中，谁落伍掉队，谁就会被淘汰于决赛圈之外。上海正紧紧抓住以开发开放浦东为核心的这个大发展机遇，努力站在改革开放的“前沿”，使上海的经济建设和各项事业发展跃上了一个新台阶。

【启发思考】

① 在发展生产力中抓住机遇有怎样的意义？为什么说现在就是抓住机遇的好时机？

② 上海有怎样的历史性大机遇？教育在其中应发挥怎样的作用？

* * *

在社会主义国家，一个真正的马克思主义政党在执政以后，一定要致力于发展生产力，并在这个基础上逐步提高人民的生活水平。这就是建设物质文明。过去很长一段时间，我们忽视了发展生产力，所以现在我们要特别注意建设物质文明。与此同时，还要建设社会主义的精神文明，最根本的是要使广大人民有共产主义的理想，有道德，有文化，守纪律。国际主义、爱国主义都属于精神文明的范畴。

摘自《建设社会主义的物质文明和精神文明》（一九八三年四月二十九日），《邓小平文选》第三卷第28页

【学习提示】

这是邓小平同志会见印度共产党（马克思主义）中央代表团时谈话的摘录。邓小平建设有中国特色社会主义理论的核心是发展生产力。党的十一届三中全会以来，邓小平同志一贯强调，要发展，大力发展，加快发展，持续发展。社会主义的根本任务是发展生产力。社会主义的本质是解放生产力，发展生产力，消灭剥削，消除两极分化，最终达到共同富裕。贫穷不是社会主义，社会主义的优越性，归根结底要体现在它的生产力比资本主义生产力发展得更快一些。综合国力增强了，我国在国际上维护和平的分量就会更重；生产力发展了，人民积极性调动起来了，社会主义制度就会更加巩固。社会主义的前途和命运，取决于我们的经济能不能尽快搞上去。因此，要特别注意物质文明的建设。归根结底，发展是硬道理，发展是根本，发展是大局。必须坚持以经济建设为中心，一心一意干下去。只要不打世界大战，就要紧紧扭住发展这个根本环节不放。物质文明上去了，精神文明也就有了更雄厚的基础。建设精神文明是我们社会主义的重要特征，为我们的事业的健康发展提供了保证。光靠物质条件，我们的革命和建设都不可能胜利。进行社会主义精神文明建设为经济发展提供精神动力和智力支持。邓小平同志说："对马克思主义的信仰，是中国革命胜利的一种精神动力。"当人们真正懂得只有社会主义才能救中国，也只有社会主义才能发展中国的道理，就会产生极大的力量。教育科学文化既是物质文明建设的重要条件，也是提高人民群众思想道德觉悟水平的重要条件。因此，建设社会主义精神文明的根本任务在于使广大人民有理想、有道德、有文化、有纪律，发扬爱国主义和国际主义精神。

【启发思考】

① 一个真正的马克思主义政党在执政以后，为什么一定要致力于发展生产力？

② 在特别注意建设物质文明的同时，为什么要建设社会主义的精神文明？

* * *

思想战线上的战士，都应当是人类灵魂工程师。在当前这个转变时期，在社会主义精神文明建设和整个社会主义建设事业中，他们在思想教育方面的责任尤其重大。十年内乱的消极后果和历史遗留的种种因素，新形势下出现的新的复杂问题，在人们的思想上引起各种反映，包括一部分模糊和错误的认识。作为灵魂工程师，应当高举马克思主义的、社会主义的旗帜，用自己的文章、作品、教学、讲演、表演，教育和引导人民正确地对待历史，认识现实，坚信社会主义和党的领导，鼓舞人民奋发努力，积极向上，真正做到有理想、有道德、有文化、守纪律，为伟大壮丽的社会主义现代化建设事业而英勇奋斗。大多数人正是在不同程度上这样做的。

摘自《党在组织战线和思想战线上的迫切任务》（一九八三年十月十二日），《邓小平文选》第三卷第 40 页

【学习提示】

这是邓小平同志在中国共产党第十二届中央委员会第二次全体会议上讲话的摘录。邓小平同志在这篇讲话中针对思想战线存在着相当严重混乱的情况，严肃指出，思想战线不能搞精神污染。精神污染的实质是散布形形色色的资产阶级和其他剥削阶级腐朽没落的思想，散布对于社会主义、共产主义事业和对于共产党领导的不信任情绪。精神污染的危害很大，足以祸国误民。他强调，加强党的思想战线的领导，克服软弱涣散的状态，已经成为全党的一个迫切的任务。他阐明了思想战线上的战士应担负的艰巨任务，应教育人民坚信社会主义和党的领导，鼓舞人民为伟大壮丽的社会主义现代

化建设事业而英勇奋斗。教师也应当是人类灵魂工程师，应当塑造学生优美的心灵，义不容辞地担当教育学生的光荣使命。进行思想教育，应该永远把坚定正确的政治方向放在第一位，彻底清除“四人帮”所造成的种种恶果，坚持四项基本原则教育，用马克思主义对西方资产阶级思想文化的渗透进行分析，引导学生明辨是非。政治思想战线上的斗争，有其深刻原因。从国际大气候看，美国现在有一种提法：打一场无硝烟的世界大战。所谓没有硝烟，就是要社会主义国家和平演变，而且把希望寄托在以后的几代人身上。从国内小气候看，因为我们的对外开放，西方资产阶级的理论学说和形形色色的腐朽思想，被搞资产阶级自由化的人鼓吹、传播，在青年中造成极大的思想混乱，再加上我们思想政治工作在某些方面软弱涣散，有些人，特别是青年，不能正确地对待历史、认识现实，就不足为怪了。因此，必须正视现实，高举马克思主义、社会主义旗帜，加强政治思想工作。

【启发思考】

① 人类灵魂工程师的光荣职责是什么？

② 怎样通过自己的教学、讲演、文章坚定学生的社会主义信念，激发他们奋发努力，积极向上？

* * *

现在我们国内形势很好。有一点要提醒大家，就是我们在建设具有中国特色的社会主义社会时，一定要坚持发展物质文明和精神文明，坚持五讲四美三热爱，教育全国人民做到有理想、有道德、有文化、有纪律。这四条里面，理想和纪律特别重要。我们一定要经常教育我们的人民，尤其是我们的青年，要有理想。为什么我们过去能在非常困难的情况下奋斗出来，战胜千难万险使革命胜利呢？就是因为我们有理想，有马克思主义信念，有共产主义信念。

摘自《一靠理想二靠纪律才能团结起来》（一九八五年三月七日），《邓小平文选》第三卷第 110 页

【学习提示】

这是邓小平同志在全国科技工作会议上作《改革科技体制是为了解放生产力》的讲话后，即席作的一次讲话的摘录。讲话中强调在建设具有中国特色的社会主义社会时，既要发展物质文明，又要发展精神文明；强调要教育全国人民有理想、有道德、有文化、有纪律，其中理想和纪律特别重要。社会的改造，社会制度的进步，最终表现为物质文明和精神文明。在社会主义社会，两个文明建设同步发展，是社会主义社会全面发展的客观要求，而物质文明起着基础的作用。光靠物质条件，我们的革命和建设都不可能取得胜利。两个文明的建设是互相渗透，双向推进的。精神文明建设的根本任务是培养有理想、有道德、有文化、有纪律的新人。我们国家国力的强弱，经济发展后劲的大小，越来越取决于劳动者的素质，取决于知识分子的数量与质量。因此，在社会主义条件下，努力改善全体公民的素质至关重要。推行新的经济运行体制，人们就必须树立与之相适应的一系列思想观念，如竞争观念、效益观念、自主自强意识、公平和法制观念等等。要使社会劳动生产率不断提高，人和人之间在公有制基础上的新型关系要不断发展，要有公德心，要有社会主义道德，要引进和吸收国外现代科学技术、先进的管理和一切优秀的文明成果，大批劳动者须具备较高的科学文化水平。社会主义现代化建设要有秩序地进行，劳动者必须遵守纪律。而要做到上述这些，最为重要的是要有理想，有马克思主义信念，有共产主义信念。革命取得胜利，战胜千难万险，因为我们有理想；社会主义现代化建设要取得胜利，我们必须有理想。

【启发思考】

① 在建设具有中国特色的社会主义社会时，为什么要两个文明

一起发展？二者之间是什么关系？

② 精神文明建设的根本任务是什么？

*　　*　　*

人的因素重要，不是指普通的人，而是指认识到人民自己的利益并为之而奋斗的有坚定信念的人。

摘自《用坚定的信念把人民团结起来》（一九八六年十一月九日），《邓小平文选》第三卷第190页

【学习提示】

这是邓小平同志会见日本首相中曾根康弘时谈话的摘录。谈话中说到过去我们打败国民党用美国装备武装起来的几百万现代化军队，靠的是万众一心。那时，我们没有飞机，没有大炮，主要是靠人。接着，邓小平同志就说了上面这段话，指出人的因素重要，不是指普通的人，而是指有坚定信念的人。这种人坚持共产主义理想，发扬大公无私、艰苦奋斗的精神。这种人全心全意为人民服务，为人民的利益而奋斗。革命的年代需要有坚定信念的人，现在社会主义建设年代同样需要有坚定信念的人。社会主义精神文明要抓住提高人的素质这一核心问题，人的素质是历史的产物，又给历史以巨大的影响。要提高人民的思想道德素质和科学文化素质，最为重要的是树立共产主义理想，为实现社会主义现代化努力奋斗。有理想，面对打开国门的新形势，就能有识别真伪良莠的能力，就能抵制资本主义腐朽思想和生活方式的侵蚀。没有坚定的信念，就不可能保持清醒的头脑，不可能充分发挥建设社会主义的积极性。人的素质必须提高，否则，对社会主义物质文明建设是极大的制约。树立社会主义、共产主义坚定信念的教育要从娃娃抓起，让他们懂得以热爱祖国、贡献全部力量建设社会主义祖国为最大光荣，以损害社会主义祖国利益、尊严和荣誉为最大耻辱；懂得我们集中力量搞社会主义四个现代化，着眼于振兴中华民族；懂得中国人民既然有能力站起来，就一定有能力永远岿然屹立于世界民族之林。

【启发思考】

① 影响青少年树立坚定信念的消极因素有哪些？如何克服这些消极因素？

② 如何进行榜样教育，使学生深切感受到这些榜样是怎样认识到人民自己的利益并为之而奋斗的？

* * *

我们要抓紧四项基本原则的教育，马克思主义基本理论的教育，搞几年风气就会变的。

摘自《改革开放政策稳定，中国大有希望》（一九八九年九月四日），《邓小平文选》第三卷第318页

【学习提示】

这是邓小平同志同几位中央负责同志的谈话要点的摘录。20世纪50年代，广大党员和人民讲理想，讲纪律，讲为人民服务，爱党，爱国家，爱社会主义，社会风气和道德面貌很好。三年困难时期，党和人民团结奋斗，渡过难关，社会风气也是好的。现在社会风气有许多不尽如人意之处，只要坚持不懈地抓紧四项基本原则的教育，抓紧马克思主义基本理论的教育，风气就会转变。这方面的教育要抓，而且要抓紧。早在1979年3月党的理论工作务虚会上，小平同志就明确指出："为了实现四个现代化，我们必须坚持社会主义道路，坚持无产阶级专政，坚持共产党的领导，坚持马列主义、毛泽东思想。"又说："决不允许在这个根本立场上有丝毫动摇。如果动摇了这四项基本原则中的任何一项，那就动摇了整个社会主义事业，整个现代化建设事业。"由此可见，对广大人民、对青年进行四项基本原则教育的必要性与重要性。这些原则在新形势下都有新的意义，需要根据新的丰富的事实作出新的有充分说服力的论证。进行马克思主义基本理论的教育要联系实际，为学生建立符合时代要求的人生观、价值观打

下扎实的基础。马克思主义从来不是教条，而是行动指南。面对建设有中国特色的社会主义的伟大任务，掌握马克思主义基本理论，才能加强我们工作中的原则性、系统性、预见性和创造性，才能在复杂的斗争中不迷失方向，才能推进事业的发展。

【启发思考】

① 四项基本原则的核心是什么？为什么说与资产阶级自由化水火不相容？

② 在青年学生中采用哪些措施才能提高马克思主义基本理论教育的效果？

* * *

要特别教育我们的下一代下两代，一定要树立共产主义的远大理想，一定不能让我们的青少年作资本主义腐朽思想的俘虏，那绝对不行。

摘自《一靠理想二靠纪律才能团结起来》（一九八五年三月七日），《邓小平文选》第三卷第 111 页

【学习提示】

这是邓小平同志在全国科技工作会议上作《改革科技体制是为了解放生产力》的讲话后，即席作的一次讲话的摘录。这段话凝聚了老一辈无产阶级革命家对青年一代的无比关怀和无限期望。“要特别教育我们的下一代下两代”，要使我们的社会主义大业兴旺发达，代代有人继承发展，对新一代新二代的青少年要特别加强教育。教育的内容很多，但最根本的是树立共产主义的远大理想，不能让青少年作资本主义腐朽思想的俘虏。“一定要”“一定不能”“绝对不行”，斩钉截铁，语重心长。邓小平同志所说的理想，就是有马克思主义信念，有共产主义信念。我们干的是社会主义事业，最终目的是实现共产主义。在新时期，理想就是社会主义现代化。很多人只讲现代化，

忘了我们讲的现代化是社会主义现代化。社会上确实存在着一股追逐物质利益的歪风，鼓吹个人主义是一种合理、正当、进步的观念，鼓吹“人的本质是自私的”，鼓吹“现在要发展商品经济，就一定要发展个人主义”，等等，这些极端错误的思想言论对青少年危害极大，千万不能掉以轻心。西方资产阶级没落文化也通过有形无形的渠道腐蚀青少年，青少年缺乏生活经验，辨别能力不强，往往受害不浅。教育部门、社会各部门都要本着对社会主义建设事业、对青少年高度负责的精神，教育学生明辨是非，鉴别好坏，批判腐蚀人们心灵的谬论，制止坏产品的生产、进口和流传。用资本主义腐朽思想侵蚀青少年是不道德的犯罪行为，绝对不能容忍。学校如不采取强有力的措施教育学生反腐蚀，那就是失职的表现。

【启发思考】

① 这段话蕴含了怎样的深意？对教育者提出了怎样的要求？

② 对你身边青少年影响最大的是哪些资本主义腐朽思想？应采取哪些方法来教育他们，增强他们的抵御能力？

* * *

现在中国提出“四有”，有理想、有道德、有文化、有纪律。其中我们最强调的是有理想。

摘自《用坚定的信念把人民团结起来》（一九八六年十一月九日），《邓小平文选》第三卷第190页

我们历来提倡有理想、有道德、有文化、有纪律，其中最重要的是有理想、有纪律。理想就是社会主义现代化。

摘自《中国只能走社会主义道路》（一九八七年三月三日），《邓小平文选》第三卷第209页

【学习提示】

前一段是邓小平同志会见日本首相中曾根康弘时谈话的摘录，后一段是邓小平同志会见美国国务卿舒尔茨时谈话的摘录。在这两篇谈话中，邓小平同志认为人的团结要靠共同的理想和坚定的信念，论述了反对资产阶级自由化的问题，指出一切反对、妨碍我们走社会主义道路的东西都要排除。他强调在有理想、有道德、有文化、有纪律中，最重要的是有理想、有纪律。理想就是社会主义现代化。一个国家、一个民族一定要有自己的精神支柱，这是推进革命和建设大业、创造文明幸福社会的动力源泉。革命的理想就是这种精神支柱。革命的理想要从小开始培养，我们党的教育事业历来有这样的优良传统。在新民主主义革命时期，我们已经坚持用共产主义的思想体系指导整个工作，提倡和表彰“全心全意为人民服务”“个人服从组织”“大公无私”“毫不利己，专门利人”“一不怕苦，二不怕死”的精神。千千万万胸怀革命理想的人投入革命洪流，夺取了新民主主义革命的胜利。现在进入社会主义时期，我们的伟大目标是实现社会主义现代化，这就是我们崇高的理想。学校要教育每个学生树立这个崇高的理想，社会要教育每个公民树立这个崇高的理想，同心协力，为社会主义现代化作贡献。一切向钱看，追求个人物质利益的歪风，是没有理想的表现，要引导学生鉴别、抵制。要搞四个现代化，使中国发展起来，就要有纪律、有秩序地进行建设。有纪律，理想才能实现。纪律和自由是对立统一的关系，两者不可分，缺一不可。学校要大力加强革命秩序和革命纪律，造就具有社会主义觉悟的一代新人，促进整个社会良好风气的形成。

【启发思考】

① 为什么说有理想、有道德、有文化、有纪律中，最重要的是有理想、有纪律？

② 对青年学生进行理想教育有哪些有效的途径和方法？

* * *

思想文化教育卫生部门，都要以社会效益为一切活动的唯一准则，它们所属的企业也要以社会效益为最高准则。思想文化界要多出好的精神产品，要坚决制止坏产品的生产、进口和流传。资产阶级自由化的宣传，也就是走资本主义道路的宣传，一定要坚决反对。

摘自《在中国共产党全国代表会议上的讲话》(一九八五年九月二十三日)，《邓小平文选》第三卷第 145 页

【学习提示】

邓小平同志在中国共产党全国代表会议上指出，党的十一届三中全会以来，全党把工作重点转移到社会主义现代化建设上来，这是最根本的拨乱反正。我国经济体制的全面改革刚刚起步，总的方向、原则有了，要抓住当前有利时机，坚定不移，大胆探索，及时发现和解决问题。他强调全党要重视精神文明建设，指出如不加强精神文明建设，物质文明的建设也要受破坏，走弯路。从物质文明建设和精神文明建设的全局出发，他对思想文化教育卫生部门提出明确的要求。要以“社会效益”为“唯一准则”“最高准则”，一切活动均应如此。这就牢牢把握住精神文明建设的社会主义方向，澄清了追逐经济利益、见利忘义的思想上的混乱。社会主义精神文明建设，是在改革开放的历史条件下进行的。改革开放取得了巨大的成就，同时也带来了许多新情况新问题。资本主义、封建主义的流毒泛滥起来，甚至 1949 年后绝迹已久的一些坏事也复活了；一些在西方国家也认为低级庸俗或有害的书籍、电影、音乐、舞蹈以及录像、录音也输入不少，对人民，尤其是对青年学生有极大的危害。教育部门、各类学校要坚决制止坏书籍、坏影视等坏产品的流传，坚决抵制外来腐朽思想对青年学生的侵蚀，保护他们健康成长。资产阶级自由化，就是崇拜

西方资本主义国家的“民主”“自由”，否定社会主义，宣传资产阶级自由化，这是绝对不能允许的。这是理论、思想、文化领域的大是大非问题，必须立场坚定，旗帜鲜明。

【启发思考】

① 为什么要以社会效益为思想文化教育卫生部门一切活动的唯一准则？

② 学校在抵制坏产品的生产、进口与流传方面有哪些行之有效的经验？有哪些难以克服的困难？

③ 怎样提高识别资产阶级自由化宣传的伎俩与实质？

* * *

> 法制教育要从娃娃开始，小学、中学都要进行这个教育，社会上也要进行这个教育。纠正不正之风中属于法律范围、社会范围的问题，应当靠加强法制和社会教育来解决。我们要把经验好好总结一下，使这方面工作来一个改善。
>
> 摘自《在全体人民中树立法制观念》（一九八六年六月二十八日），《邓小平文选》第三卷第163页

【学习提示】

这是邓小平同志在中央政治局常委会上讲话的摘录。邓小平同志认为，我们国家缺少执法和守法的传统，从党的十一届三中全会以后就开始抓法制，没有法制不行。法制是社会主义现代化建设的重要保证，而加强法制的根本途径是教育人。中国的政治体制改革，要讲社会主义的民主，也要讲社会主义的法制。在强调发展民主的同时，要强调教育人民特别是青年要有理想，守纪律。要真正使人人懂得法律，使越来越多的人不仅不犯法，而且能积极维护法

律。遵纪守法的教育要从小抓起。要使新一代懂得民主法制的重要意义，遵纪守法，学校和社会必须重视和抓好普法教育。全国人民代表大会常务委员会曾于1985年11月根据国务院的提议，通过和颁布了《关于在公民中基本普及法律常识的决议》，要求从1986年起，争取用五年左右时间，在公民中普遍进行一次普法教育。这是一项具有重大意义的政治任务，对保障社会主义现代化建设顺利进行起决定性作用，对社会主义精神文明建设也是有力的促进。现正进行第二个五年的普法教育。学校是培养社会主义建设者和接班人的基地，一定要把这项工作认真抓好。对新一代进行普法教育，首先要让他们认识什么是法，法的本质特征是什么，让他们懂得法是由国家制定或认可，并以国家强制力保证其实施，让他们懂得我国的宪法是根本大法，我国的各项法律目的在维护社会的安定团结，保障建设事业的顺利进行。

【启发思考】

① 法制教育在培养“四有”新人中具有怎样重要的意义？

② 对青少年进行法制教育的重点应放在哪些方面？采取哪些措施可杜绝或基本杜绝青少年犯罪行为的产生？

* * *

我们要用历史教育青年，教育人民。

摘自《用中国的历史教育青年》（一九八七年二月十八日），《邓小平文选》第三卷第206页

【学习提示】

这是邓小平同志会见加蓬总统邦戈时谈话的摘录。让新一代了解祖国的历史十分重要。邓小平同志坚定地主张要用中国的历史教育青年。他认为，如果只讲四化，不讲社会主义，这就忘记了事物的本质，也就离开了中国的发展道路。历史告诉我们，中国走资本主义道

路不行，中国除了走社会主义道路没有别的道路可走。一旦中国抛弃社会主义，就要回到半殖民地半封建社会，不要说实现“小康”，就连温饱也没有保证。不了解自己的历史，就不能深刻地认识到这一点。今天在学校学习的青少年，是祖国建设的接班人，如果对祖国的历史、人民的光荣传统缺乏了解或知之甚少，又怎能激发起热爱祖国、立志为中华腾飞而献身的热忱和豪情？为此，必须对新一代进行国情教育。通过国情教育，使他们了解中华民族的悠久历史、灿烂文化和光荣传统；了解近代中国陷于贫困落后的根本原因；了解中国共产党领导人民英勇斗争推翻三座大山的光荣历史；了解中华人民共和国成立以后各条战线的巨大成就，特别是改革开放以来的辉煌成果与深刻变化；认识我国在国际社会中的重要地位与作用。通过这些教育，激发学生热爱党、热爱社会主义祖国的思想感情，提高他们的民族自尊心和自信心。爱国主义教育是一个永恒主题，对新一代要进行历史教育，对广大人民也是如此。懂得历史，才会千百倍地珍惜今日的生活，心系中华，精神振奋地投入社会主义现代化建设。

【启发思考】

① 为什么必须用历史教育青年？

② 采用哪些形式、哪些方法进行教育最能切合当代学生的心理特点，取得良好的教育效果？

* * *

我们特别强调坚持四项基本原则，反对资产阶级自由化，同时提出加强思想政治工作、说服教育工作，同社会不良风气包括特权思想进行斗争。“文化大革命”带坏了一代人。所以，我们提出要教育人民成为“四有”人民，教育干部成为“四有”干部。“四有”就是有理想、有道德、有文化、有纪律。搞资产阶级自由化的人提出的理想与我们的不同。我们讲的是社会主义、共产主义理想，而他们却提倡资本主义理想。

摘自《用中国的历史教育青年》（一九八七年二月十八日），《邓小平文选》第三卷第205页

【学习提示】

这是邓小平同志会见加蓬总统邦戈时谈话的摘录。为了一心一意搞经济建设，邓小平同志反复要求："我们搞四化，搞改革开放，关键是稳定。"稳定压倒一切，中国的最高利益就是稳定。中国人多，底子薄，没有安定团结的政治环境，没有稳定的社会秩序，什么事也干不成。要稳定要发展，就要坚持党的基本路线，"要管一百年，动摇不得"。建设社会主义，没有共产党的领导不行。没有党的领导，建设就不可能有领导有秩序地进行。不讲人民民主专政，我们的社会就会是一个混乱的社会，建设和改革开放都会落空。不坚持四项基本原则，我们独立自主、民主法制、对外开放、对内搞活等内外政策，就没有基础。而搞资产阶级自由化的人就是宣传资本主义的理想，宣传走资本主义道路，反对四项基本原则，特别是反对共产党的领导。因此，必须旗帜鲜明地坚持四项基本原则，反对资产阶级自由化。要稳定，就要坚持两手抓：一手抓物质文明，一手抓精神文明。如果风气坏下去，物质文明建设也要受破坏。在整个改革开放过程中都要反对腐败，端正党风，纠正不正之风，打击犯罪，努力发展社会主义民主，健全社会主义法制。要稳定，就要教育人民和干部成为有理想、有道德、有文化、有纪律的人。有了共同的理想，团结才有稳定的根基。有了铁的纪律，才有强大的战斗力。这是坚持社会主义制度、发展社会主义经济的真正优势。我们的理想与搞资产阶级自由化的人的理想从根本上对立，水火不相容。

【启发思考】

① 为什么要特别强调坚持四项基本原则，反对资产阶级自由化？

②“四有”人民与“四有”干部之间是什么关系？为什么要单独提出“四有”干部的问题？

1994 年

实施《教育法》创造新辉煌

《中华人民共和国教育法》在1995年春风拂面之时诞生了。它是我国教育工作的根本大法，对落实教育优先发展的战略地位，保障教育改革和发展的目标、任务的实现，维护教育关系主体的合法权益，提供了基本法律保障。它标志着我国教育工作开始进入全面依法治教的新时期，对于我国教育的改革和发展将产生不可估量的深远影响。

一、教育的地位在法律上得到保障

教育在社会主义建设中究竟处于怎样的地位，是教育工作者最为关注的问题。从教育投入到学校建设，到教师的工资福利等，无一不与它息息相关。在当今经济迅速发展、科技革命日新月异的时代，无论对于发达国家，还是发展中国家，“教育的地位”都是摆在面前的一个必须深入思考并要作出正确回答的重大问题。教育摆在怎样的地位，关系着民族的生存与发展，关系到21世纪谁主沉浮。因此，凡有远见卓识的领导者都把教育的发展与改革作为立国之本的头等大事来抓。

早在1985年，小平同志在全国教育工作会议上就高瞻远瞩地指

本文发表于《人民教育》1995年Z1期。

出："一个十亿人口的大国，教育搞上去了，人才资源的巨大优势是任何国家比不了的。有了人才优势，再加上先进的社会主义制度，我们的目标就有把握达到。现在小学一年级的娃娃，经过十几年的学校教育，将成为开创二十一世纪大业的生力军。中央提出要以极大的努力抓教育，并且从中小学抓起，这是有战略眼光的一着。如果现在不向全党提出这样的任务，就会误大事，就要负历史的责任。"此后，小平同志又多次阐述了这种战略思想。应该说，教育在社会主义现代化建设中的战略地位越来越得到各级政府的重视和社会各界的承认；然而，在落实的过程中，毋庸讳言，又会受到种种思想的干扰，乃至出现讲讲重要，做做次要，矛盾大时不要的情况。比如谈到教育投入时，就会听到如下说法："经济要上，教育要让，不把经济搞上去，哪来的钱搞教育？""我有钱第一个就投资教育，现在百废待兴，经费实在增加不出了。"事情十分清楚，当然不能饿着肚子发展教育，问题在以小生产者的观念来看待现代教育，认识不到教育须与经济协调发展的重要性，就会制约教育的发展。

如今，《教育法》第四条第一款明确规定："教育是社会主义现代化建设的基础，国家保障教育事业优先发展。"教育的超前性和教育的滞后效益往往不易被人深刻理解，而目光短视和急功近利者更是不愿花精力研究。现在作为法律条文规定，不仅充分反映了人民的利益、国家的意志，而且具有规范性和强制性，每个公民都要学法知法，自觉遵守。这对教育工作者是极大的鼓舞，对教育事业的发展也具有强大的推动力。

二、对教育全方位进行规范

《教育法》不仅规范了各级各类学校教育，而且从正规学校教育扩展到学校教育以外的广阔领域，从根本上摒弃了学校教育的封闭性，明确了全社会支持教育的责任。

作为教师，作为一校之长，经常碰到的苦恼事是学校教育与社会教育、家庭教育的不协调乃至冲撞。学校教育的权威性常受到光怪陆离的某些社会现象的冲击，在有些学生身上，负面影响超过正面教育的效果，有历史使命感和责任感的教师常为此而焦虑。

《教育法》第六章“教育与社会”中若干条文从大教育观念出发，对儿童、青少年成长的方方面面的环境作了规范，就教育的社会性、开放性而言，有突破性的进展。现时代，儿童、青少年的成长不可能只依靠学校教育。由于信息渠道的多种多样，传播媒介的日益现代化，作用于学生耳目的，不仅信息量大，而且五花八门，有高尚的、健康的、积极的、向上的，也有低级的、庸俗的、消极的乃至丑恶的。环境对儿童、青少年的成长起着潜移默化的作用，因而社会的方方面面都有责任，有义务优化环境、净化环境，给学生以良好的影响。《教育法》第四十五条规定：“国家机关、军队、企业事业组织、社会团体及其他社会组织和个人，应当依法为儿童、青少年的身心健康成长创造良好的社会环境。”以法律的形式对社会环境作规范，势必对儿童、青少年的健康成长起极大的保护作用。《教育法》第五十条规定：“……社会公共文化体育设施，以及历史文化古迹和革命纪念馆（地），应当……为受教育者接受教育提供便利。广播、电视台（站）应当开设教育节目，促进受教育者思想品德、文化和科学技术素质的提高。”以法律条文作为原则性的规定，使学校教育与社会教育紧密相连，有机结合，既充分适应学生成长的需要，又能充分发挥各种设施的社会效益。学生的成长需要良好的文化氛围、科学技术氛围。尽管我国人口众多，经济尚不富裕，但毕竟有相当的文化资源。只要认识到教育的战略地位，真正关心学生的培养，就会千方百计让图书馆、博物馆、科技馆、文化馆等设施发挥其教育功能。把文化、科技送到学生心中，使学生耳濡目染，受到良好的熏陶，其育人的积极作用是难以用数据来衡量的。

《教育法》为全社会关心教育、支持教育提供保障，它不仅具有重要的现实意义，而且具有深远的历史意义。全社会支持教育是社会主义精神文明建设极其重要的组成部分，各行各业想到教育后代，以实际行动为培养后代成为社会主义事业的建设者和接班人作贡献，就会产生向心力、凝聚力，就会提高社会责任感，提高文明的程度，提高思想道德素质和科学文化素质。从这个意义上说，支持教育和提高自身素质相辅相成，相互促进，积极推动社会向前发展。

三、为保证学校教育质量提供法律依据

学校教育是培养学生健康成长的主渠道，它的质量高低影响一代人的素质，影响跨世纪人才的培养，以法律条文对学校教育的方方面面进行规范，必然促进学校教育沿着正确的轨道健康发展。

《教育法》第二十九条关于学校应当履行义务的第二款规定，“贯彻国家的教育方针，执行国家教育教学标准，保证教育教学质量”。这就给办学者的指导思想、办学行为作了规范。“教育必须为社会主义现代化建设服务，必须与生产劳动相结合，培养德、智、体等方面全面发展的社会主义事业的建设者和接班人”，教育方针极其明确，学校应坚定不移地贯彻。然而，由于考试指挥棒等诸多因素的影响，相当数量的中小学难以切实地全面贯彻教育方针、全面提高教学质量。由于忙于应试，往往重才轻德、轻体，由于追求高的或较高的升学率，大纲规定的标准常被突破，教材超大纲，教学内容超教材，层层加码，层层拔高，学生难以承受。中小学教育是基础教育，应着力于受教育者思想道德素质和科学文化素质的提高，应高扬爱国主义、集体主义、社会主义教育的主旋律，强化高尚人格的塑造。基础教育要使受教育者学会做人，学会求知，学会办事，学会健体，如果只重智，以偏概全，学生不可能德智体全面发展，更何况连篇累牍的机械操练并不是真正的智。学习《教育法》，以法治校，转变观念，切实采取有效措施，就能保证教育质量的提高。

学校教育的质量说到底就是教师的质量。教师德才兼备，责任心强，教学业务水平高，学生就如沐春风，深受其益。《教育法》第三十四条规定：“国家实行教师资格、职务、聘任制度，通过考核、奖

励、培养和培训，提高教师素质，加强教师队伍建设。”别的且不说，单是“培养和培训”用法律条文保障就很有意义。当前，科学技术日新月异，社会生活急剧变化，要保证教育教学质量，教师从教育观念、知识结构到教学方法都须更新。不学习就不可能除旧布新，不可能适应时代发展的需要。学历水平不等于岗位水平，学历合格，具有一定的知识与教学能力，不等于能用一辈子。今日的教师特别需要源头活水，否则，就不可能引导学生在知识的海洋中扬帆远航。因此，教师要培养，要培训，接受终身教育。这方面付诸实施，讲求实效，教师素质提高必能取得良好效果。

教职工是学校的主人，学校办学要有成效，须组织教职工参与管理，进行监督，充分发挥他们的积极性。《教育法》第三十条第三款规定：“学校及其他教育机构应当按照国家有关规定，通过以教师为主体的教职工代表大会等组织形式，保障教职工参与民主管理和监督。”学校要办出质量，须方向正、目标明、责任清，须群策群力，为实现目标共同奋斗。学校的大事不应由校长个人专断，而应通过教职工代表会议广泛听取意见，商讨有效做法。这样，既能集思广益，又能实行监督。《教育法》把教职工参加管理的行之有效的经验上升到用法律条文固定下来，使学校的管理更为规范。

《教育法》是全面依法治教的基本法律依据，涉及面很宽，内容非常丰富。有了它，教育的进一步改革与发展就有法可依。为今之计，在于宣传、学习《教育法》，使《教育法》的原则与精神深入人心，并花大气力督促贯彻实施。尤为重要的是，须持续不断地组织执法检查，保障《教育法》的高度权威，一步一个脚印，创造教育的新辉煌。

1995 年

基础教育，本中之本

我国的基础教育面向数以亿计的儿童、少年、青年，面广量大，属世界之最。努力深化基础教育改革，切实提高基础教育质量，对提高全民族素质，促进祖国繁荣富强起不可估量的作用。

一、办教育须有制高点

办教育必须确立制高点。在改革开放的条件下，要把基础教育办得生机勃勃，质量优异，须站在相当的高度来思考问题，须在宏观上有较为科学的总体设想，对教育的外部环境和内部条件作实事求是的分析。

首先，要站在时代的制高点上。一个中心，两个基本点，建设有中国特色的社会主义，是一切工作，当然也是教育工作的指路明灯。办教育的人要有相当程度的职业敏感，适应时代的发展，应该而且必须主动迎接改革开放给社会带来的新变化、新气象的挑战，

本文撰写于 1999 年，发表于《上海师范大学学报（基础教育版）》。长期以来，社会上有一部分人看不起基础教育，认为基础教育不过是传授一般性的文化，缺少学术性，没有什么战略可言。作者认为，正是由于一部分人对基础教育战略地位的重要性存在认识上的偏差，因此在培养目标的落实上往往就不到位。作者强调，基础教育的培养目标是为 21 世纪培养社会主义事业的建设者和接班人，是“育人”，而不是“育分”。基础教育的质量直接关系到全民族素质的高低，关系到能否形成人力资源的优势，关系到国家经济发展是否有后劲，关系到国力的强弱，其战略地位、战略意义不可小视。她提出了“办教育须有制高点、牢固树立育人大目标、课程、教材须改革、花大力气抓好学校建设、关键在抓好教师队伍建设”等五个方面的行动指向，就基础教育存在的问题坦率直言，并给予有力的拨正。

坚定地抵制社会上不良风气对学校教育的浸染，建设良好的育人环境。

其次，要站在战略的制高点上。众所周知，面临新世纪来临的各种挑战，作为新科技革命的基础和动力的教育被推到各国的前沿阵地，具有越来越重要的战略意义。在未来的信息社会里，人们注意的是未来，把知识和信息看作是最重要的战略资源。一个民族要想在未来的世界里取得政治和经济的优势，就必须大力发展教育。有一种误解，认为基础教育不过是传授一般性的文化，没有惊人的创造发明，没有脍炙人口的灿烂辉煌，没有什么战略可言。其实，邓小平同志早在《把教育工作认真抓起来》一文中就已深刻地指出："我们国家，国力的强弱，经济发展后劲的大小，越来越取决于劳动者的素质，取决于知识分子的数量和质量。一个十亿人口的大国，教育搞上去了，人才资源的巨大优势是任何国家比不了的。""现在小学一年级的娃娃，经过十几年的学校教育，将成为开创二十一世纪大业的生力军。中央提出要以极大的努力抓教育，并且从中小学抓起，这是有战略眼光的一着。"基础教育的对象是浩浩荡荡的大军，他们的素质如何关系到能不能形成人才资源的巨大优势，关系到今后经济发展后劲的大小，关系到国力的强弱，对其战略地位、战略意义还能小视或熟视无睹吗？1998 年，世界银行的一份报告提出"知识就是发展"。有研究表明，一个国家若普及小学教育，可对该国国民经济的发展起到 58% 的作用。这也说明了基础教育的战略意义。

再次，要站在与基础教育发达国家竞争的制高点上。教育之争是世纪之争，人才之争，国力之争。我国的基础教育有良好的传统，质量比较好，和发达国家比，在很多方面并不逊色。但在培养目标、教育效益、课程设置、教育手段、科学管理、考核评价等方面却颇有需借鉴他人之处，学人之长，丰富自己，使自己立于不败之地。我们要树立与基础教育发达国家竞争的意识，争民族的志气、民族的自尊，争在基础教育领域显示社会主义精神文明的威力。

登高才能望远，居高才能临下。站在世纪之交的门槛上办教育，既要继承我国基础教育的优良传统，又要有所突破，有所发展，有所创新，攀上办教育指导思想的新高峰。

二、
牢固树立育人大目标

教育，就是培养人，提高人的素质。通过悉心培养，使学生获得有效的发展，成人，成才。培养人就得精心研究人，研究今日的学生，研究明日建设者的形象。育人不是泛泛而谈，而是应放在特定的历史条件和社会环境中认识，有针对性，有时代的特征。教在今天，想到明天，以明日建设者所需要的素质与能力，促进今日的教育实践和教育改革。总揽基础教育的准绳不是别的，正是培养目标。

现今的中小学生是 21 世纪各个建设领域的后备军，培养塑造他们，不仅要研究他们今日的心理特点、学习能力，而且要认真考虑他们明日应具备怎样的思想道德素质、科学文化素质才能适应现代化建设的需要。肩负物质文明和精神文明建设重任的建设者，无论是专门人才还是一般劳动者，都必须有理想、有道德、有文化、有纪律。基础教育就是要给“四有”新人打下扎实的基础。具体地说，应该是思想活跃，富于理想，有良好的习惯、奋发的精神，热爱祖国，热爱人民，有追求真知的旺盛求知欲，有克服困难、锲而不舍的意志与毅力，自学能力强，有创新意识。也就是说，须德智体美全面发展，品德优良，人格健全，体魄健康，文化基础扎实。

在对培养目标的认识上常有两种干扰。一是在共性与个性的问题上，比较重视共性的要求，甚至在许多方面“一刀切”，而忽视个性的发展。十个手指都不可能一样齐，更何况人的培养？重视学生的个性差异，多角度、多层次、多模式地因势利导，长善救失，大大有利于学生的成长。二是教育全面质量观与教育片面质量观的矛盾。评价教育质量的尺度应是对学生是否进行全面性的素质教育，而不是以“智”代“德”“体”“美”，更不是“以考试分数论智”。考试的砝码越来越重，学生得不到全面的培养。

要切实树立育人的大目标，须真正按“教育要面向现代化，面向世界，面向未来”的指导方针办事，在教育观念上进行革命。“面向现代化”揭示了教育发展的立足点；“面向世界”提供了一种开放视野和新的参照系；“面向未来”强调了教育的长周期和必须具有的超前意识。“三个面向”的核心是面向现代化，其中包括相互联系的两个侧面：一方面，教育必须与社会主义现代化建设相适应，并为之服务；另一方面，教育系统自身必须加速走向现代化。总而言之，要站在战略高度，面向现在，着眼未来，想得深一点，想得远一点。基础教育培养在人生长河中虽仅十多年，可往往影响人一辈子的生活道路。基础教育是人打基础的阶段，在德智体美等方面进行基本建设，基础打得正，打得牢固，打得厚实，对做人，对今后一辈子的发展都起作用。只看眼前的考试分数、竞赛率、升学率，就有意无意地偏离了育人的大目标。

三、
课程、教材须改革

以课程与教材改革为核心的基础教育改革，已经成为世界性的潮流。1949 年以来，我国中小学的课程、教材建设是有成绩的，特别是改革开放以来，课程、教材改革在教育行政部门工作中被放在十分重要的位置，组织队伍调查研究，制定改革方案，开展教材编写，取得了可喜的进步。然而，以培养目标来衡量，与国外基础教育课程结构比较，须改进、改革的方面还不少。

课程、教材要注意整体性。必须系统设计，总体把握。对小学阶段、初中阶段、高中阶段各自的教育任务是什么，三者之间怎样贯通，怎样穿插等问题必须通盘考虑。不能今天社会上需要这个就加这门课，明天社会上需要那个就加那门课。不断做“加法”，课程多而杂，教材小薄本子一本又一本，学生书包越来越膨胀，对基础教育质量的提高不利。课程结构有它的科学性和严肃性，教材也不是应景应急的文章，教育的随意性易导致质量的下降。有些社会上需要的，确实应对学生进行教育，但可以通过其他渠道，不一定立即进入课程、教材。

课程、教材要注意基础性。基础的教育内容要加强，而不是削弱。基础教育让学生掌握的应是知识的“核”，应培养的是最基本的能力，如读写能力、动手能力、自学能力等。热爱祖国是各族人民的优良传统，各门课程中要始终不渝地进行生动形象的爱国主义教育。有些国家历史短暂，但很注意对后代进行历史教育，激发他们热爱自己国家的感情。这种做法值得我们深思。献身祖国的责任感和诚挚的感情，并不是听几次报告、参加几次活动就能具备的，靠的是一门门课程，长年累月的熏陶、镌刻，春风化雨。有些课程、教材内容偏深偏难，特别是数学、物理、化学，其深度、难度在世界上也是少见的。基础教育就是打基础，过深过难的内容并不利于学生的成长。其实，最基础的知识、能力根基应十分扎实，如果半生不熟，漏洞不少，对日后的进一步提高极为不利。上面已经说过，课程结构必须注意整体性，各个学科不仅纵向安排须合理、科学、循序渐进，而且应左顾右盼，注意横向之间的关系协调。深度、难度过大必然影响其他学科的教学任务的落实。其中有个教学质量观的问题，有人认为深、难就是质量高，其实不然。一定的年龄阶段完成一定的学习任务，难易要适度，贵在扎实。

课程、教材要注意先进性。讲先进性，不是把传统教学内容抛开，而是要根据培养目标，根据现代社会的需要认真严格地加以审视，进行更合理的组合。对新的知识，如环境科学、信息科学、人口学等要有计划地加以填补。课程结构要符合培养现代人的要求，教材要有实用性，要理论联系实际，联系生产实际、生活实际、大自然的实际和国内外的社会实际。必修课的内容要少而精，选修课要拓宽视野，课外活动应真正让学生放开手脚，动脑，动手，充分发挥兴趣爱好，发挥创造性，发挥特长，再不要用教材来“规范”他们的手脚。

课程、教材改革既要继承与发扬重视打做人基础、打文化基础的优良传统，又要切实改变薄弱环节，大力抓能力的培养，特别是动手能力、独立思考能力、创造能力的培养。课程的制定、教材的编写，要给师生留适当的空间与时间。如果塞得满满的，没有余地，缺少弹性，师生往往苦于应付，难以有创造性地教，有创造性地学。

四、
花大气力抓好学校建设

学校是教育的细胞，中小学是基础教育的细胞。每所中小学办得有声有色，质量上乘，基础教育就光芒四射，为社会作大贡献。为此，在依法治教的前提下，各级教育行政部门要花大气力抓好学校的建设。

学校的校舍、设备等物质条件除靠依法的教育投入外，还应积极开辟渠道，争取社会上的支持。目的在改善办学条件，提高育人质量，合法，合理，合情，绝不是办学店，作为谋利手段。经费问题这里不赘言，主要谈教育质量问题。

教育质量是学校的生命。质量要讲究全面，学生德智体美全面发展。如果德育、体育、美育虚晃一枪，只围着考试、围着分数转，那就办不好学校。学校是培育儿童、青少年成长的场所，学生可塑性很强，学校环境对他们思想道德的形成起极其重要的作用。学生走进学校，接受培养，应有一种步入神圣殿堂的感觉，随着年龄的增长，知识的增进，不断加深自己对社会对国家的责任感，提高自我塑造的热情与自觉要求。为此，学校要抓好“三风”建设，即抓好校风、教风、学风的建设。

办学要有精神支柱，精神支柱能起灵魂作用，有强大的凝聚力。一所名校必有良好的校风作为精神支柱。良好的校风绝非一两个人所能形成，需要全校师生统一认识，统一步调。各所学校的校风在表达上尽管有区别，但有两点应是共同的：一是树立坚强的建设有中国特色的社会主义的信念，这是建设良好校风的原动力；二是自始至终高悬育人的大目标。学校最大的事就是把学生培养成为合格的建设后备军，学校一切工作都为这个大目标服务，教师和学生都为实现这个大目标而在各自的岗位上奋斗。坚持这两点，就能树正气，抵制社会上不良风气对学校的侵袭。既要开门办学，又要建设学校的良好环境。学校风气有其独特的育人要求，不能降低到社会上的一般水平，要代表正气，代表主流，代表精神文明的威力。社会上允许的，学校不能都允许；社会上流行的，学校不一定都提倡。

没有规矩，不成方圆。学校应努力做到教有教规，学有学规，使管理规格化、制度化、经常化。教育教学工作要上规格，定岗位、定任务、定职责，事事有人管，处处有人抓，克服随意性，克服表面化。教师备课、教课、批改作业、试卷命题等都规格化，创建良好的教风，保证教育质量逐步提高。学有学规。良好的思想道德、行为规范的培养，不可能一蹴而就，靠的是思想先行，说清道理；靠的是管理到位，坚持不懈的训练；靠的是自我教育，督促检查。要创造良好的学风，须根据培养目标，从学生实际出发，制定校规校纪，如学规、食规、宿规、会规、劳动规章等，让学生懂得在集体生活中要健康成长，须有自我约束力，自觉遵守纪律，须积极向上，努力进取。良好的校风、教风、学风看来是无形的，但它们却如春雨一般，给学生以熏陶感染，促使他们在短短几年的学习生涯中耳濡目染，提高素质，增强内在前进的动力。

学校要努力创自己的特色，有鲜明的个性，形成优良的传统。特色要有浓郁的中华文化的内涵、民族意识的内涵、育人长足发展的内涵，不是浅层的、表层的，不是搞一些立竿见影的活动。一所名校应该有特色，有优良的传统。学校相对要有稳定性，尤其是好学校、有名望的学校。多变必然导致质量下降，再好的经验也无法形成优良的传统。放眼看世界，百年老校乃至数百年的老校，在培养学生方面都有自己独特的做法，都有自己的传统。形成传统是艰难的精神文明建设，需要一代代校长带领全校师生员工倾注心血，继承精华，又根据时代的要求加以发展。有优良传统的学校犹如大树，植根于深土中，枝繁叶茂，给人以力量。学校多变，如在水上漂，很难在社会上办出声誉。

虽然同是中小学，但由于地区、历史、现状、师资、生源的不同，学校质量确有差异。但只要方向明，措施实，花气力抓薄弱环节，各个层面的学校都会在原有的基础上明显提高。办好每一所学校，是实施基础教育的责任与义务。

五、
关键在抓好教师队伍建设

学校的质量说到底就是教师的质量。教师的师风、师德、师表、师魂，无时无刻不对学生起潜移默化的作用。教师的德、才、识、能，尤其是事业心、责任感应成为学生的榜样。教师如能在学生心目中形成高大的形象，教育教学效果必然良好。

要认真抓好教师个体自身素质的培养。素质修养离不开三个字，那就是：爱、钻、学。教师的事业是爱的事业，只有真心实意地爱学生，才能收到春风化雨、昭苏万物的实效。对学生有没有爱心，是满腔热情满腔爱，还是半心半意，敷衍了事，教育效果迥然不同。把心贴在学生身上，就会慧眼独具，发现学生身上潜在的积极因素，点燃他们智慧的火花；就会理解和体会他们学习的难处，发现各种类型、不同层次学生的特点，千方百计寻找培养他们的有效方法；就会觉得自己学识不够，水平不高，更执着追求，毫不懈怠。爱学生，就要精心上好每一堂课，教到学生身上，教到学生心中。教师要了解学生，研究他们，洞悉他们的内心世界，把握他们在成长过程中的发展与变化，把自己的教育教学工作建立在科学的基础之上，使每个学生在原有的基础上获得充分发展。教师要有钻研精神。要把课上好，功夫在课外。要有钻研教材不明底里不罢休的那股劲儿，要求准、求深、求有自己独特的发现。准确，是教的前提，不准确，含糊其词，必贻误学生。求深，不是难倒学生，而是为了居高临下，游刃有余。教学不能人云亦云，跟着教学参考书转，要独立思考，有所发现，有所创造。要研究学生，研究怎样教学生才能掌握才能发展的方法。孜孜矻矻，不断进取，教学就能渐入佳境。学，教师要有拼命吸取知识营养的素质与本领，犹如树木，把根须伸展到泥土中，吸取氮、磷、钾，直至微量元素。只有自己知识富有，言传身教，才能不断激发学生求知的欲望。理论学习应放在相当的位置。理论上的模糊必然导致实践中的盲目，教学中的无效劳动往往是由于理论上认识不清、理解上偏颇所致。业务学习应毫不懈怠，深入学，广泛学，视野开阔，功底厚实，才有教好学生的实力。作为一名教师，在学生心目中应该是既“师风可学”，又“学风可师”。教师爱得深，钻得精，学得勤，德、识、能、绩必能全面长进。

要抓教师群体的团队精神。教育工作的特点之一是：教师的个体劳动与教师群体效益相结合。要教好学生，取得教育高质量，不仅教师个体的劳动质量要高，主动性积极性要强，而且群体要拧成一股绳，团结协作精神好。学科之间的互相照应、有机渗透，工作中的相互支持、主动协作，均能产生良好的教育效果。一个班级能实现理想的目标，除了有一名好的班主任外，各任课教师必须个体劳动强，团结协作精神好。一个班级如此，一所学校更是如此。紧密团结，一切以学校大局为重，以事业得到发展为重，以千方百计教好学生为重，教师集体就能形成，就能创造教育效益。

要满腔热忱地培养青年教师，创造机会让他们显露聪明才智。一般地说，当今青年教师的学历水平比较高，但学历水平不等于岗位水平。岗位上的综合能力要靠实践中锻炼，要靠有计划地培养。人不可能自然成才，青年教师也不可能自然成为优秀教师，要在事业心、责任感方面加强锻炼，在业务上、教学能力方面精心培养，要鼓励他们勤奋刻苦，追求卓越，追求在教育这块热土上出类拔萃。青年教师岗位培训应充分发挥中老年骨干教师的作用。中老年教师良好的工作习惯，对学生认真负责的态度是长期磨炼而形成的，是学校的宝贵财富，应在教育、教学、教研中充分发挥作用。青年教师是学校事业发展的后劲与希望，不仅须使用得当，更须悉心培养。

百年大计，教育为本。基础教育是本中之本。基础教育质量优异，全民族素质就能明显提高，社会上各行各业的建设就能因人才的优势而蓬勃发展。

校长应努力成为教育家

在谈论中小学教育质量时，有人说，一所学校的水平实质上就是校长的水平，学校一把手水平有多高，学校的教育质量就有多高。这种说法有一定的道理。要有效地创造性地实施基础教育，使各个层面的学校在原有的基础上明显或显著提高，关键在抓好校长队伍的建设。要慧眼识人才，挑选德、才、识、能兼备的教育工作者任职于校长岗位。

校长应该成为学校的脊梁，教师的榜样，应该努力成为培养学生具有扎实基础、健全人格、创新精神的教育家。现在管理一所学校，任务繁重，头绪繁多，要驾驭自如，出质量、出经验、出人才，确实不易。正因如此，校长须高悬奋斗的目标，加强自我素质修养。有成为教育家的奋斗目标，就能自觉地严格要求自己，不断提高自己的素质，就能在办学实践中方向明，方法对，带领全校师生员工艰苦奋斗，创教育业绩。

一身正气，为人师表，是校长应具备的基本素质。校长要加强自我修养，“养吾浩然之气”。在当今，就是要有坚定的社会主义信念，对党的教育事业赤胆忠心，有高度的使命感和责任感，堂堂正正，光明正大，按党的方针、政策办事。正气并非虚空，而是看得见，摸得着，在思想、品德、气质、言行上均有所表现。市场经济对学校有冲击，有影响，校长要冷静对待，辨明是非正误，洁身自好。放眼看世界，市场经济十分发达的国家，实施基础教育的中小学仍然力求不让市侩气侵染，以维护教育学生特殊使命的神圣和纯洁。学校是育人的场所，一校之长的一言一行对师生都起着作用，而行动更是无声的命

本文发表于《教育参考》1999 年第 3 期。

令。所以，要求师生做到的，自己应率先垂范，以身作则，言行一致，表里如一。校长是学校教育教学工作的组织者和指挥者，要能做到运筹帷幄，指挥若定，发挥人格魅力，一身正气、为人师表必不可缺。

校长应具有相当程度的职业敏感，跟随时代奋力前进。人类社会已经跨越了19世纪的蒸汽机动力时代，又跨越了20世纪初期、中期的内燃机动力时代，今天，科学技术已经发展到了一个全新的时代，即信息时代。电子计算机以空前的规模和速度应用于生产、生活，使社会的各个领域发生日新月异的变化，知识经济发展迅猛，令人目不暇接。面对社会的发展变化，校长要有历史的眼光、敏锐的思想，学会认识时代的特征，懂得时代对教育提出的新的要求，善于及时地捕捉来自各方面，尤其是教育、科学、技术等方面的信息，最大限度地消化吸收新鲜事物，使自己思考问题，从事教育实践具有鲜明的时代特征。要敢于从思考问题的习惯轨道上解放出来，真正面向现代化、面向世界、面向未来。“面向现代化”揭示了教育发展的立足点，“面向世界”提供了开放的视野和新的参照系，“面向未来”强调了教育的长周期和必须具有超前意识。核心是面向现代化。如果面向升学率、竞赛率、创收率，就难以看得远，想得深，办学方向、教育内容都会受到影响。教育的效益往往是滞后的，但校长的认识必须与时代同步前进，甚至要走在时代的前面。

教育思想关系到学校的全局。办学方向、治校方案、组织怎样的教师队伍、把学生培养成为怎样的人等，无不以教育思想总绾。因此，校长必须具备正确的教育思想，努力探索并力求通晓基础教育的规律。比如，教育单一功能价值观应转换为新技术革命所要求的教育多功能价值观；又如，教育个体发展过分注重对谋生的浅层次价值，忽视或轻视个性充分发展、高尚精神境界形成的深层次价值，二者应结合起来思考；再如，教育全面质量观与教育片面质量观的矛盾，应怎样选择，怎样处理，等等。基础教育的定位，小学、初中、高中，各个阶段的定位均要认真把握。教育内容要注意基础性、整体性、先进性。基础的教育内容要加强，基础教育让学生掌握的应是知识的

“核”，培养的应是最基本的能力。基础教育就是打基础，过深过难的内容并不利于学生成长。最基础的知识、能力根基应十分扎实，如果半生不熟，漏洞不少，对日后的进一步提高极为不利。课程结构须注意整体性，各个学科不仅纵向安排须合理、科学，而且应左顾右盼，横向关系须协调好，不能因偏爱某个学科而加大深度、难度、力度，影响其他学科教学任务的落实。领导教学必须有一盘棋的全局思想。必修课的内容要少而精，选修课要拓宽视野，课外活动要真正让学生放开手脚，动脑，动手，充分发挥兴趣爱好，培养创造性，发挥特长。教育是一个循序渐进的过程。看不到学生的潜在力量，就会抑制学生的求知欲和创造思维的发展；超越学生生理与心理的承受能力，拔苗助长，其结果是早萎，不可能茁壮成长。办学校不能急于求成，浮躁浮夸，期盼立竿见影，引发轰动效应。教育过程就是培养人的过程，不能只重眼前的考试、分数、竞赛、得奖的“结果”，而忽视艰苦、细致的“过程”。学生的素质、智力、能力都靠教育过程中的精心雕塑，有效培养。教育思想是一本内容极其丰富的科学的大书、艺术的大书，要潜心钻研，不断联系实际独立思考，才能深入其中，领悟育人的真谛。

校长应具有管理才能，具有民主作风，善于调动全校师生员工的积极性，推进学校事业健康、持续发展。学校须严格管理，办学须有精神支柱。严格管理能创建良好的校风、教风、学风，而精神支柱可起灵魂作用，有强大的凝聚力。一所名校必然有良好的校风作为精神支柱，良好的校风绝非靠一两个人所能形成，需要全校师生统一认识，统一步调，共同创造，而校长的精神状态、管理水平在其中起决定性作用。“严”不是束缚师生的手脚，而是严格要求，以理服人。教育教学工作讲究科学管理，环环相扣。学校是育人的场所，学生进入学校有进入神圣殿堂的感觉，就会有自我约束、自觉学习、期盼成才的积极性、主动性。因此，学校须教有教规，学有学规，使管理规格化、制度化、经常化。教育教学工作要上规格，定岗位、定任务、定职责，事事有人管，处处有人抓，克服随意性，克服表面化。管理要讲究艺术，用人之长，避人之短，把每个教工放在最合适的位置上，充分调动他们的主动性、创造性。要善于听取来自各方面的意见，博采众长。集思广益有利于了解情况，提高决策的正确性，做好学校各方面的工作。发扬民主，尊重别人，才能真正团结一班人。学校班子里每个成员各司其职，一校之长就不会陷入事务堆里，就能腾出时间多思考，腾出手来抓关键、抓典型、抓经验、抓创造。

校长要成为教育家，须是文化人、文明人，身上有书卷气，有丰富的智力生活，学而不厌。苏联教育家苏霍姆林斯基在《给教师的建议》一书中这样说："如果教师的智力生活就是停滞的、贫乏的，……就会明显地在教育教学工作中反映出来。……教师不尊重'思想'，学生也就不尊重教师。然而，更加危险的是，学生也像教师一样不愿意思考。"这段话精辟地道出了教师智力生活的重要性。对教师的要求尚且如此，对一校之长更不用说。校长思维要十分活跃。所谓"活跃"，不是花样翻新，表面文章，形式主义，而是审时度势，因势辨势，遵循教育规律，独立思考，努力创新。比如听课，评课，与教师讨论班级教育工作，实施教育科研项目，总要有自己的见解，从理论与实践结合的高度给教师以指导，为师生做榜样。学习要长流水，学而不厌，不断增进自己的知识，更新知识结构，加强教育教学研究，提高学术水平。

校长在教育教学领域执着追求，宏观上能打开视野，居高临下，微观上能扎扎实实，一丝不苟，在实践中积累和创造行之有效的经验，又能从理论高度阐述和揭示基础教育育人的规律，就能成为办学的行家里手，成为师生崇敬的献身教育的教育家。基础教育呼唤这样的校长，校长队伍中这样的人才大量涌现，基础教育必展现万花争春的动人场景。

1999 年

真难忘却

打开记忆的闸门，眼前立即浮现出市人大常委会进行社会主义民主法制建设的生动情景。为了制定地方性法规，审议决定本市重大事项，参与者一次次开展调查研究，一次次广泛听取来自各方面的意见，一次次协商协调、统一认识，一次次推敲文字、反复斟酌，可谓倾注心血，高度负责。每参加一次会议，自己就深感对上海的国民经济和社会发展增添了新的认识；每参加一次会议，都受到了深刻的民主与法制的教育。

最难忘却的是1988年市第九届人民代表大会第一次会议上提交关于教育经费方案的往事。这一年，政府预算报告中教育经费增幅为5.7%，而事实上，由于大批知识青年返沪后成家立业，所生孩子正好到入学年龄，因而小学生骤增，有些区增幅高达百分之十几。学生增长与经费增长差距很大，而经费匮乏又必然导致小学要改成上下午两部制，即半天在学校求学，半天在家。两部制不可行，弊病甚多，于是60多名人大代表联名提出增加教育经费的议案。提交议案的法律依据是1986年全国人大常委会通过的《中华人民共和国义务教育法》和1985年市人大常委会通过的《上海市义务教育条例》，这些法律和法规中明确规定，教育经费要做到两个“增长”，即教育经费

本文发表于《上海人大》2000年第1期。作者自1977年起连续5届当选上海市人大代表，担任市人大常委会第七、八、九届委员，1985年起担任市人大教科文卫委员会副主任委员，不辞辛苦到全市各区县远郊进行基础调研，积极参与制定地方性法规、审议决定本市重大事项等活动，对提高教育经费预算、改善基础教育办学条件发挥了重要作用。依法治教是作者教育思想的重要内涵。1995年《中华人民共和国教育法》颁布，她又发表《实施〈教育法〉 创造新辉煌》一文，阐释依法治教的重要性，充分表达了一个教师的法治情怀。

的增长“应当高于财政经常性收入的增长比例，并使按在校学生人数平均的教育费用逐步增长”。提议案的事实根据是我们访问了教育部门的领导，访问了不少学校的校长和教师，对学校设备、校舍以及生源增长情况有了进一步的了解，并核实了一些数据。那年上海财政收入增幅 8%，高于教育经费增幅 5.7%，因而，我们普教的、高教的许多人大代表写了要求增加教育经费的议案，谈家桢和李家镐等人大常委会副主任也签了名，表示支持。

在人代会主席团会议中，大家就这个问题立不立为议案展开了讨论。那时，人们对教育在兴国中的战略地位的认识没有现在这么深刻，再说，上海要做的事太多，可说是百业待举，而教育经费增长的幅度已经高于卫生与科技。然而，法是“准绳”，立了法就必须依法行事。我是教师，对学生有特殊的感情。如果儿童半天读书半天在家，那安全有很大问题；孩子在家无人照管，家长上班绝对不会放心；各行各业都碰到这个问题，社会的稳定会受到影响。出于对事业的负责，我慷慨陈词，说清利弊，以求得不从事教育工作的同志对教育的了解与理解。会上大家各抒己见，讨论热烈，民主气氛极浓。当时担任中共上海市委书记的江泽民同志在仔细听取大家意见的基础上，最后发表意见：立为议案，修改教育预算，增幅改为 8%。这一意见获得绝大多数与会同志的赞同。如果不是在开会，我一定会高兴得叫喊起来。依法行政，市政府作出了榜样。那年教育预算执行的结果，增长幅度达 13%，所有小学生都在全日制学校就读，承受党的阳光雨露的哺育。从这件事以后，我更加感受到人大代表肩负的千钧重担，因为他们享有参与立法、依法监督的神圣权利。

树立精神风范，引领教育现代化

各位同志均为上海市区县普教系统的领导，市示范性实验性高中的领军人物，有丰富的办教育的经验，有比较开阔的视野，今天能有机会进行思想交流，深感荣幸。

一、教育现代化是历史发展的必然

1. 三次全球性学校教育改革的启示

回顾200年前，传统教育为少数人所占有，讲究培养人的儒雅，培养骑士风度。到了20世纪初至30年代，全球掀起了学校教育改革的第一次高潮。这次改革以教育的平民化与功利性为主导倾向，促进了传统教育向现代教育的根本转变。20世纪五六十年代，学校教育掀起第二次改革高潮。其主要内容是强调科学教育，加大资金投入，对教育的内容体系、教学的组织方式、教育规模、发展速度都产生了影响。20世纪70年代至今，全球性学校教育掀起第三次改革高潮。其特点是从未来国际竞争和整个社会问题的高度来思考教育的现实与走向，改革的重点指向教育制度、教育结构等宏观问题，并且突出了

2000年8月在上海市区县普教系统领导和市示范性实验性高中校长学习班上的讲话。

基础教育改革的地位。

三次教育改革的动力均来自社会的现实需要。科学技术的发展加速向前。据统计，人类的科学知识 19 世纪是每 50 年增加 1 倍，到了 20 世纪末则是每 3 年至 5 年增加 1 倍，增长的数量与速度令人震惊。面对这样的形势，如何适应？显然，教育必须从内容到组织形式、教学方法作一系列改革，这是历史发展的必然，不是以人的主观意志为转移的。

2.
当前面临的挑战
更是前所未有

科技高度分化，又高度综合。科技迅速转化为生产力，比如，摄影技术转化为生产力经历了一个多世纪，而今晶体管、太阳能电池等科技知识转化为生产力只用了两三年，这样的迅速发展挑战教育。

资源浪费，环境失衡的困难，挑战教育；环境污染，土地沙漠化，生态失去平衡，求助于教育。享乐主义滋生，道德水准下降，求助于有针对性的道德教育、法制教育。

综合国力的激烈竞争，挑战教育。20 世纪 80 年代以后，世界格局急剧变化，竞争内容转入经济，转入综合国力。综合国力的竞争，实际上是高科技的竞争、教育的竞争，说到底是人才的竞争。今日的教育，就是明日的科技，后日的经济。1983 年美国高质量教育委员会就发布了《国家处在危险之中，教育改革势在必行》的报告，阐述本国处于险境，世界各国的竞争者正在赶上。面对激烈竞争，超级大国尚且如此，我们发展中国家更应有危机意识和忧患意识。所有的挑战都聚焦在人的培养上。全世界，尤其是发达国家的教育，都在研究培养怎样的人，才能适应现代化社会发展的要求。这一点，我们必须有清醒的认识。

综上所述，人类经历了农业社会、工业社会，现在有些国家是后工业社会、信息社会或叫知识经济社会。随着社会发展，教育现代化是历史发展的必然。我国以经济建设为中心，建立和谐社会，加速进行工业化，教育现代化当然是发展的必然。

二、教育现代化聚焦在人的现代化培养上

人的现代化是社会现代化要求的反映，也是社会现代化的根本保证。

英格尔斯在《人的现代化》一书中有精彩的论述，“一个国家可以从国外引进作为现代化最显著标志的科学技术，移植先进国家卓有成效的工业管理方法、政府经济形式、教育制度以至全部课程内容”，但“那些完善的现代制度，以及伴随而来的指导大纲、管理守则，本身就是一些空的躯壳。如果一个国家的人民缺乏赋予这些制度以真实生命力的广泛的现代心理基础，如果执行和运用这些制度的人，自身还没有从心理、思想、态度和行为方式上都经历一个向现代化的转变，失败和畸形发展的悲剧是不可避免的。再完美的现代制度和管理方式，再先进的技术工艺，也会在一群传统人的手中变为一堆废纸”。这仅是从引进、借鉴而言。我们立足于自力更生，艰苦奋斗，更要在人的现代化上下功夫。

现代化的人具有许多特征，简要言之：具有自主性、进取心；心态开放，乐于接受新事物；有创造性，敢于挑战，敢于创造物质财富和精神财富，体现自身价值；对社会有信任感、责任感，能正确对待自己、对待别人。

未来社会将更加开放，更加国际化。我们的教育培养的人必须全面提高素质方能适应，方能立于不败之地。说得具体一点，就是须具有高尚的人格和道德观念，宽厚的自然科学、人文社会科学知识基础和自主求索、运用知识、发展创新、服务社会的观念和能力。如果用20个字来概括，就是：基础宽厚、勇于发展、敢于创新、人格完善、造福社会。也就是人格、知识、能力全面培养，全面提高素质。

个体现代化的发展，离不开教育；人的成长受到各种因素的影响，在这些因素中，教育是一种更主要更直接的不可忽视的因素，其

他方面难以替代。

我国走在建设小康社会的途中，向现代化跨越。走向现代化的中国，迫切需要现代人去发展去创造，而现代人又须依靠现代教育去培养去造就，因而教育自身现代化就极为迫切，极为重要。教育可以培养人的现代化，但也可能使传统中消极的东西更为巩固，因此，只有现代化的教育才能培养现代化的人。

教育现代化包括三个层面：一是教育在数量、规模上的发展；二是办学条件如校舍、设备、技术手段、教育经费等方面的先进程度；三是教育价值、教育思想、教育观念等方面的现代化。

这些年来，我们的教育硬件有很大提高，几乎是跨越式的发展，但软件却相对滞后。教育现代化的核心是教育思想的现代化，教育现代化的灵魂是教育思想的转变，而绝不仅是计算机、外语或校园、校舍的物质存在。

一个人的现代化程度如何，不仅取决于这个人成年后的社会经历，还取决于他早年的家庭生活、教育经历。教育对于一个人的价值观念、行为方式等人格因素十分重要，学校教育是构成个人现代化的重要基础。当前，如何通过教育来实现人的现代化的目标，是各国教育面临的共同课题，我们当然应充分重视，努力走在前列。

三、
引导教育现代化的
诸多追求

1.
树立精神风范，发挥人格力量

教育事业是具有理想性的事业，没有理想的教育是不存在的。理想是一种追求，是一个不断变化发展的过程。教育现代化是一种目标，一种方向，一种使命。现代化教育应体现当代文明社会的价值与品质。

作为基础教育的领军人物，应该有一种气象，有一种境界，是时

代的良知，是智能的火把，是教育精神的代表。在多元经济并存、多样文化碰撞的复杂情况下，教育要坚持育人的正确方向，拒绝急功近利的诱惑，维护社会公正，彰显社会良知，远离陈腐文化，是极其不易的。要有坚定的信念，深邃的思想，远大的目光，坚忍不拔的毅力。必须做到以下两点。

一是坚定不移地弘扬科学精神。“求真”是科学精神的重要内容。不为假象所迷惑，不带主观偏见，不把偶然性当作必然性，不把局部当作全部，不把在一定条件下的结论无条件扩充、夸大，没有经过实验条件下的反复论证，不轻易相信，更不贸然下结论。真善美，“真”是基础，失“真”的“善”就是伪善，失“真”的“美”就是假美。韩国的黄禹锡，上海交通大学的陈某吹嘘的“汉芯”就是例子。一切教育成果的精髓、灵魂在于“真”。陶行知先生告诫我们，“千教万教，教人求真”，要求青年人“追求真理做真人”。美国哈佛大学校训是：“与亚里士多德为友，与柏拉图为友，但更重要的是与真理为友。”这是很有道理的。在诚信存在问题的世俗风气中，敢于高举求真的崇尚科学的旗帜，实事求是，去除耀眼的包装，挤去教育质量的泡沫，教育现代化必然向前跨越。

二是坚定不移地弘扬人文精神。人要有精神支柱，否则，立不直，立不正。支柱的核心是人文精神。在人生基本问题的思考中，如人生意义、历史与现实、传统与变革、物质与精神、个人与集体、道德与审美、光荣与耻辱、人生观、世界观、价值观等等，要有清醒的认识、正确的见解，并付之于行动。一个民族没有现代科学就会落后，落后就要挨打；一个民族没有人文文化，精神就会迷失，民族就会异化；一个社会没有人文精神，就是一个病态的社会，难以和谐，难以发展；一个人没有人文精神，就是一个残缺的人，丧失理想，丧失信念，丧失奋斗目标，在个人荣辱得失中浮沉，为金钱至上所左右，就会迷失方向。中华民族具有五千年丰厚的人文文化积累，是我们宝贵的精神财富，尽心尽力地传承、发扬，就能恩泽师生。

坚持这一条十分不易，要敢于说“不”，有些事要敢于“不为”，守护社会正义，守护良心，守护社会的道德、历史的使命，一句话：

守护教育者的尊严。

教育工作不仅以书教人，以客观规律教人，更重要的是以人格培养人格，以人教人。鲁迅曾说：“我们从古以来，就有埋头苦干的人，有拚命硬干的人，有为民请命的人，有舍身求法的人，……这就是中国的脊梁。”教育方面的领导、校长当然应该力争成为中国的脊梁，有民族气节、民族精神、民族气派、民族感情，以自己的人格魅力教育师生，影响师生。

2.
树立先进的教育理念

教育理念在教育工作中起灵魂作用，影响教育的全局，影响教育的质量。教育理念十分丰富，就办学的人来说，最为重要的是以促进学生发展为本。

21 世纪的教育价值观强调：教育应为社会发展和学生终身发展服务；学校应开发每个学生的潜能，促使他们个性的健康发展，形成自我教育、终身学习的意识与习惯，确立为祖国为人民奉献与创造的志向。

确立了以促进学生发展为本的教育理念，人才观、质量观、学生观、评价观等均会有新的认识、新的内容，培养目标、课程设置、教育评价、资源配置、现代教育技术应用等也都会有新的内容。以促进学生的发展为本绝不是停留在口头与书面的口号，它必须落实到教育的全过程中。为此，以下一些要点须深入思考：

（1）定位。办教育办学校必须定位于教育的本质。“教育”一词起源于拉丁文的词根：引出。古今中外教育名家无不认为教育是对人的培养，引导学生增强精神力量，也就是引导学生确立良好的人生态度，提升精神境界。离开了对学生精神力量的培养，还谈什么教育？

（2）全面质量观的呼唤。社会文明程度越高，越需要全面发展的人。教育不能停留在浅层次的价值观上，只讲功利，只是考学、求职的敲门砖，必须思考深层次的价值观和人的全面发展。片面的质量观就会有意无意地使学生在成长过程中形成某些残缺，如做人的基本道德素质、奋斗的精神、体质的羸弱等等，与培养目标相去甚远。知识和能力是获取精神力量的阶梯，不是精神力量的全部，更不能醉心于机械操练，把学生练傻。

（3）珍视每个学生的生命价值。尊重和爱护学生是21世纪教育改革的新起点，尊重学生的个体性、独特性、多样性。基础教育是大众教育，必须面向全体学生。大众教育不排斥英才教育，但不能只当英才教育的配角。人是有多元智能的，各有所长，各有所短。基础教育着眼于全体学生，为全民族素质的提高奠基。还必须清醒地看到，有时有些受教育者并非真“英才”，而是拔苗助长的对象，无后劲。要倾听每个生命的呼唤，生命本没有名字。

（4）具备可持续发展的素质。学校教育不仅要培养学生今日健康成长，而且明日要能长足发展。一个不会发展、不能发展的人，生存空间就会越来越小。因此，在教育过程中，须千方百计引导学生学会学习、学会做事、学会共同生活、学会发展。不能迷信分数挂帅，立竿见影，即使“见影”，也是瘦瘦的一条，不能长效。

思想素质指确立服务祖国、服务人民的志向，是人生的方向；智能素质是基础，是生存、发展的内部依据；人文素质是催化剂，是人生前进的推动力。三者是不可分割的整体，互相渗透，互相融合，互相贯通。抓好素质的基础，本固才能枝繁叶茂。

学校应该是学生的精神家园，有良好的文化氛围、道德氛围，有中华文化的底蕴，有人类进步文化的融合，校长就是精神家园的守护神。

3.
树立自强不息、办好有中国特色基础教育的信心与勇气

社会形态的变化，利益格局的变化，人们生活方式的变化，对教育提出了严峻的挑战。面临中华人民共和国成立以来从未有过的挑战，我们特别需要《易经》中所说的“天行健，君子以自强不息”的精神；面临教育领域的许多新情况新问题，特别需要立足于本土实

际，革故鼎新，创造业绩。有些情况确实须冷静思考，不追风，不盲从，坚定不移地走中国自己的路。

（1）与国际教育接轨的问题。有个阶段，与国际教育接轨的口号叫得比较响，认为国外的种种做法都是好的，自己都是落后的、不科学的，于是新名词术语一连串，于是全国一流、国际一流的目标提出来炫人耳目。这个口号的内涵究竟是什么？国外教育根据各自国情的差别、培养人的不同需要，千种万种，各有利弊，各有优势与不足。对中外教育我们作过多少深入细致、实事求是的比较研究？结论如何？哪些经验与理论具有普适性？哪些只具有个体特征，有其特殊性？一个“国际”就能简单囊括吗？“接轨”，跟谁“接”呢？跟所有的国家吗？“轨”又是哪些内容？喊口号容易，口号的实质性内涵、科学依据要弄清楚，就绝非一日之功了。

学习外国，以他山之石攻我教育之玉，绝对没错，而且应该拓宽视野，认认真真虚心地做。盲目追求与国际接轨是另外一回事，是缺乏判断力和创造力的表现，也是缺乏民族自信心的表现。

教育从来就是国家的、民族的事业。任何国家的教育特别是基础教育都必须传承本民族的优秀文化传统，弘扬民族精神，培养为本民族、本国家、本地区建设服务的人才，必须眼睛向内，而不是只朝外。

教育民族化、本土化，就是教育及其改革最终要解决本民族、本国家、本地区的实际问题。眼睛向内，并不是排斥国外，也不是妄自菲薄，而是立足于本国，以我为主。20 世纪 50 年代“苏化”，至今让人记忆犹新。“西化”“欧化”不能再发生。有识之士一再告诫“教育不能盲目西化”，要“以我为主，吸纳融合，提高质量”。不说别的，有的国家教育经费占 GDP 的 18% 以上，你“接轨”接得了吗？它面积小，人口少，而我们的中小学生浩浩荡荡一亿几千万。考虑问题必须站在地上，不能飘到半空中。更何况西方不少国家对自己教育的某些方面正进行自我批判，我们没有必要把人家丢弃的东西当作宝贝捡起来用。理论上的清醒是办教育必不可少的重要条件。

（2）训练与创造的问题。看起来十分可笑，“训练”与“创造”根本不在一个层面上，放在一起岂不滑稽？我们贯彻教育方针，培养学生要抓住一个核心、两个重点：以德育为核心，以实践能力、创新精神为重点。提出这样的要求是教育改革的现实需要，为社会的发展培养人才的需要。

创新能力是一个人能力的最高表现形式，是能力的最高境界。富有创新能力的人总是把世界上一切事物看作是一种运动的过程，而不是静止不变的。不执守过去，总是规划当今，展望未来。创新能力在各行各业均有根本性的需求。这种能力不是与生俱来的，要靠引导、培养、激发，从青少年学生开始，就要培养他们的创新意识和创新精神。学生具备了这种意识与精神，将来在合适的条件下，就能迸发出创造的火花，结出创造的果实。这种意识的培养、精神的培育须让学生发挥学习的主体作用，在学习生活中有思考、探究、发展的空间。而目前，学生的学习空间几乎被各种各样的习题训练塞满，一课一练、课课练、周周练、题海、题库，用“一刀切”的办法画地为牢，把生动、活泼、多样的学生圈在其中，把同一性发挥到极致。有些学生资质较优，发展潜能较大，无须那样机械训练，但也不得不拘囿其中，创造意识受到抑制，创造精神未得到培养。训练是学科学习中的必需环节，要理解、巩固、熟练，某些要转化为能力，离不开训练。但要有“度”，练什么，怎么练，其中有大学问，绝非信手拈来，随意处置，弄得不好，贻误学生青春。

“教育的核心是人格心灵的唤醒。教育的最终目的不是传授已有的东西，而是要把人的创造力量诱导出来，将生命感、价值感唤醒。”德国教育家斯普朗克这段论述很有道理，值得深思。

上海基础教育要实现教育现代化，这是我们的期盼，我们的光荣。日本哲人说过：对自己应做的事，要燃烧起满腔热情。对现在应当做的事不全力以赴的人，没有资格谈未来。只有切实地站稳脚跟，才会有接着的大飞跃。

同志们站立在队伍的前列，智者有勇，勇者前行，行者无畏。树立精神风范，引领队伍前进，必能开创教育闪光的未来。

素质教育要在形成合力上下功夫

对学生实施素质教育绝非权宜之计，而是关系学生能否健康成长，国民素质能否明显提高的具有战略意义的大事。因此，今日素质教育落实的程度如何，取得的效果如何，将直接影响明日国家的经济建设和社会发展的面貌。

实施素质教育是项系统工程。纵向看，从幼儿到研究生，均要注意良好素质的培养；横向看，学校当然要竭尽全力对学生进行素质教育，而家庭、社会同样责无旁贷。从当前情况来看，对学生应当进行素质教育，口头上似乎没有任何疑义，说得都比较响亮，但做起来却往往步履维艰，效果不尽理想。推究起来，原因甚多，主要是认识上存有误区，做法上各行其是，不注意形成合力。

教育是以受教育者为本位的。蔡元培先生早就指出："教育是帮助被教育的人，给他能发展自己的能力，完成他的人格，于人类文化上能尽一分子的责任。"今天，我们的教育方针强调使学生德智体美全面发展，课程、教材、教法改革强调以学生为本，以促进学生发展为本，都以把人本身当人来培养为目的。教育的根本目的是完善人的自身人格，促进他的全面发展，为社会提供和造就合格的成员。但由于受功利、实利等思想的影响，"重术轻人""重利轻人"，甚至目中无人的现象到处蔓延，使对学生良好素质的培养与提高难以有效地落到实处。时下，有相当数量的学校为了立身，为了扬名，为了取得家长认可，为了求得好生源，不得不押宝在追求升学率上。其表现往往

本文发表于《探索与争鸣》2002 年第 5 期。

是在对学生知识与技能的掌握上，措施具体又具体，实在又实在；而在对人的良知的培养、素质的整体提高上，就比较“虚”，或者将某些活动、某些做法误认为是素质教育的全部，以偏概全，以偏代全。家庭对孩子的教育也多半是重知识重技能，把成绩、分数看成是命根子，至于思想、品德、情操、习惯的培养，往往掉以轻心，极少潜心思考，更不用说悉心培育。学生当然要学知识学技能，知识技能也是人的素质的有机部分，问题是不重视品格、道德的培养，就不可能真正驱除愚昧，提升做人的气质。

如今在学校、家庭流行这些看法与做法，是教育的浅层次价值观在起作用。认为教育只是谋生的手段，谋取功名利禄的手段，没有或极少考虑教育深层次的价值观：教育要促使受教育者完善道德，完善人格，发挥潜力，成为有文化教养的人。如果只考虑前者，不考虑后者，那么教育就有极大的缺失。事实上，一个不能自我发展、长足发展的人，生存能力就会越来越弱。

至于社会上如何重视对学生良好素质的培养，更是令人担忧。一些单位、个人由于受利益的驱动，只注重机械训练，这个册那个册铺天盖地如潮涌，消耗学生的青春。网吧通宵达旦，诱惑无自制力的学生沉湎其中，受影响严重的就毁了前程。

对学生进行素质教育，一定要把“人”放在首要地位。只有在这一点上取得共识，才能走出“重术轻人”“重利轻人”的误区，形成育人的合力。在实施素质教育的过程中，学校、家庭、社会可各司其职，各有重点。我的意见如下：

第一，学校抓素质教育，就目前而言，有两点很值得重视。一是要抓根本，抓灵魂的建设。管头管脚样样管，琐碎繁杂，学生自制、自律的意识与能力仍然薄弱。教育虽千头万绪，但要抓在要害处。学生要真正懂得做人的道理，按照全面发展的要求自我塑造，理想教育、志向教育须牢牢抓住不放。有理想、有志向、有追求，人就能不断上进，不断克服不足，不断提升气质与境界。主宰灵魂的东西要常抓不懈，常抓常新。这种教育要有民族特色、时代气息，要从学生的生理、心理实际出发，真正拨动学生的心弦，而不是空洞地说教。二是要把素质教育融合在各科教学之中。所有学科的大目标都是育人，把学生培养成国家的有用之才。学科教学中应蕴含世界观、人生观、价值观的教育。学科教学只讲技能技巧，就失落了灵魂，失去了它存在的应有价值。教学中的育人，不是外加，装点门面，而是盐溶于水中，虽不见痕迹，但喝者口感更好，更能得益。

第二，家庭抓子女的素质教育，家长以身作则必不可少。家庭教育是基础的基础，家长是子女最具体、最有影响的老师。家长的思想言行，哪怕是一些细节，在子女身上都会起不可磨灭的作用。“随风潜入夜，润物细无声”，教育就是在不知不觉中起作用的。譬如，家长带着孩子骑摩托车在狭窄的人行道上逆行飞驶，这就在做坏榜样，就告诉孩子心目中不要有别人，交通规则可以随意违反。此类事情不胜枚举。要对下一代进行良好的素质教育，家长提高自身素质极为重要。

第三，社会方方面面都要想到学生的健康成长，在追求经济效益的同时，千万不能忽视社会效益。社会良好的文化、道德氛围不是靠几个单位、几名有识之士就能创造的，各行各业，每个单位都要为国家的未来负起责任。多想一点后代，多想一点义务和责任，对社会主义精神文明建设大有益处。

总之，要有效地对学生实施素质教育，关键是认识要一致，做法要协调，千万不要互相掣肘。如《吕氏春秋》中一则寓言所说，一人写字，另一人不断地在旁牵制，字当然无法写好。学校、家庭、社会形成合力，素质教育才会大见成效。

追求高尚的教育境界

只要选择了教育这个职业，就一定要追求高尚。

社会上不是什么人都可以做教师的。韩婴在《韩诗外传》中说："智如泉源，行可以为表仪者，人师也。"智慧如泉源一样丰沛，思想言行各个方面都能做榜样的，才可做育人的教师。一名校长就是一所学校，他反映学校的面貌、内涵、办学水平，理应成为学校的脊梁、教师的榜样，因而更要追求高尚。

一、追求高尚教育境界的必要性

对高尚教育境界的追求不是玄虚的、无依据的，而是源于对教育的深刻理解，对人生的执着追求，并落实于一切教育活动之中。

本文发表于《思想理论教育》2003 年第 1 期。针对社会上一部分人把教育当作获取物质利益、博取功名的手段的错误认识，作者指出，"真正的教育"最终必然指向人的精神生活，是学生健康成长的需要，是时代发展的要求，也是对国家、民族的未来负责。作者强调，教师肩负着造就新一代高素质的劳动者、建设者、管理者和领导者的重任，必须树立正确的教育价值观念，全面贯彻教育方针。作者将"追求高尚的教育境界"与依法办学、以德立校、创造良好的育人氛围、提升教师队伍素质及校长自身的努力结合起来，强调办学校不是百米冲刺，而是万米赛跑，要有勇气，有毅力，向着理想的目标奔跑。

1.
教育本质的呼唤

教育事业是具有理想性的事业，没有理想的教育是不存在的。理想是一种追求，这个过程是不断发展的。“真正的教育”是引导人的灵魂达到高处的真实之境，是人生境界的提升。柏拉图在《理想国》中借苏格拉底之口用“洞穴中的囚徒”隐喻，说出了教育的真正含义。教育是把人的灵魂、精神用力往上拉，引向真理世界；知识、技能是帮助灵魂攀升的阶梯。我国的《大学》一书开宗明义这样说：“大学之道，在明明德，在亲民，在止于至善。”学习的目的，在于彰明内心美善的德性，在于使人自新，在于使人处于最美善的道德境界。陶行知的“千教万教教人求真，千学万学学做真人”，就是要追求人的精神世界的高尚。英国史学家汤因比和日本的池田大作在关于21世纪的对话中谈到当代教育时，认为教育的本质不应该以谋实利为动机，而是寻求存在于宇宙背后的“精神存在”之间的心灵交流，开启人的心灵与富有的大脑。显然，古今中外研究教育的大家都认为教育的本质是完善人的精神世界。

现代教育使教育对象受教育的长度增加，即实施终身教育，与此同时，不能忘记教育的深度，教育最终为人的精神生活服务。教育本质呼唤我们办学者必须对学生的成长负责，追求高尚的教育境界。

2.
全面贯彻教育方针的现实需要

在科学技术向现实生产力迅速转化的过程中，教育是十分重要的中介环节。教育是培养人才和创新能力的基础，它在现代化建设中居于全局性的战略地位。要造就新一代高素质的劳动者、建设者、管理者和领导者，必须树立正确的教育价值观念，全面贯彻教育方针。教育的浅层次价值观是教育个体发展过分注重对谋生、谋取物质利益、博取功名的追求，忽视或轻视个性充分发展及高尚精神境界形成的深层次价值观。办学者千万不能把教育只看作是求学者谋生的手段，不能停留在浅层次的教育价值观，要同时树立深层次的教育价值观。

要使每个学生都得到比较全面的发展。全面发展是教育方针所规定的，也是实施素质教育最本质的反映。人的生命体本身蕴含着多方面发展的潜能，教育的任务就是把学生的潜能变成发展的现实。学生都能得到发展，不仅是民主的基本理念，而且是每个学生的基本权利，要保护并尊重这种权利，并创造条件实现这个权利。当前，重智育轻德育、体育、美育的观念及做法对学校教育有很大的干扰，这种片面的教育质量观影响教育的发展，影响学生的健康成长。要办真正的教育，确实要花大气力全面贯彻教育方针，这是现实的需要。

3.
时代发展的迫切要求

知识经济的发展对教育提出了严峻的挑战。社会不是以某种能运用的技术为基础，而是以整个知识进步为基础。对人才的评价标准，主要不是看某一方面的技能运用，而是看人才的整个知识的结构、容量、水平和知识积聚与更新的能力。显然，人的培养不以获取传统的知识体系为唯一目的，而是要求学生全面发展，以提高自身的综合素质。社会要求学校向学生提供优质教育，使学生全面发展。而只有全面发展，学生才懂得在未来社会怎样求知和创新，怎样与他人合作，怎样保持身心健康，成为现代化的人。

人的现代化是时代发展的迫切要求，是社会现代化的根本保证。一个国家可以从国外引进作为现代化最显著标志的科学技术，移植卓有成效的管理方式、教育制度以及课程内容等，但这些毕竟是一些空的躯壳，关键在于执行和运用这些制度的人。要使这些制度有生命力，并在自己的土地上生根发芽、开花结果，人自身的心理、思想、行为方式都须经历一个向现代化的转变。只有提高人的综合素质，有创新能力，有人才优势，才能保证社会现代化的实现。

为此，学校校长要追求高尚的教育境界，坚持以德立校，把全部智慧和教育艺术、教育理想和教育价值体现在对高尚的教育境界的追求上。

二、与依法办学紧密结合

追求高尚的教育境界，以德立校，必须与依法办学紧密结合。

1. 教育法对教育全方位进行规范，为保证学校教育质量提供法律依据

《中华人民共和国教育法》是我国教育工作的根本大法，为落实教育优先发展的战略地位，保障教育改革和发展的目标与任务的实现，维护教育关系主体的合法权益提供了基本法律保障。办学者要学法、知法、守法。学校教育是培养学生健康成长的主渠道，它的质量高低影响一代人的素质，影响新世纪人才的培养。以法律条文对学校教育的方方面面进行规范，必然促进学校教育沿着正确的轨道健康发展。例如《教育法》第二十九条关于学校应当履行义务的第二款规定，“贯彻国家的教育方针，执行国家教育教学标准，保证教育教学质量”。这就给办学者的指导思想、办学行为作了规范。“教育必须为社会主义现代化建设服务，必须与生产劳动相结合，培养德、智、体等方面全面发展的社会主义事业的建设者和接班人。”教育方针极其明确，学校应坚定不移地贯彻。

教育有一系列的法规，如《中华人民共和国义务教育法》《中华人民共和国教师法》等，均要认真学习，作为办学的依据，依法治校。

2.
法治的源头与基础是德治，依法办学的奏效说到底根源于师生的内心认同

我们讲的德治，是社会公德、职业道德和家庭及个人伦理道德的提倡与约束，指提倡一个人内心的反省、自责与外部舆论教育的约束。绝大多数法律规范都是从道德规范中提炼出来的，良好的法律源于良好的美德。例如《教师法》规定教师应当履行的义务中，“关心、爱护全体学生，尊重学生人格，促进学生在品德、智力、体质等方面全面发展”的条款，就是从众多优秀教师长期师德规范中提炼而出的。它得到师生的内心认同，如果不遵守，就是违法，就要受到指责乃至处罚。法律如果不被信仰，那就徒具形式了。

3.
法律只能涉及人的外部行为，德治涉及人的内心世界，遵守道德自愿、自律，就能更自觉地守法

法律，是具有强制性的他律，是一种刚性的惩戒。法律只能调整人的某些行为，而非全部行为。企图把人的一切行为纳入法的调整范围之中，这是不可能的。道德规范是一种导向，一种教育，一种警示，在一定的舆论氛围中，强调自制意识，强调公众压力，强调认识自己的责任与义务。由于道德规范重启发，重自律，因而是温性的，具有比较长效的作用。能自律的人，道德规范好，守法就更自觉。

4. 依法办学与以德立校相辅相成，相互促进

依法办学，尊重《教育法》等法律的强制作用，保障学校事业在正确的轨道上健康发展，保障良好的教育秩序。在必须这样做，不能那样做的同时，学校还要在应当怎么做，倡导怎么做上下功夫。对青少年学生来说，尤其要强调德教为先。大量正确的、健康的、向上的思想言行在学校起主导作用，依法办学就更能落到实处。

三、弘扬正气，创造育人的良好氛围

学校是育人的神圣殿堂，理应是一方净土，摒弃邪恶、污浊和庸俗，营造高尚的氛围，才会使育人工作生机勃勃。

1. 牢固树立育人的大目标

学校最大的事就是教育、培养学生。现代教育的变革要求校长和教师必须深刻反思两个问题，即教什么知识，培养什么人。时代前进了，教育必须与时俱进。今天应给学生什么样的知识，是单纯的现成结论，还是更注意探究知识的过程？哪些是基础教育非学不可的，是知识的“核”，是给一辈子做人打基础的？哪些是须删减、割爱的？学生在新世纪将扮演什么样的角色？须接受怎样的教育才能成为未来社会所需要的人才？

反思育人的目标，有助于把握育人的准绳。培养学生成为怎样的人，非根据主观意图，标尺只有一个，就是我们的培养目标，德智体

美全面发展，成为现代化的人。如果重术轻人，重技能技巧的落实，轻人的整体素质的培养，见分不见人，见局部不见整体，见眼前不见长远，就有意无意地背离了育人的大目标，偏离了办学的准绳。

要牢固树立育人的大目标，就要研究和深入到学生成长中的三个世界——生活世界、知识世界、心灵世界。在他们的金色年华时代，要以德育为核心，促进他们生活上健康、开朗、自理、自立，促进他们爱学乐学，善于求知，勇于探索，促进他们丰富心灵，提升思想，奋发向上。三个世界要和谐发展，不能只重其一，不重其二，要坚持全面质量的提高。

2.
确立办学的精神支柱

人有脊梁骨才能直立行走，一所学校要成为育人的神圣殿堂，取得家长的信任，社会的认可，必须有精神支柱。良好的校风是办学的精神支柱。精神支柱是无形的，但有强大的凝聚力，能创造追求高尚、追求真善美的氛围，引导师生积极向上。

在社会转型时期，泥沙俱下，鱼龙混杂，本不足怪，关键在于办学者要有火眼金睛，提倡什么，允许什么，抵制什么，心中要一清二楚。学校不是真空地带，金钱拜物、实惠思想、不诚信、西方文化的不良价值取向等均会侵蚀学校肌体，侵蚀师生心灵。校长要敢于弘扬正气，抵制社会上不良风气对学校的侵袭，不能把学校文明水平降低到社会上的一般水平。学校不一定提倡社会上流行的事物。学校是创建和撒播精神文明的场所，应代表社会上主流的先进文化，给涉世未深的中学生以良好的熏陶感染。强内才能御外，自己一身正气，为人师表，对歪邪的东西就有识别力、抵制力和免疫力。

弘扬正气，不是关起门来办学，而是要切实遵循“三个面向”方针，解放思想。既要纵向继承，又要横向开拓，要认真学习国外先进的教育思想、教学内容、管理方法，从学校实际出发，拿来为我所用，让师生在借鉴、辨别中感受时代气息。学习要有主心骨，不照抄照搬，更不照单全收。

3. 聚焦于对学生的培养

每所学校的校风总会用一定的文字表达，重要的不在于文字的美观、醒目，而在于千方百计把文字表达的校风内化为师生的认知、情感和自觉的行动。要让师生懂得其中蕴含的道理，感情上愉快地接受，并引起共鸣，从而化为自觉的行动。全校教职员工对育人的大事要统一认识，统一步调，齐抓共管，各司其职。

要做到教书育人、管理育人、服务育人、环境育人，教师要循循善诱，伴随着知识的传授和能力的培养，撒播做人的良种，而不是做传授技能的匠人；管理要思想先行，制度到位，要让学生懂得为何要制定制度，为何要遵守制度，学有学规，食有食规，宿有宿规，做广播操还有做操的规矩。规矩一旦定出，就要明内容、督遵守，否则就是一纸空文。每个服务部门的职工都要以育人为先，尊重学生，讲述道理，学校公物除自然损坏外，把人为造成的损失降到最低。学生在优美的校园里活动能受环境熏陶，滋长爱心，养成文明习惯。优美的环境不是花钱买的，一草一木都是师生栽种、施肥、养护的，培养了学生绿化祖国的好思想、热爱劳动的好习惯。办学者对自由与纪律、保守与开放、改革与放任要严格区别，把全校教职工精力聚拢到教育学生的事业中，克服教育的随意性，克服无能为力、无所作为的思想。

四、关键在于抓好教师队伍建设

学校的质量说到底是教师的质量，要办好学校，追求高尚的教育境界，关键在于抓好教师队伍建设。

1.
切实抓好教师个体自身素质的培养

教师所从事的劳动是个体脑力劳动，特点是单兵作战。教师的课堂教学质量，与学生谈话的水平，组织学生活动的能力，开展教学改革的自觉性，进行教研科研的积极性，无不打上个体的烙印。教育质量的高低不是靠某些规定就能实现的。校长要认清教师劳动的特点，因势利导，在提高每个个体的德、才、识、能的综合素质上下功夫。

要向教师反复宣传加强自身修养的必要性和重要性。任何人都不可能把自己没有的东西奉献给别人，要散布阳光到别人心里，先得自己心里有阳光。要培养学生成为思想道德素质、科学文化素质、身心素质良好的劳动者、建设者，教师自己就要堂堂正正，光明正大，一言一行都要成为学生的榜样。要敢于弘扬正气，发扬先进，强调塑造在学生心目中值得尊敬的高大形象。教师成为学生心目中的“偶像”，教育效果就比较理想；教师有成为学生“偶像”的自我追求，就能重视自我教育、自我修养，在思想情操上不断攀升。

治标与治本要并重，治标只能管一时，管局部，多约束、强制，治本更为重要。师德是根本，“职业”与“事业”仅一字之差，内涵却迥然不同，要引导教师把育人的职业提升到当事业来对待，教师蕴藏的潜能、智慧就会大放异彩。因此，在多种场合要不断激励教师加强责任心、使命感，增强自我发展的动力，与学生一起成长。教师对学生的作用不可能是“零”，不是正面作用，就是负面作用。校长要善于防微杜渐，对有损师德的言行，对工作懈怠不负责任、家教成风的现象要敢于批评与制止。

学校是培养教师的基地，上好每一堂课是教师应尽的本职。学科教学是素质教育的主渠道，课堂教学是素质教育的主阵地，一个连课都上不好的教师怎可能说师德高尚？而课堂教学质量的提高又靠在教学实践中摸爬滚打，体验、感悟，长善救失。在实践中经常有人指点，就能目标明确，进步飞速。面对当前教改实际，校长要深入教学第一线，与教师一起研究如何以学生发展为本，如何面向全体学生，如何开发学科教学、课堂教学的多功能。较长时期以来，灌输加训练的教学方式笼罩课堂，抑制学生的自主学习，更谈不上发展思维，培养创新意识。要改变这种状况，单讲理论，单口头上说，是无济于事的。须对一节节具体的课，从实践与理论结合的高度评析、指导、研究，促进教师教育理念的转变、育人功能的落实和教学水平的提高。任何学科的教学都应是德育、智育、体育、美育的融合，在对学生进行智育的同时，价值取向、审美情趣等应有意识地水乳交融地糅合其中。这不是外加，而是深寓其中的内涵得以阐发。单一的训练功能是低层次的技术化，要开发多功能，让学生在学习知识技能的同时，智力、潜能、个性获得发展，思想情操受到熏陶感染。求知与求真、求善、求美统一，学生就深受其益。有责任感、上进心的教师特别喜欢校长这样做，因为这是活的教育学，是教育方针在课堂教学中贯彻的生动体现，是引导自己一步一个脚印往前迈。

2.
认真抓好教师群体的团队精神

教育工作的特点之一是教师的个体劳动与教师群体效益相结合。教师的个体劳动质量高，群体又能拧成一股绳，团队精神好，学校教育质量就高。

有人就有矛盾，就有人际关系的处理。抓团队精神，就要抓凝聚力，抓弘扬正气，提倡以学校大局为重，以千方百计教好学生为重，反对保守、封闭，反对不正当的竞争。教研成果、科研成果、考题习题研究等应视为集体财富，不应保密、封闭，更不能因一分半分之差而相互掣肘。

目前提倡研究性学习，它是不同分科课程的有机综合。在学校工作这盘棋中，特别要重视各学科之间的相互照应，有机渗透。提倡工作中相互尊重，相互支持，主动协作，反对各自为政，各搞一套。经常开通气会，有利于工作上协调，感情上沟通。

特别要抓紧青年教师的锻炼与培养。学历水平不等于岗位水平，要真心实意鼓励他们追求卓越，岗位成才。要使用与培养并重，扬长避短，成长成熟。除校外学习进修外，校内建立学校、处室、教研组三级培训网络，老、中、青教师结合，在教育、教学、读书、实践等方面全面培养，激励青年教师冒尖；在培养青年教师的同时，中老年教师也加强了团结，得到了提高。以德治校，让每位教师深切体会到自己应是良好教风的积极创建者与努力实践者。

五、
校长应努力成为教育家

校长是学校的无字之书，要以人格的力量教育教师志存高远、敬岗爱业，教育学生健康成长。

1.
不懈追求，
创造理想的教育境界

袁振国在《教育新理念》中说："一切教育都是理想的教育，都是为了理想、追求理想的教育。"办新世纪的基础教育是全新的事业，须不懈追求，努力创造。办学校不是百米冲刺，而是万米赛跑，要有勇气，有毅力，向着理想的目标奔跑。"依法办学，以德立校"，是科学，也是艺术，既要抓好法律规范，又要在师生精神世界中撒播做人的良种，辛勤耕耘，执着追求，相互促进，寻求全方位的育人规律，不断推动学校工作跃上新台阶。创造理想的、高尚的教育境界，实际上是一种人生追求，把心血、智慧和忠诚奉献给事业，奉献给祖国的希望——我们的青少年学生。

校长顶住学校一片天，要对师生有感染力、辐射力，必须注重自

我人格的塑造。人格是思想、道德、行为、举止、气质、风度、知识、能力、心理、生理等众多因素的综合。俄国教育家乌申斯基强调，在教育工作中，一切都应以教师的人格为依据。因为教育力量只能从人格的活的源泉中产生出来，任何规章制度，任何人为的机关，无论设想得如何巧妙，都不能代替教育事业中教师人格的力量。校长是学校工作的组织者、领导者，是引领教师前进的人，在人格方面更应具有魅力，闪闪发光。校长视学校质量为生命，生命与使命结伴同行，教育就会出现蓬勃发展的新境界。

2.
有丰富的智力生活，
学而不厌，勇于创新

真正的学校应当是一个积极思考、勇于创新的王国，而积极思考、勇于创新来源于教师学而不厌，有丰富的智力生活。苏联教育家苏霍姆林斯基曾这样说："如果教师的智力生活就是停滞的、贫乏的，在他身上产生了一种可以称之为'不尊重理想'的征兆，那么这一切就会明显地在教学教育工作中反映出来。……教师不尊重'思想'，学生也就不尊重教师。然而更加危险的是，学生也像教师一样地不愿意思考。"校长是师生的领路人，更应重视积极思考。要把学校办得有时代气息，就必须用历史的眼光把握现在，着眼于未来；思想敏锐，认识有前瞻性；要独立思考，从学校实际出发，不人云亦云，不随风，不浮躁；要审时度势，因时辨势，遵循教育规律，创造条件，办出特色。办学要有自己的个性，自己独有的特色，自己独有的精神文明内涵。

校长应做到身上有正气，师风可学，抵制鄙俗的市侩习气，还应做到学风可师，身上有书卷气，是文化人、文明人，是学者型的人。二者结合，与时俱进，就能成为教育改革的探索者、推进者，就能使学校出现高质量、高境界，泽被莘莘学子。

校长队伍中人才辈出，基础教育必会展现万花争春的动人场景。

教育，为了民族的振兴

光阴似流水。1951 年夏，中华人民共和国成立后大学毕业生第一次全国统一分配的热烈情景仍历历如在眼前。上海的全体大学毕业生集中在交大校园里学习，真是恰同学少年，风华正茂，书生意气，“为建设新中国服务”，一个个满怀豪情，奔赴天南地北各自的工作岗位。转瞬间，半个世纪飞逝，我被分配到学校工作已有五十余年。

五十余年从教生涯曲折起伏、坎坎坷坷，支撑我数十年如一日执着追求、永不懈怠的精神支柱是母校省立镇江中学的校训——“一切为民族”。这五个大字掷地铿锵，镌刻在我心中，成为我铸造师魂的基因。

“求学为什么？从愚昧走向文明，就要立志为解救苦难的民族于水深火热之中……”老师激昂的话语撒播在我的心田，萦绕在我的脑际，我是抱着培育中华之才，拯救中华苦难的凌云壮志走上教师岗位的。

我学教育专业，实习学科是心理学。由于工作需要，先改行教历史，再改行教语文。隔行如隔山，要站在课堂上对得起学生，自己非下苦功不可。我从背诵年代、熟记历史事件开始；从学汉语拼音、汉语语法入手，天天明灯伴我过半夜。在党的教育下，我深深体会到教师的活儿是良心的活儿，一个学生只有一次青春，青春是无价宝，耽误不起，自己“昏昏”，不可能使学生“昭昭”。于是，边干边学，边学边干。尽管学校不断翻牌子，我坚持勤于学习，勇于实践，把休

本文发表于《新民晚报》2003 年 9 月 7 日。

息、聊天的时间都用上。

教好课，不是自己荣辱得失的小事，而是关系民族后代素质高低的大事。刚改行教语文，老组长听了我的课后说："语文教学的大门在哪儿，你还没摸着呢!"话是够刺人的，但我没气馁，也不服输。我孜孜矻矻，独立钻研，力求自己有独特的体验，把握住教学的规律，不仅要找到门，而且要登堂入室。为了把课教得一清如水，学生学有所得，备一节课要花几小时乃至几十小时。为了让学生学有兴趣，学得快乐，我广泛学习他人他校先进经验，尤其是20世纪60年代育才中学的教改经验，尊重学生的学习权利，引领我的教学跃上新台阶。从此，公开课成了家常饭。

"十年动乱"，我这个"修正主义教育路线吹鼓手"少不了挨斗挨批挨打，但"一切为民族"的教育信念支撑着我挺过来了。也许是惩罚，也许是信任，让我带乱班乱年级，我有幸与各种类型各个层面的学生打交道，学到了活生生的教育学、心理学、生理学，也和不少家长、学生成了忘年交。我懂得了："长善救失"是教师的天职，要讲科学，讲艺术。一教就会，要我们教师干什么?

由于培养小学教师的需要，20世纪80年代中期，我从中学又转轨到师范学校。学校工作乱如麻，"十年动乱"的派性，后十年余波纠缠，人心涣散。我钟爱语文业务，不喜欢搞管理，尤其不愿意被错综复杂的人际关系捆住前进的手脚。为了学校的振兴，一切为民族，我硬着头皮做了校长。学校最大的事就是一心为学生，全校教职工都要把精力和智慧集中到培养每一个学生，促进他们德智体美全面发展的崇高事业之中。用正确的教育思想凝聚教师；树"一身正气，为人师表"的教师形象；学生是明日教师，今日做起，两代师表一起抓。经过三年的群策群力，艰苦奋斗，学校面貌大变样，一跃成为市文明单位、全国师范先进单位。风气正，人心齐，管理出了质量。

五十多年的教坛生涯，充满了遗憾与不足。急切期盼的是年轻教师续写振兴民族的篇章，创造教育的辉煌。

为基础教育鼓与呼

《新教育论坛》问世了，这是值得庆贺的事。它为从事中小学教育的校长和教师搭建了施展才华的平台。在这个平台上，可以讨论教育的理念，发表办学的见解；可以研究课程教材改革，交流教育教学经验；可以探讨学生健康成长的诸多因素，探寻教师长足发展的条件与轨迹。

基础教育，本中之本。和以往比较，科教兴国的思想已深入人心。今日的教育，就是明日的科技，就是后天的经济。教育在社会主义现代化建设中占有重要的战略地位，这已是不争的事实。但是，今天基础教育是不是应该给予足够的重视，把它放在应有的战略地位来认识，来对待，就值得研究了。谈教育，往往只与科技、高科技联系起来，与建设人才联系起来，与发明、创造、杰出贡献等联系起来，因为这些东西看得见，摸得着，效果显著。而中小学教育与这些距离甚远，不能马上见效果，出成绩，只不过是教教娃娃们的，于是有意无意地使认识天平的一端往下滑。其实，“为学贵慎始”，人的培养起始阶段十分重要。基础教育是从事人的基本生理、心理、思想、道德、科学、文化的教育，基础扎实规范，才能促进学生终身持续发展。学生能不能健康成长，能不能将来有后劲，终身获得发展，相当程度上取决于接受的基础教育的质量。简单地说，今日上海基础教育的质量就是明日上海市民素质的质量，就是明日上海城市的建设质

本文发表于《新教育论坛》2004 年第 1 期。《新教育论坛》并非名刊，但在其问世之际，作者仍然撰写了本文，以示祝贺并寄予厚望。因为在作者看来，它为从事基础教育的广大教师和校长搭建了一个讨论、交流、研究、发展的平台，这将有利于基础教育向扎实、稳健、富有活力的方向发展。

量。放眼看全国，我国的基础教育面向数以亿计的儿童、少年、青年，面广量大，属世界之最。充分认识基础教育乃本中之本的战略地位，从物质到精神关心、呵护基础教育，切实提高基础教育质量，对提高全民族素质，促进祖国繁荣富强会起到不可估量的作用。

从全国来说，中华人民共和国成立以来第八次课程教材改革旨在真正实现从应试教育到素质教育的转型，它所提出的一系列“概念重建”“队伍重组”“文化重塑”课题所形成的冲击波为历次课改所无。上海的课改为适应时代的需要也在不断完善和深化，迈开了新的步伐。课程改革给教育界带来的最大挑战，莫过于对教师提出了更高的要求。先进的教育理念，新型的教学方式，富有时代气息的教学内容，多元的评价体系等，均要通过教师的创造性劳动才可能转化为实践的现实。所以，课程改革的成功与否归根到底取决于教师。正因如此，教师培训、教师素养、教师专业化必然成为课改中的热门话题。思想碰撞，排忧解难，精彩案例，开拓创新，展现在论坛这个平台上，不仅能帮助教师活跃思维，打开视野，增长智慧，而且能为课改精神的具体落实创造浓郁的气氛。

搭建这样一个平台，可以开展专题调查研究，反映和报道基础教育中种种真实情况，让社会了解学校，支持学校教育工作。比如眼下有一种误解，认为教师工资高，奖金高，都很富有，人人都家教，都赚钱。这种看法与实际情况距离很大。教师究竟有多少收入，小学的，初中的，高中的，搞点调查研究就一目了然。我国是发展中国家，用有限的教育经费支撑着世界上最大规模的基础教育，落实到每所学校，尤其是初中、小学，经费有限得很。与过去相比，教师待遇确实提高了不少，但说实在的，离真正“富有”还有一定的距离。选择当教师，就选择了高尚，教师绝不是以“富有”“大款”为奋斗的目标，教育学生健康成长，引导他们成人、成才，才是教师人生的真谛。因此，教师崇尚的是奉献精神。至于家教，本是教师应尽的责任，帮助学生弥补学习不足，改进学习方法，提高学习效果，无可非议。可是如果课堂教学不下功夫，马虎敷衍，以家教为谋利手段，这就背离了教师应有的道德。但是，被金钱污染了良心的教师只是极少数，不能因极少数而影响对教师队伍整体形象的看法。学校要办好，绝不只是校长的事；教育要办好，也绝不只是教育部门的事。学校、家庭、社会要沟通，要相互理解，相互支持，要聚集育人的力量，提高育人的实效。要做到这一点，讲真话、说实情，是必不可少的前提。相信在这个论坛上大家都会这样做。

根深，叶才繁茂，果实才会累累。愿《新教育论坛》为基础教育鼓与呼，眼睛向下，扎扎实实地做植根的工作，鼓出干劲，呼出育人的高质量。

奠基，
“奠”怎样的“基”？

众所周知，基础教育在人的成长、成人、成才中起至关重要的奠基作用。

从一个人的成长过程来看，基础教育从事的是人的基本建设，给人的思想道德、行为习惯、科学文化打基础。根子扎得正，扎得实，懂得做人的基本准则，日后在社会风雨中锻炼，就能枝繁叶茂，果实累累。个人有发展后劲，对社会就能多作贡献。基础教育面广量大，仅从义务教育而言，我国学生就以“亿”计算，学生人口之多在世界上首屈一指。基础教育不是着眼于少数学生、部分学生的提高，而是面向全体学生，着力于全体学生素质的提高。今日的学生素质，就是明日的国民素质。在进行社会主义现代化建设的过程中，人的素质越高，建设所取得的成就越显著越卓越。而全民族素质的提高，必须眼睛向下，从人的学生时代抓起，奠定良好的素质基础。

面向全体学生，全面贯彻教育方针，教育工作会议上提出“两全”要求。可以说，教育工作者对此耳熟能详，但只要认真地考查实际，就可发现偏离准星，距离相当远。

本文发表于《上海师范大学学报》2004 年第 1 期。针对课程改革过程中出现的学校教育重“术”轻“人”的技术化倾向，作者指出，基础教育担负的是为学生终身发展奠基的重任，要给学生打好科学文化素质和思想道德素质的基础。学校教育忽视心灵世界的培养，学生就会缺少精神支柱。学科教学应融合智育、德育、美育，为学生的发展全面奠基。教在今天，要想到明天，一切工作应聚焦在培养中国的合格公民上。课程教材改革把育人放在首位，就是教育方针进学科、进课堂。这不是外加的，而是与知识、能力的有机融合，是学科内涵的深入阐发。

首先，是“术”和“人”的问题。教育，说到底是培养人。中国教育，不管是哪类学校，哪个学年段，都应聚焦在培养中国的合格公民上，为合格公民打基础。这不是口头说说、纸上写写就能实现的，而是要身体力行，下大功夫，下苦功夫的。这些年来，学校教育对“术”的重视，远远超过对“人”的重视。对知识和解题技能技巧的追求笼罩师生，实际上成了学校工作的中心，放在学校工作的首位。学校不是真空地带，学校的种种做法都离不开社会环境的影响。社会上急功近利、浮躁心理的浸染，学生家长浅层次教育价值观的期盼，选拔考试指挥棒的威力，众多因素形成拉力，把学校工作往“术”的路上拽。“术”的培养是具体的、实在的，“人”的培养重在口头，比较空泛。

学校教育无形中成为学生谋取进高一级学校的工具，成为谋求生存，获取高薪职位的垫脚石，育人的理想色彩、神圣内涵淡化了。考试是检测教与学的手段，是选拔的手段，其重要性不容贬低，但错把手段当目标，必然造成基础教育实施中不应有的损害。

撒什么种子开什么花，哪个地方着力哪个地方就见成效。放眼看全国，此次课程改革的前期工作，有一项是对学生、教师、家长、校长做了大量的调查研究。调研表明，学校课程在学生身上体现的情况和学校实际关注的目标都是基本知识和基本技能，批判性思考、责任感和道德、自主获取知识的能力、创新意识等均较差。而校长与教师都认为，学生应具有终身发展的素质，要具备这样的素质，首先是责任感和道德，其次是价值判断，然后是传统美德和创新精神。主观愿望和客观效果如此大相径庭，不得不令人反思。

现实生活中基本道德流失的情况已是见怪不怪。只要别人为自己服务，不肯为别人出一点力。祖辈、父辈对孩子关怀备至，进学校起早摸黑，接，送，拎书包，精细地料理生活，而孩子不仅不体会，不尊重长辈，不感受亲情、恩情，还要颐指气使、动辄发怒。谈到公德心，有位校长痛心地说：学校刚修的新操场，借给人家开运动会，一天对绿化的破坏超过一年。学生吃零食落下的种种垃圾弄得学校满地狼藉，自己不断弯腰捡拾，学生却不屑一顾，无动于衷。有人认为这只是小事，无伤大雅。其实不然，三岁孩童映八十，从小无自律意识，不养成良好的行为习惯，缺乏责任心，不懂得尊重别人，将来又如何“大雅”得起来呢？人的奠基工作缺失了做人的基本准则，或基本准则不牢靠，就会思想上残缺，道德上残缺，行为习惯上残缺，怎能健康发展、全面发展？又怎能长足发展？

教育的本质是增强人的精神力量，真正的教育是引导人的灵魂、精神达到真实之境，知识、技能是帮助提升精神境界的阶梯。《大学》一书开宗明义指出：“大学之道，在明明德，在亲民，在止于至善。”学习的目的，在于彰明内心美善的德性，在于使人自新，使人处于最美善的道德境界。古人如此，今人同样强调育人。陶行知的“千教万教教人求真”，也就是追求人的精神世界的高尚。英国史学家汤因比和日本的池田大作在关于21世纪的对话中谈到当代教育时，认为教育的本质不应该以谋实利为动机，而是寻求存在于宇宙背后的“精神存在”之间的心灵交流，开启人的心灵与富有的大脑。显然，古今中外研究教育的大家都认为教育的本质是完善人的精神世界。贯彻教育方针以德育为核心，姑且不去说时代的要求、社会发展的需要，仅以教育本质来审视，就有着丰厚的内涵和现实的意义。教育的本质呼唤基础教育必须对学生的健康成长负责。

知识的传授和技能的培养在基础教育中当然占有重要位置。基础教育阶段传授的知识，许多是知识的“核”，不因时间推移而老化，因而这个时期学生学到的知识、培养的能力往往陪伴终身，一辈子都起作用。然而，知识与技能只是人的素养的一部分，不是人的全部。正好像手、足是人的“局部”，“局部”不是“整体”，“手”“足”不是人的全部，也无法代替人的全部。重“术”轻“人”，忽视心灵世界的培养，学生就会缺少精神支柱的支撑，落入“技术主义”的桎梏。

其次，是“主渠道”与“点缀”的问题。教育方针中说的德育、智育、体育应该是有机整体，既有各自的内涵，又相互渗透与交融，绝不是割裂开来，互不相干，各自为政。

全面贯彻教育方针、实施素质教育的主渠道是学科，主阵地是课堂。学生日复一日、月复一月、年复一年，进学校求学，每天好几节课，大量时间是在课堂上度过的。课堂教学是片面质量观主宰，还是全面质量观指导，育人的质量就会迥然有异。任何学科的教学都应发挥它特有的多重功能。比如语文学科，语文课当然要引导学生学习祖国的语言文字，如何正确理解，如何规范地使用，这是实用功能，因为它是人们最重要的交际工具。与此同时，它还具有发展功能。语言和思维、情感同时发生，语言的发展能很好地促进人的观察力、记忆力、想象力、思维力、创造力的发展。教学生学语言，就要注意促进学生智力的发展，尤其是思想力的发展。语言还应发挥教育功能、审美功能，把握语言文字的表现力、生命力，推敲内含的情和意，给学生以熏陶感染。学科教学发挥多重功能，不是人为杜撰，而是由学科性质所决定。语文的基本特点是工具性和人文性的统一，教材选文大都文质兼美。深邃的思想，精辟的见解，非凡的智慧，高尚的情操，都是通过精当、美妙、生动的语言跨越时空传递给学生的，知识、能力与思想、情感是糅合在一起的，只是由于我们认识不到位，或者是受急功近利等思想的影响，进行教学时常常有意或无意地把它们剥离，取知识、技能而使精神养料流失。

语文学科如此，其他学科又何尝不是这样？每个学科均有其各自的性质、各自的个性，深入探讨，把握规律，均可发挥多重功能。学科教学应以本学科的智育为核心，整合德育和美育，给学生打科学文化素质和思想道德素质的基础，相互融合，全面奠基。当前进行的课程教材改革，强调以促进学生的发展为本，以知识与能力、过程与方法、情感态度与价值观为实现教学目标的三根支柱，其实质就是把育人放在首位，就是教育方针思想进学科教学，进课堂。在这种新的教育价值观指导下，学生在求知的过程中，在学到知识、获得能力的同时，情感受到熏陶，精神受到哺育，价值判断力得到提高。这种教育不是外加，而是与知识、能力的有机结合，是学科内涵的深入阐发。这种立体化施教，发挥学科的多重功能，春风化雨，润物无声，持之以恒，学生必深受其益。

基础教育部门、学校，对德育不算不重视，机构健全，措施不少，时间也花得不少，但实效性不理想。原因当然有很多，但有两点在学校工作中特别值得探讨。一是对学生现状研究得远远不够，对学生的知识世界关心多，对他们的生活世界、心灵世界知之不多。他们追求什么，信奉什么，有哪些困惑，有哪些烦恼，共性怎样，不同层面的学生又怎样，往往只知大概，有时连“大概”都说不准。教育的实效性与教育的针对性紧密相连，实际情况若明若暗，教育就常流于空泛，不能真正起到育人育心的作用。二是学生主体作用的确立。教师不能代替学生成长，用“纪律”管头管脚，总不能成事。大至为国为民、忧国忧民的理想信念，小到不糟蹋粮食、爱护公物、讲卫生等行为习惯，总要靠引导、启发、唤醒、激励，形成积极向上的内驱动力，提高“自律”的自觉性。特别是高中学生，如果还用抱着走、牵着走的办法，学生自尊、自信、自立、自强、自律的主动性、积极性就得不到锻炼与培养，一旦没有具体管束的条条框框，有些人就会方向模糊，放任自流。育人不是停在口头上，更不是花样翻新，而是要落到实处。既要激励学生树立高远的志向，又要“千里之行，始于足下”，从一点一滴做起。再好的做法，不落到实处，没有实际效果，往往就成为摆设，成为“点缀”。

基础教育为学生奠基，让每个学生打下扎实的知识技能基础、良好的做人基础，日后能与时俱进，长足发展。这是从事基础教育全员的大事，从教育理念到具体操作，内容十分丰富，难度极大，是极其宏伟的“巨著”，须静下心来，去除浮躁，排除干扰，一步一步攀登。

不说自明，当今世界综合国力之争，说到底是人才之争，而人才之争就是人的素质的竞争。基础教育为学生的素质奠基，任务光荣而艰巨，责无旁贷。

与时俱进，构建学校价值取向

我是一个普通的退休教师，主要是来学习的，感谢杨浦区教育局的领导给了我这次学习的机会。我听了各位校长的发言，看了辽阳和昆明中小学的书面发言，感慨颇多，同志们面对的现状要比我过去碰到的难得多。校长们所讲的具有闪光点的东西非常多，尽管都是重点学校，但是学校的具体情况不完全一样。

我觉得第一个非常突出的优点是：都是扎根于自己学校的土壤。这一点非常重要，因为小平同志讲我们建国的方略、指导思想就是实事求是，就是一切从实际出发。六位校长的发言和两位校长的书面发言，都是扎根于杨浦区本学校的土壤，这是最有发言权，也是最能感动人的；如果离开了自己脚踏的实地，讲得再好，也只是飘荡的。因为这些理念都扎根于本土，所以有生命力。它们是鲜花，鲜花是有生命的。

第二，我有一个强烈的感觉，就是我们优良的文化传统和我们现代学校的实际生活是紧密融合的。每位校长的发言都谈到了，不认识过去，也就无法了解现在，更无法创建未来。每个学校各有特点，但是都有优良的传统。谢校长讲的境界很高，“无为而治”，就中国的哲学而言，这是最高境界，用到学校里来，寓于教化之中，那只有复旦附中，在我们杨高可能就不行，生源差了一截。无为而治，当然不是无政府主义，是有所为有所不为。各校有各校的优良传统，如控江中学确实是“玩在控江”。我有个学生的孩子在控江中学，三点半就

本文发表于《新绿》2004 年第 3 期，是作者在杨浦区校长论坛上的发言。

放学了，作业不多，但高考时从来都名列前茅，不知道到底有什么经验，高考状元怎么出来的。这里面必有丰富经验，而且是文化的传统一脉相承。每所学校有每所学校的文化积淀、优良传统。如谢校长所说，过去的校长确实没有什么荣誉，你只要当校长，或者当官，你就不能参加任何有荣誉的评定，没有的。现在思路、看法不一样了。但是，我想光环不代表水平，如果头上的光环代表水平的话，那就做几个光环套一套好了。过去是怎么走过来的，确实有一个历史的传统。我们这些校长都能够回顾过去，清醒地认识自己这所学校有闪光点的东西究竟是什么，怎样创造的，很是重要。交大附中徐校长讲的“交大附中是名校，当时何以是名校？今天会不会名存实亡”这个问题是震撼人心的。为什么会成为名校，今日如何继续，须认真思考。因此，一定要和现代实际生活相融合，也就是一定要与时俱进。

与现代生活相融合，这是一篇大文章，很不容易做。我谈两点看法。第一，现在做校长比我当时难多了。我从 20 世纪 80 年代到 90 年代初做校长，那时刚刚改革开放，社会刚刚转型，和今日的改革开放，市场经济基本形成，面貌是不一样的。现在办学校难在哪里呢？我觉得最难的一点是，办学校要以德兴校，依法治校。在不同学校怎么来以德兴校，怎么来依法治校，要各显神通。这里涉及一个重要问题，就是学校的价值观、学校的价值取向。因为我们整个社会处在转型时期，从计划经济转到社会主义市场经济，这是极大的变革。这样一个转型时期对我们每一所学校都提出了严峻的挑战，我们现在的社会价值观和过去是完全不同的。我们做学生和老师的时候，是重“义”轻“利”，强调的是无私奉献。现在社会的价值观变了，利益放在一定的位置，这是我们的主流价值观，非主流价值观的干扰和影响就不谈了。社会的主流价值观是把利益放在一定的位置上，因此对学校来讲要重构学校的价值观。今天如果用 20 世纪 50 年代的那套来做校长，就行不通。因此，今天须重构学校的价值取向，“义”和“利”如何摆位置，就需要认真思考。我们既要讲“义”，又要讲“利”，如果有钱就能办好学校，那就太容易了。有钱是买不来现代化的，有钱也不完全能够办好学校。因此，要把“利”放在一定位置，比如用“利”激励一些教师。但是，全局如何把握，教职工队伍如何协调，才能形成一个有实力的团队，“利”和“义”的价值取向就非常重要。如果把“利”放第一的话，那就会见利忘义、唯利是图，在资本主义国家里的学校也不都是这样？今日办学校仍要有“义”，有制度的约束，有人格的提升和思想的教化。所以，我觉得重构学校的价值取向，是我们面临现代社会挑战的很重要的问题，关系到教师队伍的建设、学生队伍的培养。为什么这样说？我有时听到这样的话很伤心，那就是学生追求的目标，只是追求“白领”。我们的教育方针是培养德智体美全面发展的人，全面发展的程度越好，将来越能担当起重任，培养目标绝对不是有丰厚待遇的“白领”，距离太大了。因此，学校价值取向在教师队伍建设、在学生的培养中，是一个必须严肃考虑的大问题。学校“义”和“利”的问题，究竟怎么把握，怎样协调，怎样队伍才和谐，要考虑，要探索。我们的社会价值观也须不断完善，我指的是主流的社会价值观。这是我想到的第一点。

第二，就是学校究竟干什么。我们的教育专家、老领导都在，当然要说很多话。我很简单，什么是教育？教育就是培养人。什么是中国教育？就是培养有中国心的人。我们从事基础教育，可以说是含辛茹苦。教师靠什么？无权无势，只靠四个字：以身作则。这是我们的法宝。

最近，我看了一套翻译的教材，叫《美国语文》，看了感触很多。一打开他们的教材，我以为是历史资料教科书，都是宣扬美国历史。众所周知，美国的历史很短，但整套教材都是标榜美国历史、美国文化。这套教材在美国有权威性，是培养地地道道的美国人，地地道道地在培养有强烈的民族自信心、民族自豪感、傲视世界的美国人，这与我小时候了解的美国人不一样。以前美国人讲 HAPPY，追求享乐，现在不是，教材培养的是他们的创造能力、应变能力，要傲视世界。因此，我就想到美国民主党人爱德华兹竞选时曾大言不惭地说，要选出一个能领导世界的总统，就毫不奇怪了。我们的教育是干什么的？我们的教育经费比别人少多了。国家强了，才能在世界上有发言权。所以，我想我们含辛茹苦地培养什么人，绝对不是只给外国人打工的，要培养有中国志气、中国自尊，能放眼世界，为世界和平作贡献的人，也就是真正能够站立于世界和民族之林的中国人。如果我们学校只重技能技巧而忽视了大目标，就会失掉我们的子孙。一个13亿人口的大国如果没有民族自尊，没有把民族优秀传统融合进我们的现代生活，在学生的心中撒播，那我们岂不是白辛苦了吗？中学是育人的沃土，千万不能“重术轻人”。教师专业化的第一条是树根立魂。没有热爱祖国、执着追求的精神，哪会有过硬的业务？有了业务又为谁服务啊？我想我们中国是有希望的，希望在于我们有许多有志办好教育的校长和老师，因为我们生长在这块多情的土地上，这是我们的精神家园。

语文教学与民族精神教育

昨天下午中央教育电视台来上海，访问了华师大的瞿保奎教授和我，谈到了中央 8 号文件的贯彻，谈到了怎样进行德育与家庭、未成年人的教育。上海非常重视，根据中央 8 号文件制定了《上海市学生民族精神教育纲要》，是大、中、小学囊括的；第二个是《上海市中小学生生命教育指导纲要》。这些教育都是通过主渠道和主阵地来进行的。一块是课内，一块是课外。过去我们的教育在这方面往往是课外思考得比较多。其实在我们的课内主阵地，如何德智体美相结合地培养学生，到目前为止仍然是重要的话题。民族精神教育要在各个学科、主渠道贯彻实施。青语会走在前面，将语文教学、民族精神教育结合起来。这不是书面的表述概念，而是需要我们广大青年语文教师贯彻实施，要学习，要领悟，要实践，要开创。

我对青语会非常关注，因为青年语文教师是教育的未来，青语会

本文发表于《上海青语》2005 年第 3 期，是作者在上海市教师学研究会青年教师专业委员会组织的浦东新区专场活动上的讲话。为了深入贯彻《中共中央　国务院关于进一步加强和改进未成年人思想道德建设的若干意见》（简称“中央 8 号文件”），2005 年 3 月 14 日，上海市科教党委和市教委联合颁布了《上海市学生民族精神教育指导纲要》和《上海市中小学生生命教育指导纲要》（简称“两纲”）。在落实“两纲”教育过程中，作者不仅勇当旗手，鼓呼呐喊，而且带领语文学科先试一步，亲临各区县学校听课、评课、作指导，在各教研现场作报告，发现并培养优秀青年教师，为他们做培训，搭平台。经过多渠道、多方位的努力，在学科教学实践中将“语文教学与民族精神教育”有机融合，对学生进行知识与能力、过程与方法、情感态度与价值观三位一体的教育，已成为广大语文教师的共识。

这一活动非常好。今天两堂课所选的教材都是显性的，比如《向中国人脱帽致敬》完全是显性的德育教材。有的是隐性的，怎么办呢？是不是不要实施民族精神教育了？当然不是。显性的也不好教。比如，乡愁有个“根”的问题，其实是非常不容易讲的。我们的孩子现在是没有乡愁的，因此老师要教乡愁很难，昔日平常的事情在我们今日老师的教育教学中都是难题。看起来是显性的，实际上显不了。青语会出的题好，语文教学和民族精神教育究竟是什么关系？为什么要在语文教学活动中实施民族精神教育？如果只看成是教学的技能技巧，一个操作层面的事情，那就比较被动了。我们究竟为什么从事语文教育？是为了教书育人。20 世纪 70 年代，我就提出，我教的是语文，最终的目的是实现人的培养，是让孩子健康成长，长足发展。我从事的是基础教育，健康成长就是德智体美全面发展，如果只顾其一不顾其二，就不是全面的。现在笼罩我们教育层面很大的一个网就是应试教育，非常可怕。

教育的问题就是社会的问题。如果教育的问题教育本身就能够说清楚的话，教育就太方便了。每个班级都是小社会。我过去在复旦大学读教育系的时候，老师经常说儿童是一张白纸，现在哪个孩子的思想是一张白纸？连幼儿园的小朋友也不是白纸。各种正确的、错误的，高级的、低级的，雅的、俗的，什么东西都有，这给我们的教育带来极大的困难。这是前所未有的挑战。我们年轻的时候做老师只要苦干就是了，没有像现在这个样子。过去的学生很简单，包括高中学生，思想还是比较纯朴、单一的。现在不是这样，学生有时候想的比老师复杂得多，因此教育就不是那么容易。但是，我们语文教师必须育人，要培养现代文明人。只有现代文明人才能适应现代社会的发展，而现代文明人要热爱祖国，既要有民族自尊、民族自信，又要有宽广的世界目光。如果我们培养出来的人崇洋媚外，我们的教育就是极大的失败。所有的教育目标，所有的语文教学行为最终都有一个这样的大目标。有时我们只看到枝节，看不到大的目标。所以，语文教学要和民族精神教育紧密融合在一起，这是育人的需要，是育现代中国人、现代中国文明人的需要。

而我们现在的第一目的是知识，其实也没有做到知识第一，而是分数第一。如果真是知识第一的话，我们的学生应该是求知欲非常旺盛的，但现在我们有的小学生就想退休了，因为他太累了。粗粗统计一下，现在包括很多市重点中学，大概百分之四五十的孩子厌学。如果我们培养出一个厌学的人，他将来怎么终身发展？学校不可能让他把将来社会上所需要的各种才能都学会，他要一辈子学习，终身学习。我们必须对这种片面的做法有充分的认识，要树立全面教育质量观。有了全面教育质量观，你就觉得语文教学中实施民族精神教育是责任，是义务，而不是外加的。你就会自觉自愿培养人，培养中华民族的后代。要倾注心血，把民族精神撒播到孩子的心里，所以在学科中实施民族精神教育是育人的需要。

第二是上海“二期课改”的需要。大家对“二期课改”有种种说法，我总觉得凡是改革无不步履维艰，但是我觉得非改不可。中华人民共和国成立以来经历过八次课程教材改革，这第八次跟前七次课程教材改革有很大不同。过去语文教学大纲、教材都是以知识为本，以知识体系为本，而教育部的第八次课程教材改革提出以学生为本，以促进学生的发展为本。这是一个翻天覆地的变化。本来在这条路上走惯了的轻车熟路的人一下子要接受这些新的理念当然就有很多困难。

21 世纪当然应该以人为本。以前农民眷恋土地，因此他们的根在土地上，总是怀念故土，总是恋乡，而 21 世纪是信息社会、知识经济社会。我们知道世界首富比尔·盖茨的财富绝不亚于美国的钢铁大王卡耐基，他的软件覆盖天下，靠的是知识。超前的软件可以支撑美国的经济，可以冲向世界。因此，21 世纪之争不是过去的农田之争、耕牛之争，当然也不仅仅是能源之争、材料之争，它是知识之争。什么叫知识经济社会？知识经济社会、信息社会就是以知识的生产、知识的交换、知识的分配、知识的使用和知识的消费为特征的社会。知识是最重要的生产力，比尔·盖茨有软件，谁走在前边谁就能将知识变成生产力。为什么讲科技是第一生产力？科技的基础是教育，没有教育，哪来的科技？教育的底子好，科技才能发明创造，才能够走在前面。所以，知识是最重要的生产力，而教育是生产知识的生产力。我们过去没有这个概念。一是传承，学生没有知识，经过老师的教育，经过他自己的阅读，有了知识。二是创新，过去没有的，现在来创新。所以，教育是知识的生产力，有了知识就有了许许多多的财富。因此，21 世纪是科技之争、人才之争。全国第八次课程教材改革和上海“二期课改”的理念完全适应时代的需要。

这和我开始做老师的时候有很大的不同。我扎着小辫子上讲台做老师时，最熟悉的是教材，把课备熟，脑子里只有教材没有人。而“二期课改”要求我们树立人的观念，以促进学生发展为本。我们很清楚，同样一所学校出来，由于班级不一样，授课老师不一样，有的学生没有后劲，有的学生后劲很足。为什么？底子打得好后劲就足，基础教育底子打得越扎实就越有后劲。

浦东是新开垦的处女地，是大家向往的。我在川沙、南汇劳动过，过去浦东的房子都是矮平房，不需要什么地基。现在 88 层楼高的金茂大厦是什么地基？没有坚实的地基是盖不起来的。于是就要求我们学科主渠道一定要给学生打下极好的地基。扎得正、扎得深就有后劲，就能充分发展，所以要以学生的发展为本。再好的老师也没有办法让你自己教的班级所有的学生都得一百分，这是天方夜谭。学生是有差别的，所以归根到底是促进他的发展。

“二期课改”提出三个维度。

第一个维度是“知识与能力”。从 20 世纪 60 年代开始批判了“大跃进”“浮夸风”后，提出来要抓基础知识、基本能力，这是对的。那个时候的学生基础最扎实，几年下来，65 届高中、66 届高中，基础非常扎实。但时至今日这个就不够了，尽管我们对这个驾轻就熟。

第二个维度是“过程与方法”。我们中国的教育应该说是了不起的，是用发展中国家有限的经费支撑着世界上最大规模的基础教育，一两亿的学生，比欧洲、澳洲的人口还多，但是我们基础教育的质量还是比较好的。怎么好呢？统一要求方面是比较好的，但是我们往往只重视结论，其实教育本身就是一个过程。现在对课程的认识跟我们年轻时有很大的变化。过去对课程的认识就是教材，而现在的课程不仅是教材，还有学生，所以提出以学生为本。此外，还有教学设备、教学环境，学校的文化环境、社会环境。因此，现在思考问题是多维的、立体的，不是单一的。课程的实施不仅是个结论，还有个过程，教育本身就是过程。刚才两堂课对学生而言，就是一个过程，在这个过程里学生读、学生讲、教师指点，过去这方面我们不够重视。

还有就是方法。教师是不能代替学生学习的，再高明的教师也无法代替，只能是指导学生学习，学生不仅要学会学习，而且要会学习。因为他们一辈子要发展，要不断地学习新知识。长期以来，我们重视教法，打开教育的论述，讲来讲去是教法，很少讲学法。我们总认为名师出高徒，实际上名师绝对不是代替学生，而是指导学生。这是第二个支柱。

第三个维度是“情感态度与价值观”，民族精神教育寓含其中。“情感态度与价值观”看起来是相对独立的，实际上是心灵的连锁体。所谓情感，就是学生学习与生活的热情。记得过去教学时，一首好歌，一个好消息，学生就激动万分。我记得《人民日报》记者穆青等人写的《县委书记的榜样——焦裕禄》，在高三学生的早读课上一读，有些男孩子感动得流下眼泪，现在是绝对不会出现这种情况的。什么道理？有很多复杂的因素。现在的孩子看看是小孩，人长得又高又大，可却是半成人的思想，甚至是老年人的思想。他好像已经经历了沧海桑田，实际上还没有步入社会，就已经看破红尘了。我们怎么教？因此，我们现在的教育就要把他心里的这盆火点着。一个情感贫乏的人怎么会在事业上有成就？民族精神教育就是要让学生对中华民族满腔热情充满爱。

态度也是。不仅是科学的学习态度，还有积极的人生态度和生活态度。我们现在有的孩子要让他有恻隐之心是很难的。我听过一堂高中的课，课文讲了一件过去我们非常激动的事情，结果课堂里却哈哈一笑，不以为然。故而，我们应该用心培养孩子正确的、宽容的人生态度。

还有价值观。现在的学生很重视的是个人的价值。但个人的价值如何和社会的价值结合起来，科学的价值如何和人文的价值结合起来，人类的价值如何和自然的价值结合起来？都要和谐发展。“情感态度与价值观”也是我们“二期课改”一个重要维度，现在学生缺的正是这些东西。

我们提倡的是主旋律，因为学生在成长的过程中，需要有营养的东西，蛋白质、维生素，当然不能把有污染的东西给他。语文教学贯彻实施民族精神教育不是什么附加的任务，它是“二期课改”的三个支柱的需要。现在我们所有的学科都强调综合素养，那综合素养是由哪几个部分组成的呢？现在学生的实际情况和时代对于我们的要求有距离，这三个支柱交融起来，支撑着我们学科的总体素养。语文的综合素养在小学、初中是形成，到了高中还要提高。

育人的需要必须贯彻实施，那么究竟怎么贯彻实施呢？刚才步根海老师讲，我们语文教学贯彻实施民族精神要牢牢抓住语文学科的特点、个性，这是千万不能放弃的。我们不是上政治课，不是上思品课，语文就是语文，就是教语言文字，语言文字的背后是情，所以我们是随文教育。语文本身就是文化，语言文字是表情达意的，表和达是工具，情和义是内涵。表和情、达和意怎么分得开来？分不开，是融合在一起的。我觉得谈语文教学和民族精神教育时要特别注意几点：

第一，千万不能穿靴戴帽、添油加醋，不是说我的课教语文知识以后讲一段政治、讲一段民族精神，可能是好心，其结果却适得其反，因为那不是语文。再精彩的语言，再良好的愿望，不与语文有机结合就没有生命力。

第二，一定要深挖教材内涵。语言文字本身就是民族的，因为语言文字是民族文化的根。一个民族的组成有民族精神、民族政治、民族文化、民族风俗习惯和民族语言。民族语言是民族文化的根，让我们的孩子热爱祖国的语言文字，让他们对祖国的语言文字一见钟情，孜孜以求地学好，这事本身就是民族精神教育。一个民族被打败，即使军事上被占领，只要民族文化很深，齐心反抗，那就打不烂。语言对外是屏障，对内是黏合剂。过去我们讲“老乡见老乡，两眼泪汪汪”，为什么呢？就有个民族情结在里面。所以，我觉得教语文先要让学生热爱祖国的语言文字，跟我们的语言文字有不解的情结，这样他们的民族文化、民族精神和民族思维方式就随着语言文字的教学点点滴滴地形成。语言表达的是什么情和义？这就要靠教师备课的深入。现在学生经常是浅阅读，浅阅读跟不求甚解是两回事。陶渊明讲的不求甚解和我们现在的浅阅读、浮光掠影是两回事。浅阅读和浮光掠影是把文字符号看一下，粗枝大叶就可以了，这是不行的。浏览可以粗枝大叶，但作为教材必须有精彩的语言文字、深邃的思想、精辟的见解和浓烈的感情渗透到学生的心里。学生首先是喜欢，然后跟教师有共鸣，然后心灵震撼，这个时候才是真正进入了阅读，是和作者心灵沟通，产生共鸣。这就要靠教师深入备课。

比如刚才上的《向中国人脱帽致敬》，20 世纪 90 年代初我一看到这篇文章，心里一震，觉得改革开放要有拿来主义，但是有时改革开放了，自己就不以自我为主了，而这篇文章写的场景是截取生活的一个横断面，用十分精彩的对话来揭示记者的心灵世界。话不多，但语言的分量很重，刚才有个男生读得特别好，大家都给他鼓掌。我觉得王老师的整个设计是好的。比如说，维护尊严，这个维护尊严里边的内涵是什么？它不仅是人格，而且是国格。可以让学生考虑一下，这样一个教授刁钻古怪，这样的对话只是想了解一个普普通通的中国人对你的国家是怎样的看法。这是一个什么样的命题？这个命题是值得我们中国每一个青少年来思考，并且身体力行来回答的。脱离了文本说这个是可以的，那个是不可以的，最苍白无力。什么叫教育？循循善诱，尽在不言中。因此，要深入挖掘教材，教师只有先感动自己才能感动学生。教师感动了自己，就会想到充分运用祖国语言文字的生命力、表现力、辐射力，就能够把语言文字的魅力发挥出来，民族精神教育也就深寓其中。

第三，深入备教材以后要把语言文字与民族精神二者融合起来，一而二，二而一，你中有我，我中有你，在教学实践中应该是无缝焊接，有缝了就是外加的。你是教语文，语文就是语文。整个过程，课文中记者一点都没有设问，有的时候是反诘，有的时候是很巧妙的幽默，尽在其中，所以要无缝焊接。

第四，对于初中生来讲，更多的是感情的激荡，但是感情的激荡在适当的时候可以提升到理性的思辨，感情的激荡和理性的思辨可以很好地结合起来。比如，让他们去思考最后一个问题，这实际上是理性的思辨。等到真正从感情的激荡到理性的思辨的时候，学生的理想信念就会通过这一节课受到启迪，逐步树立起来。而且，语文教学和民族精神教育是有天然联系的。

教师生涯当中最大的事情就是一心为学生，这样做的时候就会心地宽广，不仅有学生、有学校，而且有中国，有走向世界的中华民族。登高才能望远，居高才能临下。我们的教育理念要站在高处，看着远处。如果教在今天，想到明天，以明日建设者的要求指导今日的教育教学，我们的老师就会更聪明，就会有各种各样的行之有效的教法，我们的学生就能够更加受益，健康成长。将来是桃李芬芳，事业灿烂辉煌。

增强文化自觉，提升办学水平

办学有多种多样的思路，多种多样的方法，只要认准学生成长、成人、成才的目标，遵循教育方针的要求，从学校本土实际出发，皆可办出特色，办出水平。尤其在当今时代，改革开放深入，思维活跃，可运用的社会资源丰富，更能办得异彩纷呈，独树一帜。

然而，学校不管采用怎样的思路办，有一点切不可小视，那就是学校的文化建设。对学校文化建设重视不重视，建设到怎样的程度，影响乃至决定学校的形象、质量和生命力。

纵观国内近百年来学校办学情况，横观国外历史名校，从总体上说，学校文化建设当今尚未被放到应有的重要位置，重视得不够，措施的落实更有欠缺。要提升办学水平，促进学校长足发展，须在学校文化建设上下功夫。

本文发表于《教育参考》2005 年第 4 期。针对学校文化建设的两个误区：一是重学校的有形成果，轻学校无形的文化氛围；重学校的量化数据，轻学校工作的文化构成、文化含量和文化质地。二是“跟风”办学，一味跟着形势走，认为过去的做法都是陈旧的、不合时宜的。作者指出，学校文化建设当今尚未被放到应有的重要位置，落实措施更有欠缺。而要提升办学水平，必须在学校文化建设上下功夫。对此，作者从三个方面提出了行动指向：一是要增强文化自觉，培育精神动力；二是要处理好学校文化传承和创新的关系；三是要纵横开阖与聚意点睛。这对办学者追求学校无形的文化建设，形成学校的精神支柱、精神动力、思想保证、智力支撑，提高师生的精神生活质量，提升办学水平具有深远的指导意义。

一、增强文化自觉，培育精神动力

学校是育人场所，从事的是文化的传承、积累和创新工作。学校一时一刻也离不开文化，文化因学校的传播而长盛不衰，学校与文化有如胶似漆的情结。文化是什么？文化是人生，是群体人生物质与精神的结晶，反映在物质文明和精神文明上。学校文化主要指学校群体的精神文明。学校文化是学校的灵魂，是凝聚全校师生的黏合剂，是学校发展活力的源泉。如果小视、弱化学校文化，学校大厦就缺了“顶梁柱”，难以昂首阔步前进。

对这个问题，认识上有不少误区，干扰着办学者的视线，干扰着学校的文化自觉，影响了文化建设在学校发展中的地位与作用。最常见的是重学校的有形成果，轻学校无形的文化氛围；重学校的量化数据，轻学校工作的文化构成、文化含量和文化质地。硬件看得见，摸得着；文化是软件，基本无形，是一种情操，一种精神，一种智慧。文化外显在“形”上，一般来说，学校容易做到。如校园环境布置，张贴科学家、艺术家画像，教室里、走廊里张贴名人名言，校园绿化等，稍加注意，就可做到，对学生起良好的熏陶作用。难就难在无形的精神的建设。这种具有学校个性的精神要经过较长时期的积累和锤炼，获得全校师生的认可。这种无形的文化建设是学校的精神支柱、精神动力、思想保证、智力支撑，有巨大的凝聚力、感染力和辐射力，能提升师生精神生活的质量，提高办学水平。一所学校如果见物不见人，见物质不见精神，队伍必然像一盘散沙，育人质量堪忧；反之，必精神抖擞，积极进取，学校发展充满希望。

当今社会飞速发展，多元经济并存，多样文化碰撞，学校要真正发挥培育学生健康成长的强势功能，须弘扬民族精神，抵御不规范的市场经济的冲击和垃圾文化、低俗文化的侵蚀，更要加强学校文化建设，树立正气，促进学校持续发展，如此，才能立于不败之地。

众所周知，西南联大是现代教育史上引为自豪的优秀教育群体，培养了众多世界顶级、全国顶级的专门人才。这所大学的学子素质良好，文化底蕴扎实。能够取得卓越成绩的原因甚多，从学生中流行的一些常用语也可窥见学校文化氛围和学生文化追求之一二。评人、谈文、论艺，是那时学生生活中的常事，评论时常夹用 Vanity（虚荣心）和 Taste（趣味）。如看到有人矫饰、卖弄、出风头，同学就脱口而出“Vanity”；谈论文化艺术时，有人见解卑琐，趣味低下，就会说“Taste 不高”。学生在不知不觉中形成了一种氛围，一种导向，以追求高尚文化为荣。这从一个侧面反映了学校文化建设的威力。

二、
学校文化的传承与创新

一所学校在社会上得到认可，享有经久的声誉，一定有某种精神的支撑。校长、教师可以更替，学生一届届毕业，但某种精神的积淀仍然凝聚着在校师生和广大校友，继续散发光芒。师生也好，校友也好，尤其是校友，提到学校，就会有无限的眷念，并为此感到自豪。这种眷念，这种感恩的心情，显然不是对校舍、对设备，而是对哺育他们成长的科学精神、人文精神，哺育他们的文化乳汁。而这些精神，这些文化，是通过全校教职工撒播到他们心中的。

有一种误解，认为现在办学只要跟着形势走，而过去的都是陈旧的、不合时宜的。其实，了解过去、承认过去，目的就在于创造未来。任何一所学校办学都不可能在“零”的基础上，其中总有前人的经验。有些做法、想法可能是速朽的，而有些思想、精神经过时间检验，能振奋人心，激励师生积极进取，就仍然有旺盛的生命力。有些学校办学时间不算短，也有过辉煌的历史，然而由于重砌炉灶或其他种种原因，好的传统出现了断裂，精神财富流失，学校也就淹没了。放眼看世界，有些几百年的老校，仍然凸显个性化的优秀传统，在时代潮流中毫不逊色。企业产品中任何享有盛誉的品牌，都是经过长期培育、根据社会需求创出特色的。一蹴而就，急于求成，效果往往适得其反。办学又何尝不是如此？

忽视传统，丢弃优秀传统，是悲哀；一切照传统办，亦步亦趋，是盲从。对学校的传统，对学校的本土文化，要以科学的态度进行梳理，有的要继承，有的要扬弃，根据时代发展的要求，取其中精要的丰富内涵，加以发展，加以创新。

每所学校的精神支柱可以迥然有异，但都必须紧扣育人的宗旨，代表先进的文化。它应该是社会文化中最主流、最健康、最奋发向上，符合教育规律、符合师生身心发展的。要研究教育理想与教育现实之间的差距、问题、热点、焦点，师生最需要怎样的精神世界，又最缺失怎样的精神支撑。应该从学校本土的实际出发，倡导有针对性的、具有时代气息的精神，在传承的基础上创新，使之成为全校师生追求的目标，思想言行的准绳，情感、态度、价值观判断的标尺。举起这样一面精神文化建设的旗帜，覆盖到教师队伍、职工队伍、学生队伍之中，覆盖到学校工作的方方面面。精神落到实处，形成众星捧月之势，心往一处想，劲往一处使。

学校文化建设中的精神不是空洞的口号，贵在落实到全校师生的心中，是学校的灵魂。它应该具有先进性、开放性，有震撼的力量、感染的力量，能拨动师生心弦，经常在师生心灵深处弹奏。师生以自己的思想言行丰富它的内涵，又从中不断汲取力量。

三、
纵横开阖与聚意点睛

学校文化建设内容十分丰富，尤其在改革开放、深入进行教育改革的形势下，包括建设怎样的文化，确定哪些方面，考虑怎样的规模，意图实现怎样的目的，等等。既要纵向垂直思考，摸清学校本土的优势和资源，又要横向开拓，创建一些新的文化，争取一些社会资源，拿来为我所用。

当前进行课程教材改革，课程文化建设在学校占十分重要的地位。今日的课程安排就是明日的国民素质，它不只是技术层面操作的问题，重要的在于育人的理念。究竟把学生培养成为怎样的人，不是口头的、表面的，而是行动的、实在的。统一的课程实施有文化含量的问题，有强化与剪裁的问题；校本课程的建设更是有选择与创新的空间。不是填空当，不是草率从事，要分析人力资源状况，开设一些激发学生旺盛求知欲、打下扎实的文化底蕴、开阔学生眼界的有质量的课，提高学生学习生活质量。不能搞花架子，搞凑数。成熟一门开一门，不成熟的创造条件逐步开设。其中有本校教师岗位培养的问题，有争取外校教师包括高校教师智力支援的问题，也有其他社会资源引进的问题。课程建设既然是文化建设，就要讲究实效，切不可捡到篮里就是菜，装点门面。

学校文化建设制度必不可少。正常的教学秩序需要一系列制度保证，如学有学规，教有教规，食有食规，宿有宿规，考有考规，劳动有劳动规则，等等。这也可说是学校的“法治”措施。然而，这方面常可见到两种毛病。一是烦琐不堪，有些规则、条例多达数十条，学生哪里记得住？这不禁使我联想到小学一年级教汉字笔画。以往是掌握了“永”字八法，基本会写汉字；现在多到“横撇”“横撇弯钩”“竖折折钩”“横折折折钩”等 28 种，其实都是由“永”字八法组合而成。人是万物之灵，有这个必要搞得这么烦琐吗？死记硬背，学会了部首查字典，背诵的笔画也就忘了，丢了。规划也是如此，抓住最重要的，便于入耳入心，无须巨细皆备。二是对人的主动性、积极性考虑不够，约束大大超过倡导。从精神文化着眼，让师生真切领悟到制定这些制度的缘由和目的，大家就能自觉遵守，自主维护，保证学校的教育质量，促进学校的发展。

学校网络文化建设是现代学校的新课题，要花气力引导。既要渗透到课程之中，与课程整合，扩大信息资源，探究解决问题的途径与方法，又要进行科学道德、科学精神、科学态度的教育，不能随便抄袭，不劳而获。还要注意严格把关，道德失范、诚信缺失、欺骗欺诈、封建迷信、拜金主义、黄赌毒等社会丑恶现象也会通过信息手段腐蚀未成年人的心灵，须清醒地识别和抵制，千万不可掉以轻心。

学校的文化建设涉及方方面面，这里不一一列举。但不管是哪个方面、哪个层面的建设，都既要放得开，有开放性，又要聚得拢，聚意点睛，聚焦在提高师生的精神境界，提高学校生活的质量，促进学校的持续发展上。全校师生有文化自觉意识，上上下下对文化建设达成共识和合力，文化气氛浓郁，学校的发展就能获得源源不断的内在动力。

用优秀经典文化滋养心灵

教育的本质是提升人的精神世界，古今中外研究教育的大家无不如此认识。教师培养学生，最为重要的是抓住教育本质，立德树人。

立德树人在相当程度上依靠经典文化滋养，而我们中华传统文化中的优秀精粹犹如醍醐，充满智慧；犹如琼浆，甘醇醒脑。在学生成长时期，引导他们吮吸这些精神养料，懂得立人、修身的道理，一辈子受益不尽。

中国文化研究很早就把重心转到人文上，春秋战国时期成就已很大，形成文化灿烂时期。至圣先贤研究人、研究人生、研究人类社会，从众多方面做了极其深刻的思考，阐述得深邃透辟，那种认识人生、认识社会的穿透力至今令人震撼。这种民族传统文化经历了绵长时间的检验、淘洗，留下了极其丰富的宝藏。这种大智大慧的思想结晶彪炳千秋，照耀人寰。

就拿价值取向来说，传统文化精粹的价值取向看似离我们遥远，实质上与现代人很贴近，血脉相通，其中许多仍然是今日做人的基本参照。比如，我经常考虑做人的道德底线究竟是什么，年轻时壮怀激烈，不知天高地厚，“己欲立而立人，己欲达而达人”，凭自己的水平做不到，是努力的方向，底线不在这里。于是想到在多元经济并

本文是作者 2005 年 5 月在青年教师阅读交流会上的讲话。随着中国改革开放不断走向深入，西方话语霸权无孔不入地渗透进社会生活的方方面面，对青少年造成诸多影响。对此作者深感忧虑，于是撰文呼吁优秀经典文化，尤其是中华优秀传统文化对于提升人的精神世界，彰显教育立德树人价值取向的重要性。

存、多元文化碰撞的情况下，首先要把牢做好人、做善人、做社会的好公民的关，自己不想干的事，不要强迫别人干，不要给别人造成伤害。这是道德的底线。其实，孔子早就说了。子贡问孔子："有一言而可以终身行之者乎？"使自己终身实践、永久受益的是哪个字？"其恕乎！"什么是"恕"？"己所不欲，勿施于人。"两千多年前的人文智慧、价值取向，在今天仍散发光彩，是做人的道德底线。学问家季羡林先生说得好，一个人有百分之六十想到别人，就是好人了。凡事都想想别人，社会当然就和谐了。

如何才能使民族文化精粹的价值取向与现代人相通？我认为，一要知道，二要喜欢，三要学习研究。知道是前提，对民族传统优秀文化一无所知，还"通"什么呢？"通"对青年学生而言是有困难的，时代久远，阅读会产生障碍，那就要在深入浅出上下功夫，讲得有情有趣，让学生喜欢。我在中学教语文，原本学生对庄子知之极少，学了他的《秋水》（节选），学生说"庄子很有意思，文章写得那么好"，这就引到学习的门口了。一本经典著作，可多角度多层面地研究解读，关键要看读者对象、听众基础。

比如研究《庄子》，可从文体、语言、文学、艺术、哲学等不同角度不同层面去进行。研究本身有浅有深，最浅的是梳理文字讲故事，最深的莫过于阐述哲学思想。《庄子》里寓言特别多，初中经常选这方面内容。如《庄子·天运》中"丑妇效颦"这个故事，读后知道了这个故事，学生就懂得不可做不深究根本、胡乱仿效别人的蠢人，思想上受到熏陶。经典著作中即使只是一句话，研究的重点也可不同，应用时也可择其需要。如《庄子·大宗师》中"泉涸，鱼相与处于陆，相呴以湿，相濡以沫，不如相忘于江湖"，后人用得最多的是"相濡以沫"，用来描写在困境中相互救助，情深意笃，多么生动感人。这是从文学层面来理解应用。如果做哲学研究，必须达到"相忘于江湖"的层面。再如，国画家常喜引述庄子的话。"解衣般礴"，一看就懂，宋元君认为作画人真潇洒，才是"真画者"，才画得出好画。人们评画，爱用"超以象外，得其环中"一语，"环中"一词出自《庄子》，实在不好懂。但我坚信，真正的画家一辈子实践，必能体会出其中的真谛。当然，对经典进行专门的哲学思想研究最根本，意义也最大，影响也最深远。

今日，弘扬民族优秀文化，对青少年的健康成长、国民素质的提高，促进和谐社会的形成，有着十分重要的作用。如果我们的专家和各方面各层次的研究者、传播者通力合作，全力以赴，定能取得优异的成果。

学科德育重在融合

在学科中进行德育，本就是上海市“二期课改”的要求。课程方案中先后提出要“丰富德育内涵”，“改进德育方式，拓宽德育渠道，突出各学习领域的德育作用”。在学科课程标准中，强调全面提高学生的素养。如语文学科就是“开发语言潜能，全面提高学生的语文素养”。素养的形式与提高靠三根支柱的支撑——知识与能力、过程与方法、情感态度与价值观，也就是通常说的“三个维度”的统一。三个维度不能割裂，不能分解开来，各行其是，而应交融在一起，发挥传承知识、发展能力、塑造优美心灵、完善人格培养的多重功能。

学科德育显然不是知识教学之外的“穿靴戴帽”，而是与知识教学融为一体的情感、态度、价值观。学科德育重在融合，是水乳交融，而不是油与水的关系。比如语文学科教学，教师在指导学生学习语文知识，提高语文能力的同时，培养学生高尚的道德情操和健康的审美情趣，形成正确的价值观和积极的人生态度。后者同样是语文学科教学的重要内容。一般地说，知识与能力的教育是显性的，后者则是隐性的，注重熏陶感染和潜移默化，看似不见痕迹，但点点滴滴在心头，有春风化雨、润物无声的效果。

要做到融合，就要对所教学科的个性特征深入研究，准确把握，然后对某个章节、某个内容反复推敲，找到知识传承与思想情操熏陶感染的最佳结合点，进行“无缝焊接”。当然，教师在教学时应该满怀激情，只有自己感动，才能感动学生。如果冷若冰霜，采取旁观者

本文发表于《现代教学》2005 年第 7—8 期。

的态度指手画脚，文本中再好的内容、再精彩的语言也会因教学实践的降温而凝固，降低生动、鲜活的育人功能。例如语文教材中的经典课文朱自清先生的《春》，犹如水彩画，不仅满纸淋漓润湿，而且不少地方细笔细描，十分传神。一般教法，常让学生欣赏春天的美景，积累一些美词美句，学习抓住特征描写景物的方法。这当然可以，但文章的灵魂并没有被挖掘，没有震撼学生的心灵。春山春水、春草春花、春风春雨，春天的画面无不生机盎然；生命的可贵、生命的灿烂似锦，洋溢在字里行间。抓住一些关键词句，引导学生咀嚼其中的深味，面对一幅幅春日美景，联系自己的学习、生活经验展开想象，不仅会感受到无声的文字已站立起来，自己已置身于形象、色彩、音响交织的美景之中，享受美的熏陶、美的愉悦，而且倾听到生命的跃动，体悟到生命的珍贵与灿烂。文字用来表情达意，当学生透过文字的“表”“达”，触摸到作者的“情”“意”，就会与作者心灵沟通、交流，乃至产生共鸣，受到教育与感染。进入文本，与作者融为一体，这才是真正的阅读。伴随着文章结构、语言、写作方法的探讨、咀嚼、研究，思想道德教育、情感教育也就流入学生的心田，使学生振奋，使学生追求美好，无形中提升了学生的认识，净化了学生的感情。学科知识教育与德育，你中有我，我中有你，融合在一起，密不可分。

学科德育最忌东拉西扯，无限拔高。教材本身的内涵是德育的家园，也是进行德育的依据，离开对教材、文本的深入钻研，随意延伸，无限发挥，那就成了空洞的说教。说教必定浮游无根，在空中飘，最无力量，也最易招来学生的反感。求真，是从事教育的人必须遵循的原则。唯其真，才能实事求是，才有教育的力量。教材里包含着怎样的思想、精神、情感、价值观的内涵，就深入底里，挖掘出来，因学生的具体情况，如知识基础、理解能力、认识水平而有的放矢地施教。德育有其自身的规律，要立竿见影，毕其功于一役是不可能的；需要的是细心、精心、耐心，更重要的是需要爱心，对学生满腔热情满腔爱。持之以恒地在学科教学中实施心灵的培育和塑造，学生不仅能今日健康成长，而且能终身受益。

对“二期课改”的深层理解

以往，我们的教材以知识体系为主线，没有真正体现德、智、体全面发展的要求。上海的“一期课改”率先提出面向全体学生，注意个性健康发展，这在当时是很先进的。正在进行的“二期课改”强调以学生发展为本，坚持面向全体学生的全面发展，关注学生的个性健康发展和可持续发展，这个理念立足于全方位育人的高度，显然是更先进的。教育就是培养人，中国的教育就是要培养具有良好综合素质、有中国心的现代文明人。这一理念体现了时代发展的要求和教育的本质。

以语文学科为例分析，“二期课改”切实抓住了一个核心、三根支柱。

一个核心就是语文素养的全面提高。很多人认为语文教学的重点就是语文知识和语文能力。其实，一个人更重要的是具有语文素养，正确理解祖国的语言和文字，这是工作和学习的基础，是全面发展的基础。

第一根支柱是知识与能力。对知识与能力的认识，应该与时俱进。我教了几十年语文，发现许多教材内容是大学学科的“压缩饼干”。比如，语法就是语法学的“压缩饼干”，逻辑则是形式逻辑的“压缩饼干”。教师教起来非常困难，学生学起来消化不良。“二期课改”本着以学生为本的理念，对知识和能力重新整合，强主干，削枝叶，重能力。这样教得不吃力，学得更有效。

本文发表于《上海教育》2005年第18期。

第二根支柱是过程与方法。东方的教育比较讲究结论，西方的教育讲究过程，“二期课改”则把两者的优势结合了起来。“二期课改”的理念告诉我们，学习不是靠外塑，而要靠内发，因此过程培养非常重要。此外，教师大多讲究教法，这也使得学法成为传统教育教学的薄弱点。“二期课改”提倡研究学生学法，这就要求教师在教学当中自觉实施，不断完善。

第三根支柱是情感态度与价值观。在语文教学中，在传授知识和能力的同时，要关注学生心灵的塑造和道德的培养。现在我们没有强调学生对母语的感情，我认为这个问题亟待重视。母语教育，这不只是一门学科的问题，而是关系到对民族文化的认同。母语蕴藏着民族精神、民族情结、民族智慧，是中国文化的根。所以，所有学科都要培养对母语的感情。另外，要从小培养学生既要有认真的学习态度，还要有求实的科学态度。良好的习惯形成良好的素质，良好的素质能够完善人格。我们强调个人价值，但不能忽略一个前提，即个人价值要和社会价值和谐发展，自然价值要和人文价值和谐发展。从横向角度看，情感态度与价值观是相对独立的；从纵向角度看，它们具有递进关系，是从低级向高级发展的心灵连续体。

总之，学生综合素质的培养，由这一个核心、三根支柱组成。如果我们切实推进“二期课改”，素质教育一定会有突破性进展。

关键在教师

在探讨与实践"两纲"的过程中，有三个明显的特点。

一是强化了教师的育人意识。教书教做人，做人先铸魂。在向学生传授知识、培养能力的同时，研究如何立民族精神之根，树爱国主义之魂，这就抓住了教育的本质。任何学科教学都应具有教育性，有教育性的教学才能赋予知识以意义、以灵魂，促进学生的健康发展。

二是促进"二期课改"的先进理念落到实处。要落实学生发展之本，必须有三个维度支撑。其中，情感、态度与价值观是课堂教学中最薄弱的环节，研究如何贯彻"两纲"，如何和知识与能力、过程与方法这两个维度融合在一起，把先进理念转化为教学行为，对学生进行全面培养，形成良好的思想道德素质和科学文化素质。

三是促进教师深入钻研文本，向专业化发展。要在课堂教学中准确有效地融合三个维度，教师必须深入钻研教材，与作品对话，与作者深入交流，须有业务和文化的底蕴。

"两纲"的出台并非加重教师的课业负担。其实，在学科教学中贯彻《纲要》，不过是变无意为有意，变不自觉为自觉，因为教师平时教课也对学生进行教育，但往往是零碎的，就事论事的。将《纲要》贯彻学科，语文课还是语文课，数学课还是数学课，只是课的内涵更为厚实，教师不是只教知识的教书匠，而是发挥学科教学的多种功能，融合三个维度的教书育人的"心灵工程师"。

同时，教师的业务功底和教学能力更显重要，有待进一步提高。贯彻《纲要》不是另起炉灶，各学科教材均有落实《纲要》的丰富

本文发表于《上海教育》2005 年第 20 期。

资源。有的是显性的，有的是隐性的，关键在教师要有一双慧眼，把教材隐含的、固有的育人内容挖掘出来，与知识传授、能力培养无缝衔接，点点滴滴渗入学生心头。也就是说，德育再不是少数人的事，育人是每个教师应负的责任，学科教学是进行德育的重要载体。知识、能力、思想、道德、情操融为一体，教师钻研教材必须深入其中，熟读精思，把握精要。就语文教材而言，不仅要读懂字、词、句，而且要读懂其中蕴含的精、气、神，要努力提高驾驭教材、驾驭课堂的能力。

“八荣八耻”：青少年成长的道德标杆

胡锦涛总书记提出的“八荣八耻”，内涵丰厚，概括精辟，意义深远，是中华民族传统美德与时代发展要求的完美结合，体现了社会主义荣辱观的核心要求，是启迪青少年健康成长的指路明灯。“八荣八耻”树立起了科学发展观与社会主义和谐社会的道德新标杆和文明新指针。它引导人们尤其是青少年知荣辱、辨是非、明行止，追求真善美，憎恶假恶丑，对提升国民的基本素质、推动社会发展，将起到巨大的作用。

半个多世纪的从教经历让我感受到，青少年的健康成长离不开一个良好的教育环境。中学生年龄多在 12 岁至 18 岁之间，他们往往生活经历较少，文化底蕴较浅，文化判断力和道德判断力也较弱。随着社会的全方位开放，社会上各种思潮、文化、风气通过多种渠道，对青少年的思想观念产生了巨大影响，其中既有正面的，也有负面的。青少年与社会的多方位接触，给青少年教育带来了前所未有的严峻挑战。如何让未成年的孩子明确做人的方向，树立正确的价值观，增强思想抵御力，享受教育带来的福祉，需要教育界与全社会共同努力。胡锦涛总书记提出的“八荣八耻”具有很强的针对性，无疑是一帖清醒剂，让人清醒头脑，擦亮眼睛，规范行为。

育人最重要的是爱国。“八荣八耻”首先提出“以热爱祖国为荣，以危害祖国为耻”，铿锵有力，掷地有声。中华民族几千年来历

本文发表于《解放日报》2006 年 3 月 17 日。

尽内忧外患，今日仍能屹立于世界民族之林并且不断发展、壮大，很重要的一个原因，就在于一代代志士仁人不懈奋斗，甚至为国献身，在于“苟利国家生死以，岂因祸福避趋之”的爱国精神和民族气节不断传承。当前，不少孩子不知道五星红旗的来历，不清楚对国旗应该怀有怎样的感情，不少人国家意识淡薄，这是令人担忧的。为了中国社会主义现代化事业能够行之久远，包括教育界在内的整个社会，要把热爱祖国的光荣感和民族“魂”，扎根在青少年及成人心中，将他们培养、教育成为有中国心的现代文明人。

育人要倡导诚信。诚信是做人的基本素养，是社会文明程度的标志。“人而无信，不知其可也”，不守信，如何交往？人与人之间又怎么可能有正常的关系？社会又怎么可能有正常的秩序？“诚”即不欺，诚信的人不会选择欺诈。“诚则明，明则诚”，心里亮堂就会诚信，诚信的人心里亮堂，而心里黑暗、满布灰尘的人就不可能诚实守信。“以诚实守信为荣，以见利忘义为耻”，就是要让青少年心中明亮，在全社会确立诚实守信的文明风尚。

我们还要教育青少年，要做到知耻、洁身，同时对危害祖国、背离人民、损人利己、见利忘义等思想言行不能视而不见，绕道走开，而是要充分认识它们败坏人心、瓦解社会、危害事业前进的腐蚀作用，更要对此形成“老鼠过街，人人喊打”之势，从知耻、洁身开始，端正社会风气。

社会主义荣辱观在青少年中间的培养与树立，学校责无旁贷，同时也需要全社会的合力。所有行业、部门、单位、家庭、学校，所有的未成年人、成年人，都应以“八荣八耻”为道德规范，人人身体力行，努力实践。只有社会环境、道德文明得到改善与提升，学生成长的环境才能大大优化。

在学科教学中扎实地实施“两纲”教育

一、“两纲”的贯彻实施是育人的根本大计

教育本质的呼唤。教育，说到底是培养人。中国教育，即培养有中国心的现代文明人。

古今中外圣者、贤者、学者、教育家、思想家对教育的论述，无不聚焦在对教育对象精神世界的提升和精神力量的增强，追求至真至善至美的境界。

学生自身发展的现实需要。知识经济的到来向教育提出挑战，社会不是以某种能运用的技术为基础，而是以整个社会知识的进步为基础。对人才评价的标准不是看某一方面的技能运用，而是看整个知识的结构、容量、水平、知识积累和更新的能力。显然，人的培养不应以获取知识为唯一目的，而是要更全面地发展，要有良好的综合素质。

全面发展是实施素质教育最本质的反映。德智体美全面发展是人自身发展的需要，也是社会发展的需要。社会发展的程度越高，对人的全面发展的要求也越高。人的生命体本身蕴含着全面发展的潜能，教育的任务就是把学生的潜能变成发展的现实。

现实状况是不少学生在不少方面，尤其是做人方面有不少缺失。有的属于幼稚，不明事理；有的受外界影响，是非混淆，荣辱颠倒。

本文发表于《现代教学》2006 年第 10 期。

这些都需要教育，需要正确引导。如：追求的目标偏离准星，国家意识淡薄；追求西方时尚，对一百多年来中西文化交流不对等全然无知，对优秀传统文化知之甚少，民族文化自信心薄弱；对涌进来的强势文化缺乏辨别能力，优劣不分，照单全收，乃至错把腐朽当神奇，受金钱至上、享乐思想侵蚀，对公民的责任、公民的义务考虑得比较少。

今日的教育质量决定了明日的国民素质。人要有独立自强的人格，百折不回的精神，必须从小培养和锤炼。一个国家，一个民族，如果没有现代科学，没有先进技术，一打就垮；如果没有优秀历史传统，没有民族精神，不打自垮。学生要有精神支柱，打下做人的根基，全面发展，才能做到今日健康成长，明日长足发展。

时代的紧迫要求。放眼看世界，发达国家的基础教育都把育人放在很高的战略位置，将爱国主义教育、民族精神教育牢牢抓住不放，课内课外，校内校外，乃至教材中的练习部分，都渗透得极其具体和深入，不可小视。显然，21 世纪的经济之争、科技之争，说到底是人才之争、人的综合素质之争。我们培养的人只有自身健康、强壮，有主心骨，才能立于不败之地。

有这么一种误解，认为思想道德素质和智能素质是两码事，可割裂开来。其实，这两者互相渗透，互相贯通，常出现一荣俱荣、一损俱损的状况。任何学科都有教育性，有教育性的教学，就能赋予知识、能力以灵魂的意义，促进学生的发展。

综上所述，教育中实施“两纲”不是外加什么内容，而是站在育人的高度，抓住教育的本质，把教书育人有机地结合起来。对教师而言，这是教育理念的学习与提升，是深入思考我们的培养目标并将其扎扎实实地落到实处。

二、充分发挥学科主渠道、课堂主阵地的育人功能

再先进的理念，再重要的论述，只停留在口头，停留在书面，那

只是一纸空文。关键在于认真实施，身体力行。

“两纲”的贯彻实施不是一阵风，一窝蜂，一刀切，而是覆盖教育全过程，覆盖全体学生，让每个学生都能从中受到恩泽。

这里主要讲述在学科教学中扎实地实施“两纲”教育的问题。

（1）课堂教学本身应全面贯彻教育方针，以所教学科智育为核心，融合德育、美育、体育，融知识传授、能力培养、智力发展、思想情操陶冶于一炉，课程立体化，多功能。

尽管教育形式多种多样，但当今时代以班级为单位的课堂教学在学校教育中仍然也必然是主要形式。学生进学校学习，日复一日，年复一年，绝大部分时间都在课堂里度过。因此，课堂教学进行怎样的教育对学生心灵的塑造至关重要。

课堂教学质量的高低与学生学习质量的高低息息相关，与学生综合素质的高低息息相关。因此，必须德智体美融合起来抓，坚持全面质量观，克服单打一的片面价值观。

这里有两点必须说明：第一，不是每节课刻意追求，而是教学时指导思想必须十分清晰，教师要为育人的大目标服务，教学活动要注意教育性；第二，知识、能力、智力、情感态度与价值观不是相加，而是融合，相互渗透。以《开国大典》一课的起始环节为例，说明只要课前精心设计，一个出示课题的简单环节都可发挥育人的多功能作用。

（2）把握学科的基本特征，深入钻研教材，挖掘教材蕴含的深意，发挥教材固有的育人资源的作用。

“两纲”的贯彻实施绝不是外加，绝不是穿靴戴帽，而是深入钻研教材，把握教材个性，阐发民族精神和生命教育的内涵。

语文学科。言为心声，气势、态度、思想、情感寄寓其中。无论是显性的、隐性的，都离不开对语言文字的咀嚼、推敲。

如《开国大典》的会场布置。如果只是教一段说明文字的知识，就只会重视方位的说明，是静止、无声的。教师要引领学生体验中华人民共和国成立时的激动，激发他们产生热爱党、热爱领袖、热爱新中国的感情，就要创设情境，把学生带入天安门广场。怎么创设？充分运用语言文字的魅力，师生互动，声形并举，使场景鲜活起来。由平面而立体，由静态而鲜活，印在纸上的会场说明，伴随着眼看、口读、心想、热爱的感情投入，就刻到了学生的心里。教师以自己的激情带动学生的感情，以情激情，学生的国家观念由此得到增强。

历史学科。历史课中重要的历史事件、历史观点十分关键。七年级《中国历史》有一课是“民族团结与中外交流”，现截取“民族团结”部分推敲一下。

这部分主要讲述唐朝如何处理少数民族关系，教师不是平面地抓几个知识点，讲几条杠杠，而是以鲜明的历史观点为指导，指出民族团结、发展是民族精神的重要内容，突出了唐太宗的明智。教师引用《资治通鉴》中唐太宗的话“自古皆贵中华，贱夷、狄，朕独爱之如一”，正因为对少数民族以诚相待，以诚换诚，“爱之如一”，唐太宗被西北各民族奉为“天可汗”。教师再通过文成公主与松赞干布成婚的事件一再启发学生思考：为何唐太宗同意这门亲事？为何文成公主不怕艰难前行？金城公主入藏又怎样？这些问题都聚焦在国家安定、民族团结上。教师古今贯通串起来讲，学生领会到平等相处的民族政策构成了中华民族的优秀传统。早在《诗经·大雅》中就讲道：“惠此中国，以绥四方。”《礼记·王制》中也讲：“修其教，不易其俗；齐其政，不易其宜。”“达其志，通其欲。”这种民族团结的思想对建设和谐社会有十分重要的作用。教师教学时又充分运用了音像资料，展现邮票中少数民族的风采，激发了学生的学习兴趣，容易将知识牢记心中。

数学学科。四年级的“问题解决”培养学生解决类似“鸡兔同笼”问题的能力。对四年级的学生而言，解决两个未知数的计算题不是一件容易的事，教师用古人解决这类问题的故事来激励，并展现《孙子算经》的图像，请学生朗读，加深认识，提高兴趣。与此同时，教师说明其中下卷的第 31 题就是“鸡兔同笼”这类题。学生在教师引导下，分析解题的条件，利用尝试法填表计算，解题积极性高。教师又从《孙子算经》引申到《九章算术》，用儿童的语言问儿童：古人聪不聪明？激发学生的民族自尊心、自豪感，以及对中华文化的认同感。对学生进行民族精神教育，也就是通过一个个具体的问题，一件件具体的事情，让学生点点滴滴入心头的。

物理学科。高中物理教师教“核能”，用清晰的语言解释概念，展示公式计算，揭示铀核的链式反应，阐述核裂变的巨大威力。在学生理解原子武器威力的同时，教师因势利导地向他们介绍认识和对策，介绍杰出科学家，特别是物理学家郭永怀、邓稼先的无私奉献，比较各国从原子弹到氢弹的发展时间（美国 7 年，苏联 4 年，英国 4.5 年，中国 2.8 年），介绍大科学家爱因斯坦对原子弹的看法与对人类的期望以及自责与反思等。这些内容与教学的课题“核能”紧密结合，教育性很强，国家意识、公民人格寄寓其中。这种爱国主义、民族的自尊自强精神、人生的价值与意义、对待事物的科学态度，随着知识的传授渗透到学生的心田，对他们起到深刻的启迪作用。上海“二期课改”的核心是以学生发展为本，支撑这个核心的是三根支柱，或者说是三个维度。教师在传授物理知识，培养学生理解能力的同时，融合了情感态度与价值观的教育。学生学知识时有了精魂，综合素质得到培养。这种民族精神教育是教材深入阐发的必然，而不是外加。

音乐学科。高中的音乐鉴赏课该怎样鉴赏？“舞蹈是心灵的律动”一课作了有益的回答。教师的教学没有停留在动作方面的技能技巧，而更着力于舞蹈蕴含的神和韵。教师先让学生感受，从《千手观音》的造型美、艺术美感受演员们的团队精神，从他们残疾的躯体里散发出的内心阳光，感受他们对生命的热爱；再让学生模仿体验，健康人做几个动作也要专心致志、团结协作才能完成得好；进而揭示创造艺术美幕后的感人事迹：失聪的人，录音机里全是噪声，她们还当是音乐，顽强地练习；领舞人邰丽华的诉说，催人泪下。对艺术的执着追求、百折不挠的毅力、自强不息的精神，无须教师明说，学生心灵已振荡。再从民族舞蹈的古典美，转而体验黄土高原舞蹈的热情、奔放、喜庆的朴素美，学生感受、体验、实践，不仅沉浸在美的旋律中，受到美的熏陶，更体验到生命的跃动、心灵的律动，享受民族文化带来的欢乐。

以上仅举了一些例子，而这些例子由于时间所限，只能是片段，但窥一斑可见全豹。这些例子告诉我们：

（1）学科教学与“两纲”实施不是两张皮。教材本身富含育人资源，只要深入挖掘，不停留在教材的浅层次开发，就会发现包含民族精神教育与生命教育的宝藏。教师若仅局限于知识传授、机械训练，实质上是抽掉了教学的精髓，这种教学是趴着的，站立不起来。

（2）突出重点，不面面俱到。民族精神教育的主要内容有国家意识、文化认同、公民人格；生命教育旨在帮助学生认识生命、珍惜生命、尊重生命、热爱生命，提高生存技能，提升生命质量。教学时不是浮泛地谈口号，而是紧扣学科特点，紧扣教材内涵，在某一点上深入，或提升学生的思想，或触动学生的感情，熏陶感染，滋润学生的心灵。

（3）研究学生的知识世界和心灵世界，引导他们体验，重视他们的实践、反馈，持之以恒地在学生心中撒播做人的良种，激励他们健康成长。

三、
教师自身在“两纲”实施中获得新发展

任何人都不可能把自己没有的东西给别人，不管是物质的，还是精神的。教师对“两纲”的内容熟悉，有感情，与教材特点融合在一起，教学时就如汩汩泉水从心田流淌出来，收到春风化雨的良效。

备课、教课不能浮在表面，要深入底里，吃透教材，挖掘教材内在的育人因素。教材的来龙去脉须一清二楚，知识的内涵与外延须准确把握，重点、难点的确定须建立在教材实际与学生实际的基础上。找准实施“两纲”的切入点，精心设计，详略取舍，既有感情的激荡，又有理性的思辨，课堂上必能迸发生命的火花和思想道德的光彩。教学原本就是创作，每位教师都是创造者，心中怀着培养学生成人成才的大目标，孜孜不倦地追求，必能用激情与生命筑就美丽的育人华章。

走进学生的世界

要提高德育的实效性，走进学生的世界至关重要。

知心才能真正教心。青少年学生的世界时而涟漪，时而波涛，色彩斑斓，变化莫测。特别是在当今多元经济并存、多元文化激荡的情况下，学生的学习世界、生活世界、心灵世界无不受到直接的或间接的影响。他们究竟想什么，爱什么，对什么有兴趣，对什么有追求……凡此种种，我们执教的班主任常若明若暗，或大而化之毛估估，或以个别代全体，缺少具体深入的了解，缺少真切的理解与体验。力气花得不少，收效不理想，事倍功半。

教育的实效性与教育的针对性紧密相关，针对性越强，教育的效果越好。思想道德素质的内涵十分丰富，对人、对己、对社会、对国家，大到世界观、人生观、价值观，小到一言一行、一件具体的事，都要关注、教育、培养。学生处在变化、发展之中，思想、道德、观念正在形成之中，故而调查了解、不断研究十分必要。知之准，知之深，充分发掘学生自身积极向上的因素，因势利导，激励、赞扬，学生向前迈步的劲儿就势不可当。

一般说来，教师对学生的学习世界比较关心。其实，这种关心往往很不全面。注意力更多的是集中在考试上，集中在分数上。考试只是一种检测，分数只是衡量某一个局部知识掌握程度的标志，它不能

本文发表于《德育报》2007 年 1 月 8 日。走进学生世界，与学生的心弦对准音调，一直是作者从事教育教学工作的价值观和方法论。上海“两纲教育”自 2005 年 3 月 14 日正式启动后，投入了很多精力，开展了很多活动，但归根结底还是要落实到学生身上。作者结合自身教育教学的深刻体会撰写此文，不仅在当时为广大教师提供了切实可行的方法，而且为以“两纲教育”为重点的德育工作指明了方向。

反映学习的全部，更不能反映一名学生的整体素质。更重要的是要了解学生学习的多样性、独特性，他们的共性和各自的学习特点。例如：对眼前的学习有哪些看法，学习的目的何在，动力是什么；对哪些学科有兴趣，对哪些学科无兴趣，原因何在；喜欢怎样的老师，不喜欢怎样的老师，原因何在；有怎样的学习习惯，读书喜欢怎样读，练习喜欢怎样做，最讨厌哪类训练；有无克服学习困难的勇气和毅力，有无正确的学习方法和学习特长；课外阅读的兴趣是否浓厚，对哪些读物偏爱，对哪些作者崇拜；学习中动手的能力如何，有无自制作品和力求创造发明的愿望；有无查阅资料、网上查阅信息的条件与能力……每个学生都有自己独特而丰富的学习世界，经常了解、沟通、交流，倾听他们的诉说，德育工作就不会停留在只是要求学生勤奋学习的层面，就不会是空洞的、概念化的，而是生动的、具体的、鲜活的，进行各具个性的积极引导，扬学生之长，明努力方向，学生心情舒畅，就会尝到学习的甘甜。

现在学生的生活世界也绝非二三十年前那么单一，那么简朴。物质生产的丰富把社会装扮得五光十色，橱窗里的东西琳琅满目，广告宣传又推波助澜。物质的诱惑和流行的张扬使青少年学生对生活中的衣食住行有了超过他们年龄的思考与追求。简单地“堵”不能解决问题，一味地斥责或放任也难以取得预期的效果。要站在年轻人的位置想一想，爱美是人的天性，但什么是美，要取法乎上；人总有物欲，要生存要发展，离不开物，但不能为物所累。20 世纪西方哲人一直忧心忡忡的是人的异化、物化，科技进步，物质丰富，道德沦丧。我国古人在《礼记·乐记》中早就深刻指出：“人化物也者，灭天理而穷人欲者也。于是有悖逆诈伪之心，有淫泆作乱之事。”人的物欲膨胀，人就化为物。人被物欲所俘虏，就会丧失天理良心，什么乌七八糟的事都干得出来。要经常生活在学生世界之中，经常交流、分析，让他们明做人之理，学习好的榜样，让人与物之间如何正确处理的道理点点滴滴入心头。

求知也好，对物质生活的认识、追求也好，都是学生心灵世界的组成部分。学生的一言一行都受思想情感的支配，与学生心灵相通，有共同的语言因素，才有教育的扎实基础。现在的学生不大向任课老师或班主任敞开心扉，即使与班主任关系好，亦师亦友，心中也会有隐秘的一角。苏霍姆林斯基曾说："在每个孩子心中最隐秘的一角，都有一根独特的琴弦，拨动它就会发出特有的音响。要使孩子的心同我讲的话发生共鸣，我自身就需要同孩子的心弦对准音调。""我自身就需要同孩子的心弦对准音调"，这句话多么精彩，多么重要。然而，在教育实践中，我们常常要孩子对准我们的音调，纳入我们的音调，于是就出现了噪声，出现了不和谐。当然，对准音调不是无原则地放弃教育，听之任之，附和捧场，而是要静下心来抓住一切机会听听孩子的倾诉，他们的情感，他们的价值取向，他们的困惑、烦恼和迷茫，用敏锐的目光发现他们看问题中积极的闪光点，鼓励、剖析、疏导、引导他们提升思想，追求真善美，鄙弃假恶丑。

育人先育心，育心要知心。要真正走进学生的世界，眼看，耳听，心想，细心，耐心，锲而不舍，才能真正在学生心灵深处滴灌生命之魂——德性。须知：一个人的知识缺陷，可以用道德弥补；而道德缺陷，是无法用知识弥补的。

点燃心中的火把

为了给语文名师基地的学员讲课，杨福家院士专门准备了几天，单是PPT就制作了233页，所谈的每个问题都有理有据，涉及古今中外，这种严谨的科学态度、认真负责的精神堪为我们的榜样。

报告中说到办学有有形资产、人力资源和文化内涵。有形资产是学校的硬实力，人力资源是学校的软实力，校园文化内涵是软实力。前两者众所周知，影响办学质量，而校园文化更是不可忽视，影响到学校是否有“大爱”荡漾，影响到学校的质量、学校的品质。教师应担负的九项职责就是学校“大爱”的建设，就是校园文化建设的丰富内涵。

学校教育质量说到底就是教师的质量。作为一名教师，眼睛只盯着考试，心中只有分数，撒手锏是题海、题库，大概难以培养出德智体美全面发展、人格健全的人。报告中所阐述的为师之道字字句句都从学生的成长与发展来考虑，引导他们如何对待学习，如何对待他人，如何对待社会，如何对待工作，如何对待国家，没有乱人耳目的名词术语，而是切合当今实际的实实在在的做人之道。上海“二期课改”一再强调的核心概念是以学生为本，以促进学生发展为本。这里所谈的为师之道极其具体、生动地体现了以学生为本以及如何以促进学生发展为本的教育理念，把教师的为师之道和学生的为人之道水乳交融地结合在一起。

有些问题并不高深莫测，属于常识范畴，但有时人们不以为意，甚至置于脑后。比如，人要吃饭，否则生命难以延续，这是常识。但

本文发表于《现代教学》2007年第3期。

有个阶段强调精神，精神第一，连吃饭才能活的常识都置之不顾了。当然，其中教训很多。什么是教育？教育是唯人独有的活动，推究教育的本质，当然是培养人、造就人。中小学教育当然应把人放在首位，为做人打基础，培养学生从小具有一颗中国心，从小讲究诚信无欺，有旺盛的求知欲，努力学习为社会作贡献的本领。一言以蔽之，培养社会的好公民。

然而，较长时间由于受急功近利、应试教育等因素干扰，“育人”往往只挂在口头上，“育分”却落到实处，造成重术轻人，弱本强末，甚至本末倒置。学习知识技能在学生成长过程中是必不可少的重要部分，但绝不是全部。“术”与“人”错位，无疑就会形成学生思想道德、科学文化以及身体素质等方面的种种残缺。教育的效益滞后，学生的素质如何，一二十年以后，二三十年以后必见分晓。种瓜得瓜，种豆得豆，规律是难以抗拒的。有人认为抓分数实惠，谈育人是高调。确实，在工作实践中只以分数来考绩，以分数衡量校长水平，衡量教师水平，衡量学生好差，衡量学校身价，可谓比比皆是，司空见惯。因此，有如此想法也就不足为怪。分数是检测教与学效果的标志之一，有其存在与参考的价值，但局部不能代替整体，任何一张考卷的分数都反映不出被测试者的整体素质。抓德智体美整体素质的提高，学习有追求，学习的积极性、主动性增强，分数上升是必然趋势。如果把一项检测的标志夸大到追求的目标，把“人”应培养的目标淡化了，模糊了，那就是教育的悲哀。目中无“人”的实质是：教育本质被扭曲，社会责任感缺失，对学生生命呵护的爱心被稀释得七折八扣。杨福家院士的报告无疑是一帖清醒剂，启迪我们从教者反省、深思。

理念指导行动，情感催化智慧。有没有一切为了学生，为了他们今日的健康成长和明日的长足发展的“大爱”，是语文名师基地学员必须面对并用教育实践回答的问题。如果教师对学生心中有“大爱”，责任重于泰山，那么对教师的九项职责的内涵就能深刻领悟，教育机智、教育方法和艺术就会如涓涓泉水流淌而出，滋润学生心田，点燃学生头脑中的火把，让每粒金子都发光。有教育良知，有使命感、责任感的基地学员常自责自己教育行为的无奈，对教育目标如何落实的迷茫。这是成长中的烦恼，要求进步的表现，以杨福家院士报告中的“大爱”点燃自己心中的火把，将会心明眼亮，勇气倍增，创造育人的佳绩。

教书要为育人服务

教育思想在教育实践中起灵魂作用。教育思想端正，实践时目标明、方向正，教育质量才能真正提高；反之，越走越偏，对学生成长极为不利。

近来人们常提到教书育人的问题，强调教书育人的重要性，这是令人欣喜的。教书育人，记得五十年代末六十年代初就提出来了，遗憾的是由于种种原因，这个观念在教育园地并没有牢固树立，在学校工作中“育人”没有放到应有的重要位置上。重“教书”轻“育人”，见“教书”不见“育人”的情况仍然比比皆是。不少同志认为“教书”是具体任务，不钻研教材就进不了课堂，不传授教材中的有关知识就没有对学生尽到责任，因此，这方面精力花得多。“育人”呢？这似乎是个大概念，抽象得很，也复杂得很，想不了那么多。“教书”是教课的人要负责的，弄不好影响声誉、影响威信，乃至影响评级升职等。因此，教师觉得自己肩上有这副担子，任务能落在实处。而对“育人”，或者认为是班主任的职责，或者认为大家负责，所有学科的老师都有份，自己何必多“挑”呢？其结果是任务落空，大家都没有尽到应尽的责任。很显然，要端正教育思想，上面列举的种种模糊认识必须澄清。

教书和育人，“育人”是大目标，“教书”应该为“育人”服务。譬如语文教师，教文是他的天职，须千方百计教会学生正确使用祖国的语言文字，提高他们听、读、说、写的能力。但教学生的

本文发表于《上海教育》（中学版）1986 年 7、8 合刊。《上海教育》创刊 50 周年之际，于 2007 年重发了部分在该刊曾发表过的具有重大影响且直至当时仍有现实意义的文章，本文即在选登之列。

“文”是为育学生的“人”服务的，只见“文”不见“人”，工作就失去了大目标。“教书”，说到底只是教书匠。在“教书”的同时“育人”，才有可能成为塑造学生灵魂的工程师。做教书匠，不花费太大的力气几乎都可以做到，而做一个培养社会主义合格公民、培养四化建设人才的灵魂工程师，那就需要有正确的教育思想，需要用心血去浇灌。任何一个学科的教学，头等重要的任务就是育人，寓教育于教学之中，是每位任课教师应精心探讨、着力研究的课题。比如语文教学，语文教材中写了许多高尚的人、高尚的思想，其中有的歌颂我们中华民族赖以生存、发展、兴旺发达的最重要的精神支柱爱国主义，有的歌颂反对剥削、反对压迫、以解放全人类为己任的共产主义思想，歌颂无私忘我，献身于人民的高尚情操。在教学字、词、句、篇，训练学生语文能力的同时，教师必须有意识地以教材中感人的事迹、高尚的思想情操熏陶感染学生，在他们心中撒播做人的良种。

又比如进行辩证唯物主义观点教育、集体主义观点教育、劳动观点教育等，不一定要通过大报告解决。大报告是进行教育的一条途径，大量的应该通过各科的教学来实现。一节节课，一门门学科，都讲究思想性、科学性，点点滴滴不断渗透，耳濡目染，学生在汲取知识养料的同时，也就逐步懂得了做人的道理。中国自古以来讲究读书做人，读书明理，明做人的道理。文天祥就义之后，衣带里的纸条上写着：“读圣贤书，所学何事？而今而后，庶几无愧。”一个封建时代的士大夫对读书的目的尚且有如此清晰的理解，何况是20世纪80年代的我们呢？教师教学生读书，更要教学生做人，二者必须有机结合起来。

对“育人”的“育”，我们有时理解得很片面。有的老师说：“我也在‘育’，传授知识就是‘育’。”有的认为“育”就是发展智力，发展学生的思维。也有的认为“育”就是进行思想政治教育。这些说法与看法都有点道理，问题在只强调某一方面而忽视其他方面，那就不全面了。“育”有极其丰富的内容。培养一个学生，对他的思想素质、道德情操、知识的深度广度、能力的强弱、智力的高低、体质的情况等要有总体的设想，要有完整的概念。“育人”，是对学生进行全面培养。如果把“育”理解为只是开发智力，或者理解为只是提高解题能力，这就犯了以局部代替整体的毛病，以这样的观点指导教学实践，必然会影响学生健康成长。

我们的教育工作，最贴切的说法应该是“培养”，这个字眼实在好。这在英语中叫 cultivation，解释为“耕耘土地以期收成”。我们教师就是教苑的耕耘者，应该像农民和园林工人满腔热情地培植五谷、养育花本那样，精心地把学生培养成为四化建设人才。

学校的灵魂

学校办学要警惕“泛技术化”

学校办学要实现个性化，必然要深入文化层面，这不仅是学校自身发展的趋势，更是顺应时代进步的要求。

然而，毫不客气地说，当前相当数量的学校仍停留在“技术办学”层面上，并没考虑过“文化育人”这个问题。现在的学校师生规模越来越大，设备越来越好，可为什么学校却越来越没有分量，质量也总是缺这少那呢？学校究竟缺什么？我认为最缺的就是人特有的情感世界。一个情感世界不丰富的人，不可能对社会、民族、国家满腔热情。因此，我们不得不反思：我们的教育究竟在做什么？

学校文化非常重要，因为学校文化是一张名片，是学校的灵魂，学校的任务就是传承文化并加以发展创新。学校要把中国的优秀文化和人类的进步文化，通过教师的创造性劳动，传播到学生的心中。

文化是无所不在的，如果校长没有意识去主动抓住学校文化的建

本文发表于《上海教育》2007 年第 6 期。经济社会的发展，一方面为教育创造了较好的物质条件，同时也给教育带来了很大影响。例如学校师生规模越来越大，设备越来越好，学校却越来越没有分量，办学质量也总是缺这少那。相当数量的学校仍停留在“技术办学”层面上，对“文化育人”这个问题思之甚少。对此作者深感忧虑，遂撰写本文，呼吁学校办学要警惕“泛技术化”，深入到文化层面，实现个性化，因为学校文化是学校的灵魂。要切实抓住一个核心，即学生素养的全面提高，三根支柱，即知识与能力、过程与方法、情感态度与价值观，切实推进“二期课改”，促进素质教育的突破性进展。

设与发展，学校就会在粗俗文化、西方入侵文化的冲刷中随波逐流，渐渐失去主心骨。在现代社会，我们培养的接班人，没有很强的文化判断力，是无法为国家、社会作贡献的。

建设学校文化，有个如何继承传统的问题，学校必须传承优秀的传统文化。我认为，教师要学点哲学，这样看问题就不会走两个极端。一所学校要形成文化，绝不是在“零基础”上建立起来的，而是一种继承中的创新，要传承精华，再用时代的活水和正确的观点来加以阐发、充实。

要警惕“泛技术化”，就要求校长办学必须研究人，研究学生和教师。

教师的全面提升绝对不只是专业发展，精神层面非常重要。我们总是把育人这样一件大事，有意无意地降低到技术技能的层面，重“术”轻“人”。但是，培养人是一件大事，学生是完整的、活生生的生命体，一人一个样子，标准统一的“技术化”无法适应人的多样性。

今天我们研究“聚焦课堂”，必须注意一点，就是绝对不能用教材观来看课堂教学的发展，应该立足课程观来看课堂教学的发展，否则，“聚焦课堂”仍然是顾此失彼。因为现代课程观告诉我们，课程是教材、计划、学生、环境、教师等诸多因素的整合，其中学生、教师是最重要的、活的因素。不重视活的因素，不研究学生，不研究教师，课怎能上得好？我常常这样形容，办学好比化妆，三流效果是涂在脸上的妆，二流效果是精神上的美化，一流效果才是生命的绽放。我们办学应该是一流效果，而不是脸上的涂脂抹粉。

实际上，在实施“二期课改”的过程中，如果教师和学生同步成长了，生命的价值和意义丰富了，教育的本质才得以体现。教育本是细水长流的事业，最忌讳功利。“十年树木，百年树人”这句话告诉我们，教育不是一蹴而就、立竿见影的，如果把“名”和“利”放在办学里，就如同牺牲教师和学生的生命质量，以谋取“三流化妆”的效果。校长们都应认识到教育事业的庄严和高尚，真正珍惜和办好“手中”的学校。

强调人文精神要有民族特色

在讨论加强学生人文精神培养之前，必须弄清楚教育的任务是什么。关于教育本身的任务，教育学有多种说法，说到底，就是培养人，把儿童从一个自然人培养成为一个社会人，培养成国家的栋梁之才，这就必须有人文精神。人和动物有许多区别，但最本质的就是两条：一是人能制造和使用工具；二是人有文明感，有语言，有文字，只要是人，就有人文精神。办教育，就要注重培养学生的人文精神，这是它的天职。

呼唤人文精神，首先是时代的需要。17 世纪意大利文艺复兴时期呼唤人文精神，那是为了从宗教、神那里解放出来。为什么进入 21 世纪的今天，要特别强调人文精神？因为当今世界物质生产飞速发展，物质财富日益丰富，许多国家的精神文明却在滑坡。精神文明滑坡必然会给物质生产带来制约。于是，强调人文精神，成为许多国家的共识。那么，今天在我们的教育中为什么要加强人文精神的培养？这同样是时代的需要。从计划经济时代转入社会主义市场经济时代，经济多元化，文化多元化，出现了多种观念的碰撞，需要注重现代文明的建设。就教育界本身来说，由于对教育方针理解不够全面，一种急功近利的思想给培养人带来了很多负面影响。特别是 20 世纪 80 年代后期，对学生的素质教育往往降格为技能技巧教育，由于高考这根指挥棒的影响，使技能技巧被强调到无穷大的地步。其实，考试本身只是一个检测手段，分数不能检测出一个人的全面素质和全部能力，但现在错把手段当成了目标。江总书记强调“以德治国”，素质教育注重的是人的全面发展，应该把培养学生的科学精神和人文精神作为我们义不容辞的职责。没有科学精神，进入 21 世纪不能生活；没有人文精神，就不懂得做人的道理。因此，加强人文精神的培养，是时代的需求。

其次，讲人文精神，要有民族特色。从整个世界来说，人有共同的特点，但若没有民族性，是没有主心骨的。我们培养的是现代化的中国人，特别在充满竞争对手的21世纪，中华民族要立足于世界民族之林，讲人文精神就一定要立足于中华民族传统文化。前不久《报刊文摘》上有则报道，一位学者在大连讲课，有大学生递条子说，大连为什么治理得那么好，是因为日本人管理了好长时间。大学生是学生中的精华，竟然连这样最基本的观念都搞不清，我看了如坐针毡。教育要举其要，抓关键，就是要教学生怎么做人。人是要有脊梁骨的，没有脊梁骨就不能直立行走，爱祖国是做人的底线。爱国主义是我们中华民族得以生存发展的精神支柱，民族气节是我们的民族魂。我们这个灾难深重的民族之所以经历了那么多内忧外患还能自强不息，崛起于世界民族之林，就是因为有那么多志士仁人继承发扬了爱国主义的光荣传统。文天祥被俘后，元朝请他出来做宰相。当宰相的荣华富贵是可想而知的，但“富贵不能淫”，文天祥一身正气，慷慨就义。就义后，他夫人在他的衣带中发现一张纸条：“读圣贤书，所学何事？而今而后，庶几无愧。”读书就是为了明理，明做人之理，明报效祖国之理。所以，讲人文精神必须要有民族特点。

当然，人文精神是开放的，又是广泛多元的。今天讲人文精神，既不是中国古代人文精神的简单回归，也不是外国人文主义的克隆，而是要吸收两者的精华，要有自己的内容。从中国历史来看，最强盛的时期，都是最能够吸收、融合别的民族文化的时期。因此，强调民族性并不排斥开放，我们既要注重自身的文化积淀，又要吸取他人的精华，博采众长，强壮自身。

再次，强调人文精神，要发挥教育主渠道、主阵地的作用。人文教育的主渠道是学科教育，主阵地是课堂教学。不管是文科还是理科，都有人文精神的内涵。古今中外的科学家、艺术家之所以能在事业上达到高峰，就是因为把人的利益放在第一位。居里夫人逝世后的纪念会上，爱因斯坦没有颂扬居里夫人在科学上的成就，而是高度赞扬了她的人格力量和为科学而献身的精神。科学家追求真理就是为了对人类作出贡献，如果没有这样一种思想，是很难承受各种艰苦条件的。主渠道、主阵地的作用一定要发挥好，通过这个阵地对学生进行点点滴滴的感染。现在我们太重视结论，一考定终身，而教育本身是一个过程，通过这个过程使学生接受信息，发展智力，熏陶感情，形成人格，这个过程非常重要。我们需要把过程、效果、结论结合起来。我们所处的是一个多维的世界，非线性的世界，对学生的培养不能是一个模式，像工业生产的流水线生产产品那样，而是要促成学生的全面发展，使其潜能得以开发。潜能只有通过教育才能变成现实的才能，学生大量时间是在课堂接受学科教育，这是打基础的，基础教育是长效性的，会给人以一辈子的影响，必须加以重视。

培养一颗中国心

不好好补中国文化的课，是要数典忘祖的

中小学教育也好，大学教育也好，归根结底要培养学生有一颗中国心。有的时候，我很担忧：如果我们培养的人对自己的国家缺乏感情，对中国文化缺乏认同，缺乏一个公民应有的责任心，不能自律，那我们就白花力气了。作为发展中国家，我们用有限的教育经费，支撑着这么大的基础教育的摊子。如果这一点我们不牢牢把握的话，那我们的力气就会付诸东流。

任何一个国家的发展都是建立在原有积累的基础上的。唐太宗也知道"以史为鉴，可以知兴替"，学历史本身就能认识社会发展规律。我们对历史很不重视，只要提到教育就是讲数理化和外语。中国人向来最讲历史，但是现在的学生不讲历史。美国只有两百多年历史，但历史课在它的基础教育里受到高度重视。我专门买过几本美国的语文教材，语文课本几乎是按照历史来编撰的。它的文学由土著文学和殖民文学结合而成，到处洋溢着民族的自尊心、自豪感。我国台湾地区的高中生除了高中语文，还有专门的高中文化基础教材。相比之下，我觉得，大陆对中国文化的认同，对公民人格的塑造确实强调得很少。

母语是民族文化的根，民族文化是民族团结的纽带，对外是屏障，对内是黏合剂。媒体报道某所小学，一年级实行双语教学，语文用外语来教，我认为这种做法简直荒唐。在很多国家和地区，母语教

本文发表于《中国德育》2007年第6期。

育的分量都比我们重，比如英、法的母语教育，课时总量占总课程的22%以上，俄罗斯占27%。我国台湾地区占22%，而大陆约占18%，上海还要低一点。学生为什么对中国文化不认可，难道是他们的责任吗？关键是我们没有教，我们没有认真对待这件事。

学生不在中国文化方面好好补课，是要数典忘祖的。毛主席讲得好，中国文化的一些精粹，我们要有继承，有发展。比如读古文就是非常有道理的。“仁爱”“道德”今天应该怎样理解，要让学生有一些基本的认识。如果把握不住做人的底线，没有一些基本的思想、道德，学生就缺乏文化判断力，对什么乌七八糟的东西都会照单全收。我的一名学生告诉我，他所在学校的金融专业一个最好的学生出去工作半年就犯罪了，就因为见钱眼开。发生这种事有个人的责任，但我们的教育没有让学生掌握做人的底线恐怕也是一个原因。

教师身上要有时代的年轮，教育没有时代性就没有旺盛的生命力

教师职业是继承人类传统和面向未来的职业，它关系国家的千秋万代，关系千家万户。如果教师把自己的职业当作事业的话，就有了追求，有了理想，就会竭尽全力；当把自己有限的生命与千万学生的生命联系起来的时候，就有了力量，生命就有了无穷的动力。

教师必须是一个思想者。这不单单指做了事情要反思，这只是一个方面，更重要的是自己要有想法。教师要有相当程度的职业敏感，要跟随时代奋勇前进。教师身上要有时代的年轮，教育没有时代性就没有旺盛的生命力。拿20世纪50年代的一套来对待今天的学生是不行的。

要提升学生的世界，就不能不了解学生的世界。学生喜欢周杰伦，我就专门研究。我跟他们讲，我不排斥流行歌曲，因为流行歌曲经过时间的过滤有的也会成为经典。比如《教我如何不想他》，在20世纪30年代很流行，现在成了经典。我跟他们说，流行歌曲也可以

唱，韩红的《青藏高原》就很好，他们说那种歌太嘹亮、太激情，唱起来太累了；我说腾格尔的也很好，《我的家乡》里的乡情乡思很动人，他们说这个也不好，就喜欢周杰伦。他们认为，所有的歌都容易学得像，但周杰伦的歌是学不像的；而且他的歌词有中国文化的底蕴，比其他歌曲的歌词要好得多。我就买来周杰伦歌曲的磁带听，都很押韵，而且西方音乐、摇滚音乐他也懂，会多种乐器，很有才华，所以学生喜欢他，佩服他。这样我就明白学生的想法了。所以，要和学生对话就一定要交心，要向学生学习。

与其说我做了一辈子教师，不如说我一辈子学做教师。我在不断向学生学习，向社会学习，向同行学习，向家长学习。开会是学习，随时随地都在学习。老师如果不在“学”上下功夫，总是一味地要求学生该怎样是不行的。

越教使学生越有追求，这才叫好老师

学科教学实际是融合德育的。教书要育人，所有的学科都要为育人这个大目标服务。而我们现在，往往把教书和育人隔离了。做老师，不但要重视在学生心中撒播知识，还要撒播做人的良种。越教使学生越聪明、越有追求，这才叫好老师。

我的爱国思想就是老师教出来的。我的中学老师曾经声泪俱下地说，自己要报国，却始终没能如愿，作为学生的我听了非常受感染，从此就一直将国家放在心上。有时候老师的一两句话学生会在心中记一辈子。有篇课文叫《最后一课》，我每次教这个课的时候，就会想起我的小学音乐老师。那时候我才几岁，有一次下午上音乐课，他说明天学校就要解散了，教我们唱《苏武牧羊》。课结束时，他说日本鬼子要来了，做亡国奴是很苦的。他要我们无论如何不能忘记祖国。听了他的话，我们这些小孩子好像一下子长大了，因为以前脑子里从来没有这种大的字眼——国家。

老师要以自己的素质影响学生的素质，以自己的人格塑造学生的人格。学生也会思考，他们懂得为什么要这样做，怎样做才有成效。身教重于言教。学生 6 点钟早锻炼，我 5 点 50 分一定站在操场上，即使是做完手术出院不久，也照样跑跑走走。行动就是命令。老师说到做到，身体力行，学生就会跟着养成一种习惯。这比写在纸上、挂在嘴上管用得多。

以教师的生命激发
学生的生命活力

现在很多教师一天到晚讲究技能技巧的操练。我想，除了研究这些纯技术，更重要的是要震撼学生的心灵。梁衡同志为了讨论年轻人爱美问题，曾专门写过一篇以居里夫人为原型的文章——《跨越百年的美丽》。文章开头讲，法国科学院里正在举行一场学术报告会，科学大厅人声鼎沸，突然一个年纪比较轻、长得漂亮端庄的女子走上讲台，大家马上肃然无声。我讲这篇文章的时候，不是告诉学生：这里交代了时间、地点、人物，那样讲课没有意义、没有灵魂。我讲课时说：你们知道为什么大厅从喧哗到寂静？那是因为巴黎科学院从来没有一个年轻的女子走上去作学术报告，而且这个年轻的女子那么美丽，众人为她的外形美所感动。当后文讲到“这位年轻女子用一千多个日日夜夜在停尸房的日子，换来了放射性的物质镭”的时候，学生震惊了。学生不再因为她的外形美，而是为她的科学献身精神所感动。这样的教学才会赋予语言文字以生命。

我印象较深的一堂课是教契诃夫的《变色龙》，这是一篇家喻户晓的作品。文中的警官对待小狗的态度一开始是斥责，后来知道是将军哥哥家的狗就变为恭维了，在整个过程中对小狗的称呼、态度变了多次。我在黑板上画了两条线，一条曲线起伏，表示变的现象；一条直线表现不变的本质。教到最后的时候，一个学生举手说，于老师，黑板上画错了。我当时怎么也看不出哪里有错，就请他说错在什么地方。学生说，警官晓得这条狗是将军哥哥家的时，拍马屁的心情一定很急切，心跳更快，所以曲线后半部分应该起伏得更大，和前半部分不一样。我肯定他说得对，并让他到黑板上来修改。我很高兴。我备课时是单向思维，只考虑到现象与本质之间的关系，而学生却是多向思维。教学相长，这才叫课堂。

一节课45分钟，既要传授知识、培养能力，又要陶冶学生的情操，让他们树立正确的价值观。实际上，我的教学以语文为核心，融合了德育、美育、体育，是多维的。我在20世纪80年代课堂上就这么上课。课堂就是在教师的指导下，所有学生积极主动地学习。能者为师，不是教师一个人是能者，而是要把所有的学生调动起来，让所有学生都精彩起来。课堂，不是教师一个人的生命活动，而是以教师的生命激发学生的生命活力，让学生一起动起来。春风化雨，生意盎然。

中国文化的基本精神

名位老师，同学们：

下午好！

今天是复旦中学“相辉”文化讲坛开讲的日子，对我来说这是一次学习的机会。喜欢京剧和昆剧的人都知道，戏单子如果是折子戏，开锣戏是唱功比较差的人去唱的，而压轴戏那才是角儿唱的。今天开讲，我是抛砖引玉，唱开锣戏，好戏在后面。

周校长出了个大题目——中国文化。中国文化博大精深。我国960多万平方千米的土地，从青藏高原到太平洋畔东海之滨，山河锦绣，人才荟萃。中华民族是个历史悠久的民族，世界上的四大文明古国，能始终流传至今不衰的就中国一个，今天的埃及跟古埃及已经不一样了，巴比伦文明也随着时代发展慢慢淡化了。可中华民族绵延数千年，文明不衰。什么道理？因为在这片土地上，我们民族一代一代的人，用自己的双手创造了长盛不衰的中华文化。

什么叫文化？文化这个概念，词典上有种种说法，但概而言之，是人们在社会实践中创造的物质文明和精神文明的总和。文化的内涵非常丰富，都是人类在长期的社会实践中创造出来的。一个民族的政治、经济随着社会发展，制度可以不断变革，经济也可以从工具很差的小规模个体生产的很不发达的形态，发展到今日科技发展突飞猛进的全新形态，政治、经济都可以产生革命性的变化。但文化不同，一

本文是作者于2007年9月21日应邀为上海市复旦中学“相辉”文化讲坛所作的开讲报告。“相辉”文化讲坛邀请具有不同学科背景的名人大师和不同研究领域的专家学者担任主讲，共同阐释和传递中国乃至整个人类的文化精髓与科学精神，旨在拓展师生文化视野，提升师生文化素养。

个民族，其经济可以不断变革，政治制度可以不断更替，但其文化却是打不烂摔不破的。由此可见，文化有非常强的生命力和凝聚力。每个人都有民族文化情结，任何个人的生存与生活环境都包括自然环境和文化环境，而文化环境有时比自然环境更重要。它是影响一个人终身的思想情感、价值观念与人生走向的。

中国人一生下来就在中华民族文化氛围之中，从学语言，从叫爸爸妈妈开始。这就是中华文化，因为用的是汉语，而汉语言文字是民族文化的根。因此，从叫爸爸妈妈开始，你已经在中华民族文化的熏陶当中，在汉字汉语的熏陶中。你拿筷子吃饭，而有的国家用手抓饭，有的用叉子。因此，用筷子吃饭也是中华文化。所以，一个人，他既然生活在特定的民族文化环境中，又参与了民族文化的行为，必然一举一动都打上了民族文化的烙印。

回过头来看历史。几千年来，我们民族不知经历了多少内忧外患，但依然能屹立于世界民族之林，文化起了极大作用。因为文化是黏合剂，可以把本民族的人黏合在一起。中华民族曾经遭遇外族不断侵入，可有着一代一代经过民族文化熏陶的人，就可以抵御外敌，这是我们这个国家能经久不衰、屹立在世界东方的根本原因。中华文化，回顾过去，是博大精深；展望未来，是澎湃发展。今天，我们在传承历史文化的基础上，又要加以发展，因为时代在发展。例如和谐，这是中国文化的特色。胡锦涛总书记提出，要建设和谐社会，而且把这个认识、看法、理论推导到整个世界，世界也要和谐相处。这就是在传承的基础上发展。

中国文化有怎样的基本精神？中国文化与西方文化有很不相同的地方，有显著的特点，其最基本最核心的特征，就是中国文化有很强的人文精神。

中国文化人文精神的第一个特点，是非常尊重人，是对人的尊崇。老子是道家思想的代表人物，在老子的文章里有“四大”，第一是“道大”，第二是“天大”，第三是“地大”，第四是“人大”。人与天、与地、与道一样大，这体现了中国文化强烈的人文精神。因此，中国文化是以人为中心的，以人为主体的，以人文为核心的，是充满人文精神的，这与西方有很大区别。

中国有宗教，但宗教是外来的。中国没有国教，没有教皇，孔子就不信鬼神，佛教是外来的。西方不一样，天主教教皇的权力至高无上，人在他面前是很渺小的。而我们是人大，达到跟道一样大的程度。什么叫道？简单地说就是一条路，道路，整个天地运行中人类成长发展的道路，而人就跟道一样大。西方不是这样，信基督教、天主教，人生到世界上就是来赎罪的，一辈子赎罪，这是人至高无上的职责。这和我们就很不一样。我们是祭祖先，祭祀是清明节扫墓，还有祭对我们民族作过大贡献的人，祭为老百姓做了很多好事的人。我们要建庙来祭的。孔子是万世师表，是教育家、哲学家，要祭他的；李冰父子筑都江堰，那时水灾厉害，洪水猛兽，老百姓受灾，李冰父子为老百姓造福，因此老百姓建庙祭他；诸葛亮“功盖三分国”，这是了不起的一位丞相，人们在成都建武侯祠称颂他的功劳。所以，东西方文化一比较，就知道中国文化精神的第一条，就是对人的尊崇，而不是信鬼信神信教，这一点非常重要。

可见，中国文化具有很大的包容性，是很能“化”的。佛教从印度进来后，其中有的就被“化”成了我们的禅宗，“化”得具有中国特色。如印度佛教是苦行僧，但中国信佛教，老太太可以在家念经，修行根据中国特点，有很大的不一样。

中国文化人文精神的第二个特点，是重视人的修养，追求理想和人格的完美。重视人的身心修养，是中国文化很大的特点。只要翻开中国古代的任何经典，几乎所有的书都讲修身养性。孔子讲“朝闻道，夕死可矣”。你早上闻“道”，傍晚死都可以无悔了，很值得了。这个“道”，就是做人之道，宇宙之道。《论语》中讲“杀身以成仁”，可以牺牲自己，但要成就“仁”。“仁”是人字旁边一个二，二人为“仁”，就是爱人，爱别人。你不能只爱自己，要爱别人，仁而爱人，一辈子追求要爱别人，才能做到仁。孟子讲“舍身以取义”。你可以舍自己的身，但要成就“义”，“义”就是“宜”，是人应该做的事，是要不断去努力追求的品格。曾子讲“吾日三省吾身”，强调人每天要不断反省自己。这说明中华文化非常讲究人格的完美，跟西方不一样。

在西方对人的界定中，17 世纪的哲学家说人是一种动物，是追求利益的动物，他要扩张自己的知识，扩张自己的能力，用理性的思考获取最大的利益，这代表了西方的主流观点。西方的哲学文化是外向型的，它扩张，对外侵略，都有理论根据，有哲学上的理论根据、经济上的理论根据、道德上的理论根据。它的整个体系如果用一句话概括，就是有用，只要对它有用，它都要去追求。

中国文化不是扩张型的，是内向型的，是反过来要求自己。一部《论语》实际上就是修身的。《礼记》中有“修身，齐家，治国，平天下”，意思是修了自身，才能齐家，家庭弄得好，修身齐家了，国家才能治得好，才能平天下。过去没有“世界”这个观念，只有“天下”这个词。由此可见，中国文化的人文性特别强烈，它把学习不仅看成是学知识，学习当然要学知识，这是无可非议的应有之义，但学习在中国传统文化看起来，更是一个人的人生实践和身心修炼。学习一定要对照，对照就如用镜子看自己，知道如何使自己的道德、人格得到完善，学习的过程实际上也就是人格完善的过程。

中国文化的基本特点是以人为核心，人当中又是以圣人为核心。什么是圣人？就是道德和智能都很完美的人。整个的学习和实践是追求人格的完善，加强自身修养，提升自己的精神境界。由于这样一个特点，《论语》中强调学习是为自己，学《论语》是为自己，但这里的为自己不是西方的为了自己的利益，而是为自己的修身，目标是通过不断学习，使人人成为圣贤、圣人、贤人。孔子是圣人，三千弟子，七十二贤人，道德很高，学问渊博，这是他所倡导的。修身有哲思方面的，“学而不思则罔，思而不学则殆”；有道德方面的，“己所不欲，勿施于人”，自己不想要的东西，千万不要强加给别人……都是为自己学，实际上是成就自己的道德人格。因此，孟子讲“人皆可为尧舜”，只要自己不断修炼，都可以成为唐尧、虞舜这样的杰出人物。

《易经·乾卦》说：“天行健，君子以自强不息。”《易经·坤卦》说：“地势坤，君子以厚德载物。”乾是天，坤是地，天体运行刚健有力。作为君子，就要自强不息，要向天学习，一辈子刚健有力。一个人如果被打垮，绝对不是外力，而是自身，自身腐朽就垮掉了，自身不腐朽是打不垮、拖不垮的，因此要自强不息。君子要像大地一样，有博大的胸怀，有厚重的德性，厚德方能载物。人们常讲，一个人责任心有多大，就能承载多少厚德，就能完成多少业绩。我们的大地母亲承载那么多江、河、湖、海、高山、树林，那么多的人与动物，因此做人要向大地学习，要宽容，要有博大的胸怀，能兼容并蓄，厚德载物。

清华大学的校训是"自强不息，厚德载物"。人类发展最了不起的就是生生不息。植物也是这样的，秋天、冬天里枯萎了，第二年春天又萌发了。生命就是这样，生生不息。我们教育的特点也是生生不息，一代一代地培养人，传承着中华文化。我们常讲"传统"二字，"传统"之关键不在"统"，关键在"传"，把祖先优良的、精华的东西传给我们的后人。这就是我们中国文化的基本精神。"自强不息，厚德载物"，只有这样才能做君子。一部中国文化史，实际上就是全部在教人做君子，朱熹也好，张载也好，归根结底就是要人做君子，不要做小人。做君子，就要尊崇人的权利，就要修身，就要追求人格的完美。

翻开历史，许多仁人志士都是这样做的，正是这些国家的脊梁支撑着我们的民族，才使我们的民族经得起内忧外患。中国大文学家屈原，是爱国主义的鼻祖，他有宏大的理想，楚怀王原来很信任他，但小人诽谤他，使离间计。后来楚怀王听信小人谗言，疏远他了，他的美好理想不能实现，最后自投于汨罗江。他写的《离骚》，反映了追求理想，追求一个"善"字。他在《离骚》中写道，"我这么一片心，国人都不知晓，我还怀念故都干吗呢?"但想到故乡是他的根，因此"我宁可学古人身死"，也不能离开故乡。他一辈子追求理想，一辈子追求国家强盛，追求自身苏世独立。苏世就是在乱世的时候，一定要有清醒的头脑。苏世独立，横而不流，不随波逐流。他在《橘颂》里讲道，一定要独立不迁，你有了志向，志存高远，就不会为外头的东西所引诱而动摇自己的志向。他追求人格的完善，一心一意寄系国家，忧国忧民。他完全实践着中国优秀文化的传统。史学家、文学家司马迁写的《史记》，直言不讳，不虚美，不夸饰。这样一个学问大家，替李陵说了几句话，受了腐刑。中国有句老话，“士可杀而不可辱”，但他宁可受屈辱，也要使自己不可为而为之，写了《史记》这样的杰作，成为中华民族的经典史书。鲁迅称《史记》为“史家之绝唱，无韵之离骚”。司马迁是用生命在写《史记》的，非常了不起。他的《报任安书》中写了一连串的人物，经得起挫折，成就了伟业。周文王、孔子、左丘明、孙子……这正是中国人的精神——自强不息。为什么司马迁受这么多曲折都不死，他讲“人固有一死，或重于泰山，或轻于鸿毛”，他对生命的意义和价值认识得如此深刻。这种生死观，毛主席在《为人民服务》里把它引用下来，这就是财富，这就是民族精神，这就是中国文化的精神。又如诗人陆游、辛弃疾……一辈子壮志未酬，但报国之志不衰，罢官以后，还在想自己当年怎样立马横刀，年轻时如何报效祖国，现在两鬓斑白，还想为国效力，“夜阑卧听风吹雨，铁马冰河入梦来”……中国人修身到这种程度，这就是中华文化的精神。

中国文化人文精神的第三个特点，是宽容精神与博大胸怀。中国文化崇尚“自强不息，厚德载物”，但不排斥外来文化，而是“兼收并蓄，海纳百川”。历史上最兴盛的汉唐盛世，外来文化是很多的，我们吸收了很多。我们的民乐相当程度来自西域，胡笳、胡琴、洋琴，这全是外来的，全部融入了中华文化，融入了 56 个民族的共同文化。各个民族都有优点，中国人民是最虚心学习外国的，也是最能兼容并包的，跟西方人不一样。他们是排斥的，看不起东方的，认为东方不发达，而我们是有用的就学习，不排斥外国文化。现代教育制度很多也从西方来。我们过去是书院，书院讲究修身，现代学校普及教育。科技发展，要个性解放，我们也讲究个性，但我们不是无法无天的。个性要健康发展，因为社会是一个整体，是各种关系的总和。你要自由，但不能妨碍别人的自由，西方用法来规定，我们现在也不断从人治转到法治。

中国文化人文精神还有尚群的特点。中国文化崇尚群体，讲仁而爱人，不仅要爱自己，还要爱别人。孙中山强调天下为公，我们往常讲敬业爱群也是这个道理。一个人好还不行，还要大家好。尚群还要崇尚善良。人要生生不息，厚德载物，就要崇尚善良。司马迁也好，屈原也好，中国的仁人志士、中国的脊梁，都有一颗善良的心。我们强调真善美，要有同情心、善良心。孔子说："诗三百，一言以蔽之：思无邪。"万事都要以善为准则，而不是邪恶，就是这个道理。崇尚善良，有同情心，这样的文化特点，就能讲究和谐。中国的特点老讲大一统，外国要分裂，分为城邦，还继续分，要战斗、斗争。读外国历史，一个重要内容是分，分为很小的城邦。而中国讲和，讲和谐，讲祥和。过年，我们要祥和的气氛，讲和谐，家庭要和谐，学校要和谐，社会要和谐。因此，我们的民族爱他人，爱和平，"老吾老以及人之老，幼吾幼以及人之幼"。

从世界范围讲，尚群特点决定了我们对人类的态度也是一定要讲究"和"。我们处理国际关系都讲和，不是用打来解决，不是用争斗来解决，周恩来总理倡导的和平共处五项原则正是这样。西方的哲学家提出要诗意地栖居，认为争斗下去人类是要毁灭的。其实，东方也好，西方也好，是有很多共同追求的。世界上不管是东方的还是西方的圣者、智者，对世界、对社会、对人生都有共同看法，总希望人类能够有一个美好的前途，能实现真善美的世界。意大利诗人但丁说过："道德可以弥补知识的不足，知识无法填补道德的空白。"中国人讲"缺德"，是对人很重的批评。

西方是从技术、科学这条路来发展的。中国从内在修养做起，"吾日三省吾身"，从"修身，齐家，治国，平天下"做起。为天地立心，为生民立命，为往圣继绝学，为万世开太平。有虽九死而不悔的屈原，"人生自古谁无死，留取丹心照汗青"的文天祥等圣贤之人、中华民族的脊梁。看来，读书是明理，是摆脱愚昧，是明白道理，明做人之理，明报效国家之理。文天祥原是个宰相，生活奢侈，后来兵败被俘之后，关在大都囚室里，元统治者要他出来做大官，他表示"富贵不能淫，威武不能屈，贫贱不能移"，慷慨就义，以身殉国。死后，他夫人来给他收尸，在他的衣带里发现一张纸条，上有

16个字："读圣贤书，所学何事？而今而后，庶几无愧。"以身殉国，慷慨就义，就没有什么值得遗憾的了。什么叫高尚？高尚就是心中有别人。你活，别人也要活；你活得好，别人也要活得好。心中有祖国，心中有集体，心中有他人，这就是高尚。小人就是只有自己的利益，你看那贪官到最后，他把做人的底线、中国文化的基本精神都忘掉了。可见，中国人要有志气，要提升自己的人文素养。

老师们，同学们，生命是生生不息、不断传承的，我们的文化也生生不息，它一代一代地培养着人，又由一代一代的人传承着文化。我们要把过去人类最好的东西、最精华的东西传给下一代，从而使中华文化更加优秀。西方有不少人曾经非常担心，因为随着科技的发展和物质的极大丰富，人类出现了很多问题。怎样拯救人类？很多西方的有识之士希望能从东方文化里找到拯救人类的一些"药方"。英国大历史学家汤因比就提出，将来成就人类的到底是什么文化？他崇尚中华文化。中华文化是优秀的文化，是人类文化的精华。因此，弘扬中华文化，有助于使人类有一个美好的前途，有助于我们实现真善美的人类世界。

教改是时代发展的必然
——与《上海教师》主编的对话

主编

今天我们一起聊聊教育、教改以及教师在教育大变动中的作用，您看如何?

于漪

可以的。我们今天可以纵意而谈。谈中国的，也谈外国的；谈教师，也谈学生；谈全面发展，也谈人的个性。但重点当然是谈中国的教育，尤其是正在实施中的上海“二期课改”，谈教师在课改中的作用和地位。反正是重在研讨，重在探索，重在促进教育事业的进一步繁荣和发展。

主编

上海乃至全国课改正在实施过程中，教师中也有种种迷茫与不解。对此您是怎样看的?

于漪

在这个问题上不能简单化，应对一些理论和实际问题作一番实事求是的探索。比如说，什么是课程？为什么要改革？确实很值得探讨一番。尤其对教师而言，教师在课程改革中处于怎样的地位？教师应

本文发表于《上海教师》2017 年第 12 期。

该如何自处？都很值得认真地去想一想。

课程存在于复杂的对话之中

主编

我们这次改革称为课程教材改革，给人的印象是课程、学科、教材之间是可以等同的。

于漪

以往我们常常在课程与学科之间画等号，认为课程就是学科，乃至认为教材就是课程，这种对课程的认识是不周全的。任何学科的逻辑体系都是少数人对学科的认识，不可能尽善尽美，毫无瑕疵。再说，学科本身不断发展，认识有待不断完善，内容增删，结构调整乃至重组，也不足为怪。只专注于学科知识体系，会在不经意中与学生的经验割裂，甚至把教学本质误解为训练，反复操练，忽略了教育的本质在于对学生的引导。

主编

于老师的意思，现今的课程观念正在发生大变化？

于漪

当今课程是诸多要素的整合。课程必须有目标、有计划。每个学年段有课程标准，教师习惯于目中有教材，忽略方案与标准；胸中无后者，教材的定位、价值与驾驭常会出现这样那样的问题，不能瞻前顾后，循序渐进。课程中学习者的经验是要素之一。20 世纪初从教育家杜威开始，就强调学习者经验的重要，因为任何学生的发展都是从当下的经验开始的。课程中学生是学习的主体，离开了学生，无课程可言，也无教学可言。

课程中的环境要素不可忽视。有物质的硬条件、教学设备等，有心理的、文化的软条件，社会的、家庭的、学校的，扬长避短，兴利除弊，均是课程应有之义。教师与学生一样，首先面对的是课程，其本身的水平、价值影响到课程的质量、课程的价值。有人形象地阐述：当今的课程存在于复杂的对话之中——课程开发者、教材编写者和教师的对话，教师和学生的对话，教师彼此之间的对话，学生彼此之间的对话，学校、家庭、社会之间的对话。

主编

我觉得，“当今的课程存在于复杂的对话之中”这段话很精彩，也很深刻。我参与过编写教材，在编写过程中，要考虑到教师、学生、社会的需要和可接受性，这就是所谓的“对话”吧！不考虑这种对话，哪个教材都是编不好的。

于漪

课程的发展趋势，从学校一个因素，强调教材一个因素，发展到学习者的经验，发展到教材、教师、学生、环境四要素的整合。对课程的认识不能停留在单一的只是学科或只是教材层面的线性思维，而是要转换为多维思维。课程存在于复杂的对话之中，这无疑对教师是极大的挑战。比如备课，过去似乎只要熟悉教材，钻研教材，有知识底气，教学就能得心应手，胜券在握。今日远远不够，须研究学生；须了解、运用环境提供的有利因素；须在方案、课程标准整体框架中，把握教材的层次、内涵，作取舍详略的处理；须对教师自身如何发展、如何发挥作用作一番推敲与反思。总之，要多维思维地进行思考、研究，难度比原先的备课要增许多倍。课程即教师，课程改革的成败归根结底取决于教师。教师是教育理想与教育现实之间的转化者，是教育先进理念与教育实践之间的转化者，每名教师毫无例外地都要用自己的行动加以回答。

教改是时代发展的必然

主编

现在，教改有没有必要的争论仍然或明或暗地存在着。于老师，您怎么看待这种争议？

于漪

课程改革不是少数人拍脑袋的异想天开，而是时代发展的必然。

首先是教育本质的呼唤。教育事业是具有理想性的事业，“真正的教育”是引导人的灵魂达到高处的真实之境，是人生境界的提升；知识、技能是帮助灵魂攀升的阶梯。西方哲人柏拉图在《理想国》中，借苏格拉底之口，说出了教育的真正含义，即把人的灵魂、精神引向真理世界，从黑暗引向光明。这在本质上要增强人的精神力量。中国古代的《大学》一书中开宗明义指出教育的宗旨：“大学之道，在明明德，在亲民，在止于至善。”求学的目的在于彰显内心的美德，达到“至善”的境界。陶行知的名言“千教万教教人求真”，一语中的。英国历史学家汤因比和日本哲人池田大作在谈到21世纪的教育时，认为教育不应以谋实利为动机，而要寻求“精神存在”之间的心灵交流，开启人的心灵与富有的大脑。教育最终为人的精神提升服务。现实状况是重知识技能，忽略精神世界的培养。

主编

离开了人，就没有教育。

于漪

其次是全面贯彻教育方针的现实需要。德智体美全面发展是实施素质教育最本质的反映。人的生命体本身蕴含着多方面发展的潜能，教育的任务就是把学生的潜能变成发展的现实。全面发展是人自身发展的需要，也是社会发展的需要，社会发展的程度越高，对人的全面发展的要求也越高。在教育过程中，片面教育质量观对我们的干扰很大，重术轻人，育人异化为育分，学生的思想道德素质、心理素质、体质体能、审美价值都不尽如人意。有的很不如人意，发展是跛脚的，不符合培养的目标。须坚持全面质量观，全面贯彻教育方针。

主编

又是全面发展，又是个性的充分弘扬，二者处理得妥帖、有分寸，并不容易。在二者关系上，我们常常是顾此失彼。

于漪

再次是时代发展的迫切要求。知识经济的到来向教育提出严峻的挑战。社会不是以某种能运用的技术为基础，而是以整个知识进步为基础的。对人才的评价标准，主要不是看某一方面的技能运用，而是看整个知识的结构、容量、水平、知识积聚和更新的能力。显然，人的培养不以获取知识为唯一目的，而是要全面发展，具有良好的综合素质。时代要求学校向学生提供优质教育，要把学生从自然人培养成合格的社会公民，培养成为现代化的人。因为人的现代化是社会现代化的根本保证。

放眼看世界，许多教育专家、学者提出的种种学说都聚焦在“如何培养现代化的人”上。美国劳工部对20世纪80年代至90年代本国教育状况以及21世纪社会对人才素质的需求全面调查，深入研究，提出就业人员应具备三大基础和五大能力。其中三大基础显然是综合素质要求，与基础教育密切相关。三大基础是：能力基础——有较高的读、写、算、听、说的能力；思维基础——能进行创造性思维，有想象能力、学习能力和推理能力，有决策能力和解决问题的能力；素质基础——有责任心和自尊心，为人诚实正派，善交际，能自律。美国21世纪教育战略所追求的人才目标，对我国教育质量的探讨有一定的借鉴作用。今日的教育就是明日的科技，就是后天的经济。综合国力之争实质上就是人才之争，就是国民素质之争。

综上所述，课程改革不是权宜之计，而是社会发展、时代发展的必然，是培养学生成为思想道德素质、科学文化素质、身体素质良好的社会主义建设者和可靠的接班人的必由之路。

教育的核心理念是以学生为本

主编

说到这里，似乎涉及教育的理念和教育的策略问题。

于漪

现在理念和策略大家谈得不算少，但不少人都没谈到点子上。

主编

看来得有个核心理念。

于漪

课程改革有整套的教育理念与教育策略，对教师而言，最为重要的是理解和掌握其核心理念，并付之于教育实践。其核心教育理念是以学生为本，以促进学生发展为本。

1999 年 6 月《中共中央　国务院关于深化教育改革全面推进素质教育的决定》，2001 年 6 月《国务院关于基础教育改革与发展的决定》，对教育现状的评估中阐述了改革开放以来教育取得的巨大成就；与此同时，指出教育理念、教育体制、教育结构、培养模式、教育内容上，方法相对滞后，影响青少年发展，不能适应提高国民素质的要求。这就给改革指明了方向。教育的基本职能是促进青少年的发展。较长时间以来，我们有意或无意地重技能技巧，轻人的总体素质的培养，把“人性”置于“技性”“物性”之下。而今从以知识为本，以知识体系为本，转换到以促进学生发展为本，这是对人的尊重，对学生的尊重，抓住了教育的本质。教育，应当是进行人力资源的开发，学生要成为人力资源，当然要促进发展。

必须思考三个问题

主编

教改的关键在教师，可是现在不少教师的知识还跟不上，还存在着这样那样的思想疙瘩。解开这些思想疙瘩，是当务之急。

于漪

要树立以促进学生发展为本的思想，须思考三个问题。

一是外塑与内建的问题。学生是学习的主体，学习质量如何，不能只靠教师外塑，重要的要靠学生主动性、积极性的发挥。

学生的认知离不开他已具备的知识基础、能力基础、学习与生活的经验。学生认知过程就是学生认知结构在认识与实践中不断主动建构的过程。教师的施教之功是调动学生学习的内驱动力，促进他们的发展。

二是师生定位问题。学生不是无生命的容器，听凭灌输；教师不是排球场上的二传手，也不是知识的搬运工，而是要带领学生亲历学习之境，进行学习实践，提高学习能力。通常的课堂教学，往往是教师自己在训练思维，训练口才，使学生如临其境。身历其境与如临其境是两个概念、两种境界，学习者真正进行学习实践，才会品尝到求知的艰辛与快乐，提升学习的能力。汤显祖的《牡丹亭》里，先是丫鬟向小姐描述园里春色怎样怎样美，使小姐杜丽娘如临其境；当杜丽娘自己去游园，身历其境，不得不感叹：“不到园林，怎知春色如许!”于是，一连串的独特体会涌现：“生生燕语明如翦，呖呖莺歌溜的圆。”“朝飞暮卷，云霞翠轩；雨丝风片，烟波画船。”不耳闻目睹，怎会有亲身体会?

教师是学生学习的组织者、指导者、启发者，既参与，又指路，帮助学生发力冲刺，有时也可以领跑示范，但千万不能越俎代庖。

三是少数尖子与全体学生的问题。尊重和爱护学生是新世纪教育改革的新起点。大脑的最新研究成果表明，每个常人身上都蕴含着有待开发的巨大潜力，这是面向全体学生，提高学生素质的依据。不能让所有学生都适应“标准化”，应以多样性、丰富性适应与满足全体学生的身心需求。

人有多元智能，如语言智能、逻辑智能等，在一个人的身上，有强势智能，有弱势智能。每个学生都独一无二，各有所长。教师要对学生的个体性、独特性、多样性给予充分的尊重，因材施教。要提高全民族素质，既要培养少数尖子，又要面向全体学生，让每个学生在原有基础上明显提高。

解开思想疙瘩，师生就会逐步从技术主义的桎梏中解放出来，按照人的发展规律和每门课程的教育规律进行教学，师生都有了自我发展的空间，有了自主教、自主学的空间。

教学要有三个维度的支撑

主编

对教师来说，观念上的提升很重要，但同样重要的是要有知识能力诸方面的支撑。

于漪

以学生为本，以促进学生发展为本，不是空洞的概念，不是标语、口号，而是要扎扎实实落实到课堂教学实践之中。要落实，就要靠三个维度的支撑。知识与能力、过程与方法、情感态度与价值观，三者相互渗透、相互融合。知识与能力着力于强主干，删枝叶。基础教育阶段，学生不可能把日后工作岗位上所需知识、技能全学到手，尤其在当今信息如潮涌的时代，关键在于学习知识的“核”，它是最基本的，陪伴人的终生的。过程与方法的提出，是由于我们的教育长期以来重结论，“标准答案”“一考定终身”的做法十分典型，而对教育过程缺乏重视。教育本身就是过程，三年是过程，一学期是过程，一节课也是过程。学生在这个过程中增长知识，培养能力，锻炼思维，情操获得熏陶，因而在过程中培养学生至为重要。传统教育重视教法，对学生学习方法的指导与培养，既不够重视，也缺少办法。然而，作为现代化的人，学会认知，学会学习太重要了。自学能力不强的人难以适应社会，难以适应将来工作的千变万化。有人曾经深刻地指出：21 世纪的文盲不是不识字的人，而是不会学习的人。应该说，言之有理。教师指导学生学会学习责无旁贷。

主编

学会学习，不仅仅是功利性的要求，并不是说考试成绩好了，就等于会学习了。

于漪

情感态度与价值观，不能机械理解，它实际上是一个心灵连续体，有极其丰富的内容。情感，不仅指学习兴趣、学习热情，更指亲情、友情、师生情、赤子情，是内心的体验，心灵世界的丰富。态度，不仅指学习态度、学习责任，更是指求真求实的科学态度，讲究公正、诚信；乐观的生活态度，积极向上，笑迎困难；宽容的人生态度，团结合作，和谐相处。价值观，不仅强调个人的价值，更强调个人价值与社会价值的统一；不仅强调科学的价值，更强调科学价值与人文价值的统一；不仅强调人类的价值，更强调人类价值与自然价值的统一，引导学生确立对真善美的价值追求，确立和谐发展的理念。

三维目标的实现均要紧紧扣住课程的个性特点，语文课就是语文课，数学课就是数学课。以某个课程的知识能力为核心，融合情感态度与价值观的教育，融合方法的指导，课程立体多维，既有课程的实用功能，又有教育功能和审美功能。在教育过程中，学生德智体美都受到锻炼，受到启发，受到熏陶，以学生发展为本的理念转化为教育的实践。

学生是可爱的，是国家未来的巨大财富，必须培养，应该培养，值得培养。以促进他们的发展为本，使他们德智体美全面发展，成长为社会的合格公民、优秀公民，国家的有用之才、栋梁之才，教师重任在肩。

基础教育须狠抓基础

基础教育面广量大，关系到每个学龄儿童，今日的教育质量就是明天的国民素质，意义非凡。基础教育又是长效的，传授的是做人的基本道理和知识的“核”，从事的是人的基本建设，陪伴人的终身。一名学生从小有幸接受良好的基础教育，一辈子受益不尽。

学习目的、学习动机端正是为人为学的基本准则，人生迈出第一步就应把这个基础夯正夯实。然而，又有多少中小学重视这个问题并能切实施以有效的教育？有人讽刺说：“这是老古董，今日求学就是为自己。”说白了，就是为钱，为成为高管、白领，为优厚的待遇而少付出劳动。培养目标偏离了准星，中华优秀传统中为人为学的骨气、志气不知不觉就丢失了。有同志看到了这些问题，但觉得社会环境中金钱至上，急功近利，胳膊扭不过大腿，教育无能为力。我认为，教育必须有所作为，学校必须有所作为。今天讲个人价值，但个人价值与社会价值须和谐统一。社会上有许多真善美的好人好事、好思想，都是教育学生的好资源，我们又主动关注了多少，使用了多少？给学生为人为学打正、打实基础，就是与不良风气抗争，就是培养他们判别是非正误的能力，指引他们人生的正确道路，怎能不作为，随波逐流？

基础教育教的是知识的“核”，是最不易老化的。基础打得扎实、牢靠，终生难忘，终生有用。科学文化基础在中小学要力求少而精，力戒多而杂。开设什么课程，安排怎样的教育内容要慎之又慎，必须尊重学生成长的规律。课程不能是个筐，什么东西都往里装。学生的青春是最耽误不起的，因为人只有一次青春，青春是无价宝。

本文发表于《上海教育》2008 年第 20 期。

眼下有两个基础须狠抓：一是课的质量，课的有效性；二是求知欲的培养。学生进学校，一天上 7 节、8 节乃至 9 节课，他们是否学有所得，学有兴趣，学有方向，学有追求，影响到发展、成长，影响到生命的质量。学生求学最为可贵的是求知欲和好奇心，这是成长成才的动力与创造的火种。学生天生就具备这美好的条件，可惜又可悲的是不少学生在过重的机械操练、考试加码、分分计较的桎梏中，学习寡然无味，乃至厌学。这不是小问题，要以满腔的热忱，优质的教学资源，科学而又艺术的教学方法，点燃学生求知欲的火焰。这个能量比解几道题、背几个公式不知要大多少倍。什么叫优秀教师？就是能把学生教得越学越想学，越学越会学，越学越聪明，越学越有追求、越有理想。

身体是人的本钱。中小学生在校求学长知识、长能力、长身体，本是众所周知的平常事，可是如何让每一个学生的体质在学校都得到应有的锻炼却成了一大难题。首先，这是认识问题。体育在学校应放在怎样的位置上，只是几节课的问题吗？它不只是一个课程，更是贯彻教育方针的一个重要方面。课内有课内的任务，课外天地广阔，下课后操场上龙腾虎跃、欢声笑语，才像所学校。美丽的 400 米标准塑胶跑道上鸦雀无声，寂寞得令人揪心。体育打基础，实质不仅在抓学生体质、体能的发展，也在培养他们的团队精神，艰苦奋斗的体育精神。其次是时间问题。要舍得在体育上花时间。学校不是操练习题的王国，特别是毕业年级，应还给学生体育锻炼的时间。德智体美是学生发展的要求，也是他们发展的权利。基础牢靠，教育质量必能有效提高。

狠抓基础需要真心、精心、恒心、耐心，锲而不舍，就会根深叶茂，繁花似锦。

民族的语言是民族的生命

我对语文学科受冷落的现状见怪不怪。为什么？现在几乎都把教育变成功利的手段、谋生的目的，受急功近利的社会思潮影响，人文学科落入这样的困境毫不奇怪。

长期以来，部分家长，某些教育部门，对教育的本质是什么很少深入思考，眼里只看到分数和升学率。教育变异了，不是“育人”而是“育分”！过去说“有钱就是娘”，现在是“有分就是娘”——实质都一样，分的背后就是钱。可悲复可叹！

本来高考给部分竞赛获奖者加分只是手段。获得加分的同学最后有没有成为专门人才？不见得。以往大学可录取有特殊才能但个别学科考分不理想的学生——如钱锺书、臧克家等，都能进大学，后来成为某一方面的大家。那时录取并不加分。今天的加分政策真正能培养出某一方面特有潜力的人吗？举例来说，我们从小学开始就办无数的“奥数班”，一些学生参加的目的是通过数学竞赛获得加分，而不是真正热爱数学。通过竞赛加分的有多少成为数学人才？对数学不是有深厚的兴趣而只是为了分数，这样，学习的目的就“歪”了。这难道不值得反思吗？

说得不客气点，我们现在在有意无意地培养残缺人——不是生理上的，而是心理、情操上的残缺，做人上的残缺。如果我们培养的人连方向、追求、信念都是模糊的，甚至是颠倒的，那我们的教育不值得反思吗？

本文发表于《当代学生》2008 年第 10 期。

民族的语言是民族的生命，是民族文化的根，伴随人的终生。现代的中国人要有文化，要有一定的文化修养，应当珍爱自己的语言、文字，努力学好语文，尤其在青少年时代。哪个民族不重视自己的母语文化？不重视岂非自己糟蹋自己！而我们母语教育在课程里所占课时的比例不高。打开国门看世界，俄罗斯、法国、美国等的母语教育所占课时的比例都比我们高；就是在中国，台湾地区和香港地区的课时也比较多。

什么时候，教育返璞归真，回归“育人”而非“育分”，我们母语受冷落的状况才会从根本上得以改变。

用心歌唱
不寻常的 30 年

中国教育改革 30 年，与其他领域一样，取得的发展与成就令世人瞩目。语文作为一门学科，一门课程，在教育改革的时代进行曲中，同样发生了巨大的变化。抚今忆昔，耳畔响起一步步改革的坚实的步履声，眼前浮现一幕幕急切盼望有效提高母语教学质量的场景。30 年岁月不寻常，全国的语文教师、语文教育工作者，付出了多少艰辛与智慧！

一

粉碎“四人帮”后的 1977 年，“文革”中对 1949 年后 17 年教育“两个估计”的枷锁还没有打开。“文革”对教育事业的摧残，对人才培养的残害，对教师队伍的迫害，有目共睹。大家心里都有一笔账，功过是非基本清楚。但出于高压下的恐惧，许多教师不敢说，不敢做，徘徊观望。平地一声春雷，1977 年 9 月邓小平同志发表了《教育战线的拨乱反正问题》的讲话。他充分肯定了 1949 年后 17 年教育工作的成就，以推翻“两个估计”为教育战线拨乱反正和思想解放的突破口，重新确立了解放思想、实事求是的马克思主义思想路线，打碎了强加在教师身上的枷锁。这年深秋，上海在文化广场召开了教育大会，我作为“文革”中受迫害的中学语文教师在大会上发言，批判“两个估计”的错误。会上，群情激愤，吐露压抑在胸的真言。砸开了“两个

本文发表于《人民教育》2008 年第 21 期。

估计”的枷锁，教育的春天来了，一片欣欣向荣的景象。

紧接着是恢复高考。我心中的酸甜苦辣难以言表。1966 年，我亲身经历了废除高校招生，眼看我教了三年的高中毕业生憧憬大学深造的理想破灭。66 届那批高中生的人生追求、道德面貌、语文水平有目共睹，是值得培养、造就的好苗子，然而一声停止与废除，改变了他们的人生道路。说不尽的辛酸！恢复高考时，我正在教 77 届语文，做 77 届的年级组长。一听到高考恢复，师生欣喜若狂。我们立即调整了班级，抓住来之不易的机遇，开设必须考试的课程。教师悉心教，学生刻苦学，夙兴夜寐，为的是培养有用之才，为的是国家的兴旺与发达。为了提高学生的写作水平，不仅对班级进行写作指导与作文讲评，而且对每个同学面批面改。细致地帮，深入地帮，师生亲密无间，情深意浓。当年级里有两个班级百分之百考取高校时，我的心里乐开了花。

1977 年 10 月 19 日，金色的秋天。南京路上海医药商店七楼，上海电视台教育演播分室第一次向全市直播中学教师向学生讲授语文课的实况。这一天北京也开播，为我们引路。虽然“文革”前我曾经历过几百人听课的大场面，但当时上镜头是极稀罕的事。与那么多观众见面，对我来说，还是破天荒头一遭，心中着实有些紧张。演播室很简陋，课桌椅十分破旧，纸板制的窗框上挂着五六条纸剪的嫩绿色柳丝，增添几分生机与美感。教材由我自选。我深感自己冲出了“文革”的暴风雨，于是在图书馆被捆扎的、所谓不得外借的“封、资、修”作品中找到了高尔基的《海燕》，就以此为教材授课。我心里紧张，央求演播现场的导演录下来再播，他们说：“那怎么成？我们没摄像头，一个摄像头要几万元。”我哑口了。导演指令，灯陡然亮了，满屋通明，我的心紧缩了一下，立刻镇定下来，从容地走进教室。朗读、剖析、讨论，辅之以简明扼要的板书；学生十分投入，我也得心应手，进入忘我境地。齐读到“它深信，乌云遮不住太阳，——是的，遮不住的！”群情振奋，语调高昂，自信、豪迈、欢乐洋溢其间。这似乎已不是高尔基笔下的诗句，而是师生发自肺腑的心声。课在朗读全文中收煞。有学生风趣地说：“我们刚从海边归来。”导演竖起大拇指对学生说：“太好了！”

我兴冲冲地返回家，那种冲出暴风雨、精神上获得解放的喜悦似乎渗透到每个细胞，恨不得逢人便诉说。门是我爱人开的，他是个古板正宗的读书人，对我经常公开教学，忙这忙那，总是泼冷水，不断降温。这次却一反常态地说：“我从未看你上过课，怕你上砸了。看你进教室笑眯眯，镇定自若，我的心就定了。九英寸黑白电视虽小，但还看得清楚。你哪里是上课？你是用生命在歌唱。”这倒是一语中的。三尺讲台无限爱，我爱学生、爱未来、爱蕴含着灿烂中华文化的语文。教课不是当旁观的评论员，只有用生命编织的、从心底里流出来的歌，才动听、感人，才会如清澈明净的泉水般叮叮咚咚流入学生的心田。随后，我收到好些封上海、江苏、浙江等地的来信。这些收看电视的老师和我虽素昧平生，但心中表露的却是共同的心声：冲出暴风雨，课堂里春风拂面，教育的第二个春天来到了。

二

1978 年，教育部、国家计委颁发了《关于评选特级教师的暂行规定》，好运竟然也落到了我的头上。上海评首批特级教师，没有经本人申请，突然通知我参加颁证大会，我又惊又喜，兴奋不已。上海首批被评上中学特级教师的共八名，七名所在学校都是市级著名中学，唯独我所在学校是区重点中学，而且和中心城区比，我们区又是“第三世界”。想来想去，相当程度是机遇，有很大的偶然性。可能是“文革”前公开课上得多，学生高兴、家长满意我所带班级、年级的缘故。其实，课上得好的教师很多，有学问的老教师也很多。既然我交上了好运，就不能让荣誉蒙上灰尘，一定要让偶然性为必然性开拓道路。特级教师在德、才、识、能诸方面有很高的要求，要成为“师德表率、育人模范、教学专家”。对我来说，需要竭尽全力、努力登攀，才能逐步缩短差距。我下了这样的决心：一切从零开始，边学边干、边干边学，追求卓越，努力缩短“实”与“名”的距离，向名副其实的目标奋然前行。30 年孜孜矻矻，不敢有丝毫懈怠，走了一条老老实实学做特级教师的路。

思想获得了解放，从事语文教育事业的老师们主动性、积极性空前高涨，语文教学出现了百家争鸣、百花齐放的繁荣局面。为了改进中学语文教学、明确中学语文教学的目的和要求，教育部（国家教育委员会）先后在 20 世纪 70 年代末 80 年代初制定中学语文教学大纲，90 年代初又制定九年义务教育全日制小学、初中语文教学大纲，制定全日制普通高级中学语文教学大纲。教学大纲的制定、颁布对语文教学的拨乱反正、丰富发展起到了至关重要的作用。

八九十年代的教学大纲，我有幸参与研讨、审查，有几点论述与做法给我留下很深的印象。一是语文学科的定位。语文是学习和工作的基础工具，是学习其他各门学科的基础。这就把“文革”中语文课名存实亡，或与政治课拼成政文课、与唱样板戏拼成革命文艺课的怪现象从根本上廓清，还语文学科“指导学生正确理解与运用祖国语言文字”的本来面目。二是强调了语文能力的培养。随着时代发展与育人需要，把原本在教学需求中笼统的“语文能力”分项提出：初中培养阅读能力、写作能力、听话能力、说话能力。高中提出七项培养目标：具有较高层次的理解和使用语言的能力和素养；具有较强的现代文阅读能力、写作能力；具有较为敏捷的口语交际能力；具有初步的文学鉴赏能力；具有阅读浅易文言文的能力；具有独立自学语文的能力；具有与语文相关的文化常识。把语文能力的培养与训练放到重要位置，是语文教学发展中的一大亮点。三是强调了语文的综合性。“教学目的”中明确在培养学生语文能力的同时，强调“在教学过程中，开拓学生的视野，发展学生的智力，激发学生热爱祖国语文的感情，培养健康高尚的审美情趣，培养社会主义思想品质和爱国主义精神”。显然，语文教育是育人的教育，思想道德教育、审美情趣教育要寓于学习语文的过程中，潜移默化、熏陶感染。四是调动学生学习语文的主动性、积极性，反对注入式，提倡启发式，改革传统的“教师讲学生听”的模式。五是课外活动是语文教学的重要组成部分，是语文学习的广阔天地。

教学大纲是教学的依据与准绳，有了它，全国语文教学的运行才能有章可循，语文教学质量才有明显提高。其中有两个方面的事特别令人兴奋：一是中学语文教材的编写与发展，二是教学第一线教师的实践、探讨、创造。长期以来，语文从来是一本教材打天下，从东海之滨到西部青藏高原，在实践过程中，由于文化、生源、师资的差异，困难不少。思想解放促进了思路的活跃、视野的开阔，不少地方从本地教育实际出发，投入精力编写教材。编写的终极目标相同，都是着力提高学生语文能力，但切入口不同，编辑体例各异，教育内容有差别。语文教材的“一纲多本”，是1949年以来语文教材发展的亮点。我参与了各套语文教材的审查工作，深为编写者的执着精神与教育智慧所感动。教材尽管多套，但可清晰看到其中相互学习、追求质量上乘的愿望与做法。

教学第一线的改革更是热气腾腾。为了提高语文教学质量，切实提高学生语文水平，许多教师根据自己对语文教学大纲精神的理解，选择了不同的突破口进行改革。从教学方法到课堂教学结构，从读写两个方面到听说读写四个方面并进，从教师、学生、教材的关系到课内课外结合的大语文概念等，可以说，对语文教学的方方面面均广泛涉猎。有的在“人”上下功夫，有的在“文”上着力，各有特点，各有千秋。

20世纪80年代颇值得怀念，语文教学真可谓繁花似锦，涌现出许多各具个性的教学特色、教学经验；本省市、跨省市的交流、探讨经常开展。那时，钱还未钻入人心作祟。许多讲课者分文不取，听课的老师也是抱着一颗认真学习、努力提高自身教学质量的纯净心。那种热情，那种探讨，那种氛围，积极向上，令人难忘。粗粗估算一下，我从1978年评上特级教师以后，上的公开课近两千节，听课的老师来自全国各地，每节课都有同行听，听完以后常评论、探讨，翻阅备课笔记、学生作文。有些听课老师认真的态度、精细的观察、深邃的思考常令我感动与敬佩。正是在专家、同行的指导与鞭策下，我不敢有丝毫懈怠，尽心尽力上好每一堂课。课的质量关系到学生生命的质量，学生学有兴趣，学有所得，学有追求，才不至于浪费宝贵的青春。

三

20 世纪 90 年代，语文教育又碰到新的困惑，教育质量不如人意，学生的语文能力令人焦心。标准化题的测试对语文学科产生了前所未有的冲击，为了应试，工具性的砝码越来越重。许多文质兼美的文章及其文化内涵、思想意义形同虚设——教学只是寻词、寻句、寻段，用解剖刀肢解，作为训练的例子。学生在知、情、意方面有多少收获要打个问号。一套套肢解的练习题汇成江，汇成海，学生在题海中浮沉，不堪其苦。学生受求学不读书的困扰，求知追求弱，独立思考差，文化积累薄，他们的语文素养、读写质量仍然上不去。语文教学究竟是什么？语文教学究竟干什么？醉心于机械训练，文章失去了灵魂，文字运用的奥妙无法领悟，更不可能真正掌握。这种情况看似是教学方法问题，实质上是语文教育观，包括性质观、目的观、功能观等在起“作用”。

早在 20 世纪 80 年代中期以后，为了深究语文教学的底里，切实提高语文教学的有效性，我读了一些有关语言学、文化语言学和人文科学方面的书。磨磨脑子，活跃思维，深入思考，打开另一个视角，寻找新的天地。20 世纪世界人文科学的一次最大革新就是语言科学的突破。语言不再是单纯的载体，反之，语言是意识、思维、心灵、情感、人格的形成者；语言是人类认知世界、认识自己的框架。打开另一个视角，看到了语言文字是文化的地质层，它无声地记载着民族的物质和精神的历史。因此，语文不能只理解为语言文字、语言文学，还应理解为语言文化。割裂语言和文化的教育是与当今世界语言教育发展趋势背道而驰的。语言是表达思想、进行交际的工具，是思维的物质外壳、信息的载体，这种工具、外壳、载体，都是只有人类才拥有的符号体系。各民族的语言不仅是一个符号体系，而且是该民族认识世界、阐释世界的意义体系和价值体系，符号因意义而存在，离开意义，符号就不成为符号。这就是说，语言不但有自然代码的性质，而且有文化代码的性质；不但有鲜明的工具属性，而且有鲜明的人文属性。汉语言文字不是单纯的符号系统，它有着深厚的文化历史积淀和文化心理特征。汉语的工具性和人文性，是一个统一体不可分割的两个侧面。没有人文，就没有语言这个工具；舍弃人文，就无法掌握语言这个工具。

形成了这样的认识，我写了《弘扬人文，改革弊端》《准确而完整地认识语文学科的性质》等一系列文章，表述自己的观点。那是 1995 年左右的事。开始，同行中有些人不理解、不赞同，特别是热衷于题海训练的老师，有的认为语文只有一个属性，就是工具性。问题可以继续讨论，将来可能认识得更为准确，更为完善。然而，在今日，这样的认识——工具性与人文性的统一是语文学科（课程）的基本特点，与以往相比，大大进了一步。新世纪，教育部制定的全日制义务教育及普通高中的语文课程标准对此都作了表述："语文是最重要的交际工具，是人类文化的重要组成部分。工具性与人文性的统一，是语文课程的基本特点。"读到新的课程标准——这个凝聚了广大语文教师智慧和教学实践经验，又用先进理念指导的课程标准，我感到无比亲切。当看到许多同行对语文教育的人文性再无陌生感，并探究起如何与工具性完美统一时，我感到仅仅几年，便多了许多知音，那都是全国教育改革大力推进的缘故。

新世纪课程改革鲜明地体现了世界课程改革的基本趋势和特点，它的核心理念是以促进学生发展为本。要使这个核心理念落到实处，教学中须有三个维度支撑，即知识与能力、过程与方法、情感态度与价值观。从重术轻人到以人为本，这是极大的进步。教育说到底就是培养人，我们的教育就是要培养有中国心的、思想道德素质和科学文化素质良好的现代文明人。新一轮课程改革把握了教育的本质，适应当代学生全面发展的现实需要，迎接新时代的呼唤与挑战，须认真学习，努力推进。

以教学生学语文而言，是让学生只局限于语文技能技巧的学习，还是在学语言文字技能技巧的同时，智力获得发展，思想认识获得提高，情操获得陶冶，价值取向获得指引，自学能力获得提升？显然应该是后者。课要多维立体、多功能，以语文智育为主干，融合德育、美育的培养，熏陶感染，润物无声。课的整体质量提高，学生主动学习，从中就会深受其益。语文课就是语文课。如果脱离文本，脱离语言文字，花里胡哨，就走了样，背离了课程标准的基本精神。改革从来不可能一蹴而就，实施中出现这样那样的不足，不足为怪。有对语文课程本质属性缺乏深入的探讨，有对课程标准缺乏整体的把握，有习惯性的思维轨道，有应试教育的冲击，等等。然而，改革势在必行。为了今日学生的健康成长、明日的长足发展，必须全面贯彻教育方针，使学生德智体美全面发展，成为社会主义的优秀建设者与可靠接班人。语文教改在教育实践中不断完善，必须实现语文教育质量的稳步提升；教师积极性、创造性的发挥，必能创造语文教学的新辉煌。

教育改革 30 年，成绩斐然，拙笔难以尽情表达。我是这 30 年变化、进步、创新的目睹者、学习者、参与者、实践者、受益者。我是怀着感恩的心情写下以上这些话的。

在学科主渠道中获得“有效”

为加强青少年的思想道德建设，近年来教育部门做了大量工作，特别是2005年原市科教党委、市教委制定的《上海市学生民族精神教育指导纲要》与《上海市中小学生命教育指导纲要》贯彻实施以来，德育工作取得了许多进步，也积累了不少经验。但是，德育的有效性仍然是当前严峻的难题，须深入研究、切实破解。

我国社会正处于转型期，社会上的多元价值观、多元文化、物质时尚等五光十色，通过各种渠道折射到学校、家庭，其中负面的东西对缺少生活经历和文化判断能力的青少年会产生种种影响，侵蚀他们的心灵，损害他们健康成长。加强和改进青少年德育工作，提升德育的有效性，是学生自身发展的现实需要，对于提高全民族的素质，促进人的全面发展，增加经济社会发展后劲，同样具有十分重要和深远的意义。

提升德育的有效性，须注意体制机制的建设、方式方法的创新，社会、学校、家庭须形成合力。别的暂且不说，仅就学校而言，改进德育工作的天地还十分广阔。如果在新的一年里，德育工作“两张皮”的现象能有实质性的突破，学校德育工作的有效性就会大大提升。

思想指导行动，“两张皮”的现象要有所突破，首先是思想认识上的端正与提高。在学校教育工作中，常见的情况是把智育和德育割裂开来、对立起来，甚至认为从事智育是硬任务，分数可见分晓、可

本文发表于《上海教育》2009年第2期。

见颜色，而德育是软任务、虚的，看不见也摸不着。把考试、分数抬高到不应有的位置，人的全面发展，特别是思想道德素质、身心健康素质的发展，说得多，做得少，形不成氛围，形不成气候。

教育的本质是育人，用现在的语言来说，就是“以学生发展为本”。这是一切教育工作者、所有学科教师都必须树立的核心观念。只看到知识、技能，只信奉“分”，教育的准星就偏离了。学校教育向学生传授知识、培养能力，这是教育的应有之义，是天经地义的事，但这绝不是教育的全部。学生求知，学习基础知识，培养基本能力，是学生学习的应有之义，同样是天经地义的事，但这也绝对不是他们在学校成长、发展的全部。局部不等于整体，以局部代整体，必然导致教育的大闪失。

教育的本质是育人，教育学生做人是第一位的。引导与教育他们懂得做人的道理，养成做人的良好思想道德素质，养成做人的良好行为习惯，牢牢把握做人的底线，应是教育工作的重中之重。这一关如果不从小打下扎实的根基，人就难以为“人”。德育为先，是千百年来教育的经验总结，更是现代复杂社会环境下教育学生成长、成人、成才的关键支柱。早在 1999 年 6 月中共中央、国务院召开的全国教育工作会议所作的《中共中央　国务院关于深化教育改革全面推进素质教育的决定》中就强调：“各级各类学校必须更加重视德育工作，……进一步改进德育工作的方式方法，寓德育于各学科教学之中，……讲究实际效果，克服形式主义倾向。”这里除了强调对德育工作的“更加重视”“进一步改进”，十分重要的是“寓德育于各学科教学之中”，正是这点为德育工作指出一条具体的、生动的、广阔的道路。

我们要培养的是德智体美全面发展的社会主义事业的接班人，有良好的思想道德素质、扎实的科学文化素质，身心健康。简而言之，就是要培养综合素质好，有中国心、有国际视野的现代文明人。德智体美是人综合素质的有机组成部分，不能人为地割裂，加以对立。思想素质、智力素质不可侵害，它们互相融合、互相渗透、互相联系、互相贯通、互相制约，可谓“一荣俱荣，一损俱损”。思想素质是方向、是动力，智能素质是基础、是内部依据。德育与智育不是“两张皮”，融合得好，互相促进；若机械割裂，厚此薄彼，或厚彼薄此，俱受损害。体育的重要性不言而喻，无须述说。美育不仅能陶冶情操，提高素养，而且有助于开发智力，对于促进学生全面发展具有不可替代的作用。人的成功靠综合素质，现代社会尤其如此。德智体美融合，促进学生全面发展，是我们的责任，也是我们的不懈追求。

寓德育于学科之中，就可相当程度地消除德育工作“两张皮”的现象，提高德育的实效性。

一是学生进入学校学习，日复一日，月复一月，年复一年，大量的时间是在课堂里度过的。课堂教学质量直接影响学生生命的质量，影响他们的成长与发展。因此，课堂教学中是单纯传授学科知识、培养有关能力，还是寓德育于知识传授、能力培养之中，课的质量会有很大区别，学生的受益也会很不一样。任何学科教学都应有教育性，有教育性的教学能赋予知识、能力以灵魂、以意义，能促进学生的发展。课堂教学本身就应全面贯彻教育方针，以所教学科智育为核心，融德育、美育、体育于一体，发挥育人的多功能作用。

二是德育的实效性须建立在精心探索与勇于顺应青少年道德成长规律的基础上。青少年的道德成长，主体是青少年自己，它具有个体性的特点。如果只是外界约束的条条框框，只能这样做，不能那样做，强迫，说教，那不叫德育。我们以为把正确的东西教给学生，他们就一定接受，而事实上，他们不一定接受。思想道德素质是自己内心约束的东西，是由社会的公德跟个人的道德观念、道德感情、道德追求结合在一起的。根据年龄特征、认知规律，他们的感受、体会是有限的，不可能要求他们无限地理解、体验。知识的传授、能力的培养在相当程度上要根据青少年学生的内心需求，适切地把德育融入其中，春风化雨，润物无声，符合道德成长的规律，有利于促进他们内心的变化与提升。

三是上海“二期课改”的先进理念得以在教学实践中完整地体现与落实。教育的基本职能是促进青少年的发展，“二期课改”的核心理念是以学生为本，促进学生全面发展。这个理念是先进的，它反映了教育本质的回归，是全面贯彻教育方针的现实需要、时代发展的迫切要求，符合科学发展观以人为本的指导思想。教育要把学生从自然的人培养成为合格的社会公民，学校的各类课程（基础型、拓展型、研究型）、各门课程（语文、数学、社会科学、自然科学、技术、体育与健身、艺术）必须促进他们今日的健康成长、明日的长足发展。这个任务要落到实处，须有三个维度的支撑。三个维度是知识与能力、过程与方法、情感态度与价值观。

这三个维度不是1加1加1，不是分离的、割裂的，而是相互交融的。情感态度与价值观绝非脱离学科内容的外加，而是蕴藏在学科中的深厚的内涵。教学中不是穿靴戴帽、添油加醋，不是贴标签、硬拔高、乱延伸，而是根据所要传授学科的某些知识、某些能力的个性特征，把情感态度与价值观的相关内涵融入其中，使教学具有吸引力、感染力，闪现育人的光辉。在教学过程中，德育、智育交融，既教书又育人，学生既学得知识、提高能力，思想道德情操又受到熏陶、感染。年年月月如此学习，必能读书明理，明做人之理，明报效国家之理。显然，课堂教学三个维度的融合是真正"人"的教育，促进青少年学生全面发展的教育，对片面教育质量观是有力的克服。

寓德育于学科教学之中，给"二期课改"注入了新的活力，使情感态度与价值观有了实实在在的内容，而这些内容又蕴含在相关的知识中。否则，三个维度会人为地造成"跛脚"，难以落实促进学生发展为本的理念。而要切实突破德育工作"两张皮"的瓶颈，课堂教学就必须进行改革与提升。一是执教者须转变观念，心中有培养目标，变育人的无意为有意，把情感激荡、理性思辨融入知识传授、能力培养之中，以收春风化雨的良效。二是深入认识学科特征，深入钻研教材，挖掘教材蕴含的深意，发挥教材固有的育人资源。"挖掘"本身就能促进教师的专业发展，提升思维的品质，使教学不在浅表浮游。三是下功夫了解、研究当代学生的特点。知心才能教心，对准音调，施教的内容才可能拨动学生的心弦，在学生心中弹奏，引起共鸣。

德育工作在学科主渠道开通，瓶颈必能突破，教育教学水平也必将大大提高一步。我们翘首以盼。

教育的生命力在于教师成长

在我几十年的教学生涯中，由于党组织的培养，由于几十年的风风雨雨，特别是同行们的教育启迪，我确实悟得一点道理，深深体会到教育的生命力在于教师的成长，而教师的真正成长在于教师个人的内心觉醒。只有内心深度觉醒，教师才会真正成长。

内心深度觉醒
需要教师的主人翁精神

教师的内心深度觉醒是什么意思呢？我为什么说一辈子在学做教师呢？我就是一直处在这样的觉醒过程当中。我体会到，当教师把个人的前途命运与祖国的前途命运紧密地联系在一起的时候，人就会变得聪明，就会站在比较高的地方思考问题，而且心中总是有一团火，有旺盛的经久不衰的内驱力。我这个老教师梦寐以求的就是国家民族的伟大振兴，而要伟大振兴，最重要的就是人才辈出。人是不能自然成才的，要靠培养。在培养的过程中，它的质量如何，成果如何，决定性因素就是教师的成长动力。因此，我谈一点体会和中青年教师共

本文发表于《现代教育》2009 年第 3 期。2008 年 12 月 31 日，上海市教卫党委、上海市教委、中共上海市杨浦区委、上海市杨浦区人民政府共同举办“教育的生命力在于教师成长——于漪教育思想研讨会暨《于漪新世纪教育论丛》首发式”，以此纪念改革开放 30 周年，表彰于漪老师对上海市和杨浦区基础教育作出的杰出贡献。此次研讨会着眼于教师内涵发展，关注教师成长。与会的社会各界人士就作者对基础教育及教师教育所作出的巨大贡献和取得的成绩发表了见解。本文即作者在研讨会上的发言。

勉。一个老教师的后面应该有浩浩荡荡的中青年教师队伍，长江后浪推前浪，后人超过前人。

教师从事的虽是大量平凡、普通的工作，但有些事情会刻骨铭心，使得你心灵震撼，心中突然会有明灯点起。我想到 1977 年深秋，在文化广场召开的批判“两个估计”的千人大会。我作为中学的教师代表发言，批判“两个估计”。解放思想、拨乱反正是教育的突破口，当时我非常激动。因为在十年动乱中，我们所有的知识分子都被认为是黑的，都是“臭老九”，我们教育的成绩都是“修正主义”教育路线。我在这所学校也被打成了“黑旗手”“黑标兵”，因为我是“三八红旗手”。我无法言说自己的心声，可在那个会上，是邓小平同志，是我们的党给我们砸开了颈上的锁链，使我们得到了人的尊严。知识分子作为劳动人民的一个非常重要的部分，我感到获得了解放。我从而有主人翁的感觉，也希望中青年同志都能体验到。回顾历史是为了告诉我们现在的同志，历史告诉未来，我们真正有了人的尊严是在 1977 年以后，我们获得了解放，因此才有了三十年来伟大的成就。所以，我深深体会到我就是国家的主人，我就是教育的主人。教师有了强烈的主人翁意识，就会认真思考，对所有的困难都会去努力解决。

通过实践将内心深度觉醒
转化为学生的真本领

主人翁意识不是口号，口号概念是容易的，我觉得最重要的是要实实在在地做，教育的事业是实践的事业。有些学生的话我一辈子记得，刻骨铭心。我教了一些学生，自认为很努力，可有学生说：“于老师，你的课我很喜欢听，但是我自己没有学会。”这句话我琢磨了多少年。作为教师，我不是在表演。我所上的课不能随着声波消失就销声匿迹了，课要教到学生的身上、心中，成为他素质的一个部分。因此，教师的责任是要教每个学生会学，这不仅是科学，而且是艺术。就是这样一句话促使我一直在研究课堂教学如何突破原来的框框。其实我们在工作中有很多惯性和束缚，解决难题没有别的办法，只有创新，打破脑子里的旧框框。

在 20 世纪 80 年代，我尝试了很多改革，如课的多功能、立体化。我没有固定的模式，课文可以从开头教到最后，也可以倒过来教，一切都要倾听学生的心声，因为教育是育人，让人学到真正本领才是最大的事情。

我想，考试是一个手段。我一直认为应试教育是永远培养不出优秀教师，也培养不出优秀学生的。只有教出学生的真本领，才能人才辈出；只有教出学生的真本领，才能让他们可以应对多种命题。以不变应万变是我教初三、高三的经验。事实证明，学生有了真本领，什么题都不会怕。每堂课影响着学生的生命质量，学生的生命在课堂里成长发展。你的课是否有效，你是单线的还是立体化的，是既有知识能力又有情感态度与价值观，这些都影响着人的培养。我们的中青年教师要有系统的思考，从大框架到局部到细部，要研究我们的对象，否则就是闭着眼睛捉麻雀；要好好研究学生，知心才能教心，教师的教学要能够在学生心中引起共鸣。

名师基地中的中青年教师带给我的启迪

我一辈子处于觉醒之中，是由于有中青年教师不断给我以教育和启迪。我带教了上海名师基地的一些学员，最近有三件事让我很感动。

南汇区第一中学一位教师的论文参加了我们组织的“当代教师的成长与发展的征文”，得了一等奖。原来这位教师认为教师的成长主要是目光向外，大气候怎样，学校小气候怎样，还有奖励制度怎样。有一次，上海市教师学研究会组织了全国十六个省市有关“民族精神教育在学科里的实施”活动，这位教师说自己很敬业，五点就从南汇出来，天都没亮，听了一天的课还认真地记录了，非常累，于是偷闲打了一刻钟的瞌睡。可是当最后于漪老师七十几岁的人评了一个多小时的课，现场鸦雀无声。她对课那么熟，每节课好在哪里，有什么问题，他说他震撼了。他明白教师的成长要有内驱的动力。他说这天的活动让他刻骨铭心。我读了这篇论文很感动，感动于他进步了，他懂得自己的成长是内心的驱动力。

名师基地有一位初中教师，从开始我就听了他的课，他对我说备课备到了痴迷的程度，现在什么都不想，只想把课上好。他教的毕业班的每个学生在他过生日时都写了封信给他，这种幸福感是钱买不来的。我为他的成长而高兴。一个教师必须要苦中有乐，学生的成长就是教师的成就，别人的需要就是教师的价值。他说教师在学生面前要透明，能明白自己有哪些优点，哪些不足。教师教育学生是以人格的魅力，不是两面人，是表里俱澄澈。他悟到这点，我真是非常高兴。

上海理工大学附属中学的一位教师去云南支教了，他投给我们的征文虽未获奖，但他在给我们的信中写道："我是一名工作才几年的英语教师，去云南之后才知道文化上的差别，要成为真正的男子汉还需要走很多路。那里的教学任务很重，课很多也很累，但我们一定会尽心尽力的。等到任务完成了，我们不可能拿到像奥运会比赛那样的金牌，但是我们精神的丰富是和金牌的价值等同的。"

我一辈子学做教师，不是一个虚假的口号。我从周边许许多多教师身上获得很多的能量。我们的教师是可爱的，今天的教育比我那时难得多，因为社会转型，社会上各种矛盾、问题都折射到教育上来，教育有不能承受之重。现在的年轻教师比我那时强多了，社会和家长对教育的需求、期望那么高，多元文化和多元价值观对我们学校的教育功能冲击那么大。

因此，今日的教师更要有仰望天空的理想和信念，要坚守自己的精神家园，要练就过硬的本领。对学生的教学魅力不是虚假的，是实打实的业务能力和专业能力。我想再难也难不倒党领导下的教育事业，也难不倒我们的中青年教师。我们要同舟共济，共渡难关，依靠坚定的信念、非凡的勇气和无限的智慧阔步前行。我祝愿我们的中青年教师在这样的盛世能够飞速成长。长江后浪推前浪，我作为一块垫脚石，能够给大家垫一步，这是我终生有幸。

中小学思想道德教育的里程碑

最近，《润物无声——党的十六大以来上海中小学思想道德建设探索与发展》一书问世了，值得庆贺。我作为一名老教师，有机会为这本著作说几句话，深感荣幸。

中国教育改革开放 30 年，与其他领域一样，取得的发展与成就令人瞩目。义务教育的全面普及，高中教育的迅速推进，大学教育与研究生教育的蓬勃发展，教育理念的提升，办学条件的改善等佳音频传，不胜枚举，与 30 年前比较，有恍如隔世之感。忆往昔峥嵘岁月，幸福与自豪之情充盈胸际；立足当前，展望未来，更觉重任在肩，在新的征程中须奋然而前行。

当代学生所处的是一个特殊的时空环境。进入新世纪，世界和中国都发生着深刻的变化，这种变化构成了这个时代的历史特征，对教育提出了严峻的挑战。这些变化可简要概括为：政治多极化、经济全球化、文化多元化和信息网络化。暂且不说其他，单是文化多元化和信息网络化对缺少人生经历、文化积淀与文化判断力的中小学学生思想道德观念和价值观的形成就产生了相当大的影响。上海处于改革开放的前沿，又是中西文化交汇的窗口。这给学生创造优越成长环境的同时，又对学生思想观念、价值取向和行为养成提出了更高的要求。面对如此的新形势、新情况，如何引导学生健康成长、全面发展，上

本文发表于《上海教育》2009 年第 14 期，是作者为翁铁慧同志（时任上海市政府副秘书长）主编的《润物无声——党的十六大以来上海中小学思想道德建设探索与发展》一书特别撰写的序言。

海市教卫工作党委、市教委及时而果断地制定了《上海市学生民族精神教育指导纲要》与《上海市中小学生命教育指导纲要》，并大力组织实施。这是解放思想、实事求是、落实科学发展观的重要举措，是新时期全面贯彻落实党的教育方针远见卓识的表现。

“两纲”的贯彻实施是育人的根本大计，体现了以人为本的先进理念，旨在促进学生的全面发展。教育，说到底就是培养人。中国的教育，当然应是培养有中国心的现代文明人，具有良好的思想道德素质、科学文化素质和身心健康素质，成为中国特色社会主义事业的可靠接班人和合格建设者。培养目标是教育工作的准绳，培养目标的实现是所有教育工作者为之奋斗的追求。然而，由于种种原因，在教育实施过程中，重术轻人、重智轻德的现象屡见不鲜：重知识、技能的传授，轻人的全面培养；重智育轻德育，轻学生做人的思想道德情操的培养。其实，所谓重智育，也不是真正重视学生求知欲的激发、创造意识的开发，而是把考试和分数提到不应有的高度，分数增值往往成为办学目标，“育人”在某种程度上被扭曲为“育分”。这种教育功利思想、教育片面质量观与素质教育游离，影响学生健康成长。中小学学生学习文化知识，提高学科学习能力，无可非议，而且要扎扎实实培养。然而，千万不能忽视学习动机、学习目的的教育，忽视做人的教育。读书、求学，为什么？读书为了明理，明做人之理，明报效国家之理。在求学过程中，须认识这些道理，从感性到理性，深入思考，铭记在心，形成正确的人生观、价值观，一辈子指导自己的思想言行，做国家的有用之才、社会的好公民。

这是教育的真谛所在。古今中外对教育的研究与实施尽管各有阐释，做法不同，但“育人”这一教育的本质是不变的。在中国教育的优秀传统中，从来都是讲究人的培养，讲究人的修身养性，讲究德才的和谐。司马光说得好：“才者，德之资也；德者，才之帅也。”“德”是“才”的统帅，一语道破了立德树人中最为关键的、不可替代的地位。人有了脊梁骨才能直立行走，脱离爬行状态；人有德行，有理想信念，就有了精神支柱，就能成为真正的人。德，是做人之魂；德育，是教育之魂。对此，认识上的模糊，就会导致实践中的盲目；认识进入误区，行为必然错位。“两纲”的制定与实施，不仅继承了育人先育德的优良传统，而且根据时代特点与学生成长的内在需求加以弘扬与发展；既返璞归教育之本真，又展现创新的时代活水的流淌，具有很强的现实意义。

“两纲”教育在学科中的实施与“二期课改”的施行，并不是两股道上跑的车，而是紧紧结合，互依互存，相互促进，旨在推进素质教育，对学生进行合格公民的培养，落实以促进学生全面发展为本的先进理念。

《上海市普通中小学课程方案》规定课程总目标为：“上海市普通中小学课程旨在培养学生：初步形成正确的人生观、价值观和世界观，具有民族精神和国际视野、民主与法制意识和社会责任感；具有适应终身学习的基础知识、基本技能和学习策略；具有初步的创新精神、实践能力和可持续发展的能力；具有基本的人文素养和科学素养；具有健康的个性和良好的身心素质，养成健康的审美情趣和生活方式，成为有理想、有道德、有文化、有纪律的公民。”

《上海市中小学生命教育指导纲要》与《上海市学生民族精神教育指导纲要》分别在总目标中提出：“使学生学习并掌握必要的生存技能，认识、感悟生命的意义和价值，培养学生尊重生命、爱惜生命的态度，学会欣赏和热爱自己的生命，进而学会对他人生命的尊重、关怀和欣赏，树立积极的人生观。”“使广大学生的民族自尊心、自信心、自豪感得到显著的增强，使学生的思想道德素质得到显著的提高，进而为上海市公民思想道德素质的全面提升奠定基础。”

两相比较，可见目标一致，关键在实施中如何有机地融合，求得最佳效果。

这次课程改革的核心理念是以学生发展为本，要把这个理念落实到学科教学之中，就须牢牢抓住知识与能力、过程与方法、情感态度与价值观三个维度的支撑。教学中认真进行三个维度设计，三个方面相互渗透、融为一体，全面育人的任务就能落到实处。且不说前两个教师比较熟悉的维度，就是情感态度与价值观的内涵就十分丰富。情感，不仅指学习兴趣、学习动机、学习热情，更指内心体验和心灵世界的丰富，高尚的道德情操和审美的情趣与追求。态度，不仅指学习的态度、学习责任，更指乐观的生活态度，求实的科学态度，宽容的人生态度。价值观，不仅强调个人的价值，更强调个人价值与社会价值的统一；不仅强调科学的价值，更强调科学价值与人文价值的统一；不仅强调人类价值，更强调人类价值与自然价值的统一，使学生从内心确立起对真善美的价值追求，以及人与自然的和谐可持续发展的理念。从横向角度看，三者有相对独立性；从纵向角度看，三者具有层次递进性，构成了一个心灵连续体，由情而理，由直觉反映而本质探究，由低级而高级。这么丰富的内涵需要根据各学科的个性特点与知识、能力有机融合，在课堂教学中施以有效的教育。“两纲”教育的内容正是情感态度与价值观的核心内容，贯彻实施“两纲”教育给三个维度的教学注入了无限的活力。它要求执教教师深入钻研教材，把教材中蕴含的情感态度与价值观的育人因素挖掘出来，融入知识的传授、能力的培养之中。这充分表明“两纲”教育不是课程改革外加的任务，而是使课改的核心理念——以学生发展为本和三个维度的融合落到实处，提高教育的质量。脱离了学科中固有的情感态度与价值观的具体生动的教育，课堂教学只在知识技能层面上滑动，三个维度的支撑也就沦落为几句空话，课改的育人精神实质上就难以实现。“两纲”教育在学科中的实施，使课堂教学发生静悄悄的革命，把偏离教育准则的“育分”向素质教育“育人”的方向转，把课堂教学的线性思维单打一逐步转换为立体化、多功能，把德育、智育、美育有机结合在一起，对学生进行全面培养。德育进学科、进课堂，科学文化知识的传授、学习就有了灵气，有根有魂。学生在求知过程中，懂得做人的道理，懂得报效祖国、奉献社会的道理，并努力实践，健康成长，这才是教育真正的成功。

“两纲”教育实施以来，市、区县做了大量的工作，创造和积累了许多宝贵的经验，翁铁慧同志主编的《润物无声》从理论和实践结合的高度作了生动、具体、精彩的论述，认真阅读、学习，必能提升教育思想，增添育人智慧，深悟教育真谛。

可否有点偏爱？

眼下相当数量学校的少先队大队长、中队长都清一色由女同学担任。这些学生聪明、能干，学习成绩优秀，做事认真，能按老师意图完成任务。男同学能当上个少先队小队长，已是幸运的了。长期从事教育的同志每谈及小干部成长中的性别失衡，总忧心忡忡，乃至唏嘘不已。不少女同学确实优秀，无可非议，但男女生培养上的失衡也是不争的事实，须剖析原因，寻找对策，以取得突破性的进展。

众所周知，教育无选择性。只要是生长在我们这片热土上的少年儿童，教师都有责任把他们教好。要面向全体学生，热爱每一个儿童，尽心尽力促进他们德智体美全面发展，这是为人师的道德底线、工作底线。两千多年前先圣孔子就提出“有教无类”，并身体力行，今日不仅有更丰富的时代内涵，而且在为全民族素质提高的奠基中发挥着无可替代的作用。

学生小干部的培养，是在教育无选择性的前提下的有所选择。一般地说，品德优良、学业优秀的儿童总是首选的对象。选上了，委以一定的工作任务，提供较多的学习与展示的机会，使他们得到锻炼，成长得更快，发展得更好。既然是选择，必然有标准。制定怎样的标准，怎样运用标准衡量、选拔，其中有不少问题值得探讨与研究。

在小学阶段，女同学的遵守纪律、学习认真细致程度普遍胜过男同学。由于物质生活水平的提高，又由于信息、传媒的种种影响，与20世纪比，儿童的生理发育明显提前，心理上也发生了前所未有的变化。但总体上说，还是比较幼稚，比较单纯的。而这种幼稚与单

本文发表于《少先队活动》2009年第11期。

纯，男女同学又有些区别。在心理上，女同学的早熟明显胜过男同学。特别是一些拔尖的女同学，比较懂事，善解人意，有自控能力。与他们同龄的男学生，有的在学校的表现常晕晕乎乎、懵懵懂懂，用老百姓的话来说，就是“还没开窍”。这种现象该怎么看待？是用同一把尺子衡量，还是用科学的眼光尊重儿童身心发展的实际，有差别地对待？再说，晕乎、懵懂，绝不是混沌一片，必然有些时候在有些事情上清楚明白，甚至表现出具有个性、与众不同的看法，十分聪慧。细加分析，拿出眼光，就会发现他们身上潜藏着的优良资质。爱护，培养，提供锻炼机会，同样可成长得青枝绿叶。

调皮、贪玩，纪律方面常出现点小毛病，作业粗心大意，这些是小学阶段男同学常受到批评与指责的缺点，弄得不好，影响小队乃至中队的集体荣誉，令人头疼。其实，调皮、贪玩与品德不好是两码事。调皮、捣蛋、爱玩，是儿童的天性，小时候如不自在地通过玩耍去追求新奇，释放生命能量，创造快乐，难道还到七八十岁去调皮、贪玩？调皮捣蛋的男孩子起码有两点值得注意：一是身体好，精力旺盛，有使不完的劲；二是点子多，想出门道来玩，思维活跃，肯动脑筋。男同学身上就是要有点勇敢、冒险、好奇、不怕苦的精神。如果男孩子都女性化，扭扭捏捏，循规蹈矩，胆小怕事，那是教育莫大的悲哀。男同学从小培养阳刚之气是不可掉以轻心的大事，比作业上的小差错、纪律的偶尔不遵守重要得多。

儿童在成长过程中存在这样那样的缺点与不足是常态。如果都十全十美，还要教育者干什么？教育就是把学生蕴含的潜能开发为发展的现实。教育者要有一双慧眼，不为某些现象所迷惑，要洞悉儿童的个性特点，善于发现他们隐含的多样潜能，丢弃带有主观色彩的一刀切的习惯性思维，努力做到因材施教。教育者不是迁就差错、不足，而是要以宽容的心态、发展的眼光认真对待。对有潜质的男同学花更多的精力呵护、培养，创造更多的机会让他们实践、锻炼、登攀。真诚的信任和耐心的启发会融化为感情的潜流，滋润他们的心灵，促进他们茁壮成长。

少先队组织是少年儿童成长的洪炉，能获得辅导员的厚爱与器重，是一种快乐，一种幸福。

校园文化建设与“爱满天下”

几位同志的主题报告、发言，代表了全体课题参与者的自主性、积极性和创造性。我非常感谢论坛组委会给我学习的机会，使我明白了很多道理。包括张步华校长介绍行知中学“培养真人”的做法，还有福建省重点中学惠安一中蔡校长的获奖材料，令我非常受教育。现在，办学一定得与升学率挂钩，优质教育就是升学率，我是不能认同这点的，考试选拔只是手段。教育的本质是什么？这是应该考虑的重点问题。

什么叫教育？很简单，教育就是培育人。现在教育有急功近利的思想，把简单的事复杂化。莎士比亚在一个名剧中说：“简单就是智慧。”所有工作都要抓住最核心的问题进行研究，现在把教育的概念复杂化了，方方面面多得不得了，却把最核心的问题淡化了。

柏拉图曾用他老师苏格拉底的话说：“教育是从一个洞穴中把囚徒的灵魂引出来往上升，达到真实之境界。”教育的本质是升华人的精神世界。西方文化讲科学，讲“真”。中国优秀传统文化讲“善”：“大学之道，在明明德，在亲民，在止于至善。”孔子说：“诗三百，一言以蔽之，曰：思无邪。”陶行知说：“千教万教教人求真，千学万学学做真人。”都是要彰显内心美德。

陶行知先生提出：人的教育就是教育本质的回归。但从当前的状况来讲，对技能技巧的培养十分重视，对人的整体培养不够，重术轻

本文发表于《陶研之光》2009 年 12 月 31 日，是作者在“2009 年和谐校园文化建设上海高峰论坛暨课题年会”上的主题报告。

人，育分不育人，求学不读书。钱学森问“为什么我们的学校总是培养不出杰出的人才”，是指我们的很多做法都违背了教育规律。

孩子有一个身体物质世界，还有一个精神世界。人没有脊梁骨无法直立行走，人没有理想、抱负，同样站不起来，不能成为一个真正的人。

教育要在培养人的精神层面上下功夫，在当前形势下提出认真进行校园文化建设是十分重要的，和谐校园文化的核心是“爱”，这种爱是“大爱”。教师肩负着国家的使命、人民的嘱托，国家把未来交给教师，今日的教育质量就是明日的国民素质。因此，肩上的担子很重，万万大意不得。

谈到校园文化建设，我认为有三个层面须做好。一是实践层面。文化是人类创造的物质文明和精神文明的总和。学校的校园文化应强调实践层面，文化不是标语、口号，是要实践的。宁波庄市小学高校长介绍中，最了不起的是一个“乐”字，七亩地的农家娃娃乐，令人欣喜。现在基础教育的乐实在太少，简直是苦不堪言。办教育要使学生快乐成长。庄市小学是一百多年的老校，有文化底蕴，如何把原来的崇正书院的文化积淀与现时代的教育特色结合起来，他们做得很好，确实有特色。这篇由小学生写的《中国男篮惨败》是非常好的探讨性文章，完全独立思考，把许多材料综合在一起，上升到理性来认识，小学生能如此做，实在了不起，这才叫能力。二是制度文化。“制度文化”值得研究，它一定有学生的内心需求。教育的有效性不能离开针对性，制度文化的创建一定是学校把教育理念化作制度，以适应师生内心的需求。张家港二中讲的“责任文化”很有见地。二中的责任文化化到每一个教学的环节，蕴含了学校自身的要求和自身的提高，看得出他们很扎实地在做。三是校园文化提升的是精神层面文化。陶行知讲“大同大不同”，就是因人而异，因材施教。教育多元和谐，最后着力的都是学生精神层面的提高。

国民素质如何提高要靠教育。文化无处不在，是否文明，小事就可看出，所有的行为都流露出一个人的文化。

教育人的精神层面是心灵养育，是教师以自己的人格培育学生的人格成长；以自己的高尚情操熏陶学生的情操，使他们有高尚的审美观。没有一个职业像教师那样意义非凡，教师的思想、情感、价值观无时无刻不在起作用。没一个工作像教师那样对人的一辈子起作用。当老师很幸福，其价值、其意义非同凡响。

学习陶行知的“爱满天下”，绝不光是关心学生的生活，是超越血缘的大爱。

“大爱”不只是分数的提高。关爱学生，业务一定要精湛，要钻研业务。要培养学生扎扎实实的科学文化素质，掌握学科知识，教师的业务一定要过硬，要提高教师的专业能力。当年我们教的是举一反三，对“一”很重视；而现在是举十反一，甚至是举百反一。学生没学过的东西就不会做。对“一”功夫下得不够，当然就不会做了。

爱学生先要爱学生的全面发展，这才是师爱的核心。要培养有脊梁骨的人，教育要培养埋头苦干、拼命苦干、踏踏实实的人。

学生道德缺失，不爱学校、老师，不爱亲人、同学，有的连自己生命也不爱，出现这样的状况，教育有责任。

葛起裕是我年轻时的学生，我只比他大十岁。我们在不同的岗位上，不大见面但师生情谊很深。王厥轩是我从高一教到高三的学生，他找女朋友也要我搭搭脉、把把关，师生感情很真，师生之间完全没有金钱、商业关系，是心与心的交融。

要打开学生的心门。教育是教心的工作，不知心无法教心，打开学生的心门，能与你思想交流、感情交流，你就是一个成功的教师。

现在社会上五花八门、光怪陆离。学校讲文明、讲道德，而传媒上的一些选秀活动，不三不四，不男不女，都一夜成名，一夜暴富。一个还珠格格把初中生全打倒，一个周杰伦打倒了 80% 的高中生。过去老师上语文课，好文章能使师生都感动，现在要感动学生太难了。我们太不了解学生，对学生的心灵世界太不了解。学生的道德缺失很严重。知识缺失可用道德来弥补，勤能补拙；道德不全的人无法用知识来弥补。学生成长的路上，基础教育是基本建设，做人的底线是道德。不是所有的问题都能由法律解决，法律是消极的限制，而道德是人文，是提倡。爱学生要让他们掌握做人的底线，否则，培养出来的人见钱眼开，不学无术，将来对社会危害更大。

要传授科学文化。人的精神境界要达到真善美的境界，做人之理要懂，而知识能力是做人的阶梯。中小学教的是知识的核，能陪伴人一辈子，最不会老化，影响人的一生，镌刻在心。学生要全面发展，体质要提高。现在一碰就要骨折，男孩子连打架都不会，这样的体质怎么得了？师爱是大爱，承担着祖国的嘱托、千家万户的期望，让学生德智体全面发展，才是教师的真爱。陶行知“爱满天下”非常值得我们学习。老师是对学生滴灌生命之魂，教会德性——做人之理、智性——扎实的科学文化知识。分数不等于人的素质，任何一张考卷都无法考出人的素质。

1949 年以来，现在是第八次课改，以学生为本，以促进学生发展为本是这次课改的核心。

知识与能力、过程与方法、情感态度与价值观，这三点很重要。

教育要有大量的实践活动，只有在社会实践中才能做社会人。中小学是公民教育，把自然人培养成社会人，懂得人与人、人与物、人与自然的关系。人的经验是了不起的，要磨炼，要实践，单靠书本是教不出来的。

素质教育是时代的需要，我们跟随陶行知的“爱满天下”，去实践求真、求美、求善的思想。你们做了一个有意义的课题，教育任重道远。当今社会对教育的干扰太多，需要有一颗爱心、耐心，静下心来研究、实践，坚守自己的精神家园，发奋努力，全力以赴做好今日的工作。

教育是培养未来的事业，是实现理想的事业，没有理想就没有教育。李白唱神曲，天马行空；杜甫唱人歌，关注人民的苦难。老师既要仰望天空唱神曲，也要立足大地唱人歌。志存高远与脚踏实地有机结合起来，一定能造就优秀的教师，优秀的教育家。中国教育的希望在教师身上，让我们一起努力！

要使战略主题深入人心，自觉化为行动

《国家中长期教育改革和发展规划纲要（2010—2020年）》（征求意见稿）（以下简称《规划纲要》）从教育角度绘就了强国富民的蓝图，内容厚实，语言铿锵，充满活力，洋溢希望，读来振奋人心。这标志着我国的教育改革和发展进入了历史发展的新阶段，向建设人力资源强国迈出了决定性的步伐。

《规划纲要》从总体战略、发展任务、体制改革到保障措施，无不显现当今时代中国特色社会主义教育的奋斗目标、发展方向、有效措施，针对教育现状中存在的种种矛盾，从教育理念、制度创新、队伍建设等诸多方面明确任务，集中智慧，寻求共识，既回应亿万群众对教育的热切盼望，又遵循和彰显教育自身发展的育人规律。《规划纲要》亮点聚集，是今后十年教育长足进步、创造辉煌的指针。

别的且不说，单是优先发展与战略主题的确立就令人感动不已。

《规划纲要》开宗明义，说明制定本纲要的依据和目的。它的依据是党的十七大关于“优先发展教育，建设人力资源强国”的战略部署，目的是“全面提高国民素质，促进教育事业科学发展，加快

本文发表于《上海教育》2010年第6期。《国家中长期教育改革和发展规划纲要（2010—2020年）》（征求意见稿）下发后，作者深入学习，结合多年来的教育改革实践进行解读，并撰写了本文。作者在深刻理解“优先发展教育”的战略思想的基础上，直指“高谈阔论素质教育，扎扎实实应试教育”的怪象，聚焦“培养什么人，怎样培养人”等重大问题，为贯彻落实国家教育战略出谋划策。

社会主义现代化进程”。把教育放在优先发展的战略地位，我们就会情不自禁地联想到邓小平同志的谆谆教导。1985 年 5 月 19 日，邓小平同志在全国教育工作会议上语重心长地说：“我们国家，国力的强弱，经济发展后劲的大小，越来越取决于劳动者的素质，取决于知识分子的数量和质量。一个十亿人口的大国，教育搞上去了，人才资源的巨大优势是任何国家比不了的。有了人才优势，再加上先进的社会主义制度，我们的目标就有把握达到。现在小学一年级的娃娃，经过十几年的学校教育，将成为开创二十一世纪大业的生力军。中央提出要以极大的努力抓教育，并且从中小学抓起，这是有战略眼光的一着。如果现在不向全党提出这样的任务，就会误大事，就要负历史的责任。”这段讲话既深入浅出，又尖锐深刻，把抓教育定位在“有战略眼光的一着”，这是前所未有的。战略不是具体的某些战术，它影响事业的全局，把教育和人才资源、建国大业紧密连在一起，扫除了许多人不重视教育的糊涂观念，增强了教育工作者的信心。

随着建设事业的推进，国民素质的提高，创新型、实用型、复合型人才的紧迫需要，人们对教育的战略地位认识越来越深刻。党和国家高度重视，一再提出要优先发展教育，并为此做了大量的工作，对经济发展、社会进步和民生改善作出了不可替代的重大贡献。但是，由于理念上的陈旧、落后，种种因素的制约，很多地方、很多方面并未做到“优先”。有些还是跟着做一点，有些还要把有限的教育经费挪作他用。薄弱学校本可不薄弱，师资队伍本可更稳定提升，但由于“优先”不到位，而矛盾凸显。正如《规划纲要》中指出的：“教育投入不足，教育优先发展的战略地位尚未完全落实。”针对这种状况，《规划纲要》“优先发展教育”的战略思想，贯串于整个文件之中，反复加以强调。序言部分指出：“在党和国家工作全局中，必须始终坚持把教育摆在优先发展的位置。”“始终坚持”，斩钉截铁，表达了巨大的决心和非凡的勇气。总体战略中的工作方针，开头就是“把教育摆在优先发展的战略地位”，阐明这是党和国家提出并长期坚持的一项重大方针，为此，“各级党委和政府要把优先发展教育作为贯彻科学发展观的基本要求，切实保证经济社会发展规划优先安排教育发展，财政资金优先保障教育投入，公共资源优先满足教育和人力资源开发需要”。一句话中四个“优先”，而且提升到“贯彻科学发展观的基本要求”的高度。理念之先进，要求之具体，前所未有。只要认真遵照执行，必然大大造福莘莘学子。体制改革部分、保障措施部分中许多条款都关系到优先发展的问题，从理念到措施，这种战略思想一以贯之，是照耀教育发展今后十年征程的明灯。我国是一个人口众多的大国，在世界格局深刻变化、科技进步日新月异、人才竞争日趋激烈的情况下，从事社会主义现代化建设，其复杂性、艰巨性难以言表，要落实教育优先发展的战略地位确实难度极大。但在长期的革命和建设的实践中，我们有一条颠扑不破的真理和无往而不胜的经验，那就是只要加强党的领导，提高国家对政策的执行力，就能排除各种困难，创造奇迹。

优先发展教育，发展怎样的教育？战略主题作了十分明确的规定，表述得要言不烦，一语中的。《规划纲要》中是这样表述的：“坚持以人为本、推进素质教育是教育改革发展的战略主题，是贯彻党的教育方针的时代要求，核心是解决好培养什么人、怎样培养人的重大问题，重点是面向全体学生、促进学生全面发展，着力提高学生服务国家人民的社会责任感、勇于探索的创新精神和善于解决问题的实践能力。”教育发展的主题、核心、重点、着力点阐述得一清二楚，拨正了当前教育在许多方面的、相当程度的扭曲。这是清醒剂，是指路标，教导与指引教育工作者往哪个方向走，追求怎样的目标。不仅是教育工作者，而且是全社会、全民都有责任。序言说得好：“国运兴衰，系于教育；教育振兴，全民有责……”

“以人为本”“素质教育”已说了好多年，但推进起来，步履维艰，干扰很大。常见的情况是：高谈阔论素质教育，扎扎实实应试教育；教育行政部门三令五申减轻学生过重的课业负担，但令行不止，一些学校照样变着法子补课、应考；学生自主活动时间少得可怜，自主进行体育锻炼更是一种奢侈，整日在题海题库中浮沉，厌学情绪滋长，求知欲望不断消解。分数的枷锁不仅锁学生、锁教师，而且也锁校长、锁家长。分数本为监测教学情况的符号，着眼点在了解学情、教情，总结经验教训，切实改进教学，提高教学质量。而今，分数被提高到至尊的地位，有的几乎把它作为图腾，顶礼膜拜。在选拔考试面前，学生、家长、教师、学校几乎都成为“分奴”，不知不觉，又习以为常。教育究竟怎么了？孩子求知的快乐、成长的快乐去哪儿了？许多有识之士为此忧心忡忡，寻觅解脱困境的良方，但往往局限于某个层面、某些问题，难收解套之效。此次《规划纲要》高屋建瓴地聚焦在“培养什么人、怎样培养人”这一点上，明确指出这是教育改革发展的最强音，振聋发聩，而且表现了实现战略主题的巨大决心和坚定不移的意志。教育要奉行两个“全面”——“面向全体”，不是面向一部分或小部分，这是提高全民素质的问题，所有学生都有权利受到良好的教育；“促进学生全面发展”，而不是由于教育思想的偏差，急功近利思想的作祟，人为地突出某一方面，削弱某些方面，忽视做人基本道理、基本准则的培养，忽略增强体质的重要性、必要性，在不经意中造成了被教育对象成长中的某些不足与缺陷，严重地出现精神上的残缺。每个学生都是活泼泼的生命体，都有全面发展的潜质，都是国家的宝贝、家庭的宝贝。如果由于目标偏离准星，做法错位，青少年学生在成长过程中付出了不应付的代价，成人是有责任的，学校、家庭、社会是有责任的。

而今战略主题的重点是两个“全面”，着力提高学生服务国家、服务人民的社会责任感，勇于探索的创新精神，善于解决问题的实践能力。且不说创新精神和实践能力的培养，单是“社会责任感”的提出就值得学校、家庭反复思考、付诸实践。学校教育是要把年幼无知的自然人培养成为有理想、有道德、有文化、守纪律的社会合格公民。求学读书是为了什么？为明做人之理，明报效国家之理。如果我们教出来的学生只以个人为中心，以追逐名利、享乐为目的，缺少服务国家、服务人民的社会责任感，那是教育的失败，有辱历史赋予的重要使命。

教育改革发展的蓝图已经绘就，战略主题清楚明确，如何使这些先进的理念深入人心，化为自觉的行动，是最为重要的，也是我们最为关心的。理念指导实践，教育改革发展是庞大的综合工程、系统工程、复杂工程，对教育的战略地位、战略主题、教育本质、育人规律等须有相当的共识。这种共识不仅在教育内部，当然，教育内部是重点，从事教育事业的人应具有高度共识，在教育外部，在家庭、社会，同样需要广泛宣传教育，具有正确的育人观，尽量不做违背教育规律乃至见利忘义之事。各项政策的执行难度较大，须深入了解实情，弄清问题的症结所在，一环扣一环地解决，方能取得实效。离开了针对性，简单从事，难以获得理想效果。比如减轻学生负担问题，只是做加减法，是不可能奏效的。哪些是合理负担？哪些是不合理负担？这些不合理负担是怎样形成的？学校、家庭、社会，各充当了什么角色？哪些是教育理念的问题？哪些是选拔考试的问题？哪些是功利政绩的问题？哪些是商业利益链的问题？哪些是体制问题？哪些是机制问题？凡此种种，均要综合考虑，开展综合治理，哪一环不到位，效果就难以收到，弄得不好，不是“我自岿然不动”，就是弄虚作假做表面文章。

百年大计，教育为本。本固则枝繁叶茂，生意盎然。期盼《规划纲要》在进一步完善的基础上狠抓落实，加强监督，为建设人才强国作出大贡献。

让生命之花绽放

德性与智性是生命之魂。学生进学校求学理应受到良好的思想道德陶冶和扎实有效的科学文化教育，使年轻的鲜活的生命健康成长。令人揪心的是重术轻人、急功近利思潮的干扰，应试教育、题海战术铺天盖地的侵袭，育分不育人、求学不读书的状况比比皆是，教育被扭曲，学生的全面发展深受不良影响。

教育的本质是培养人，它的基本职能是促进青少年的发展。有意识或无意识地重术轻人，重技能技巧，轻人的总体素质的培养，是把“人性”置于“技性”或“物性”之下，有悖于育人的宗旨。

德性与智性本不矛盾，是人们以二元对立的习惯思维方式硬性地将它们分裂开来，似乎是非此即彼、非彼即此，二者不相容。事实并非如此。思想道德素质是人们的理想信念、价值观念、道德观念、法制观念等方面的综合体现，它决定并影响着智力的发展与发挥；科学文化素质是通过知识的传授、能力的培养，开发学生的潜能，使他们智力获得发展，形成良好的认知结构。而在发展智能的过程中，须注意情感的激发，意志的培养，坚毅、自制品质的养成。显然，二者是不可分割的整体，共同构成一个人的综合素质。它们互相融合，互相渗透，互相联系，互相贯通，互相制约。前者是统帅，是方向；后者是基础，是生存发展的内部依据。

教育要“以德育为核心”，绝对是经典箴言。教育学生就是要他们明做人之理，明报效国家之理。求学期间，把握了做人的底线，养

本文发表于《中国德育》2010年第3期。

成了良好的思想道德，一辈子受益不尽。意大利诗人但丁曾说："一个知识不全的人可以用道德去弥补，而一个道德不全的人却难以用知识去弥补。"确实如此，一个人能力不足，责任可补；责任不够，能力不能补；能力有限，而责任是无限的。记得经合组织曾调查全球几十位著名跨国公司总裁，他们一致强调：责任感、创造性、灵活性是人发展、成才最核心的素质。可惜至今不少人，包括从事教育工作的人对此还是缺乏应有的认识，往往误认为德育是软任务，口里说说的，而抓知识是硬任务。有人甚至迷信分数，对分数顶礼膜拜。其中确实有不少难言的苦衷，如考评、升学率等紧箍咒，但认识与力行不能说已经到位了。

于是，学校教育就出现德育、智育割裂的情况，似乎课堂学科教学只是智育，而班主任工作才是德育。其实，任何教学都应有教育性，有教育性的教学，就赋予知识、能力以灵魂、意义，能促进学生的发展。学生进校求学，日复一日、月复一月、年复一年，绝大部分时间是在课堂里度过的，课堂里进行怎样的教育对学生心灵塑造至关重要，影响到学生的生命质量。学生只有一次青春，青春是无价宝，学校要满怀爱心切切实实尊重学生的生命价值，促进他们德性与智性和谐发展，共同成长。

课堂学科教学是单一传授知识技能，还是以所教学科智育为核心，融合情感态度与价值观的教育，教学效果迥然不同。后者是真正的教书育人，把情意激发、情操陶冶、责任心、创新意识、对真善美的价值追求等，伴随着知识的传授、能力的培养撒播到学生心中，使学生在掌握知识的同时，智力获得发展，心里逐步亮起人生追求的明灯，形成正确的人生价值判断。课堂教学应该立体多维，发挥育人的多功能。教学的优质、教学的有效，应追求这样的目标。

德育与智育的融合，绝不是外加、贴标签，而是深入钻研教材，反复推敲教学内容，认真挖掘教材中固有的育人资源，使知识传授、能力训练闪发育人的光彩。融合的方法很多，如可在文本中开掘，可在教学过程中点拨，可在情感上激励，可引导学生在思想上受启迪。

总之，课须血肉丰满，使学生学有兴趣，学有所得，学有所求，学有方向。

学科教学应是德育主渠道。主渠道开通，学生的生命之魂德性与智性每天受到培养，春风化雨，生命之花就会绽放。

教育就是“仁而爱人”

《社会观察》记者

近年来，有学者提出倡议改以“孔子诞辰日”作为教师节。作为教龄几乎与共和国同龄的老教师，请您谈一下我们现行的“教师节”的背景。

于漪

关于这种声音，我之前也曾注意到。对于他们倡议中的“现行教师节缺乏必要的历史意蕴和文化内涵”这种说法，我是认可的。但也应该注意到，现在的教师节，即 9 月 10 日，是在特定的历史背景下出现的。

“十年动乱”致使教育、文化受到极大的摧残，当时无所谓师道尊严，那时候的教师都成了“臭老九”。如此一来，教育受到极大的破坏。粉碎“四人帮”后，就面临一个很现实的问题，教师的地位和待遇都没有放到应有的位置。教育本身应当是居于战略性地位的，而当时人们对教育的这种重要性缺乏应有的认识。20 世纪 80 年代中期，教师的流失很严重，特别是有些学科如英语、艺术等。大学的情况还好些，中小幼教师流失比较严重。在这样的情况下，有人提出要有一个教师节，目的就是为营造一个尊师重教的氛围。把 9 月 10 日作为教师节，是 1985 年经全国人大通过的，当时主要是为表达一种尊师重教的导向。

本文发表于《社会观察》2010 年第 9 期，是该刊记者吴焕良对于漪老师所作的专访。

《社会观察》记者

现在从国家层面的“科教兴国”战略到社会以及每个家庭，都充分意识到教育的重要性，将孩子的未来发展希望寄托于教育。我国的教育事业取得很大进步，但同时现在的教育领域又面临许多新问题。该如何看待我们当下的这种教育状况？

于漪

从20世纪80年代到现在，二三十年的时间，教育的情况也发生很大的变化。教育在量的发展上的成就可以说令世人瞩目，义务教育的普及、扫盲工作成就、大学教育从精英教育到大众教育等。从硬件上来讲，可圈可点的地方很多。但从教育内涵来说，我觉得教育也面临着1949年以来从未有过的严峻挑战。

现在的学校要对学生进行的价值观教育，跟社会上的多元价值、多元文化是有许多矛盾的。比如我年轻的时候做教师，学校对学生的教育，实际上是主流价值观。要“我为人人，人人为我”，要“全心全意为人民服务”，这是跟社会上的价值观基本吻合的。而现在的家庭文化、社会文化与学校文化，学校所传授的、提倡的文化，却有很大差别，这样就给教育带来了1949年以来最严重的挑战。

学校教育、家庭教育、社会教育三者最好要形成合力，但现在很多是形成分力。比如学校要减轻负担，就要实行素质教育，当然学校本身做得怎样是一个问题，但许多家长不这样做。报纸上刚刚报道的，一个七岁的小孩每个星期要参加六个不同类型的辅导班，这是家庭主导的，不是学校规定的。

现在几乎每个家长都希望孩子成龙成凤，而不顾及他们的具体情况。家庭教育本来着重在教育孩子的品德、习惯，这是学做人最重要、最基础也是最核心的。但现在这部分是缺失的，反而是专门在打造一些解题的技能、技巧。

社会文化方面，我们读书的时候，看本书都很难，也买不起。现在书多得不得了，但却是良莠不齐，泥沙俱下，而且垃圾性的娱乐型快餐文化挤掉了优秀文化。孩子们的精神哺育是需要经典，需要优秀文化的，而不是乱七八糟抓一把杂草放进去，这将会影响他们的终生。现在的快餐文化中，诸如一些选秀活动，都把孩子们的头脑搞昏了。由于他们无生活经验、文化积累，文化判断力很差，基本上是照单全收，只要手段先进，就能吸引眼球。这样的社会文化跟我们对孩子的读书做人教育所需要的精神文化区别很大，抵消得很厉害。

《社会观察》记者

前面讲到现在教育面临社会多元化的冲击和挑战，表现出某种程度的泡沫化和快餐化。在这样的背景下，怎样看待我们传统文化精神在当代教育中的角色和价值？

于漪

对于传统文化，其实外国也是很重视的。比如英国，像伊顿公学是不参加什么评比之类的。我并不是说绅士教育怎样，但体现出对本民族的传统很重视，民族文化精髓的部分不能随便丢掉，这一点是很重要的。而我们现在却是把自己的东西铲除得很厉害。这样一来，家庭教育也好，社会文化也好，就变得浮游无根了。

中国传统文化中有不好的东西，有糟粕，这个谁都不能回避，但其中也有精粹，有灵魂性的东西。几千年的“先天下之忧而忧，后天下之乐而乐”，表现出来的一种担当，从《左传》开始就是这样的。一个人对国家、社会要有担当，要有责任。宋儒张载讲：“为天地立心，为生民立命，为往圣继绝学，为万世开太平。”这种精神对学生是一种很好的哺育，但这些方面，我们现在缺失得很厉害。

一个民族之所以生存，中华民族之所以历经内忧外患，五千年打不垮，归根到底是因为民族文化、民族精神，而不单是民族经济。中华民族历经民族经济、民族政治的变迁，之所以能够传承下来，归根到底是民族文化。而民族的语言文字又是民族文化的根，对外是一种屏障，对内是一种凝聚，但我们对这些东西缺乏敏感，缺乏深刻的认识。

《社会观察》记者

原本纯粹、单一的教育领域，为什么现在会如此乱象丛生，教育的本质又该如何理解？

于漪

这其中有很多因素、很多弊病造成。我始终认为，人做事情有国家、民族这把标尺的话，什么事情都可以做到公正。没有国家、民族这把标尺的话，什么政策都可能走斜掉。我觉得现在的社会道德、教育，一个最大的问题是把做人的底线破掉了。

学校教育应该有所为有所不为，要有定力。但现在学校的定力很差，我们现在说了很多育人的话，做了很多应试的事。读书为什么？读书为明理，明做人之理，明报效国家之理。这一条是无论如何不能放掉的，这条放掉就等于放掉了教育，阵地失守了。现在社会的导向把做人的底线冲得乌七八糟。

什么是做人？“仁而爱人”，心中是要有别人的。为什么“仁”是人字旁有个二？心中没有别人，还怎么爱人？

教育是一门爱的事业，没有爱就没有教育。我一直讲，教育，一个肩膀挑着学生的现在，一个肩膀挑着国家的未来。今天教育的质量就是明天的国民素质。这是客观规律，是不以人的意志为转移的。所以，我一谈到教育，心里就着急，为孩子着急。每个学生都是宝贵的，都是可塑之才。

《社会观察》记者

作为一名教师，包括个体意义上的老师和群体概念的教师，在当前的社会环境下，如何得到学生、家长以及社会的认可与尊重？

于漪

关于教师，我是这样理解的：选择了教师，就是选择了高尚。要想发财，就不要来做教师；要想当官，就不要来做教师。教师是“以人为本”的工作，是要以自己的人格引导学生塑造完美的人格，以自己的高尚情操熏陶学生的道德情操，以自己的科学文化素养培养学生扎实的科学文化基础。

一名教师一定要对自己的追求有清醒的认识。如果没有清醒的认识，仅仅作为一个糊口的工作，那就是混了。教师是不能混的，混的不仅是自己的生命，更是学生的生命。所以说，选择了教师，就是选择了高尚。如果没有这个认识，会经不起外界的诱惑。

因此，教师必须要有自己的人格魅力。作为教师，还应有相当的学识。教师传授的是中华优秀文化、人类进步文化，必须对要教授的课程深入进去，自己非常清楚才能教好学生，才能做到左右逢源。汉代的韩婴讲：“智如泉源，行可以为表仪者，人师也。”德才兼备，方可为师。

《社会观察》记者

从您自己的切身体验，如何来看待“尊师重教”这个问题？

于漪

尊师重教从历史意义和文化内涵来讲，应该说中国是很重视的。包括农村里，过去一个乡村教师都是很受尊重的。

一个社会是不是尊师重教，反映了这个社会的文明程度，也反映了一个社会有没有可持续发展的潜力。这不仅是现实问题，更反映出一个战略问题，即有没有真正的可持续发展的动力。因为要可持续发展，必定需要人才辈出。而人是不可能自然成才的，需要学校教育、家庭教育、社会教育。因此，必须去除急功近利的思想，功利主义的思潮对教育有极大的危害。教育要细水长流，才有一定的发展潜力。

我们看西南联大，抗战期间最艰苦的时候，培养出人才。几十年后，现在的院士有很多是西南联大走出来的。教育不是说今天种子撒下去，明天就长出来，那是不可能的。教育本身是一个过程，在教育的这个过程中，要传授知识、培养能力、发展智力、陶冶情操。

从教育方面来讲，儒家非常注重尊师重教。尊师重教是仰望星空的事情，因为不仅看到眼前的利益，更要仰望星空，看到民族的前景、国家的前途。民族的前景、国家的前途靠的是什么？靠人才辈出，靠素质良好的劳动者以及专门人才。还要靠卓越人才，不仅仅是专门人才。因此，尊师重教不是一个漂亮的口号，不是广告词，更不是一件用来炒作的事情，应该是仰望星空的事情，因为关系到国家民族的可持续发展。

《社会观察》记者

对于以“孔子诞辰日”替换现行 9 月 10 日为教师节这样的主张，您是怎样来看的？

于漪

作为教师节，以孔子诞辰日来做，当然对孔子本身来说并不是多余的，因为孔子毕竟是圣人，他不止教育一个方面，从他身上确实反映了中国传统文化的情结。

而现在的教师节，是在当时教师流失、教师队伍不稳定的特殊历史阶段确定的，也可说缺乏必要的文化内涵。当时是在不得已为稳定教师队伍的情况下，确定这样一个节日，为营造尊师重教的环境而确定的。

对于这种改动的说法，我担心成为炒作的话题，一改动怕又是沸沸扬扬。但是，在改的过程中，怎样操作将会有很多问题，要把道理讲清楚，毕竟当时也是有其原因和价值的。

至于教师节，需要必要的历史意义，但如果把教师节的确立等同于一味崇尚儒学，也有很多不妥的地方。我的意思就是，如以这个为教师节，是有历史意义和文化内涵的，对孔子精神的传承，对孔子学院的建设也是有好处的。但应该注意可能会产生的问题，在改的过程中要十分慎重，否则反而弄巧成拙。

抓住根本，讲求德育实效

《上海市中长期教育改革和发展规划纲要（2010—2020 年）》（以下简称《纲要》）为上海市未来十年教育的发展描绘了振奋人心的蓝图，从核心理念到具体措施，从总体战略到重点任务，可圈可点的闪亮之处甚多。如何把它们变成教育发展的现实，需要下一番功夫在难题上加以突破。认识上突破，做法上突破，实践，体验，改进，提升，就会创造出许多符合时代特征的教育新经验。

别的姑且不论，单就德育的针对性、实效性、吸引力和感染力而言，是当前教育中很大的难题。这些年来，德育方面做了大量的工作，但是面对社会上“金钱至上”“私利第一”“享乐人生”等思潮的冲击，效果还是会打折扣。再加上不少人错把考试手段当目标，对分数顶礼膜拜，育人的理念与实施在有意无意间被稀释，乃至被消解。说的是素质教育、育人，行的是应试教育、育分，这种状况令人揪心。从小不着力打好做人的根基，不懂得做人思想道德情操的底线在哪里，精神没有根据地，一辈子都会浮游无根。遇到挫折，遇到种种变脸的诱惑，轻则误入歧途，重则毁灭人生。《纲要》中的两个坚持，即“坚持把社会主义核心价值体系融入教育全过程”，“坚持把德育贯穿于育人的各个环节”，正是具有战略意义的应对。要让学生具有符合中国特色社会主义建设要求的理想信念、公民素质和健全人格，必须增强德育的针对性、实效性、吸引力和感染力。

德育内容非常丰富。理想信念、价值取向、国家意识、民族情

本文发表于《上海教育》2010 年第 18 期。

怀、法制观念、荣辱观念、道德情操、意志品质、行为习惯等，都重要，都要施以良好的教育，滋养学生的心灵，引领他们打好根基，健康成长。但是，一定要牢牢把握教育对象的实际情况，加强针对性。教育的有效性必然来自教育的针对性，知心才可能真正教心。什么学年段的学生，该着重进行哪些教育，须在研究学生的基础上，制定教育的目标。目标一定要明确、具体，适切性强，切实可行。不能无视教育对象的差别，什么都抓，什么都想取得效果。多目标往往导致无目标，留不下深深的印迹。可否从突破面上的撒播，改为纵深的聚焦？小学、初中、高中阶段应该有着各自的重点。每个阶段的每个年级、每个学期都有聚焦的教育主题，每学期不超过两个，反反复复，由浅入深，由具体到抽象，由感性到理性，师生共同探讨，认真实践，在心中留下难以磨灭的痕迹，形成素质的有机元素。在总目标的框架内，各校可根据校情学情设计、安排、创造，自编校本教材，或使用原有教材，凸显教育实效。

德育工作要取得实效，确实要在吸引力与感染力上有所突破。吸引学生兴趣，拨动他们的心弦，做人的美好旋律才会在他们心中产生共鸣，内化为他们自己的思想情操。教育手段要先进，要多样化，要在生动形象上做文章，尤其是对未成年人。要以悦目悦耳为切入口，达到悦心的目的。教育内容要实在，要用丰富的、具体翔实的事实说话，不是从概念到概念，空对空地说道理。社会上涌现出来的感人的人、事、物很多，用这些为国为民作贡献的榜样照耀学生的心灵，激励他们的人生追求。教育方法要讲究辩证思考、历史思考。要勇于直面问题，不回避，不绕道，剖析说理，明辨是非，引导学生学会两个眼睛看世界，崇尚真善美，贬斥与拒绝假恶丑，立志做堂堂正正的现代公民。要充分利用多种德育资源，形成合力，如各学科教学力量、社会实践基地力量、家长力量等等。当然，学生是接受教育的主体，他们要看、听、说、做、想，身心投入，方能取得良好效果。为此，激发他们的主动性、积极性最为关键。

要创造人生的辉煌，就须打好做人的根基，让心灵先辉煌起来。德育做的就是让学生心灵辉煌起来的工作，任重而道远。

理念植根心中
行动创造精彩

《上海市中长期教育改革和发展规划纲要（2010—2020 年）》（以下简称《纲要》）是指导上海未来教育改革和发展的纲要性文件，绘就了上海教育事业十年科学发展的蓝图。理念先进，主题鲜明，任务实在，充满活力，洋溢希望，读来令人振奋。

《纲要》面对上海教育现实，开拓发展途径，规划美好远景，全方位，多层次，穿越时空，寻觅与把握上海教育可持续发展的规律，可圈可点之处甚多，其中尤为突出的是核心理念的确立。《纲要》开宗明义，提出“为了每一个学生的终身发展”，并将此作为贯穿全文的理念。近十年基础教育课程教材改革的重要理念是以学生为本，以促进学生的发展为本，这个教育理念是在原先的以知识为本、以知识体系为本基础上的大变革、大提升，并逐渐得到认同，行之于实践。这是接近教育本质、反映教育本质的大好事。然而，这仅是就基础教育课程教材改革的范围而言。《纲要》确立的“为了每一个学生的终身发展”的核心理念，囊括上海教育改革与发展的方方面面，是引领上海教育率先实现现代化的一盏明灯。这个理念的两个关键词——“每一个”“终身”，分量千钧，它的高度、宽度、长度前所未有；这个理念的确立不仅表达了意识超前，更反映了对上海教育改革与发展的前景信心百倍，勇气非凡。

这个核心理念抓住了教育本质，凸显了教育的核心价值。现代教

本文发表于《上海教育》2010 年增刊《上海市中长期教育改革和发展规划纲要》学习读本。

育随着经济的发展和社会的进步，担负起越来越多的任务，发挥着越来越多的功能。传统的知识传授、技能培养仍有相当位置，而知识创新、服务经济、服务社会、文化交流、文化引领等任务诉诸教育，教育不得不迎接挑战，发挥多重功能。教育是什么？教育是按照一定的目的要求，对受教育者的德育、智育、体育诸方面施以影响的一种有计划的活动。它的出发点和归宿都是培养人，育人就是它的本质。它的最终目的就是要促进每一个受教育者的发展。教育可以对经济、对文化、对社会发挥种种作用，但育人是最根本的，是核心价值所在。离开了育人这个核心价值，其他的作用、功能也就浮游无根，不可能获得有效的、长远的发展。当前教育实践中出现的重知识技能训练、轻人的全面培养，重育分、轻育人的令人忧虑的状况，正是由于对教育核心价值的迷茫与失落所致。“为了每一个学生的终身发展”这个核心理念的确立，引领教育回归本质，认祖归宗，起着振聋发聩的作用。

这个核心理念的确立能大力促进教育公平，营造“有教无类”、追求卓越的新局面。温家宝总理在《强国必强教，强国先强教》这一报告中说：“我们已经在全国城乡实行了免费义务教育，把义务教育经费全面纳入国家财政保障范围。这是我国教育体制的一个历史性变革，从而使几千年来‘有教无类’的理想变成了现实。”财政保障，体制变革，令人深受鼓舞。今日的“有教无类”不是一般解决有学上的问题，而是要实现“学有所教，学有优教”，缩小不同群体发展差距，消除家庭贫困的代际传递，实现人的自由全面发展，促进教育公平。因此，“每一个学生”的发展就至为重要。脑科学的研究成果表明，每个常人身上蕴含着有待开发的巨大潜力，这是面向全体学生，使每个学生获得发展的前提与依据。每个学生都是独一无二的。差异无好坏之分，它代表的是人的多样性，要求教育者对人的个体性、独特性、多样性给予充分的尊重。不是让学生去适应标准化的一成不变的教育，而是教育应通过自身的变革，以其丰富性、多样性去适应与满足学生的需要。《纲要》中众多开拓性的做法正是让不同层次、不同个性的学生获得最佳的发展。这个理念植根心中，必然沉到学生世界中去研究学生，把握特点，因材施教。教育改革有了这样的思想原动力，充满创新精神的优秀办学业绩就会层出不穷，百花齐放。

这个核心理念蕴含着可贵的教育战略思想，为学生的可持续发展、终身发展打下做人做事的坚实基础。胡锦涛总书记在全国教育工作会议上提出："教育是国计，也是民生；教育是今天，更是明天。"这些鞭辟入里的论述使我们清醒地认识到教育不仅是民族振兴、社会进步的基石，而且寄托着亿万家庭对美好生活的期盼；清醒地认识到教育是长线事业，不是只教一阵子，急功近利，而是要求教在今天，想到明天，为学生的终身发展奠基，惠及他们的一生。把今天的成长与明天的发展紧密相连，这是真正的对人的尊重，对人的成长规律的敬畏。《纲要》中聚焦推进素质教育这一战略主题，全面实施教育综合改革，正是紧紧围绕学生的终身发展，整体设计，分类指导。全面实施素质教育才能使学生真正获得全面发展，个体具备的特有的强势智能才能充分发挥优势，经过实践锻炼，会成长为拔尖创新人才。教育不能被应试教育拖累，只顾眼前分数，有意无意形成人发展中的短板，乃至残缺，尤其是理想信念、做人的基本准则的缺失。果真如此，那就贻误人的终身。

将"为了每一个学生的终身发展"的理念植根心中，切实履行《纲要》内容，教育前景必然精彩纷呈。

学校，学生成长的乐园

“办学生喜欢的学校”，定位办学的追求目标，不仅反映了教育本质，以学生为本，以促进学生发展为本，更是以非凡的勇气切中时弊，摒除遮蒙在教育领域的浓厚的功利色彩。

“知之者不如好之者，好之者不如乐之者。”（《论语·雍也》）“知”“好”“乐”之间逐层递进。眼下，学校对学生的学习，特别关注的是“知”，对“好”考虑甚少，“乐”就无从谈起了。学生求知如若处于被知晓的状态，即使学得一点知识技能，也往往是以苦为伴，以厌为伍。如果依据他们的天性，循循善诱，鼓励引导，发展他们的潜能，激励他们达到自强不息、欲罢不能之境，即使学习过程中可能会遇到许多挑战，他们也不以为苦，兴之所至，乐在其中。

课程教材改革的目标有多项，处于核心地位的目标是课程功能的转变，即改变课程过于注重传授知识的倾向，强调形成积极主动的学习态度，使获得基础知识和基本技能的过程同时成为学会学习和形成价值观的过程。且不说别的，仅学生能形成积极主动的学习态度，那就是课改的极大成绩。学习态度转变，学习的兴趣就会大增，进而摆脱他主学习的困境，步入自主学习的快乐天地。

课堂是一所学校最基本、最常态的细胞，是实施素质教育和课程改革的主阵地，课堂教学是教书育人、学生成长的中心所在。学生进校求知，绝大部分时间在课堂里度过，一堂堂课影响到他们发展的质

本文发表于《黄浦教育》2011 年第 1—2 期。

量、成长的质量、生命的质量。课堂教学如果充满智慧，情意洋溢，兴味盎然，有吸引力、感染力、辐射力，学生不仅学有兴趣，学有所得，更可贵在激发了旺盛的求知欲，学有追求，积极主动地探索、研究，品尝到求知的乐趣，感受到成长的幸福。有了这样的体验、这样的收获，喜爱学校之情必然充盈胸际。

课堂教学的生命活力既来自人文关怀、知识魅力，更来自问题的探索。当前我们教育模式的弊病，着力于学生的学“答”，追求纤毫不差，讲究标准化。殊不知这是让学生只活在别人思考的结果里，学习的生命力受到压抑，处于画地为牢、不可越雷池一步的圈养境地，怎可能精力充沛、智慧发展呢？孟子早就说过：“心之官则思，思则得之，不思则不得也。”课堂里学生有思考的时间与空间，就会培养起生疑、质疑、辨疑，进而解疑的良好的学习方式、学习习惯。“疑”是学之始，一个人从无知到有知的过程总是始于发问。“问”的能力的强弱、深浅，反映学习者的学习态度、知识基础、思维能力与思维品质。“问”是通向新知识的桥梁，是“思”的结果。学问学问，要学会“问”，就得切实培养学生独立思考的能力。屈原的《天问》一口气提出138个问题，天上、地下、人间、自然、社会，没有作答，给人留下无尽的思考空间。如果我们的学生能在求知过程中提出各种各样的问题，甚至是奇思妙想的问题，那我们的课堂岂不是智慧火花的迸发、创新意识的闪耀、青春活力的张扬？那是一种怎样的教育理想境界？师生的尊严、师生的能量都得到真正的释放。

大爱是学校文化的灵魂。没有爱就没有教育；教育只有充满爱，才能进入学生的内心深处。爱，就是一切为了学生。学生在成长过程中对奔跑、游戏、体育、各类艺术活动、科技小制作等都有内心的渴求，参与的冲动。课外的天地正是他们融合长知识、长能力、长见识、长身体于一体的重要场所，刚强、勇敢、奋斗、合作、创新等精神，从其中孕育而出，磨炼而出，思维的灵敏度、身体的协调性、同伴的亲密度都会获得锤炼。没有课外丰富的学校生活，学生对学校的感情就会部分缺失；开展符合学生身心发展的多彩的活动，学生就会生龙活虎，爱意荡漾。

尊重学生的个性，接纳学生的差异，促进每一个学生的健康发展，这是教育的真爱。在爱的阳光照耀下，学生喜爱学校，喜爱老师，学校是学生成长的乐园。

理想照耀生命

太阳每天从东方升起，但每天都有新的气象、新的活力，给人们带来新的希望、新的启示。

常识有时就成为经典，历经时间检验，成为大家的共识，如：人要吃饭，大到民以食为天，小到个人的一顿饭，其中有许多学问，许多值得研究的问题。话题虽老，但同样常谈常新。更何况“理想”这个话题对我们青少年学生而言，是应该思考，应该讨论，不可或缺的。

新世纪开始，胡锦涛总书记 2000 年 6 月 1 日在《为推进祖国新世纪大业做好全面准备》中说：“少年时代是美好人生的开端，远大的理想在这里孕育，高尚的情操在这里萌生，良好的习惯在这里养成，生命的辉煌在这里奠基。”

每个青少年都期盼自己有美好的人生，能创造生命的辉煌。怎样才能实现？孕育远大的理想、树立远大的理想至关重要。

一、志存高远是人生价值的源泉

我们这里讨论的不是中国科学院院士、生物学家贝时璋先生阐述的特征。因为生命的特征就是“活”，所谓“活”，无非是自然界三

本文是作者 2011 年 5 月 14 日在上海市教委党校举办的“高中入党积极分子学习班”上所作的报告。作者与青年学子共同讨论生命的价值，用理想照亮学生纯洁的心灵，用榜样的力量激励学生做好人生的选择，教会学生既要仰望星空，又要脚踏实地，引发了学生的强烈共鸣。

个量：物质、能量和信息，在生命系统中综合运动的表现。也就是说，生命是自然界的高级运动形式。

我们探讨的理想照耀生命，不是生理层面的“活”，而是精神层面的追求。也就是说，在尊重生命、敬畏生命、热爱生命的基础上，要激发生命的潜能，捍卫生命的尊严，提升生命的质量，实现生命的价值。简言之，探讨人生的价值。

人生在世几十年，最多百年左右，谁都希望自己的人生美好、多彩。在人生之春的青少年时代，就应严肃地思考：追求什么价值取向，一辈子的路往哪里走？张海迪曾说过一句启人深思的话：人生的价值在于创造有价值的一生。确实如此，人的一生可能燃烧，也可能腐朽，不懂得生活意义的苟活，不担当应负的社会责任，只禁锢在个人私利的牢笼里，那就会步入灰暗、闭锁、卑微乃至腐朽。

有价值的一生是怎样创造的呢？

记得20世纪美国著名探险家约翰·戈达德曾这样说：“让心灵先到达那个地方。”是心灵的渴望，开阔了求索的视野；是心灵的飞翔，催促了奋进的脚步；是心灵的富有，孕育了生命的奇迹。

要创造人生的辉煌，须先让心灵辉煌起来。当然，这里的辉煌绝非荣华富贵，名噪一时，而是有极其丰富的内涵。许多古今中外的大智大勇之士以自己的思想言行作了极其生动极其深刻的阐释。

自古以来，在人们口中一直传着这样一句话：“人无志不立。”人没有远大的志向，就站立不起来。人有脊梁骨才直立行走，否则就难以脱离爬行的状态。人在精神上没有支柱，没有志向，没有追求，就会失魂落魄。没有理想的人，如同松弛的琴弦，是弹奏不出动人的生命乐曲的。人没有了主心骨，就失去了人的尊严，堕落为行尸走肉。明朝王守仁说：“志不立，天下无可成之事。”没有志向，没有明确的目标追求，人生飘忽半空中，怎能成事？

志存高远，树立远大的志向，是创造有价值人生的源泉，是生命活力的不竭动力。

例如，大家熟知的司马迁因替汉将军李陵辩解，获罪下狱，被施以腐刑。虽受此侮辱，但他活了下来，原因何在？他在《报任安书》

中说："所以隐忍苟活，幽于粪土之中而不辞者，恨私心有所不尽，鄙陋没世而文采不表于后世也。"即我之所以暗暗地忍受，苟活偷生，关在粪土般污秽的监狱里而不肯去死，就因为心中还有未实现的理想。如果在屈辱中死去，文章的才华就不能流于后世。什么理想？作为太史令，不仅要完成父亲司马谈的临终嘱托，而且要记述历史与现状，上续孔子的《春秋》。他在《太史公自序》中说："于是卒述陶唐以来，至于麟止，自黄帝始。"（于是，终于记述了唐尧以来的历史，止于猎获白麟的元狩元年，而从黄帝开始。）（汉武帝元狩元年——公元前 122 年，猎获白麟一只，《史记》记事即止于此年。《五帝本纪》，黄帝为首，轩辕氏。）由于志存高远，司马迁含辱发愤，继续写完《史记》这部历史巨著。这是我国第一部纪传体通史，记载了黄帝至汉武帝时三千多年的历史。全书有"本纪""表""书""世家""列传"等 130 篇。它也是一部传记文学名著，结构精当，语言凝练，刻画的人物栩栩如生，极富艺术魅力。鲁迅赞之为"史家之绝唱，无韵之离骚"，对后世史学和文学产生了深远的影响。

一位著名学者对司马迁的人生价值说得十分精辟，说他不仅仅是一名杰出的史学家，而且是一个改变了所有中国人的人，是他，使每一个中国人成为"历史中人"。他以自己残破的生命、难言的委屈、莫名的耻辱，换来了一个民族完整的历史，千万民众宏伟的记忆，华夏文化无比的尊严。《春秋》，还有《尚书》，以一种大事记的方式提供了一种"史学理念"，但在"史学理念"之后还必须创造一个可以长久延续的"史学模式"。理念如云飘荡，可仰望它的色彩，而模式有一定的格式和程序，可继承下来。司马迁做到了，构成了历史的气脉。世界上其他一些古文明因未创他们的"史学模式"而割断，而流失。司马迁这种超越时空走向永恒的伟大的人生价值在于他胸有大志，"心随朗日高，志与秋霜洁"，执着追求，有不懈的动力。

又比如 16 世纪意大利文艺复兴时期著名哲学家、自然科学家布鲁诺，他捍卫和发展了哥白尼的学说。他被教会革除教籍，逮捕入狱，囚禁八年，但坚贞不屈，宁死也不放弃自己的信念。他在《论无限宇宙和世界》中指出，宇宙是无限的，在太阳系之外还有无数个星体。而且指出，恒星并不是镶嵌在天体内壳上，而是在有近有远的无限宇宙之中。对宇宙真相探求的理想信念使他的生命超越时空，闪发光彩。

在中国现代史中，在当今社会，有高远的志向、创造有价值人生的人和事更是不胜枚举。且不说革命战争中的革命先烈、革命前辈，单是建设事业中，理想照耀生命的范例就数不胜数，令人感动。如大家熟知的、由衷敬仰的“两弹元勋”邓稼先就是一个把自己一生献给祖国的人。祖国利益高于一切的信念指引他克服了一系列难以想象的困难，给予他长盛不衰的勇气，和同伴一起，创造了震惊世界的业绩，捍卫了祖国的安全和尊严，宣告了中国人任人欺凌的时代结束。再如，每年《感动中国》的人物，他们都是在平凡岗位上的普通人，由于志存高远，心中有别人有祖国，立志为人民造福，因而活得有意义，人生闪光彩。

普通人不普通，平凡人不平凡，全在于精神上树立高标，思想上攀登高峰。青海玉树大地震中，位于巴塘废墟的第一民族中学创造了“零死亡”的奇迹。天未亮，老师叫醒了所有学生；强震来袭，带领学生紧急转移，抢救被压在废墟下的老师，所有老师和 880 多名学生生命获得安全。“一切为了学生”的信念使校长布周才仁、副校长严力多德、生活老师多吉才仁等临危不惧，指挥若定。汶川灾区、玉树灾区抢险救灾的可歌可泣事迹大量涌现，无不是以人为本、尊重生活、同胞骨肉亲的理念的生动展现。

莎士比亚曾说：人是万物之灵长，宇宙的精华。但人并不是生来就伟大，而是因为有思想有精神才伟大。人的伟大无须靠别人赞美，行为本身会说话，历史会说话。

二、奋发进取是通往理想的阶梯

理想不是幻想空想，幻想空想是空洞的、飘浮的，理想是实在的，需要用行动加以实现。鲁迅早就指出：单是说不行，要紧的是做。理想和行动要结合起来。《论语·公冶长》中说："始吾于人也，听其言而信其行；今吾于人也，听其言而观其行。""观其行"，说明行动的重要。所谓行动，并不是惊天动地之举，也并不是大手笔、大思路，而是从日常的一点一滴做起。老子《道德经》里就说道："合抱之木，生于毫末；九层之台，起于垒土；千里之行，始于足下。"

合抱之木，九层之台，非常壮观，是人们追求的理想目标，而了不起的在于"生于毫末""起于垒土"。小小树苗，一撮撮土毫不起眼，可贵在"生"、在"起"，充满了进取的精神、奋发的精神。要经受狂风暴雨的袭击，日晒雨淋的考验，一个劲儿长，一个劲儿垒。只有这样一步一步往前进，一个一个阶梯攀登，方能通往理想的境界。在交通极不发达的古代，千里实在十分遥远，要实现这样的目标，只有奋发精神，从脚下开始。荀子在《劝学》中说："不积跬步，无以至千里；不积小流，无以成江海。"人们认识事物往往有种惯性，关注成事之时，其富其大其宏伟其辉煌，而忽略乃至小视历经艰辛的过程，忽略那个"跬步"，那个"小流"。结果、目标是重要的，但关键在过程中的毫不懈怠。

历经艰辛的过程最需要的，一是勇气，不畏困难；二是坚持不懈，锲而不舍。贝多芬有句令人震撼的话，"扼住命运的咽喉，决不能让命运使我屈服"。学习、工作、研究，不可能不碰到困难。数学家华罗庚先生说："难"也是如此，面对悬崖峭壁，一百年也看不出一条缝来，但用斧凿，能进一寸进一寸，进一尺进一尺，不断积累，飞跃必来，突破随之。荀子早就说过："锲而不舍，金石可镂。"坚持、耐心、毅力助你抵达理想的彼岸；急躁、狂热、畏惧、怠惰，理想就可望而不可即了。

举例来说，英国人类学家古道尔，这个年轻的姑娘为了探求远古时代的人是什么样子，在藤蔓参差、浓荫蔽日的可怕森林里先后生活了十年多，其中艰难险阻难以言说，她以勇气与毅力取得了胜利。1971 年，她出版了《人类的近亲》一书，轰动了世界。

邓稼先和他的同伴成为两弹的功臣，对国家核事业的建设作出极大的贡献，是由于他十年如一日，勤恳刻苦，东奔西走，风餐露宿，承受大戈壁风刀霜剑的洗礼，经历了多少次失败的风险、试验的危险。这充分说明理想的实现靠坚忍不拔的执着追求，神圣渗透在大量一丝不苟的工作之中。“神九”上天、“蛟龙”潜海莫不如此。每做一件事都认真负责，一丝不苟，确实不容易，这是一种精神，一种品德，一种习惯，而这又靠远大理想的支撑。马虎、敷衍，与实现理想无缘。

列夫·托尔斯泰毕生为人生和社会的改革进行真诚的探索。他的创作时期长达六十多年，《战争与和平》《安娜·卡列尼娜》《复活》等长篇小说脍炙人口，对欧洲文学有很大影响。且不说他创作的艰辛，单是修改就可说明锲而不舍的精神。《战争与和平》写了六年，修改了七遍。为《生活的道路》所写的序言，竟有一百多种稿本。

无数事实证明：只有向自己提出高远的目标，并以自己的全部力量为之奋斗的人，才是创造有价值人生的人，也才是最幸福的人。

三、
清醒纯正，
咬定青山不放松

要把正确的道理内化为自己的认识，感同身受，落实到行动上，须排除种种干扰与诱惑，要头脑清醒，心地纯正，树理想，立壮志，咬定青山不放松。

当今社会飞速发展，多元经济并存，多元文化碰撞，文化产品风起云涌，文化时尚鱼龙混杂，泥沙俱下。中学生在成长过程中，缺乏锻炼，缺少人生的经验，面对思想文化大潮裹挟而来的腐朽思想、垃圾文化、低俗文化、黄毒文化、暴力文化的侵袭，特别要注意保持头脑清醒，要有文化判断力，切不可照单全收，错把腐朽当神奇。要独立思考，反复比较，多问几个为什么，学会寻根刨底，弄清是非美丑。因为那些消极、颓废、恐怖袭来时不可能狰容毕露，而是披着各种各样乱人耳目的外衣，在你丧失警惕之时，悄悄地污染你的心灵。

文化对青少年学生有巨大的吸引力，又有巨大的穿透力。犹如水击石，或冲刷，或细镂，锲而不舍，日日夜夜，石头就被雕塑成令人叹为观止的异态。每个学生都生活在一定的文化氛围之中，由于兴趣、品位的差异，由于家庭环境、周边环境的不同，由于不同文化的感染、雕塑，在不知不觉中，精神世界的高低就很有区别，乃至大相径庭。为此，要使自己成为心灵丰富、志向高远的人，提高文化判断力至关重要。正如鲁迅在《拿来主义》中所说，“要运用脑髓，放出眼光，自己来拿”。要鉴别优劣，区分美丑，崇尚健康、高雅，鄙弃低俗、污秽。现代教育史上有所名校叫西南联合大学（由北大、清华、南开三校组成），在抗日战争物质条件十分艰苦的状况下办了不到八年，培养了众多的全国乃至世界级的顶尖人才。其中有一条颇值得深思。它的学生由于素质良好，文化底蕴扎实，因而有较高的文化判断力，以追求高尚文化为荣。他们在评人、谈文、论艺时，常夹用Vanity（虚荣心）和Taste（趣味）。如看到有人矫饰、卖弄、出风头，同学就会脱口而出“Vanity”。谈论文化艺术时，有人见解卑琐，趣味低下，同学就会说“Taste不高”。学生中形成了这样一种氛围，一种导向，就有助于心灵纯正无邪。

对金钱的顶礼膜拜，对网络的迷恋，对一味享受生活的鼓吹，都会在我们周围散发不良因子，要识别、抵御、拒绝。这些东西虽然光怪陆离，眩人耳目，但说到底核心内容是崇拜物质财富，重个人私利，享乐逍遥。若钻进去，被腐蚀，精神坍塌，灵魂扭曲，怎能活得像人样？对社会上存在的这些假恶丑看清楚了，看透了，就懂得尊重做人的准则是多么可贵，多么必要，就懂得要创建有价值的人生，对社会对国家作贡献，必须追求人格的完美，不断加强自己的身心修养。

人为物质所俘虏，就会丧失人性。面对诱惑人的各种各样的物品，如果放纵私欲，没有节制，人就化为物了。而人一旦被物化，就会丧失天理良心，什么坏事都干得出。

人总是有物欲的，要生存要发展，不可能不食人间烟火。我们从事经济建设，大量创造物质财富，不仅使国家强盛，更是要改善民生，让老百姓生活幸福。人和物质财富打交道，要不逾矩，在规范中活动，取之有道。在物质诱惑面前，保持清醒的头脑，追求精神层面的富有，追求人格的完美。印度诗人泰戈尔曾打过一个生动的比喻：鸟的翅膀一旦系上黄金，就永远也不能飞腾起来。常想到这一点，容易心明眼亮。

同学们积极向上，表现优秀，有理想，有抱负，希望进一步坚定远大的理想，一辈子为之奋斗，从现在做起，从身边做起，咬定青山不放松。理想就在岗位上，信仰就在行动中，让我们共同努力，共同勉励。

让孩子真切地感受到幸福

幸福是什么？可能千人千理解，万人万体会。它看不见，摸不着，但又切切实实地存在于人的身上、人的心中。古往今来，志士仁人把“先天下之忧而忧，后天下之乐而乐”作为自己的无上幸福，这就把幸福提升到人生的意义与价值的高度来体验、来考量。有的人物欲无穷，对金钱顶礼膜拜，追求财富的超速积累，过着声色犬马的生活，认为这就是享受生活，这就是幸福。对这些林林总总的认识与做法，暂不作评判，不进行讨论。我们办学者、执教者要着力思考的是如何让我们的中小学生在求学期间能真切地感受幸福、享受幸福，快乐健康地成长。

中小学生对幸福的要求应该说是不高的。他们只要感到自己做的事有意义，有成就感，受到尊重，得到肯定，就会身心愉悦、舒服痛快、幸福温暖。有了这种感受，必然精神振奋，意气风发，笑对学习和人生。然而现实的状况是，不少学生表现出来的是身体疲惫，心情压抑，求知欲不强烈。只要说到现在的生活比我们那时不知幸福多少时，常会听到这样一句意想不到的话：“那时你们不过穷一点罢了，你们知道我心里多苦，压力多大啊！”这样的话出自十三四岁或十六七岁孩子的口，真是令人心酸。

生活确实幸福，学生既无缺衣少食之苦，求学的物质条件更是优越得前所未有，为什么还会觉得“心苦”而缺少幸福感呢？原因可能多种多样，但过重的压力无疑是共同的因素。学生求学必有压力，

本文发表于《思想理论教育》2011 年第 6 期。

但这种压力应该是适度的，符合学生认知规律和身心健康发展规律的。过重的压力必然会导致学生不能承受之累、不可承受之苦。我们不禁要问，过重的压力来自何方？

首先是目标宏大、虚幻，内容繁多。这些目标基本不是孩子立志追求的，而是家长根据社会上流行的、时尚的各种各样的“参照物”确立的。各种各样的学科要拔尖，各种各样的才艺要掌握，各种各样的竞赛机会不能错过，各种各样的奖状、证书要囊括为己有……五花八门的功利都往小小的生命上堆，怎一个“累”字了得！家长也无奈，如此这般的做法，近则为孩子进名校打造敲门砖，远则期望他们将来当什么“官”，做什么“领”，成什么“款”。一言以蔽之，成为“不一般”的人，有权有势有钱，当然也就有“幸福”。以明日虚幻的所谓幸福给今日的学生不断加压，逼迫学生做出现实的付出，这种得不偿失还不仅仅是时间叠加、载重数量的机械运算，丢失的更是花样年华的好奇、快乐，青涩少年的美梦、猎奇，人生最美好的青春年华的壮志豪情与无限活力。每个人都只有一个童年、一个少年、一个青年时代，“逝者如斯夫”，流逝的岁月永远不能返回。用成人的主观愿望去架构孩子的人生，看似为他们造福，实质却是画地为牢，限制了他们的自由发展和蓬勃生长。青少年时期极其可贵的率真、幼稚、粗糙、勇敢、探究、纯情、惬意、欢乐在功利色彩笼罩下不断地被消解。

生命本来没有名字，每个孩子都是独一无二的，各有各的长处，各有各的不足。且不说别的，单是加德纳的多元智能理论对教育工作者而言，不仅不陌生，而且深知其科学价值。然而，在教育教学中，我们总是以一个标准要求所有的教育对象。不是教育的多样性适应于引导各具特点的学生，而是知识传授、能力培养的种种做法均一刀切、标准化。淡化的是“人”，信奉的是“分”。当“分”被作为图腾般膜拜时，许多学生在分数面前常常处于失败者的地位，学习乐趣无情地被人为打掉，失去了求知的成就感，又何言幸福？

一位在国外工作了 8 年的博士说了这样一件真实的事情：一名中国学生和一名外国学生同在一所学校一个班级求学，一次考试，同获

97 分。外国孩子返回家中，全家欢欣雀跃，父母认为孩子是天才，了不起。而中国孩子回到家中陈述成绩时，遭遇到的却是父母的铁板面孔，继而是父亲严厉地质问："还有 3 分到哪里去了?"带给孩子的是恐惧、失败、沮丧。这个事例很有典型性，后面这名学生的遭遇在我们的学校教育中也是屡见不鲜的。97 分的高分尚且如此，更不用说 80 分、70 分、60 分，甚至不及格了。学生失败沮丧的心情如影随形，能有什么幸福感可言?以学生的心智和能力，很难有坚强的意志把这种阴影驱赶走。

家长也好，教师也好，要真正学会换位思考。孩子在成长过程中有这样那样的梦想与追求，学习上有这样那样的需求乃至闪失，这些都应该被理解、体贴和宽容，家长和教师应该满腔热情地因势利导、因材施教。一味用刚性的指标，特别是分数、名次、证件加压，轻则造成学生情绪低落、学习倦怠，重则导致性格扭曲、冷漠寡情，无视社会与人生，后果难以预料。

学校与家庭不可能代替孩子成长，也不可能给予孩子幸福感。幸福感是个人的感受、个人的体验。但学校与家庭有责任给孩子们提供滋养幸福感的宽松环境、自由发展的时间。每个学生都是宝贝，有兴趣有爱好，有优势有特长。作为教育者，我们应该尊重他们发展的权利，为他们提供成长所需要的时间和空间保障，如此，他们求知向上的积极性必然增添，在施展才能的过程中就能品尝到成功的喜悦，幸福感也就充盈胸际。

以巨大的勇气拆除分数的桎梏，废除教育孩子习以为常的语言霸权，遵循孩子身心健康发展的规律，因材施教，积极引导，幸福就会不期而遇：头顶上是湛蓝的天空，周围是鸟语花香。

教师专业发展学校：教师成长的新型学习共同体

强国必先强教，强教必先强师。

教师专业发展是我国当前和今后相当长一段时间需要破解的难题之一。学校教育的质量说到底是教师的质量。上海基础教育课程改革的发展与深入给教育界带来的最大挑战，莫过于对教师的挑战。教师要铸师魂、锻师能、养师风，持续提高素质与专业水平，方能担当起新世纪教书育人的重任。上海市为促进教师专业发展采取了很多举措，“十一五”期间创设的“双名工程”、新农村教师专业发展项目，在促进教师成长方面取得了不凡的成绩。但基础教育教师面广量大，如何让所有教师都享受到继续教育的权利，更好地实现专业发展，依然是摆在很多基层学校领导面前的迫切需要解决的问题。

浦东新区敢为天下先。在“十一五”期间，浦东新区吸收国内外先进的理论研究与实践经验，兴办“教师专业发展学校”，探索教师教育新途径、新模式，以教育理念的先进催生教师教育的不断创新。通过系统的政策设计、实践建设与跟踪评估，初步建成了 19 所教师专业发展学校，覆盖中小学、幼儿园学段，在区域内乃至在全国范围内产生了积极的影响。这些教师专业发展学校不是另起炉灶，而是在原有学校建制的基础上，充分运用原有学校的优质教育资源，拓展学校功能，发挥示范作用和辐射作用。浦东新区根据本区域师资实际情况和教研层面的迫切需要，建立以校为本的新型学习共同体，与

本文发表于《现代教学》2011 年第 9 期。

高水平的、相似层次的“共同体”相互砥砺，相互激发，从根本上改变以往忽略教研质量，不能促进教师专业发展的状况。这种新型学习共同体惠及各个层面的教师。新教师有专人带教，成熟教师、骨干教师有教研专题，有项目引领，以教研为实体，形成教育、教学、研究、学习结合的专业成长方式。这种新型学习共同体极大地调动了教师成长的积极性，向着专业发展的目标不断发掘自己的潜能。

教育内涵提升的关键在教师的专业发展。教师通过自身的专业发展，能体验到职业内在的尊严与价值，从而钟情于业务钻研，提高教育教学能力。教师专业发展学校聚焦专业性很强的教育实践，强调教师在课堂教学实践中锻炼成长，于实践中发现问题，针对问题开展教学研讨，从而上升到理论发展的制度建设：从校情出发，规划全校课堂教学实践；从教师个人实际出发，为专业发展量身定制。教育事业是实践的事业，紧抓教育实践不放，聚焦课堂教学“临床”诊断、指导、评析、研究，“共同体”成员的专业获得明显发展，这是优质学校内部各种教师教育资源不断外化的辐射源。浦东新区举办教师专业发展学校，从设计之初就强调其示范辐射功能。获得命名的优质学校，通过课题研究、成果展示、校际结对、带教指导等形式，为本地区及外省市学校提供了丰富多彩的教育示范服务。在教师教育资源辐射的过程中，外校教师在专业上得以成长，教师专业发展学校本身的指导能力得到提升，形成了双赢的可喜局面。

浦东新区教师专业发展学校追求的目标是实现“双中心”和“三发展”，即学校发展要以学生和教师的发展为中心，要实现学生、教师、学校三方面的发展。浦东新区也正向着这一振奋人心的目标努力前进，其中五所学校已被上海市教育委员会遴选为首批上海市教师专业发展学校暨师范生实习基地。相信在“十二五”期间，浦东新区教师专业发展学校定能在教师培养方面取得更大的成绩。

语文学科德育实施纵横谈

《上海市中长期教育改革和发展规划纲要（2010—2020 年）》中重点任务的第一条就是德育，第一条的第一句是："立德树人是教育的根本任务，是坚持社会主义办学方向的根本保证。"这两个"根本"，不仅办学者要牢记，并尽心尽力付诸实施，而且所有教师，当然包括语文教师，同样须牢记在心，并努力在教育教学过程中付诸实施。

根据大家的疑问、困惑与向往，就以下几个问题谈一点看法。

一、语文学科为何要育德，意义与价值何在

教书育人是教师的天职。所有教师都在教他的专业书，但终极目的是育人，教书的过程也是育人的过程，二者密不可分。

本文是作者于 2011 年 9 月 24 日为"上海市语文学科德育实训基地"学员所作报告的讲话稿，针对学员在培训过程中提出的疑问、困惑与向往，围绕语文学科"育德"的意义与价值、内涵、途径与方法等，对"学科德育攻坚克难的时代责任"作出了明确的回答。2005 年中共上海市科技教育工作委员会、上海市教育委员会发布《关于建设"上海市中小学骨干教师德育实训基地"的通知》（沪教委德〔2005〕44 号），于 2006 年 7 月正式启动"上海市中小学骨干教师德育实训基地"培训。作者从 2007 年上海市"双名工程"首期语文名师基地主持人工作结束后，受上海市教委德育处委托，以耄耋之龄连续担任三期"上海市语文学科德育实训基地"主持人，为上海市培养中小学语文学科优秀骨干教师，每期三十余人，一直坚持到 2018 年 3 月。经过培训，这些教师均已成长为各区语文学科德育的中坚力量，近十位教师先后被评为上海市语文特级教师。

1.
从战略高度认识

一是教书不是纯技术，不能只强调它工具理性的意义。语文学科还有传承文化的重任，主要是传承中华优秀文化，也传承人类先进文化。民族文化是民族生存、民族发展的根，而语言文字是民族文化的根。语文学科的教学任务当然是教学生语言文字，培养他们正确理解与运用语言文字的能力，与此同时，必须引领他们热爱中华优秀文化，感受、体验中华优秀文化的辉煌与魅力。教师既教文又育人，教学中自觉地传承文化，以中华优秀文化哺育学生心灵，使他们打下做人的坚实基础。

二是价值取向的选择问题。当今时代，国与国之间交流频繁，交融交锋也屡见不鲜。越来越多的西方精神文化产品及价值观念涌入，传统价值观念遭到猛烈冲击。艰苦奋斗、助人为乐、诚实守信等价值取向不断被稀释，被逼到狭窄之地。当前，经济体制变革，社会结构变动，利益格局调整，社会思想多元多样多变，一些人们曾经普遍认同、共同遵守的价值观念正在被消解、曲解，崇尚功利、受利益驱使、追求特权、金钱万能、享乐主义等不良社会风气有形无形地向校园蔓延，互联网、手机中腐朽落后思想文化和有害信息的传播，对青少年学生均是严峻的考验。走什么路，做什么人，价值取向上一点也不能含糊。

青少年学生总体上积极向上，但国家意识淡薄，对民族优秀文化淡漠，勤俭自强精神淡化，有必要对他们进行主导价值观的教育。语文教师要正视学生现状，在教学中结合语言文字的学习与训练，提高学生识别正误、美丑的能力，选择正确的价值取向，奠定为学为人的良好基础。

2.
从竞争深度思考

文化是语言文字的命脉，教语文，须站在文化的平台上。

当前，我们从事教育，从事语文教学，就教育论教育，就教学技巧论教学技巧，很少思考文化背景、文化心态、文化价值、文化主权，这就导致视野狭窄，认识浅表，实践缺乏深度和力度。

中华文明是悠久的，又是崭新的。文化是立国之根，大国的崛起最终看的是文化的崛起。近代列强入侵，中国文化自信力的翅膀几乎被西方折断。一次次的批判、否定，军事、经济、文化多管齐下，攻击、践踏，使中国遭遇了数千年未有的大变局，彻底改写了中国在世界上的位置——一落千丈，也改写了国人对中国文化的心态，出现了价值真空、信仰失落、文化认同危机。

改革开放三十多年来，中国已跃升为全球第二大经济体，应该重新舞动中国文化自信力的翅膀，向世界展示自己的文化力量、文化价值与文化模式。自信恢复，不仅关系到中华民族内在统一的继续维系，更在于参与世界文化价值体系的建构中，以自己的核心价值观及其所代表的国家软实力，为“和谐世界”的建设作贡献。

在世界全球化的语境中，必须重视中国的文化身份问题，否则，中国文化会被西方思想淹没。为此，语文教学中加强国家文化认同，加强文化自觉，维护文化主权是义不容辞的责任。

3.
从教育本质追溯

教育，说到底就是培养人，正如《什么是教育》的作者雅斯贝尔斯所说：“真正的教育应先获得自身的本质。教育须有信仰，没有信仰就不成其为教育，而只是教学的技术而已。”又说：“教育是极其严肃的伟大事业，通过培养不断地将新的一代带入人类优秀文化精神之中，让他们在完整的精神中生活、工作和交往……教师不是抱着投机的态度敷衍了事，而是全身心地投入其中，为人的生成——一个稳定而且持续不断的工作而服务。”显然，教育的本质就是“人的生成”，把受教育者培养成“人”，把他们“带入人类优秀文化精神之中”，提升他们的精神世界，而不能只停留在“学习一技之长、增强能力、增广见闻”等方面，因为后者没有把握到教育的本质。

《上海市中长期教育改革和发展规划纲要》开宗明义，将“为了每一个学生的终身发展”作为贯穿始终的核心理念，也是教育的核心价值所在。“以人为本，推进素质教育”是教育改革和发展的重大战略主题。要关心所有学生的健康成长，努力培养好每一个学生，让每个人都具有理想信念、公民意识、健康身心和科学人文素养。

道理十分明白，教育要育人，但在当今教育领域，“人”“分”之争十分激烈。发达国家聚焦在“人”的培养上，而我们常常是以考定教，分数至上，说的是“育人”，行的是“育分”，偏离教育本质，教育质量残缺不全，学生自主学习的灵性、积极性和创造性受到抑制，乃至无意识地被扼杀。为了遵循教育的本质，培育和提升学生的精神水平，学科教学中融合德育十分必要。

4.
从学科性质探究

语文学科的发展由于性质观、目的观、功能观、教材观、教法观等方面认识的差异，道路不平坦，曲曲折折。20 世纪末，许多有识之士敏锐地感到新时代的需要，感到语文教育与时代的差距，因而大声疾呼，要求改革，献计献策，引发并开展了一场全国范围内的语文大讨论，众多专家学者发表了真知灼见。经过世纪末的反思，《语文课程标准》对语文学科性质作了科学阐述，这样表述：“语文是最重要的交际工具，是人类文化的重要组成部分。工具性与人文性的统一，是语文课程的基本特点。”

二、
语文学科德育主要有哪些内涵

有的老师认为，语文就是语文，数学就是数学，教学科知识，培养学科的有关能力，已经够累的了，课时又这么紧，还要搞什么德育？对学生培养，有班主任，有政治课，我们不必包打天下。显然，这种看法是不妥的。教育的本质是什么，教育的职责是什么，学科教学的目标是什么，当今学生成长的内在需求是什么，对这一系列带有根本性的教育问题均认识模糊，乃至有偏颇。《上海市中长期教育改革和发展规划纲要（2010—2020年）》中明确规定："要坚持把社会主义核心价值体系融入教育全过程，坚持把德育贯穿到育人的各个环节……强化全员育人，实施教育教学全过程育德。发挥课堂教学主渠道作用，激活学科的德育内涵……"

说得很清楚，育人是所有教师的责任，学科本身包含德育的内容，关键在教师用心去激活，发挥教育学生、培养学生的作用。

学科德育首先要把握好中小学社会主义核心价值体系教育的主要内容，这就是：

（1）马克思主义指导思想教育；

（2）中国特色社会主义共同理想教育；

（3）以爱国主义为核心的民族精神教育和以改革创新为核心的时代精神教育；

（4）社会主义荣辱观教育。

四个方面各具功能，各有侧重，相互联系，不可分割，是有机统一的整体。

当前教育的重点是在学科教学中融会《上海市学生民族精神教育指导纲要》和《上海市中小学生命教育指导纲要》中的主要内容，让学生具有符合中国特色社会主义建设要求的理想信念、公民素质和健全人格。

民族精神教育着眼于培养学生对中华民族共同历史、文化、生活方式的归属感，培养学生对伟大祖国悠久历史和优秀传统的认同感，引导学生形成现代公民的良好道德品质和行为习惯，在弘扬中培育民族精神的时代内涵。根据上海学生的特点和社会发展的需要，今后一段时间，把国家意识（国家观念教育、国情意识教育、国家安全教育、国家自强教育）、文化认同（民族语言教育、民族历史教育、革命传统教育、人文传统教育)、公民人格(社会责任教育、诚信守法教育、平等合作教育、勤奋自强教育)作为民族精神教育的重点内容。

开展生命教育是整体提升国民素质的基本要求。青少年学生是社会主义事业未来的建设者和接班人,青少年的生命质量决定着国家和民族的前途和命运。学科中进行生命教育,旨在帮助学生认识生命,珍惜生命,尊重生命,热爱生命,提高生存技能,提升生命质量,激发生命潜能。从生理层面理解,关注生命,捍卫生命的尊严;从心理层面理解,欣赏生命,提升生命的质量;从伦理层面理解,敬畏生命,激发潜能,实现生命的价值。

以上这些内容不是一股脑儿地搬给学生,而是根据语文学科的特点与不同学段学生的年龄特征、可接受程度与实际需求,有选择性地、或隐或显地融入,收熏陶感染、春风化雨之效。

三、语文学科德育有哪些途径与方法

语文学科德育的主渠道是课堂教学。这与课程教材改革提出的课程目标、课程基础内容不谋而合。

这次课程教材改革的核心理念是:以学生为本,以促进学生发展为本。这个理念如何在学科教学中、在课堂教学中落到实处,其中很重要的一点是“三个维度”的支撑。这“三个维度”就是知识与能力、过程与方法、情感态度与价值观。学习语文知识就是为了运用,现在把知识与能力加以整合,改变以往二者分离、教学烦琐化的状况。学习是个过程,引导学生学会学习,须有方法指导。对此,既有具体描述,又在“知识与能力”中渗透。德育的内涵离不开情感、态度、价值观。三个维度交融在一起,体现了语文学科工具性与人文性高度统一,体现了语文教学改革的方向,使日常的语文教学上升到教文育人的境界,追求真善美的境界。试想,如果学科教学没有实实在在的德育内容，那么，情感、态度、价值观岂不成了空洞的概念、美丽的摆设？如果仍然纯粹以工具理性指导教学，奉技能技巧为神灵，情感态度与价值观这个维度就成为虚设，又怎可能落实以学生为本，以促进学生发展为本的目的？

课堂教学是主渠道，阅读教学、写作教学、口语交际教学等均在其中。课外活动也是语文学科德育的渠道。语文课外活动丰富多彩，调查、访问、讲座、竞赛、论坛等均要作为教育的载体，充分发挥学生主体、学生参与的作用。

德育的方法多种多样，贵在创造。要创造有效的方法，有两点很重要。一是深入钻研教材，把握文本的个性特点。文本解读要在真懂上下功夫。写什么？怎么写？为什么这样写而不那样写？从语言文字到思想内容，从思想内容到语言文字，要走几个来回，和作者对话，和编者对话，把遣词造句、文章结构、写作手法等背后的作者匠心读懂，就能发现并找准文本中蕴含的固有的育人资源。浅表化的阅读只在文字的排列组合上游移，就会有宝不见宝，遗漏或丢弃了学科本身可贵的育人资源。必须明白：学科德育绝非外加什么内容，也不是乱贴标签，任意拔高，而是要用热爱学生、期盼学生成长成人的赤诚去钻研业务，用入宝山寻觅宝藏的目光去发现育人资源。教学时三个维度融合，让学生德性、智性均获得切切实实的提高。二是弯下身子研究学情。学科德育怎样才能对学生有吸引力、感染力？关键在对学生了解的程度。有效性来自针对性，学生的兴趣爱好、关注什么、可接受程度、内心需求，教师心中有底，选择正确的方法，抓住时机，就可大大减少盲目性。胸中有书，目中有人，同时遵循学科学习的特点，施以合适的方法，细水长流，耳濡目染，就能收到良好的效果。

学科德育还有个有序与无序的问题须考虑。有序指的是遵循不同学段学生认知水平高低、可接受程度高低实施教育，由浅入深，由低到高，由感性到理性；无序指的是随文本而选择教学内容，不能像知识点一般排列，不能用应试手段来机械操练。要在滋润心灵上着力，在有效、长效上下功夫。

以上三个问题要能答得好，关键在教师自身。教师是学生的引路人，育人是教师的天职。语文教师要身历其境，心入其中，理性上认同，感情上投入。要奉献智慧，实施的途径方法可积极创造；要锤炼韧劲，滴水石穿，滴水比岩石还要坚硬，因为它纯净、透明，还因为它滴着，像时光之于宇宙，滴着，并持之以恒。

学科德育促使语文教学闪发教文育人的光芒

自 2005 年 6 月 17 日《上海市学生民族精神教育指导纲要》和《上海市中小学生生命教育指导纲要》颁布以来，语文学科实施“两纲”教育课题组、语文学科德育实训基地认真学习、探索、实践、研究，已历时 6 年。参加课题研究与参加基地实训的教师，不仅其执教的语文课堂里发生了静悄悄的革命，而且师德与语文专业也获得了提升。

我们的主要探索是：

一、牢固确立一个理念

德育实施：学科是主渠道，课堂是主阵地。

语文学科教文必须育人，教文目标从属于教育的终极目标——培养素质良好的建设者和可靠的接班人。

理念的支撑：

（1）教育本质的呼唤。

（2）学生自身发展的迫切需要。

（3）时代发展的紧迫要求。

（4）课程改革三维目标落实的内涵。

（5）语文学科固有的性质与功能。

2011 年上海德育实训基地交流发言提纲。

二、积极探索一条途径

以语言文字为载体，融合社会主义核心价值体系教育，追求教育过程无痕化，收春风化雨、润物无声之实效。

1. 走出认识误区

学科德育不是学科外加德育，装样子。

学科德育不是学科硬任务，德育软任务，把学科与德育人为割裂开来。

学科本身有丰富的德育资源，语文学科更是如此，显性的、隐性的都有，关键在教师有无育人自觉。

2. 探究课堂教学中的无痕融合

（1）深入钻研教材，发现与挖掘教材中固有的育人资源；分析，筛选，确定核心教育价值。

（2）了解学情，研究学生与教材相关的情感态度与价值观方面的基础和不足，加强育人的针对性。

（3）选择适合教材个性与能激励学生发挥学习主动性、积极性的教学方法，融合语言文字的推敲和思想道德情操的陶冶，形成生命涌动的课堂。

（4）课堂教学以语文智育为中心，融合德育、美育，发挥学科教学多功能作用。

（5）改革课堂教学结构，形成在教师指导下师生互动、生生互动的教学网络，让每个学生受到尊重，成为学习的主体，学习的发光体。

3.
提升教学实践的质量

学科德育合格教师、优秀教师是在课堂实践中锤炼出来的，为此：

（1）注重自主与切磋有机结合。学员根据自己的特长、喜好，自主选择实践篇目，根据教学主题相对集中授课。课后，学员们互相切磋，不求全面，不讲情面，求真，求实，求长进，求真知灼见。

（2）文本研读，难点解析，课堂实施，课后评说、书面体会，形成语文教学课前、课中、课后实践链，从理论与实践结合的高度理解学科德育的真谛，探讨教学中知识传授、能力培养、智力发展、思想道德情操的熏陶怎样才能更好地融为一体。

（3）纵向深入，横向拓展。学科德育的特定要求不可能通过一次教学就能完美实现，就能成功，需要多次实践、多次领悟、多次反复。有些课的研究就是采用多次实践的方法，借评课者之力，促使授课者纵向深入，提高授课的准确度、思考问题的厚度与高度。课堂教学范围不局限在学员层面，可扩展到学员所在学校、所在区县，乃至全市层面的语文教师，既创造学科德育教师锻炼的机会，又使学科德育的理念与实践发挥辐射作用。

三、
努力培养一支队伍

强国先强教，强教先强师，要使学科德育落实到学科主渠道、课堂主阵地，冲破“育分”的桎梏，创造教书育人的辉煌，泽被莘莘学子，必须狠抓教师队伍建设，培养一支德才兼备的学科德育骨干队伍。

（1）思考问题要有制高点。教师为知识点、为应考、为分数所累，教学时往往就事论事，视野狭窄，成为组织学生进行机械操作的工匠。要成长为真正的教书育人的教师，必须打开视野，深刻理解教育的真谛。为此，一要组织学习，学习理论、学习形势、学习哲学，既知晓国情，又有世界眼光。站在战略的制高点、时代的制高点上认识教育，就会深刻领悟到育人的责任与使命，增强学科中实施德育的高度自觉。二要辨别讨论。面对价值多元、道德失范、责任缺失等复杂的社会现象，面对西方强势文化、强势话语权的影响，须有敏感度、判断力，从而增强民族自信，增强教育自觉。

（2）以项目引领，以任务驱动，为中青年教师搭建有价值的平台，从校内到校外，从本市到外省市，学习、观摩、实践、交流，展示教学才能，提升专业水平，品赏在学科德育实践中成长的快乐。

（3）学科德育教师的培养是为学、为人、为师的培养，既要有操作层面的技能技巧的指导切磋，更要有一身正气，为人师表的追求，树魂立根，才会形成高尚的教育境界。

四、目前的做法

（1）继续开展实训基地学员的培训，如读《中国震撼》后进行交流，继续举办读书沙龙；进行课堂教学实践分学段交流；等等。

（2）修改与完善语文学科“两纲”实施的指导意见，现进入第二轮修改。

（3）开展“价值多元背景下语文学科德育建设的实证研究”课题的研究，现已设计好课题研究框架，正着手进行。

五、两点建议

（1）加强区县层面、学校领导层面对学科德育重要性、必要性、紧迫性的认识，转变指导思想，不要再扎扎实实以分数、以升学率评论教育质量，而是切实推进素质教育，以学生发展为本，以国家需要素质良好的人力资源的大局为重。

（2）改变德育和教学分开的体制。学校基层校长一把手不抓德育，有些区一把手不抓德育的状况应改变。学校中层干部德育与教学分开，两条线各行其是，德育教育难进课堂。

2011 年

多一点敬畏之心，少一点功利之举

什么叫规律？规律是事物发展过程中的本质联系和必然趋势。任何事物都有自己的发展规律。规律是客观存在的，是不以人的意志为转移的。规律是事物本身所固有的，人们不能创造规律、改变规律，更不能消灭规律。为此，人们必须对规律怀有敬畏之心，切不可无视它的存在而凭空主观臆断为所欲为，否则就会受到惩罚。

比如，天体运行刚健有力，日月星辰各有运行的法则，春夏秋冬，四季更替，井然有序，人力无法想要它们怎样就怎样。如有人认为春季过了最好就是秋季，因为夏季太炎热，这是令人捧腹的大笑话，无法实现。但是，在规律面前，人也不是毫无作为，而是能通过实践认识它，利用它，并且能发挥主动性、创造性，限制某些规律对人类生活的破坏作用。《中庸》里说得好："唯天下至诚，为能尽其性；能尽其性，则能尽人之性；能尽人之性，则能尽物之性；能尽物之性，则可以赞天地之化育；可以赞天地之化育，则可以与天地参矣。"学生的发展成长又何尝不是如此？心理、生理、认知等在每个学生身上均有其固有的规律，既不能视而不见、掉以轻心，又不能逆规律而动，造成对生命体的伤害，留下无法弥补的遗憾。生命本来没有名字，每个学生的生命都是珍贵的，应受到尊重与呵护，这是所有教师与教育工作者应尽的责任和义务。对他们的生命，对他们发展成长的规律，应心怀敬畏，认真研究，精准地从他们的实际情况出发，因势利导进行教育，才能真正托起明天的太阳。

本文发表于《现代基础教育研究》2011 年第 12 期。

众所周知，无论是全国还是上海的基础教育，都在朝这个方向努力。然而，现实状况是不协调的声音不少，还有扩展蔓延之势。且不说初高中毕业年级排山倒海般的机械训练，就是幼儿和小学生也不得安宁。比如，有的幼儿园从中班开始就教识字，并有家庭作业，要求家长带领幼儿完成。先写一首诗："月落乌啼霜满天，江枫渔火对愁眠。姑苏城外寒山寺，夜半钟声到客船。"然后从中取"月""天""江"等好几个字写到诗下面的一行，要幼儿找诗中相同的字。幼儿喜爱图画，对识字无兴趣，对汉字笔画当然毫不知晓，于是乱点乱说，苦了孩子，也苦了父母。且不说识字，还要学古文、数学，据说这是十分先进的，从日本引进的，培养学生自主学习的能力。此外，还得学英语，因为要考级；还有各种兴趣班。真是令人莫名惊诧！小小的幼童承担如此的重负，使人心痛不已，家长更是迷惑与无奈。

生命是有历程的，幼童不可能一天长大，具备儿童、少年的学习能力。这个时期，幼童自行活动的能力与日俱增，而活动是生长的必需条件，在活动中能锻炼体能，与日俱长。玩具是好伙伴，在增加体能的同时，还能生出技巧，引发好奇心、想象力，增添快乐。此时此刻，用不恰当的知识去填塞，无疑是对他们发展规律的一种扭曲。为什么有些幼儿园要采取这样的教育方式，进行这样的教育内容？众口一词：进好的小学要考试，要识 1 000—1 500 字，数学不仅要会加减法，还要会乘法，英语不用说了，只看考级，其他的证当然是越多越好。还补充说明：不是一所两所，不少幼儿园都是这样——攀比，有的明，有的暗，说的做的不一样。如此选择学生实在有点可怕。大学、中学选择学生之风愈演愈烈，延伸到义务教育阶段，延伸到小学一年级。择生的门槛越高，家长越为所谓的"优质学校"所蛊惑，想方设法往里钻，于是择校热长盛不衰，苦了孩子。

幼儿园超前进行学科知识教育，小学一年级提高入学门槛，实施超前教育，也许是出于好心，出于纯洁之心，这些学校想让进校的学生"不输在起跑线上"才进行小精英教育、小天才教育。但可曾认认真真地深入思考过：《中华人民共和国义务教育法》是怎样规定的？《上海市中长期教育改革和发展规划纲要》是怎样要求我们办学的？

市政府、市教委三令五申禁止招生中的违规做法，遵守了没有？最重要的是，对幼童的生长发育发展规律研究过没有？对他们今日的健康成长、明日的长足发展是否真正尽到了责任？

《中华人民共和国义务教育法》第十二条第一款明确规定："适龄儿童、少年免试入学。地方各级人民政府应当保障适龄儿童、少年在户籍所在地学校就近入学。""免试入学"四个字清楚明白，毫不含糊。为什么有法不依？为什么政令不从？很难说没有功利的追求。在功利思想日益泛滥的情况下，要成绩，要政绩，要速成，要出奇制胜，就会出令人匪夷所思的怪招。哪个年龄的学童应该进行怎样的保教教育、怎样的启蒙教育，说一无所知，那是冤枉。然而，只要把功利放在重要的位置，就会是非模糊乃至颠倒了，摆功论好远远大于学童成长的规律，在有意无意间放弃了学生健康发展守护者的职责。

揠苗助长的寓言对人们的告诫，教育工作者、教师耳熟能详，不顾事物发展规律，强求速成，结果反将事物弄糟的道理也十分知晓，为什么就不引以为戒呢？可能一时因为揠苗助长，苗枯死了，看得见，摸得着，而对学童采用怎样的举措，不可能立刻见分晓。最多是学生不喜欢，没兴趣，不肯学，哭闹，反正家长的家教能作保证。至于对情感、行为、习惯的负面作用，对心智的伤害是以后的事，谁能预见得了？再说生源、名声、利益有巨大的推动力，没必要摆脱，更无法抗拒，除非是不识时务的傻子。

殊不知事物固有的规律是反复起作用的，人的培养也毫不例外。不适时地灌输、加压、超负荷运转，结果往往南辕北辙，事与愿违，这种事例并不鲜见，甚至有令人痛心的悲剧发生。孩童毕竟是孩童，有其心理、生理上的特点。玩，是孩童的天性。用过重的学业负担、过深过繁的学习内容挤压掉他们的游戏时间，占用他们的发展空间，可能会造成怎样的后果？该不该扪心自问，深入思考呢？

如果说是生源一般、质量一般的学校，采取某些功利之举，可能影响力还不大，问题在教育资源比较集中，又以名目繁多的说法、做法名噪于业界和家长群的学校，吆喝力特别强，其影响力就大大增加。明做、暗做、持续做，对忽视与违背学生成长规律起推波助澜的作用。各级政府大力推进教育公平，推进均衡发展，而这些功利之举正在制造新的教育不公平。当然，“公平”“均衡”是相对的，更不是把好的拉下来，拉到一般水平。但是，什么是“好”质量？教育的“优质”不是加班加点，要学生提前透支生命的做法来取得的，“不要输在起跑线上”这样违背教育规律的广告语，不知忽悠了多少家长，害苦了多少孩子。

以学生为本，以促进学生发展为本，为了每一个学生的终身发展，不是口号，不是供贴标签用的，是教育的核心理念，要内化为每一位办学者、每一名教师从教的指导思想，检验教育行为的标尺。敬畏每个学生的生命，遵循他们的成长规律，施以切合身心发展的教育，才是办学的正道。

何时对违背学生成长规律的各种功利之举，种种置义务教育法与政府法令于不顾的做法，能像对食品安全中抓染色馒头一样，廓清正误，明确是非，弘扬正气，那教育必会出现新的气象。政令畅通，教育在老百姓中的诚信度也就必然大大提升。

校外教育应是个性发展的乐园

人的健康成长和全面发展需要全方位的教育条件和环境。一个孩子的成长，学校教育固然重要，但校外教育对孩子的个性发展、兴趣爱好、特长培育也是校内教育无法替代的。校外教育涵盖了教育的广阔空间，不但具有基础教育的内容，而且也有科技、艺术和体育的专门化教育和训练，同时更是社会道德、文化传承和践行的主要途径。由此，可以说校外教育对人的影响是全方位的。

校外教育在实施过程中，特别有条件、特别需要注重个性发展和团队精神的培养，并且要很好地把这两者有机地结合起来。尊重学生的个性发展，首先必须尊重学生，对生命有敬畏之心。每个学生都是活泼泼的生命体，是一个人，而不是分数的奴隶。目前学校教育中的那些标准化的考试答案禁锢了学生的思维，磨掉了很多学生的灵性和棱角，而校外教育一定要保护学生个性的发展。有个性的学生往往都很有灵气，能独立思考，不人云亦云。校外教育要有助于学生个性潜能的发挥，如果学生千人一面、人云亦云，时时循规蹈矩、按部就班，个性就会被消解。一个学生没有了个性，便是失去了自己。充分正视个体差异，尊重个性，因人而异，因材施教，是当代教育的基本要义。学生的个性如果得不到尊重，潜质便得不到发展，自然变得平庸，毕业走上社会后自然也无法胜任那些具有挑战性和创造性的工作。所以，校外课外活动要充分发挥学生的个性，做到因材施教，让学生感受到“天生我材必有用”。

本文发表于《上海校外教育》2012 年第 1 期。

校外教育还有很重要的一点是培养团队精神。在组织活动时，既要注重学生的个性发展，又要和团队精神的培养结合起来。要充分发挥校外活动的普及推广、兴趣培养和体验实践的功能。要针对未成年人的身心特点、接受能力和实际需要，明确功能定位，精心设计和广泛开展各种生动活泼的参与面广、实践性强的校外活动，让学生在亲身体验和直接参与中树立劳动观念，提高动手能力，增强团队精神，磨炼意志品质。现在独生子女的同伴意识和团队意识培养比较困难，校外教育对此可以有针对性地组织一些教育活动，引导他们学会爱别人，一定要有伙伴关系和团体意识，这对学生的成长很有好处。一个学生成长到一定阶段会有内心诉求，内心诉求没有释放出来，就很难形成完善的人格。一个人在团体里会有不少倾诉的机会。孔子说："有朋自远方来，不亦说乎?"有朋友，是作为社会人的基本要素。教育就是把自然人培养成社会人。社会人一定是在一个群体中学会认识自我、认识他人与自我调适。校外教育工作者要给予他们温馨、良好的团队教育以弥补校内教育的不足。可以积极探索参与式、体验式、互动式的沙龙，让参加活动的学生谈谈感受，让活动的组织者一同参与，成为活动的共同体、学习的共同体、成长的共同体。

我国在《国家中长期教育改革和发展规划纲要》中强调，要坚持把社会主义核心价值体系融入教育全过程，坚持把德育贯串到育人的各个环节，这是极具战略意义的。我们在开展校外活动时，应该适当将德育内容，诸如理想信念、价值取向、国家意识、民族情怀、法制观念、荣辱观念、道德情操、意志品质、行为习惯等都融入进去，滋养学生的心灵，引领他们打好根基，健康成长。我们应充分利用多种德育资源，如各学科教学力量、社会实践基地力量、家长力量，形成合力，引导学生学会两只眼睛看世界，崇尚真善美，拒绝假恶丑，立志做堂堂正正的现代公民。

校外教育无论如何不能再有任何应试、应考的痕迹。校外教育要让学生全身心放松，让他们的童心能够展现。在推进素质教育的今天，我们理应创造适合学生的教育，而不是去选择适合教育的学生。因为只有重视发展学生的个性并彰显其本色，我们的教育才会富有活力，我们的学生也才会富有创造激情，并有能力开创更为美好的未来。

立德·立业·立人

“学科德育”的提出与实践是上海首创的。为了实现“立德树人”的根本任务，为了践行《上海市中长期教育改革和发展规划纲要（2010—2020年）》的核心理念“为了每一个学生的终身发展”，要坚持把社会主义核心价值体系融入教育全过程，坚持把德育贯串到育人的各个环节。在学校教育工作中，教育形式多种多样，但当今时代以班级为单位的课堂教学仍然也必然是主要形式，学科主渠道、课堂主阵地必须充分发挥育人的功能。学生进学校学习，日复一日，年复一年，绝大部分时间都在课堂里度过。因此，课堂教学进行怎样的教育对学生精神的滋养、心灵的塑造、智力的发展起至关重要的作用。

学科德育实训基地因此需要而诞生，参加德育实训基地学习的学员均是有业务能力、有教学经验的教师，只要提供多种条件，创造多样平台，他们的主动性、积极性与创造性得到充分调动与发挥，学科德育规律、途径、方法的探索就会取得明显的进展，育人质量就会明显提高。因为主动性、积极性与创造性的充分调动与发挥，是一种教育自觉，是一种以教书育人为历史使命的内心的真正觉醒。而要切实做到，须在立德、立业、立人上下功夫。

立德

师德高尚是教师修炼的目标。

本文发表于《上海教育》2012年第6期。

古人强调做人要往“立德、立功、立言”的方向努力。“立功”非主观条件所能决定，须有多种多样的机遇；“立言”更为不易，那是人类思想的精粹，能穿越时空，历久弥新，给人以无尽的智慧；而“立德”主要靠自身的努力，只要坚韧不拔，自我提升，人人都能做到。

教师立德尤为重要。教师工作非比寻常，是以人育人、以德育德的工作。教师以自己高尚的人格教育引导学生形成健康完善的人格，以自己高尚的情操培育学生良好的道德情操，以自己的人格魅力影响感染学生。人格魅力虽无权力的力量，但能春风化雨，润物无声，点点滴滴入心头。有人认为这个时代讲实际，高尚是标语、口号，谈论它是一种奢侈。这种看法乱人视听。社会上各行各业追求高尚的人不在少数，《感动中国》的许多人物就是社会的高标、学习的榜样。作为育人的教师应站在精神高原之上，而不是下降到精神低谷，跟风、随波逐流。一个精神卑俗的人不可能担当培育学生健康成长的重任。

师德内涵丰富，当前对教师而言，最重要的是价值取向的选择。价值取向左右着人的精神追求、生活道路、行为取向，对人起灵魂引领作用。教师对人生的价值取向、对教育的价值取向须作清醒的思考、正确的选择。教师也是食人间烟火的，但对物质的追求要有“度”。教师是教学生读书明理的人，明做人之理，明报效国家之理，当然应抗诱惑，拒腐蚀，不为物质所累，做学生的表率。对教育同样有个价值取向的问题，是真正的以学生为本，创设种种条件，营造良好氛围，促进他们德智体美全面发展，学得生动活泼，学得快乐有劲，还是用无止境的操练、名目繁多的竞赛，挤掉他们个性发展的空间与时间？面对心口不一、言行背离的现状，学科德育教师必须坚持全面质量观，扎扎实实地实施素质教育，不要随把“育分”作为教育第一要务的大流，更不能把分数作为图腾顶礼膜拜，推波助澜。素质教育本不是不重视智育，也不是漠视学习成绩，进行教学改革，提高教学质量的理念与措施就是明证。主要是急功近利思想泛滥，加上社会诸多因素的作用，把应试教育推到高峰，扭曲了教育的本质。错误的价值追求混淆视听、乱人耳目，对学生成长的危害难以估量。教师在这方面要立德，对学生今日的健康成长、明日的长足发展高度负责。

立业

业务精湛是教师追求的目标。教师专业要持续不断发展，具有教育教学真本领，必须做到以下三点。

一是勤于学习。要让学习成为一种习惯，让虚心作为支撑。新知识、新事物层出不穷，唯有学习才能让头脑清醒，才能适应工作需要。可学的东西很多，但本原的非学不可，否则，专业上就缺少主心骨，浮游无根，随风飘荡。学什么？

学习什么是教育。也许有人认为多么幼稚可笑，事实上真正懂得教育的不是很多。肤浅的、一知半解的、名词术语满天飞的，大概不在少数。至于与真正教育背道而驰的、违背儿童和青少年成长规律的做法也屡见不鲜。认认真真读几本教育的书，联系实际思考、辨别、比较、判断，才能逐步把握教育的真谛。教育须有信仰，没有信仰就不成其为教育，而只是教学的技术而已。教育的本原所在是使它的文化功能和对灵魂的铸造功能融合起来。

学习学科的性质、目的、功能，正确地理解把握，真正弄懂学科教学中有哪些是不可违背的规律。脑子里不能用知识碎片充塞，不能用考题、训练题马蹄杂沓。学科基础要厚实，脑中对学科整体教学内容须有清晰的框架，不能混沌一片，更不能醉心于知识点的反复操练。要深入钻研，把握学科精髓，从急功近利、琐细枝节的桎梏中走出来。

拓宽视野，广泛学习，特别是有关国情、世情的书，选择好的读几本，能使狭小的心有广阔的天地。眼界决定境界，读一点对心灵有所震撼的书，能帮助正确认识中国的历史与现状；学一点观察社会、探索历史发展规律的立场与方法，懂得把学科德育放在时代大背景下考察，才能洞悉其现实意义和深远意义，从而增强学科德育的教育自觉。

二是勇于实践。实践出真知，鲜活的教学经验无不来自教学实践。教师的专业知识、专业能力、专业态度，均在教学实践中展现，而专业能力更是在教学实践中锻炼提升。学科德育不是纸上谈兵，而是要刻苦钻研，发现、挖掘、运用教学内容中固有的育人资源，智育、德育融合，在教学中实施。对语文学科德育的现状、走势、问题与困惑的研究，离不开语文课堂教学实践；探求语文学科德育的规律、途径与方法，离不开课堂教学实践。教师从事教学实践要在“勇”字上突破，增强自信力，勇于探索，勇于创新，勇于反思，勇于坚守，有时甚至要勇于抗争。

三是有批判眼光。教师须具有较强的文化批判力与教育批判力。存在的不都是正确的。利益驱动，自我炒作，再加上有些媒体的裹挟，导致是非混淆，真伪难辨。作为教师应该深思，识别力、判断力不可缺失。

文化是一名教师的厚度，思想是一名教师的高度。立业，在专业发展的同时，这二者的提升至为重要。立业，我们立的是忠诚教育的事业，如果做什么都讲功利，背后都有功利的目的，那“事业”就成了“私业”，这是万万不可取的。

立人

教师教书育人，育人先育己，自己要先做人，人立而后凡事举。自己有信仰，有追求，有精神支柱，就能担当起工作重任。教师要成为立于天地之间的人，以下几点尤为重要。

一是要有敬畏之心。学生是活泼泼的生命体，教师对每个生命体应该有敬畏之心，每个生命体都值得尊重，应该受到尊崇、爱护。对天、地、人若无敬畏之心，就会导致无法无天，轻则违背规律，做不好工作，重则对社会造成伤害。社会上常见到这种情况，教师须格外警惕。

要敬畏教育事业。教育事业是传承文明、教育学生成人的伟大事业，对人类进步、社会发展有巨大贡献。教育以“使人成其为人”

作为它的内在指向，它的使命就是“人的完成”。教育的意义就是要让混沌的心灵清澈明朗起来，它的价值在于让人对生命、对未来不断产生向往之情，从而去探索，去奋斗。对学生生命敬畏，对教育事业敬畏，就会兢兢业业，高度负责，创造育人的佳绩。

二是要有仁爱之情。教育事业是爱的事业，没有爱就没有教育。师爱超越亲子之爱。亲子之爱是血缘关系，教师与学生间虽无血缘关系，但必须对他们满腔热情满腔爱，因为师爱包蕴了崇高的使命感和责任感。只爱学习好的、家庭富有的、家长有权的，那是对师爱的扭曲。师爱要做到对每个学生丹心一片，情深似海。要做到这一点，必须有仁爱之情。仁而爱人，心里总想着别人，一辈子追求爱别人，而不能只爱自己。无血缘关系的师爱是一种仁爱，一种大爱，正如陶行知先生所说要“爱满天下”。没有这种大爱情怀，遇到自己不如意的学生就会情绪激动，怒火中烧，出言不逊，乃至语言暴力，挫伤学生自尊心，影响他们的健康发展。其实，每个学生都是宝贝。教师有仁爱之情，目光就会敏锐起来，发现学生的优点、长处，发扬他们身上闪光的东西，因势利导，长善救失，就能使他们快乐幸福地成长。

三是要有赤子之怀。有赤子情怀就能做到人正、心正、行正，就能追求理想，坚守忠诚。教师的赤子之怀表现为内心的真正觉醒，自觉地把自己平凡的工作与国家大业、民族复兴、百姓幸福紧密联系在一起，有旺盛的内驱能力，严于律己，勇于创新，乐于奉献。

立德，立业，归结到立人。立教师的人，也是为了立学生的人。教育就是育人、立人。立人是一个不断跋涉、不断攀登的过程。泰山不让土壤，故能成其大；河海不择细流，故能就其深。只要持之以恒努力，必能造就师德高尚、业务精湛、充满活力的，在学科德育上有影响力的教师队伍。

中国教育工作者的精神、智慧和自信

我是一名教师，一辈子就是在课堂里上课，在学校里工作的。五年前桃浦教育联合体艰苦创业时，我曾经来到这里开会，当时就被这些忠诚于党的教育事业的桃浦的校长所感动，至今已经是四年整了。我深切地感觉得到，这四年来一千多个日日夜夜是不寻常的岁月！

桃浦这个普陀区西北角的教育洼地，经过这一千多个日日夜夜的共同努力，今天的教育水平恐怕不仅仅是填平补齐，不少学校已经慢慢上升，达到中等偏上了，我觉得这是非常不容易的。我最强烈的感觉就是桃浦这个“走联合之路，创优质教育”的经验是真经验，这是给我最强烈的刺激。为什么会有这样的想法？因为现在我们这个社会当中真假难辨，很多东西说的一套一套，但是剥开来以后，并不是这样。我说，我最深的感受就是桃浦的经验是非常真的。刚才几位领导都对桃浦经验作了评论，我也谈一点自己的体会。

这四年桃浦教育联合体给我的第一个启示就是有学校教育的尊严。桃浦这样一个普陀区的教育洼地，经过不懈的努力，自力更生，把教育质量提上去了，这彰显了学校教育的尊严。现在由于多种多样的因素，功利的、市场化的、利益的驱动，教育的尊严受到很大的伤害，学校也是如此。而桃浦教育联合体通过艰苦的工作，不但取得了显著的成绩，同时也彰显了学校教育的尊严，主要体现在以下四个方面：

第一，教育的真。桃浦的教育人在普陀区政府、区教育局和桃浦

本文发表于《学业质量保障研究》2012 年第 3 期。

镇党委、镇政府的领导和支持下，自力更生做出了实实在在的成绩，用桃浦镇郑镇长的话来讲，“我们应该的”。我说：“你们镇里很支持。”她说：“桃浦的小孩是我们自己的，我们要让桃浦的孩子能够接受良好的教育。”我觉得这就是教育的真。桃浦教育联合体的联合是很有道理的。在桃浦这个联合体里，演奏的是一曲和谐的交响曲。李金龙校长是“乐队”里的“首席小提琴手”。联合体的每一所学校的地位是平等的，大家平等相待、平等融合，每个人都觉得“我是主人”。我在想，一天到晚被人家指派，这种日子好过吗？人是有自尊的。这个联合体了不起的一点，就是它是平等的、互助的。我进来就看到恒德小学评了全国的科技普及的先进，校长和老师都很有自信，从刚才周忠老师讲话时的那种自信就能看出来。因此，我觉得这是了不起的。联合体里的这种平等、尊重，彰显了我们每一所学校的尊严。每一个人都是这个联合体的主人，所以都要发挥力量。当然，我们的李校长是“首席小提琴手”，你怎么指挥？包括我们这个年会，第四届是怎样做的，由第四届执行主任单位汇报；第五届是怎么设计的，由第五届执行主任单位提出，大家共同审议。我觉得在今天这个背景下，教育太需要平等了。有的学校名声很大，进它的小学要识 1 500 个字。我曾经讲过，如果说义务教育条例是真条例的话，那么对这种违反条例的学校，应该怎样？应该像抓染色馒头一样地抓，但是我们没有抓，听之任之，然后还要来排位，排什么位呀？我们桃浦的学生是怎么样的？农民工子弟的学生是怎么样的？我们的义务教育应该是零起点。所以，我觉得了不起，重树了学校的尊严。我很感动。

第二，精神。我们桃浦的精神怎么会出来的？从区政府一直到镇政府，我们郭景扬教授一直是扑在里头的。我觉得这里面的精神是了不起的，把方方面面的积极性都调动起来了。桃浦从“五个一”到“五个联”，再到“五个结合”，是把学校内部的、学校之间的、家长的、社区的资源和力量都紧密结合起来，这就把大家的积极性都调动起来了。

人是要有点精神的。人有了脊梁骨，才能脱离动物爬行状态，直立行走；人有了精神支柱，才能成为人。而教育特别需要精神支柱，因为它是育人的伟大事业，这个精神支柱是十分重要的。我觉得桃浦联合体之所以了不起，就是因为彰显了我们学校教育的精神，彰显了校长的精神、教师的精神、社区方方面面的精神，而精神是非常宝贵的。古希腊哲学家柏拉图在《理想国》里，讲什么是教育，用他的老师苏格拉底的话打了一个比方，说教育就好像是把一个囚徒从洞穴里引出来，提升他的灵魂，就是提升他的精神，达到真实之境。

我们中国也是一样的，古代的四书中，《大学》开篇第一句话就是“大学之道，在明明德”，这个大学不是通常所说的大学、中学、小学，而是说求学。你求学求什么呢？是在“明明德”，在彰显人内心的美德。孟子讲善，就是讲内心的美德，在内心不断修炼达到至善，这就是善的境界。

陶行知先生讲：“千教万教教人求真，千学万学学做真人。”一个人如果言行不一、表里不一的话，怎么能成为人呢？21 世纪的教育本质也没有变。英国大历史学家汤因比在与日本哲人池田大作讨论 21 世纪教育的时候就说，21 世纪的教育不能停留在功利的浅层次，必须相应地发展心灵的教育。这一点，马克思很早就提到了，教育要培养全面发展的人，自由的人。我说人之为人，就是对孩子进行教育，在孩子身体成长的同时，给他良好的精神养料，提升他的精神境界。比如，让他知道什么叫“仁”。中国的文化就是讲仁，就是仁而爱人，是孔子追求的最高境界。中国文化中有儒释道，儒家是治世的，其最高境界就是仁。为什么是这个“仁”，人字旁，一个二？就是你要做人，心中就要有别人，心中没有别人，你怎么做人呢？西方对人不是这么定义的。17 世纪的西方对人的定义是：人，是一种追求利益的动物，是用理性思考追求最大利益的动物。因此，西方会有扩张等行为。

桃浦的经验告诉我们，之所以会有这样的精神，是因为聚焦在育人这个伟大的目标上。今日的教育质量就是明日的国民素质，国家的未来就植根在育人上面。就像刚才李校长所说的，为了每一个学生的终身发展是不变的宗旨，有了这个宗旨就会精神焕发。

第三，智慧。联合是不容易的，是智慧，是创造。桃浦的经验不是外国的标签，不是从外国移植过来的。我一直强调中国的教育一定要根植于中国的土地。我学的是教育，可一天到晚学的就是外国的教育理论。我 20 世纪 50 年代出来当教师，最早受规范训练接触的凯洛夫教育学在苏联是没有地位的。我们青年教师当年训练的是五个步骤。什么叫好课？就是下课铃响了，教师说的话就结束了，你说有这么巧吗？这就是注重形式。我现在都还记得课堂教学的五环节。

中国是几千年的教育大国。孔子居世界十大文化名人之首。有时候我已经搞不清楚，中国人现在已经没有话语权了？我现在虽然已经八十多岁，但还没中风，听到的全是外国话，名词术语一大堆。因此，桃浦经验了不起就在于植根在你们自己的实际当中。邓小平说实事求是，这是了不起的。我们是什么国情？芬兰的教育是了不起的，但它的人口只有几百万，我们的教师就有一千六百万，我们学生是一亿几千万！因此，不能迷信外国。

这次十八大，我看电视听到一句话，真是兴奋得不得了，都激动得站了起来："我们举什么旗，我们走什么路。"这个太重要了。有人好像认为我们都是不行的，其实不是这样。桃浦联合体提出建立五个平台，这也是根据桃浦的经验，根据桃浦的实际，这样的居民的文化层次，这样的孩子的基础，这么一步一步提升的。所以，这种智慧了不起。其实，在联合当中桃浦做了很多联合，有学校的联合、教师的联合以及资源的共享等。你们的思考不是零打碎敲的，而是整体的系统性思考，所以是了不起的，是一步一步要走自己的路。

第四，胸怀。桃浦联合体反复讲要形成一个大教育的格局，其实你们前四年的路就是搞大教育的格局。办人民满意的教育就要有人民的支持，我们看到了这一点。我突然想到 20 世纪 50 年代，当时社会是封闭的，教育也是封闭的，但也确实有好的东西。我从桃浦的经验中，看到了促进社区文化与学校文化互动，感觉到真是迎面吹来的清风，教育就应该发挥这样的功能。我们现在做了那么多工作，花了那么多钱，还受到指责，教语文的更加倒霉。教语文的和教外语的，外语教师高人一等，语文教师是最糟糕的。母语教育是民族情结，它关系到人的一辈子。我们对问题的认识是浅表层的，没认识到问题的实质。我想办学校就要有一种胸怀，不仅在学校里要育好人，把教师队伍带好，而且要拓展出去，跟社区文化互动，互相吸收良好的精神食粮。这样一种辐射，齐心协力搞好现代文化，是一种胸怀。文化不同于经济和军事，军事、经济是看得见的。文化是全方位渗透的，培养学生正确的文化判断力、正确的价值取向是不容易的，不能只靠学校，还要有社会的良好环境。因为人一辈子都生活在价值观中，一辈子都在进行价值取向的选择，我们在学校、在社区能营造这样的学生健康成长环境，对莘莘学子是极大的恩赐。这是要有些胸怀的，是要看破分数的红尘，现在对分数是顶礼膜拜，作为图腾来看待。所以说，我确实从桃浦学到了很多东西。我梦寐以求的是中国有自己的教育话语权。

提一点想法供桃浦联合体的教师参考，四个字：增强自信。学校教育不管是怎样的生源和文化背景，应该说都是一样的高尚。我们往往认为哪一个经验了不起，大家都去学，现在“他信主义”太厉害了。上课是参考资料在左右我们，还有“一课一练”，还有教育时尚。时尚不都是对的，时尚是会过期的，真正好的时尚要经过时间的淘洗才能变成经典。

不要被流行所左右，不要被他信所左右。我一辈子上过近两千节公开课，堂堂公开，少则二三十人，多则几百人，也没把外国的话用进来。现在有的老师全国“巡回演出”，上课用时尚语言、网络语言，甚至外国骂人的话都出来了。上课不是嘉年华，课堂是神圣的。所以，我们要增强自信，认准了这条路、这个目标就要走下去。

我们一定要植根于桃浦这块土地，它过去是低洼地，现在已经是绿茵茵的，在这样的土地上，用你们的智慧和你们的责任深入研究教和学的规律，特别要研究学生的所思所想。要在教师队伍的成长过程中增强自信，不断改革创新。我曾经听过有人评论教育，从头到尾都是以外国的标准来评判中国的教育，我们被评判得灰溜溜的。我就站起来讲：鲁迅先生如果活着的话，还会写一篇《中国人失去自信力了吗?》。没有自信怎么可能精神振奋、大步前进呢？所以，我提点建议，桃浦联合体一定要在原来的基础上增强自信，改革创新，再创辉煌。

以己之短，比人之长

我非常有幸代表我们上海市教师学研究会在陶行知诞辰120周年这样一个非常有意义的日子里发言。也许我这个人一辈子受陶行知思想的影响很深，用中国人的一句话，也是外国人非常羡慕的一句话来说就是"缘分"。我在做学生的时候写的论文就是研究陶行知先生的生活教育。我是复旦大学教育系的，后来又长期从事师范教育和中学教育。特别是在师范学校做校长的时候，每年新生入学，我和老师都要带学生到陶行知纪念馆去参观，去实践，而在这个过程中叶良骏老师一直接待我们。我想，作为一名老师，对我们伟大的教育家留下的教育财富应该很好地了解、学习，应该在教育领域加以实施，加以推行。

受这次会议筹备组的嘱托，我讲一讲学陶体会。其实，跟市区陶研会研究陶行知思想几十年的老前辈相比，我就非常浅薄了，只能谈一点非常粗浅的体会。我觉得伟大的陶行知先生留给我们的精神财富是非常丰富的，比如说教育对建国、治国的价值和意义，基础教育是国家的基石；比如说爱满天下的博大情怀，陶先生一再告诫我们什么叫教育，"千教万教教人求真，千学万学学做真人"，这些真知灼见对我们今天的教育是起启明灯作用的。教育是真善美的事业。离开了真，善就是伪善，美就是假美。一个社会的文明程度是跟它的诚信程度、真实程度成正比的。又比如说，他一再讲"不带半根草去"。这一生奉献，不带半根草去，这是何等高尚的奉献精神！因此，陶行知先生关于教育、关于社会的论述，确实是留给我们的精神财富，不仅

本文发表于《陶研之光》2012年3月30日，是作者在纪念陶行知诞辰120周年论坛上的发言。

在当时国难当头，老百姓处在水深火热之中的情境下起着极大的作用，即使在今天我们当家作主了，教育事业有跨越式的发展，我们要提升教育的内涵，他的许许多多的论述仍然有极其大的指导意义，有的时候几乎是给我们敲响了警钟，要我们深思。

今天论坛的论题是“和谐校园”，我没有能力去阐释博大精深的陶行知思想，只是对陶先生校园文化和谐的论述给我们以深刻的教育和启迪谈一些体会。记得在晓庄师范开办三年的时候，他写过一篇《晓庄三岁敬告同志书》，里面讲到学校办了三年，万紫千红各有各的美丽，将这些大不同的花草分别栽种，使他们各得其所，现出一种和谐的气象，令人一进门就感觉到生命的节奏，这便是大同。我读了以后，对什么叫和谐有了新的体会。这里有几个关键词：第一是“美丽”，校园里的花万紫千红告诉我们各有各的美丽，“美丽”是一个关键词。第二，把这些大不同的花草分别栽种，为什么？使它们各得其所，因此第二个关键词是“各得其所”。各得其所干什么？使其“繁荣滋长”，能够茁壮成长，开出美丽的花朵，结出丰硕的果实，呈现出和谐的气象，和谐的气象会让人感觉生命的节奏，生命的节奏就产生“大同”。因此，这几个关键词“美丽”“各得其所”“繁荣滋长”，聚焦在和谐上。我想陶行知先生写的是花花草草，万紫千红，育的是校园里的人，谁来创造这样和谐的校园呢？那是我们充满活力的莘莘学子和辛勤教书育人的园丁。社会是各种关系的总和，学校就是小社会，有各种各样的关系，比如说师生关系、生生关系、学校领导与教师的关系、教师与员工之间的关系等。这各种各样的关系如何和谐共存是一门大学问。陶行知先生在这里讲得如此生动，如此通俗，又如此让人深思，他用花花草草的万紫千红来比喻。

要建设我们和谐的校园文化，起码有三个“一”需要思考。

第一，要有一双慧眼。要一所学校能够万紫千红，能够发现各有各的美丽，必须有一双慧眼，能够看到每个人的美丽。为什么这么说呢？美丽的花是各式各样的，比如说牡丹是雍容华贵的，石榴花开红胜火，兰花是清香沁人的、高雅的。各种各样的花有各种各样的颜色，赤橙黄绿青蓝紫，包括墨绿的，近于黑色的，也是花，也是非常美丽的。但是，花的美丽是要人看到的，不仅要看到它的颜色的五彩缤纷，而且要看到它的品格。我刚才讲牡丹是雍容华贵的，莲花是高洁的，梅花很坚韧，能够斗霜傲雪。因此，要看到花的美丽，不仅要看到花的表象，而且要看到花的内涵。对一所学校创造和谐校园来讲，有一双慧眼太重要了。学生也好，老师也好，每个生命都是非常珍贵的，每个生命都蕴含着无限的潜能，因此能不能发现一所学校每个学生、每个老师身上的美丽，发现他的特长、他的才能是非常重要的。人不可能是全才，各有所长，各有不足。我们要创建和谐校园，必须发现每个人的特点、长处、优势，有本事把它们聚拢起来，使之成为学校的精神文化。比如说有的孩子成绩很好，很用功，这是他的美丽。但是，有的孩子会跟老师顶撞，发表不同的意见，我觉得这也是美丽。他能够独立思考，不人云亦云，这是很难得的。我们现在习惯于在单位里，一个人用脑袋，大家动手脚，这很难创新，也很难把每个人的自主性、积极性、创造性发挥出来。陶行知先生是最崇尚创造的。老师也是一样，每个人各有所长，各有不足，因此学校和谐文化最主要的就是要善于发现。世界上美是到处都有的，关键在你要发现，要有一双慧眼，高高在上是看不到人的优点的，是看不到人的长处的。我曾经教过一些乱班。那是在“文革”当中，我曾经教过一个桀骜不驯的女孩子，她弄得我们全校的老师头疼。班主任跟她讲话，她是背对着班主任的。那么，这个孩子是不是对所有的老师不敬呢？恐怕不是这样。我初步了解一下，这个孩子的阅读量是惊人的，她读了许许多多的书，而且对世界各国的政治都有兴趣，都会研究。她不满足于老师的讲课，对她来说这些看法太低级了，太幼稚了，所以尽捣蛋，桀骜不驯啊！原来的老师没有办法教她，学校领导把她调到我的班级来。开始她不睬我，一下子就跑掉了。我花了很多时间了解，她喜欢美术。有一次她从教室出来奔跑的时候，从口袋里掉下了一本书，我一看是美术书。我就从这本书入手接近她。其实这个孩子非常能够独立思考，有她自己的见解。接触多了，谈到她的家庭，谈到她的父母在外地，谈到她的外公是个大教授。她懂的知识很多，对社会的认识已经超过她的年龄。而我们往往把她放在和她同龄人的水平上去教育她，忘记了每个人都是有他的独特个性的。我们的教育要因材施教，因材施教就能够把每个人的积极性发挥出来。

我碰到过这样的一个女学生，不断地闯祸，跟男同学打架，跟女同学打架，甚至男女混合双打。我去家访，她的家长说，你把她送到派出所好了，很不配合。到里弄去，里弄干部说，这一家有一个母亲两个女儿，说跟人家吵架就在地上打滚。对这样的一个孩子，我尽量发现她身上的优点，因为一个老师最重要的是发现孩子身上的优点。我表扬她，她马上闯祸，每周都给我闯不大不小的祸。我批评她，她起码两个星期不理睬我，看到我的时候用眼角瞟我一下以表示对我的蔑视。她是个性格非常独特的孩子。我叫她交学费，她一封信写到《文汇报》，那是“文革”时候，说我继续执行修正主义教育路线。就是这样的一个孩子，难教育啊！但是，只要生长在我们这个土地上，我们从事教育的就要千方百计把她教育好。你要摸清她的脾气，摸清她的性格。有一次早操，她在操场上像打陀螺一样，前面捅两拳，转过来踢两脚。我多次说“你站站好”，她全然不听。我说“你又不是十三点啊”。因为学生都喊她“十三点”，我教育学生不要喊她“十三点”，但是自己却脱口而出说她“十三点”。实际上，我这种粗暴的语言对孩子是极大的损害，还谈得上什么和谐？接下来班级学生写周记，有四五个写了这件事。有一个学生写道：某天早晨做早操的时候，于老师骂某某同学“十三点”，我们班级是没有“十三点”的，只有“阶级姐妹”。——“文革”中“阶级姐妹”“阶级兄弟”是流行语——他说，你骂学生“十三点”，你的阶级感情到哪里去了？接下来还有一句话，就更重了，——包括“文革”批斗时，也没有人说我这个人不像老师——他在周记中写：“你想想看，你像不像个教师，你配不配做个教师!”我看到这本周记，脸上一阵发热。作为一个老师，应循循善诱啊！遇到学生的任何情况，教师都不能发火。言为心声，我觉得她很难教育，所以才会有这样不符合教师身份的语言。我平时教育学生不好讲这样的话，但自己碰到事却脱口而出，想想心中很惭愧，在班级里向她公开道歉。和谐校园，教师必须有一双慧眼，充分认识学生的特点，与此同时，自己千万不能用粗暴的语言对孩子。在学校里教师对学生语言粗暴还是不少的，因此，要多看看学生的优点，多检查检查自己的不足。作为一名教师，在学生闯了祸乃至犯了错的情况下，明确应该用什么态度对待，是非常重要的。每个人都有个性特点，因材施教能够让孩子的潜能充分发挥，不能用标准化生产产品的方法来对待学生，应该培养他们具有健康独特的个性。

第二，要有一腔热情。教育事业是爱的事业，没有爱就没有教育。和谐的校园文化应该是教师对学生的爱、学生之间相互的爱，洋溢在校园里。每个人都有自己独特的个性，每个生命都是有价值的。我作为教师，应该把每个学生成长中的价值充分发挥出来；作为学校领导，更应把每位教师的才能智慧充分发挥出来。我想，这才是真本事，要一腔热情，正视师生的生命价值，让他们能充分发挥发展。为什么这么说呢？加德纳讲人是有多元智能的，在一个人的身上，有他的强势智能，也有他的弱势智能。因此，陶行知先生的第二句话就是要使他们各得其所，这一点非常重要。怎样才能使他们各得其所呢？就是要把每个人放在最合适的位置上。我做师范学校校长，接的学校是“文革”的重灾区，那十年乱得一塌糊涂，所有的档案都没有，学校连个财产账都没有，不要说文书档案了。这样的学校怎么办？重要的是一腔热情，用眼睛去发现每个教师、每个学生的优点，把他放在最合适的位置上。比如说我们有一位钱老师，现在是上海的特级教师。他原来是语文老师，如果把他放在教语文这个位置上，大概很难为教育作出较大贡献，但我发现他对书法很有研究。师范学校必须教师范生写好字。三岁孩童映八十，小学老师字写得是不是横平竖直，会影响孩子一辈子，教师范生写好字是很重要的。因此，我跟他讲，你是不是专门研究硬笔书法，钢笔字、粉笔字、毛笔字这三笔字是一定要写好的。他认真钻研，成为一名出色的书法教师。多年实践下来，我们毕业生的字都写得非常规范。每朵花，每棵草，每个人，都是大不一样的。陶行知先生不是讲过吗？把不同的花草分别栽种，使他们各得其所。比如说迎着太阳的，是太阳花，只能是红的花，因为波很长，它要反射出去。如果是紫色的、蓝色的，太阳照得多，就要烧焦了。从物理学角度来讲，蓝色的花、紫色的花必须在阴暗的地方，波短不会被灼伤。人也一样，主要的优点在什么地方，一定要看清楚。我们学校在科技活动中屡屡得奖的老师，当年是华师大五年毕业的，但口头表达能力不强。老师上课的语言表达是底线，如果表述不清，满肚子学问，也不能传授给学生。我做了他很多工作，安排他搞科技活动、课外活动工作。他有文化底蕴，学校许许多多的奖都是他指导学生获得的。所以，根据每个人的特点，把他安排在最适合的地方，就构成了和谐。我们学校有一个职工，历任校长见了都头疼，没办法“摆平”，其实不是这样的。有一次我偶然看到她在图书馆编织，发现她的手非常巧。我就请她出来做手工老师，——因为小学教师要全面，动手能力要非常强——她十分高兴。这样就把一个令人头疼的职工变成了一个创造性非常强的老师，使学生屡屡获奖。毕业出去以后，这些学生的动手能力非常强。因此，我觉得归根结底要有慧眼，透过现象看到本质。而我们往往被现象迷惑住了，看不见了，甚至于以美为丑，双目漆黑，那怎么能调动所有人的积极性呢？一位物理老师，男高音唱得十分好，我就请他专门指导声乐，结果带出了很多学生，有的学生还开了个人演唱会。学校办教育最大的事就是出人，出教师，出学生，不是出分数。如果我们的教育把育人这样崇高的责任、神圣的使命降低为分数，分分计较，那是对教育的亵渎。分数是不能代表人的，哪一张考卷可以考出人的综合素质？考不出来的。如果把机械操练、把考试奉为神灵，那么世界上就没有爱因斯坦，也没有牛顿了！什么是好校长？名师辈出，你就是好校长。你这所学校的学生能够充分发展，这就是真正的和谐。各得其所，把每个人放在最合适的位置上，让他充分发展，靠一腔热诚对学生，一腔热情对教师，因为每一个生命都是值得尊重的，都需要敬畏的。

第三，要有一颗仁爱之心。陶先生讲爱满天下，这不是亲子之爱，而是大爱，大爱就是有一颗仁爱之心。中国人对人的教育、对人的界定和西方人是不一样的。中国人讲“仁”字，特别是儒家，提倡“仁者爱人”。要做一个名师，就要做到心中有他人。中国的哲学以人为大，道家讲道大、天大、地大、人大，这是东方哲学的精髓。

而西方17世纪有的哲学家是这样界定人的：什么叫人？人就是一种动物，追求最大利益的一种动物，用理性思考追求最大利益的动物。这就是他们对人的界定。这个哲学思考对人的影响很大，如果一个校园里都是追求个人第一，个人利益最大化，那怎么能和谐呢？没有办法和谐，更何况我们的中小学？孩子只有一次青春，一个花季童年，青春是无价宝啊！因此，陶行知的第三个关键词是及时“繁荣滋长”，不能耽误，让她繁荣，让她发芽，让她茁壮成长，开花结果，要及时，不能耽误。

我教了一辈子的课，深知教师每一节课的质量都会影响学生生命的质量。你是机械操练还是以学生发展为本，三个维度，既教知识能力，又在情感态度与价值观方面给他们以熏陶，效果是大不一样的。不能耽误他们的青春，这是为师者的一种责任，为师者的一种良心。学生是耽误不起的，我们年纪大的人深有体会，小时候学的东西刻骨铭心，经久不忘；现在不认识的字去查字典，查三遍、四遍、二十遍还是不认识，脑子像漏斗一样。青春无价，小时候的记忆能力最强，应该呵护每个学生健康成长。我们的和谐校园文化建设面临着1949年以来从未有过的挑战，现在做老师是非常不容易的，做校长也是非常不容易的。我们五六十年代做教师虽然辛苦，但是很简单，绝对没有像现在这样复杂，没有现在各种各样的诱惑。我们那个时候学校的价值观和社会的价值观是一致的；现在学校提倡主流价值观，但是社会上是多元的，经济多元，文化价值取向多元，多样，多变。在我们的学生脑子里，各种各样的思想都有。过去说小学生是一张白纸，现在社会上的东西在学生的脑子里已经有了。一个家长跟我说她的孩子小学毕业，互相送一本本子。送一本本子是很正常的，但是本子上写的内容是令人触目惊心的，写的是祝你成为大款，祝你成为富婆，祝你成为百万富翁，祝你成为总裁，就没有祝你成为教师，祝你成为科研人员的，西方思想文化的影响无孔不入。因此，校园和谐文化的建设十分重要，要引导学生健康成长。

现在教师上课，要上到学生满意非常难。一个明星，一个某某格格，一个歌手，就把学生弄得晕头转向，你想难度是多么大。因此，我们要怀着一颗仁爱之心，千辛万苦做好教育学生的工作。如果没有一颗仁爱之心，一颗大爱之心，就出不了人。社会是真善美和假恶丑的混合体，社会上感动人的事情很多，我们校园里要树榜样。人的成长，特别是学生的成长必须要重视榜样的作用。校园文化一定要弘扬英雄人物。最近媒体下基层，报道很多事情，很感人。水灾，一个老父亲死掉三个儿子，仍坚持给儿子还债，最后剩下五万块钱的债，一定要还清，这是何等高尚的人格！人格高不高尚跟知识多不多不是画等号的，是人的精神境界，是人的品德和素质。有的人知识水平很高，智能很高，心却很坏，一切为自己谋利。和谐文化一定要弘扬社会主义的正气，创造让学生健康成长的氛围。

学校是学生成长的神圣殿堂，不是超市、股市，不是小菜场。一棵树苗很好，如果不很好地施肥，不很好地浇水，也不能长成参天大树，从小歪歪斜斜哪能成才？所以，对学生的一颗仁爱之心很重要，要对他们的生命负责。对老师也一样，老师也要培养，也要培养成才。现在任何一名老师都不能在课堂上把学生进入社会的所有知识都教会，因此要教他学会学习。一颗仁爱之心对校长来说是对全校师生员工负责；对老师来说是对所有的学生负责；对学生来讲，承受了国家的培育之恩，承受了学校老师的培育之恩，承受了社会的培育之恩，一定要选择正确的成长道路，要自觉地分辨真善美和假恶丑，要有正确的文化判断力，我想这样就能够茁壮成长。

一双慧眼，一腔热情，一颗仁爱之心，聚焦在和谐校园，建设和谐文化是全校师生的共同的责任。怎么创造？这是师生员工的共同责任。校长和书记是这个文化的设计师和引领者，在这里要拒绝社会上不良风尚对我们的影响。怎么样才能做到？我没有别的法宝，只是“以己之短，比人之长”。社会上各种各样的矛盾基本上是以我为中心的，学校里各种各样不和谐的声音都是“老子天下第一”，因此“以己之短，比人之长”是非常必要的。办教育的人，谦虚是基本的素质，不断看到自己的不足，看到别人的长处，就有内驱的动力，就会进步。人家问我为什么不断学习，我答：因为我觉得自己实在不行，有许许多多的问题。因此，我要两把尺子陪伴我终身：一把尺子量自己的短处，一把尺子专门量别人的长处。我越量越找到自己的不足，不断地学习，向社会学习，向书本学习，向老师学习，向学生学习。每一堂课下来，我都要写反思，一方面写学生上课的反应，学生上课全神贯注的时候能够超水平发挥；另一方面就是写自己的不足。不管怎么备课，一实践就会发现自己不是这里不足就是那里不足，我想这也可能是创建和谐校园的很重要的一条。如果人人都谦虚谨慎，宽容大度，“以己之短，比人之长”，许多矛盾就会烟消云散。

我们的教育事业是神圣伟大的事业，今日的教育质量就是明日的国民素质。在全球化的背景下，我们今日已经是世界第二大经济体了，但是我们的国民素质还有待提高。一个民族的伟大复兴，绝不只是靠物质文明，还有精神文明。中华民族的伟大复兴不仅要有强大的物质文明，更要有强大的精神文明。向世界展示我们的民族素质，我们的道德水准，我们的人文精神是怎样的强大，才是中华民族真正的崛起，也是我们的文化对世界文化建构的杰出贡献。

书生校长的胆识与胸襟

我这个八十几岁的老人，参加这样一个讨论教育现场的会，对红兵同志的这本书进行恳谈，让我好像又回到了几十年以前。这种场景在当时的课堂以及很多研讨场所是很常见的。刚才有同志讲，这个恳谈的源头在我这边，这句话应该说是不准确的。为什么呢？我跟红兵确实有一段师徒关系。不过，这个师徒关系其实也是名义上的，我并没给他多少指导，反而是他给了我很多思考的机会。陶行知先生有一句话，说一个老师最幸福的就是培养出最值得他崇敬的人。我想红兵同志 50 岁还不到就有这样一个成就，对我来说确实是莫大的幸福。我是从心底对他由衷地感谢，也是由衷地敬佩。

刚才听了他的三位学员的发言，张广录老师是用了心仔仔细细去读去思考；郑朝晖老师信口讲来，也是讲到点子上了；耿慧慧刚才选择的点也很好——“好玩”，这个点其实也讲出了程红兵同志从事教育的一些基本要点。

《直面教育现场》是他很多著作当中的一本，他的第一本书《语文教师的人格魅力》，就是我写的序。之后他一本一本地出，基本上属于“多产作家”了。其实他的工作非常繁忙，但即使是这样，他还是把博士读出来了，很不容易，并在这个过程中读了很多书。“书生校长”这几个字我觉得确实是匹配的。

现在我们做校长的身上太缺少文化的味道了。有些校长身上的商人气太重，没有这种书生气，而这书生气却是非常重要的。我读了这

本文发表于《上海师资培训》2012 年第 5 期。

本书之后，感到有几点特别值得我学习。

第一，要有学术勇气。我们每个人都在教育现场当中，都应该去直面它。但是，鲁迅先生也讲：直面人生是非常不容易的。我们在这教育现场当中经常看到的是两种情况：一个是发牢骚，这个牢骚真是牢骚太盛防肠断，就是这个不满那个不满，几乎是无处不在；另一个是视而不见，采取一种逃避现实的态度。我觉得直面现场，本身就是一种学术勇气。红兵写的这本书不是发牢骚，也不是逃避，而是用他的教育理念、教育思想、教育智慧和他受黑格尔《小逻辑》这本书影响很深的逻辑力量来分析教育现象并加以判断。我想这是一个知识分子、一个有理想的教师的正经的、正规的道路。我是半路出家教语文的，功底不行，但是既然入了这个门，就要一辈子“上下求索”。不仅要找到“门”，而且要“登堂入室”。因此，我就对语文考虑得比较多。但是，红兵不同，他不仅对语文，而且对除语文之外的方方面面，包括师范大学，包括大学里头的各种各样的现象，都作了深入思考。所以说，这是一种学术勇气。刚才他引了钱理群的一句话，教育现在是种乱象——我们既取得了伟大的成绩，比如说在我们这样的国家一亿几千万的学生当中普及了义务教育，解决了世界性的顶级难题，对人类作出了巨大贡献。但与此同时，我们教育当中乱象丛生，一线老师苦不堪言。为什么会是这个样子？靠谁来解决？刚才红兵引用了钱理群的一句话：“恐怕解决问题还是在民间。”我一直相信，从来没有救世主，上课是教师提高教育质量的一个最根本的环节。学校教育的质量说到底其实是教师的质量，说来说去还是要靠教师。我们历史上有一个非常特殊的教育群体——西南联大，校舍设备很差，即使我们中国建筑学之父梁思成在那边也没钱盖房子，但是那里出了多少人才！因为那里的老师是精英，他们的学校汇聚了全国的精英。我们“两弹一星”的专家基本上都是从这所学校出来的。另外，像杨振宁，他最大的贡献其实是场论，但因为一个人在物理学方面不能够两次获诺贝尔奖，所以不为大众熟知。90 岁的他在作报告的一个半钟头里，没有停下来喝过一口水。这就是中国知识分子的精气神。我想，西南联大出那么多人才，杨振宁、李政道、黄昆、邓稼先……

于敏没有喝过洋墨水，但却对氢弹的制造功劳巨大。文科也是如此。现代话剧之父曹禺，是在图书馆里创作《雷雨》的。他写了一辈子的剧本，没有一部能够超过《雷雨》。可见，师资质量是出人才的第一要素。我们确实要有这种学术勇气，既要肯定我们的成绩，也要对那些乱象，用自己的行动和学术的能力加以分析，承担一点责任。

第二，要有清醒的头脑。张广录老师分析得很清楚，从观察点、多重角色、判断方法、思维方法、研究方法等去审视。我觉得头脑清醒是非常重要的。我以前一直觉得老师为什么不能有点自己的思想主见，为什么总是缺少思想。我现在否定了这些想法。因为现在不是缺思想的时代，而是思想太多了，但浅薄的思想太多，深邃的思想太少，特别是一针见血、一语中的的东西太少了。我们经常在浅薄的思想上轮回，不能透过疯狂的现象找到事物的本质，找到骨子里头的东西。装模作样、乔装打扮的思想太多，而实实在在的思想太少了。你看现在随便一个人说出来的话，都是一套一套的，听上去就是新名词、新概念的词汇大串联。这种乔装打扮、装模作样的思想太多，让我们来不及思考中国教育到底应该搞什么、语文教育应该搞什么。有的时候媒体宣传的东西实在真假难辨，伪思想太多，伪科学太多，真的东西太少。这里树一个榜样以后，马上就要卖门票了，到哪一层门卖 20 元，到哪一层门卖 50 元，到哪一层就可以卖 100 元。这把教育办到哪儿去了？你到我这个学校参观，还有土特产卖……我简直搞不清楚了，这是什么东西！但是，我们很多人就被忽悠过去了。所以，一个老师必须有清醒的头脑，在乱象当中有文化判断力。什么是真的，什么是假的，什么是科学，什么是伪饰，一定要把它搞清楚。红兵的这本《直面教育现场》有很多很清晰的洞察、很清晰的批判，他没有绝对化。比如说传统教育跟现代教育，我们有部分人觉得传统教育都不行，全都要外国的，那是现代教育。实际上，从世界来讲，教师中心主义跟儿童中心主义是两个极端。你怎么可能一定要把别的因素排掉了以后才能突出你的这个观点的正确性？一个复杂的庞大的教育工程，不是简单的一两句话讲一讲、几个标签一贴，就成功了。不是这个样子。所以，教师应该有清醒的头脑，特别要用辩证唯物主义的武器来思考。

第三，要有文化自觉。《文化自觉》这本书我读了，每一个问题都在讲文化，分析问题的时候也都是在讲文化。什么叫文化？就是“以文化人”。以文化人，这种文化很了不起，它是我们的民族精神，是千百年来祖先淬火锻造来的。我们现在这种文化自觉很差。中华文化的一个了不起的特点就是文化的消化，几千年以来它都在接受别人的文化，但是它的这种接受，始终坚持以我为主的消化原则。1840年，英国用鸦片和大炮打开清政府的大门，西方文化排山倒海般进来以后，这种现状就被打破了。中国的近现代史经历了殖民地半殖民地，即使今天站起来了，但我们仍然深受西方文化的影响。开放以来，这种影响更大。西方文化非常有侵略性，它对人的界定跟中国是不一样的。它认为，人是用理性思考谋取最大利益的动物。而中国人认为，人就是“仁而爱人”，有恻隐之心、同情之心、柔软之心。在西方文化的影响下，我们的传统文化还有多少主体地位？我们的教育是否应该有所坚守？中国的教育文化很了不起的地方是强调“读书做人”，将读书和做人联系在一起，这是一个根本问题。既然如此，我们为什么还要育分不育人，重术轻德？中国教育到底用什么文化来支撑？

刚刚有个女同志问红兵“教育国际化”的问题。现在“国际化”“跟国际接轨”的口号响得不得了，可是这个国际接轨是跟谁接轨呢？跟印度接轨吗？跟非洲接轨吗？跟西方、跟欧美接轨吗？我们现在高中的课改基本上是芬兰的模式。可是芬兰只有几百万人口，而我们多少人啊！因此，这里讲的文化自觉，非常重要的一点恐怕就是不能忘记你是中国，中华文化的根是不能忘记的。我们对很多问题并没有站在中国文化的本土上去思考，推崇西方的话语霸权。

刚才红兵回答很多问题，都是针对训练、做题目、考核，一个考，一个评价体系，就把我们整个的教育全部控制了。我开始真的没有体会到这个问题会如此严重。1985 年国家教委就教育大纲、教材的审编请我们在北戴河开会，当时语文第一次出现了标准化设计，就是打钩打叉、ABCD。我跟冯钟芸大姐住一个房间。她私下跟我讲，这是什么题目啊？一点都做不来。她是北大中文系的资深教授，也编过中学语文教材。当时我讲，把这样一个标准化的设计引入我们语文高考试卷，起码害三代。如今看来不知道害了几代了。这个考试指挥棒是很厉害的，它把我们的教育理念，教育大纲讲到的“以人为本”“以学生的发展为本”都颠覆了。你到下面去看一看，到底是以人为本还是以分为本？我国过去的学科整体框架是非常完整的，现在却全是知识点。我写过一篇文章《“标准化试题”把语文教学引入了死胡同》，在《人民教育》发表。我说为什么语文教学弄得如此支离破碎、碎尸万段，语文最重要的应该是读书啊！不读书，怎么得了？书是孩子的精神食粮，是一辈子受益的事啊！这真要很好地反思。

现在所有好的东西好像都是从外国来的，连想象力都是外国的。有一个作家，女儿上小学四年级，他说：“你们这都是什么教材啊，我只让女儿读了七遍《哈利·波特》。”我不反对读《哈利·波特》，但是这并不意味着我们的学生都要这样。语文老师作为中华优秀文化的传承者，真是任重道远。我们把所有好的都贴上“外国”，所有不好的都贴到我们中国传统教育上。比如说，丰富的想象，屈原的《天问》里至少有 138 个问题吧？柳宗元对此就有 138 个《天对》。后来还有《天论》等。我们古人的想象力差吗？有必要这样妄自菲薄吗？我们在五六十年代教学容易得多，当时尽管有极“左”思潮干扰，但是怎么上课是由着我自己的，没有那么多规矩。现在讲究的“精细化”管理把教师的头、手、脚都管住，连每个手指头都管住。老师怎么发挥个性？不管再怎么提倡“个性”，教师的个性也被抹杀掉了。这种情况可怕在哪里呢？我们口号讲得那么响亮，先是把学生标准化，然后把教师也标准化了。这个真是糟糕！过去四川大学蒙文通教授考学生，他的考试就是叫学生向他提问题，如果提的问题他回答不出来，那这个提问题的学生就是呱呱叫的。而我们现在的自由度实在太差了，时间和空间全部给捆绑起来。一个学生、一个教师没有空间和时间，他怎么发展？没法发展！

我们不是不要向西方学习。人家好的东西很多。几年以前第一次拿到同心出版社出的《美国语文》，我还以为是历史教科书。美国的文化是英国殖民文化和美洲土著文化的结合。这本教材选了六个总统的发言，把美国200年的文化讲得花好稻好。而我们对自己五千年的文化却不知道，无动于衷，这是一种什么样的心态？它以历史来串联文本，这个做法很好。我们现在的状况是，一边拼命在强调爱国主义，可另一边却没有让学生搞清楚自己的历史地理，说的和做的反差很大，往往形成一种悖论。20世纪90年代克林顿做总统的时候，他就发现美国小学生的阅读能力很差，于是花了15亿美元，组织了一个阅读特种挑战，100万中小学教师、10万大学生半工半读，来解决小学生的阅读能力提高问题。他认为信息社会的第一能力就是阅读，没有读的能力是不行的。结果这十年下来，他的努力奏效了。我们曾有机会跟牛津大学的教育学院和密歇根大学的教育学院搞了跨国研究课题，参加我们课题的一个博士后的小孩在硅谷小学上四年级，他的暑假没有我们的“一课一练”，但是要读40本书。我把他的书一翻，那些并不都是动漫作品。读40本书啊！一个人，一个民族，最后能不能出来，靠的是他的文化积淀，是他的文化素养。如果我们对这个问题不重视，对文化素养不重视，那么将来我们的学生怎么能够成才？怎么能够成为卓越的人才？

外国好的东西很多，我们到底该学什么？我们中国自己好的东西丢掉了多少？从文化自觉的角度，我们真要好好考虑考虑。再比如，我们50年代、80年代的学校，虽是泥地的操场，却到处是龙腾虎跃。我看到男孩子打篮球、打排球就非常高兴，这是在锻炼一个民族的精神，在锻炼民族的健壮的体魄。而现在中小学的操场虽然漂亮，可又有几人能够做到“龙腾虎跃”？我们现在都是长官意志，规定学生每天必须要一个钟头到室外去。可你看看，实际上有多少学生、学校在按照要求这么做？他要做题目，他不去。强健的体魄从哪里来？人们老是怪足球不争气，可眼下该如何争气法？儿童、青少年有多少时间进行体育锻炼，打球踢球？这就如同数学中分母跟分子的关系，强健体魄的分母都没有，又如何谈体育精英这些分子呢？又比如说，我们课外阅读。当年我的学生都只是中等偏上的水平，但是对文学的兴趣、对读书的兴趣，那种美丽的风景线我至今不忘。像陈残云的

《香飘四季》刚刚出来以后，我们马上组织讲座，学生立刻就能听到。课外的讲座，大礼堂上坐着几百个人，盛况空前。甚至几十年以后，学生碰到我还会一而再再而三地谈到那时的语文课外活动盛况。现在有这样的风景线吗？没有啦，不读书啦！20世纪70年代末，《哥德巴赫猜想》报道一出来，数学教研组长马上讲什么叫“哥德巴赫猜想”，而我马上去讲徐迟的这篇报告文学。那时孩子的求知真是盛况空前啊！五六十年代，我在高中教课，十七八岁的孩子会很感动。而我们现在课堂上还有这种风景线吗？

红兵说教师要打开课堂，我认为，我们这些教育骨干、语文教学骨干，首先要打开脑子、解放思想。有一次跟王志刚校长一起听课，我觉得如果我是学生，是没有兴趣听这种课的。教师把什么事情都磨碎了来讲，不研究我们的学生，这怎么听得下去？教师可以有自身的理想，但是更不要忘了还要有文化自觉。教育没有文化支撑，是没有魂的。我们现在经常呕心沥血，办的却是没有灵魂的教育，只看到技术，看不到人。从柏拉图《理想国》开始一直到21世纪英国大历史学家汤因比跟日本池田大作关于21世纪教育的对话，他们都谈到21世纪教育的本质是培养人，不培养人，全盘皆输。语文老师的文化自觉真是太重要了。文化本身是多年来积淀下来的，好像淬火一样，不能因为人家的一些乱七八糟的东西就把它销掉。文化的毁灭是一个民族的灾难！

第四，要有知识分子的责任担当。我们的教育必须有自己的话语权。一个民族、一个大国的教育，如果没有多少话语权，那在世界上是没有分量、没有地位的。社发局的陈彬处长告诉我，我们拿出去的东西都要按照外国人的标准来评判，因为西方有话语的霸权，很多东西拿出去都被退回来了。思想上的殖民、文化上的殖民太厉害了，这种殖民性渗透在我们文化教育的方方面面。我们有那么多优秀教师，有很多闪光的东西，一定要建立文化自信。现在中国、美国、俄罗斯三国结合起来，要向欧洲标准挑战，向他们要话语权，我们为何不能有这样的勇气从西方话语里跳出来？程红兵为什么有这样的勇气，有这样的思维，有这样的自觉？恐怕正是他作为知识分子的责任担当意识。你既然是知识分子，你就要以天下为家！古时候都讲“匹夫有责”，即使你是匹夫，也有社会责任，也应有担当。红兵之所以会有这一系列对话，我想其本身就拥有一颗赤子之心的责任担当意识。

谁的成长没有瓶颈？红兵有时会打电话给我谈到这样的问题，我们也会商量，会讨论。一个人会碰到很多困惑、困难乃至迷茫，但最重要的是内心的深度觉醒。当你意识到自己的这个教育岗位关系到千秋万代大业，关系到老百姓的千家万户，就有一种崇高的使命感和责任感，就一定要破浪前进，路从来都是不平坦的。

美国没有文化部，也没有宣传部，只有中央情报局。它的文化是中央情报局文化，它的工作就是要输出西方文化，而且让被输出的对象能够舒舒服服地把美国的价值观当作自己的价值观，可怕吧？所以，我们一定要有清醒的头脑。优秀的教师一定要起骨干作用、引领作用，做出自己的个性，独树一帜，形成教学风格。这个工作很困难，而且语文又是所有学科里被骂得最多的，但是骂也可以变成动力，使得我们更清醒地思考。

我作为一名八十几岁的老学生，读了这本书，受到了一些启发，再听了刚才各位老师的发言更是受益匪浅。当年西南联大的学生躲在防空洞里还要孜孜矻矻学习，就只为了中华文化的根。因为中华文化的根有了，我们这个民族才会真正实现伟大的复兴。今天这里汇集了很多语文教师当中的精英，也都是为了我们中华民族的根啊！

要建立自己的教育话语权

“教育要面向现代化，面向世界，面向未来”是邓小平同志 1983 年 10 月 1 日为景山学校题的词。这一题词用高度概括的语言表达了邓小平同志教育思想的精髓，是邓小平同志建设有中国特色的社会主义理论的重要组成部分，是新的历史时期教育改革和发展的战略指导方针。

“三个面向”的价值与意义非比寻常

今日再次讨论“三个面向”，更是深切体会到其价值与意义的非比寻常。尤其是经过近三十年波澜壮阔的教育实践，更显现其思想光芒。“三个面向”，首先是教育理念上的更新与革命。传统教育有一个根深蒂固的强大力量就是“学而优则仕”，似乎办教育就是为了让学生升入高一级的学校，一级一级升的最终目的又是什么呢？成就

本文发表于《上海教育》2012 年第 18 期。在教育教学改革发展过程中，长期以来西语盛行，作者对此深感不满，从 20 世纪 90 年代起就形成了“教育话语权”的自觉，多次明言“绝不让自己的教育实践甘心沦为外国理念的论据”。进入新世纪以来，随着西语霸权的愈演愈烈，课程、教学与教材改革的诸多领域几乎变成了西方教育理论的试验田，而广大一线教师，尤其是青年教师，对此却缺乏必要的认识。针对这种现象，作者撰写了系列文章，明确提出“要建立自己的教育话语权”的主张，大声疾呼对我们国家和民族悠久教育传统的敬畏和自信。这一系列文章，发出了当代中国“教育自信”的最强音。

“仕”，成为“人上人”。不言而喻，这种人是可以脱离劳动生产、脱离劳动阶层的骄子。教育目标的偏离，必然导致教育功能的片面与弱化。科教兴国是我们的大政方针，但并不是任何教育都可以“兴国”的。教育必须方向正，目标明，扎根于国情土壤，措施实在、有力，方能取得振兴国家的效果。

面向现代化，就是要求教育全面适应社会主义现代化建设的需要，从宏观到微观作系统思考，既思考如何为物质文明建设服务，又思考如何为精神文明建设服务，更要聚焦在人的培养上，深入思考、研究社会主义现代化建设需要怎样的建设者，怎样的可靠接班人。这是教育功能全方位思考的问题，而培养怎样的人，培养的人为谁服务，又是重中之重，是教育的核心价值所在，关系到民族素质的高低，具有影响建设全局的战略意义。

面向现代化，当然不能关起门来搞教育，自我封闭，而是必须面向世界。在怎样的全球背景下办教育？世界各国教育的状况怎样？它们是怎样办教育的？尤其是发达国家办教育的经验，我们都要比较、对照，科学地分析利弊得失。有了国际视野，知己知彼，心中更有谱，更能认清前进的方向。培养的学生当然也要有国际视野，要立足本国，放眼世界，具有参与国际社会生活与竞争的能力。他们不仅要有中华优秀文化的底气，更要以开放的心态善于学习与吸收人类创造的文明成果，还要提高文化识别力、判断力，抵制西方种种腐朽毒液的入侵、浸染。

教育是未来的事业，以往的错觉是：教育是用过去的知识教眼前的学生，把“传授”、把“眼前”看得很重。“面向未来”打开了教育的新天地，凸显了教育战略性，针砭了教育中鼠目寸光的弊病。教育是为未来社会培养人才，教在今天，要想到明天，要以明日建设者的要求来指导今日的教育教学工作。没有这样的高度，社会视野狭窄，囿于已经筑成的墙垛，在其中转来转去。教育预测未来的这一特点，经济学家成思危说得十分精辟，他说：“经济只能保证我们的今天，科技可以保证我们的明天，只有教育才能保证我们的后天。”

“面向”不是照抄，不是移植，更不是贩卖

与三十年前对“三个面向”题词的学习作比较，现今的认识与理解要深刻得多，周全得多，而这些理解与认识相当程度来自教育实践。教育实践取得的巨大成就又是在对“三个面向”战略指导方针不断提升认识、不断加深理解的指导下取得的。理念指导行动，教育改革和发展已取得累累硕果。

别的且不说，单说普及义务教育，那么宽广的地域，穷乡僻壤，高原峭壁，全覆盖；那么多的学龄儿童都入学，一亿几千万的学生都接受义务教育，这是怎样庞大的数量啊！如此的教育成就在世界上应该算是首屈一指，应该是中国特色的办教育。然而，在日常教育教学工作中，在听报告、进修、开展教学科研时，洋概念、洋语言无处不在，给人的感觉常常是“言必称希腊”，我们几乎没有自己的教育话语体系。这是为什么？

原因甚多，举其要而言，首先是盲目崇拜的矮人思想在作怪。教育改革与发展、教育质量的提升必须有先进教育理念、科学教育思想指导，欧美等西方国家有些教育理论确实比较科学、比较先进，有些做法与经验也值得学习、值得借鉴。教育本身就有很强的包含性，它承认不同教育之间需要互相了解、互相借鉴，看到人家好的就学，学了根据本国情况吸收、剔除、改造、创新。

“面向世界”是打开视野，知己知彼，学别人之长；“面向”不是照抄，不是移植，更不是贩卖。任何教育理论的形成总有其特定的时代背景、历史文化土壤、社会需求、环境条件，其中有普适性价值的，但地域特色常常十分鲜明，并非放之四海而皆准的真理。不深究这些理论、理念、经验、做法的来龙去脉，不深究它们的环境、条件，不深究它们在哲学高度、人文高度、科学高度能经受怎样的检验；不深究它们在付诸实践中的利弊得失，只要是引进的，就是好的、先进的，以强势语言宣传、推行；谁满口洋概念、洋术

语，谁就是先进教育理论、理念的布道者，听的人只好噤声失语了。

与此同时，是对中国教育的鄙薄，不管是传统的，还是现代的、当代的。中国教育有深厚的资源，有正面的、负面的极其丰富的积累，但不了解，不研究，不珍惜。一谈改革，一谈发展，它就总是处于被批判、被否定、被消解、被解构的无奈地位。无形之中，我们就成了思想上的矮子，丢失了教育自主的话语权。《中国震撼》的作者张维为说过这样一句意味深长的话："一个只会用别人话语的民族在世界上是没有分量的，中国崛起的过程也必然是一个中国话语崛起的过程，而这个危机四伏的世界也确实需要中国人的智慧。"教育何尝不是如此呢？

教育话语权的作用不可小视。时至今日，搞课题，写论文，不引用外国教育理论，不引用外国教育家某某的话语作为语录，似乎就没有水平，不够先进，不够前沿。更有甚者，我们教育实践、教育研究的进步、成效，常作为论证这些理论、理念的证据。独立之思想，自由之精神，何处去了？搭到"外"字，就有理论水平，科研立项也好，职称升迁也好，往往就有绿色通道之便。

话语权会影响许许多多做法。比如，考试客观题科学，主观题欠科学，不能量化，评价成绩有差异。这不能不说有一定的道理，但是一下子推行标准化试题，对几乎所有学科全覆盖，无视不同学科的不同性质特点，实践下来，弊病甚多。最厉害是衍生的"一课一练"，题海题库，铺天盖地的教辅，赚的是家长的钱，害的是学生的青春。机械操练几乎剥夺了学生课外读书的时间，消解了他们的好奇心，消解了他们求知的强烈兴趣与奇思妙想的创造意识。教育行政部门一再采取措施规范、制止，但收效总不理想。思维成定式，更由于巨大利益的驱动，要改变当然十分困难。其实，标准化试题对课程教材教学的冲击同样不可小视。课程整体框架在教学中淡化，知识点大大流行以提高押题率，教学中碎片化屡见不鲜。

建立自己的教育话语权
关键在回顾走过的路

建立自己的教育话语权并非争语言上的短长，更不是说大话、空话、不着边际的话。我们的教育话语权有大量的教育实践作支撑，有教育硕果如普及义务教育这样的人类教育史上的奇迹作支撑，有丹心与智慧浇铸而成的许许多多教书育人的经验作支撑。且不说别的，单是乡村美丽教师对教育事业的信仰、奉献，对学生的至诚至爱，克服困难的坚强意志，白手兴办学校的创业精神，就显现了中国教师在教育事业中的脊梁作用、硬骨头精神，值得大说特说，大写特写。

建立我们自己的教育话语权是对我们国家民族的尊重，是对我们自己教育的敬畏与自信，是在从事教育工作的人，特别是在第一线的教师的心中点燃希望之火，用温暖支持他们挺直腰杆做培育学生成长、成才的大事，摆脱矮人一等的困境。

要建立我们自己的教育话语权，就要认真回顾、梳理、反思这三十年来我们教育走过的路。要清醒地认识到我们向国外学习了哪些好的理念、好的经验，融入我们的教育文化、教育理念与教育实践之中，促进了我们教育的改革与发展；又有哪些以偏概全、烦琐纠结、真伪参半乃至伪理论、金钱教育等对我们进行干扰与忽悠。只有分辨清楚，方向才会更明确，才会消除教育中不该有的乱象。我们更要下决心静下心来认认真真研究中国教育有哪些优秀的传统，哪些是不符合“三个面向”战略指导方针的；在改革与发展的进程中，哪些弊病是障碍，是须克服、须清除的。研究自己的历史与现状，扎根于本土，才会有真发展，才会形成有中国特色的教育理论：从宏观到微观，从理念到举措，既有思想的光芒，又有中国教育泥土的芳香，是鲜活的，是充满勃勃生机的。偌大的受教育群体，偌大的教师队伍，文化土壤深厚，旧教育历时久远，新教育积累的正反经验丰富，总得建立中国自己的教育学。

1949 年以来，中国教育有许多可圈可点值得骄傲之处，如以往有限的教育经费支撑着庞大的教育工程，由于自强自信，发挥艰苦奋斗的创业精神，取得了培养青少年的巨大成果；如小学启蒙阶段学习良好习惯、卫生良好习惯、做人道德良好习惯的养成有一整套行之有效的教育方法；如理想教育渗透到学习求知当中，既从小树立胸怀大志的根，又不断引领学习的目标、方向、动机，激发旺盛的求知欲；如学校坚持全面实施国家教育方针，千方百计促进学生德智体美全面发展。学生课堂上的深度质疑会令教师吃惊又欣慰；下午课后简陋的操场上龙腾虎跃，热火朝天；文学讲座、科普讲座座无虚席，全神贯注。课外各种各样的活动小组，生龙活虎，当家的全是学生，至于互帮互学、一人有事大家帮，更是常见的风景……举一点例子无非说明我们的教育寓含着不少宝藏，值得深入研究，从中提取精华，为全面推进素质教育提供坚实的基础。历史预示未来，以虚无主义对待历史，恶果是消解了民族自信力。

以“三个面向”为指针，审视我们教育的历史与现状，解放思想，实事求是，改革发展，再创新的业绩，让我们的教育话语铿锵有力，鼓舞士气，传播四方。

我们这支队伍，这些人

黑龙江省佳木斯市第十九中学张丽莉老师舍命救学生的英雄行为传遍全中国，感动了老老少少亿万人。她是普通的人，普通的教师，为何能有如此震撼人心的力量？且不说她对学生的爱、对事业的敬、对同事的真，也不说她对伤病的超强意志和对前景的乐观坦然，就其实质而言，仅一句话概括：灵魂崇高。

她是中国基础教育的骄傲！

由此，我联想到我们这支队伍。最近中央媒体走基层，寻找“最美乡村教师”，报道了许多真实而生动的故事。每次看报道，心中总会涌起冲动，让人洗涤私欲，净化感情。那么平凡、那么普通的教师，在乡村坚守 10 年、20 年乃至 30 年，面对贫困不言苦，面对艰难勇向前，对社会敢于担当，对学生心怀大爱。他们犹如灿烂星空中的闪烁小星，虽不知名，但给我们以无限的希望。

教师的思想道德水平可以说是处在社会道德建设的前列。全国有一千多万中小学教师默默耕耘在培养学生成长成人的第一线，播撒青春，备尝艰苦，无怨无悔，经常背负着不能承受之重。时代发展快，教育要求高，误解、指责、怪罪，脱离国情与地情的任务加码屡见不

本文发表于《中国德育》2012 年第 16 期。进入新世纪以来，随着网络的普及，媒体对极个别有违师德的现象大做文章，肆意炒作，造成了很坏的社会影响，使教师整体形象蒙尘，损害了教师群体的社会声誉，挫伤了广大教师的自尊心和教书育人的积极性。作者撰写此文，并不讳言教师队伍中个别违背师德的人和事，同时呼吁整个社会要正视广大教师倾注心血、大爱育人的无私奉献精神。作者饱含深情地讴歌了“我们这支队伍，这些人”，弘扬了正气，提振了广大教师的士气。

鲜。但绝大多数教师并未把责任推向客观，而是认真学习、努力改进，力争与学生共同成长，志在教育实践中不断修炼，成为高素质、专业化的教师。毋庸讳言，这样庞大的队伍中出现一些违背师德的人和事，的确令人不齿，但可贵在同行不仅不认同，而且认为其有损于队伍的形象与声誉，影响恶劣，应加强教育，并以此发挥警示作用。

这支队伍是可爱的，深入他们当中，你会发现，无论社会环境怎样变换，总有一些宝贵的东西在他们身上默默传递。

坚定不移的价值取向

人一辈子都活在价值观中，一辈子都在进行价值取向的选择。价值观是人生的标尺，它决定了人生的境界。

在社会转型、价值取向多元的现实生活中，许多职业扎堆成团，炙手可热，而教师职业还有几分清凉，几分执着。选择教师，选择向青少年学生传承人类精神文明作为自身的追求，就是一种志气，一种境界。

选择教师，就是选择了高尚，选择了与国家前途和命运紧密相连的教育事业。教师是以人育人的工作。许多教师深知，要用自己高尚的人格去引领学生形成健全的人格，以自己的真才实学启发学生旺盛的求知欲。只有自己不断修炼，成为师德高尚、业务精湛的人，才能成为指导学生选择正确人生道路的引路人。

在深刻的社会变革转型之中，多种经济发展模式并存，生活方式越来越多元，利益分配方法与价值观念交织在一起，原有的价值标准、道德理念失衡、失范、失律，许多教师选择了奉献教育、为国育才的价值取向，是蔡元培、陶行知等教育大家忧国忧民、为国为民奉献崇高精神的薪火相传。

不说全国范围的感人事迹，看看周围的平凡教师，就可从中吸收到不少精神养料。如坚守在上海郊区的优秀教师，包括特级教师，他们经受住中心城区以及其他行业高薪的种种诱惑，全身心地哺育农村学子成长。又如不少参加教育培训的年轻教师，把学习实践、接受培训看成精神上的福利，有的写下了这样的心声："教学工作再忙，应试压力再大，事务性工作再烦琐，也依然挤出时间去学习。一年半中，从不上网聊天，未看一集热播电视剧，更是与网游绝缘。培训让我真正懂得了终身学习的意义，品尝到学习的无穷乐趣。育人先育己！"

教师不是生活在真空地带，不可能不食人间烟火，关键在于信奉怎样的价值观，选择怎样的价值取向。我自己就面临过高位、高薪、汽车、房子的诱惑，都婉言谢绝了，因为教师是社会的良心，千万不能为金钱、物欲所俘虏，成为它的奴隶。《礼记·乐记》早就深刻指出："夫物之感人无穷，而人之好恶无节，则是物至而人化物也。"我铭刻在心，在金钱至上、物欲横流的大潮中更要以此为戒。

教师爱教育、爱学校、爱学生，他们在教育实践中不断进取，升腾起来的理念是：思路决定出路，行为决定作为，定位决定地位。学校给我一块土壤，我还学校一片绿洲。这就是我们的普通教师，对教育事业有一颗金子般的心。

倾注心血的大爱之情

教育事业是爱的事业，没有爱就没有教育。师爱超越亲子之爱。亲子之爱源于血缘关系，父母爱子女是人的本性和本能。教师和学生之间无血缘关系，但只要是诞生于我们这块多情土地上的孩子，教师都要倾注心血，千方百计把他们教好，因为其中寄寓了国家的期望与人民的嘱托。这是沉甸甸的历史使命，须有高度的责任感，须有仁爱之心、大爱之情。

对学生能不能满腔热情满腔爱，实际是教师对教育价值能否深刻领悟与不断净化感情的问题。教师只要内心真正觉醒，把日常千件万件的教育教学小事与国家的千秋大业、人民的幸福追求紧密联系在一起，就会觉得身上挑着千斤重担，一头挑着学生的现在，另一头挑着国家的未来，今日的教育质量，就是明天的国民素质。觉醒意味着，不仅领悟教育工作非凡的意义，而且真切体验到每个孩子都是国家的宝贝、家庭的宝贝。此时此刻，师爱就会在胸中激荡。

学生进入学校学习，虽只有短短几年，在人生长河中仅仅是一阵子，但这短短一阵子往往影响一辈子的生活道路。万丈高楼平地起，关键在基础打得牢不牢。做人的根基扎得正，扎得牢固，学生就会一辈子受益不尽。更重要的是，一个人只有一次青春，青春是无价宝，国家把学生青春年少、风华正茂的时期交给教师培养，这是对教师的极大信任。如果不充满爱心培育，岂不浪费学生的青春？这是对国家、对人民、对学生的大不敬。基于这样的认识，许许多多教师锤炼自己的感情，用“有教无类”的博大胸怀，对每一个学生施以爱的教育。资优的、学困的，开朗的、内向的，家庭和谐的、破碎的，生活富裕的、贫穷的……都想方设法根据不同情况言传身教，学业上、生活上、性格上、习惯上关怀备至，不是亲子女，胜似亲子女，以大爱的细流滋润他们的心灵，促进他们健康成长。

什么叫大爱？就是没有任何条件、没有任何私利的爱，它源于仁爱之心。亚里士多德说过，善有外在的善、身体的善和灵魂的善，灵魂的善是真正的最具卓越意义的善。几十年来，我一直在教育第一线，耳濡目染、亲身实践，深刻领悟到教师生涯中最大的事就是一心为学生，不只是说说，而是身体力行，倾注心血去做，持之以恒地做，做出效果，这就是真善，就是仁爱，就是大爱。哪所学校、哪个地区、哪个省市没有生动、鲜活的爱生故事？教师中不胜枚举的爱生故事汇聚成道德中爱的洪流，与社会上那些自私自利、刻薄寡情形成鲜明的对照。尚善、尚美、尚爱终将驱散丑恶。

对专业发展的执着追求

德性与智性是生命之魂，思想道德素质是人的理想信念、价值观念、道德观念、法制观念等方面的综合体现，它决定并影响着智力的发展与发挥；科学文化素质是通过知识传授、能力培养，开发学生的潜能，使他们的智力获得发展，形成良好的认知结构。在发展智能的过程中，须注意学生情感的激发、意志的培养和正确价值观的形成，它们是不可分割的整体，互相融合、渗透、贯通。要培养学生的德性和智性，教师须强化自身的综合素质。为此，师德高尚、业务精湛永远是每一位教师执着追求的目标。

上好课，是教育改革的原点，也是教师的真本事。然而，要上好课确实不易。信息如潮涌，学生的信息渠道畅通、视野开阔、想法很多，要让学生学有兴趣、学有所得、学能开启智慧，实非一日之功。有思想、有抱负的教师，钟情于自己的学科教学，不受教学参考书的羁绊，不信教学时尚的忽悠，不受分数评价标准的束缚，更不信题海题库、“一课一练”。他们独立思考，刻苦钻研课程教材，把握知识的来龙去脉，突显教学的核心价值；研究学情，深入了解学生对所学学科的内在需求，选择合适的途径与方法，引领学生在求知过程中品尝快乐与成功。他们的非凡勇气在于跳出“育分”的怪圈，回归“育人”的教育本质。

举例来说，一位坚持学科教学必须“育人”的语文教师，叙写他多年实践的体会中有这样几句：“教师所需做的就是带着学生，沿着文字，走进作者的生命世界，去倾听，去感悟，给学生自由思考的空间与表达的机会。在课堂上，我们为学生打开了一扇门或是推开了一扇窗，让学生怀着莫大的好奇穿过门，透过窗，进入更为广泛的语文天空，体验、收获、感受生命的美好，聆听生命的絮语，丰富生命的内蕴，语文教学的生命由此盛大空灵。它们形成了我的教学思路，成为我作为一名语文教师的生命底座。”没有唯分，没有拼分，而是遵循教学规律，遵循学生认知规律，阅读、表达、观察、实践，使学生德性、智性获得有效培养，毕业选拔考试成绩极佳。

每一节课都会影响学生生命的质量，许多教师已经清醒地意识到这一点，为此在工作繁忙的情况下仍然坚持学习、进修，坚持科研，双休日参加学习培训已屡见不鲜。教研组、备课组是教师专业发展的实体，各个层面的教师形成带教的成长链，以真问题驱动真教研，帮助教师解决真问题，促进教师专业发展。

对学生丹心一片，对业务执着追求，坚守教育的神圣，创造育人的业绩，这是我们这支队伍、这些人的永恒追求。

坚持走有中国特色的教育发展道路

十八大报告是我国建设中国特色社会主义的里程碑，彰显了中国人的志气、精神、智慧和胸怀。党最理解教师的心，因为教师一辈子的追求就是把学生塑造成为优秀的中华人民共和国的公民。把学生培养成人、成才是做老师的最大心愿。在教师生涯中，能做到这一点非常不容易，不仅需要主观努力，还需要客观环境等各方面的支持。

要努力办好人民满意的教育，一定要把立德树人作为教育的根本任务。而要实现立德树人的宗旨，首先需要树立教育自信。近三十年，特别是近十年来，在普及义务教育、解决一亿几千万的学生有学上这一世界难题上，中国教育取得了显著的成绩，所有学段的教育都得到了长足发展。

不可回避的是，虽然我们进行了很多富有实效的教育实践，但依然缺少自己的教育思想提炼和教育理论研究。从教育内涵到学生培养，再到课程改革，我们从理念到做法上大部分是运用国外的教育思想和教育理论。虽然我们不排斥借鉴国外的经验，但今天的中国教育理应树立起自信，拥有自己的话语权和理论体系。

中国的教育需要拥有两个视野，一个是中国历史发展的视野，

本文发表于《上海教育》2012 年第 24 期。2012 年 11 月，中国共产党第十八次全国代表大会胜利召开。作者认真学习领会十八大精神，着眼教育发展现状，结合自身教育实践体会，撰写了此文，明确提出树立中国教育自信需要拥有两个视野，一个是中国历史发展的视野，另一个是世界文明发展的视野，呼吁中国教育一定要在世界上发出声音。

另一个是世界文明发展的视野。我们要用这两个视野帮助自己树立自信。任何一种学术都具有独立性，其他国家再成功的经验都不能代替自身的独立思考。十八大提出的“道路自信、理论自信、制度自信”这三个自信是非常有远见的。中国教育必须从本土出发，树立自己的自信。有了这样的自信，广大教育工作者才能为实现教育发展目标自觉自愿地去奋斗，我们办出的教育才是真正符合中国实际的。

要实现立德树人的宗旨，还要坚持走有中国特色的教育发展道路。中国教育的体量非常巨大，是世界上任何国家都无法匹敌的。中国的文化讲究以人为本，这是非常具有中国特色的。老子说：“道大，天大，地大，人大。”孔子的“仁爱”思想，说的就是心中不仅有自己，还要有他人、集体和国家。这与西方单一注重个人发展的视角是不同的。

1949 年以来，从“德智体全面发展”到提出“四有新人”，从“素质教育”再到十八大提出的“全面实施素质教育”，显示出我们走有中国特色的教育发展道路的指导方针是非常明确的。“育人为本，德育为先”是每一名教育工作者必须遵循的。《上海市中长期教育改革和发展规划纲要（2010—2020 年）》明确提出“为了每一个学生的终身发展”，如果教育能真正使每一个学生得到终身发展，就能使几千年前孔子“有教无类”的思想在今天得以实现。

坚持走有中国特色的教育发展道路，一是要贯通古今，梳理我国几千年来的教育史，特别是 1949 年以来的教育成功经验；二是要拓宽视野，能够“左顾右盼”，结合中国国情学习国外的先进经验。在整个教育层面，需要构建家国共同体，要倡导“修身、齐家、治国、平天下”“先天下之忧而忧，后天下之乐而乐”。教师要能肩负起这样的使命，有这样的担当。

教育发展有自身的规律，教育的本质是非常朴实的，教师应当遵循教育规律教书育人。要在教育软实力的建设中攻坚克难，从教育思想、教育理念、教育价值出发，创造有中国特色的教育。教育规划纲要提出要聚焦战略主题，实现重大突破，这个“战略”和“突破”

的核心就是“以人为本”“全面实施素质教育”。

总之，作为教育工作者，我们要吃透十八大精神，在思想观念和策略上作一番真正的调整，走有中国特色的教育道路，最终对世界教育产生影响。我希望中国在未来的五十年中，能拥有属于自己的特色教育学，提炼出自己的理论，再到实践中进行检验。中国的教育一定要在世界上发出声音，而且是宏亮的声音！

心存敬畏，回归教学本原

教书育人自有其内在规律，既要遵循学科本身固有的性质与功能，更要遵循学生的认知规律和成长规律。教学中根据不同学年段、不同层面学生的内心需求寻找最佳契合点，满怀培育之情，施以良好的知性与德性的教育，就能促进学生蓬勃向上，健康发展。

然而，在办学实践中，我们往往有意无意地忽视这种教育的内在规律，有人甚至熟视无睹，自行其是。可以这样来描述：这些年来，我们的学科教学经常面临以下三种强大势力的挤压。

一是对分数顶礼膜拜的应试教育。分、分、分，不仅是学生的命根，也是教师的命根、学校的命根、家长的命根。因此，许多学校办学的第一兴奋点是分数，是升学率。嘴上不明说，行动上真抓实干。尽管上海市教委三令五申不可搞分数排行，不以升学率论高低，但现管的看重升学率，认为升学率就是学校的质量，就是一方教育的质量。第一线干工作的拼命追求，许多是实属无奈。

二是把科学管理与量化管理混为一谈。科学管理是尊重客观规律，是以人为本。有人认为量化管理才是最客观的、最科学的，甚至测量学大行其道，一切以数字来衡量，以数字测量教学的利弊得失。学校工作有的可以量化，有的是无法量化的，教育性、人文性、校风教风学风等如何量化？既然要量化，各类作业、各类考试当然就成为重中之重，以分评人，以分压人。

三是理论之风盛行。众所周知，实践在正确理论的指导下能创造

本文发表于《思想理论教育》2013 年第 2 期。

喜人的业绩，理论上的模糊会导致实践中的盲目。问题在于，外来的理论话语霸权在不深入研究中国教情、学情的情况下大拆大建，一提传统不分青红皂白，均在对立面，均在批判之列。实践者基本无话语权，不实践者以各种各样的理论话语霸权左右教学，弄得从事学科教学的教师莫衷一是。

教书育人原本是教师肩负的天经地义的历史使命，但在三股强力的挤压下，学科教学迅速工具化、技术化、功利化，育人价值不知不觉地被剥离、被消释。

在这种环境下，强调学科德育，回归教学本源，并进行专门研究，既十分必要，又非常紧迫。

首先，是教育本质的呼唤。教育，说到底就是培养人。党的十八大报告中精辟地阐明："教育是民族振兴和社会进步的基石。要坚持教育优先发展，全面贯彻党的教育方针，坚持教育为社会主义现代化建设服务、为人民服务，把立德树人作为教育的根本任务，培养德智体美全面发展的社会主义建设者和接班人。"要"全面实施素质教育"，要"培养学生社会责任感、创新精神、实践能力"。《上海市中长期教育改革和发展规划纲要（2010—2020年）》的核心理念是"为了每一个学生的终身发展"，强调不能在教育功能多元化中迷失其本原的核心价值——育人。上海教育改革和发展聚焦的战略主题是"围绕以人为本，推进素质教育"。这一系列的表述都揭示了教育的本质，一再明示我们：学生求学，接受教育，既学习科学文化知识，又学习做人的道理，德智体美要全面发展。基础教育是给未成年人打知识的基础、做人的基础，基础打得正，打得牢，他们就能健康成长，乃至终身获得良性发展。德性是生命之魂，重知轻德的教育是一种残缺的教育。缺了德性的教育不仅有悖教育本质，而且其结果使学生终生都难以弥补。学校面对的教育群体是学生，口口声声说的也是一切为了学生，为了学生的一切，可为什么教学中从起点到目标凸显的是"重术轻人""分数至上"？除了行为上的功利之外，思维也留下了深深的印记。"人"常被有意无意地忽略，被概念化、模式化，被无知和偏见遮蔽。学生是活泼泼的生命体，一个人是一个世界、一个宇宙，成长发展过程中甜酸苦辣，精彩异常。就由于我们那些思维被埋在无意识之下，而且埋得十分之深，以至于常常看不见一个个个性迥异的学生，有时对自己教育者的身份也熟视无睹了。学科德育旨在实现教育本质的回归，唤醒沉睡的育人意识。

其次，是学科教学本身的呼唤。任何学科的教学之中都蕴含着教学生做人的丰富资源。知识的创建饱含人们追求理想的壮志、不懈奋斗的精神和为人民造福的情怀。且不说人文学科里珍藏的忧患意识、家国情怀、虽九死而不悔的责任担当，就是数理、生化等学科传授的极为严密的刚性的科学知识也一样。在这些刚性的数字、原理、公式、定律背后，蕴藏着多少敬畏自然、探索奥秘、寻求规律、追求真理的思想道德财富，创造了多少可歌可泣的为科学而献身的事迹。关键在我们执教者有没有一双慧眼来发现，而能不能发现又取决于我们是否牢固树立育人的意识，有没有育人的巨大热情。知识本身是生动的、鲜活的、有生命力的，闪耀着科学与人文的亮光。这原本是客观存在的事实，但由于功利喧嚣、技术至上的干扰，往往只见其工具性，只重其实用性功能，而剥离或阉割其内涵的精髓。任何学科教学都有教育性，没有教育性的教学是失魂落魄的教学，不仅学生缺失了完善培养的权利，而且学科知识本身也缺失了吸引人、感染人的魅力。

再次，是解决学生价值观迷茫问题的需要。接受基础教育的学生还是未成年人，生活经历少，没有生活正反两方面的经验，学习积累有限，无厚实的文化积淀，文化识别力、文化判断力比较差，面对声、光、形大肆渲染的东西，很容易不加辨别照单全收，有时甚至错把腐朽当神奇。面对社会上多元价值的冲击，尤其是个人第一、金钱至上、享乐追求等香风迷雾的侵染，学生往往受害而不自知。最近，我们语文学科德育实训基地因“价值多元背景下语文学科德育建设的实证研究”课题的需要，对 14 个区 300 名教师、500 多名中小学生开展思想道德现状调研。从采集到的 10 万多数据来看，有些情况还是很值得研究、深思的。比如，从喜欢的偶像、喜欢的榜样考查学生的倾向性认识，结果显示，按照选率高低排序依次为：演艺人物

（48.7%）、政界人物（9.8%）、体坛人物（7.7%），仅有1.2%的学生选择道德楷模。更有甚者，还有1.2%的学生将“二战”期间的纳粹分子作为自己的偶像，反映了一些中学生的极端心理和畸形价值观，也暴露了教育的某种突出病象：学校普遍重视应试训导与行为规范教育，并以此来判断学生的“好”与“差”，淡化甚至取消心理疏导与信仰牵引，以致一些学生价值观扭曲，人生观变形，荣耻莫辨，善恶难分。

教育者必须负起教育青少年学生健康成长的重要责任。这项任务的复杂与艰巨，不是靠少数德育工作者就能完成的，而是全体教师的共同使命。做人准则、思想道德准则、遵纪守法准则，特别是家国情怀、社会责任意识等，就是要通过每天每节课与知识传授、能力培养融合在一起，撒播到学生的心田，为他们的生活道路导航。这样，教书育人才能落到实处，而非空喊千百遍的口号。

有的倾向性认识确实需要澄清。有些教育工作者，包括学校教育一线的管理者与教师，一说到学科德育，就条件反射般地认为那是没有专业的人说的话、干的活。什么叫专业？什么是教师的专业？业务钻研不深，怎么可能目光有穿透力？怎能发现其中宝贵的育人资源？学生进校求学，大部分时间是在课堂里度过的，每堂课的质量影响到学生生命的质量。优质课一定是知性与德性的高度统一，而不是教师是知识的二传手，学生是知识的容器。对学生心存敬畏，对教育教学本原心存敬畏，对教师专业的认识与感悟就会更周全一些，更有深度一些。

学科德育彰显的是对学生的大爱，对事业的拥抱，对业务的执着追求，对教学智慧的不断创造，担当此重任的教师辛苦在当前，功德在千秋。

椎心的忧思，竭诚的期望

直面教育现场，给人突出的印象，一是成绩巨大，二是乱象丛生。

且不评说改革开放三十多年来教育取得的举世瞩目的成绩，单是普及义务教育，那么宽广的地域，穷乡僻壤，高原平川，全覆盖，那么多的学龄儿童都入学，一亿几千万学生都接受义务教育，这是怎样庞大的数量啊！如此的教育成就在世界上应该是首屈一指，史无前例，值得骄傲与自豪。然而，与此同时，教育内部、教育外部混乱现象触目皆是，它们不断侵蚀教育的肌体，不断扭曲教育的宗旨，投入的人力、物力、财力与教育质量、人民的满意度有很大距离，许多事不得不让人忧心忡忡，长此以往，何处是乱象的尽头！

以分判人，首当其冲的是男娃娃

分分计较，以分判人，在许许多多学校已司空见惯。在这种教学机制下，不管怎样加重负担，机械训练，不管怎样要求家长陪读陪

本文发表于《未来教育家》2013 年第 5—8 期。进入新世纪以来，教育经受着来自各方面的考验，如多元文化背景下的价值分歧对教育走向的疏离，经济社会的功利选择对教育底线的冲击，海量的冗杂信息对教育育人功能的消解；教育之外，批评指责之声不绝于耳，而教育内部则奇论迭出，标语、口号满天飞，违情悖理的荒谬做法司空见惯。作者对此深感痛心，满怀忧思，遂撰写此文，竭诚献智，寄托期望。

学，首先在分数这个紧箍咒面前败下阵来的是男娃娃。他们的智力比女孩差吗？不是，他们的生理发展、性格特点难以适应这种刻板的、琐细的、无趣的、反反复复的标准化训练。他们好动、好奇，求新、求异，又粗粗拉拉，不懂事，这些不是缺点，是天性。可悲的是，无视这些特点，未潜心研究这些特点去因材施教，而是用统一的标准化的框框进行打造，抑制想象力、抑制求知欲、抑制灵气的教学事例屡见不鲜。由于以分判人，从启蒙教育开始，男娃娃就难以获得锻炼的机会。用家长的话来说，“好事怎么摊得着？当个小队长已是天大的喜事”。小学时就处于弱势，升学一路淘汰，学生世界中就形成了“阴盛阳衰”的局面。

这不是一个简单的男女生比例失调的问题，而是要追究探讨形成这种现象的原因，以及产生的影响与后果。男孩智力开发与女孩相比，要迟一到两年，用分数一把尺子评判，有时会把天才扼杀在摇篮里。更可怕的是，男学生的阳刚之气受到损害，更谈不上培育与发扬。一整套对分数顶礼膜拜的做法，男性的勇敢、担当、冲劲、冒险精神等无形中受到消解。男孩子“娘娘腔”不是好事，面广量大，就会影响到民族性。中国的伟大事业需要无数像罗阳同志那样顶天立地的好男儿。

以考定教，最受伤害的是学生的全面发展

育分还是育人是办教育的根本性问题。古今中外教育家无论是创建或持有怎样的学说，有一点是无可争辩的，即教育是“教人”的，教学生成为人，形成人的美好品质。我们办教育的目标十分明确，是育人，是培养学生成为德智体美全面发展的、有良好思想道德素养和良好科学文化素养的合格建设者和可靠接班人。然而，学校教育现状是相当程度在育分，“分”是实做，“人”的全面培养不到位，有时被虚化了。“分”为何高到如此的价位？支撑它的是强有力的指挥

棒——升学考试。为了追求中考、高考升学率，考试结织成的这张网覆盖了整个基础教育，连小学一年级的娃娃也未能幸免，甚至现已延伸到幼儿园，不少幼儿也要提前学习“课程”，提前支付有限的“智力”。

考试作为一种检测手段、选拔手段，本无可非议。检测的目的在于改进教与学，提高教学质量，使学生学得更有兴趣、更自主；升学选拔在当今仍然是公平公正的好措施。在短时间内助学生做点应考准备也是人之常情。问题在于，以应试教育为依归，以追求升学率为目标，偏离了育人的轨道，学生的健康发展受到明显的伤害。

以考定教。为了反复操练，取得提高考分的效果，教学内容不断提前再提前，缩短新授课的时间，高三、初三缩短新授课一学期乃至两学期的情况屡见不鲜。教学时间的压缩，必然造成教学内容的叠加，再加上反复操练，学生的学业负担超常沉重。以考定教，考什么教什么，不考就舍弃，学科的性质、功能，学生的认知规律很少顾及。原本醉心于知识点，现在更进一步发展到抓住得分点。上课抓得分点，眼睛发亮，全神贯注；不是得分点，气泄了，劲也没了。求知对心灵的滋养、情感的陶冶、理想的孕育、思维的发展、视野的拓展等虽非荡然无存，但也难觅踪影，那种求知中的新发现、新顿悟、新追求的美丽风景很少见到。智育的品质、内涵、功能下降到如此逼仄的情况，怎不让人忧虑？求学不读书，阅读的贫瘠直接影响到科学文化的素养，缺少文化积淀，大大制约今后的发展。社会实践少，动手能力差，有的几乎世事不知，更不用说接近自然。整日埋头于作业，学生的时间、空间被题海占满，还谈什么个性发展、创新精神、实践能力？用学生的话来说，“学习只为考试，考试只为应试，考过就忘记”，“一天 15 小时以上泡在课堂与作业里，造出一个个机器人”。

“立德树人”是教育最本质的问题，德育为先，育人为本。教育的根本任务是引导青少年学生树立正确的世界观、人生观、价值观和荣辱观，培养德智体美全面发展的“和谐的人”。一心追求考分，全力以赴追求升学率，学校德育有形无形受到挤压。课堂里解题的技能技巧至上，不仅育人意识淡薄，而且做法上也违背教学宗旨。任何教学都具有教育性，没有教育性的教学是失掉灵魂的教学，苍白无力。别的暂且不说，仅以学生崇拜的偶像而言，就促使我们深思、猛醒。前不久中国青少年研究中心公布的一项“少年儿童偶像崇拜与榜样研究”调查显示，有近七成的孩子最崇拜的偶像是文艺体育明星，把科学家作为偶像的只有2.3%。科学家排名：爱因斯坦第31位，钱学森第45位，爱迪生第47位，袁隆平第80位。偶像崇拜高度娱乐化。抽取对象是6省市的小学三年级到高中二年级的6 466名在校学生。我们语文学科德育实训基地也于去年做过类似的调研，尽管样本不大，508名中小学生，但涉及14个区。结果显示：崇拜的偶像48.7%是演艺明星，体坛人物7.7%，仅有1.2%选择道德楷模。社会上，金钱至上，大肆鼓吹、大肆宣扬一夜暴富、娱乐化文化，对未涉世、缺少文化积淀、缺少正确的文化判断力的青少年儿童所产生的负面作用是显而易见的。这些思想观念通过具体的、生动的、包装得新奇的声、光、电等手段施加影响，而且持续不断，学生容易入目入耳，最后就入了心。至于理想信念、民族自信、诚信意识、社会责任、勤奋自强、和谐相处等都不同程度有不足或缺陷，对此既不能漠然无视，更不能掉以轻心。学生是家庭的宝贝、国家的宝贝，从小施以怎样的教育，直接影响到他们将来如何立业、立人。如果做人的根基打不正，打不牢，就会“地动山摇”。

健全的心灵寓于健康的身体。身体是否健康关系到一个人一辈子的生活、工作、学习。儿童、少年、青年是长身体的关键时期，施以有质量的体育教育，对他们的身体成长、体质强健起至关重要的作用。当前，学生的体质不容乐观，视力下降，耐力、爆发力差，许多体育锻炼项目不会、不适应、不参加。这同样令人忧虑。我们不是培养玻璃娃娃，用圈养的方法让他们碰不得、摔不得，不能经受风吹日晒雨淋；我们要培养的是体格健壮、精力充沛、意志坚强、有抗挫能力的建设者，永远甩掉“病夫”的历史屈辱。

德智体美全面发展不仅是我们培养的目标，更是我们社会主义国家青少年受教育的权利。片面的乃至扭曲的教育质量观、违背学生身心健康发展规律的学生观，指挥着、左右着我们的教育教学行为，损害着未成年人应该享有的幸福权利，抑制了他们花样年华的生命活力与光彩。一个人只有一个童年，一次青春，青春是无价宝，哪个孩子都伤不起，更何况今天的教育质量就是明天的国民素质。这不仅是基础性的问题，更是带有全局性的战略意义的大事，怎能不让人揪心！

认清乱象产生之诸多根由，是改变教育困境的第一步

教育行政部门对种种乱象从未停止过整治，如学业负担过重问题、铺天盖地的教辅问题、五花八门的考证问题等，均作规定、下文件，但收效不理想。有些地方有令不行，还变着法儿顶着干。怎么会这样呢？乱象形成非一朝一夕，愈演愈烈有各方的利益驱动，破解困境谈何容易！

就业压力巨大，又瞄准了权与钱，高学历成了选择高待遇职业的必要台阶。就业问题必然牵扯到学历，而要获得高学历，必然要经历无数次考试的关，升学考更是诸多“关”中的关键，考试指挥棒能强有力地指挥就不足为怪了。围绕考试产生的种种乱象，最深层次的根由即在于此。

家长对子女教育的高度重视前所未有，这是一种进步，是好事。但相当数量的家长期望值高得往往不切实际。受社会上金钱至上、享乐主义思想影响，期望值又往往聚焦在出人头地、做大事、赚大钱上，于是各种负担往子女身上压，双休日也得在各种班里连轴转。家长望子成龙、望女成凤的苦心又支撑了乱象的“合法性”。常听到的一句话是：“家长有此需要嘛！”不管孩子受不受得了。

应试教育乱象中起推波助澜作用的莫大于教辅读物，渗透到每个地方，题海、题库，无一名学生幸免。教辅读物是出版部门的大产业，然而不是出版部门也在搞，都在学生身上打主意，赚的是家长的钱，耽误的是孩子的青春。没完没了的机械训练，挤压了学生自主阅读、社会实践的时间与空间。利益驱动的巨大力量使应试教育的乱象久盛不衰。

领导部门常按照考核经济的办法来考核教育。考核经济看 GDP，考核教育看升学率，看百分比高不高。教育是育人的事业，有其特殊性，要在未来才能看到效果，用现在的考分评价未来的事情，科学吗？合适吗？再说，当前办学以应试为准则，能反映学生德智体美发展的真实情况吗？能反映学校真正的教育质量吗？这一招很厉害："给你钱投下去，产出呢？"升学率以数字说话，检测最方便。于是，一级压一级，区县压到教育局，教育局压到学校，校长压到教师，教师压到学生。不仅是教学压力、学习压力，由于功利思想作怪，弄虚作假乱象也随之而生。

凡此种种，不一而足，社会给教育的压力太大了。教育自身呢？对乱象的存在与发展有没有关系呢？

大家最看得见、影响最直接、最有指挥力的是招生考试制度，尤其是高考制度。基础教育办学基本是瞄准这一点来干的。

以升学率为目标，有些学校的管理层面设置众多规定，从学生入学开始就层层把关，把教师和学生捆绑在考试的战车上高速运行，学生、教师均苦不堪言。这种办学方向本应纠正，可悲在往往被默认，说的是一套，做的是另一套。说的是素质教育、创新做法，行的是考、考、考，分、分、分。拿高升学率说话，谁也不敢把这类学校怎么样。举例来说，中考考六门课，其他课程就不教，无法无天到如此程度，没人管，因为升学率高。此类事大家心知肚明，心里不服，又不敢直言，其负面作用是对教育失去信心。对考试步步为营的做法大大巩固了应试教育的阵地。

说大话，说空话，说假话，搞花样，搞形式，以名利为导向的"面子工程"也是乱象滋生根由之一。开口应满足学生需要，开多少多少门课程，上百，几百，师资似乎比大学的名教授还要棒。浮夸，说过似乎就已经做过。一谈论教育，就是外国名词术语一大串，而且不断花样翻新以表示走在最前沿，对国情、校情、师情、学情反倒不上心，似乎学校就是国外教育思想观念的大汇聚、教育措施的实验地。为招揽生源，与国际接轨，开设外国课程，语文、历史不开设，去中国化。凡此种种，形成一种导向，形成一种追逐的风气。一般学校还难有这样的底气，有头有脸的学校才有能量。

教师绩效考核、职称评定、荣誉表彰都要与考分、升学百分比挂钩，有些学校还挂得十分紧密。考试一结束，教师的名次就按分数高低排列出来了，精确到小数点后一位、两位，0.1 分之差就有高下之别。分，分，分，不仅是学生的命根，也是教师立身的命根。教师对高分的追逐滋生了对学生采取语言暴力、操练打压等乱象。

由于以分数评价教育质量，以升学率高低判别学校，于是有些学校拼命提高学生入学的门槛，如识 1 500 字方能进入小学一年级就读，一传十，十传百，家长很快就把子女的识字、算术延伸到幼儿时期，揠苗助长。正由于要在起跑线上领先，且保持继续领跑的优势，各种考证兴起，奥数的价值位列头等，声势浩大。学校择生，家长择校，有些小学如招 4 个班级学生，其中一个班级几乎都是“条子生”，钱不敢收，有所顾忌。“条子生”招架不住，有各种各样关系，谁也惹不起，教育的公平公正就被各种各样的权力人为破坏了。这是腐败!

教育乱象产生的根由错综复杂，有教育理念的问题，有体制机制的问题，有利益驱动的问题，教育内部、教育外部矛盾交叉，相互作用。谈这些情况不是抹杀我们改革开放以来教育取得的巨大成绩，而是面对现实，增强忧患意识，坚定破解难题的勇气、信心和毅力，真正做到党的十八大报告中指出的“努力办好人民满意的教育”。

深化教育改革，
以法治教，以德兴校

破解教育中碰到的种种难题，用单打一的方式确实难以奏效，须进行综合改革，各方协调，上下配合，真抓实干，扎实推进。

进行综合改革，要有各个层面的科学设计。就是顶层设计，也一定要从现实情况出发，倾听基层呼声，接地气。就基础教育而言，要进行有效的改革，先要重视精神状态的改变。无能为力、无奈、等待、随大流等是常见状况。明知学校教育应全面贯彻教育方针，全面

实施素质教育，立德树人是办学的责任与使命，但面对应试教育的强大压力拉拽，觉得胳膊扭不过大腿，无力突破。于是，深感无奈，心里想育人，行动上在育分，不想做也得勉强做。但心里还是充满了希望，等待哪一天改革成功，招生考试制度、评价体系为基础教育松绑，那就蓝天白云，上上大吉了。更有甚者是不思改革，在应试教育的轨道上走惯了，轻车熟路，不想自讨苦吃，认为随大流可少费神。

我认为，办教育的人，从管理者到一线教师，都要有点精神，要有中国人的脊梁骨。教育承载着学生的现在与未来的发展，承载着国民素质的整体提高，承载着中华民族伟大复兴的千秋大业，是民族振兴和社会进步的基石。为之奋斗，是责任，也是莫大的光荣与幸福。与以往经费短缺、寸步难行比，今日不知要好多少倍。今日教育战略地位的确立，坚持优先发展教育，为创建有中国特色的教育开辟了无比广阔的道路。问题、困难是发展过程中的挑战，拿出奋斗的勇气、不屈不挠的精神，努力施展才华，难题就会一个个被破解。

破解难题最为重要的是以法治教，以德兴校。教育有一系列的法律法规，从《中国教育改革和发展纲要》、《中华人民共和国教育法》、《中华人民共和国义务教育法》（修订）、《中华人民共和国教师法》以及《中华人民共和国未成年人保护法》等，一直到《国家中长期教育改革和发展规划纲要（2010—2020 年）》，对办中国特色教育的方方面面均作了明确的规定，按时代需求，发展的线索也十分清晰。按理说，从政府顶层设计层面、管理层面，一直到基础学校层面，均应依法治教。法制观念淡薄，主观臆断，追逐教育时尚，随意性滋生，乱象也就随之堂而皇之地出现。按法律法规办事，既是政府部门的事，所有从事教育的人，包括学校校长、教师也要自觉遵纪守法。在法律面前，校校平等。这所学校特殊，那所学校特殊，不表态就是默认，默认造成有恃无恐、无法无天的情况出现也就不足为奇了。法制观念加强，以法律法规约束，许多乱象可以受到抑制。

学校是培育学生成人成才的神圣场所，以德兴校是办学者应尽的天职。以德兴校是对学生生命与发展成长的敬畏，是对教育事业的忠诚。尽管社会上有市场喧嚣、急功近利、金钱至上的观念存在，但学校弘扬的必须是社会主义核心价值，营造真善美的文化。坚持以德兴校，能比较有效地抵御社会不良风气的侵袭，创建学生健康成长的精神家园。这不是要关门办学，而是在改革开放的条件下，牢牢抓住以德兴校，有助于去功利、去包装、去虚假、去炒作，让教育回归育人的本原，让学校成为比较洁净的地方，显示社会主义精神文明的引领力量。

要切实提高办学水平，切实提高教育质量内涵，课堂教学须攻坚。学生到学校求学，一天要上 7 节课、8 节课乃至 9 节课，课堂教学的质量直接影响学生生命的质量、成长的质量。有几点须面对：一是课堂教学“外围战”打得热闹，真正沉到教学第一线进行研究很少。教学竞赛、项目展示、论坛高论，与广大教师第一线的教学距离甚远。“你干你的，我教我的”，什么公开课、展示课、竞赛课，为了获得比赛名次，反复修改，反复操练，预演多次，追求形式，违背课堂教学真实、朴素的宗旨，教师并不认可。只是热闹一阵，谈不上有多少吸引力、辐射力。二是课堂教学由于“技术至上”，把情感、态度、价值观与知识和能力剥离，教书育人有机结合未能落到实处。这一堡垒攻不下，“育人为本”实质上就被架空，课程改革的三维目标也就形同虚设。学科德育的实施正是为了让课程改革以学生为本，知识与能力、过程与方法、情感态度与价值观融为一体的课程目标真正得到落实。三是课堂教学质量往往以分评判，教师压力很大，不少教师有逃离课堂的想法。有人这样调侃：有本事的进机关，当校长，还有本事的当教研员，再差一点当学校主任，我们是五流，只好站课堂。那么多不上课的人对上课的人评头品足，掌握考试大权，掌握教师职称能不能升迁的大权。有些青年教师觉得教学太苦，总想离开课堂。这些想法和说法不完全正确，但对教学第一线的教师缺乏应有的尊重与人文关怀也是屡见不鲜。管理者似乎高过实践者，教研员成了考研员，脱离教学，与设置该岗位的初衷差距很大，教师心态不平衡。课堂教学质量的提高靠的是合力，要各司其职，兢兢业业，多一点在教学实践第一线实干的，少一点脱离实际指手画脚的指挥者，关系和谐，有利于促进对教育事业的热爱，齐心协力提高教学质量。

学校经常要被评估，被检查，但又往往政出多门，基层有时应接不暇。有的校长诉艰难：一个学期要接待 18 次，有的文字报告长达 3 万多字，不胜负担。学校教育工作须静下心来思考、实践，干扰多，必然精力分散。大家忙得团团转，但常走不进核心工作深入钻研。“大道至简”，简单就是智慧，过多的程序，层层叠叠的要求，简单问题复杂化，必然束缚下面人的积极性和创新精神。有个制度是否可建立？那就是问责制度。不抓枝枝节节，就抓学校是否全面贯彻教育方针，是否以学生为本，以德育为先，从办学指导思想、具体措施到实际效果，提纲挈领，把学校教育教学统整起来，回归教育的本原。“问责”不是发生错误才“问”，而是促进教育思想的提升，得出正道办学的经验，从不同层面学校的实际出发，共同回答“我是谁”“我是干什么的”“我怎样干”“为什么我这样干”“干的效果怎样”“如何才能继续发展”等问题，呈现办学多姿多彩的局面，使每个学生都能幸福成长。

最后，说一点自信力的问题。教育经费、教育布局、教育法规等，只要是政府行为，很有中国特色、中国气魄，但一到教育专业领域，“言必称希腊”，我们一下子就成为矮人了。学习外国绝对没有错，但绝不是照搬照抄，食而不化，妄自菲薄。外国教育的名词术语、操作、评论笼罩了我们基础教育的方方面面，以“言必称希腊”为荣，以“行必做希腊”为荣，这也是一种悲哀。中华民族从来是一个海纳百川的民族，善于学习与吸收外来文化，但绝不是囫囵吞枣，简单移植，而是用拿来主义的眼光，取其精华，弃其糟粕，在“化”上下功夫。照搬照抄，良莠不分，其结果是失去了自己。有人开口闭口教育要与国际接轨。须知，中国当今的教育不是在零起点上，是有传统的，教育的优秀传统是我们培养学生成长、成人、成才的根和本，忘了根脉，离开了本真，不可能长足发展。不要说两千多年前孔子教导的“有教无类”“因材施教”“学而不思则罔，思而不学则殆”的大智慧，千百年来“君子教育”的丰厚内涵，就有许多可圈可点值得骄傲之处。且不说自强自信、艰苦奋斗的创业精神，单是教育目标的定位，教育措施、教育方法等积累的经验就十分宝贵。

如理想教育渗透到学习求知当中，既教育学生从小要树立胸怀大志的根，又不断引领学习的目标、方向、动机，激发旺盛的求知欲。又如，小学启蒙阶段学习良好习惯、卫生良好习惯、做人道德良好习惯的养成有一整套行之有效的教育方法。再如，学校千方百计促进学生德智体美全面发展。为使学生体格健壮，早锻炼必不可少；课堂上有些学生质疑的深度令教师既吃惊又欣慰；下午课后，简陋的操场上龙腾虎跃，热火朝天，文学讲座、科普讲座，座无虚席，全神贯注。那时学生求学的美丽风景线至今令人兴奋，令人神往。而今，有些人一谈到传统，就把我们否定得一钱不值，把负面的东西夸大再夸大，这是很不严肃的，缺乏实事求是的科学态度。

时代在发展，教育当然要改革，要去除落后的，改革不适应时代发展的。我们要做的事是不忘本来，吸收外来，面向未来。不能把我们的教育打扮得跟外国的教育一样，追求所谓的跟国际接轨。要研究自己教育的历史与现状，扎根于本土，才会有真发展。学习西方是为了发展我们自己的教育。在专业领域，从宏观到微观，从理念到举措，跟在别人后面爬不会有出路。要走自己的路，树自己的旗，尽心尽力办中国特色的教育，创建中国特色的教育高地。只有民族自信，国家自尊，才能真正走向世界。

一名草根教师椎心忧思的表白，是期望从事教育的同志能直面现实，共同兴利除弊，促进教育事业的健康、繁荣，走出一条让世界瞩目又钦羡的中国特色的教育之路，让教育回归育人本原，让每个学生在改革开放环境中幸福成长。

中国人一定要说中国话

《新读写》从它诞生的那一刻起，为了教育本质的回归，为了我们的子孙后代能够拥有祖国语言文字的修养，做了大量的工作，得到孩子、家长、学校和社会的认可。十年辛苦不寻常，在此谨向辛勤劳动的编辑部同志表达真挚的谢意。

这些年来，“一课一练”题海、题库充斥市场，赚的是家长的钱，害的是孩子的青春！青春是无价宝，一个人只有一次青春啊！海量的机械训练习题，把孩子阅读、写作的时间挤压了，剥夺了！以前老师在课堂上着力讲知识点已十分琐碎，现在发展到了讲“得分点”，学习为求知，为学做人，荡然无存。应试教育愈演愈烈，长此以往，怎么得了！为此，我感到椎心的忧思。

《新读写》在弘扬传统文化、传递中华文明上做了大量的工作。比如“读懂中国”活动从启动到发展，陈刚先生做了许许多多的工作。记得那次我应邀在上师大作有关中国文化的基本精神的报告，反响很大，底下的听众都是来自全国各地的中学老师、专家。为什么会有如此的盛况？因为在继承和发扬优秀传统文化方面，大家都有同样的紧迫感。

现在的孩子是在“三片文化”中长大的。哪三片文化？一是大片文化，好莱坞大片风行，娱乐化把高雅文化拉下圣坛；二是薯片文化，吃的不是麦当劳，就是肯德基，全是洋快餐，至于川菜、湘菜抑

本文发表于《新读写》2013 年第 5 期，是作者在《新读写》杂志创刊 10 周年回顾与展望研讨会上的讲话。

或粤菜、鲁菜等，他们不知道，而且无感觉，更不能体会饮食文化是有民族印记、地域印记乃至国家印记的；三是芯片文化，从比尔·盖茨到乔布斯，从 Windows 系统到 iPhone 系列手机，这些都影响孩子的情感趋向与是非判断标准，这种影响对缺少生活积累、文化积淀的青少年潜移默化，在不知不觉中起着作用。在这种情况下，宣传中华优秀传统文化、经典文化该是多么的艰难。然而，再难也要把中华文化的血脉传递到下一代的心中，这是社会进步、民族振兴的大事。

《新读写》今天已经初步形成了一个品牌。品牌是干出来的，不是吹出来的，也不是包装出来的。今后的路该怎么走？要知道，任何事物都有保鲜期。“新”是有保鲜期的。另外，在互联网时代，纸质媒体面临严峻挑战。所以，编辑部同志要站在战略高度思考这一问题。

作家白先勇早就说过：“百年中文，内忧外患。”西方语言强势植入，严重影响了汉语言文化的学习与传承。我见到一个幼儿园，墙上打的大标语是“从小就做国际人”，以此来招揽“顾客”。小孩子中国话都说不好，先去说外国话？先做好一个中国人，才有可能做好一个国际人，因为只有民族的，才能是国际的。思想上的殖民十分可怕！经济上、军事上的殖民看得见，摸得着，思想上的殖民在不知不觉中就浸染进去了，奴颜媚骨了。

中国人一定要有骨气！中国人一定要说中国话！我们要有自己的话语权，用祖国的语言文字来表达自己的思想感情。现在的情况是人们对祖国的语言文字缺乏敬畏之心，不知学习它的重要意义。因此，要不断提高素质，才能有正确的认识与判断力。学生完全为应试而学习，不考的一律不读，阅读视野就非常狭小。其实，只要阅读与写作的量与质上去了，考试自然就能考好了。而现在完全反着来，错把本是手段的考试变成了目标。语文能力是根本，是基础的基础，它会伴随学生的一生。语文学不好，其他功课也很难学得好。

汉语言文字是中华文化的根。五千年中华文明之所以一脉相承，从未断裂，语言文字发挥了了不起的作用，作出了卓越贡献。编辑部同志要站在传承中华文明的高度来看待此一问题，办好刊物，让中华文化在广大青少年中生根发芽，从而促使我们的教育进入育人的正道。

把教育回归育人变成办学的追求

一所有着一定历史积淀的学校，在新的环境下如何找到新的突破点，使已有的一些教育资源能够更好地发挥作用，为区域教育、为老百姓作出新的贡献，这是需要思考的一个问题。

众所周知，素质教育在实施的过程中有许多阻力，有许多障碍，有许多干扰，我们经常碰到的情况是轰轰烈烈的素质教育、扎扎实实的应试教育。我曾经提出教育到底是“育分”还是“育人”的问题，因为只有“育人”才是教育的本质。有的学校以“崇公、养品、静思、立能”作为办学校的目标，实际上是对当前实施素质教育的一个生动的诠释。我国第一代领导人毛泽东提出，我们的教育方针是让孩子“德智体全面发展”，这与马克思所讲的“人的全面发展学说”是完全一致的。第二代领导人邓小平指出，我们教育的本质还是育人。他提出我们要培养“有理想、有道德、有文化、有纪律”的“四有”新人，这里的“四有”新人就是现代的文明人。国家的强盛和中华民族的伟大复兴，第一重要的是人。真正有了可靠的接班人、素质良好的建设者，才能使各行各业兴旺发达。办教育坚守这一点是

本文发表于《现代基础教育研究》2013 年 6 月第 10 卷。国家和地方政府一直重视教育的育人功能，但随着高考社会关注度的不断提升，学校“片面追求升学率”、教师“育分不育人”、学生“求学不读书”的现象却愈演愈烈。有些学校的学生甚至在高考后将书本撕得粉碎。作为一名将“教书育人”作为基本价值而毕生坚守的教育专家，作者在各种校长办学研讨会上多次演讲，从教育本质、教育传统、课程观、教学论、教师观、学生观等多角度反复呼吁将“育人”作为学校办学的价值追求。本文即为其众多演说中的一篇。

非常重要的。

我们现在对素质教育口号讲得很多，标签也贴得很多，但是每个地区、每所学校对孩子的素质教育究竟怎么进行？深入研究不够，具体落实不够，成效当然也就不够。素质教育的内涵是非常丰富的。比如说，“崇公”这一理念，从张伯苓的“允公”而来；“养品”，对基础教育特别是小学教育来讲太重要了。现在的教育对知识、对分数顶礼膜拜，这是误区。在十几年的教育中，小学教育对孩子品性、习惯的养成非常重要。我一辈子强调基础教育的重要性，特别是小学教育，儿童时期的教育对一个人来说影响终身。中国有句古话：三岁孩童映八十，从小要在良好品德的养成上下功夫。“静思”，主要针对的是当前教育中的功利和浮躁。一所学校把学生的时间空间、教师的时间空间全部占领了，还怎么让学生、教师去思考？别的且不说，单是许多获诺贝尔奖的大科学家都强调独立思考的重要性。我也从事过十多年的师范教育，有一个体会：要教育好学生，首先要教育好教师，带领好教师的发展成长。教师教育的第一责任人是学校校长，他们对教师的情况最了解。教师的成长不是听几场报告就能够解决问题的。课当然要上好，这是当教师的前提，但是一定要让教师有学习和思考的空间，否则不可能涌现出类拔萃的教师。如果教师所有的时间都被占满了，那就变成了标准化建设。标准化的设计培养出标准化的教师和标准化的学生，这样创新就会成为空洞的口号。

莎士比亚曾说：“简洁是智慧的灵魂。”课程统整一定要抓住最本源、最精髓的。统整的目的是化繁为简，提高教学的有效性；统整的亮点是减轻学生负担，减少头绪。确实要思考三类课程如何统整，如何拓展基础课，如何把研究性的内容放进去，科学地加以统整，从而切实减轻学生负担。别说统整需要正确的教育理念，就是教学业务也应深入钻研。比如，小学的识字教学，问题不小。我举一个例子，月亮的“月”是象形字，“月”（肉）也是象形字，字典、词典将它们归在同一个部首，许多教师不知道。在进行识字教学中，对频率最高的词、独体字都不知道它的来源，就必然会加重学生负担。其实，表示人体器官的汉字许多都由“月”（肉）字旁构成，如：“腿”，

“月”（肉）字旁，形声字；“胃”，上面是个田，下面是个“月”（肉）；胸，“月”（肉）字旁，形声字。

如果我们对这些规律性的知识都不清楚的话，只能加重学生负担，一个字让学生抄10遍、20遍。因此，统整一定要在学科的本质上下功夫。要读懂文本，这才是教师真正的专业素养。希望我们的教师快快成长，一名优秀的教师能恩泽多少学生啊！学生是要培养的，教师也是要培养的，教育要回归育人的本质。教师应该拿什么来育人？一是人格魅力，二是学术魅力。基础教育是有学术内涵的，哪怕教一个字，也有学术内涵、文化积淀。学校要着力发挥所有教师的聪明才智，教师有了教育自觉，充分发挥聪明才智，办学的诗意目标就会化为执着的追求，从而有效提高教书育人的质量。

把诗意的语言变成教育的追求

德国著名诗人席勒曾写诗赞颂幼儿教育之父福禄贝尔："来，让我们为儿童而活！"这是诗意的语言，包含着崇高的思想境界。诗意的语言能够激动人心，但是还需要把它转化成教育目标和培养目标。

我曾经提出教育到底是"育分"还是"育人"的问题，因为只有"育人"才是教育的本质。我们国家的强盛和中华民族的伟大复兴，第一重要的是人。各行各业的兴旺发达，需要大批素质良好的建设者和接班人。我们现在提倡素质教育，但往往口号叫得很响，标签贴得很多，在实施的过程中却有许多阻力，有许多障碍，有许多干扰。落实到一个地区、一所学校，往往只有一个概念、一行标语，即所谓"轰轰烈烈的素质教育，扎扎实实的应试教育"。

我们一直在"开展""深化"基础教育课程教学改革，课程建设是教育的灵魂、学校的灵魂。但我们要清楚，基础教育不是大学教育，不是研究生教育，它是给学生一辈子做人打底线的基础，因此今日的课程就是明天的国民素质。我们能达到什么样的文化程度，达到什么样的做人底线，都反映在今日的课程中。不是今天开这个课程，明天又开那个课程就创新了。没有传统，哪来创新？没有知识的积淀，没有自主的学习，哪来创新？许多获诺贝尔奖的大科学家都强调独立思考的重要性，而当前教育中有太多的功利和浮躁，对知识对分数顶礼膜拜，把学生、教师的时间、空间全部占领了，还怎么让学生、教师去思考？

本文发表于《上海教育科研》2013 年第 8 期。

现在我仍经常去学校听课、评课，年纪大，确实很累。为什么还要这样呢？就是我们说的，为儿童而活啊！现在老师们也很苦恼，很多时间都被折腾掉了，静下来真正钻研文本、掌握学科本质的时间不够。学生要培养，教师也是要培养的。教师应该拿什么来育人？一是人格魅力，二是学术魅力。基础教育是有学术内涵的，哪怕教一个字，也有学术内涵、文化积淀，有不同的教育效果和育人价值。教育要回归本质，希望我们的年轻老师快快成长。我当校长的时候有一个梦想，要把我们语文教研组的年轻老师全部培养为特级教师。只有所有的教师都发挥了他们的聪明才智，我们的基础教育才能不断创造新的辉煌！

寻找教师之根

近年来，在教师教育取得进展的同时，我们也明显地感到不少教师在专业发展过程中有所缺失。他们对专业技能、教育时尚关注得比较多，而专业理想、专业伦理在为人、为师、为学中体现得不够清晰、明朗，身上缺少了应该有的精、气、神。专业理想是使教师成为专业人员的精神支柱，无教育理想的教师怎么可能真正理解教育的本质、教育的目的？教师自身如果理想迷失，又怎么可能培养出有理想、有社会责任感的学生？

形成这种状况有多种因素，其中有两种力量的干扰不可掉以轻心。

一是经常忘掉我们是中国教师，从事的是中国教育。一讲先进，就是外国，尤其是欧洲国家和美、日；一讲传统，就是落后、危害，似乎我们的教育是建立在荒滩上的，建立在污水沟上的，除了作为批判的对象，毫无价值可言。这些年来，我们耳濡目染的教育理念、教育领域五花八门的做法几乎都是舶来品，许多学校几乎成为外国教育思想观念、概念术语的集散地。

当今时代办教育当然要有世界眼光、国际视野，当然要认真学习国外的先进经验。学习，就要比较、深究、参照，就要立足本土，尊重国情，择其优秀者借鉴、使用、发展，在“化”上下功夫，而不是照搬照抄，以此来炫耀、卖弄，抬高自己的身价。办教育，当教师，首先要弄清楚中国教育的根在何处，中国教师的魂在哪里。它们扎根在数千年的中华民族优秀文化之中，这是无可辩驳的历史存在。

本文发表于《中国教育报》2013年9月2日。

从孔夫子到蔡元培，有十分丰富的教育人成人成才的宝贵财富，而且不断地以批判的眼光革故创新，以求彰显教育价值。这些育人财富穿越时间隧道，至今仍闪现光华。如果我们不了解，不研究，对历史采取虚无主义态度，就会数典忘祖，就是对民族自信力的丢弃，十分可悲。

《教育魅力》[①]探源教师教育魅力与代际传承，目的是让我们的青年教师初步了解“我从哪里来”“根在何处”。我们不是教育的穷人、教育的乞丐。要让中华优秀文化的精髓进入自己的思想、情感、血脉，又有海纳百川的胸怀，做有脊梁的与时俱进的中国当代优秀教师。拾人牙慧、仰人鼻息就只能听凭人家说短长，是得不到别人真正的尊重的。

二是分数对我们教师的困扰。说的是“育人”，行的是“育分”，瞄准的是升学率。其实，分数本无罪，但以考分作为评判学生、教师、学校高下优劣的标杆，就形成了待价而沽的局面，市场经济在教育领域发挥着追逐功利的神威。对分数顶礼膜拜，谈全面推进素质教育岂不是一种奢侈？岂不是言不由衷？

坚持以人为本，全面实施素质教育是教育改革发展的战略主题，核心是解决培养什么人、怎样培养人的问题。教师对此须深入思考，摆脱片面质量观的干扰，冲破“育分”藩篱，使学生德智体美全面发展，社会责任感、创新精神和实践能力得到提高。素质教育不排斥考试，不排斥分数。考试只是一种手段，用来选拔，用来检测教与学。教育的真正目的是培养人，不能错把手段当目标。关键在教师要怀揣对学生的满腔热情，以自己专业的真本事教出学生的真本领。学生有了真本领，何惧考试？又何愁不取得好成绩？这比在题海中浮沉难得多，需要静下心来，刻苦钻研，在专业的精深上求索，切实把握教育教学的规律，形成独特的教育教学风格，对学生有巨大的吸引力和感染力。

基于这种需求，《教育魅力》着力阐述了现代教师教育魅力的基

① 该书由于漪老师主编，华东师范大学出版社 2013 年 4 月出版。

本构成、功能价值、彰显方式与修养锻炼，目的在于让青年教师懂得教育魅力对一名教师的重要性。尤其是当今时代，社会对教师的信任、学生对教师的信服面临着严峻的挑战，教师要担负起育人重任，取得良好效果，须不断修炼人格魅力与学术魅力。在教育工作中，一切是以教师的人格为依据的，教育力量来自教师人格的活的源泉。人格魅力是一种与权势、金钱无关的吸引力，靠的是一身正气，品德高尚。学术魅力重在有真知灼见，有厚实的文化底蕴，不人云亦云，不依葫芦画瓢。

回顾教育历史，常有这样的图景浮现在眼前：一群身无分文的知识分子，器宇轩昂地屹立于天地之间，悲天悯人，为苍生造福，令人感动。这是由于他们身上有那么一股志气、意气与豪气。历史启示今天肩负重任的现代教师，应从传统中汲取精华，锻造自己的精、气、神。

点亮青少年心中情商那盏灯

众所周知，青少年是国家的命根、家庭的命根，青少年强则国家强，青少年健康成长则家庭幸福万事兴。为此，无论是家庭、学校，还是社会，对青少年均寄予无限的期望，对他们教育的重视与实践达到了前所未有的高度、深度与广度。

这本是令人兴奋、令人欣喜的好事，然而，直面教育现场，许多现象不能不使人困惑、纠结乃至焦虑。简言之，重“智”轻“情”的倾向十分严重。迷信智商，对知识过度崇拜、依赖，智力开发忽视年龄特征，既过度，层层加码，又不断超前，拔苗助长；对真善美的启蒙大大忽视，情感、态度、价值观等情商世界的培育与滋养明显缺失。

现以两组数据为例，就可知晓其中端倪。近期，我们曾对本市14个区508名中小学生进行问卷调查，了解价值多元背景下他们的道德判断、道德倾向及隐含的价值观。比如，了解对广州“小悦悦事件”的判断。问：“如果你是路经的一位，你会怎样做?”选择“直接向110、120或警察求助”的占52.4%，“主动求助”的占34.1%，“先作证再代他呼救”的占5.3%。排在后三位的是“视而

本文是作者2013年9月26日在上海市第九届“为了孩子”国际论坛开幕式上的发言。本届论坛主题是“儿童创造力与社会发展”。在作者看来，青少年成长是一个情智共生的全人发展过程，儿童创造力的培养绝不能重智而轻德。而从现实考量，青少年情感世界沙漠化的倾向则令人忧虑。作者聚焦于青少年“情商”作主题演讲，代表教育界发声，为论坛提供了不可或缺的视角，引起了与会者的共鸣。

不见”占 4.1%，其他占 3.7%，“已经死亡，无须求助”的占 0.4%。对于路人和司机见死不救的原因，有 55% 的学生选择“害怕被讹上是自己造成的”，有 24% 的学生选择“我没有任何义务去救一个我不认识的人”。显然，成人世界里缺乏同情心、“不管他人瓦上霜”的冷漠态度对青少年学生起相当的负面作用。又如，从喜欢的偶像、榜样维度考察学生倾向性认识。结果显示：以演艺人物为偶像的占 48.7%，政界人物 9.8%，体坛人物 7.7%，仅有 1.2% 选择道德楷模，对科学家的崇拜也是少之又少。显然，娱乐文化盛行，现代声、光、色、形的渲染，金钱至上的追逐，严重影响了学生的价值取向。更有甚者，选择还反映了极少数学生的极端心理和畸形价值，暴露了教育的某种突出病象。

现实状况迫使我们反思：青少年怎样才能健康成长？他们有哪些成长的权利？我们应尽怎样的责任？

青少年处于生命成长的初始阶段，犹如人生的阳春三月，既有明媚的阳光，又有霏霏的春雨，正是耕耘播种的好时节。对他们撒播怎样的种子，施以怎样的教育，直接影响他们的成长与发展。《礼记·学记》早就指出：“玉不琢，不成器；人不学，不知道。”美玉不经雕琢，不能成为有用的器物；人如果不学习，就不知人生的路怎样走。不以知识武装头脑，那就不可能脱离愚昧，成为有用之才。因此，在青少年心中撒播知识的种子是天经地义的。然而，仅止于此，远远不够。人生的基础是做人。没有这个基础，人就没有定力，浮游无根，容易受形形色色不良事物的诱惑，误入歧途。根子正，根子深，才能枝繁叶茂，长足发展。因此，在青少年心中撒播知识种子的同时，必须满怀激情地撒播做人的良种，使他们的品格、知识都能夯实基础。知识和道德、人品牵手，才真正有力量。在分数至上、视知识为商品的急功近利者的眼中，道德、人品是虚幻的、廉价的、没有尊严的。殊不知，如若青少年在这一块弱化、缺失，就失掉了健康成长的根，失掉了作为人的脊梁与魂魄。

健康成长是青少年特有的权利，成人、成才是他们成长的目标。求知是青少年的本性，精神上受到美德的滋养，是他们内心的诉求。

但丁在《神曲》中说："人不能像走兽那样活着，应该追求知识和美德。"追求知识和美德应伴随着青少年的成长，二者互相砥砺，互相促进，共生共荣，缺一不可。求知是一种快乐，而好奇是知识的萌芽。要尊重学生在成长过程中好奇、探索、发现的权利。每个学生都是活泼泼的生命体，天生一双好奇的眼睛，对所遇到的人、事、景、物会有各种各样的疑问，也会努力探索解答问题的途径和方法。在探索过程中，学生观察、倾听、阅读、思考，增长知识，丰富感情，培养辨别正误、区分美丑的能力，享受成长的快乐。这种探索、发现的过程孕育了创新意识、创新精神，激发了新发现的冲动和渴望。可悲在我们许多成人，包括家长、教师、校长不珍惜，不尊重，以分数至上的应试教育扼杀这种天赋的权利，霸占了学生成长的所有时间与空间，急功近利，影响并损害他们情商的发展。

教育的本质是培养人。我们的责任是把青少年培养成为具有中国心的素质良好的现代公民。当前，十分重要的是在他们心中点亮情商那盏灯。首先，要转变观念，认清情商比智商更重要。智商不足，尚可以勤补拙；情商缺失，轻则难以立足社会，重则不珍惜自己及他人的生命，对社会造成危害。其次，要从心底里敬畏学生的生命。每个生命都来之不易，每个生命都只有一次，每个生命都无比宝贵。从他们生命的初始阶段，就要施以做人、做好人、做正直的人的养料，引导他们从小树立人生目标，锻炼意志，积极进取，心中充满阳光。切不可以自己是"过来人"的模式打造学生，以成龙成凤的虚幻目标禁锢孩子，无视他们在生命成长中需要的欢乐、心理诉求和碰到的困惑与迷茫。对生命缺乏敬畏之心，就会把生命扭曲为谋取功利的工具，消解生命的意义与价值。再次，爱是教育的根本，要以满腔热情满腔爱呵护他们成长，滋润他们的心田。社会上，金钱万能，自我私利膨胀，不断侵蚀青少年的情感世界，使他们原本柔软的心蒙上了盐碱，冷淡、冷漠，难以感动、激动，有时出言犹如历尽沧海桑田，看破红尘。这就需要家庭、学校、社会以真情来唤醒，唤醒他们热爱生命、热爱他人、热爱祖国，唤醒他们自强自律、有责任心、善待别人、与别人和谐相处，从自我中心里解放出来，在心中装载亲情、友情、师生情、赤子情，装载天地、宇宙、社会、人生，活得大气一点。点燃这盏灯的任务繁重而艰巨，要细水长流，持之以恒，从点滴小事、良好习惯抓起，因势利导，锲而不舍。绝非靠号召、口号、啰唆、训斥所能奏效，而是以真心、真情、真诚感动成长中的生命。印度大诗人泰戈尔曾这样告诫：“不是槌的打击，乃是水的载歌载舞，使鹅卵石臻于完美。”

点亮这盏灯，照得青少年生命通体明。

“紫竹论道”的启示

从进入闵行区教育学院会议中心开始，我就一直处于感动之中，接受学院精心准备的这样一台有内容、有质量，又有多样形式的主题论坛——“紫竹论道”的教育。“紫竹”是闵行的高新园区，这场“论道”体现了闵行教育人的创新思维和追求梦想的力量。

我是来接受教育的。为什么这么说呢？我这个人已经是历史的人了，80多岁了。昨天参加了一个关于“为了孩子”的第九届国际论坛。大会有8位发言人，5位是外国人，有联合国“儿基会”的，还有美国、英国、瑞典、意大利等国的。我们中国有3位，一位是教育界的老领导王荣华，一位是台湾地区的学者，还有我。我发现，我们所思考的问题和5位外国先生和女士们相比，一点都不逊色。从思考的高度和深度上，可能我们还“略高一筹”。

我这样说，是为了回应论坛中谈到的自信心，这样一个大区要搞好教育，首先要有自信心。闵行区是一个不断发展、人口不断膨胀的大区。正如徐院长所说，闵行区教育质量这几年非但一点都没有下降，反而步步高升。除了有区委、区政府，教育局，以及各位校长的努力之外，其中尤其不能忽略的，是闵行区教育学院的功劳。我一直认为，区域教育学院思考问题的水平、学术研究的水平所站的高度，决定了区域的教育质量，不仅影响现在——当今闵行教育的现实，而且预示教育的未来。在这样一个人口不断膨胀、各方面不断发展的大区，教育也在全面增长。在我接触到的市级教师培养基地里，从整体上看，来参加学习的教师中，闵行的学员是最认真的，曾颁发给闵行

本文是作者2013年9月27日在闵行区教育学院“对话师德，铸就师魂——2013第一届‘紫竹论道’”上的讲话，傅军根据录音整理。

区教育学院优秀组织奖。今天师德、师魂论坛所讲述的似乎是点燃青少年儿童心中真善美的火种。其实，不仅是儿童与青少年，整个论坛也是在点燃老师、领导心中的火种。

闵行区除了中、高考的学科非常努力外，还有一大特点，音乐、美术、体育等学科也非常出色。张家素老师是我非常尊敬的老师，是美术专业委员会主任委员，是我们市教师学研究会的骄傲。他在教育战线上 41 年的坚守，本身就是一种人生境界。他的三支笔，每一支笔都作出了卓越的贡献。这不是技能、技巧的事，这是一种超越自我的人生境界。他把事业当作自己的生命，把培养青年美术教师作为自己生命的延续。说老实话，从事艺术的人赚钱是非常容易的，但是我们的美术老师拒绝了诱惑。在现实中，把良心送给魔鬼的人太多了，尽管钱锺书先生在世的时候对刘再复说：我们作为一个人，一根头发也不要被魔鬼抓住！面对金钱至上、名利泛滥的情况，教师要坚守自己的职责，而且要薪火相传，这是一种高尚的师德表现，这就是最生动的对师魂的诠释。

我们几位特级教师在论坛中讲了为师之道，如何“亲道明德”，我也非常受教育。教师这个职业，我从事了 62 年，没想到比一个甲子还多。论坛中讲到了做真教师，而真教师首先是要做真人。现在“两面人”太多了，心口不一，言行不一。刚才论坛中的 6 位特级教师讲得非常好，要做真教师、做真人，就要表里如一。一个学生的生命只有一次，我经常上完课后叩问自己的灵魂：这堂课对学生尽职了没有？因为在每个孩子的成长中，每一天都是独一无二的，不会再来一次，你的每一堂课都在影响着学生的生命成长。特级老师们、教研员们在论坛中谈道，每一堂课都应该是立体的、多功能的。如果只是简单的操练，恐怕会耽误学生的青春。张家素老师说得好，“要做一名真教师”，为什么有这样的思想高度？思想的高度源于志向的高度，如果一个人没有信念，没有理想，就不可能有思想。

作为一个人，即使是处在如今社会转型的时代，也既要生活在现在，又要生活在理想中。人既要仰望天空，像李白一样天马行空，追求美好的未来，就如闵行区教育学院恽院长所说要有“梦”，人一定要生活在梦想中，不断地追求信仰；又要脚踏实地，脚踏我们的热土，像杜甫用诗歌写唐史一样。写文章可以打草稿，可以修改，可以撕掉重来，人生是不可能打草稿的，每一天都是唯一的一次。因此，我站在课堂上讲课，每一句话都要深思熟虑，想到这是在学生的心灵点燃真善美的火炬，点燃情感的明灯。正因为人生是不可能打草稿的，我们做教师的人更应该求真，“千教万教教人求真，千学万学学做真人”，这是陶行知先生的教导。

论坛的第三部分讲到了教研员的工作，讲到了很多内容，尽管只举了戴老师物理学科的一个例子，但她是闵行区教育学院教研员的缩影。其中谈到了“服务学校，幸福学生”。我这个人就是教研员培养出来的，对教研员有特殊的感情。我是一个普通教师，在二三十岁时，不认识任何一个教育官员，只知道上课。那时的教育学院叫教师红专学校。有一次，红专学校召开高中语文教研组组长会议，我们学校语文组有一个老组长徐老师，琴棋书画无所不能，非常有文化积淀。他不太愿意出去开会，我是副组长，就派我去参加会议。当时，我对语文教学认识浅薄，什么都不通晓。曾经我想听这位组长一堂课，和他说了有十次之多，他都没让我听。现在的年轻教师太幸福了，给了你们那么多的培养平台，那时我想听一堂课都听不到。当时在参加教研组组长会议的时候，我谈了很多对语文教学的看法。有一位40多岁的老教研员，在会议结束后对我说：“于漪同志，以后我要来听你的课，但不提前通知。”这位老教研员就是市语文教研员杨质彬同志。她是大学毕业生，非常有文化修养，是地下党员。我非常感谢这位教研员。她听课不通知，推门就听，一听就是一个学期。在论坛的节目单上写到这个部分是“发现人，成就人”，这是教育学院的重任。教研员既要有敏锐的目光发现人，又要有毅力，用心血浇灌，把教师培养出来。杨老师听了我半年的课，一周上6天课，她起码来3天。听完课，她有时一句话也没有就走了，有时会问几个问题，从来不会说应该怎么教。她的问题没有标准答案。“你为什么这样设计?”“为什么这样讲?”“如果换个方式，可以吗?”“你看哪个方式更好?”……全都是启发性的问题，让我独立思考。就是在这样的一系列的问题启发下，培养了我这样一个脑子里全是问题的教师。问题甚至胆大到质疑我们的汉语语法体系。我认为我们的汉语语法体系是“舶来品”，是从国外引进的，从《马氏文通》以来均如此。为了教高中语文，我花了三年时间，天天开夜车到一点，把大学中文系的专业教材全部读完，发现不管是吕叔湘的、高名凯的还是黎锦熙的，都是“舶来品”，痕迹很深。我上课时很困惑，在分析很多复句时，不能自圆其说，这说明语法有问题。语言学家张志公先生在晚年时说“中国没有自己的汉语语法体系”。

我说这些话的目的，是希望，也是请求我们的教研员同志们，你们的脑子里一定要有许许多多的疑问，要不断思考，这样才能超越你们现有的水平，只有超越自己，才能创新。我就是由教研员培养出来的，也是在课改的洪流中被教研员“问”出来的。我当时任教高中两个班的语文课，每班 56 人，每学期 8 篇作文。教研员把 100 多人的作文本拿去，坐在校长室，一篇一篇地看我是怎么批改的。这就是“培养”，这就是“成就人”。

教研员身份、定位决定了他的“双重任务”，除了自己的“成就”外，还要“发现人，成就人”。作为教师来说，必须有一个敏感的灵魂。有人说，艺术家必须有敏感的灵魂。如张家素老师，一定就有特殊的美术细胞，他有敏感的灵魂。我们的音乐教师也一样，要把一首童谣《摇啊摇，摇到外婆桥》这样的乡土文化进行国际化，一定要有敏感的音乐细胞。要拥有敏感的灵魂，第一要“学”，张开自己的感官，还要用自己的“心”，孟子说“心之官则思”。论坛中还有几位博士、硕士谈到要砥砺自己，就要多读书，要读一点“磨脑子”的书。对教育学院的老师来讲，这一点非常重要，一定要读经典。不是轻而易举，一看就懂，驾轻就熟；只读一点专业书籍是不行的，必须要文理贯通，上下贯通。所以，“学”是使自己灵魂敏感的第一要素。要把很多的信息，很多精髓的思想、缜密的思维拿来为我所用，这是非常重要的。读书要会读，读“磨脑子”的书，也许读起来会很困难，但像啃骨头一样，别有一番滋味，会提升认识能力，提升思考水平。

对于教育学院这样一个培养区域师资的摇篮、孵化基地来说，文化判断力、教育判断力是非常重要的。我们现在处于“乱花渐欲迷人眼”的时期，口号满天飞，拿语文来讲，有“诗意语文”“青春语文”“绿色语文”等，我搞不清楚。口号最容易出名，学问是不容易出名的。我记得上海第一个成功的口号就是白丽香皂的广告，是上师大一位教师想出来的，“今年二十，明年十八”。这个香皂出名了，这句广告违反了生命的成长规律，吸人眼球。教育不是口号，作为专业的学科教学是要“沉下去”的，是有知识的建构的。口号不能解决问题，一定要有文化判断力。论坛中音乐教研员谈到了自己的想法，这让我想到了日本有一位世界著名的音乐指挥家小泽征尔，参加一次世界级的音乐比赛，那是在他成名之前的最后一次比赛。他在指挥时，发现乐谱中有一处不和谐。在演奏结束后，他对评委说他发现了不和谐之处，问是不是乐谱有问题。但评委们肯定地告诉他乐谱没错，是他自己的感觉罢了。小泽征尔反复回忆后，斩钉截铁地说：“肯定是乐谱错了！”评委们全体起立为他鼓掌，认为他对音乐有坚定的自信，真了不起！所以，文化判断力不是随便地下结论，而是来自深厚的专业素养。

有了深厚的专业素养，才能拥有文化判断力，而且还要有对事业的敬重之心，要敬业。小泽征尔把我们中国的著名二胡演奏家瞎子阿炳的《二泉映月》改编为交响乐，指挥演奏后，他对着东方，向着中国的方向，深深地鞠了一躬。瞎子阿炳的《二泉映月》乍听起来似乎是描述无锡惠山天下第二泉夜晚的景色，但小泽征尔体会到了这是瞎子阿炳身世的述说，是一个人的生命诉求。一个人对自己的专业要有很高的学养，先要有敬重之心。施主来了，大和尚要小和尚送茶，小和尚每走一步都要非常虔诚，这就叫“敬业”。对自己的专业，对闵行这片热土，如张家素老师在专著《热土恋情》中所说，一定要有敬业精神，我想这就是师德、师魂。我们现在缺的不是技能、技巧，缺的是精、气、神。

这次“紫竹论道”说的是闵行的教育梦，实际也是上海的教育梦，也是中国的教育梦。论道是论“教师之道”，是论教师的人生之路。什么叫“道”？“玉不琢，不成器；人不学，不知道”，这里的“道”是人生之路，是事业之路。这条路该怎么走？作为一名教师，只有把自己的生命融入祖国的教育事业中，和我们伟大复兴的、千秋万业的事业紧密联系在一起的时候，和我们的百姓、千家万户的幸福联系在一起的时候，你才会超越自己。因为你有内心深度的觉醒，所以你体悟到自己平凡的工作有那样深厚的意义。

我们经常说现在的孩子难教，不会感动，也不会感恩；有的老师也经常跟我说怎么教也感动不了学生。现在的老师比我年轻的时候难当多了，我二三十岁时，能把十七八岁的高中生教得感动不已。他们在一二十年后来看望我时，还会把我当时讲课的内容、说的话、写的板书背给我听，我也感动不已。记得我在教《文天祥传》时，最后一句话是“朝南再拜，遂死”。我当时对学生说你们不要看这6个字简单，其实意蕴丰厚。文天祥牺牲时，在大都就是今天的北京，南宋小朝廷是在临安，因此他“朝南再拜”。“遂死”就是慷慨就义，面不改色，这就是中华民族的精、气、神。我们这个苦难的民族历经几千年内忧外患，之所以能屹立于世界民族之林，那是由于一代一代的志士仁人传承和弘扬了爱国主义精神。爱国主义是我们民族的精神支柱，民族气节是我们的民族魂。鲁迅先生说过，只有我们自己真正懂得要有民族魂，中国才有真正的进步。民族要有民族魂，为师也要有师魂。今天的“紫竹论道”既论“德”，又论“魂”。《宋史》中记载，文天祥死后，他的夫人收尸时，在衣带中发现纸条上写着：“孔曰成仁，孟曰取义。惟其义尽，所以仁至。读圣贤书，所学何事？而今而后，庶几无愧。”孔子讲“仁”，什么叫“仁”？“仁”是“亻”字旁加“二”，人活着，心中要有别人。仁而爱人，这是大爱。教师对学生要“仁爱”。“孟曰取义”，孟子讲“义”，什么叫“义”？就是我应该做的事情。教师既要教书，又要育人，这是教师应该做的事。“惟其义尽，所以仁至”，我应该做的事都做到了，所以我达到了仁而爱人的至高境界。“读圣贤书，所学何事”，“读圣贤书”学什么？读书是为了明理，明做人之理，明报效国家之理。“而今而后，庶几无愧”，我已经把自己的一生献给了国家，我没有什么感到遗憾的了。我没有想到一二十年后，这些学生来看我，他们把这些话背给我听，当时懵懂的我才懂得：三尺讲台，影响学生生命成长的质量。

教师这个事业是世界上最崇高的事业，选择教师就选择了高尚。我脑子里始终有许多救国救民的知识分子形象。民国初年，一批衣衫褴褛的知识分子，胸怀天下，站在那里，是那样的有精气神，因为那时他们心怀几亿中国人。现在是 13 亿人。要心怀百姓安危，心怀天下，我想我们教师就要做这样的人，像德国大文学家歌德在《浮士德》里所说："让我狭小的心，有一个广阔的宇宙。"

今天这场论道，就是要让我们的老师，虽然看起来只有七尺柔软的身躯，却要容纳一个伟大的宇宙。要把我们闵行的教育办得"青枝绿叶，灿烂辉煌"，要能影响上海，影响全国。就像"论道"第五个版块，守正出新，辐射全区，还要辐射全国。工作中有很多困难，但要向张家素老师学习，向许多热爱这份事业的老师学习，学习坚守，坚守教育者的尊严。

祝愿闵行的教育事业、闵行教育学院进一步发展，开创出更灿烂的气象！

创建有中国特色的教育学

在教师节30周年来临之际，我这名年已耄耋的教师，心中翻腾着一个强烈的愿望，那就是急切期盼当代能创建有中国特色的教育学。

这部教育学有磅礴之气、和谐之美，它蕴含中国至圣先贤的教育智慧，包蕴近现代尤其是当代教育的鲜活思想和先进理念，人类进步教育的种种创造融化其中，不见痕迹。这部教育学是中华优秀文化教育传统与时代精神的高度整合，透射出民族智慧的芳香，充满育人成长成才的活力。

有这种想法由来已久，萌发在一个甲子前。那时，我读大学教育系，专业课除了“中国古代教育史”，几乎都是西洋的。从教育理论到教育派别，到林林总总的教育家都是外国的。当时，刚过20岁的我幼稚地想，什么时候专业课多有中国的就好了。从教60多年来，这种想法越来越强烈，那就是：中国一定要有自己的教育学，在世界上要有教育的话语权。英国撒切尔夫人在她的《治国方略》一书中

本文是作者在2014年教师节前夕为《上海教育》“精彩一课”所作的开讲第一讲。作者早在复旦大学教育系读书时就隐约萌生了“创建有中国特色的教育学”的想法，从教60多年以来，这种想法越来越清晰、越来越强烈。20世纪80年代末，作者创立上海市教师学研究会，在很大程度上也是有感于以西方体系和话语为主的“教育学”缺乏对教师的深入研究，而她60多年的教育教学求索，究其实就是对心中“有中国特色的教育学”，用行动书写的过程。在她看来，真正有中国特色的教育学，不是靠一套概念术语、几本著作就能表述清楚的，因为它蕴藏在广大一线教师富有实践智慧和创造品格的教育教学实践过程中。

说中国永远不会成为世界强国，因为“今天中国出口的是电视机而不是思想观念”。对我们而言，这种狂妄是一种深刻的警示。法国哲学家福柯曾说，话语的强弱是由话语者地位的强弱所决定的，谈论什么并不重要。西方国家强势地位的话语权一直占主导地位，教育话语权也不例外。

中国不是教育穷国，历来尊师重教。从孔子到蔡元培，留下了丰厚的教育遗产，其中精华仍光照人间。以人为本，追求理想与人格的完美；有教无类，因材施教；不愤不启，不悱不发，学思结合；务本求实，匡时济世；思想自由，兼容并包；等等。这些教育核心价值因时代发展而更具丰富内涵，更显育人光彩。改革开放以来，教育积累了正反两方面极其丰富的经验，党和政府领导一千几百万的教师带领近 2 亿的学生进行教育实践，从普及义务教育到高中教育、职业教育的发展，到研究生教育的拓展、提升，其体量之大、情况之复杂、挑战之严峻、问题之多维、工作之艰巨等属世界上罕见，一个个沟沟坎坎，一个个艰难关隘，我们都闯过来了，教育取得了蓬勃发展，许多方面取得了举世瞩目的成绩。政府的具有中国特色的方针、政策是取得巨大成效的保障，而我们的育人理念、课程改革、队伍建设、制度创新等随着时代的要求均有突破性的进展，其中不乏具有中国教育特色、中国教育个性的符合学生成长规律的理性思考与实践经验。这些饱含着中国精神的教育财富，是当代中国教育人群策群力、奉献智慧的结晶。对思想认识与实践做法进行提炼，在理论上进行阐述是有充分条件、相当基础的。

然而，理论落后于实践是不争的事实。中国教育发展到今天，还缺乏从事教育的人普遍接受的有中国特色的理论阐述。对当代中国教育学的研究对象、目标定位、任务性质、结构体系、评价体系、研究方法等认识不够清晰，没有形成比较一致的整体性看法。当代教育理论阐述未得到足够重视，原因不少，但以下两点很值得深思。

一是不知从何时起，教育话语系统悄悄变更了。一提传统，全是落后、糟粕，铺天盖地是外来的教育概念、术语、做法，标签到处贴，花样日日新。不仅言必称希腊，行也照希腊，美其名曰“现代化”“国际化”，教育自信去哪儿了？有的教师不无忧虑地说：“我们在给西方教育打工。”当今时代，拒绝学习外国，不是愚蠢，就是白痴，但是学什么、怎么学，必须以我为主。土壤、对象、目标等有很大差别，怎能照搬照套？不本土化，又怎能国际化？被“化”到哪个方向？我们不是缺少国际视野，而是缺少对历史与现状的理解与尊重。教育现代化不能割断历史，历史是理智的启迪，它给追求理想的人们新的起跑线。德国前总理勃兰特说：“谁忘记历史，谁就会在灵魂上生病。”

二是缺少学者、专家静下心来，沉到教育教学第一线，倾听办学者、教师、学生的心声，摒弃急功近利，认真研究中国教育的历史与现状，从国情、教情、学情出发，提炼思想，揭示规律，指引未来。

创建有中国特色的教育学，不只是创写几本教育学术著作的问题，而是教育实践有教育理论指导，不再是东一鎯头西一棒子，拼凑焊接，不再是思想矮子，任人说短长，而是彰显中国教育工作者的志气和中国教育的尊严。

以民族精神铸学生脊梁

习近平总书记教师节在北师大的讲话，真的太解渴了，非常及时非常重要，让我们如饮甘泉。9 月 17 日，上海市教育系统召开了学习讲话的座谈会，老师们的观点很一致：总书记的讲话，不仅是针对具体教学内容的更新，而且强调了立德树人这一教育的根本任务，更是深化教育综合改革的重要指导原则。

育人先育德，人有了脊梁骨才能直立行走；人有了理想信念，就有了精神支柱，就能成为真正的人。中华民族博大精深的文化是教师育人、育德的深厚沃土，也是涵养社会主义核心价值观取之不尽的精神宝库。

如何将文化基因植入学生的生命体？学生的民族精神和传统文化教育，要用制度和法规的形式固化，要在学科主渠道、课堂主阵地中贯彻落实。我作为专家，曾经参与《上海市学生民族精神教育指导纲要》的制定，提出构建以爱国主义为核心，以国家意识、文化认同、公民人格教育为重点的民族精神教育的实施体系。文化认同就是把民族语言、民族历史、革命传统和人文传统四项内容列为重点。民族精神和传统文化教育，不仅要体现在思想政治课上，同时要有机融入所有学科，让学生充分领略并理解中华优秀文化的深厚和魅力，知道根在何处，方能从容面向未来。所有学科都确定了三个维度的教学目标，在传授“知识与技能”“过程与方法”的同时，融入“情感态度与价值观”的培育与熏陶。

我当了多年语文教师，退休之后，仍然全程参与了上海语文学科的几轮培训工作。在探索中我感到，传统文化教育“文本中开掘、

本文发表于《人民日报》2014 年 9 月 19 日。

过程中点拨、情感上激励、思想上启迪”是一套行之有效的方法，可以将知识、思想、情感、价值观融为一体，让学生获得德育与智育的双重滋养。

要让民族精神和中华优秀文化入耳、入脑、入心，应该鼓励探索多种多样的操作方式。比如，要针对不同年龄段学生特点因材施教。根据各学科性质，上海分学段列出民族精神教育的21门学科的分层指导意见，小学以启蒙、兴趣为主，初中以理解认知为主，高中以理性思考为主。与课改紧密结合，帮助学生内化为理想信念，外化为自觉行动。两年多来，上海小学一年级到高三年级一直在沿用《中华优秀传统文化诵读课本》，而小学一年级是通过听音诵读，让孩子们更容易感受古诗文的魅力。

习近平总书记说得好，“教师重要，就在于教师的工作是塑造灵魂、塑造生命、塑造人的工作”。这话讲到了教育的根本，讲到了教师的心里。“三尺讲台系国运，一生秉烛铸民魂”，我们每位教师都应努力成为有理想信念、有道德情操、有扎实学识、有仁爱之心的为人师者，以精彩教学弘扬中华文化，以民族精神铸学生脊梁，以赤诚与智慧谱写教育的华章。

十年探索不寻常
——写在“两纲”教育实施十年之际

人的记忆非常奇妙，有些事随着时光的流逝了无痕迹，有些事却印记深刻，鲜活如昨，常忆常新。2005 年上海市教育领导部门制定和印发的《上海市学生民族精神教育指导纲要（试行）》《上海市中小学生生命教育指导纲要（试行）》（以下简称“两纲”）实施至今已整整十年，当时诞生的兴奋情景，仍历历在目。

一、“两纲”教育是时代的呼唤

“两纲”的诞生是教育本质的呼唤、时代发展的诉求和学校教育全面育人的现实需要。当代学生所处的是一个特殊的时空环境。进入新世纪，世界和中国都发生着深刻的变化，这种变化构成了这个时代的特征，对教育提出了严峻的挑战。这些变化可简要概括为：政治多极化、经济全球化、文化多样化和信息网络化。暂且不说其他，单是文化多样化和信息网络化对缺少人生经历、文化积淀和文化判断力的中小学生的思想道德观念和价值观的形成就产生了相当大的影响。上海处于改革开放的前沿，又是中西文化交汇的窗口，这一方面给学生提供了优越的成长环境，另一方面又对学生的思想观念、价值取向和行为养成提出了更高的要求。

本文发表于《现代教学·思想理论教育》2015 年第 5B 期。

根据《上海市学生民族精神教育现状调研》报告，上海学生民族精神教育总体上是富有成效的，尤其是改革开放以来的伟大成就大大激发和提高了青少年学生的国家意识、民族自信心和自豪感。但在深刻变化了的国际国内形势下，学生民族精神教育面临诸多问题与挑战。由于西方强势文化的复杂影响，一些青少年迷恋西方文化，追随西方时尚，国家意识淡薄，对国情了解甚少。比如升国旗、奏国歌是进行爱国主义教育的重要方式之一，但有两成多的学生却认为没什么意思或毫无意义，因此他们升国旗、奏国歌时不是自觉肃立，心中也未能涌起对祖国的热爱、对先烈的缅怀。又由于学校崇尚重智育轻德育的应试教育，急功近利地追求升学率，学科主渠道、课堂主阵地存在片面追逐分数的倾向，学科教学应有的人文性和育人价值被削弱乃至失去。体制上的弱势地位使有些学科在进行中华优秀传统文化、历史传统、国情等教育方面常处于无助与无奈的境地。学生和家长对外语的重视与认可程度大大超过本国语言，学习时间更是成倍或几倍增加。在双语教育兴起的背景下，一些学校甚至出现了用外语教古汉语、用外语教中国历史、用外语唱国歌的奇怪现象。这种怪现象与对本民族的文字、历史、文化认同教育完全相悖，消解了学生的国家意识。

更可悲的是，人们对问题的严重性不仅未充分重视，有的媒体还把这种做法当作“经验”来宣扬，如报道某小学一年级用英语教语文，还美其名曰“双语教学”。文化是一个民族的灵魂，无论是国家意识还是人格精神都需要文化的支撑。文化的漂移与无根状态会对青少年学生人格的形成产生非常不利的影响。一个国家、一个民族最深层次的力量是价值观，学生价值追求的偏离实在令人揪心！同时，在生命教育方面，如何引导学生科学地理解生理、心理发展的规律，正确认识生命现象和生命的价值意义，同样也面临不少严峻的问题。

怎样才能切实有效地促进学生健康成长、全面发展，使他们成为有中国心的思想道德素质良好、科学文化素质良好的中国特色社会主义事业的合格建设者和可靠接班人？这是事关“培育什么人、怎样培养人”的大问题，半点不能含糊，半点不能掉以轻心。上海市教育领导部门正视新情况新问题，抓住人才培养的根本问题，及时而果断地制定了“两纲”，并大力组织实施。

二、“两纲”教育仍在路上，需要继续前行

回顾“两纲”教育十年的历程，不是为了再现历史的场景，意图在唤醒教育者正确认识“两纲”实施的价值与意义，增强信心继续前行。

首先，“两纲”是站在时代制高点上，抓住当代复杂背景下育人的根本大计作出的战略性回应。教育就是培养人，是“人的完成”。育学生成人成才是教育的真谛所在。当今时代要让学生在现代化大潮中树立理想信念，不迷失方向，有家国情怀，就必须树民族精神之根，立爱国主义之魂。《上海市学生民族精神教育指导纲要》从国家意识、文化认同、公民人格三个方面弘扬和培育民族精神，坚持继承中华优秀传统文化与弘扬时代精神相结合。也就是既继承中华民族悠久的历史和文化传统，又发扬党的优良传统和以改革创新为核心的时代精神，还借鉴世界各国创造的文明成果，使民族精神的弘扬充满创新的生机与活力。有人认为“两纲”内容狭隘，尤其是认为民族精神教育缺少时代气息。这其实是一种误解，是未认真钻研其内涵的一种偏颇的观点。以爱国主义为核心的民族精神与以改革创新为核心的时代精神紧密相连。其实，民族精神充满活力，不断发展，既广且深。有独立自主、维护统一的爱国精神，有与时俱进不断变革的创新精神，有自强不息的奋斗精神，有经世致用的求实精神，有协和万邦的和平精神，等等。时代创造的精神财富不断丰富着民族精神的内涵。

其次，“两纲”教育要与时俱进，在探索育人规律中努力前行。“两纲”在贯彻实施时，根据情况的变化不断探索育人新举措，使青少年学生思想、情操真正获得良好的培养，世界观、人生观、价值观

得以正确形成。新时期课程教材改革的核心理念是以学生为本，以促进学生的全面发展为本，《上海市中长期教育改革和发展规划纲要（2010—2020年）》的核心理念是“为了每一个学生的终身发展”，“两纲”的一系列附件中包括了中小学各学科开展民族精神教育及生命教育的指导意见与内容要求，但由于认识上、体制上的种种原因，这些要求还没有完全落到实处。学生在学校求学，绝大部分时间在课堂上度过，课堂上施以怎样的教育，直接影响他们生命质量的提升和精神的成长。有些学校、有些教师说的是课程改革，行的是应试教育，把学科知识和育人价值人为地加以剥离，教学不仅拘囿于知识点，更热衷于得分点。这不是个别现象，而是普遍现象。在这种情况下，强调学科德育的实施，就是要坚持以学生为本的先进理念，这对于促进学生全面发展，推进素质教育，具有极其重要的现实意义。

三、要进一步明确学科德育的价值

要明确学科德育的价值与意义，有两个认识须澄清：

一是须清醒地认识重智轻德、重术轻人，是教育方向的偏离，也是教育的大忌。教育如果连学生做人的基本道德、基本底线都不牢牢把握，学生拿高分又有什么用？现实生活中的惨痛教训触目惊心。古人司马光早就指出：“才者，德之资也；德者，才之帅也。”“德”是“才”的统帅，一语道破了“德”在树人中最为关键的不可替代的地位。德行，是做人之魂；德育，是教育之魂。所有的学科教学都有教育性，都有育人价值，既有智性的内容，又有德性的内容，而且相当程度上两者是融为一体的。但是，由于功利思想作祟，由于追逐分数的增值，教学中的教育性被人为地剥离。抽掉了育人价值，教学就“失魂落魄”，只见知识点、得分点飘荡，机械操练横行，学生的学习兴趣、求知欲望、目标追求、创新尝试等均被消解。为改变“育人”扭曲为“育分”的状态，“两纲”教育在推行中提出“学科德育”并组织实施。它不是为了“贴什么标签”，而是要使学科教学回归教书育人的本位，让德育与智育有机融合，使德育进入学科主渠道、课堂主阵地，使“两纲”教育真正深入教学领域，落到实处。

二是要清醒地认识到学科德育的实施与上海“二期课改”的施行，并不是两股道上跑的车，而是紧密结合、互依互存、相互促进的。《上海市普通中小学课程方案（试行稿）》的课程总目标与“两纲”的总目标相一致，均提出要进一步推进素质教育，培养合格公民。这次课程改革的核心理念是以学生发展为本，要把这个理念落实到学科教学之中，就必须牢牢抓住知识与能力、过程与方法、情感态度与价值观三个维度的支撑。教学中认真进行三个维度设计，三个方面相互渗透、融为一体，这样德育、智育、全面育人的任务就落到了实处。且不说前两个维度，就是情感态度与价值观的内涵就十分丰富。情感，不仅指学习热情、兴趣，更指内心体验和心灵世界的丰富，以及高尚道德情操和审美情趣与追求。态度，既指学习态度与责任，更指乐观的生活态度、求实的科学态度和宽容的人生态度。价值观，指个人价值与社会价值的和谐统一、科学价值与人文价值的和谐统一、社会价值与自然价值的和谐统一。三者构成了一个心灵连续体，由情而理，由直觉反应而进入本质探究，引领学生从内心确立起对真善美的追求。这么丰富的内涵需要充分发挥各学科的个性特点，发挥知识、能力载体的作用，并实现三者的有机融合。情感态度与价值观不是凌空的概念与术语，而是具有实实在在的内涵。贯彻实施“两纲”教育绝不是外加、贴标签，而是要深入钻研教材，研究学生的心理诉求，发现并挖掘教材中蕴含的育人因素，使学生心灵得到滋养。学科德育的实施给三个维度的教学注入了无限的活力，使以学生发展为本的课程改革核心理念落地、落实，不至于让支撑核心理念的三个维度成为“跛脚”，更不让情感态度与价值观的目标要求成为写在纸上的教学设计。

教育的先进理念我们说了千百遍，课程改革的核心价值也说了千百遍，但践行时却千难万难，甚至大大走样。这令我想起这样一句启人深思的话：世界上最远的距离是什么？不是天涯海角，而是从“说”到“做”的距离。确实如此，只有切切实实去做，“说”的价值和意义才能得以彰显。

2013 年，教育部重大攻关项目“大中小德育课程一体化建设研究”落户上海，专题研究如何落实教育的根本任务——立德树人。这为“两纲”教育的贯彻实施又增添了新的动力，从指导思想到内容设计，从学理研究到具体措施，又步入一个新起点。培育和践行社会主义核心价值观，弘扬中华优秀传统文化，需要我们将顶层设计的内容体系——政治认同、国家意识、文化自信、公民人格科学落实到各门学科之中，促进知识体系和价值体系的有机统一、学科内容和科学方法的有机统一。面对新任务新要求以及有待破解的问题，抚今思昔，更显出“两纲”实施的时代价值、战略意义及铺路奠基的作用。

十年探索不寻常，且行且思且发展，卓有成效；未来展望亦窈然，须志须气须聚力，更上层楼。

我心中的教育

教育是一项理想的事业，没有理想的教育是不存在的；教育是一项神圣的追求，它充满着伟大与圣洁，不容任何玷污与亵渎；教育是一个崇高的使命，它需要我们全身心地投入与完全的奉献；教育是民族发展的奠基者，它决定着民族的命运与未来。这就是我心中的教育，正是对教育的这一认识，决定了我的价值意识与人生选择，决定了我终生的职业走向。

一、全面育人观：我的基础教育观

育人是基础教育的基本任务与根本目的，也是我们所有工作的终极追求，不管是从事教学还是管理。通过自己的成长过程，我深深懂得，高尚教育境界的追求不是玄虚的、无依据的，而是源于对教育的深刻理解，对自己肩负使命的执着追求，源于教师内心的深度觉醒。从我作为语文教师坚持“胸中有书，目中有人”开始，到追求“教文育人”，再到担任校长进一步深入思考和确立学校的教育目标，对教育的对象是人、教育的根本目的是培养人的认识越来越清晰。我们一切的教育教学工作，都应该切切实实围绕着这样一个中心。

随着人类步入知识经济时代，所有财富的核心都是“知识”。而知识经济时代，知识的寿命越来越短，知识的更新越来越快。人的一

本文收于《于漪与教育教学探索》（北京师范大学出版社 2015 年版）。

次性受教育已经满足不了这个时代的需求，这就向教育提出了挑战：教育能否满足人可持续发展的需要，并且满足人类社会可持续发展的需要？实际上，社会的可持续发展，在很大程度上取决于人的素质的提高，取决于人本身的可持续发展。而人的素质的提高，正是教育发挥其本体功能——育人功能的结果。故今天的教育，必须使人——包括受教育者和教育者自身——具有可持续发展的潜力，具有可持续发展的丰富的内在品质。因此，今天教育的所有标志性目标都将指向同一个核心内容——人的可持续发展，并通过人的可持续发展来实现学校的可持续发展，进而为推进社会的可持续发展这一教育的终极目标作出自己的贡献。

作为一个活生生的人，学生的德智体美各项素养不是简单并列，更不是机械割裂，而是有机融合、不可分割的，其融合的最终指向就是人格，是人的综合素养。从某种意义上说，一个人人格的高下优劣往往直接决定了他作为一个人的基本素质的高低。要培养全面发展的人，也就是要培养人格健全的人。正是在这个意义上，江泽民同志特别重视学生的人格培养。他强调指出，如果不重视人格培养，就会产生很大的片面性，而这种片面性会影响人一生的轨迹。因此，学校教育必须培养拥有健全人格的全面发展的人。

现代教育理念和社会发展还要求我们不放弃任何一个学生，要求我们的教育注重培养和调动学生在学习过程中的自主意识，充分发挥每个学生在发展上的潜能和优势，以形成各个学生的最佳素质结构。现代教育要努力实现让每一个学生成为大写的人，一个有着自我目标和自主追求、能够实现自身人生价值的人，一个适应时代需要、与社会和谐进步和发展的人。因此，育人被作为教育基本的也是最终的目的。在我们的教育中真正体现以人为本、以学生发展为本的原则，为实现全体学生的全面发展与终身发展奠定基础，就成为我的基础教育观，成为我此生不变的永恒追求。其实，这一全面育人观的建立，是教育的本质所决定的，是时代发展的要求，也是当代教育实现可持续发展的必然选择。

1.
全面育人观体现了
教育本质的呼唤

我国古代经典著作《大学》中开宗明义这样说："大学之道，在明明德，在亲民，在止于至善。"即学习的目的，在于彰明内心美善的德行，在于使人自新，在于使人处在最高的至善的道德境界。古希腊哲学家柏拉图在《理想国》中借苏格拉底之口，用"洞穴中的囚徒"这一隐喻，说出了教育的真正含义，即教育是要把人的灵魂、精神用力往上拉，引向真实世界；而知识、技能是帮助灵魂攀升的阶梯。因此，"真正的教育"是引导人的灵魂达到高处的真实之境，是人生境界的提升。我们的前辈陶行知先生的"千教万教教人求真，千学万学学做真人"，也就是追求人的精神世界的高尚。当今时代，这种意识更加明确。英国史学家汤因比和日本的池田大作在关于 21 世纪的对话中谈到当代教育时，认为教育的本质不应该以谋实利为动机，而更应寻求存在于宇宙背后的"精神存在"之间的心灵交流，开启人的心灵与富有的大脑。古今中外研究教育的大家都认为教育的本质是增强人的精神世界，提升人的思想境界。可见，教育的本质就是培养人，增强人的精神力量。这一教育本质呼唤着我们的教育必须把学生放在教育的核心位置，以学生为本，对学生的成长负责，从而追求崇高的教育境界。绝不能以育分为本，以应试为本，伤害学生。

教育的本质聚焦在人的培养、人的发展、人的精神提升上，聚焦在学生的全面发展和终身发展上。几十年来，我始终认为，学生在学校接受教育，学习各门功课，无论从学生个体的成长来说，还是从社会的实际需要来说，都要着力于他们的发展。发展是学生的基本权利。把每个学生蕴藏的潜能变成发展的现实，使他们终身受益，这是教育的职责，更是我们每一个教育工作者的使命。深刻领会这一点，我们的目中就会真正有"人"，脑中就会有一个个学生鲜活的形象，就会处处为学生今日的健康成长和明日的长足发展着想。心中有学生，我们在教育教学中就能产生热情，产生智慧，充满活力，浑身就会有使不完的劲，就会去不懈地追求。认识了教育的这一本质，我们就会大局在胸，始终站在教育发展的前沿，牢牢把握课程改革的核心，就能够促使自己成为真正的教育工作者，而不是仅仅将教师这一职业作为养家糊口手段的教书匠。

使每个学生都得到全面的发展，同时也是我国全面发展的社会主义教育方针的体现，是今天实施素质教育最本质的要求。教育是培养人才和造就民族创新能力的基础，它在现代化建设中居于全局性的战略地位。在科学技术向现实生产力迅速转化的过程中，教育是十分重要的中介环节。人的生命体本身蕴含着多方面的发展潜能，教育的任务就是把学生的潜能变成发展的现实。每一个学生都得到发展，不仅是现代民主的基本理念，而且是每个学生的基本权利。我们要保护并尊重这种权利，创造条件实现这个权利。

教育历来有着不同层次的价值观。教育的浅层次价值观是教育的个体发展中过分注重对谋生、谋取物质利益、博取功名的追求，忽视或轻视个性充分发展及高尚精神境界形成的深层次价值。我们教育工作者的教育追求不能停留在浅层次的教育价值观上，千万不能把教育仅仅看作是教给学生未来谋生的手段。我们要树立深层次的教育价值观，要培养民族未来的栋梁。当前，重智育轻德育、体育、美育的观念及做法对学校教育有很大的干扰。这种片面的教育质量观影响教育的发展，影响学生的健康成长。要办真正的教育，要造就新一代高素质的劳动者、建设者、管理者和领导者，就必须全面贯彻教育方针，真正实现全面育人。

2.
全面育人观是时代发展的现实要求

当今世界，竞争的焦点是人才的竞争，是全民素质的竞争。我们所谓综合国力的竞争，实质上也就是人才的竞争，国民素质的竞争。

今天，人力资源在国家综合国力的增强方面发挥着越来越重要的作用，而人力资源的状况归根结底取决于教育发展的水平。人的现代化是时代发展的迫切要求，是社会现代化的根本保证。一个国家可以从国外引进作为现代化最显著标志的科学技术，可以移植卓有成效的管理方式、教育制度以及课程内容等，但这些毕竟是一些躯壳，关键在于执行和运用这些制度的人。要使这些制度有生命力，并在自己土地上发展、开花、结果，那么作为操作者的人自身的心理、思想、行为方式都须经历一个向现代化的转变，只有提高人的综合素质，有创新能力，有人才优势，才能保证社会主义现代化的实现。因此，社会要求学校向学生提供优质教育，使学生全面发展。只有全面发展，学生才能够在未来社会不断求知和创新，实现与他人合作，学会保持身体和心理的健康，成为现代化的人。

众所周知，今日的教育就是明日的科技，就是后天的经济，今日教育的走向影响着甚至决定着明日的国民素质。与许多发达国家和有些发展中国家比，我国国民素质所处位置较低，不尽如人意，因此我们的教育更是肩负重任。几十年来，我国教育取得了巨大成就，但就教育理念、教育体制、教育结构和培养模式，乃至教育内容、教育方法等而言，我们仍然有着相对滞后的一面。这影响了青少年的发展，不能适应提高国民素质的要求。因此，以学生为本，促进学生全面发展，正是当今社会对教育的急切呼唤。知识经济时代的到来，对教育提出了严峻的挑战，未来社会不是以某种技能技术的运用为基础，而是以整个知识进步为基础。对人才知识水平的评价标准，主要不是看某一方面的技能运用，而是看人才的整个知识的结构、容量、水平和知识积聚与更新的能力。显然，人的培养不能再以传统的获取相对固定的知识体系为唯一目的，而是要以提高综合素质为目的，实现学生全面发展。

几十年教育教学的实践与探索使我清晰地认识到，由于我们的基础教育观念与教育模式的制约，多年来，我国中小学生在学校接受教育，得益最多的是知识与能力，在这方面我们是成功的。但学生自主获取知识的能力、批判性思考能力、责任感、价值判断与文化判断能力、创新意识和主体精神等则相对较弱，人文精神缺失现象相对突出。学生在学校学习，获取了知识，培养了能力，这是好事，也是教育应承担的责任。但获取知识与能力不是教育教学的全部，其他方面残缺不全，必然影响学生的健康成长。局部不能代替整体，教育更不能局限于此，片面的教育质量观对学生的全面发展是极大的障碍，更何况由于长期机械操练式教育的影响，学生能力的缺陷也很多。因此，培养思想道德素质、科学文化素质、身心素质良好的现代文明人，是我们建设中国特色社会主义的战略需要。我们必须改变传统教育观念，牢固树立全面育人的教育理念。只有这样，我们的教育才可能真正走向现代。

基础教育是普及教育，它的指导思想如何、质量如何，关系到全民族素质能否提高。因此，它不只是一地、一校局部的事，而是影响国家发展的全局。它是一种战略需要，关系到国家与民族的未来。改革开放至今，时间虽不算长，但广大教育工作者已经充分意识到传统教育观存在的不足乃至缺陷，不少专家与教师在探索新的教育理念与教育模式。关于究竟应该树立怎样的教育理念，我们现在也已有了较为明确的认识。然而，对于如何确立育人为先的教育理念，如何使这一理念转化为教育教学的现实，当今时代的教育对象——学生具有怎样的特点，教育究竟怎样才能走进学生的世界，特别是学生的心灵世界，我们了解得还不深入，研究得还不透彻，因而多在方法上、窍门上兜圈子，有时还是从主观愿望、主观设想出发，没有达到应有的成效。这一状况如不加以根本改变，我们将辜负这伟大的时代，辜负肩负的使命。因此，确立正确的基础教育观，以高质量的基础教育迎接未来的挑战，是时代发展的要求，是中华民族的伟大振兴赋予我们教育的一份沉甸甸的责任。

3.
全面育人观是教育自身实现可持续发展的必然选择

人类及其生存的社会环境的可持续发展愿望，必然要求教育的可持续发展。作为整个社会系统的重要组成部分之一，作为推动社会进步的主要原动力之一，教育的可持续发展表现为人、教育与环境的有机结合。作为整个社会的一个子系统，教育的可持续发展保持教育这个子系统与社会其他各子系统之间平衡发展，是保持教育自身生存与发展的重要前提之一，也是教育作为社会发展的革命性力量，能有效地推动社会不断进步的力量之所在。

从宏观层面来认识，理想的可持续发展的教育，一方面表现为教育的持续性特点，另一方面表现为教育的全面性特点。教育的全面性，一是指受教育对象的全面性，也就是说，教育要成为面向全体社会成员的教育，通过教育使全体社会成员的素质都得到全面的提高和发展；二是指个体素质的全面性，即对于每个社会个体而言，教育所提供的是促进所有个体在德智体美以及劳动技能和心理健康等方面全面发展。这样，教育的全面性特点决定了教育的全面育人特点，教育通过促使人的可持续发展来促使自身的可持续发展，并通过人的可持续发展，进而促进整个人类和社会的可持续发展。而这一切决定了教育的核心是人，一切以人为出发点，一切为了人的发展需要。

从另一角度说，在我们漫长的历史演进过程中，人类的生存方式和需求层次随着社会的不断发展而体现不同的阶段性特点。今天，人的需求已经由维持基本生存、保障物质生活条件，转到以追求个性发展、提升人的生活品质、丰富人的精神享受为主。这既体现了不同发展阶段经济对人的需求的制约过程，也体现了人对自身发展阶段性需要的自我认识的过程。因此，今天的教育已由单纯的经济发展的工具和手段，发展成为以追求和实现人的幸福生活为目的，并成为实现人的全面发展的重要途径。时代对人才培养的要求，也逐渐由工业化时代的整齐划一，转入到更加注重人的个性发展与创造精神的培养。因此，我们必须清醒地认识到，在今天，人已经成为教育的中心，也是教育的根本目的。人是一切教育的出发点，也是所有教育的归宿。教育在人的交往与活动中展开，人在教育的交往与活动中成长和发展。人是教育的基础，也是教育的根本。所以，一切教育都必须以人为本，以学生发展为本，这是现代教育的基本价值观念。

我们的基础教育从应试教育走向素质教育，这是一个非常大的甚至是革命性的进步。应试教育的最大弊端就在于它压制人的主动性，将受教育者物化而使之仅仅成为一种客体存在，教育也就成为一种外在塑造的过程，这显然不能适应当代社会发展对人的素质的要求。以人为本、全面发展的育人观，是对以往教育的纠偏，是向现代教育发展的必然结果。以人为本、全面发展，就是把人看作人，以人的样子构建人与人的关系。具体到教育上，就是把学生和教师看作教育过程中的主体，他们有着共同的发展与成长需要。教育要培养他们的自主意识，给他们以充分的发展空间，使他们充分意识并且明确认识到自己主体性存在的价值和意义。教育要引导学生和教师健康成长，使学生的观念从“要我学习，要我成才”转变为“我要学习，我要成才”，使教师的观念从“要我教书，要我奉献”转变为“我要教书，我要奉献”，使他们真正成为学与教的主人，成为自身成长和发展的主人。

这种全面育人观，在充分体现学生和教师积极性的基础上，构筑新型的师生关系，真正使学生和教师做到教学相长，共同成长，从而形成人的可持续发展与教育的可持续发展模式。

4.
全面育人观更是学生终身发展的需要

学生的世界丰富多彩，他们的生活世界、知识世界、心灵世界充满了奇幻，又充满了现实的追求；他们成才的愿望特别强烈，不大甘于做平常人；他们的见识比较广，接受外界信息的灵敏度比较高，有时看问题的尖锐和深刻程度大大超过了他们的年龄；他们敏于思索，善于质疑，不轻信，对社会对人生常有自己的看法；他们的兴趣十分广泛，对古今中外的人和事往往带着猎奇的心理去了解与询问，对现代化科技、媒体、网络、时尚产品、歌星、球星更是津津乐道甚至神往。关于生活时尚的知识，教师常常远远不如学生。这样具有鲜明时代特征的学生群体能否承担起肩负的使命，关键在于教育。因此，教育必须着眼于学生的终身发展，这不仅是国家与民族发展的需要，更是学生自我发展、实现其生命意义与价值的需要。这同样要求我们真正确立全面育人的教育大目标，充分发挥学生的能动性，激发他们的成长欲望，发掘他们的成长潜能，实现他们的终身发展。

全面育人观要求教育给学生更为全面也更加个性化的教育，以塑造他们的整个身心世界，这就要求教师更好地了解今日学生，了解今日学生的群体特点与个性特征。众所周知，认清材料的质地是雕塑工艺师的基本功。对所雕塑的材料进行仔细的研究，摸清它们的纹理、曲直、坚硬程度以及能承受的压力大小，因材雕刻塑造，就能制作出令人赞叹不已的工艺品；如果忽视这项基本功，拿到象牙、玉石、水晶、黄杨等宝贵材料，不识材势，不辨脉理，鲁莽地下刀、使锯、运凿，其结果不是卡了丝，就是损了块，使材料遭到糟蹋。

教师不是工艺师，但同样有识质的问题。教师培养的对象是青春年少充满活力的学生，不言而喻，培养他们成长这个工作比制作工艺品要复杂千百倍，精细千百倍。我们的教育工作要想取得成效，一定要重视和锻炼识质的本领。教师要花相当的力气了解学生、研究学生，洞悉他们的内心世界，把握他们成长过程中的发展与变化，使自己的教育工作建立在科学的基础之上。否则，从主观臆想出发，就会事倍功半，使我们无法完成时代赋予教育的重任。

如今的学生思维活跃，科技知识起点高，生活知识丰富，对未来有美好的憧憬。但他们又存在明显的不足，如国家意识淡薄，道德观念、集体主义观念淡薄，又由于优秀民族文化传承的薄弱，有的学生对西方文化不辨良莠，不识美丑，缺乏正确的文化判断力，照单全收。在科技飞速发展、经济与社会发展日新月异的现代社会，多元经济并存，多元文化碰撞，信息传媒普及，都会对他们产生正面的或者负面的影响。他们的思想、道德、情操、价值观，他们的兴趣、爱好、追求，他们的行为举止，无不渗透着时代的气息。时代的特点既给教育带来有利的条件，又给教育带来严峻的挑战。如何让我们的教育进入学生的心灵世界，发挥他们的长处，激发他们树立信心，使他们的综合能力与综合素养获得较好的发展，为他们的终身发展奠定坚实的基础，是我们必须重视并值得付出心血研究的问题，也必然地成为今日教育的中心问题。因此，全面育人观的提出也正是今天的学生实现健康成长与终身发展的需要。

总之，一辈子的教育教学征程，一辈子的教育教学求索，使我逐渐牢固地树立起教育的全面育人观，这是我整个教育观念的核心。在此基础上，我形成了自己的职业观、教学观、学生观和学校发展观等一系列教育教学理念。有了这样一些理念的导引，我才能一步一个脚印地走到今天。我深深体会到，教育是一种理想的事业，但只有拥有先进理论的指导，才能避免走弯路，才能使理想成为现实，教育也才能真正“托起明天的太阳”。

二、放飞理想的事业：我的教师职业观

我的全面育人观决定了我对教师这一职业的基本认识。教师是一种特殊的职业，是一种需要强烈责任意识和奉献精神的职业。教师做的是育人的工作，特别是基础教育领域的教师，他们面对的是心智与价值观念尚不成熟的青少年。在这样的年龄阶段，教师的影响在某种程度上将决定学生的终身发展方向。因此，教师肩上挑着的是祖国的未来。

教育的目的之一是教书，教师的重要职责之一也是教给学生知识，培养学生能力。但教育的本质是育人，是培养终身发展的人。因此，教师既要培养学生良好的知识与能力，又要实现学生品格与心理的全面健康，使他们既拥有丰富的学识，又拥有良好的道德情操与积极的人生追求，成为德才兼备的一代新人。特别是在当今这样的多元时代，教师的导引作用就显得特别重要。教师只有以正确的思想去教育人，以积极的心态去熏陶人，才能培养学生积极的人生态度、良好的情感态度与价值观，去正确地认识社会与融入社会。塑造大写的人，这是我们的学校教育所面临的一个重要使命，也是教师之所以被

称为“人类灵魂的工程师”的原因之所在，教师职业充满了神圣感和崇高感。由此，我始终将教师这种职业看成是一种放飞理想的事业，它需要的是一种自觉的人生追求。

1.
理想的追求构成教师生命的内驱力

教师固然需要实践自身的职业道德，但不能仅仅局限于职业道德的外在规范性，它更是一种生命的内在需求。也正是这种职业理想，成为我永不停步、执着追求、一生奉献的内在驱动力。我曾多次引用汉朝韩婴《韩诗外传》里的那句话：“智如泉源，行可以为表仪者，人师也。”我深深感到，做老师，智慧应该如泉源一样丰沛，思想言行都可以做学生的榜样。我牢牢记住这句话，努力身体力行。也正是在这种职业理想的激励下，我感到，教育事业永远没有终点，我所完成的工作永远没有最好，作为教师一定要不断地自我发展。一个不会自我发展的教师，他的生存空间会越来越小。因此，我做一辈子教师，一辈子学做教师，一辈子在提升自我、完善自我。一个教师的人格是思想、道德、行为、举止、气质、风度、知识、能力等心理的、生理的众多因素的综合。总而言之，应在德、才、识、能方面自觉锻造，才能无愧于教师这一理想追求者的称号。也正是有着对这种职业理想的高度认同，即便在整个社会都陷入浩劫之中的 20 世纪 60 年代末 70 年代初，在不断遭受批斗的日子里，我仍能坚守职责，始终不渝，因为这是我人生最重要的一部分，是我须臾不能舍弃的生命追求。

教师的职业理想告诉我，教师必须给学生以琼浆、醍醐，引导他们树立理想与信念。教师要教会学生发现时代与社会的亮色，去寻找生活中的真善美，帮助学生树立积极的人生价值取向与世界观，因为学生没有第二次青春。我立志做一名“合格”的教师。这“格”的要求很高，它不是用量化来衡量的，而是国家的要求、人民的嘱托。

国家把自己的希望交给我们，人民把自己的子女交给我们，对我们寄予无限的期望。教师肩负着育人的重任，必须对学生的终身成长负责，必须教会学生终身发展。这种职业理想与生命追求，鞭策我孜孜以求，不断进取，执着实践。为了做一名合格的教师，做一名合格的语文教师，对学生今日的成长与明日的发展起积极作用，我数十载不敢有丝毫的懈怠。道路艰辛，欢乐洋溢，意义非凡。所以，我一辈子不断地自我否定，自我超越。

我曾多次对青年教师说，要教育学生具备良好的思想道德素质，教师首先要自我教育，完善人格。教师心里要装国运、装教育、装学生、装责任、装追求。要做到四个“学会”：一是学会热爱，教师要热爱党、热爱祖国、热爱教育、热爱学生，情真、情浓、情深，就会有不懈的内驱动力；二是学会敬业，教师身上挑着千钧重担，一头挑的是学生的现在，一头挑的是祖国的未来，这就是教师工作的整个世界；三是学会做出正确的价值判断，未成年人识别能力不强，教师进行正确的价值判断，树立社会主义核心价值观，学生就深受其益；四是学会教育教学的真本领，现在的学生思维活跃，见识广，有真才实学的教师教的课、说的话，学生才能入耳入心。这其实就是我所追求的理想境界。

2.
理想的追求给予教师
不断完善自我的动力

做一名合格教师的理想追求，促使我不断加强自我教育，努力做到德才兼备，往道德高尚、学识宽厚、业务精湛的方向奔驰。我在德、才、识、能四个方面努力要求自己，力求在教育教学实践中进行理论联系实际的学习，做到思想升华、感情净化，长善救失，多一点真才实学。比如，为了提高课堂教学效果，在正确理解与运用语言文字方面对学生起良好的示范作用，我下功夫锤炼自己的教学语言，我的奋斗目标是“出口成章，下笔成文”。我认真剖析自己教学语言的毛病，首先做到清楚明白，通俗易懂，不含糊其词，不佶屈聱牙；进而加以锤炼，力求优美生动，不枯燥干瘪。我的教案写得极为详细，把所教之课的每句话都写下来，然后认真修改，用比较规范的书面语言改造不规范的口头语言，把多余的字、词、句，不符合逻辑的地方一一删改、纠正，然后背诵出来，再口语化。这样坚持了两年，语言水平提高了，我做到了讲话、交流乃至作报告，只打腹稿，不打草稿；写文章，也着力于下笔成文。我之所以这样做，是因为我是一名语文教师，因为教师是一种理想的追求。

这种职业理想还促使我不断充实自己和提高自己。作为语文老师，除了教师的基本素质之外，我认为有三点特别重要。第一，要有一颗爱国心，要有炽热的心肠。因为教师所教的这些佳作美文是人类智慧的结晶，是人类最高尚的情操和感情，是最深邃和精辟的思想。而这些精神财富都是热爱自己的民族和祖国的产物。世界上有名的作家大都是悲天悯人的，如雨果、巴尔扎克、托尔斯泰等。我们中国的优秀传统文化中，忧国忧民，以天下为己任，是宝贵的财富。作为一名语文教师，须有赤子情怀，对国家和人民要有满腔热情，这样才会有激情，永远有一团燃烧的火焰在心中。第二，须有文化积淀。语文作为文化的载体，本身就体现着文化。语文教师就是在跟文化打交道。要让学生沉浸在良好的文化氛围中，教师当然要有一个比较开阔的视野和相关的知识背景。我原来总是想改行不好，后来觉得改行也很好，因为学科之间是相通的。比如，我教过历史，就绝对不会在教先秦文学中出现“皇帝”这样的错误。比如，在“文革”期间，人们捧李白，贬杜甫，我就不会这么干，因为具备文化判断力。再比如，我读《跨越百年的美丽》，就一定要了解居里夫人，弄清为什么爱因斯坦会有这样的判断，再联系到中国的“居里夫人”吴健雄等。所以，文化积累对语文教师很重要。第三，语文教师的教学语言要有文化含量。语言是思想的影子，各行各业对语言的要求不同。语文教师的语言要能反映自己的文化素养，反映自己的思想情操，如果语言有吸引力，学生就愿意听。语文教师的词汇要很丰富，既要教学生规范的书面语言，又要让学生在特定场景下学习活的语言。所以，我在课上有意识地扩大词汇量，多用成语，学生受到熏陶，在作文中常有反映。

在这种职业理想的激励下，几十年来，我坚持不懈地严格要求自己。人生活在社会中，总是要比的，可是比什么、和谁比，我觉得其中非常有讲究。我这一辈子有两把尺子：一把尺子量别人的长处，一把尺子量自己的不足。在这种“比”和“量”的过程中，我总能找到自己的不足，总能学到别人的长处。我横比竖比，量别人量自己，越比越觉得自己有向前奔跑的动力。在长期的教学实践中，我深深体会到教师的字典里永远不能有一个“满”字。因此，不断追求，自我超越，与时俱进，不断达到一个又一个新的境界。这种职业理想给了我不断前进的原动力，因为教师职业是崇高的理想事业。

3.
理想的追求要求教师
不断进步与超越

做教师一定要有时代的活水。教育界有一个比喻“给学生一杯水，教师要有一桶水”，我不太同意，因为这桶水是不是陈旧了，是否有污染，恐怕很值得研究。我们学过的东西随着时代的发展有些已经束之高阁，大量新的信息、新的知识要掌握，因此教师学习必须如长流水。教师一定要有丰富的智力生活，不断学习。我很喜欢朱熹的诗：“问渠那得清如许，为有源头活水来。”自己不天天学习、月月学习，哪里来的源头活水？我教了一辈子，一辈子在反思。正如罗曼·罗兰所讲，“这累累的创伤就标志着你生命前进的一步”，我确实是伤痕累累，随便打开自己的文章、教案，可以讲出很多缺陷和不足，但正是这些缺陷和不足激励我向前奔跑。因为在我心目中始终有一些人格高尚的榜样在鞭策着我，鲁迅、闻一多、陶行知、叶圣陶、苏步青、谢希德……他们学识渊博、人格高尚，是多少年来勤奋努力、自我修养的结果。我虽是一名普通教师，一个凡人，但我要一步一步，穷毕生精力，努力登攀……正是职业理想赋予了我强烈的进取意识，不断地完善自己。

这种职业理想促使我不断地前进与创造，让我站在时代和民族发展的高视点上，树立了崇高的职业目标：教文育人。教师必须教会学生追求真善美，必须提升学生的精神境界。因为今天的学生质量，就是明天的国民素质，更是后天的民族竞争力。我深爱着我们的祖国，因而必然深爱我的事业和学生。我教学生学习，更教学生做人。培养祖国的有用之才、栋梁之材是我毕生的追求。

这种职业理想使我在教学以外也勤于耕耘，我撰写的约500万字著述是奉献给广大教师和中华教育事业的一份心意。近几年来，我年龄大了，身体状况不好，但对教育事业、对语文教学、对未成年人成长仍然高度关爱，对国家民族仍然怀着强烈的责任感和使命感。前不久，上海市教育工作会议召开，我呼吁我们的教育要“突围”，要“减负”，要“育人而不是育分”“育人要树魂立根”，得到市领导的充分肯定。我一生无求，只想成为一名“合格”的中学教师，因为我追求的是理想，我从事的是太阳底下最光辉的事业。乌申斯基讲得好：“在教育工作中一切都应以教师的人格为依据，因为教育力量只能从人格的活的源泉中产生出来，任何规章制度，任何人为的机关，无论设想得如何巧妙，都不能代替教育事业中教师人格的作用。”我正是用毕生的时间，在不断的自我否定与自我超越中，建立起自己的教师人格。

4. 理想的追求使教师充满对学生的爱

教师必须充满爱心。漫长的半个多世纪，几十年的春风化雨，我教过的学生数以千计。尽管这些学生来自不同的年代，有过不同的社会背景，然而，我对他们的爱是始终如一的，我对每一个学生的尊重也都是同样真诚的。在我眼中，教育事业是爱的事业，师爱超越亲子之爱、友人之爱。作为教师，教育对象没有选择性。每个学生都是“变数”，成长有先后，教师不能用一成不变的眼光看待学生，对他们要有满腔热情满腔爱。正是在这种目中有学生、一心为学生的思想指引下，我带过不少乱班乱年级。再乱，对教育学生的痴情不改。1973 年，我带了全校一个最乱的年级。经过与年级组全体老师的共同努力，到 1977 年，年级组被评为上海市先进集体；参加“文革”后首届高考的两个快班学生，全都考进了大学。20 世纪 70 年代初期，我带学生下农村劳动，一位女同学半夜里突然发高烧。由于医疗条件差，交通不便，我和另一位女同学顶着寒风，背着生病的同学步行十多里地到镇上医院治病。当时，我已人到中年，腹部刚动完手术不久，到医院时已汗透全身，两眼发黑。我发现，人有很大的忍受力，也有很大的潜能，只要真正把学生放在心上，就会超越自己，释放出巨大能量来。这巨大能量正是来源于我的职业理想，来源于我对学生无私的爱。

对学生的爱不是说在嘴上、写在纸上，而是要身体力行，用行动检验。我只有一个独生子，由于我先后患胃溃疡、肝炎等重病，孩子身体极坏，多次病危。我夜里陪床，白天照常上班。谁没有亲子之爱？看到孩子被病魔折磨得痛苦万分，我多次想请假，但我教的学生面临高三毕业，怎能耽误他们？我不是医生，不会治病，我的岗位在学校。于是，我咬咬牙，坚持上班，不动声色。几十年来，我没有为家庭私事脱过一节课，脱过一天班。这样做，我觉得心里很踏实，对得起学生。

从教 60 多年，正是在这种职业理想的导引下，我基本做到了一名中学教师、一名师范学校校长、一名不言退休的教育工作者应该做的一切。为此，党和国家给了我高度的评价与崇高的荣誉。2001 年 9 月，举行了“于漪教育思想暨从教 50 周年学术研讨会”。在研讨会上，来自各方面的领导、专家、同行及后学，对我 50 年的从教生涯作了一个总结。原国家总督学柳斌同志代表国家教委说：“50 年来，由于于漪老师人格的力量、智慧的力量、忠诚于祖国教育事业的理想的力量，使她在人生道路上获得巨大成功，成就了一番光彩夺目的事业。”他赞我“育人是一代师表，教改是一面旗帜”。上海市政协副主席、市教育委员会前党委书记王荣华同志在研讨会上还提到这样一件事：两年前，上海市曾开展过“今天怎样做教师”的大讨论，在讨论的基础上，又举行了“我心目中的老师”征文活动。在评比中，在“我心目中的好教师”这一位置上，“于漪”的名字出现次数是最多也是评价最高的。专家和同行给了我许多的赞誉和褒扬，称赞我既善为“经师”，更善做“人师”。2011 年 11 月，在上海市社联第五届学术活动月中举办了“薪火相传话师魂”论坛，庆贺我从教 60 周年，对我终生从教给予充分肯定。所有这些评价与赞誉，我当之有愧。我只能说，如果我为我们的教育事业做了一些力所能及的事，应该归功于党的教育、组织的培养，归功于同行和学生对我的鼓励，归功于职业理想和使命意识给我的生命的内驱动力。

人的生命是有限的，作为一名教师，能够把自己有限的生命融入常青的、伟大的、辉煌的教育事业之中，我觉得此生有幸。

三、
学习的主人：我的学生观

学生在教学过程中处于怎样的地位？与教师是什么样的关系？这是我始终在思考的问题，也是中外教育史上一直争论不休的问题。远的且不说，就以近代而言，德国教育家赫尔巴特认为“学生必须对教师保持绝对的服从状态”，他主张的是“教师中心论”，学生成了教师的“奴仆”，成为学习中的被动接受者，一切都得听教师的。20 世纪初，美国教育家杜威针锋相对地主张“儿童是太阳，教师必须围绕着学生转”，这是“儿童中心主义”，教师仅仅是学生的“辅导员”。20 世纪 30 年代，以苏联教育家凯洛夫为代表的教育思想又全面强调教师的主导作用，对学生的能动性、自主性和创造性比较忽视，没有摆准学生在教学过程中的位置，没有彻底解决教师和学生的关系问题。

1949 年以后，我国先是受凯洛夫教育思想的影响，突出教师的主导作用；在“大跃进”和“文革”中又反其道而行之，以学生来否定教师，否定课堂教学和书本知识。粉碎“四人帮”以后，我国在“解放思想，实事求是”原则的指引下，才逐步明确教师的主导作用和学生主体精神相结合的指导思想。在改革开放的大潮中，又围

绕“学生是不是教学过程中的主体”展开热烈的讨论。

1.
学生是学习的主人

我的全面育人观决定了我的学生观。我始终认为，学生是学习的主人。早在1981年出版的《中学语文教学探索》中，我就明确提出：“广大青少年学生是能思善想、具有主观能动作用的人，而我们有时却把他们当作‘容器’，放在被动的承受‘我讲’的位置，堂堂课从头包办到底，剥夺了他们课内练习、思考的权利。把学生当作被动的人，实质上还是目中无人。”1984年，我又在《语文教苑耕耘录》中提出：“改革课堂教学，提高课堂教学的效果，让学生做学习的主人。”“只要心中有学生，胸中有全局，锲而不舍，持之以恒，课是一定可以教好的。”我认为，“教”不是统治“学”，代替“学”，而是启发学生“学”，引导学生“学”，教学应该把立足点“从教出发转换到从学出发”。在学习过程中，学生是主人，教师的教是通过学生自身的学习积极性而发挥作用的。

但我并不主张“学生中心主义”，而认为在教育教学过程中应该是两个积极性，而不是教师或者学生的一个积极性。在教育和教学过程中，教师和学生都应该充分发挥主观能动性，应该各得其所，相互促进，而不是突出强调一个，削弱或否定另一个。过去我们片面强调教师的主导作用，削弱和压抑学生的积极性固然不对；今天突出强调“学生主体”，使“教师主导”等而下之，又何尝可取？所以，我主张“教师主导作用和学生主动积极性相结合”。这构成了我的学生观，其基本内容是：学生是学习的主人，是能思善想、具有主观能动作用的人，而不是“容器”；教师要把从教出发的立足点转换到从学出发，要目中有人；教师的“教”是通过学生的“学”而发挥作用的，因此教师要不断研究学生的新情况和新特点，要“和学生的心弦对准音调”，要启发学生学，引导学生学，珍惜并激发他们的潜能，培养他们的创新意识和创新精神；只要心中有学生，胸中有全局，锲而不舍，持之以恒，我们一定能够实现我们的教育教学目标。因此，既要重视学生在教学过程中的作用和价值，又要做到教师和学生很好地结合，充分发挥“教”和“学”的两个积极性。

2.
平等对待，理解学生

这样一种学生观要求我们首先要站在平等的基础上，去真正理解学生，与学生进行心灵的沟通。苏联教育家苏霍姆林斯基曾说过这样一段精彩的话：“在每个孩子心中最隐秘的一角，都有一根独特的琴弦，拨动它就会发出特有的音响，要使孩子的心同我讲的话发生共鸣，我自身就需要同孩子的心弦对准音调。”确实如此，教师不和学生的心弦对准音调，说的话就不可能在学生心中引起共鸣。振幅极小或者没有振幅，师生的思想感情得不到很好的沟通与交流，教师话语的感染力也就要大受影响，我们的教育就难以达到理想的境界。

要和学生“对准音调”，首先要发现每个学生心中那根“独特的琴弦”。有些学生性格开朗，教师容易发现他们内心的活动。更多的学生是心里的某一角藏着奥秘，教师没有精细的目光就很难找到那根琴弦。“对准音调”的基础是师生有共同语言。对学生的喜爱、心情、愿望、语言、行为等，教师不能简单地以成年人的想法来框，认为是粗糙的、幼稚的、鲁莽的，甚至是可笑的。教师要多站在学生的位置上设身处地想想，就能增加理解，减少浮躁，少下“禁止令”，少设“阻挡拦”，而是积极引导，为他们“出谋划策”。

因此，教师要走近学生，进而走进学生。教师不能只站在学生世界的外面观察，还要站到学生世界之中用心去眼看耳听，摸准他们的脉搏。教师要有眼力，要巨细不漏，越是细微之处，越不让它在眼皮底下溜走。就拿课堂上来说，某个同学撇一撇嘴，某个同学脸上掠过一丝笑意，某个同学目光中突然出现某种异彩等，全是心弦弹奏的信号。尽管那些细微的表情或动作瞬息即逝，但是如果教师迅速捉住，和彼时彼地彼事联系起来思考分析，就可窥见学生心中的那“一角”，可以窥见他们对某些问题的所思所想，大至社会、人生，小到一句话语。教师要深入学生的心灵世界。学生兴趣广泛，对影视、歌曲、球赛等方面如数家珍，教师少不得也要关心、熟悉，乃至培养兴趣。知心才能教心，师生之间共同语言多，那根“独特的琴弦”就会发出特有的音响。遗憾的是，在教育教学中，我们往往只注重实现预定的目标，而丢失了进入学生心灵世界的良机，从而使教育教学的针对性、有效性大打折扣。

学生的“音调”不是固定不变的，它始终处于动态之中。青少年学生在成长时期，知识日益增长，能力不断提高，智力不断开发，思想、性格、兴趣、爱好等都处于变化之中。有的顺着原来的方向发展、加深，并渐趋成熟；有的进步缓慢，似乎裹足不前；有的则变化较大，不是在原来的轨道上运行，而是拐了弯，形成了角度，比如好动的变成好静的，学习态度马虎的变得认真起来，对事物、人生、社会的认识出现了飞跃，等等。因此，教师“识音”和“对音”的工作，了解和研究学生的工作不应是静止的，停留在某一点或某一阶段，而要有连贯性，作点简要记录，比较分析，从而摸索出有效的教育教学的好方法。

3.
尊重学生与对话意识

这样一种学生观要求我们在教育教学过程中做到尊重学生。学生虽然年龄不大，尚未成年，但他们是有着独立人格的个体，需要理解，需要尊重。也只有当他们感觉到自己人格的尊严，感觉到自己受到了应有的尊重，才能充分激发起他们的自主成长意识，使他们产生积极向上的愿望并付之于行动。

这样一种学生观要求我们具有对话意识。传统灌输教育的主要特征是把教育对象当作“物”，教育实施的是居高临下的单向影响，师生之间是权威与服从的关系。因此，灌输也就违反了人的本性，违反了教育的本来要求。现代教育要求充分尊重学生人格，满足其内在的成长需要，使学生充分认识到自我的人生意义和生存价值。因此，教育要由单向灌输走向双向对话，也就是由单向影响转向双向互动。对话体现了相互平等、相互尊重、相互关爱的新型师生关系，有助于做到师生心灵沟通。这样，教育者在尊重、理解、爱护被教育者的基础上，用自己的学识、言行、境界、风范来启发、引导、帮助受教育者，使美好的道德与情操在受教育者身上得到内化，而不是代替他们思考、理解、体验、选择与行动。这样，从灌输走向对话，由教育与被教育关系转向相互教育关系，由单向影响转向双向交流，教师与学生就能在教育中真正实现教学相长，共同提高。

理解和尊重学生的观念使我真正做到把学生放在平等的位置上。我鼓励学生对教师的传道授业提出怀疑和异议。学生的思维定式是信奉老师，“师”云亦云，容易重弹老师的老调，成为老师思考的代言人。这样，不可能培养学生的自主意识，使他们具有创造精神。我在教学中注意鼓励他们解放思想，独立思考，敢于否定老师。例如，有一次教《卖油翁》，当讲到课文第 2 段时，我随口说：“下面有段精彩的对话。”不料，马上就有一个学生不以为然地笑了一声。我从这一笑中，立刻察觉到自己可能有不妥之处，于是便和蔼地问道：“你为什么笑啊?”学生回答：“下面的话不精彩。”我欣然接受，说：“你提得对，用‘精彩’不妥，应改为‘发人深思’的对话。”课堂上尊重学生的结果是师生的共同进步。

4.
关注差异，因材施教

这样一种学生观要求我们关注每一个学生，因为教育对象是没有选择性的，成长有先后，进步有快慢。我们只有真诚地关心每一个学生，满腔热情地对待每一个学生，才能有效促使每一个学生健康成长。学生都是我们的后代，要千方百计地把他们培育成才。我曾经教过不少调皮捣蛋的学生，其中有一个曾天真地对我说：“我妈妈说，我这个捣蛋鬼能考取你们学校，是额头戳破天花板，说我是学不好的，要被老师赶出来的。”说真的，这个学生文化基础确实差，习惯也不好。可是，就是这样的学生身上同样会有很多优点。教师不可能代替学生成长，但必须有一双敏锐的眼睛，善于发现学生身上闪光的东西，长善救失。经过观察，我发现这个同学思维活跃，点子多。在有针对性的教育下，他成长了，通过努力学习，考取了大学。以后他来看我，说起成长中的一件件往事，师生同乐的情境难以言表。无数事实教育了我，使我深深懂得教师千万不能用一成不变的目光来看待学生，每个学生都是“变数”，在发展，在变化。教师“加温”到一定程度，他们会开窍，会飞快进步，茁壮成长。

教师要注意审视学生之间的差异，保护和调动各类学生的积极性。教育要面向全体学生，教师就不仅要认清学生的共性，认清他们对学习的认识、感情、兴趣、追求以及评价，还要审视学生之间的差异。教师每天面对着上百个学生，尽管同在一所学校，但由于遗传基因、家庭情况、周围环境等种种不同，他们的思想、性格、习惯、学习基础、接受能力也就有明显的差别。因此，教育要针对不同的学生采用不同的方式。早在两千多年前，孔子就强调“因材施教”，强调教学生要“观其所以”，观察学生的日常言行；“观其所由”，观察学生所走的道路；“察其所要”，考察学生的意向；“退而省其私”，观察学生私下的言行，目的在摸清学生的志趣、才能、特长。今日的教育重视学生有个性地发展，就是让性格不尽相同、志趣迥然有异的学生都能受到保护，都能健康发展。

因此，教师在教育教学过程中，胸中不仅要有班级的全局，而且要有一个个学生鲜活的个性。我们的教育教学长期以来善于“一刀切”，用一个标准要求所有学生。其实，尺有所短，寸有所长。例如，在被视为语文水平差的同学中，经过仔细研究，他们的语文能力中也有强项。我教过的学生中，有些人字写得歪七斜八，文章前言不搭后语，但侃大山一项，口才好得很；有些人背诵默写总漏字、添字，张冠李戴，但在解答问题时常在语句不顺畅中透露出独特的看法。因此，人有多元智能，在一个人身上有强势智能，有弱势智能。学生也是如此，有些语言智能强，有些逻辑思维强，有些音乐才能强，等等。但不管是弱势智能，还是强势智能，都应具体分析。强的同学中有弱点，弱的同学中有强项，发挥他们的长处，鼓励他们树立信心，他们的学习能力和整体素养就能获得较好的发展。因为教育的根本就在于把学生的潜能激发出来，使之成为发展的现实。

四、
追求综合效应：
我的基础教学观

基础教育的全面育人观，决定了教学必须注重整体效果。当今社会的发展，使得任何一门学科的教学都不能仅仅局限于本学科的知识与技能，而必须着眼于学生的全面发展和终身成长。因此，追求综合效应就成为我的基础教学观。早在20世纪80年代，针对语文学科的特点，我就提出了“融知识传授、能力培养、智力发展、思想情操陶冶于一炉”的教学观。我试图用一个“融”字，揭示语文教学培养目标的整体性与多元性，提出学科教学应实践“全面育人”的主张，从而使教学真正服务于我们的教育总目标。其实，这不是语文一门学科的教学目标，而是所有学科都应该实现的一种教学境界。

1.
三大支柱，“术”“道”合一

追求综合效应首先要求各学科树立明确的综合素养观，不能停留在传统的知识观或能力观上，而必须做到“术”“道”合一。这里的“术”与“道”，既可以指教师层面，也可以指学生层面。教师层面的“术”主要指教师的教学技能、技法等方法类的东西，“道”则是指教师的教育思想、教学理念等。可以说，一个不深入探究“道”而只注重“术”的教师是不可能成为一个优秀的教师的。学生层面的“术”主要指知识、能力之类的学科技能的东西，“道”则是指学生的思想形成、道德培养与人格锻造等。任何一个学科都不能见术不

见道，更不能见术不见人。“术”“道”合一的核心是三大支柱——知识与能力、过程与方法、情感态度与价值观——的有机融合。这三大支柱构成了各学科的整体教学目标，从根本上说，它们都是建立在以人为本、以学生发展为本的全面育人观这一基础之上的。以语文学科为例，语文教学就要树立明确的语文综合素养观，不仅要教会学生理解和运用语言文字的能力，而且要形成并提高语文素养。语文素养是个多元概念，它是语文学科“术”和“道”的整合。

第一根支柱是知识与能力。这里的知识，不同于传统教材和传统课堂教学中以知识为本而狠抓落实的那个知识体系。这里的能力，也不仅仅是传统的技能与技法。这里的知识与能力，是建立在学生的实际与时代的需要、建立在新的课程观基础上的。从某种意义上说，新的课程观是面向学生的课程观，学生就是课程，课程就是学生，要充分尊重学生的学习体验和生活经验，这是非常重要的。同时，新的课程观还面向教师，从这个角度出发，也可以说教师就是课程，课程就是教师，教师是教学的关键因素。新的课程观包含教材，还有环境，包括社会环境和人们的心理环境。所以，这里的知识与能力是在教学过程中，通过教师和学生的多元互动，依靠教师和学生的创造性劳动所获得的，是在传统基础上强主干、删枝叶，是经过重新整合留下来的最重要的东西，是整个教学内容的“核”，也是学生成长过程中终身有用的东西。

知识与能力属于“术”的范畴，但必须是在“道”的统领下的“术”。离开了“道”的“术”，很容易成为琐碎和繁杂，成为失去情感和生命活力的纯粹的知识与方法序列。因此，我们不能孤立地来谈培养学生的知识与能力，而必须把它放到整个学科教学目标中去认识与把握。同时，知识与能力必须是学生在教师的导引下自主获取的，知识与能力系统也只能是学生在个性化的构建过程中完成的。因此，这一教学目标的完成是一个内塑的过程，而不是外在灌输的过程。

学生所应掌握的知识与能力的“核”，具有无限丰富的外延和系统组合可能，学生可以在此基础上构建起自己的整个知识与能力系统。例如，我教《二六七号牢房》："从门到窗子是七步，从窗子到门是七步，这个，我很熟悉。""走过去是七步，走过来是七步，是的，这一切我很熟悉。"学生读这些似乎很普通的句子，往往体会不到其中的奥妙。于是，我这样设疑："这里为什么要写这四个'七步'，两个'熟悉'？为什么用来回往复的句式？"学生最初只能看出是写牢房的狭小，这是只知其一。经过引导，他们明白了四个"七步"描写牢房的狭小，是控诉法西斯囚禁革命者的罪恶。两个"熟悉"呢？在老师的点拨下，学生悟出了伏契克当时是被德国法西斯关押的，过去他也被关过，是被捷克的资产阶级政权关过。两个"熟悉"，把捷克资产阶级反动派跟德国法西斯紧密联系在一起，使读者明白所有的反动派都是残害革命者的。这样，学生的理解就深了一层。语文课文中常有这样的情况：课文中的有些词句，学生读时一晃而过，不觉得有问题，而这些地方又往往是理解课文的关键所在。"不塞不流，不止不行"，用问题来堵一堵，塞一塞，学生思维就会活起来。教学只有教到学生不知的地方，把浅的地方教深了，在"无疑"之处生疑，学生跟随教师一起参与求知过程，才能尝到其中的甘甜。而通过这样的自主获取，他们从中获得阅读、理解与感悟能力，往往会终身受益。

第二根支柱是过程与方法。当今的学科教学，不应该再是一个相对封闭的系统，就学科谈学科，就知识点谈落实；也不应该再仅仅注重结论的获得，而应该在一个开放的学习环境中，高度重视过程与方法。综观东西方教育的差异，我们东方的教育相对比较重视结论，而西方教育则相对比较重视过程。实际上，教育就是一个过程。从大处说，我们的学生，从小学到中学，从高一到高三，就是一个培养的过程，他们在这个过程里长知识、长身体、长能力、长觉悟、长思想；往小里说，一堂课、一次活动，都是一个过程，学生同样需要从中发展自我。我们以往对这个过程不太重视，现在必须高度重视起来。特别是从现代教育理念来看，学生通过学习最终获得了知识性的结论，这不是最重要的，重要的是他们在学习的过程中获得了哪些成长与提升。

这里的方法，也不再仅仅是传统意义上的掌握知识的方法，它既包含这一内容，又包含更加宏观层面的学习方法、思维方法、探究方法。其目的是让学生具有自我学习和终身学习的能力。这种方法的获得是教师与学生在教学中凭借自己的经验，用自己的表达方式，通过心灵的对接、意见的交换、思想的碰撞等，实现知识、能力的共同进步与个性的全面发展的过程。这种重视过程与方法的理念，鼓励教师和学生在互动中即兴创造，超越预定目标，鼓励学生在“做中学”，将静态的知识结论变为动态的建构过程，让学生在探索中寻求未知，体验情感，在过程中学会方法，建构自己的综合素养。所以，过程与方法是学科教学的重要支柱之一。特别是在我们构建学习型社会的今天，要求人具备四大支柱能力，其中第一大能力就是学会学习。因此，任何一门学科的教学，都要注重学生的学习过程，指导学生学习方法。

第三根支柱是情感态度与价值观。任何一门学科的教学成效，不仅仅是看学科教学给了学生多少学科知识与能力，还要看在学科教学中是否实现了学生综合素质的提高。综合素质既包括这一学科的素养，更包括学生的思想道德情操等，或者说后者是更为重要的。我们今天强调在学科教学中渗透生命教育与民族精神教育，把社会主义核心价值追求融合于知识传授、能力培养之中，也正是基于这样一种认识。因此，学科教学必须传授学生以“道”，其核心内容之一就是情感态度与价值观。我们的教学一定要让学生的情感丰富起来，树立正确的人生态度、正确的价值观。学生只有真正站在“道”的层面上，才能悟“道”而得“技”，成为拥有较高素养的“完整的人”，成为合格的接班人。

从语文学科讲，我们要培养学生成为具有丰富情感的人，先要培养他们热爱语文学科，热爱我们的民族文化。一个不热爱中华文化，不热爱祖国语言文字的人，不可能成为一个健全的人，也不可能成为一个合格的中国人。因此，首先要培养他们学习的兴趣，要使他们有比较高尚的品位、高尚的情操，要有丰富的情感。其次，要培养一种态度，一种认真学习的态度。要培养他们求实的科学态度、乐观的生活态度和宽容的处世态度。总之，要有完善的人生态度，包括学科学习，也包括整个人生。最后，要有正确的价值观。价值观是人的综合素养的核心内容，这在当今时代尤为重要。我们任何一个学科都要在教学中渗透一种理念，要培养学生做到个人价值与社会价值的和谐统一、科学价值与人文价值的统一，培养正确健康的价值观同样是所有学科教学义不容辞的职责。

作为一名语文教师，当他对课文中思想内容的深刻理解和育人的崇高职责紧密相碰的时候，感情就会发生“井喷”，课堂上就会闪烁火花，产生能量，并且势不可遏，使学生的思想感情发生共鸣而产生飞跃。我清晰地记得带领学生学习《周总理，你在哪里》一文时的情境。出于对开国总理的无限爱戴和怀念，课结束时我要求学生就课文内容和平日对总理的了解，谈谈自己对“周总理，我们的好总理”的“好”的新感受新体会，要求言简意赅，可引用名言。学生经过思索，有的激动地说：“我们的好总理，‘好’在横眉冷对千夫指，俯首甘为孺子牛。”有的引用杜甫咏怀诸葛亮的诗句说：“‘自古丞相擎天柱’，而周总理是‘万古云霄一羽毛’。”有的学生情不自禁地赞叹说：“总理文能治国，武能安邦，功高盖世，万古流芳。”从“好”这个词生发开去，学生不仅进一步理解这个极为普通的词所包含的极其丰富的内容，而且沉浸在赞颂总理伟大人格、高尚情操和不朽功绩的气氛之中，师生互受教育，实现了思想的升华与感情的净化。

因此，知识与能力、过程与方法、情感态度与价值观是当前学科教学中必须落实的三根支柱，我们要使它们相辅相成，互相交融，成为一体，落实到课堂上。解决了这个问题，就解决了课程改革的一个核心问题——以学生为本，也就体现了对新时期的教育方针的贯彻与落实。

2.
建立新型的课堂教学模式

追求综合效应要求建立新型的课堂教学模式。当今教育改革的核心之一是教育由“物化”转向“人化”。“人本教育”的真谛是“开发人”。教学过程应当是教师带领学生主动认知、探究问题的过程。在课堂教学过程中，学生与教师是探求伙伴。教师要做一个激励学生思考的人，为学生提供咨询的人，与学生平等交换意见的人，帮助学生发现问题而不只是提供现成结论的人，点燃学生智慧火花的人。对于学生来说，课堂教学应该是在教师的指导下，既是对新知识学习和探究的过程，也是自身能力与素养的培养和提升的过程。因此，学科教学要在把握各学科个性特点的基础上，确立知识的系统性理念，改变传统知识传输的单一性、封闭性状态，注意知识的系统性、延伸性和发展性，从而激发学生拓展性学习和研究性学习的自觉要求，培养学生的主动参与意识，形成探究型学习和合作型学习，形成有利于学生自主学习的课堂教学模式，改被动式教学为主动性学习，变单纯接受性学习为接受创造并举的学习，由掌握型学习走向自主探究合作参与的知识、能力与素养的生成式学习。

建立新的课堂教学模式，确立学生在学习中的主人地位和教师在教学中的主导地位，充分发挥两个群体的能动作用，才能使教学真正成为师生互动、共同提高的自主学习过程。在课堂教学中，师生要进行知识、能力、思想等多方面的互动，而其核心是情感的互动。情感是心灵的发动机，离开了这个发动机，教师的情怀就难以驰骋，学生的心灵就难以飞翔，教学就难以达到一个高境界。因此，只有努力营造师生互尊互爱的浓郁氛围，充分激发师生教与学的激情，让教师的情怀纵情驰骋，让学生的心灵展翅飞翔，课堂教学的气氛才会活跃，师生的双方活动才能达到最佳状态。课堂教学过程中学生的情感参与，主要是在教师的引导和感染下进行的，要使学生的情感充分投入主要取决于两点，即教师在课堂内对学生的情感感染和课外师生间的融洽相处。因此，建立一种有利于学生自主学习的课堂教学模式不仅要求教师在课堂内理解与尊重学生，还要求教师拥有良好的人格魅力。

建立新的课堂教学模式，还要求我们建立新型的课堂师生关系。新型的课堂师生关系有助于教师利用学科特点，培养学生对学科的直接兴趣和学习需求；有助于学校根据学生的生理和心理特点，开展多种形式的教育活动，培养学生的间接兴趣与需求。学生的兴趣影响课堂教学效果，而课堂教学效果的积淀又可能使学生形成一种理性的观念，即自己的终身志向。当学生确定自己的志向以后，其对课堂教学的积极意义是一般学习兴趣所不可比拟的。因此，形成这种从培养学习兴趣和学习需求到确定终身志向的过程，是课堂教学改革的重要目标之一。只有这种在理性指导下形成的学习能力才是可持续发展的。

3.
多功能、立体化的
课堂教学效果

追求综合效应还要求学科教学达到多功能、立体化的课堂教学效果。教学目的要单一、明确，教学方法却要发挥综合作用，要把知识学习、能力训练、智力发展和思想情操陶冶有机地结合起来，一箭数雕，形成立体的、多功能的效应，而不是单打一式的就事论事的教学。课堂教学要树立综合培养的观念，精心设计讲和练的内容，选择讲和练的方式。要紧扣能力训练，辐射到智力因素的开发和非智力因素的培养，辐射到品质、情操的熏陶与感染，发挥教学的综合作用。比如，我教《事事关心》，先出示《燕山夜话》，让学生看书中作者照片，请学生讲述注释中对作者的简介。然后，我作一点补充，再引述《燕山夜话》自序里的一段话要求学生听写。这样做突出了作者的精神面貌："我们生在这样伟大的时代，活动在祖先血汗洒遍的燕山地区，我们一时一刻也不应该放松努力，要学得更好，做得更好，以期无愧于古人，亦无愧于后人。"这样做不仅训练了学生的听写能力和口头表达能力，眼看，耳听，口说，手写，语文能力得到综合训练，而且学生的思想与情感得到有效激发，比之于单一的作者介绍，其作用和效果要"立体"得多，功能也明显不同。

这样一种多功能、立体化的教学，要求我们抓好学科的基础性、拓展性和研究性这三个层面教学的有机结合。作为一门学科的教学与学习来说，虽然它的基础性、拓展性和研究性所表现出来的学习方式、学习要求和培养目的不同，但它们之间极难划分出一条明显的界限，往往是既相互独立又相互包容，既相互制约又相互促进，你中有我，我中有你，很难把它们截然区分。学科教学的知识、能力、素养等多元化多层次综合交叉的基本性质，决定了它不能简单地划分为基础性、拓展性、研究性等不同的教学层次，而必须使其成为有机的整体。同时，学生的综合素养本身就包含基础性、拓展性和研究性的要求。因此，我们现在的学科教学，其中往往既有基础性的学习要求，又有拓展性和研究性的学习要求，而学生综合素养的建构过程，也必须通过基础性学习、拓展性学习和研究性学习等多种学习过程才得以实现。这就需要我们将学科教学看成一个不可分割的整体，在基础性目标的落实中进行拓展性学习和研究性学习，又在拓展性学习和研究性学习中进一步强化基础性学习。培养学生综合素养的全面育人观又使这种一体化成为一种必然，它要求以基础型课程促进拓展性学习和研究性学习，从而自然生成拓展型课程和研究型课程，而拓展性学习和研究性学习再反过来促进基础性教学，从而构成立体多元的学科教学体系。

基础性学习、探究性学习和研究性学习的最终培养目标是一致的，都是培养一种学习态度、学习方法和学习能力，培养学生的情感态度与价值观。差异只在要求的层次上，而这层次的差异是因时因人而转化的。因此，基础型课程可以包含拓展性、研究性成分。反之，拓展性学习和研究性学习可以是一堂课，可以是一个专题，也可以作为一门校本课程，渗透在基础型课程里面，或者基础性、拓展性和研究性互相渗透。但无论如何，它们都必须实现学习过程的整体性。因此，在学科教学中，实现基础性、拓展性和研究性学习的有机结合，是学科性质和学科内容的需要，也是学科特征所决定的。它更是学科教学与时俱进，培养时代所需要的综合型、创新型人才的需要。

五、
追求高尚的教育境界：
我的学校发展观

学校是人类文明的摇篮，过去是，现在是，将来仍然是。如果说教师在某种意义上决定教育的成败，那么学校在另一个意义上，或者说在一个更为重要的层面上决定教育的面貌。一支再优秀的教师队伍，他们才华的施展仍然有赖于一个高效有序并且拥有丰厚文化背景的教育平台。事实上，只有当学校的发展目标与教师和学生个人的生命需要相结合，去创造出富有生机的教育行为与学习行为时，我们才可能拥有真正成功的教育；也只有当学校拥有一种极为良好的文化氛围与思想导引，能够有效激发起成员的奉献意识与创造精神，使全体成员在学校里生活和工作不仅是谋生的需要，更是对生命和生命价值的追求，成为一种超越物质和技术层面的高层次需要时，教育才可能达到一个很高的境界。追求高尚的教育境界，就成为我的学校发展观，这同样从属于全面育人的总目标。

1.
建设现代学习型组织

高尚的教育境界首先要求学校将自己建设成现代学习型组织。今天，学校已经不再是教育者和受教育者的简单组合，也不仅仅是提供一个教育者向受教育者单向地传授知识的平台。在这里，教师不仅仅输出知识，学生也不仅仅接受知识，学校的教育内容更不仅仅是知识。今天的学校应该是一个让每个人都能够自由发展与成长的天地。在这里，学生和教师将相互影响和相互作用，并在这种相互影响和相互作用的过程中，分别实现各自的全面发展与成长，为各自的终身发展提供良好的条件。从这个意义上说，学校影响着教师的价值取向，导引着学生的人生方向，决定着学生的发展，同时也决定着教师的发展，甚至决定着当代教育的整体走向。因此，今天的学校必须努力成为一个现代学习型组织，成为学生和教师健康发展的可靠保证。

作为现代学习型组织，学校必须创设宽广的发展空间，让每一个学生的个性得到发展，让每一个学生的潜能得到发挥，让每一个学生的生命追求成为现实的可能。在这样的学校状态中，学生将不再是简单的“容器”，去装载学校与教师给予的东西，而是主动求取，自主发展，在教师的指导下全面提升自己；在这样的学校状态中，学生将不再是被动地接受着外在的塑造，而是作为学习的主人，充分发挥自身的自主精神；在这样的学校状态中，学生和教师将形成一种新型的师生关系，他们和谐地共处于一个共同体，是教育与被教育的关系，是指导与被指导的关系，是关怀与被关怀的关系，是相互教育与相互促进的关系；在这样的学校状态中，学生将真正成为自由发展与成长的主体。

作为现代学习型组织，学校同样必须创设宽广的空间，让每一位教师的才能得到充分的发挥，让每一位教师的个性得到张扬，并且让每一位教师的教育追求得到全面的施展。在这样的学校状态中，教师不再是仅仅输出的主体，他们在输出的同时，也将不断地输入，将不断地提升自己和完善自己，也将成为发展的主体；在这样的学校状态中，教师将不再是年复一年地不断重复自己的“工匠”，而是拥有科学精神和创新意识的学习型教师，他们不断探索，不断创造，拓展能力，把最新的人类文化成果交给学生，真正成为人类灵魂的工程师；在这样的学校状态中，教师不再仅仅在学生身上实现自己生命的价值，而是在发展学生的同时发展自己，在发展教育的同时使自身同步发展，这样，教育事业成为他们自身生命的需要，而不再仅仅是一种责任与义务；在这样的学校状态中，教师职业将不再是一种职业要求规范着他们的行为，而是将成为一种理想，一种生命和事业的崇高追求。

由上可见，现代学习型组织的目的不仅仅是培养拥有知识的人，而且是培养全面发展的人；不仅仅是给予学生就业必备的知识与能力，而且是给予学生终身发展的基础；不是压抑人的个性与个性化追求，而是让人的个性自由发展。当然，今天看来，这种现代学习型组织还处于理想阶段，我们的现实与之还有相当的距离。但作为一种目标追求，它代表着学校未来的发展方向。谁先明确地意识到这一点，并尽快向这个方向努力，谁就可能在未来社会的激烈竞争中占据有利的地位并取得可持续发展的先机。

2.
依法办学

追求高尚的教育境界，必须与依法办学紧密结合。没有规矩，不成方圆。法律，是具有强制性质的他律性制度，是一种刚性的惩戒条例。法制社会必须依法办事，教育同样必须依法治理。在当前阶段，学校发展需要法律支撑，学校发展中的问题也需要依据法律来解决。现代学校需要道德规范来立校，需要有追求效能的思想，但这一切离不开法律的基本准则和约束，离不开法律的支持与保障。学校要保证正确的办学方向，建设现代学习型组织，实现自身的可持续发展，同样离不开法律的支持与保障。

我国历来重视教育立法，专门为我们的教育制定了一系列的法律，如《中华人民共和国教育法》《中华人民共和国义务教育法》《中华人民共和国教师法》等。这些法律的制定，体现了国家对教育现状的深入认识和对教育发展的方向性导引。我们只有认真学习，将之作为办学的依据，依法治校，才能保证良好的教育教学秩序，才能保障学校正确的方向，才能促使学校实现健康发展。

《中华人民共和国教育法》（简称《教育法》）是我国教育工作的根本大法，对落实教育优先发展的战略地位，保障教育改革和发展的目标与任务的实现，维护教育主体的合法权益，提供了基本的法律保障。因此，办学者要学法、知法、守法。学校教育是培养学生健康成长的主渠道，它的质量高低影响一代人的素质，影响 21 世纪人才的培养。以法律条文对学校教育的方方面面进行规范，必然有助于促进学校教育沿着正确的轨道健康发展。例如，《教育法》提出我国的教育方针："教育必须为社会主义现代化建设服务，必须与生产劳动相结合，培养德、智、体等方面全面发展的社会主义事业的建设者和接班人。"其指向极其明确，学校应坚定不移地贯彻。又如，《教育法》第二十九条第二项规定学校应当履行的义务是"贯彻国家的教育方针，执行国家教育教学标准，保证教育教学质量"，对办学者的指导思想、办学行为作了规范。

法律与道德密不可分，正确的法律往往源于良好的美德，绝大多数法律规范都是从道德规范中提炼出来的。例如，《中华人民共和国教师法》规定教师应当履行的义务中的"关心、爱护全体学生，尊重学生人格，促进学生在品德、智力、体质等方面全面发展"这一条款，就是从众多优秀教师长期坚持的师德规范中提炼而出的，它因得到广大师生的全面认同而上升为法。如果不遵守，就是违法，就要受到指责乃至处罚。因此，遵守法律在某种意义上也是维护我们的道德。法律如果不被信仰，就可能带来道德的沦丧。学校是育人的神圣殿堂，理应是一方净土，依法办学，有助于摒弃邪恶、污浊和庸俗，营造高尚的氛围，使育人工作生机勃勃。

3.
以德立校

高尚的教育境界，要求学校坚持以德立校，把全部智慧和教育艺术、教育理想和教育价值体现在对高尚的教育境界的追求上。法治的源头与基础是德治，依法办学的奏效，说到底根源于师生的内心认同。法律毕竟只能涉及人的外部行为，德治才能涉及人的内心世界。遵守道德，自愿自律，就能更自觉地守法。法律只能调整人的某些行为，而非全部行为，企图把人的一切行为都纳入法的规定范围之中，这是不可能的。而道德规范是一种导向，一种教育，一种警示，在一定的舆论氛围中，强调自制意识，强调公众压力，强调认识自己的责任与义务。由于道德规范重启发，重自律，因而是温性的，具有比较长效的作用。学校必须以德为本，以德来规范各项教育教学工作。

教育的阶级性决定了不同社会制度国家不同的道德要求，决定了其根本性质上的差异性。中国教育的道德准则首先不能背离社会主义基本目标，必须有助于培养学生对我们的社会制度、对当今中国的价值观念的认同感。正如《中共中央国务院关于进一步加强和改进未成年人思想道德建设的若干意见》所指出："坚持以人为本，教育和引导未成年人树立中国特色社会主义的理想信念和正确的世界观、人生观、价值观，养成高尚的思想品质和良好的道德情操，努力培育有理想、有道德、有文化、有纪律的，德、智、体、美全面发展的中国特色社会主义事业建设者和接班人。"这是我们一贯的教育方针，也是今天的学校以德立校的基本原则。这种思想观念的形成，必须通过使学生养成积极而健康的情感、态度、价值观，打造学生可持续发展的价值系统来完成。

随着中国改革的步子越来越大，开放的程度越来越高，现实和未来对学校管理的要求也越来越高。社会的变革带来的多元价值取向，使人们在思想文化领域中表现出的独立性、差异性、选择性和多变性也日趋强烈。这种现象是社会进步和充满活力的体现，但与此俱来的负面影响，尤其是价值取向上的模糊性和混乱性，也是我们不可小觑的。处理好，可以培养出国家需要的人才，民族、国家能健康地发展；处理不好，会动摇国家之本、民族之魂。所以，学校教育面临着巨大的挑战。如果学校教育违背教育规律，那么学校培养出来的学生将难以担当发展国家的重任。所以，我们应当认清形势，在学校教育全过程中，大力培育和弘扬社会主义核心价值观，规范教师与学生在市场经济体制下的道德取向，培养能适应社会主义市场经济需要的高素质的公民。

学校的价值观决定学校的基本走向。整个社会处在转型时期，从计划经济转到社会主义市场经济，这是极大的变革。这样一个转型时期对每一所学校都提出了严峻的挑战。现在的社会价值观和过去是不同的。我做学生和老师的时候，重"义"轻"利"，强调的是无私奉献；现在社会的价值观变了，利益放在一定的位置。因此，学校要重构自身为全体师生所认同的价值观。今天的学校必须摆正"义"和

“利”的位置，我们既要讲“义”，又要讲“利”，“义”“利”相谐，方能构建和谐的学校氛围，形成健康的育人环境。如果见利忘义、唯利是图，将使学校背离社会主义方向。今日学校做到“义”“利”结合，既要有制度的约束，更要重视思想的教化和道德人格的提升。

4. 学校文化建设

高尚的教育境界要求做好学校的文化建设。学校是育人的场所，从事的是文化的传承、积累和创新的工作。学校每时每刻都离不开文化，文化因学校的传播而长盛不衰，学校与文化有如胶似漆般解不开的情结。学校文化是学校的灵魂，是凝聚全校师生的黏合剂，是学校发展活力的源泉。如果小视或者弱化文化，学校大厦就缺了“顶梁柱”，就难以昂首阔步地走向未来。

当今世界，文化与政治、文化与经济相互交融，相互渗透。文化的力量不仅深深熔铸在民族的生命力、创造力和凝聚力之中，而且越来越成为综合国力和国际竞争力的重要组成部分。国家的发展和强盛、民族的强大和进步、人民的尊严和幸福都离不开先进文化的支撑。文化是民族的灵魂。中国之所以有今天，有赖于几千年薪火相传的中华文化和由此锻造的中华民族伟大的民族精神。学校文化是民族文化的具体化，它映现的是民族文化的精髓。如果我们的学生对学校文化乃至对本民族的文化失去兴趣，那将几乎使我们的教育陷入绝境。因此，加强学校文化建设，是一件重中之重的事情。

一所学校在社会上得到认可，享有经久的声誉，一定有某种精神文化的支撑。校长、教师可以更替，学生会一届届毕业，但某种精神文化的积淀仍然凝聚着在校师生和广大校友，它会不断地散发光芒。一所好学校，其校友提到母校，会有无限的眷念，并为此而感到自豪。这种眷念，这种感恩的心情，显然不是对校舍、对设备，而是对哺育他们成长的科学精神和人文精神，针对哺育他们的文化乳汁。这种精神文化，是通过全校教职工撒播到他们心中的。学校文化建设中的精神支柱，不是空洞的口号，贵在落实到全校师生的心中，形成学校不朽的魂魄。它应该具有先进性、开放性，有震撼的力量，有感染的力量，能拨动师生心弦，使师生不断从中汲取力量，又以自己的思想言行丰富它的内涵。

对这个问题，当前认识上有不少误区，干扰着办学者的视线，干扰着学校的文化自觉，影响了文化建设在学校发展中的地位与作用。最常见的是重学校的有形成果，轻学校无形的文化氛围；重学校的量化数据，轻学校工作的文化构成、文化含量和文化质地。硬件看得见，摸得着；文化是软件，基本无形，是一种情操，一种精神，一种智慧。文化外显在“形”上，一般来说，学校容易做到。如校园环境布置，张贴科学家、艺术家画像，教室里、走廊里张贴名人名言，校园绿化等，稍加注意，就可做到。难就难在无形的精神文化的建设。这种具有学校个性的精神要经过较长时期的积累和锤炼，才能获得全校师生的认可。这种无形的文化建设是学校的精神支柱、精神动力、思想保证、智力支撑，有巨大的凝聚力、感染力和辐射力，能提升师生精神生活的质量，提高办学水平。一所学校如果见物不见人，见物质不见精神，队伍必然如一盘散沙，育人质量堪忧。反之，必精神抖擞，积极进取，学校发展充满希望。

近些年来，西方有学者对学校的作用提出了一些新看法。美国社会学家伊凡·伊里奇在其出版的《非学校化社会》中认为，学校是现代社会人性的最大压抑机构，没有学校才有真正的人性解放。这一说法针对当今学校教育所存在的弊端而言，有一定的合理之处。当然，整个观点不免偏颇。但它给我们提出了一个重要的命题，即我们的学校如何在教育中张扬学生的人格、完善学生的品格和提升学生的道德意识，因为教育不仅要传授知识，更要培养品德、陶冶人格，使学生养成良好的情感态度与价值观。这就需要学校提供良好的氛围，来促进师生之间的思想沟通、情感交流和心灵共振。品德只能用品德来培养，人格只能用人格来陶冶，在交流、影响、共振的过程中，学校的风格、氛围以及文化的熏陶能力在某种意义上起着决定性的作用。

学校的文化建设，要紧扣传承、发展和创造。了解过去，继承过去，目的在于创造未来。忽视传统，丢弃优秀传统，是悲哀；一切照传统办，亦步亦趋，是盲从。我们优良的文化传统必须和现代学校的实际生活紧密融合。不认识过去，也就无法了解现在，更无法创建未来。每所学校各有特点，但是都有优良的传统。各校有各校的优良传统，各校有各校的文化积淀。对学校的传统，对学校的本土文化，要以科学的态度进行梳理，有的要继承，有的要扬弃，要根据时代发展的要求，对其中精要的丰富内涵加以发展，加以创新。不同学校的精神支柱可以迥然有异，但都必须紧扣全面育人的宗旨，代表先进的文化。它应该是社会文化中最主流、最健康、最奋发向上，符合教育规律、师生身心发展的。要研究教育理想与教育现实之间的差距、问题和热点、焦点，要了解师生最需要怎样的精神世界，又最容易缺失怎样的精神支柱。从学校的实际情况出发，倡导有针对性的具有时代气息的精神支柱，在传承的基础上创新，使之成为全校师生追求的目标、思想言行的准绳、情感态度与价值观判断的标尺。学校要举起这样一面精神文化建设的旗帜，覆盖到教师队伍、职工队伍、学生队伍之中，覆盖到整个工作的方方面面。

学校的文化建设涉及方方面面，但不管是哪个方面、哪个层面的建设，都要扎根于本校的土壤，这一点非常重要。只有扎根于本土，才有生命力。它是鲜花，鲜花是有生命的。既要放得开，有开放性，又要聚得拢，聚意点睛，聚集在提高师生的精神境界，提高学校生活的质量，促进学校的可持续发展上。全校师生有文化自觉意识，上上下下对文化建设形成共识和合力，文化气氛浓郁，学校的发展就能获得源源不断的内在动力。

5.
抓好校长的自身建设

要办好学校，追求高尚的教育境界，其中根本的前提之一是做好校长的自身建设。校长是学校的无字之书，要以人格的力量教育教师志存高远、敬岗爱业，教育学生健康成长。在某种意义上说，有什么样的校长，就会有什么样的学校。或者说，校长的教育追求，往往影响着学校的发展方向。

校长要有丰富的智力生活，要学而不厌，勇于创新。真正的学校应当是一个积极思考、勇于创新的王国，而积极思考、勇于创新来源于教师学而不厌的奋发进取，来源于教师的刻苦钻研的求索精神。苏联教育家苏霍姆林斯基曾这样说：“如果教师的智力生活是停滞的、贫乏的，在他身上产生了一种可以称之为‘不尊重思想’的征兆，那末这一切就会明显地在教育教学工作中反映出来。……教师不尊重‘思想’，学生也就不尊重教师。然而，更加危险的是，学生也像教师一样地不愿意思考。”校长是师生的领路人，要把学校办得有时代气息，就必须用历史的眼光把握现在，着眼于未来；要思想敏锐，认识有前瞻性；要独立思考，从学校实际出发，不人云亦云，不随风，不浮躁；要审时度势，因时辨势，遵循教育规律，创造条件，办出特色。只有这样，办学才能办出自己的个性、自己的特色，形成自己独有的精神文化内涵。

校长必须使自己成为一名真正的教育家，应该站在时代的前沿，积极思考，深入探究，建立先进的教育理念。学校的发展必须有先进的教育思想和教育理念的支撑。虽然说“理论是灰色的，生命之树常青”，然而，缺乏了理论的有力支撑，实践这棵“生命之树”就必将凋谢，而不可能永远保持“常青”。同样，学校的教育是育人的工程，它关系到无数青年学子生命之树的“常青”，更关系到祖国和民族乃至人类未来的“常青”。因此，学校的教育实践，就更加需要先进理论的引领与指导，更加需要理论与实践的结合，从而形成自己的理性大厦。对一名校长来说，要实现学校的可持续发展，必须和广大教师一起，确立并奠定拥有自身特色的教育理论体系，来导引学校的工作和实践。

校长要有不懈追求的精神，努力创造理想的教育境界。一切教育都是理想的教育，都是为了理想、追求理想。办学校不是百米冲刺，而是万米赛跑，要有勇气，有毅力，向着理想的目标奔跑。办 21 世纪的基础教育，面对全新的改革时代，校长须不懈追求，努力创造。“依法办学，以德立校”，是科学，也是艺术。既抓好法律规范，又在师生精神世界中撒播做人的良种，更需要校长带领广大教师辛勤耕耘，执着追求，相互促进，寻求全方位的育人规律，不断推动学校工作跃上新台阶，创造理想的、高尚的教育境界。这实际上是作为校长的人生追求，既然在校长的岗位上，就应该把毕生的心血、智慧和忠诚奉献给事业，奉献给祖国的希望——我们的青少年学生。

校长要顶住学校一片天，要对师生有感染力、辐射力，必须注重自我人格的塑造。校长是学校工作的组织者、领导者，引领教师和学生前进的人，在人格方面更应具有魅力，闪闪发光。校长应做到身上有正气，身上有书卷气，是文化人、文明人，是学者型的人。校长与时俱进，是教育改革的探索者、推进者，就能使学校出现高质量，就能泽被莘莘学子，学校教育就会出现蓬勃发展的新境界。

以教育自信创建自信的教育

改革开放30多年来，我国教育取得了巨大的发展，成绩举世瞩目。且不说教育全景从学前教育到研究生教育、到终身教育量和质的跨越式变化，单是普及义务教育的成效就值得骄傲。那么宽广的地域，穷乡僻壤、高原平川全覆盖；那么多的学龄儿童都入学，一亿几千万的学生都接受义务教育，这是怎样庞大的数量啊！如此的教育成就在世界上应该是首屈一指、史无前例的，值得自豪。

教育成就是中国人创造出来的，实实在在地放在那里。快速发展中出现这样那样的问题，乃至深层次、十分棘手的问题，本不足怪。然而，熟视无睹者有之，不理解者有之，期盼毕其功于一役者有之，与此同时，非议、抨击不绝于耳。许多教学第一线的教师常常感到茫然，这么说，那么说，简直不知道课该怎么上，教师该怎么当，越教越不会教了。毋庸讳言，教育现状的形成有众多原因，但对喧嚣背后教育自信的缺失，应格外重视，深入思考。

我国的教育巨轮承载着50多万所学校、1亿多学生，承载着13亿人民的美好期望，要“直挂云帆济沧海”，办好中国特色、世界一流的现代教育，教育自信必不可少。有自信才会有自觉，有自信才会

本文发表于《人民教育》2017年第2期。在作者的教育思想版图中，“教育自信”是一个不断发展、日益清晰的领地。早在20世纪90年代，作者就发出了“绝不做外国教育理论的论据”的铿锵话语。本世纪初，她又表达了“建设中国本土教育学”的宏愿。2010年后，她多次撰文呼吁“语文教师必须有教学自信力”（2010）、“要建立自己的教育话语权”（2012）。本文中，作者则明确提出了“教育自信”。文章发表后，国家行政部门高度重视，专门请作者就此话题撰写文章作为内部参考。

有清醒，有自信才会有定力，始终维护和建设我们的教育家园。充满自信，能意气风发，潜力迸发；自信缺失，会犹疑摇摆，甚而随人乞讨。

教育自信的树立可从回顾走过的路说起。

历史不能割断

我国教育一说到传统，就是落后，就是保守，就是一无是处，甚至把科举制度的弊端也全栽赃到教育身上。五千年中华文明之所以一脉相承，从未断裂，不能不说教育在其中发挥了重要作用。

中国不是教育穷国，历来尊师重教。从孔子到蔡元培，留下了丰厚的教育遗产，其中精华仍光照人间，如以下教育核心价值、核心理念：以人为本，追求思想与人格的完美；有教无类，因材施教；不愤不启，不悱不发，学思结合；务本求实，匡时济世；思想自由，兼容并包；等等。千百年来，无数仁人志士探讨、实践、批判、修正、提升，积累了极其丰富的正反两方面经验，昭示后人读书与做人须紧密结合，读书为明理，明做人之理，明报效天下之理，“在亲民，在止于至善”，不断自我修养，以达到“至善”的境界。北宋张载的“为天地立心，为生民立命，为往圣继绝学，为万世开太平”，更是把育人的终极价值推到极致。

历史不能割断，历史承载着民魂。传统教育中有精华，也有糟粕，我们要采用辩证唯物主义和历史唯物主义的态度，作具体的、实事求是的分析，取其精华，去其糟粕。精华也要因时代需求而加以发展，使其更具丰富内涵，更显育人光彩。如若采取虚无主义态度，连我们教育的根在何处、魂在哪里都不知晓，那只能随风飘荡，听凭他人说短长了。

且不说数千年的历史，单是中华人民共和国成立以来办的教育，可圈可点之处就非常多。我们的教育方针、培养目标，我们的理想教育，引领着教育的方向；在一穷二白的地基上，用有限的教育经费，办规模极大的教育，彰显的是中国人的志气和艰苦奋斗的精神；自我认识，自我挑战，边干边行边改进，积蓄改革动力，渴望力争上游成为发展的现实。即使到基层学校，校园里有些美丽的风景至今让人怀念。主题班会上，十六七岁的高中生谈学习动机，谈人生梦想，交流，碰撞，那份热情，那份豪迈，令人欣喜。清晨，阳光还未露脸，操场上长跑的学生已熙熙攘攘，为祖国锻炼身体，强壮体魄。下午放学后，操场上龙腾虎跃，各种体育锻炼，跑的、跳的，各种球类竞赛，欢声笑语。文学讲座，科普讲座，学生社团活动，座无虚席。那种身心健康发展的美景，难道不是教育的宝贵财富吗？班级基本是学生自主管理，学生干部起核心作用，教师当参谋、作指导，学生自治自律能力在实践中获得锻炼，获得提高。这不也是很有价值的教育财富吗？

扎根中国大地办教育，既要回应现实关切，又要展望未来图景，也要认认真真回顾历史。历史是理智的启迪，它给追求理想的人新的起跑线，从中吮吸精华，能增强民族自信。

摆脱思想矮子心态

不知从何时起，我们的教育话语系统悄悄发生了变化。一系列教育政策、措施都是具有中国特色的，从中国的国情、教情、学情出发，切实解决实际问题。但一进入教育专业，对传统教育就不屑一顾，铺天盖地是外来的教育概念、教育术语、教育做法，不仅“言必称希腊”，而且“行也照希腊”。

当今时代办教育，必须放在国际大背景中思考，必须有开放的心态。社会迅速发展，急剧转型，人们对教育的期望值越来越高，家长们急切、焦虑地期望自己的孩子在日后的竞争中胜出，并能独占鳌头。教育从来没有遇到过如此复杂、如此严峻的挑战。在这样的状况下，进行教育改革，提升教育质量，需要有先进的教育理念、科学的教育思想作指导。欧美等西方国家有些教育思想确实比较先进，有些做法与经验也值得学习借鉴。教育本身就有很强的包容性，它承认不同教育之间需要相互了解、相互借鉴，看到人家好的就学。因此，中外教育进行比较，介绍与引进先进的教育理念与做法是必要的、无可非议的。树立自信，不是故步自封、拒绝学习外国，而是要深入、全面地研究学什么、怎么学，要根据我们的国情决定取舍、改造、创新，要以我为主。

打开视野，学别人之长，不是照抄照搬，不是移植、贩卖。任何教育理论的形成总有其特定的时代背景，特定的历史文化土壤，特定的地域特点，特定的社会需求、环境条件，其中虽有具普适性价值的，但由于地域特色十分鲜明，并非放之四海而皆准。不深究这些理论、理念、经验、做法的来龙去脉，不深究它们的环境、条件，不深究它们在哲学高度、人文高度、科学高度上能经受怎样的检验，不深究它们在付诸实践中的利弊得失，只要是引进的，就是好的、先进的，以强势的语言连篇累牍地宣传，在教育教学实践、课题立项、论文评审、校绩教绩考核评价等方方面面推行，其广度、深度前所未有，影响之大，几乎是全覆盖。讲话、写论文以引用外国的教育话语为有水平，为先进、前沿。更有甚者，常常将我们的教育实践、教育研究的进步与成效，作为论证这些理论、理念的证据。我们独立的精神、自主的思想去何处了？有些教师不无忧虑地说："我们在给西方教育打工，不仅话语改变，名词术语一大堆，就连思维方式也开始改变了。"

教育面向世界，以国外为借鉴本没有错，问题在于不能鄙薄自己的教育，历史的、现代的、当代的，都批判、否定、消解、解构。21世纪初，一位先生在报纸上发表的《最后的遮羞布》一文，对中国基础教育讨伐鞭挞，对美式教育向往仰慕，可谓是"外国的月亮比中国圆"的思维定式的倾心表露。一切以西方的教育观念为最后依据，仰视别人，甘愿做思想的矮子，这种心态令人感到可悲。教育不能光点洋烛，我们有独特的历史、独特的文化、独特的国情，中国教育必须有中国人自己的灯火，走中国人自己的路。就专业而言，也不是只能任人说短长。改革开放以来，我们的育人理念、课程改革、队伍建设、制度创新等随着时代的要求均有突破性发展，其中不乏具有中国教育特色、中国教育个性的符合学生成长规律的理性思考与实践经验，闪亮之处不少。这些饱含着中国精神的教育财富，是当代中国教育人群策群力奉献智慧的结晶，完全可以挺直腰杆充满自信地与国外平等交流。近年来，约 8 000 所英国小学在数学课堂采用“中国模式”就是明证。学习外国，必须坚持中国立场，摆脱矮子心态，改变永远甘当学徒的身份。唯其如此，方能拿出眼光，自主选择，趋利避弊，真正以他山之石攻我教育之玉。

当下更须警醒

通常的情况是：从事教育的人，特别是从事教育实践的人，习惯于就教育论教育，兴奋点往往在教育的技能技巧，较少思考教育的战略意义和育人高度。教育从来是国家的、民族的事业，任何国家均如此，它的核心是价值塑造、价值追求。教育追求的价值观是使我们的教育对象深刻领悟并身体力行中国人就是中国人，要热爱中国，为中国服务奉献是天职，是自己的责任担当。这个价值观一旦丢失，教育就失魂落魄，丢了民族精神的根、爱国主义的魂，于国于民，都会发生危机。

精心塑造价值，坚守价值追求，确实极其不易，面对国内外环境的挑战，必须保持清醒。早在 20 世纪 50 年代，美国国家安全委员会就这样说：“一个国家有计划地运用宣传和其他非战斗活动传播思想和信息，以影响其他国家人民的观点、态度、情绪和行动，使之有利于本国目标的实现。”他们的专家说得更直白：“让被宣传的对象沿着你所希望的方向行进，而他们却认为是自己在选择方向。”霸权主义如此宣传的目的是让第三世界人崇美忘本，其重要性“与空军一样不可或缺”[①]。他们不仅这样说，而且通过各种渠道，在以各种新名义、新手段扎实地做。我们培养的对象是独生子女的大群体，基本上是在宠爱与呵护中成长的，不懂世事几乎是常态。接受基础教育的

① 王岳川《当代西方最新文论教程》（复旦大学出版社 2008 年版）。

学生还是未成年人，生活经历少，无厚实的文化积淀，文化识别力、文化判断力比较差，面对网络时代声、光、形大肆渲染的东西，很容易不加辨别地照单全收，有时甚至错把腐朽当神奇。社会上多元价值的冲击，尤其是个人第一、金钱至上、享乐追求等“迷雾”的浸染之下，学生往往受害而不自知。对学生成长中价值迷茫的问题不可小视，要积极疏导，花大力气以理想信念引领。为此，立德树人是我们应该自觉肩挑的刚性责任。

立德树人应认真落实到学科教学之中。任何学科的教学之中都蕴含着教学生做人的丰富资源。知识的创建饱含着人们追求理想的壮志、不懈奋斗的精神和为人民造福的情怀。人文学科里珍藏着的忧患意识、家国情怀、虽九死而不悔的责任担当，数理、生化等学科传授的数字、原理、公式、定理背后，蕴藏着丰富的敬畏自然、探索奥秘、寻求规律、追求真理的思想道德财富。然而，由于功利主义的喧嚣、工具理性的干扰，人们往往只见知识的工具性，只注重其实用性功能，而剥离或阉割其内在的精髓。马克斯·韦伯曾把理性分为两种：价值理性与工具理性，理想主义就是一种价值理性。他指出，现代人采取了一种新的理性标准，用工具理性代替价值理性，终极目的、价值不重要，重要的是设定一个具体的、功利的目标，采用最合理有效的方式。其实，“工具”浸透“功利”，还有什么理性可言？基础教育中存在的为考而教，为考而练，分分计较，为获取 1 分、2 分、3 分，没完没了地操练，就是这种理念、这种思潮的具体体现，导致学生不堪负担、厌学。为了“应试”的具体目标，“没心没肺把我们的孩子撞倒了”。

什么叫教育？教天地人事，育生命自觉。办学者、执教者要铁肩担道义，负责地、深情地培育学生精神成长，以中华优秀传统文化与人类精神文明的精华滋养学生的心灵，引领他们在复杂的环境中站稳脚跟，明辨是非美丑，积极向上，健康成长。课堂教学该施以怎样的教育影响学生精神的成长、生命质量的提升？其实，任何学科教学都具有教育性，要使学生的核心素养落到实处，实现“学力形成”与“人格形成”的统一，其关键在于执教者须牢固树立教书育人意识，并切实身体力行，摆脱功利主义的裹挟，回归教育的本原。只有回归教育的初心，执教者才会有慧眼发现与挖掘学科中固有的、极有价值的育人资源，才会有巨大的热情与聪明才智把德智有机融合起来，既有知识传授、能力培养，又有情感态度与价值观的熏陶感染，营造积极向上的学习场，学生就能享受到求知的愉悦和精神获得滋养的快乐。教学领域在功利第一、工具理性上有大突破，方能真正提高质量，否则，难以真正改变重术轻人的状况，育人的概念在外围飘，深入不到根本之处。

在课堂教学中，师生之间、生生之间精神交流、思想碰撞的精彩纷呈状况很少涌现，相当程度上是由于受到评价标准、评价内容、评价方式的制约。

评价是必要的，但怎样评价，怎样才能真正促进教育公平、公正、高位均衡发展，是篇极其宏大的文章。要从中国的国情、教情、学情出发，制定相应的措施，其细致、复杂、艰巨的程度难以言表。评价牵着教育的“鼻子”走，以考定教中的许多无奈就是一例。众所周知，从 18 世纪 60 年代英国工业革命以来，世界上基本是“工业”说话，欧洲人说话，西方人说话，至今未根本改变。我们现在使用的概念体系、知识体系、话语体系都是西方的，而西方对这些概念的界定和我们不完全一样。比如对学校、对教育方方面面的评价，是否要如此繁复、琐细，致使被评价者专注于一个个枝枝节节，整体思维、精髓把握无形中被逐步消解。又比如过度强调量化，认为量化就是科学。其实，定性、定量在评价中各有自己的功能，关键在于怎么运用。用测量学的办法评价、衡量人文学科成绩的优劣得失，实在难以“客观”，用量化手段又怎样来衡量情感态度与价值观？拓宽视野，借鉴他人，引进无可非议，但要从本国、本地区的教育特点出发，改造创新，具有中国的话语、中国的思维。

坚守中国立场，拥有世界视野，以教育自信创建自信的教育，走自己的路，我们的定力将更强大，我们的前途会更宽广。

德智融合　相得益彰

根据上海市“大中小德育课程一体化建设研究”试点方案对基地层面的要求，2014 年 12 月起，上海市语文学科德育实训基地开展了“中小学语文学科育人功能纵向衔接横向贯通的实践研究”。此研究意在探究德育内容体系在中小学语文学科融入的基本规律，深入挖掘语文学科本身所蕴含的价值观念和道德内涵，促进中小学语文学科知识体系和价值体系的有机统一，力求德智融合，协调同步，相得益彰；也探索与相关学科的德育共通规律，体现课程德育合力。在实践研究中，教师提升育德意识与育德能力，增强在学科教学中立德树人的自觉。

研究在三个方面着力，聚焦于课堂教学实践的展示与探讨。

一是学习与把握德育内容体系的丰富内涵，在脑中形成清晰的框架与在语文学科教学中要“落地生根”的价值观念、道德情操的辨识和熏染相结合。在社会快速发展、价值多元、文化多样环境中成长的青少年学生，面对来自国内外的种种诱惑，必须坚定价值追求，明确人生走向，立民族精神之根，树爱国主义之魂。适时对学生进行做人教育，打下扎实的基础，能促进他们健康成长，长足发展。

二是梳理中小学语文教材，选取其中的典型课文，将“政治认同”“国家意识”“文化自信”和“公民人格”四项一级指标和十六项二级指标的核心内容分解到各学段。先分学段进行典型课例研究，再将各学段合起来探寻德智融合规律。解读文本时须回答几个

本文发表于《上海教育》2017 年第 8 期。

问题：为什么确定德育内容的这个维度？文本蕴含怎样的教学价值？实施德育的关键载体有哪些？学生阅读这个文本会有哪些困惑？大家对先行研究的典型案例反复推敲，不断修正，形成共识，再推广至每位学员教师独立研究、共同把握的是：“文本解读”重在整体把握，剖析文本中学科核心价值与德育元素的融合；“学生阅读困惑”是研究的现实起点，应整体把握各学段学生的认知特点和接受意趣的发展规律；“文本教学价值”既要体现语文能力培养的学科“独当之任”，又要体现情感态度与价值观熏陶的所有学科共同承担的责任担当，还应不断追问这些教学价值对当下学生的意义；须坚持把文本中最能体现德智融合的关键词句、段落、结构、表现方法等作为“德育关键载体”；研究时要瞻前顾后，注意同一学段教学内容前后之间的衔接、不同学段教学内容之间的衔接。

三是探讨学科育人教学方法。根据语文学科特点，德智融合教学方法有兴趣引导法、内外交互促进法、切问近思法。根据学生年龄差异，方法侧重点可不一样。小学阶段：激趣法，找准学生兴趣点、动情点，着力外部促进；体察法，如游学等。初中阶段：由情入理法，外部激荡与内部唤醒；实验法，如调研等。高中阶段：由理促情法、情理互见法；内外互促法；推介法，如宣讲等。

在三个着力的基础上，人人进行课堂教学实践，并按照德智融合要求开展教学评议，提升认识，修正不足。我们又与上海市洋泾中学的历史、地理、音乐、美术、英语等教研组开展跨学科育人研究，开设了语文加历史、语文加美术、语文加英语等展示课，与学生心灵形成共鸣，体现课程的德育合力。

经过两年的实践研究，教师的育德意识与育德能力明显增强。窥他们面对语文教学的三个变化，可以看到他们的专业成长、育人的责任担当：从关心学习成绩变化为关心心灵世界的滋养；从文本解读偏重文字形式变化为注重文字背后的内涵挖掘，彰显文本的教学价值所在；从笼统的概念化的以文育人变化为课文教学须明确文中德育关键载体，选择各学段最合适的德智融合路径与方法。

“价值取向的思辨与判断”主题活动是这项实践研究的阶段展示，以“国家意识”德育维度贯穿小学、初中、高中，呈现“课堂思考”与“学段实践”。

培养有一颗中国心的现代文明人

2017 年 3 月 20 日召开的“中小学课程与教学彰显中华优秀传统文化研究与实践”项目成果发布会的主题是“文化自信，知行合一”。这个主题非常明确，反映了主办方对彰显、弘扬中华优秀传统文化的意义和价值认识得非常深刻。

有了文化自信才会有文化自觉，有了文化自信才会有文化定力，有了文化自信才能在 21 世纪中华人民共和国的土地上开拓创新。

一谈到“文化”，我们往往第一个想到的就是“认知”。要知道世界上什么之间的距离最远？距离最远的不是天涯，也不是海角，“知”和“行”的距离是最远的。我们有时也能意识到某些事物、某些教育的重要性，但是真的要身体力行，变成自己的行动自觉，距离往往要超过天涯与海角。

提出彰显、弘扬中华优秀传统文化的目的，就是要把“知”变

本文发表于《上海课程教学研究》2017 年第 6 期，是作者于 2017 年 3 月 20 日召开的“中小学课程与教学彰显中华优秀传统文化研究与实践”项目成果发布会上的讲话。作者一直坚持教育的“中国立场”和“世界视野”，重视中华优秀传统文化教育，早在 20 世纪 50 年代，便出版了《春秋战国的故事》《明清的故事》等历史文化普及图书。进入新世纪后，在“两纲教育”探索与优秀师资培育过程中，更是自觉将弘扬中华优秀传统文化与“育人”价值追求紧密结合，不仅主编了《传承 · 撒播 · 弘扬——中学语文课堂教学与民族精神教育》和《“青青子衿”传统文化书系》（共十二种）等书籍，而且在“名师基地”和“德育实训基地”培训与带教、教师培训课程建设与实施、学科德育课题研究与实践的过程中始终强调中华优秀传统文化对于滋养人精神元气、文化底气的重要性。在她的教育田园里，“中华优秀传统文化”就是育人的沃土，“培养有一颗中国心的现代文明人”就是她毕生的事业。

成自觉的行动，要创新性地发展、创造性地转化。中国人之所以成为中国人的特性是什么？中华民族之所以成为中华民族的特性是什么？是文化，是精神。中华文化是中国人的特性，是中华民族的特性。没有中华文化，中华民族的精神何在？文化是一个民族的灵魂。传承、弘扬中华民族优秀文化，本身就是在传承中华民族的精神命脉。

这个项目的实践研究做得很扎实，有理有据且丰富多彩。项目重点研究分成三个板块：家国情怀、社会关爱、人格修养。这三个板块对中小学基础教育来讲是非常重要的。我们对“中华文化”要有总体的认识：中华文化是一个有机体，思想信念是它的骨骼，中华传统美德是它的经络，人文精神是它的血肉。

刚才学生表演的中华茶道，背后蕴含的就是能滋养他们心灵的中华文化。当学生献茶，以茶表“敬”意时，潜移默化中就在教他们怎样在人群中学做人。中华文化的一个很大特点就是教人在人群中学做人。怎样处理好人与人之间的关系？首要的一点就是“敬”——对人敬重，敬畏生命的“敬”。沏茶时需要安详、静谧的心境，认真仔细，这是在教学生做事情要静坐息心，一丝不苟，全身心地投入。学生在成长过程中的心灵滋养，要丰富，要营造适合他们成长的环境。

教师一定要培养学生做一个有中国心的现代文明人。要有一颗中国心，必须在心中点上中国自己的灯火，不能只点洋蜡烛，这才是教师对学生最大的仁爱之心。我们彰显、弘扬中华优秀传统文化，就是要点亮心中这一盏中国的明灯。

词作家阎肃为“三十载赫赫而无名，花甲年不弃使命”的“中国潜水艇之父”黄旭华写下这样的词句：“青丝化作白发，依旧铁马冰河。磊落生平无限爱，尽付无言高歌。”黄旭华为了国家的强盛、人民的幸福，一辈子隐姓埋名，甘心做沉默的砥柱。传统文化真的是进入了他的血脉，这样的人才是知识分子的理想追求，正如北宋哲学家张载所说，“为天地立心，为生民立命，为往圣继绝学，为万世开太平”。

我们的教育要点点滴滴入心头，从低学龄学生最容易接受的感性教育开始，逐步让他们理解、深化，成为他们的理性思考，继而化作他们的行动。弘扬中华优秀传统文化的价值观是最首要的，人一辈子都处在价值取向的选择之中。

该项目目前在四个显性学科中开展，我们还有大量的工作要做。项目的开展像一阵春风，充满了生命力，这是我们现时代建设中国特色社会主义的迫切需要。中国特色社会主义的“源”就在中华优秀传统文化里，中国特色社会主义的核心价值就是中华文化长河的延续、发展、深化。世界也需要中华文化，彰显中华优秀传统文化的研究与实践，既是我们自己价值观的建设、中华美德的建设，也是世界如何治理、人类如何健康地生存发展的探索需要。

我们既肩挑着立德树人的刚性责任，又肩负着传承中华优秀文化的使命。我们从来不把中华文化封闭起来，它是开放的，永远有生命力的。从纵向来看，中华文化在传承中不断吸收当代的各种创造、各种思想加以发展；从横向来看，中华文化自古以来就是海纳百川、多民族融合的。中华文化的凝聚力和生命力，太值得学生学习了。

人生是一张单程车票，没法走回头路。我们要从娃娃开始，用中华优秀传统文化滋养他们的心灵，对他们进行中华优秀文化的熏陶和感染，这对于他们的成长、发展是有着无穷价值的。希望这个项目的研究成果能够辐射到所有的学科，希望广大教师能研究如何传承、实践中华优秀传统文化。希望这个项目在成就学生的同时，也成就教师自身，打造一支“四有”的高素质、专业化的育人专业队伍。

我所亲历的现代中国教育

口　述：于　漪
采访者：贾　彦　刘明兴
整理者：刘明兴　贾　彦
时　间：2016年2月3日下午
地　点：于漪家

“一切为民族”

我是一名教师，一直关注着中国教育的发展。近代以来，中国教育经历了好几次转型，我自己就亲身经历了民国和新中国不同时期的教育。1949年以前，我读到大学二年级，大学三四年级已经是新中国了。就是说我是在旧社会接受基础教育的，我很难全面地讲旧中国的教育，因为在1949年以前自己还比较小。小学就在家门口读的。卢沟桥事变发生后，我在小学二三年级的时候就辍学了，因为受日军侵略，学校关门，大家都逃难了。我们逃到了乡下。我有一个亲戚在上海，父亲就把我们姐弟带到上海来，租了亲戚家的一间房子，我们就在上海生活。我上的小学就在附近，名叫崇实小学，现在没有了。后来考初中，稀里糊涂的，我也是不太用功的，不过当时好像考学校都比较容易。我那个时候就考了一个民立女中（初中，1949年8月起吴若安任校长）。我初中毕业的时候，因父亲生肺病，我们回了老

本文发表于《上海党史与党建》2017年第6期。

家。没多少时候，父亲就过世了，留下了我们孤儿寡母。那个时候，我妹妹还不到一岁，我则面临着失学。祖父祖母说女孩子根本就不要读书，我则哭着要读书。我母亲觉得我们没有伯伯叔叔，不读书将来无法生活。后来祖父说不要钱的话，你考到哪里就去读吧。当时江苏教育学院附属师范到镇江招生，我去考，就考取了。这样，我就到苏州师范读了一年。一年以后，抗日战争胜利了，我又回到家乡。

回到家乡，我还是想继续读书。我们家住在西门外，刚刚恢复的高中叫省立淮安中学，在东门坡，每天要走十几里路，穿过整个镇江市。那个时候，学校的条件是非常差的，没有食堂，早上家里带点饭到学校泡点开水，带点咸菜。半年后，学校要迁回淮安。这时，刚好省立镇江中学复校，我就再考。当时考试是公正的，录取名单贴在学校门口，从高分到低分排序。

我在那边读高二下和高三，睡的是地铺，没有床。学校是原日军的养马场，原来的学校被炸掉了。宿舍是一个小房间，住 10 个女生，分两排，每人就放一张席子。当时也没自来水，我们就打井水，点煤油灯，点一次蜡烛都是奢侈。没有凳子，吃饭都是站在那边，菜是没什么荤的。学校校风很好，学生学习非常刻苦。因为日军被赶走了，大家都希望国家强盛起来。我们学校第一任校长是词学家任二北，学校的校训就是“一切为民族”五个字。“一切为民族”对我们这些学生影响很深，激励我们再苦再累也要学出本事，不能受人欺负。“一切为民族”的校训真的是渗入到我们的血液里头。此前我们都目睹了民不聊生的惨状，天气寒冷的时候，早上去读书的路上，经常看到“路倒”，都是冻死饿死的，还亲眼看到日军无故打中国人。这些都无形中教育了我们。当然，老师特别是文科老师的教育，对我们的影响也很大，告诉我们做人要像岳飞，要像文天祥。所以说，那个时候爱国主义思想教育还是很有效果的。

说到师资，我觉得当时学校的师资状况比较好。比如说，教我高中数学的毛振璿老师，用英语教课，那个时候教材是原版的，他一步一步推导，对我们进行逻辑思维的训练，我的逻辑思维能力应该说就是这位毛老师教出来的。1949 年以后，毛老师就到大学教书了。教我语文的赵继武老师是国学大师黄侃的弟子。他上课就是两支粉笔，教科书都没有，一肚子学问。那时候教古文，他会一句一句地串讲。其实，他当时教的是文化，也教我们做人。一件事情我记得非常清楚，他教李密的《陈情表》，讲到“茕茕孑立”，“茕”怎么写呢？就是“光荣”的“荣”一个头，下面就是“鲁迅”的“迅”去掉走之底。他边讲边写在黑板上，说这个字读“穷”，下面是一竖，不是一撇，再穷脊梁骨要硬。他实际上就是教做人的道理。所以，这些老师对我们很有影响。你为什么读书？读书就要懂做人的道理，懂报效国家的道理，就是要明白“天下兴亡，匹夫有责”。

为新中国服务

1949 年以前，公立学校的穷学生比较多，私立学校的学生家庭比较富裕，中学是这种情况，大学也差不多。有钱的孩子都喜欢读沪江大学、圣约翰大学、大夏大学、光华大学等教会和私立大学。公立大学的穷学生多，师范教育方面就更多了。师范教育从旧中国开始培养了许多人才，特别是穷苦人家的孩子，使他们有机会改变自己的命运。民国时期的教育由于国内外原因虽然也取得一些成绩，终归烙上了半殖民的色彩。因此，新中国的教育必须与以前不一样。我觉得 1949 年以后的教育，功劳是很大的。

首先，改造旧教育体系。改造旧教育是非常不容易的，因为当时公办的学校很少，大量是教会办的学校跟私人办的学校。旧学校的办学目标是为原来的国民党社会服务的。它有自己的一套管理体系，虽然管理严格，但是思想完全是另一个形式，完全是为它的价值观服务的。所以，1949 年以后改造旧教育，培养人才，要为新中国服务，这是一个根本性的改变。

其次，学习苏联经验，进行教育改革。我觉得当时没有办法就只好学苏联，因为过去的教育基本上是学英美的。我们要转向，就只能从学英美转向学苏联了。实际上，当时苏联的教育还是非常不错的，教育文化很深厚，也培养出许多像小说家列夫·托尔斯泰这样的人才。我们现在反思教育学习苏联，不能说当时全部不对，在那个情况下，要逐步消除殖民影响，但又不能全面封闭，所以学习苏联就有其必要性。看问题不能用现在的眼光来看以前，因为当时就是那个条件。

当时的引进是怎么回事呢？从现在来看，苏联赞科夫和苏霍姆林斯基的教育思想还是比较先进的。不过，我们引进的是凯洛夫的思想。我觉得，引进总比不引进好。我认为凯洛夫的教育思想主要就是三中心：第一个是以课堂教学为中心，第二个是以教材为中心，第三个是以教师为中心。他认为，学校的办学第一质量就是课堂教学要好，教材是国家统一规定的即法定的，教师是传授知识的，所以有了这三个中心。而欧美的一些教育理念不大一样，杜威强调以儿童为中心。不过，课堂教学却是必需的，比如芬兰也是很强调课堂教学的。大面积培养人才必须通过课堂教学。现在中国也是因为人口众多的情况，还是要进行课堂教学。现在很多人总是认为西方的教育好，殊不知中国有自己的特殊情况，我们希望国家在教育方面有自己的话语权。

凯洛夫的理论对我们教育改造迅速走上轨道起到了很大作用，学校建制、课程教学、教材编写、大纲设计都很快弄起来了，学校都有秩序了。原来光华大学是光华大学的做法，大夏大学是大夏大学的做法，私立小学都是自己的做法。不过，凯洛夫的理论也有一些问题，特别是教学程序不灵活，比较死板。比如说，上课就是五个环节。第一是组织教学，一上课要让学生全部集中注意力，这是第一个环节。第二个环节是复习旧课。第三个环节是讲解新课。第四个环节是巩固，当时 50 分钟一节课，如果 30 分钟教的是新课，那么新课就要当堂复习，当堂巩固。第五个环节是布置作业。什么叫好课呢？50 分钟到了，铃一打，讲话正好最后一句讲完。必须是 2 分钟组织教学，不超过 10 分钟的时间复习旧课。虽然这一套是有连贯性的，但是这样就比较机械了。

不过，我觉得当时能够把旧社会学校，公立的、私立的，全部改造过来，有一个初步的规范已经贡献很大了。学习苏联凯洛夫教育有些做法比较僵化，不可能每堂课都是这个样子，上节课讲的学生不大掌握，多一点时间来复习或者补充原来的短板，应是可以的。我始终认为，所有的事情都要把它放在历史条件下，用历史唯物主义的观点来看。

教育的本质

百年大计，教育为本。教育关乎国家和民族的未来。我始终认为，我们的教育方针是好的，即培养每个孩子德智体美全面发展。基础教育是国民素质的教育，要提高国民素质，德智体美必须全面发展：所谓德，就是懂得做人的道理，品德要高尚；所谓智，就是得有一定的科学文化知识；所谓体，就是身体要健康；所谓美，就是要有高尚的审美观。

当时贯彻教育方针有很多做法也是值得借鉴的。比如说，那个时候要求高中学生劳动卫国，学生天天早上要早锻炼跑步的，锻炼体质，培养吃苦精神。那个时候的学生也一样读书，但近视眼很少。还有就是劳动锻炼，那个时候的劳动是真劳动，到乡下去劳动。我教高中带学生下去劳动，割麦子，弄得浑身都是麦芒，哪里有什么洗澡呀，都是在农家打地铺的。还有秋天收稻子，收了之后种油菜。我那个时候身体不好，胃溃疡，也是和学生一样劳动的，跪在地上种，腰都直不起来了。自己劳动之后，学生们都晓得劳动果实来之不易。我觉得那个时候是育人，分数没有那么重要。我一直教高二、高三，没有被这个分数捆着。我从教那么多年，坚持不应考，以不变应万变，教学生真本领，告诉学生有真本领是不怕考试的。我教的学生参加高考，语文总分 120 分，有一部分人都能考 110 多分，这是一个非常高的分数。

记得有一次开教育工作座谈会，要听听教师的意见。当时前面有几个人讲，讲了很多好的。领导说你们把问题讲出来，不要照着稿子念。我就不客气地讲，对一些教育问题要重视，不能说轰轰烈烈的素质教育，做扎扎实实的应试教育。素质教育讲得轰轰烈烈，但是实际上做的是应试教育。我们的教育的根本宗旨是育人，中国教育就是要培养有中国心的现代文明人，如果没有中国心，要教育干什么？我们为谁辛苦为谁忙？我们为谁服务是根本问题，培养人，归根结底，德是第一位的，不能育分不育人。教育不是育分，是育人。我们的义务教育实际上是一个世界性的工程，有世界性的影响。最怕的是我们自己缺乏信心，看不到自己的成功。现在的教育经费已经达到 4% 了，原来一直都是 2% 。我们一直强调国际化，实际上国际化是双向的。外国好的东西我们要引进来，我们好的东西也要发扬出去，互相学习。

20 世纪五六十年代，对教师的要求就是“又红又专”。我觉得“又红又专”没有错，用我们现在的话来说就是“德才兼备”。我们现在也要讲信仰，一个人没有信仰、没有信念，魂就没有了，就会失魂落魄。究竟为谁服务？这是根本性问题。服务要有真本事，不是说空话。

现在习近平总书记讲做好老师要“四有”：其一，要有理想信念；其二，要有道德情操；其三，要有扎实学识；其四，要有仁爱之心。这对教师是很重要的。教师怎么样教可以各有千秋，但是“四有”是必需的。做教师如没有理想信念，把国家的未来交给你教育怎么得了？这是最重要的。我一直强调做教师一定要有民族精神的根，有爱国主义的魂。“左”是不对的，但是理想信念“红”是没错的。人不能连魂和根都没有！我是教语文的，很多单位请我去作关于师德的报告。我觉得作为一个老师，最根本的就是这一点。学生是国家的未来，国家交给你，老百姓交给你，你负什么责任？因此，你必须有师德，知道为谁服务。除此之外，还要有本领。如果课都上不好，你说师德好，这是不对的。你必须把课上好，把学生教得有本领。

西方哲学将“人”界定为用理性思考获取最大利益的动物，因此他可以扩张，可以侵略，可以殖民。我们中国人讲“仁”，是仁而爱人。什么叫“仁”？“人”字边旁一个“二”，做人心中要有别人。我们“人”是一撇一捺，要互相支撑，倒掉一笔就不叫“人”，不一样！所以，我一直觉得“又红又专”是没错的，不一定用这个词，用现在的话讲就是必须有理想信念，也有本事。

我带过好多徒弟，好的都是有理想信念，对学生有仁爱之心。我曾经跟学员讲，要发财就不要来做教师。你要发财，还做教师干什么？什么叫教师？嘴巴说是不行的，要以身作则。要学生做到，你自己就要做到，率先垂范。一个老师做得好，最根本的就是内心的深度觉醒。什么叫内心的深度觉醒？就是把自己日常的平凡的工作和国家的千秋大业紧密联系在一起，和老百姓的幸福联系在一起，因为教师的工作是塑造人的灵魂。

拨乱反正的壮举

40 年前，国家恢复高等学校招生考试制度的消息传到学校，我们 77 届年级组老师那种兴奋雀跃的情景历历如在眼前，既奔走相告，又有点将信将疑：怎么可能呢？这么大的事怎么说恢复就恢复了呢？

将信将疑本不足怪。1966 年高考前夕，我教高三，从高一年级教到高三年级，师生正兴冲冲地复习迎考时，一纸令下，停止高考，师生不解、无奈、茫然，紧接着是大混乱、大动荡，是非混淆，黑白颠倒，教育几乎遭受灭顶之灾。此时，“文革”灾难刚结束，就传来如此喜讯，一下子有不能承受之重的感觉。很快，教师、家长进入状态，激动地认识到这是善举、壮举，是给学校、家庭、社会带来无限希望的战略之举。这项重大决策后面支撑的是决策者的胆量、魄力，是对国家前途命运、人民追求美好生活的挚爱深情，令人敬佩。

认识指导行动。我们 77 届 30 多位老师连续开会三天，研究如何迎接恢复高校招生考试的机遇；如何做到对学生真正负责，因材施教，各得其所；如何根据学生实际学业水平，把 11 个班级打乱，重新编班；开设哪些课程，强化哪些训练，弥补哪些短板；等等。开展讨论，摆出困难，思想交锋，最后取得共识。特别是达成两点共同的认识：一是放下不敢抓知识、抓科学文化学习的思想包袱，明确在一个文盲、半文盲充斥的国家是不可能建成社会主义强国的。如果真出问题，我这个年级组长担当。二是教程度不同的快、中、慢班，使不同学业层次的学生都有所提高，都是为落实恢复高考这一重大举措作贡献。由于老师们齐心协力，认认真真培养学生，两个快班学生百分

本文发表于《人民教育》2017 年第 11 期。

之百考入高校，考取复旦大学数学系的就有 2 人，其中一个以 100 分满分被录取。上海计 14 万考生，录取 1 万；全国 570 多万考生，录取 21 万。从 66 届毕业的高中生到 77 届应届毕业生，年龄差距十多岁，同在高校学习，共创学习生涯，真是蔚为大观。那时，考取大专的分数有些不比本科低，因为有的学生因父母问题尚无结论或尚未平反，在那个“极左”年代还来不及彻底平反时，给考生进大专的希望，还是极不容易的。我就曾为一名学生专门写在校表现，考分很高，背残疾妹妹上学 5 年，单这一点就够优秀的。父母顶着一个罪名（是莫须有，后平反），他只得进大专。而今回顾往事，有时有隔世之感，但当时就是那么艰难。恢复高考要顶着多大的压力，每前进一步都需要勇气和毅力。

恢复高考招生的重大之举给当时带来了令人振奋的巨大影响。

一是学校迅速恢复了正常的教学秩序。学制、课程设置等按照高考科目要求在较短时间内做了调整。“文革”中的初中、高中已取消学段区分，统称中学；物理、化学、生物等学科取消，改为工业基础知识和农业基础知识课；有一阶段，语文课与政治课合并为政文课，或与音乐课合并为革命文艺课；学业考核、评价等制度也化为乌有，基础教育质量遭到极大破坏。高考制度一恢复，教育工作者蕴藏的对教育事业受到尊重、获得发展的期盼实现，因而克服种种困难，使高初中学段正常化，开设的基础教育学科正常化，使学校像学校，恢复成为读书育人的场所。

二是弥漫了十年的“读书无用论”受到沉重打击，“知识就是力量”被越来越多的青年学生所信奉。“文革”期间，“知识越多越反动”的荒唐思想笼罩了学校十年之久，教师不敢谈文化，不敢教文化，不敢抓学生的学业。为了抓学生的文化学习，就得变着法子，避免挨批挨斗的危险。我做班主任也好，当年级组长也好，把学理论与学文化结合起来，学《共产党宣言》《青年团的任务》《实践论》，带领学生一节一节学，讲观点，讲文字运用，让学生双受益。因为我坚信，人的生存是需要与科学文化相伴的，作为教师应该为学生将来能否发展考虑。有老师规劝我：“你怎么斗不怕呢？还用那么大的劲抓文化。”“读书无用论”蒙蔽了多少人，坑害了多少人，清除是极难的事。没想到高考恢复，能如此横扫阴霾，无论是学校、家庭还是社会，都很快形成了尊重知识、重视教育的风气。青少年必须求学读书，学习科学文化，学习做人本领的认识与行动达到了前所未有的高度，对教育价值的信赖与期望也随之攀升。

三是改变了众多普通人的命运，为社会主义建设的大发展、大进步打下了人力资源的基础。参加恢复高考的首届考生达 570 多万，除 77 届应届毕业生外，其他考生可以说是来自各行各业，尤以在农村、在边疆务农和种大田的考生数量最多。这些青年人经历过风霜雪雨，目睹了百姓的艰难疾苦，体悟到人生酸甜苦辣的况味，珍惜机遇，学习上顽强拼搏；有幸考入高校的，更是释放改变命运的能量，为医治社会的千疮百孔、为建设强盛的祖国刻苦攻读，如饥似渴地吮吸精神养料，自觉地把自己塑造成国家的有用之才。高校学习风气浓厚，精神振奋，积极向上，一片生机蓬勃景象。仅图书馆座无虚席、实验室夜晚灯火通明就是令人心醉的美丽风景线。劫后余生的新生力量奏响早出人才、多出人才的动听交响曲。77 届毕业生是当时高校里年龄最小的，17 岁左右，对其中蕴含的深意只能体会一二。而今有的学生来看望我时，感慨万千地说：“真是改变命运啊！那时还稀里糊涂，不知老师为什么抓我们抓得那么紧。”对恢复高考的感恩之情溢于言表。

四是唤醒了沉睡多年的提高教学质量的内在动力，学科教学改革风起云涌，教师智慧喷发。教学秩序正常化已获保障，摆在面前亟待攻克的难题是学科建设，政府领导教学大纲的制定与教材的编写，广大教师在解放思想、实事求是的号召激励下，积极主动地进行教学改革，探索学科中教书育人的规律。那种积极向上、互相学习交流的做法遍及全国，蔚然成风。各学科不少教师从各自区域特点、学科状况、学生差异出发，在不同层面、从不同角度开展教学改革，从教材编写到课堂教学改革，各具特色，形成了百花齐放的美景。尽管这些改革不一定都合乎科学、完美，但那种对学生的关爱，对学科教学的痴情，对提高教育质量的责任担当，那种破解所面临的难题的勇气与开拓精神，还是值得点赞、发扬的。那种改革之热情、思维之腾飞、精力之充沛、取得进步之欢乐，均留下无尽的怀念和美好的记忆。

高考恢复影响之巨大远不止上述这些，只不过是自己亲见亲历而已，由一斑可窥全貌。

而今，高考从恢复以来已经历了 40 个春秋，为国家培养人才、选拔人才的艰辛难以言表。家庭、社会、莘莘学子对教育的期望值都极高，如何发挥高考对立德树人的正能量，对青少年学生乃至全社会价值取向的选择与引领，是篇极其复杂的大文章。祝愿大家凝聚智慧、攻克难题，创造有中国特色的公平公正的高考选拔机制、选拔标准，为培育有用之才、优秀之才铸就辉煌。

学习新《义务教育法》，推进教育改革

主持人：于　漪　　上海市教师学研究会会长、著名特级教师
嘉　宾：胡正昌　　上海市中小学幼儿教师奖励基金会理事长
黄良汉　　上海市中小学幼儿教师奖励基金会秘书长
杨国顺　　上海市人民政府教育督导室主任
俞利惠　　上海市教委基教处处长
孙　鸿　　上海市人民政府教育督导室副主任
张人利　　上海市静安区教师进修学院院长
戴　群　　复旦初级中学校长
高纪良　　上海市新农学校校长
王顺昌　　上海市南汇区黄路学校校长
倪瑞明　　上海市华林中学校长
整理者：陈雪良　　《上海教师》副主编
姚子明　　《上海教师》编辑

充分认识《义务教育法》修订的重大意义

于漪

教育是国家兴盛之基石。教育兴，则国家兴。开学第一天，新修订的《中华人民共和国义务教育法》也将正式实施。自从 1986 年 4 月 12 日六届全国人大四次会议审议通过《中华人民共和国义务教育

本文发表于 2006 年 10 月《上海教师》第五辑卷十、卷十一。

法》以来，实施了20年，我国的义务教育取得了很大成就，但也出现了一些不相适应的地方，各级政府对教育的重视程度不同，是有差别的。

新修订的《中华人民共和国义务教育法》在实施素质教育、义务教育均衡发展和人的全面发展等方面，作出了一系列制度创新，以法律的形式规定了我国九年义务教育的性质、培养目标，明确了义务教育的管理体制和经费保障机制，第一次将素质教育的要求写入了法律。我们的教育有法可依了。在新世纪，进一步学习义务教育法，提高教育质量，培养合格大才，是有很大意义的。

胡正昌

今天我们借于漪茶座学习新《义务教育法》，很有意义。新《义务教育法》修订案将18条扩展至8章63条，等于是重写了。它不是量的简单叠加，而是实实在在的质的延展，这是中国义务教育发展史上的一座里程碑。

张人利

《义务教育法》制定得很细致，已经大大地超出教育的层面，已引起了国家领导人的高度关注。最近，中共中央总书记、国家主席胡锦涛致信北大已故教授孟二冬的女儿时说："百年大计，教育为本；教育大计，教师为本。"对教育充满期望。温家宝总理这次用特殊的方式——听课来纪念教师节。

俞利惠

新《义务教育法》，对上海来说，是一个机遇，它将提升整个上海的教育水平，从而使一批优秀校长和骨干教师成长起来。在座的复旦初中的戴校长就是一位"科研兴校"的优秀校长。

杨国顺

新《义务教育法》以人为本，这是个鲜明的特点。我国的儒家文化认为，一国之本在家，一家之本在人。我国现在的家庭多以孩子为中心，极其重视孩子的学习。这次修订抓住了这个基本点，意义是很重大的。

于漪

新《义务教育法》与过去相比确有许多不一样，现在强调“以人为本”。我认为现在的《义务教育法》回归了教育本质。学校是干什么的？育人的！这就把我们的科学发展观融合在里面了。现在我们的育人模式基本上是“练”和“灌输”。21 世纪新的育人模式是什么？是素质教育，素质就是德、智、体、美全面发展。

深刻领会《义务教育法》的基本精神

俞利惠

新《义务教育法》首先明确依法实行素质教育，可见对素质教育的高度重视，态度是非常鲜明的。其次是把教育的均衡发展写了进去。陈至立同志认为上海的义务教育均衡发展已到了一个新的平台，她要求上海引领教育的均衡发展，这对我们学校结合实际，走内涵发展之路，提高自己的办学水平、办学质量，是有很大意义的。

高纪良

学了新《义务教育法》，震动比较大，对我们教育工作者，既是机遇，又是挑战。新《义务教育法》的灵魂是“二进”：推进教育公平，促进教育均衡。我国东西部地区和城乡地区的教育发展还不平衡，还有许多工作需要我们去做。

于漪

现在强调受教育是权利，过去没有这样提。为什么不能开除学生？是权利。我认为这里的内容是很丰富的。在文明社会，义务教育是不应有区别的，学生有三六九等，学校也有三六九等，重点中学百分之百考取重点大学，一点也不稀奇。学校要均衡发展。记得 20 世纪 80 年代到金山的十六所学校去督导考察，十六所学校没有一个操场，只有半座篮球架，学校出口的路没有一条是好的。

杨国顺

20 年前，我随于漪老师到金山对义务教育法进行督导，那时有所学校附近企业的噪声有 80 分贝，老师上课时讲的话根本听不清。

于漪

有的学校还存在危房，老师上课就给两支粉笔，条件很差。现在我们的教育发展了，有的地方比西方还好。

王顺昌

我是来自农村中学的校长，更关注的是怎样把农民的孩子培养好，从而改变农民命运。新《义务教育法》有一个教育公平原则，要求各地依法规范公共教育资源配置，切实加大对薄弱学校的支持力度，加快推进区域内义务教育均衡发展。不能利用公共教育资源集中建设或支持少数窗口学校、示范学校，不得举办各种名目的重点学校、重点班，这是一个方面。另一方面，市政府对农村中学加强了设施建设，校舍都很漂亮，多媒体设施很完备。现在的问题是如何留住优秀教师，我们千方百计为青年教师搭建成才的平台，做到事业留人。

有的学校与教师、有些家长和学生存在办名校、择名校的需要，各种利益纠结在一起，导致《义务教育法》的要求无法不折不扣地贯彻，这是农村教育的一个棘手的问题。因此，缩小学校之间的差距，是我极其关注的一个教育公平的问题。

戴群

新《义务教育法》的一个核心和灵魂就是教育的均衡发展。它的基本理念就是推进教育公平。教育公平实际上是整个社会公平的基础。义务教育也是整个教育平等、机会平等原则实现的一个基础。《义务教育法》将促进义务教育均衡发展作为方向性要求确定下来。

新《义务教育法》进一步明确了义务教育的公益性、统一性和义务性。这是义务教育的三个基本性质。公益性，就是“不收学费、杂费”，这对城市而言，还需要一个过程；统一性，即各类标准统一以及教育内容统一；义务性，即强制性，适龄儿童、少年必须接受教育。这些都涉及如何均衡发展，体现公平。《义务教育法》有许多条文作了规定，如不得将学校分为重点学校和非重点学校，学校不得分设重点班和非重点班；国务院和县级以上地方人民政府应当合理配置教育资源，缩小学校之间办学条件的差距；应当均衡配置本行政区域内学校师资力量，组织校长、教师的培训和流动；应当均衡安排义务教育经费，向农村地区学校和薄弱学校倾斜；国家组织和鼓励经济发达地区支援经济欠发达地区实施义务教育；等等。

高纪良

新《义务教育法》这次还把“推进实施素质教育”写了进去，其中还加了一项：独立思考能力。因此，我们进行素质教育是有法可依的。鼓励学校和教师的启发式教学，这和我们的“二期课改”是一致的。

于漪

讲一下启发式教育，这是要花功夫的，一课一练最便当。现在小学考试少了，是好事。但现在是有令不行，关键还是评价体系要改革，有一个科学的、系统的，包括从理念到具体操作的评价体系，值得我们去考虑。

张人利

静安区小学没有考试，只在进中学的时候作一个测试，语文最好的和最差的相差只有 5 分，数学是 10 分，外语是 20 分。教学问题值得研究，光靠加班加点肯定是不行的。

落实《义务教育法》要从自身做起

于漪

既然是法，就要依法行事。比如考试是制度，要严格，但是它又是手段，而应试教育把手段当目的。在组织教育时，有的学校暑假里就把初三的课全上完了，然后就反复操练。

现在学生的身体是很差的，过去西方人说我们中国人是“东亚病夫”，体质差，而现在学生军训时大批倒下，将来如何工作？现在我们家长爱孩子爱得不让玩，我们学校的操场是漂亮的，但不许学生去，是给人看、给人参观的。我真想呼喊张伯苓（现代教育家、南开大学的“体育”校长）什么时候再回来！我们要对得起民族、后代。

王顺昌

学校德育工作是整个教育的核心。义务教育必须贯彻国家的教育方针，实施素质教育，提高教育质量，使适龄儿童、少年在品德、智力、体质等方面全面发展，为培养有理想、有道德、有文化、有纪律的社会主义建设者和接班人奠定基础。我们学校处于城乡接合部，如何加强对未成年人的教育，是我们一直思考的问题。我们发动村委会、利用退休教师来做德育工作，包括师德教育工作。我们还试行教材循环使用，教育下一代爱护财物，提倡节约，变废为宝。

戴群

农村教育非常困难。今年暑假，我们这里有大量柜橱被淘汰，我用大卡车把它们搬到安徽去支援农村教育，他们非常感激我们。他们难在资金投入不足。因此，对新《义务教育法》的有关规定，关键是如何落实。

张人利

新《义务教育法》突出的一点是教育均衡。温总理说，教育的均衡是最大的均衡。我们静安区对口的是奉贤区，实际上他们的设备（硬件）比我们好。我们就在软件上均衡，如支教、换校长、培训教师等。我们教育学院和附中与江西有十几年的交往，他们每年有两批教师到我区接受培训。我们支持的学校已大有改观，原来招生也招不到，现在“人满为患”。对口，光是去几个老师，作用很小。育才中学与奉贤中学对口，育才中学的骨干教师也学到不少东西，他们看到当地教师自己掏钱为学生买学习用品，受到很大教育，这是更深意义上的均衡。

于漪

现在教育硬件是上去了，软件呢？现在媒体上的选秀活动炒得沸沸扬扬，把学生的思想搞乱了。有些学生只想“一夜成名”，不想扎扎实实学习。有个根本不认识的家长打电话给我，向我诉苦，说她女儿学习一塌糊涂，却一心想当“超女”，搞得一家人心都不安。什么是“好男儿”？他们说是娱乐意义的。我看，好男儿应该做到“富贵不能淫，贫贱不能移，威武不能屈”。好男儿，应该志在四方。

现在外来文化也有好的，但是有一些不良风气正影响着我们的孩子。我看到一些小学毕业生给同学的不文明留言、另类留言，很是吃惊，什么“祝你成为百万富翁”“大款”等等，鼓吹一日成名，还有的不分美丑，这与我们的教育宗旨是格格不入的。学校文化怎么掰得过社会文化？但是我们要坚守职业道德，坚守优秀传统民族文化。

杨国顺

这次从台湾地区访问回来，感到那里的民族文化教育搞得很好。“礼义廉耻”四个字，所有学校的墙壁上是必写的。“倒扁”时，老百姓说陈水扁没礼义廉耻，连小学生都不如。

教育监督，人人有责

戴群

我现在在长宁区督导室工作，做督导工作就有责任督导《义务教育法》的执行，督导教育教学质量。

督导室到底发挥什么作用？长宁区把对校长的考核也交给督导室，我在想，责任很大。我的考核工作是否做到公正客观，关系到校长的评聘，关系到学校如何制定新的发展规划。督导室应是人民政府的责任机构，人员是否有编制，是不是公务员？我的编制还挂在学校，督导室这个机构实际上是个没有编制的机构。因此，我认为如何落实才是《义务教育法》实现的关键。

于漪

如何督导？许多国家对督学是非常重视的，其职能是非常重要的，现在这样没有编制，如何督导？现在上海教育局撤掉后，大都由区里管中小学了。政府职能部门明显重视升学率，"一俊遮百丑"。所以，我们要知法守法，这要执法部门来审查。你要真正做好教育局长，很了不起，因为你要对民族负责，对孩子负责。

高纪良

依法办学，在《义务教育法》"法律责任"一章中规定："国务院有关部门和地方各级人民政府违反本法第六章的规定，未履行对义务教育经费保障职责的，由国务院或者上级地方人民政府责令限期改正；情节严重的，对直接负责的主管人员和其他直接责任人员依法给予行政处分。"发生违反《义务教育法》的重大事件，妨碍义务教育实施，造成重大社会影响的，负有领导责任的人民政府或者人民政府教育行政部门负责人应当引咎辞职。

《义务教育法》为教育提供了一个操作规则，如针对校长的就有六条，如不得选用未经审定的教科书等，这些都符合教育发展规律和学生身心发展特点。

法律是出来了，问题是如何执行。中国不是缺少法，而是缺少执法。我作为校长，有责任组织师生学法、知法、守法、用法。

俞利惠

依法办学，从政府说，是如何构建政策体系和政策法规；从学校说，是制定适合自己发展的办学章程，依法保证贫困家庭子女、外来民工子女、残疾和有智力障碍学生随班就读。关于对校长与教师的要求，这次教育部发了一个文件，除了保障机制，还有一个“流动”，即一个校长在任期内，学校有所改观的，留下；无改观的，流动，以促进工作发展。

杨国顺

新《义务教育法》把“督导”放在总则第八条。这次公布三个区教育经费增长不到位，使之成为各区县人大对区长、县长“发难”的依据。现在对中小学各类评比很多。我对校长们说，要敢于关起门来抓教育，依法拒绝各类评比。

胡正昌

校长们要想开点，少一块牌子不要紧。

杨国顺

新《义务教育法》有十四个“不得”，三个“不”，一个“禁止”。这绝对是我们的底线，要从法的高度去督导。乱收费、乱办班、乱补课，学生意见很大。上海要成立督导委员会来推动此项工作。

【媒体链接】

免费：明确义务教育免收学杂费

修订后的《义务教育法》明确规定，义务教育是国家统一实施的所有适龄儿童、少年必须接受的教育，是国家必须予以保障的公益性事业。实施义务教育，不收学费、杂费。

今年春季开学时，西部地区农村义务教育阶段约 5 000 万学生的学杂费已经免除；明年春季开学时，免费义务教育将推广到中部和东部地区，惠及全国农村所有的孩子。

投入：义务教育经费受法律保障

新《义务教育法》明确了义务教育经费的来源。法律规定，义务教育经费投入实行国务院和地方各级人民政府根据职责共同负担，省、自治区、直辖市人民政府负责统筹落实的体制。农村义务教育所需经费，由各级人民政府根据国务院的规定分项目、按比例分担。

法律规定，国家将义务教育全面纳入财政保障范围；国务院和地方各级人民政府将义务教育经费纳入财政预算，及时足额拨付义务教育经费；国务院和地方各级人民政府用于实施义务教育财政拨款的增长比例应当高于财政经常性收入的增长比例，保证按照在校学生人数平均的义务教育费用逐步增长，保证教职工工资和学生人均公用经费逐步增长。

公平：促进义务教育均衡发展

国务院和县级以上地方人民政府应当合理配置教育资源，促进义务教育均衡发展，改善薄弱学校的办学条件；县级以上人民政府及其教育行政部门应当促进学校均衡发展，缩小学校之间办学条件的差距；县级人民政府教育行政部门应当均衡配置本行政区域内学校师资力量，组织校长、教师的培训和流动，加强对薄弱学校的建设；县级人民政府编制预算，除向农村地区学校和薄弱学校倾斜外，应当均衡安排义务教育经费；国家组织和鼓励经济发达地区支援经济欠发达地区实施义务教育。

责任：任何部门违法都要被问责

新《义务教育法》对责任主体作出非常明晰的界定。对那些没有履行责任或违反法律的行为，法律明确提出要问责。

法律规定，未履行对义务教育经费保障职责的，由国务院或者上级地方人民政府责令限期改正；情节严重的，对直接负责的主管人员和其他直接责任人员依法给予行政处分。

教育乱收费为人民群众所深恶痛绝。新《义务教育法》明确规定，学校不得违反国家规定收取费用，不得以向学生推销或者变相推销商品、服务等方式谋取利益；任何组织和个人不得向学校非法收取或者摊派费用。

"思想引领"板块点评

这部分汇集的是十几所中小学创建和谐校园的生动有效的经验。尽管校情不同，学情有异，途径多样，方法纷呈，但都聚焦于和谐理念，培养和谐精神。有先进的思想引领，实践探索就生机勃勃，各具特色。

崇尚和谐是中华文化优秀传统的重要内涵。北宋哲学家张载在其《西铭》一文中明确地说："民，吾同胞；物，吾与也。"他人就是我的同胞，要和谐相处；天地万物与我在一起，要和谐相处。温家宝总理 2005 年 12 月在巴黎综合理工大学作题为《尊重不同文明，共建和谐世界》的演讲时说到中国文化，就有"以和为贵、和而不同"的和谐精神，以及"天人合一"，"人与自然相统一"的思想等精彩内容。

"和谐"的思考从何而来？《中庸》里说得很深刻："唯天下至诚，为能尽其性；能尽其性，则能尽人之性；能尽人之性，则能尽物之性；能尽物之性，则可以赞天地之化育；可以赞天地之化育，则可以与天地参矣。"尽其性，就是不断地完善自己，发挥潜能；尽己之性，就是要学而不厌；尽人之性，就是要诲人不倦；尽物之性，就是对自然万物赞而化之。如此，就做到人与人、人与社会、人与自然的和谐。

今日讲"和谐"是以崇尚和谐、追求和谐为价值取向的，它体现了社会主义的理想追求。马克思对未来社会发展方向作科学描述时说，实现各尽所能、各取所需，实现每个人自由而全面的发展，在人与人之间、人与自然之间都形成和谐的关系。今日讲"和谐"，是促

本文系作者在 2007 年 1 月创建和谐校园有关"思想引领"部分的讲话。

进科学发展的需要。社会发展是社会和谐的基础，社会和谐是社会不断发展的动力和保证。人是社会的主体，人与人之间融洽相处是社会和谐之基础。社会越是向多样化方向发展，越需要思想文化、道德规范沟通感情，调节行为，整合关系，化解种种矛盾。

学校是育人的神圣殿堂，是师生成长的精神家园。因此，大力营造和谐温馨的环境氛围，培育师生之间的挚爱深情、教师之间的至诚合作、干群之间的理解关爱，是创建精神文明、提高教育质量的必由之路。还须清醒地认识：它的坚实基础在于促进教师与学生各自的内心和谐。内心和谐，是人们精神追求的一种境界，也是校园和谐的基本条件。这方面工作做得妥帖、深入、有声有色，教育质量的提高就指日可待。

坚守中国立场接轨世界
坚定改革信念砥砺前行
——于漪老师访谈

访谈前记：2017 年 3 月 24 日上午，编辑对著名教育家于漪老师进行了上门专访。于漪老师迎接我们的第一句话就是："我家什么也没有，只有书。"环视四周，厅即书房，靠北的墙面一排书橱，里面满是古籍读物和文史经典。沙发、茶几、藤椅外，没特别的摆设，最令人注目的是紧挨着书橱的那张古旧的折叠书桌，这是于漪老师至今每日伏案写作的地方。在简洁明亮的客厅，我们就恢复高考40 周年、上海高考综合改革以及高考语文如何继承中华优秀传统文化等话题展开了访谈。

一、
恢复高考的历史作用和积极意义

记者

1977 年，中国恢复了高考制度，到今已经 40 周年。于老师，您

本文发表于《招生考试研究》2017 年第 1 期。2017 年是恢复高考 40 周年，也是高考综合改革上海新高考全面实施的关键之年，在这个值得纪念的日子里，刊物采访了于漪老师，邀请她对恢复高考已经走过的 40 年历程进行回顾和思考，为招考综合改革提供借鉴。

作为这一过程的亲历者和见证人，能不能给我们讲讲那段经历？

于漪

今年是恢复高考40周年，这是一个非常值得纪念的日子。我不仅经历了当时恢复高考的过程，而且停止高考也很清楚。那是1966年，我在教高三，这一届我是从高一教到高三的。1966年，高考突然停止，高校后来也停止招生，当时我们都没有思想准备。一直到1977年，中央宣布恢复高考，当时我正好带着七七届高中学生。所以，我既是停止高考的见证人，又是恢复高考政策的亲历者。

七七届总共有11个班级，学生很调皮，由于学生的捣蛋，全校50多个班级没法正常上课。当时党支部书记把我从七五届调到七七届，并担任这一届的年级组长。七七届学生的程度参差不齐，我一方面抓稳定，让一些行为偏差、调皮捣蛋的孩子慢慢稳定下来，另一方面把一些愿意学习的孩子抓在手上进行培养。我有一个信念，孩子如果没有文化知识，他们将来生存条件都很差，老师是教育工作者，有责任教育培养好他们。我认为稳定教学秩序光抓纪律就事论事不行，一定要有精神的养料。所以，一方面，我把一批爱学习的小干部抓在手上培养，每周利用半天组织他们进行专门的理论学习。当时带领他们读的第一本书是《共产党宣言》。因为那个时候还是“知识越多越反动”观念笼罩，我带着孩子们学习理论的同时，就是在抓文化学习了。另一方面，我抽出半天专门培养孩子的兴趣爱好，比如画幻灯片、刻图章、做手工、学跳舞等。我把复旦大学会跳《红色娘子军》的青工请来教学生跳舞。经过这些兴趣教育，一年下来，这个年级很快就平稳了。

我始终有一个想法，国家是需要人才的，没有人才，国家怎样建设呀？当时，班级里孩子的差距太大了，我想把对学习感兴趣的孩子组织起来开展分班教学。有的老师劝我：“于老师，你‘文革’还没有斗够啊！你还要抓文化呀？”经历了“文革”，老师们心有余悸，不敢抓文化知识。恢复高考的消息一传出来，就分班不分班问题，年级组进行讨论，开了三天会。大家觉得这个年级稳定下来已经很不容易了，如果再分班，原有的秩序会被打乱，不好办。所以，大部分老师不愿意分班，还怕抓文化会倒霉。最后，我表态：如果有问题，我一个人担当，跟大家没有关系。我始终认为，一个文盲、半文盲充斥的社会是不可能建设社会主义的。当时我们专门去询问管教育的教育局革命委员会领导，但是没有一个人愿意说出一句肯定的话。当时很难！我觉得我们老师决不能把那些要学习又有一定文化程度的学生埋没掉。在我的一再坚持下，年级进行了分班，比别的学校早分了半年，这样的做法也充分体现了因材施教。

恢复高考后，1977 年 12 月第一次高考，全国总共约 570 万考生，录取了两批，1978 年 2 月一批，1978 年 9 月一批，总共录取了 27 万考生。上海 14 万考生，录取了 1 万，比全国比例要高。我们七七届的 3 班和 6 班学生全部考取大学。那时候学科满分 100 分，我们有两个学生考入了复旦数学系，其中一个数学考了满分。我们学校因高考成绩出色，当时就被媒体报道了。

恢复高考意义重大，恢复高考的决策使得我们的教育很快走上了正轨，拯救了中国教育。“文革”期间，抓学生学业会受到批判，老师不敢抓文化知识教育，那个时候强调“知识越多越反动”。高考政策的出台对教育发挥了力挽狂澜的作用。标杆竖在那里，许多学校的教学秩序就慢慢恢复了。很快，教学大纲和各科教材也出来了。有了高考这样一个抓手，办教育的重点就聚焦在为国家培养人才上，这样就把全国教育由一盘散沙推向了正轨，所以我觉得恢复高考意义太重大了。

那个时期的高等教育状况有三点特别突出。一是高等学校之间差距不大。经历了“文革”，学校都被破坏得很厉害。二是大专和本科之间的考分差距不大。进入大专的一部分学生成绩很好，由于当时要看出身，进行政审，有的因家庭原因政审不合格而不能进入本科，只能进入大专。我当时也写过好几个学生的在校表现。其中有个学生的父亲当时是“现行反革命”，那个男孩子考分高，在学校表现非常好，我给他写证明提供帮助，后来他考取了大专。父亲平反后，母亲还来感谢我。其实，有什么可感谢的，如果政策不松动，写证明又有什么用？得感谢招生政策的松动。三是学生年龄差异大。我带的六六届高三的一批学生和七七届的应届学生都有考进大学的，他们年龄相差有 11-12 岁。当然，六六届的学生文化底子比七七届的好，这是很明显的。他们来自工业、农业等各行各业，经历了 10 年工作的锻炼，由于原来接受过严格的科学文化的传授和培养，底子比较好，因此考试成绩也比较好。当时文科总分 100 分，上海语文 90 分以上的学生有 50 个，说明当时招生录取的学生还是比较优秀的。当时教育界有个说法，叫“金七七，银七八”。

高考抓住了当时国家急需人才的契机，对于整个教育来说是拨乱反正。恢复高考是恢复了对知识的尊重，其作用不仅体现在恢复教育秩序方面，还辐射到社会上，对于社会的健康发展、民心的稳定都起到了至关重要的作用。大家都认为考取大专、考取本科是非常荣耀的事情，社会的方方面面形成尊重知识的风气。当时的口号是“知识就是力量”，认为学习知识、渴求知识非常光荣，因此恢复高考对社会风气的改变也起到了很大作用，特别对于整个社会、家庭、学生求知氛围的形成起了很好的作用。20 世纪 80 年代，学校的学生求知欲望很旺盛，学风很好。七七届的学生年龄小，对恢复高考的重大意义缺乏深刻理解。有的学生现在来看我时说起当时的情景，说他们当时不明白于老师为什么抓学习抓得那么紧，现在才体会到知识改变了命运。我一直认为，作为一名老师，不仅要对学生今天的成长负责，也要对学生明天的发展负责，因为科学文化本身就是生存的本领。在现代社会，如果一个人没有科学文化素质，他连生存的本领都没有。因此，科学文化素质和思想道德素质应该凝结成一个整体，在学生身上都有很好的发展。

二、
高考在教考互动中发挥人才选拔的方向引领作用

记者

于老师，您在回忆的经历中谈到，高考为国家选拔人才，特别是恢复高考之后，对国家的建设，包括对个人命运的转变都是很重要的契机。作为老师，您紧紧抓住机会，对学生负责，考虑学生将来的发展，推动一批学生改变了命运。从现在来讲，高考的作用除了为国家选拔人才，还有为学校教学发挥引领的作用，您怎么看待高考这方面的作用?

于漪

首先讲考试，我觉得考试很重要。考试主要有两个功能：一个功能是检测，一个功能是选拔。先说检测，其功能是检测学生在接受教育过程中的成效。有了检测就能知道教和学的情况，根据检测下来的结果加以改进。所以，考试很重要的目的之一是改进教学，提升教育质量，这是考试的一个功能。第二个功能是选拔。迄今为止，考试还是最公平的一种选拔方式。因为社会非常复杂，比如说，推荐当然是一种好的办法，但是有许许多多的条件，如果那些条件不成熟，那么推荐就不能达到目的。所以，我觉得，迄今为止，对每一个受教育的孩子来讲，高考、中考还是最公平的。

选拔也好，检测也好，考试只是一种手段。我们现在办教育的过程中，大家往往把手段变成目标，这就造成了负责考试的很困难，负责教学的也很困难。完全用分数定乾坤，从选拔功能来说是不全面的。我觉得选拔一定要遵循国家的要求，对现时代国家需要怎样的人才，心里要有底，要十分清晰，这一点非常重要。选拔应该是根据国家的要求来选拔，而基础教育应该根据基础教育培养的目标来实施，这里有相同的，也有不同的。我们要培养的是有理想、有情操、有良好科学文化素质的人，这是相同的。但是，选拔和基础教育又是不一样的，高考永远是指挥棒，不管怎么考，它都在发挥着指挥棒的作用。如何发挥高考指挥棒的正能量作用，要从宏观上深入思考，使高考在人才培养方向上起引领作用。

高考是在为国家选拔人才，培养高端人才，因此需要理想信念非常坚定的人。基础教育是大众教育，是国民教育，是培养良好的未来国民素质的教育。高考要对优秀的人才进行选拔，使其将来能推动社会往前走，因此理想信念更要坚定，科学文化素质底子更要扎实，还要有创新思维。由于人与人之间的种种差异，并不是所有的人都能够做到。我觉得高考指挥棒是指挥国家需要人才的方向，高考选拔是引领方向的，而不是指挥考试的知识点。七七届恢复高考的时候，高考的手段和政策绝对不如今天严密，但还是选拔出了大量人才，说明高考的大方向是正确的。选拔有淘汰，这是很正常的。所以，我认为，高考永远发挥着指挥棒的作用，是指挥人才培养的方向和内涵的关键要素。

三、高考命题要以中国立场接轨世界先进

记者

回顾以往的高考至今，上海作为高考综合改革试点地区，新高考的很多改革举措已经在推进中。于老师，您认为现在的高考命题是否已经发生变化？在这些变化中，您认为哪些是比较好的，应该坚持，还有哪些方面应该力戒改正？

于漪

我觉得中国的考试把教学和考试捆绑在一起始于 1985 年，主要起源于标准化试题的引进。标准化试题引进到所有的学科后，大量的“一课一练”也开始了。标准化试题的引进，使得高中到初中的教学发生了很大的变化。标准化试题主要是客观命题，包含大量判断题和选择题，给文科教学带来了比较大的消极因素，产生的负面影响很大。不容置疑，客观题对于有些学科是起作用的，因为阅卷的老师总归会有些主观标准或者主观意图，但是标准化试题大量引入后，商家为了赚钱，把大量“一课一练”印制出来，市场商业行为破坏了教育教学。题海、题库的产生，使得中国教育发生了很大的变化。

这些年来，我觉得高考命题有了很大的改进。就语文学科而言，

和 1985 年相比改进很大。目前语文学科中少量的选择题还存在，这对学生是一种思维的训练，是可以的。现在语文学科还命制了一些非唯一答案的试题，允许学生有自己的看法，符合文科教学的特点。人文学科很难用一个标准答案来回答，而在现有的命题结构框架里必须有几个要点，所以现在命题也很难。高考命题一方面想办法尽量减少误差，体现公平；另一方面已经考虑到学生的主观能动性，关注到学生的一些看法。这些好的做法值得保留。这些年高考语文对以往命题模式有所突破，做了很好的探索。

我曾经想过：语文可以怎么考？比如说，阅读能力究竟怎么考才能反映出学生真实的阅读水平？读和写结合起来考行不行？阅读的能力是很难考的，一定得有所表达，才能知道学生读懂了什么。比如给学生一篇文章，然后请学生分析，让学生写阅读后的学习体会，考学生是否抓住了文本的核心价值。联系现时代，学生又是怎样认识的？文章在语言表达上有哪些特点？……学生读不懂就写不出来。这样，读的能力和写的能力都考到了，这种考法可能比仅仅考字词句更有导向性，要求学生非读书不可。

现在学生的阅读和写作能力都不太理想，学习成绩很多时候是刷题刷出来的。只有支离破碎的知识点，缺乏整体思维，是写不出好文章的。标准化试题最大的缺陷就在于破坏了人的整体思维能力。文科离开了整体思维，对于局部在什么位置上，文本的地位、价值、意义和作用就不能有深入的理解。文科思维一定要理清整体和局部的关系、整体和细部的关系，横向比较，纵向贯通。

记得 20 世纪 80 年代标准化试题在广东试验下来，广州教研室的同志和我交流，说他们一年实验下来最糟糕的情况是发现学生的概括能力和表达能力不行。学生对一篇文章主要说的是什么，中心思想是什么，讲不出道道，无法用自己的语言重新组织，然后表达出来。我曾经想过，文科这方面的标准界定很难，有的阅读理解能力好的孩子，可以写出非常好的文章，该怎么打分？根据是什么？要评价的话，首先要明确评价标准全是量化标准是否科学。所以，评价是个难题。文科考试要有点客观的东西，要和世界接轨，但必须是以中国立场走向世界。考试要和世界先进接轨，但是也要坚持中国学科的特点。

四、高考语文要坚定文化自信联结社会核心价值观

记者

上海语文高考命题一直非常关注中华民族传统文化，继承传统文化也是当今社会关注的热点，您认为高考语文在这方面还可以做些什么努力?

于漪

上海的高考语文卷始终洋溢着中国文化，是一张中国的语文考卷，这个方向肯定是非常明确的。无论是古诗词的填写，还是文言文阅读方面，都是依中华民族优秀文化的内容选择考试的内容，这些方面都做得比较好。

从现在来讲，语文考试的工具性和人文性始终是有争论的，我们今天进行反思仍然具有其积极意义。第一，语言文字本身是表情达意的，是人所独有的，因此语言文字工具一定包含了人文内涵，包含了人的思想、情感和态度在里面。词还有褒贬，所以语言文字是有情感色彩的。这是对于语言文字工具本身的本质性认识。第二，从世界上来看，语言文字研究从 20 世纪 70 年代开始有所突破，认为语言和人的思想、情感是同时发生的，其本身就是思想情感不可分离的一个部分。我在 20 世纪 90 年代发表过一篇文章《弘扬人文，改革弊端》，其背景是 1994 年高考，广东省作文题目是《尝试》，竟然有学生写学做小偷，作文暴露的思想的肤浅和丑陋令人震惊，怎么会这样？所以，我当时写了这篇文章，社会反响很大。我在文中讲了语文的本质是什么，语文教育的性质观是什么，指出语言不但有自然代码的性质，而且有文化代码的性质；不但有鲜明的工具属性，而且有鲜明的

人文属性。目前教育部在课程标准中将工具性和人文性的统一作为语文的基本特征。教育部启动语文课程改革，在南京启动会上集中语文学科全国各省代表，我被邀作了相关报告。我当时讲到了语文的多功能。语文教育绝不只是实用功能，它有认识功能，比如我怎么知道先秦时代，我读先秦诸子的文章就对春秋战国的情况有了认知，我读契诃夫文章知道沙皇俄国；它有审美功能，语言文字一定是审美的，语言美，音韵美，文中的山水美，人情美，品格美；它有教育功能，初三我教“先天下之忧而忧，后天下之乐而乐”，为什么这样的文句可以流传千古，是因为其核心价值，孟子讲“与民同乐”，范仲淹讲“先天下之忧而忧，后天下之乐而乐”，他的认识超越了孟子，变成了中国民族精神的精华，因此千年不败地保留了下来；它还有发展功能，人的语言文字伴随着人的发展，人的语言文字的运用是跟随着人的思想情感同步发展的。语言文字的内容是魂，学生学语文为什么会感动？因为我教的是语言文字及其包蕴的内涵，教的是民族精神的精髓、人类进步文化的精粹，所以学生会感动。

对于传统文化，语文命题还可以再深入一点。不一定选择很深的文字，重在考学生对于这些文字的核心价值的把握能力。因为我们学习传统文化，不仅仅是为了掌握这些文化知识，更要认识到中华民族的特性是中华文化。没有中华文化，就不能称其为中国人和中华民族。所以，中华文化是中国人的根和魂。我们要对中华文化正确理解、深入感悟，将其内化为自己的文化自信、文化自觉。有了文化自信、文化自觉才会有文化定力，而有了文化定力我们才能在中国的土地上开拓创新，否则我们只能永远跟着别人走。我想，这些地方是否可以继续深入一些？考试的时候在词句的基础上，可以用一些大的问答形式，问问这些词句的核心价值是什么，今日我们如何理解，自己在人生道路上对此有何感悟。因为现在提倡的社会主义价值观的最根本源头就是中华优秀传统文化。社会主义核心价值是中华文化的发展、深入和升华，我觉得语文命题在这方面大有可为，这样高考语文的引领作用也就体现出来了。

我们每个人的人生都是一张单程车票，每个阶段的成长都需要中华文化滋养心灵。儿童时期要激发兴趣，热爱祖国的山川，热爱语言的美丽，初中要认识理解中华文化，到了高中就需要理性思考。感性认识是一时的，真正形成价值观念一定是经历了理性思考，所以高中阶段对一个孩子的成长非常重要。人的一辈子都在价值取向的选择当中，而中华文化首要的就是价值取向。比如，我们中华民族信念中“天人合一”的思想非常了不起。西方是不断开发自然，而中国主张“天人合一”，赞天地之化育，顺应自然规律，人又发挥主观能动作用。这种认识高度，西方并未企及。这些都是中华民族最根本的价值理念。“老有所终，壮有所用，幼有所长，矜寡孤独废疾者皆有所养”，中华美德的“忠”“孝”等观念，都是中华民族价值观念的精华，考试题目可以从中恰当地精选某些内容。中华文化是一个整体，中华优秀文化本身是一个开放系统，会不断吸取新时代的养分。我们学习传统文化不是为了回到过去，而是要取其精华，将优良传统中的精髓部分内化为自己做人的优良基因，在现时代创造性转化和创新性发展。时代不一样了，但是中华传统文化中的思想信念、传统美德和人文精神这三个部分符合时代需要，要传承、转化和发展。这方面可以再深化一点。语言文字的工具性和人文性是统一的，我们不要人为地将其剥离开来，现时代完全可以把中华优秀文化和核心价值观联结起来。

五、教育考试要坚定信念砥砺前行

记者

考试是检验教学成果的重要手段，教学是夯实文化知识的重要环节，考试和教学是一对相生相伴的共同体，最后想请您提点建议，谈谈我们教育考试机构可以在哪些方面为教育教学提供服务？

于漪

教育考试院要多一些思想观念的宣传。现在高考，每个家庭都全力以赴。市教委和上海市教育考试院想了很多非常好的办法，但是社会非常复杂，就业期望值很高，很多家长认为改革就是为了让所有孩子都进入大学。美好的愿望可以理解，但选拔就是淘汰，由于主客观种种条件的限制，所有孩子都进入大学显然不可能。招生考试综合改革是为了更符合选拔人才的标准，改革是为了力求更公平公正，不让有潜力的学生漏掉。考试改革的意图没有错，但是在方方面面的落实中人们的理解常会发生偏差。

现在社会习惯思维认为分数就是一切，认为读书就是分数，求学就是为分数，这个很可怕。教学为了应对选拔，就往往比选拔考试教得还要深、还要宽，学生不堪重负。我以前教学也有压力，但是我不应考，坚持以不变应万变，就是坚持教学生真本领。当然，要做到这一点很难。六六届高中，我教语文的时候是不布置课外作业的，就是带着学生读书、读报和写作。七七届高考的时候，据考生说考入华师大中文系的语文高分和考入上师大中文系的语文高分都是我的学生，教学生真本领是最重要的。现在为了应对高考，取得高分，学生用上了所有的时间刷题，语文考试背作文也很厉害。学生背作文，大量是别人的思想，而我们要求的是学生用文字表达自己的所见所闻、所思所想。现在教育的很多弊病都在于应考，其实高考、中考也有很多不能承受之重。许多弊病并不是考试本身带来的，而是和思想观念、思维定式、盲目追求有很大的关系。

对考和教的性质以及它们之间的关系，考试院要多宣传。基础教育是大众教育，是为未来国民的素质奠定基础，凡是中华人民共和国的国民，都应该有良好的思想道德素质和科学文化素质，从小就要打好基础。高考、中考是选拔性考试，选拔就要择优，就要有方向性的引领。基础教育要站稳立德树人的脚跟，千方百计提高育人质量。教育不可能一簇齐，不会万千学生一个样式、一个水平，在教育的过程中一定会有尖子生涌现出来。因此，理顺教和考两者的关系非常重要，不同的职责要区分清楚。我觉得选拔考试最好是和基础教育若即若离。我在想：现在以学定考是不是选拔？这值得深入探讨研究。

现在把选拔和教学绑在了一起，课程标准和考纲在学校的地位一看便知，有的老师不大清楚课程标准，但是对考试大纲肯定最清楚，可见教学完全是为了应考。我们现在教学中很多时候是重复思维和简单思维，在一个层面上不断重复进行思维操练。现在高考考什么题目，教学中就拼命加深程度，这是不对的。每个人的天赋、条件、家庭等都不一样。比如最近诗词大会上的小姑娘武亦姝会背诵约 2 000 首诗词，就说明人和人之间的兴趣、爱好和能力都有差异。我们现在不断刷题以应付考试，是把尖子生磨平了。所以，我觉得高考非改不可，改革永远在路上。因为非常复杂，所以从理念的习惯思维到一整套的体制做法，改革只能是小步走，一点点地改，但目标要清晰。

教育考试院要多一些方向性的引领。考试改革的风险很大，改革过程当中有些好的做法要沉淀下来。要把家长的一些观念，如“育分”的观念逐步扭转过来。考试院可以向社会多发发声音，选拔会面临淘汰，考试成绩不能和人的评价画等号。我们的高考指挥棒多年来被分数所困扰。我曾经讲过，我们的教育培养目标非常明确，毛主席早就讲过要培养德智体全面发展的人，但是在实际施行的时候追求的目标变了，为考而教，为考而学，成了“育分不育人”“求学不读书”。其实，任何一张考卷都考不出人的综合素质，考试只能考知识、能力的某一部分。我们很多时候是没有把分数看透、看破。考试分数作为录取的依据，并不代表一切。现在不是“读书破万卷”，而是“刷烂万道题”。不痛下决心改，后果非常可怕：对于孩子来讲，日后的发展没有后劲；对个人而言，是很大的损失；从国家对人才培养的角度来讲，基础教育夯实文化与做人的基础是为国家发展积累人才，而若这样下去，长此以往，国家发展会后继乏力。我有一个梦想，希望孩子们在中学时代，能够用 70%—80% 的时间和精力把学校功课完成，其他时间发展自己的兴趣、爱好，探索，创新，发展个性，这样国家才会人才辈出。

教育考试院还要不断宣传选拔人才的关键要素，每个学科的关键要素之大方向要让大家清楚。现在教学很多时候是满地捡芝麻，没有把握学科的关键要素。我们以前数学学习注重的是逻辑思维的训练，课后练习也是非常典型的试题，以一当十。我的逻辑思维能力就是数学老师毛老师教授的，至今我们都非常感谢他。学科就应该培养那些最核心的素养。为什么数学这么重要？因为人一辈子活着都要和数学打交道，一定要有逻辑思维。语文也是跟随人一辈子的，这是同样的道理。

简洁即是智慧，措施最好简明扼要，所谓“举其要而为之”。改革中即使所有的环节都想好，推行中还会遇到各种各样的问题。现在学生和家长所处的位置不同，思考问题的角度不一样，所以解读也不同。考试院要有信心，高考改革要继续坚持。

一路风光一路歌

编者按：回眸一甲子之路，今起刊登一组上海市社会科学界联合会所属学会老会长系列笔谈《“学会”之歌》，讲述历史，激励当下，开创未来。

上海市教师学研究会已过而立之年。回顾往事，历历如在眼前，一路风光一路歌。

研究会的创建首先是由于《解放日报》上一则招聘广告的触发。那时，在职人员开始可自由流动，而中小学教师由于待遇、地位等原因不断流失，学校常遭无师之苦。教育行政部门采取种种措施稳定教师队伍，措施之一是阻止流动。为此，招聘广告中出现了这样一行字：“环卫工人和中小学教师不得应聘。”不少教师看到这则广告头发晕了：刚脱掉“臭老九”帽子的教师怎么又遭遇“斯文不如扫地”的尴尬。志同道合者商量，一定要向领导反映，“教师”的问题非研究不可，要站在职业功能、专业价值、学术地位的高度来研究。教育的质量说到底是教师的质量，那时人们无此认识，肤浅地认为中小学教师是“小儿科”，殊不知“小儿科”里包含着大学问。

在一个细雨蒙蒙的夜晚，我和陆继椿老师莽撞地跑到当时市教卫办领导陈铁迪同志的家中，竹筒倒豆子般地向她述说我们的心愿，强调教师队伍建设是教育的大计。面对“不速之客”，她没有责备我们冒失，而是耐心细听，不时应答、询问。她同意我们的想法，还指导

本文发表于《新民晚报》2018 年 4 月 24 日。

我们具体如何做。出门时那高兴的劲儿难以言表，“好雨知时节，当春乃发生”，我们脱口而出。紧接着，在一次会议上巧遇当时分管社联工作的市委宣传部副部长龚心瀚同志，我主动上前向他汇报组建研究会之事。他很关心，细问了一些问题，并表示支持。前年一次会议上，我有幸又见到他，时隔二十多年，说到往事，他还记忆犹新，并询问我研究会发展情况。

我心中有个梦，就是希望中国有自己的教育学、教师学，树立教育自信，从“教师”开始探索。与上海市教育工会联合，开展教师工作、学习、生活大调研；与研究所联手，查阅国外诸多文献，主编了《现代教师学概论》。适逢教育部师范教育司征集中小学教师继续教育的教材，我们就把书稿呈报上去，请求审查。书籍出版过程中，在社联领导下，学会处同志关心、鼓励、指导，我们也增长了见识。

除在学术上探索外，研究会紧扣教师德、才、识、能的提高举办了众多活动。上世纪八九十年代，我们用“化缘”的办法寻求单位、企业的经费支持，举办了十届教师书画篆刻展览，首届展览是时任上海市市长江泽民同志题词。承蒙关怀，展览会盛况空前。参展者热情高涨，送展作品堆满了一大屋子。梳理、挑选、布置、展出，多少人忙得汗流浃背，但心里欢乐无比。教师三笔字（钢笔字、毛笔字、粉笔字）应该对学生起示范作用，如果字像蟹爬一样，不仅污染学生眼睛，而且对学生学习书写起负面作用。鉴于此，研究会组织大规模的书法比赛。市区、郊区的参赛教师多达一千多人，声势浩大。老的头发斑白，小的稚嫩刚入职，参赛时那种虔诚的神情令人感动。初选，复选，最后进入决赛。200 人在虹口区青少年活动中心当场挥毫。进入场地，扑面而来的是翰墨香味，进入眼帘的是一张张排列整齐的课桌，洁白的宣纸覆盖其上。参赛者站立悬腕，正草隶篆，百花齐放，那个阵势，真有点沙场秋点兵的模样。粉笔字又是一番景象，书写者、评点者当场交流，圈点勾画，切磋琢磨。比的是字，温暖的是人心，洋溢的是对书法艺术的满腔热情和爱。

进入新世纪，研究会在教师培养的高度、深度上着力，开创了许多新项目。往事依依，故事绵长，说不尽的风光，唱不完的歌。

读书，才能成为有精神支柱的人

众所周知，水是生命之源，离开了水的滋养，任何有机生命均会枯萎。书，对于学校师生而言，是精神成长的重要源头；读书，才能成为有精神支柱的人。

读书，关系到生命的层次

兴国必先强师。要建设好书香校园，必须要强师。当年上海市教师学研究会提出，教师队伍建设，恐怕重点不在于技能、技巧，缺的是精、气、神，缺的是真正发展的动力，即精湛的业务和育德、育人的能力。

书，特别是经典的书，特别是优秀的中国作品，是师生精神成长之源。一个人读不读经典，读不读优秀的中国作品，关系到自身精神的成长，关系到人生的底色。

苏东坡在《和董传留别》中说："粗缯大布裹生涯，腹有诗书气自华。"读书，关系到生命的层次，关系到一个人生命潜能的发挥，关系到生命的价值取向。因此，教师在学校立德树人的工作当中，要读经典，读历史，读优秀的文学作品，读科技读物。对于教师来讲，读书实际上是精神世界的攀登，人生态度的攀登。攀登精神世界的高

本文系作者 2018 年 6 月 5 日在上海市"书香校园"建设工作总结推进会上的讲话。

原、高峰，了解历史风云，洞察世事人情，体悟人生真谛，开阔视野，增添人生的高度和厚度。这是我们教师队伍建设最根本的东西。从事书香校园的建设绝对不是校外之事，不是额外增加的工作，也不是课程建设的另外之事。书香校园建设本身就是办好新时代学校、提升师生精神成长必须思考、必须实践的问题。

中国人心中必须有一盏理想信念的灯

教师拥有精神成长的渴望，几乎所有教师都希望自己成为一名优秀的教师，希望自己所从事的工作能够辉煌起来。须知：事业辉煌，首先是心灵辉煌。一个人心灵辉煌不起来，事业是无法辉煌的，因为理想信念本身是生命的核心所在。一个人有了理想信念，就有永远用不完的力量，就会不断地攻坚克难，努力前进。

其实，读书能使我们永远不会缺失这种力量。比如说，中华优秀传统文化，去读一读《礼记·礼运》第九篇，就会振奋、感动。它讲道："大道之行也，天下为公，选贤与能，讲信修睦。故人不独亲其亲，不独子其子，使老有所终，壮有所用，幼有所长，矜寡孤独废疾者皆有所养，男有分，女有归。货恶其弃于地也，不必藏于己；力恶其不出于身也，不必为己。是故谋闭而不兴，盗窃乱贼而不作，故外户而不闭。是谓大同。"这是我们中国人的智慧、中国人的胸怀，读罢便会增添自豪感。我们不能总是做思想的矮子，总觉得人家都是好的，自己都是不行的。不是这样的。两千多年前，古人就有这样的大胸怀、大智慧，而且这种思想是一直传承下来的。比如说宋代张载，"关学"的创始人，他在《西铭》一文里，就用了整个宇宙人生的大思路，讲知识分子要"为天地立心，为生民立命，为往圣继绝学，为万世开太平"。到了孙中山先生，讲"天下为公"。所以，几千年的中华优秀文化一直是传承的。

历史书写着民族的灵魂。我们要传承中华优秀文化，而且要发展，创新性地发展，创造性地转化。今天我们要实现伟大的中国梦，要以马克思主义为指导，解放全人类。中华优秀文化与我们现在所从事的中国特色社会主义的伟大事业、我们要实现的全世界的人类解放是一脉相承的。理解了优秀传统文化、革命文化、社会主义先进文化，就能增加我们的文化底气，增添自豪感，增强我们的自信力，增强文化自觉。所以，我的体会是，读书不是只在字句上排列，应该读到心里头去。这样，我们就知道，原来我们的信仰自古以来就是世界大同。

中国人心中有一盏理想信念的灯，就不会拿着洋人说事。本土文化是传承，外来文化是参照。我们千万不能把位置搞错。位置搞错了，我们就只能跟着人家走，跟着人家叫。这关系到一个选择什么书来读的问题。读物的选择是非常重要的，一定要让读物滋养我们中国人的心灵。再说，书香校园的建设，是精神成长，是我们老师立德树人的需求。我举一个例子，课要上得好，恐怕不完全是一个性能评价，教学过程怎么样，采用什么方法，归根到底是教师有没有精湛的业务能力和仁爱之心。教师要有扎扎实实的学识，不仅是知识，还要有见识，要有文化判断力、教育判断力，要对学生满腔热情满腔爱。

传承中华文化，
要有一颗赤子之心

传承中华文化，要有一颗赤子之心。讲课，就是要把中华文化传承下来。吴天明拍了电影《百鸟朝凤》，影片中人物说到你想要把唢呐传下来，把传统文化传下来，首先要把唢呐吹到自己的骨头缝里去。我想老师要立德树人，要传承中华优秀文化，首先要把中华优秀文化真正装到心里头，就好像吹唢呐吹到骨头缝里一样，才会在举手投足间，向学生传递中华文化最重要的基因。

上课本身是老师的精神力量的体现，是理想信念、道德情操、扎实学识和仁爱之心的体现。我们都想把课上好，但是只有自身成为一个大写的人，才能够把中国人真正需要的这些精神品质传承下去。

读书是非常不容易的，要有毅力。毅力和快乐是结伴同行的。一

日读得不多，十日就许多，长久以往，你会发现自己的思想长高了，视野开阔了，因此也就享受到自己精神成长的快乐。我想人的高贵不在于他担任什么职务，有多少荣誉，人的高贵在于精神的成长、灵魂的高贵。你究竟是正确的还是歪斜的，是丰富的还是干涸的，是高尚的还是卑鄙的，泾渭分明。只要我们不断地、持之以恒地、知行合一地奔着远大理想去做，我们的精神就会不断地成长，脊梁挺直，逐步进入人生大视野、大胸怀、大格局的境界。

那些“似水流年”

2019 年 2 月是上海教育电视台开播 25 周年的喜庆日子。回首 25 年前，一批对教育事业有理想、有远见的同仁积极奔走呼号，终于促成教育电视台的顺利开播。当时我有幸见证了那极富历史意义的一刻，也由衷地感到高兴和自豪，因为教育电视台的创建，是教育应有社会地位和意义价值得到彰显的有力证明，更是打破人们“学校办教育”的固有认知，让教育融入全民的开放之举。

作为一名教师，我和上海教育电视台可以说是相伴成长的。20 世纪 90 年代，为了能更加便捷高效地向广大中小学生和他们的家长展示学习方法，我走进上海教育电视台《家庭教师》栏目，讲授如何“妙笔生辉”写好作文。开台之初的教育电视人，面临场地和经费两大难题，只好在复旦大学一间教室里搭建了临时演播棚。就在那里，就在摄像机镜头前，我仿佛看到了电视荧屏那端千千万万的学生和家长，不禁逸兴遄飞：我带领他们遨游广阔的写作天地，体察五彩缤纷的自然和社会生活，感受用心思、花力气做文章的苦与乐。讲了大大小小数不清的课，这无疑是我人生中一次难得的体验，而且所有节目内容都向观众免费提供，能为更多的学生和家长排忧解难，让他们享受平等优质的教育，拥有切切实实的获得感。这是我做教师的初心，也是教育电视人的初心。

心心相印，自是美美与共。进入新世纪，教育电视台在人才和设施建设上都大跨步前进，灯光汇聚之处、风云谈笑之中，我仍在不断地收获美好。记忆犹新的是 2010 年世博会期间，我担任上海教育电

本文发表于《新民晚报》2019 年 2 月 27 日。

视台《世博一课》特别节目的首讲嘉宾，在园区内实景录制，与观众分享中国馆的“镇馆之宝”——《清明上河图》。这幅传世名画描绘清明时节北宋汴京繁盛热闹的景象，原本静卧于绢布之上的飞桥流水、车轿舟船，却在现代科技的帮助下“动”了起来，再现我国900年前的城市风貌。记得当时拍摄现场的客流非常大，我们现场录制讲解了《清明上河图》的背景内涵，很多游客都驻足在现场听讲。抚今追昔，思考未来，这不正是上海世博会主题“城市，让生活更美好”的内蕴所在吗？不正是激发人们的民族自尊心和自信心、加强文化认同的最好载体吗？我们的教育其实不只在课堂，也在历史的现场，在生活的当下，在无尽的畅想中，而电视艺术恰恰能调动最多的元素，让我们即便“身不逢时”，也能体会到那一刻的精彩。

行文到此，我对教育电视人提出的那句口号“为教育插上电视的翅膀，让电视播撒教育的阳光”，更多了几分感怀。当然，阳光之下不全然是明媚一片，需要媒体去关注、去“驱散阴霾”。随着教育改革的深入推进，近年来，教育电视台就在上海施行“新高考”、推出升学就业等重大新政的关口，及时发布信息，善于分析问题，妥当化解矛盾，从正面把握住了舆论引导权。我一直认为，教育是一项需要全社会参与的系统工程。教育电视台如果能继续聚焦我们的青少年学生、青年教师以及家庭教育，守护好办台初心，开展好教育服务，就势必能让“电视的翅膀”变得更硬，飞得更高、更远。对此，我满怀信心，也无比期待。

从小建立与中国语文的“骨肉亲情”

学习语言文字不仅是掌握一种工具，更是在构建、营造一个人的精神家园，教语文课不能重分轻德，引导学生学习其中的人文思想才是最为可贵的。

在青少年的成长过程中，有些事情是非做不可的。青少年正处在心灵发育关键期，最重要的教育是“点亮生命的灯火”，树民族精神之根、爱国主义之魂。中华优秀文化正是点亮青少年生命灯火的“火种”，是滋润他们身心成长的优质琼浆。

我做教师时，在三个方面持之以恒地对青少年加以引导：

第一个方面，是培养青少年对祖国语言文字的“骨肉亲情”。有些人张扬工具理性，很多学生仅仅把学语文看作文字的“排列组合”，文科的真正价值被忽视。一个民族要生存发展，文化是不变的根基，作为母语的语言文字又是文化的根基，是民族生活的百科全书，蕴含着民族的睿智、民族的思维方式。我们有曹操《观沧海》“日月之行，若出其中；星汉灿烂，若出其里”这样宏观到宇宙的思维方式；我们也有聚焦一点的点睛之笔，如“红杏枝头春意闹”，一个“闹”字就把蜜蜂、蝴蝶都唤来了。中国文字是具象的、灵活的、富有弹性的。社会发展，新事物诞生，象形的中国文字自有创造空间。一个“车”字旁几乎能囊括所有“车”的种类、部件，从牛车、马车，一下子到现代的电车、汽车、火车……

作为语文老师，我一直认为古诗文的阅读背诵很重要。20 世纪

本文发表于《人民日报》2019 年 5 月 21 日。

80年代初期，我就自编校本教材，让学生熟读背诵古诗文。这些古诗文涉及范围很广，反映我们民族文化的方方面面，有壮丽山川、四季风光，也有世态人情，将我们民族的思维方式和文化传统通过语言结晶表达出来。小学阶段学生还小，像唱山歌一样诵读也能体会到形、音、意之美。形美以悦目，有时雍容华贵，有时挺拔潇洒，形于笔墨，为人们带来快乐；音美以悦耳，汉语有多个声调，自有其他语言没有的韵律感；意美以悦心，少年儿童通过阅读，能逐渐步入中华文化宝库，体会到其中的璀璨丰厚、博大精深。

学习语言文字不仅是掌握一种工具，更是在构建、营造一个人的精神家园。对语言文字的认同，关系到对中国人的身份认同。阅读、背诵古诗文，目的是让学生从小熟悉母语、热爱母语，真正感受到自己的所思所想所言与民族文化血肉相连，由此与我们的语言文字建立“骨肉亲情”。

第二个方面，是引领青少年从亘古长青的经典中吸取思想结晶和智慧。优秀经典历经无数次实践的淘洗、筛选，是一个民族生生不息的精神动力。它们活在时间深处，也活在当下眼前：就像一条鱼，既游在春秋战国的河里，也游在我们当代生活的水中。比如，孔子阐述“忠恕之道”中的恕道，“己所不欲，勿施于人”，要求你眼里有别人，自己不想做的事情，不能强行要求别人去做，是中华传统文化中“和”的思想体现。

教语文课不能只管“知识点”、重分轻德，引导学生学习其中的人文思想，才是最为可贵的。曾子说：“士不可以不弘毅，任重而道远。仁以为己任，不亦重乎？死而后已，不亦远乎？”在当时，知识分子不可不刚强、不能没有韧劲，因为要实现“仁”的理想，任务很重、道路很远，一辈子也做不完。两千多年后的今天，我们依然能创造性地转化、创造性地使用它。梁启超先生曾讲：“人生于天地之间，各有责任。知责任者，大丈夫之始也；行责任者，大丈夫之终也。”要认识到自己身负的责任，并做到知行合一。进入中国特色社会主义新时代，要实现中华民族伟大复兴的中国梦，让有悠久文明历史的中华民族在当代、在未来更加辉煌，从民族、国家到个人，同样

“任重而道远”。青年朋友们同样要志在弘毅，同样要意志坚强、抱负远大。

第三个方面，是重视榜样的力量。青少年成长需要榜样，以什么样的人为偶像，关系到人生道路的选择。我非常重视先圣先贤的榜样力量，通过鲜活形象传达中华文化自强不息、厚德载物的精神，传达再困难的情况下都能坚持奋斗的精神品性。比如，屈原“虽九死其犹未悔”；范仲淹“先天下之忧而忧，后天下之乐而乐”；陆游“僵卧孤村”却“尚思为国戍轮台”，做梦都是“铁马冰河入梦来”。作为中华民族子孙，我们应该感到骄傲和自豪。如果学生能够学习这样的榜样，从小在心中树立这样的偶像，必然胸有大天地、大格局。

用中华文化的火种点亮青少年生命的灯火，就是要从小立民族精神之根，树爱国主义之魂，把个人学习、成长、命运与民族复兴、祖国强盛紧密联系在一起。做到这一点，他就能做一个堂堂正正的中国人，就一定会“放眼全世界”，同时站稳“中国立场”，既为我们的祖国作贡献，也有雄心壮志为人类作贡献。

谱就师德师风建设的时代诗篇

作为一名在基础教育战线上奋斗了近70年的老教师，学习了《关于加强和改进新时代师德师风建设的意见》（以下简称《意见》），我感到很振奋，因为它为师德师风建设指明了方向。方向明晰，心里就更加亮堂，脚下的路走得就更加坚实。

人是要有灵魂的，做一名中国的教师，便要有当代中国的“教师魂”。《意见》旗帜鲜明地提出，“坚持思想铸魂，用习近平新时代中国特色社会主义思想武装教师头脑”；“坚持价值导向，引导教师带头践行社会主义核心价值观”；“坚持党建引领，充分发挥教师党支部和党员教师作用”。这为师德师风建设工作牢牢确立了“定盘星”和“教师魂”。我总认为，教育顶顶重要的是必须搞清楚“培养怎样的人”“为谁培养人”的问题。心中有了这样的“定盘星”，有了这样的“教师魂”，作为一名当代中国的教师，在教书育人大业中，就会自觉地练就博大的胸襟，树立理想信念，培育道德情操，夯筑扎实学识，奉献仁爱之心，让生命与使命结伴同行，不负时代，不负韶华，不负党和国家的嘱托，不负每一个青春的生命和亿万家庭的幸福，就会倾情尽力，孜孜矻矻，为实现中华民族伟大复兴的中国梦而培育英才。

《韩诗外传》中说：“智如泉源，行可以为表仪者，人师也。”意思是，作为人师，就要德才兼备，智慧如泉源一样丰沛，思想行为堪为学生的榜样。《意见》将“突出课堂育德，在教育教学中提升师德

本文发表于《中国教育报》2020年1月3日。

素养”作为师德师风建设的重要内容，引导广大教师充分发挥课堂主渠道作用，守好讲台主阵地，在教育教学全过程中贯彻落实立德树人的根本任务，不仅体现了对教育规律的深刻理解和认识，而且抓住了师德师风建设的“牛鼻子”。我从几十年的教学经验中深刻体会到，教师生涯中最大的事就是“一个心眼为学生”。这不只是说说，而是要身体力行，倾注心血地把课上好，把所教学科的育人功能在课堂上充分彰显出来，让学生的德性与智性得到最大程度的启迪、润泽和提升，深刻领悟到报效国家和民族、爱己爱人的道理。这就是真善，就是仁爱，就是大爱，是教师最根本同时也是最重要的师德。我们有理由相信，《意见》的相关条款必能引导教师坚守教育的神圣，执着追求业务水平的提升，不断追求课堂教学的高境界，在教育教学中创造育人的业绩。

尤其让我这名老教师感到振奋的是，《意见》在“将师德师风建设要求贯穿教师管理全过程”、强化规则意识、完善监督体系的同时，强调“突出典型树德，持续开展优秀教师选树宣传”的正向引导。这一方面守住了师德师风建设的底线，一方面着力于树典型，鼓干劲，扬正气，弘扬正能量。我始终认为，我们教师队伍的整体思想道德水平处在社会道德建设的前列。全国 1 600 多万教师，一直默默耕耘在培养学生成长成人的第一线，播撒青春，艰苦备尝，无怨无悔。在高速发展的社会现实中，在高标准教育要求面前，他们经常背负着不能承受之重，甚至难免还要承受莫名的误解、指责、怪罪。但绝大多数教师并未把责任推向客观，而是认真学习，努力改进，力争与学生共同成长，志在教育实践中不断修炼，成为高素质、专业化的教师。毋庸讳言，在庞大的教师队伍中有为数极少的违背师德的人和事，的确令人不齿。但可贵的是，整个教师群体对这类“害群之马”的所作所为不仅不认同，而且深恶痛绝，并自觉地引以为戒。因此，我坚定地认为，在社会转型、价值取向多元的当今社会，选择教师职业，选择向青少年学生传承人类精神文明作为自身的追求，本身就是一种志气、一种境界，更何况还有那么多“师德楷模”“最美教师”等模范人物，他们身上绽放的师性光辉，无不引领着教师队伍不断追求师德的高境界。这些模范、典型人物的感人事迹，是新时代师德师风建设的宝贵资源，具有不可取代的教育力量和示范作用。

着力提振师道尊严，营造全社会尊师重教氛围，是《意见》的一个很大亮点。无论从教育内部，还是就整个社会来说，都具有重大意义，也非常具有时代迫切性和现实针对性。很长一段时间以来，我们总是有意无意地在回避着“师道尊严”，仿佛这是封建意识的“余孽”，一提“师道尊严”，便会与“学生第一”的观念对立起来。其实不然。在中国传统文化中，师道是和天地、国家、父母一起，被人们所敬仰、所尊崇的，因为这一职业关乎文明的延续，关乎民族的发展。如此看来，“师道”怎么能够没有“尊严”呢！事实上，历史实践一再证明，什么时候“师道”有了“尊严”，什么时候社会就会昌明；相反，一旦“师道尊严”扫地，社会就一定是出了问题。因此，《意见》第五条“着力营造全社会尊师重教氛围”的四个条款，不仅是师德师风建设方面的得力举措，而且是我们的“文化自信”在营造健康、积极、向上的社会风气、校园风气上的具体表现。

我虽然已是年过九十的老教师了，但是看到《意见》，就仿佛读到了一首优美的诗篇一样十分激动。我坚定地相信，《意见》的出台，对于加强新时代教师队伍建设，提升教师职业道德水平，促进教育质量的整体发展，必定发挥重大作用！

劳动教育，让孩子拥有幸福生活的能力

新时代背景下劳动不能缺失

改革开放40年，中国创造了人间奇迹。2018年的全国经济总量相当于1978年的36倍。这个经济总量可谓世界的奇迹、人类的奇迹。谁创造了这个奇迹？是全国各族人民在中国共产党的领导下创造出来的。习近平总书记在庆祝改革开放40周年大会上说："40年来取得的成就不是天上掉下来的，更不是别人恩赐施舍的，而是全党全国各族人民用勤劳、智慧、勇气干出来的！"当然，也包括我们的教育，大家勤勤恳恳、兢兢业业地培养我们的孩子，所以劳动的价值在新时代一点儿也没有褪色。

我们的孩子要创造美好的人生，劳动是不能缺失的。我们一直在讲要全面贯彻党的教育方针，要德智体美劳全面发展，但有时候在认识上仍会存在一些不足。比如我们知道：人在当今社会没有文化、没有知识是不能生存的，所有的知识都是劳动创造的，劳动创造一切。但是，我们往往就会在知识的这个方面考虑得比较多，而忘记了劳动还包含体力劳动。在新时代，特别是人工智能快速发展，脑力劳动和体力劳动要很好地结合起来。我们不能够培养四体不勤、五谷不分的人。劳动教育，从恩格斯讲起，一代又一代的仁人志士都在讲劳动的重要性，因为没有劳动，就没有财富，所有的物质财富和精神财富都是劳动创造的。

本文发表于《上海教育》2020年第5A期，后登载于《教师学习资料》。

我们中国人还特别不能忘掉的是：在中华民族优秀传统文化中，勤劳是非常了不起的。毛主席曾说，中华民族“以刻苦耐劳著称于世”。正因为刻苦耐劳，我们的国家才有这么大的变化。改革开放40年，改变了中国的面貌、中华民族的面貌，这是了不起的。因此，我们对劳动应该是全面认识，不能只是看到知识方面，还应该看到脑力劳动要和体力劳动相结合。

劳动教育在“五育”中扮演着重要角色

新时代重新发现和认识劳动教育的价值和意义，弘扬劳动教育，培养中小学生的劳动情怀和劳动素养，有助于在全社会营造崇尚劳动的正能量。德智体美劳，每一个方面都有其自身的特点和在教育中的功能。

世界上一切的事物都是劳动创造出来的，包括人本身。劳动是基础，而且人的生存发展也需要劳动。我们过去一般认识的劳动仅理解为体力劳动，其实劳动有体力劳动和脑力劳动，既有简单劳动也有复杂劳动，有的劳动是要不断重复的，有的劳动是要在不断重复的过程中进行改进和提升的，因此劳动本身有十分丰富的内涵。

人作为认识世界和改造世界的力量，离不开劳动。但是，我们不能仅停留于生存层面，劳动还能创造许多精神财富。在基础教育中，劳动教育是基础，“五育”之间相互依存、互相融合。以前我们去农村劳动，如何更高效地收割粮食是要动脑筋的，涉及智育问题；收粮食时要记得颗粒归仓，爱惜粮食，这是德育问题；种好的菜拿到市场去卖，要根据不同颜色和品种分门别类，赏心悦目能吸引人去买，这就是美育问题。因此，我们应该通过某一项任务，发挥多项教育功能。

我们知道孩子的生活及生存能力十分重要，但在不同阶段的培养应有所侧重：小学生的劳动应该是以培养生活能力为主的，包括会自己穿衣、洗漱等；初中生的劳动应该以认知为主，认可劳动的价值和意义，不仅仅停留在习惯的培养上；到了高中，对劳动的理解就是理性思考，因为劳动和社会的各个方面都有关系，劳动也是人和人之间的关系，各行各业之间和谐发展，需要理性思考，要树立“劳动最光荣”的理念，劳动没有高低贵贱之分，只有分工不同而已，都是为人类创造美好财富、美好未来。试想，如果没有人愿意去做清洁工，我们美丽的世界会变得怎么样？我不敢想象。

在杨浦高级中学（前身为上海第二师范学校）的校园里有一排排挺拔的香樟树，这是我在担任第二师范学校校长时带领全校师生种的，而且当时学校里所有的卫生工作，也都是由师生一起承担的。我是想让师生身体力行，珍惜劳动成果。由于20世纪80年代学校的环境较差，50年代盖的房子没有翻修过，周围的草丛长得很高，而且学校经费有限，因此如何建设校园是个问题。当时找教育局申请经费也是可以的，但我的想法就是劳动育人，环境不是靠向别人伸手要来的，是要靠自己创造的。学校除了教书育人、服务育人、制度育人、管理育人，还可以劳动育人。建设校园主要是培养师生的劳动精神和劳动情怀。在没有一个清洁工的情况下，我们进行整体规划，根据班级、教研组等进行分组劳动、分片区管理，在里面种花种草。

经过我们的努力，学校后来被评为“上海市花园单位”。通过经常劳动，学生的规则意识得以形成，也十分爱惜自己的劳动成果，从而养成热爱劳动的好习惯和情怀。对学生而言，开始你让他们这样去做，其实他们是不大情愿的，后来形成习惯就好了。劳动本身也能锻炼人的身体，无论刮风下雨、晴天阴天，在校园环境中劳动都是一种亲近大自然的表现，对于学生体力的锻炼有好处，同时在劳动的过程中唤起他们的责任心。

从学校角度出发
有效推进劳动教育

在“五育”并举、融合发展的过程中会不可避免地遇到一些阻碍，从学校角度出发，该如何有效推进这一过程？

一是所有的教育都要持之以恒。几十年初心不变，时间本身就是一个考验，时间经历的积累是非常重要的。基础教育不是立竿见影的，10 年、20 年、30 年以后，我们来看这个成品是怎样的。时间检验非常清楚，而且这个时间检验从低年级到高年级是如何安排的也应该十分清楚。

二是学校要横向贯通。学校要和家庭、社会紧密结合在一起。我认为教育是全社会的事情，绝对不只是学校的事情。教育要做好育人工作，一定要把家庭教育的能量发挥出来，要把社会教育的能量发挥起来，大家聚成合力，这样才能够把我们的学生教育好。

三是为学生的终身发展奠基。我一直觉得小学是非常重要的。打个比喻来说：教育就是一棵树，能不能长成参天大树，归根到底取决于小学的根子扎得深不深。小学的根子，就是一棵树的根，它扎得深、扎得牢，其树干就粗壮。中学阶段就是树干，树干长得正了、粗壮了，我们就能够出人才，高等教育就会青枝绿叶，树冠非常茂盛。因此，我认为基础教育是最了不起的，是给人打基础的。它是陪伴人的一生的教育，因为我们学的是知识的核、原子核的核，是不会老化的。虽然有些知识老化得很快，但是在小学阶段学习的字的音形义、四则运算等不会老化，会跟随着人一辈子。在这里，把“五育”互相交融起来、穿插起来，是科学，也是艺术。我们的“五育”绝对不是简单的“1 加 1”，培养人是集实践性、综合性于一体的过程。

培养人是集实践性、综合性于一体的过程

当今社会，要强调人的全面发展。我们那个时候大学毕业，你学什么就干什么。然而，今天你学的和干的有时候距离会很大。为什么？因为社会在飞速地发展、转型，对人的全面发展要求就特别高。现在是后工业社会、知识经济社会。谁获得了先进的科技，经济就能得到发展。知识本身就是生产力，所以在知识经济社会，知识的生产、知识的交换、知识的分配又重新布局了。因此，我们的教育一定要教在今天，想在明天，因为我们是在给未来的国民素质打基础，一

定要思考，并且要思考好。

我期待在基础教育中，能进一步完善促进人的全面发展的教育，提高广大中小学生的综合素养，促进学生形成良好的劳动习惯和积极的劳动态度，并在各种劳动活动中丰富情感，明白事理，养成习惯，逐步提高实践能力、社会责任和创新精神等综合素养，培养学生勤奋学习、自觉劳动、勇于创造的精神，为学生的终身发展和人生幸福奠定基础。

美是不功利
——美育访谈录（一）

电话里，于漪爽快地接受了采访。见面后，她畅谈了两个半小时。91 岁的她近年身体一直不好，血压到过 209，已长期谢绝采访。但她看重这次主题，“从来没人从这个角度找我”。

预习：学校里的美育，请谁来谈

找于漪，是误打误撞。

那天记者上门，于漪先请落座，随即步入里屋，拿出两张《解放日报》——前两篇“美育访谈录”版面说：“仔细看了前两位所谈，伍必端教授从艺术创作角度，黄豆豆从社会普及角度，我的角度，又不一样。”

的确，美育，事关立德树人。艺术创作、社会普及之外，学校，课堂，是国民教育与大众审美的从小培养场所、美育基本途径，基础性、重要性不可替代。然而，请谁来谈？记者曾颇费思量。

艺术课程是美育的重要组成部分，但美育不仅仅是艺术教育。

受伍必端忆“人民教育家”陶行知影响，记者在去年国庆 70 周年新中国首次授予这一荣誉称号时，想到了基础教育领域唯一获此殊

本文刊登于《解放日报》2020 年 6 月 9 日，于漪接受“美育”专题采访。原题为《于漪访谈录：教育整天处在焦虑中，那怎么行》，作者为首席记者郭泉真，后附记者手记一篇。

荣的“人民教育家”于漪。

不过，她教的是语文，会与美育有关联吗？

一查，她教学一大特色，正是“非常自觉地追求审美境界”。

今年5月，记者试着拨通电话，自报家门，问候健康，说明来意。她听完在电话里就聊了起来。

备课：
91岁于漪准备上一堂美育课

她非常认真。

拿出两张《解放日报》后，她又拿出6本书刊给记者，十多枚书签从页缝探出头来。精心准备的这些材料，在她随后讲述中，或为背景，或为案例，在记者眼前次第展开，导入适时精准，讲来行云流水。

她多次说过的追求是：一堂课讲下来，就是一篇师生共同写就的优美散文。

记者准备的29个问题，全在自然而然中，已被涵盖回答了。

开讲：
我为什么对美育“非常自觉”

你打电话给我，我为什么马上就很高兴地接受呢？因为我一直在思考这个问题。我三十几岁被关注，报道确实很多，一般都聚焦在学科、班主任等方面。近一二十年，我德育做得很多。人缺德就完了，针对“育分不育人，求学不读书”，我提出“立民族精神之根，树爱国主义之魂”。我们培养的不是机器，教育是育人，分不代表人。不管什么考卷，考不出人的综合素质。人最后在社会发挥多大作用，归根到底跟综合素质有很大关系。我早年被关注，就因为总觉得教育不是无情物，一定对孩子要满腔热情满腔爱，所以上课一大特点就是充满激情。基础教育阶段，孩子变化很大，我一直认为要德智体美劳全面发展，基础打得宽一点，以后可样样发展。前两篇写的伍必端老先生、黄豆豆，搞的是艺术，我搞教育，不一样，但探索教育的美、追求教育的美，是我整个教学里非常自觉的一个思路。

为什么“非常自觉”？我学教育，受蔡元培先生影响。当时中国没自己固定的宗教，他以美育代宗教。人没信仰不行，一定要追求一样东西。他认为，美育的目的是陶冶活泼敏锐的性灵，养成高尚纯洁的人格。我读后就觉得非常重要，美育是和智育、德育结合在一起，培养美好情操、健康人格的。

我想到了王国维。他最早从西方引进美育，认为美育是培养“完整的人”非常重要的一个方面。他说智力的理想是真，意志的理想是善，情操的理想是美，把教育和真善美联系起来。教育事业是理想的事业，没有理想不要谈教育，我们从事的就是真善美的工作。科学求真，离开了真，就虚假，虚假就丑恶。东施效颦不美，因为假，美一定是真的。

还有善，我们中国讲“上善若水”，善是情操里头非常重要的一个方面，人性里头最好的因子。善一定跟美联系在一起。东方文化思想如此，西方最早提出美学的学者也说从自然的人到理想的人，桥梁就是美育。歌德、托尔斯泰都对美有很多论述，苏联教育家苏霍姆林斯基、赞科夫也都讲美育重要，说“最好的学习方法是唤起学生对美的追求，尤其是心灵深处”。

美本身就是生活。我们中国讲大千世界，大美无言，美是无处不在的。大自然美，社会上许多高尚的人、高尚的思想，朴素的、很深厚的人际关系，英雄的家国情结，也都是美。每个孩子、成人都拥有丰富的美，也追求生活的美好。爱美是人的天性，追求美好是人们共同的目的。所以，美育非常重要。

我追求的还一定是脚踏实地。多元文化，知识爆炸，人们自然而然会焦虑，家长焦虑、学生焦虑、老师焦虑、校长焦虑。教育本来是追求真善美的事情，社会要发展，一定要靠教育培养人。教育把人的个体发展跟人类整体命运结合起来，个体发展好了，国家、民族的整体命运才能长足进步。如果教育整天处在焦虑中，那怎么行？

我们现在有种精神层面的常态：教育就是吃苦，就是痛苦，死命地挣扎。现在要吃苦，才能创造美好生活。这实际是种误解。教育并不是现在吃苦，而是现在就要追求美好，让孩子精神放松，而不是芒刺在背。教育当然要学习知识，记忆、理解，有一定练习，但苦中是有乐的。教育生活本身，就是一个追求美好的过程。这里头，就一定要渗透美育。娃娃接受教育，不该"人生识字忧患始"，一定是与乐为伴的，引导他追求美好，否则丢了"完整的人"。情操陶冶非常重要，不能全在功利上。世上从来有有用之用，有无用之用，求知大量是前者。但有用之用离开了孩子的愉悦，离开了美的熏陶，真的是痛苦不堪的。一定要让孩子有愉悦感，有成就感，他就不以为苦了。

案例：
怎样用好"世上最美的语言"

具体怎么做？带领孩子从美好的事物当中寻找美，来愉悦身心。

美好的事物是客观存在的，但大美无言。兰亭很美，但没有王羲之去，就没有人的感受、人的认知。柳宗元讲过，"美不自美，因人而彰"。我教学生时，一定会引罗丹一句话："对于我们的眼睛而言，这个世界不是缺少美，而是缺少发现。"大自然的美无处不在，我们学科里也一样，多少年来认识的积累、思想的结晶，美不胜收。要带孩子去发现这些，不断满足他们的好奇感。

我在《课要追求"三动"的境界》一文中就提出：动听，学生沉浸在语言美的氛围中，遨游在母语丰富美感里，感到快乐，产生兴趣。动情，追求美好理想的感情是高格调的情感，教师"披文以入情"，学生产生托尔斯泰说的"感情的传染"，就会升腾起对美好事物的向往和追求。动心，黑格尔在《美学》中说"构成心灵的最内在的本质的东西正是思考"，不会思考的大脑一片荒芜、没有美感，善于思考的大脑异彩纷呈、美不胜收。

学数理化是很累的。马克思讲过，一般的抽象符号，背后是大量具象的东西在支持。但对孩子来说，具象的东西较少。我当时三十多岁，就有一个想法：前一堂是数理化，逻辑思维，非常紧张，下一堂我上语文就多用具象给学生的脑子换频道，实际就是以美来支撑。

教语文，文字本身就美。教《最后一课》，我说过，我们中华民族的语言真正是世上最美的语言，情感、精神、语言之丰富，文化内涵之灿烂，情意表达之细致、细微、细腻，令人叫绝。打开小学一年级课本，简直好像走到画廊里头，看到的是一幅幅画。山啊水啊！笑，两道眉毛扬起来；哭，两个大眼睛。鸟鸣叫，一个嘴巴张大口。汉字是双脑文字，独具美感。它的内在结构和体态，有的非常飘逸，有的矗立不动。要把这种美的感觉教到孩子的心里。汉字是历史的眼睛，我教语文，教的是历史风云、世态人情。通过会说话的汉字，你就给它以美感。哪怕小孩子写错字，也不要罚抄十遍，这是最蹩脚的做法。比如，孩子"染"字总写错，加一点，"九"变成药丸的"丸"。我说：哎呀，真是奇怪了，染坊不染颜色啦？生产药丸啦？为什么是九，各种各样颜色呀，多啊。学生马上就记得。这其实是激发了一种美感。

教师教各式各样的文章，尤其是文学作品，是一种人性的展示，人生轨迹的一种表露。这里头一定充满了真善美，鄙薄假恶丑，所以一定要用美育的眼光来讲。

看两篇课文。一是《驿路梨花》，我教，首先要教出一种诗情画意，教学用语要斟酌。（惊叹语气）"山，好大的山呵！"异峰突起，还原生活的场景，吸引学生一道去"看"。如果只要求学生记住文中交代故事的地点，最多就是知识性，只是有用之用。我是从美育的角度，请学生通过文字想象画面：梨花飘落到身上，月光、晚风，人在花中走，花伴人夜行……用诗情画意把学生带进去。学生听到要和老师一同寻找，马上就有了兴趣，教学就有了愉悦感。不是单讲概念，学生就不会觉得苦。讲到小姑娘从梨树丛中闪出，我就让学生做手势，什么叫闪出？学生做各种手势。我点评说，"闪"字，人前有门，前头一定有遮蔽的东西才叫闪，让人大吃一惊。这个"闪"字就活了。一路悬念迭起，小孩一点都不苦啦。而在这过程中，激起了爱祖国山河的情愫，也是德育。

二是王愿坚的《七根火柴》，讲到那只举起来的手，我开始也想提问：这是怎样的语言描写？但总觉得这样问苍白无力，不行，要用激动人心的话，问题要直指人心。于是，将问题修改成："无名战士留给人间最后的话语是什么？留给人间最后的动作是什么？"一下就引起了学生的注意。我抓住文中这个艺术镜头，远处的树、近处的草都是湿漉漉的，眼前都是模糊的，但指向正北方向的手又是清晰的，这不是矛盾吗？我就讲道：模糊表现无限悲痛，为什么又清晰呢？高举的手指着长征的方向，好像再加一个特写镜头，舞台上的灯慢慢暗下去，所有光集中在手上，把生的希望留给战友，把死亡留给自己，交织起来写，整个草地在哭泣，为伟大的英雄唱哀歌，唱赞歌。课堂是有文化的，课堂的文化是要有魂的。知识只是一个方面，有故事主题，还有精神主题，就是魂。我们用美育加上一个特写镜头后，学生脑子里，马上就联想到舞台上的灯光暗了。这个镜头就不仅仅是在课文里，在草地上，也慢慢移植到孩子心中。这种文化的精神的魂的散发，很久远。

我上课常用戏剧、美术等艺术手法解读文本，使文中精神凸显出来。我顶高兴的，就是学生觉得两节课一下就过去了，兴致很浓。我们就是要教我们优秀的传统文化，要教我们的革命文化，从美育的角度切进去，学生觉得是种享受。德育的润泽，情操的陶冶，比单纯的知识更有意义。为什么钱学森要学音乐？以色列学者研究表明，一个人的成功，20%是智商，40%是情商，40%是灵商。灵商是什么？直觉，创造，想象的海阔天空。这是什么？美育呀。

逻辑也一样，有逻辑之美。蔡元培先生说幼儿园舞蹈、音乐、手工要进行美育，就是计算、说话也可起美育作用。教说明文《花儿为什么这样红》，我是在校园里上课的。教《核舟记》，我首先去城隍庙买枣核。学生没见过，"啊，那么小！"一人发一张图画纸，文中写几扇窗几个人，让学生全画出来。是在读书吧？当然是在读书。学习有各种方法，教师激发学生的兴趣，激发好奇心，兴趣、好奇心是最好的老师。画完我们就讲了，织锦成文，刻工是天下一绝，写出来也了不起。这样一比照，要说明的问题全出来了，学生就有体会了。

板书：教学力戒“失魂落魄”“魂不附体”

为了把课上好，首先，教师要进入文本，感受文本真正的价值。人类创造文明很艰辛，能传下来的思想结晶，一定伴随着真善美。比如文言文，应该认识到它的德育、智育、美育价值。三者不是1加1加1，是融合的整体。备课真得自己先做学生，不好好做学生，没办法做先生。要能很好地体会到，哪些地方最能打动孩子的心，就看得深，识得真。就如看《清明上河图》，桥哪个地方是最精彩的，为什么？一定要自己有独特体会，不是照搬参考书，不是网上下载人家怎么上课的。一定要有自己的审美观念。文章绝对不只是文字排列组合，背后是人的生命、思想轨迹。读文章是读人，读历史，读现状，读思想的起伏，或是涟漪，小小的，或是大海一样的波涛。教师自己没审美体验，抓不到文章的魂，上课就会“失魂落魄”“魂不附体”。

我说的教课“三动”，就教师来讲，应有才、思、情、趣。缺才就平庸，挖不到文章最最深的地方。缺思就肤浅，把自然人培养为理性人，当然要思考。所有的思，情是根，缺情就苗叶枯槁，讲课就没血肉。最后是趣，哪怕十七八岁的高中生，也还是孩子，教学缺了趣就笨拙、干巴。四者是综合体，课堂是多功能的，不只是传授知识。教师的教跟电脑的教，绝对不一样。情寓其中，可以创造愉悦气氛。师生是互相帮助的共同体，这种氛围是完整的美，一堂课下来应该值得咀嚼，是师生共同写的优美散文。教师要有语言功底，不能味同嚼蜡。

同时，要和学生平等相对，伙伴式学习，相信他、悦纳他、兼容他。每个孩子都是一个独特的完整体。你以为他幼稚，在那个年龄阶段他就是成熟的、完整的。人总有优点和不足，教育就是把孩子看不见的潜力开发出来，而美育，是非常重要的一个切入口，因为它愉目悦耳，孩子听得进，他们最讨厌说教。培养孩子读书的过程，实际上就是一个“情动”的过程，“情动而辞发”。教师不仅要调动学生的智力，而且要调动他的感情，润色他的情操。我们讲的情感、情操、情愫，绝对不只是情绪。情绪是低级的，我们讲的是审美的价值观，是精神高品位，因此一定伴随着思考，伴随着求真。通过感性认识、理性认识不断交融，学生形成自己的见识，从自然人到理性人。读书的过程，实际就是从情动的过程到思考的过程，最后到形成识见的过程。学生慢慢能独立思考，从碎片化、线性的到多维的、立体的，综合素质高。这才是尽到了责任，是完整的培养。

教育的魅力就是在追求真善美的过程中，让学生自己开始懂得道理，体验到，分辨出。苏霍姆林斯基讲：为什么要重视美育？就是要让孩子一直和美好的东西打交道，这样他看到丑恶的东西就不能容忍了，所以教育的规律之一，就是用美好的东西把邪恶、丑恶的东西挤跑。我觉得他讲得非常生动。我教《雨中登泰山》，哪里是教课啊，是跟学生一起在课堂教学中去登山。我们中国的景点一定有文化的铺垫，约 960 万平方千米土地有讲不完的文化的故事，有各种各样的美。教师要有点情趣，比如学点艺术，自己看一幅山水画看进去了，就很开心，上课上进去，大家忘我，就不苦了。

如果什么爱好都没有，怎样营造温暖宽松的环境呢？教师要海纳百川。比如，一名平常一声不吭的男学生喜欢集邮，对色彩的敏感令人惊异，这种潜能真的好得不得了。美育不仅在课内，要全面关心。学生这些爱好，我都非常支持，有好邮票就送给他。人是会移情的。开发学生大脑的潜能是最高目标，促成学生自我开发、自信，及时呵护、激励、引导。一个孩子有美的爱好就不容易变坏。美能够纯洁心灵。

教育真的不能太功利，太功利会使孩子没有生活。过去我每周六下午，一定带学生出去，逛公园、看灯会，比如到虹口公园看菊花展，回来以后孩子的感受就很丰富。中秋节办月亮晚会，全是学生自己搞，抢着出节目，初中孩子可以写出上万字剧本。这就是追求美啊，你说多好啊！

教育和生活本身是紧密联系的。如果局限在学校里的文化学习、学科学习，那就太窄了！教育有广阔天地，无处不教育。生活是那么丰满，美无处不在，每个人都拥有非常丰富的美的资源，也向往美。我们的教育和生活一定要探索美好，让美育纯净心灵，陶冶性情，使人格逐步完善健康，这是教育的责任。什么叫教育？春风化雨，润物无声。始终让学生有一种温暖的感觉，就不会芒刺在背。不要焦虑，现在就很美好，就在求知。缺掉了美育，是精神的残缺，个性不可能获得全面发展。肢体上残缺有义肢，精神上残缺是没有义肢来支撑的。我相信，除了智商、情商，还有灵商，很多科学大家都那么爱音乐，爱美术。因此，一定要全面贯彻党的教育方针，德智体美劳充分发展，把学生的潜力充分发掘出来。

作业：
请想想那些现象，
其实是缺乏美育

事实上，美育在不少地方还很薄弱，甚至非常缺失。搞艺术的人，有的也只盯着技术。美育本身不完全是技能技巧，搞美育的人不能忘掉美是干什么的。一个人对美有追求，自然美、人格美，这个人是不会坏的。这种“育”真的是春风化雨，熏陶感染，润物无声。太功利了，人的修养就会糟糕到简直不可想象。疫情很厉害，据说还有人卖假口罩？如果这样，还有什么情操可言？

孩子，包括家长一定不能功利。我非常反对一切都讲实用，没有终极价值。在西方，尼采讲上帝死了，没有终极价值，以什么来代替呢，有的以功利来代替。做任何一件事情，都要以寻求它最大效益化为基础。这个是很糟糕的，终极目标没有了。教育的终极目标，是培养有理想、有道德、有情操、有文化的综合素质良好的人。没有美育，高铁上才会出现霸座。高铁那么先进，霸座却那么落后，没有美啊，他不知道什么叫美、什么叫丑，美跟丑都不分。霸座就那么难解决吗？为什么？人的素质出现问题，美丑不分。我们就要用美好的东西，把丑恶的、邪恶的东西挤走。

素质教育不是光讲讲，而是一点一点地春风化雨，不那么简单

的。学拉小提琴，却已经忘掉了去拉的快乐，是不行的。艺术本是陶冶人生非常重要的方面，不能只是赚钱的手段，作为工具，变成工具理性。赚钱是正当的，但艺术本身的价值不是钱。本身的价值，是一种呵护人心的、润泽人心的东西。人心的培养，离开了美育，就很难有德育进去。

这件事很难。有人说，一讲德育，一讲思想情操，就不是语文了。语言文字当然要抓，但字词是知冷暖的，语言是有温度的，是人独有的东西。离开了情和意，它是个什么符号呢？它之所以能那么灵动，主要就是因为有情有意呀，否则就是一个僵死的符号。我始终认为形式和内容不能分开，洋葱的皮和肉是分不开的，一而二，二而一。我们受西方工业革命分解的思想、解剖的思想影响很大。从整体到局部、细部，没错，但现在国外也要跨学科，实际上有的分得很细，有的要综合。人的认识，由总到分是一个进步，由分到总又是一个进步。这个“总”已经不是原来的“总”，而有更高认识。

美育在有的地方，真是缺失得很。学语文就是学做人。所有学科里，语文最直接指向人，跟人的思想、情感、兴趣、品德紧密联系，是陪伴人一辈子的。人的语言水平，就是他的思想水平、情感水平、道德品质水平。学校美育是立德树人的重要组成部分，希望教师能重视美育，远离焦虑，摒弃功利，为学生从小打好基础。

【记者手记】

于漪为什么是于漪

初知于漪，只听闻她是上海教育界一位名师，在中学教书，受人尊敬。第一次比较真切的认知，来自2017年写“七·一”特稿《初心》，采访的第一位普通党员——浦东龚路中心小学教师徐珏青，她就是在杨浦读初三时，听了于漪一次讲座，觉悟了自己对教育的由衷热爱。2008年起，连续有人在百度贴吧的“龚路中心小学吧”留言，表达对徐老师的支持。这是真实的口碑，记者追踪采访也发现她确实是位优秀教师。由此，“为有源头活水来”，从她看得见于漪，她在说明着于漪。

真正深入了解于漪，是这一次上门面对面畅聊。“人民教育家”，不是随随便便的五个字。查阅资料时，也看到许多对她的称赞和研究。采访结束，对于漪为什么是于漪，油然而生两点感受。

一是宽，宽宏。她待人、看事，格局大。她分析问题，始终从爱出发，心有广阔天地，又始终脚踏实地。这个宽不是宽纵，甚至也不是一般意义上的宽容，而是一位教育者实事求是的宽宏。整个访谈过程中，她频频称学生为“孩子”“娃娃”，强调“哪怕是十几岁的高中生，他也还是个娃娃”。她为孩子们发声：“他在他那个年龄，就是完整的。他是他那个年龄的完整。不要焦虑，不要急，更不要居高临下。”她看前一堂课学逻辑思维很累，就琢磨自己这堂课，怎么想方设法给孩子们换脑子，学得愉悦，也由此开始了她一步步教出名的课堂艺术。这个几十年前的初心，她到 91 岁依然没丢，这次“破例”接受采访，就是希望、呼吁走出“焦虑陷阱”，牢记“育人”使命，让孩子不“芒刺在背”，让教学不“失魂落魄”。她说，“我这人喜欢笑。我们老师也讲，你一天到晚笑，调皮捣蛋的孩子，你批评他时你也在笑”。她说，“我觉得他很可爱，为什么，他幼稚啊，这是孩子的常态啊”。她说，“我看到孩子就很开心，真的，他的不开心就是我的不开心”。她看见、看重的不是“分”，不是“能”，而是“人”。她爱的是“人”。这是教育的初心。和她交谈，能深切地感受到她是一位真正的教育家。

二是深，精深。她专业上精深，有高度，又渊博，融会贯通之后，思考得很深。她有哲学功底，对审美有非常到位的认识，确如一位教授所说，“专门研究美学的人也未必能说出”。她说美育实际上是哲学的思考，有宇宙人生，要大处着眼，“不能总陷在局部”。她说情感、美育的熏陶，没有办法量化，“质性的评价、量性的评价有时候要结合起来”，直言“真的要学点辩证唯物主义、历史唯物主义，不要绝对化”。她的表达往往在看似信手拈来中，鞭辟入里，道理通达，令人信服，因为背后有很深的思考。这种深，来自她的痴。正如一篇报道所说，1986 年，语言学家张志公阅读于漪《学海探珠》手稿，拍案赞叹：“于漪教书简直教得着魔了！”她入选“百年语文教育经典名著”系列的《语文教学谈艺录》一书，全是在病床上写出来的。她的全集近六百多万字，往往随手翻开一页，都言之有物。这背后是深，是源于初心的痴心。

那天聊到最后，她说：“上课就是生命在歌唱，我退休了，就枯萎了一半。别人对你最大的需要就是你的需要，我活着就是这样，实际上人生的价值就在这个地方。很多人关心我，常问我还需要些什么。我需要的是我们中国人能仁而爱人，要美，要善。我自己要追求美好，也希望所有人都能够过上美好的生活，这就是我最大的需要，没有别的其他需要。包括生病，我总是觉得欠了情。我为别人服务的时候很开心，我的生命就有价值。别人为我服务的时候，我就觉得，我怎么能够这样劳烦人家……”

“基础教育”这四个字，正是她的鲜明写照：基，她总是站在实事求是的基准线上，从基本立场出发，从教育原点出发，宽以待人，秉持初心去看待学生成长中的问题；础，她的专业功底很深，根扎得很深；教，她以课堂教学艺术成名；育，她始终牢记教育的本质是育人。可以说，于漪之所以是于漪，就因做到了这四个字。职业名称有时正指向内在要求，而于漪做到了极致。

美是和谐
——美育访谈录（二）

6月9日《于漪访谈录：教育整天处在焦虑中，那怎么行》一文刊发后，她没有停止继续思考。一周后，她给记者来电交流自己进一步的感想，结合一些热点事件吐露心声。

此后半月，她又不断深入探究：从“美是不功利”“美是和谐”，到“美是欣赏”，一次次与记者诚恳讨论。

她心心念念的是，“孩子是活泼泼的生命体，自有其成长规律，必须要研究，不研究不行”；“我实在是舍不得娃娃难过，他们的不高兴就是我的不高兴，心里真的很难过”。她第一次哽咽，是讲到“孩子成长不易”，强调“要欣赏，要去发现孩子身上的美，要和谐”。她恳切地说：我讲自己是一辈子学做教师，不是虚的，是真的。我们要学习做师长——做老师、做家长。

再一次，记者在上门访谈中，感受她新的思考。她的四度哽咽，都发生在讲到孩子与父母、老师之情时。

本文刊登于《解放日报》2020年7月17日首席专版，原题为《于漪再谈教育焦虑与美育：今天我们怎样做老师做家长》，首席记者郭泉真根据采访录音整理。

我们做老师、做家长的人，应该直面这个问题，来很好地破解

我想从这里讲起。疫情期间，我们上海的文化艺术，特别是“云上”一些活动，对居家休息的人的心灵，有很多滋润和安慰。其中，我特别感动的是交响乐。上海交响乐团演了八场的“在线场”系列音乐会，线上观看人次据说达到八百多万。音乐艺术的美，在疫情防控困难时期，能够发挥这样一种美好的引领作用，我非常感动。

交响乐是了不起的。整个乐队有众多乐器，各种各样。但是所奏的乐曲，不管是激越澎湃的，还是宁静舒缓的，都配合得那么美好，愉悦着人的心灵。什么道理呢？我想，关键就在和谐。

和谐是一种美。它让所有人都产生共鸣。演奏者也好，倾听者也好，所有人都沉浸在里头。所以，有的人讲，美，能够团结所有的人。美的本质是和谐。美好事物的基本特征之一，就是事物和现象各个方面完美的配合、协调和多样中的统一。

我自己体会到，和谐反映了整个事物发展过程当中的一种协调、平衡、秩序和合乎规律性的特征。它是有规律的，不是你身为首席小提琴手就可以任意发挥。所以，有人讲，和谐是种代名词，是天下所有美好事物以及其间最佳结构关系的代名词。它不仅是某个乐器美，钢琴美、小提琴美、竖笛美，还有彼此之间最佳结构关系这种表现。

其实，和谐就是中国美学的“和而不同”之道，也就是西方美学“多样统一”的法则。中国人对和谐是思考得很深的。费孝通先生不是有句名言吗，“各美其美，美人之美，美美与共，天下大同”。

当今时代，社会转型，价值多元，文化多样。很多人的适应力滞后，认识力还达不到那样一个飞速发展的水平，因此会碰到各种各样的矛盾。面对矛盾，我们应该从容对待，静下心来，深入思考。所以，我觉得，学校也好，家庭也好，做老师、做家长的人，应该直面这个问题，来很好地认识，来很好地破解。

对孩子太缺乏研究，胡乱攀比，一把尺子衡量，就会出现种种烦恼

我是做老师的，想得最多的是学生，因为教师的生命是在学生身上延续的，学生是我的宝贝。（第二次哽咽）我深深感到，上海这样一个超大城市，我们基础教育阶段的学生群体几乎是全国中小学生群体的浓缩版。很多人根本就没有考虑到这个问题。

为什么我会这样想呢？因为我们研究学生太少了。我们一说学生，脑子里往往就是一个抽象的概念：学生，未成年人，他们有些未成年人的共性。殊不知我们的学生群体，真的就是全国中小学生群体的浓缩版。遗传因素不一样，学生的个体特征不一样，家庭的经济状况、文化层次、成长环境，诸多条件差异极大。但我们往往只看到学生就是学生，不知应深入了解他们的状况，有针对性地、实事求是地因材施教。于是，就出现两个很明显的问题：

第一，学生的千姿百态、来龙去脉不清晰、不掌握，就胡乱攀比。不管是什么学校，什么样的学生对象，都作比较。比是要在一个层面的，否则就不存在比。胡乱攀比，教师心中焦躁，学生心中焦躁，家长心中焦躁。其实，比是有很多规则的。我们无视这些规则，忽略这个差异，不同层面去乱比。不是比出好的心态，比出爱自己的学生、爱自己的孩子，而老是埋怨你怎么回事啊。

第二，我们用的是一把标尺。用一把尺子来衡量学生，而这把尺子又不对，不是衡量学生在成长过程当中德智体美劳的全面发展。为什么我们党的教育方针要提德智体美劳全面发展？学生在打基础的时候，要考虑全面，身体要好，品德要好，爱学习，爱劳动，追求美好，就是要让根基打得宽，打得深，打得牢靠，将来这棵树才能长得高大雄伟。根不能是细细的一根，而是铺开来像块茎一样。我们用一把尺子聚焦在学业上，更糟糕的是聚焦在分数上。这样，学校、班级就会有些杂音出来，是不和谐的声音。所以，作为老师、家长，对自

己的孩子，对学生，真的要尽心尽力去研究，研究他的全面成长。这是你的宝贝啊，是家庭的宝贝、国家的宝贝啊！（第三次哽咽）

产生不和谐的声音，跟我们认识的不到位、行为的不得当有关系。

首先是对孩子的认识不到位，停留在概念化层面。其实，每个孩子都是艺术品，一个学生就是一个世界，而我们不知道他的世界是什么。20 世纪 90 年代，我就呼吁，教育不是“育分”，是“育人”，我们党的教育方针是培养我们社会主义祖国的建设者和接班人。德国哲学家雅斯贝斯说，教育就是人的完成。这是世界各国教育的共识。中国的教育，从哲学的高度来讲，是“学以成人”，这是中国教育的精神家园。从一个自然人、不懂事的孩子，慢慢地教育，唤醒他觉悟，激励他成长，使其成为社会的合格公民、优秀公民。这是人的完成，学以成人。所以，教育的出发点和落脚点都是人。我们的教育者在认识上有时把靶心弄错了，这就会出现种种烦恼。

这些年来，我们的教育事业，从量上讲是大发展；从质上讲，跟先进的教育比照，我们也确实不断进步，有的是大步前进。但不能否认，从我们基础教育来讲，“唯分数”“唯升学”真的是顽瘴痼疾，缠绕着学校和家庭。

考试是一种手段。第一个功能是检测教和学的状况，对教学加以改进。第二个功能是选拔。因此，它是手段，不是目的。教育最高尚的目标是培养有用人才，为国家为世界作贡献。错把手段当目标，好像押宝一样，都押在分数上、押在升学上，“阴魂”缠绕着，给老师、家长带来无穷的烦恼、焦躁乃至无奈。

党中央提出来，要着力破除唯分数、唯升学、唯文凭、唯论文、唯帽子的顽瘴痼疾。6 月 30 日，中央全面深化改革委员会审议通过了《深化新时代教育评价改革总体方案》，要执行了。我真的很开心。评价，是牛鼻子啊！怎么评价教育，什么叫优质，怎么均衡，什么叫培养人才，我们要培养怎样的人才，为这些问题指明了方向，为创造学校和谐、家庭和谐、社会和谐增添了极大动力。我从来认为，任何一个方针政策的贯彻，都是人人有责的。我做校长时，常跟老师讲，眼前确实有些不如意的事情，因为我们还在社会主义初级阶段。国家从一穷二白发展到今天，真是不容易，多少人倾注了心血和毕生精力。我有个信念：我们不能在中国之外指手画脚做评论员，应该做战斗员，身在其中，激浊扬清，建设美好。所以，我觉得在当前这个情况下，我们学校教师，包括家长，其实要花相当的精力和工夫，去营造适合孩子成长的和谐的、愉悦的气氛，让他们享受到童年时代的快乐、少年时代的憧憬、青年时代的壮志凌云，让他们享受到这样一种幸福。

最最重要的，是要把学生当人，把孩子当人

首先，我们要尊重孩子的天性。

每个孩子都是活泼泼的生命体。人是有天性的。我记得明代的大思想家王阳明曾经写了封信给学生，说孩子的天性就是喜欢玩。你呢，要他背这个背那个，要这样做不要那样做，他受不了。结果是什么？孩子以学堂为牢狱，以师长为仇寇。

这个很深刻啊。原本孩子天性里头就有求知欲，就有好奇心，本来是很快乐的。我们现在给他增加了许许多多不必要的负担。我们主要受什么思想支配呢？不能输在起跑线上。于是，就超前再超前，就抢跑道。现在社会上一些教育现象真是“妙”了。比如语文，对小学生就开班讲授文学知识，抢跑道。实际上，小学生是根本不能够理解的，囫囵吞枣，不消化。但是，文学知识到高中又必须要讲，变成炒冷饭。学生耳朵听得发腻，讨厌死了。

这个可怕在哪里呢？和谐，是有序的。而我们人为地把这个“序”破坏掉了，以为“深”就是好。这是不对的。适合，才是最好的。教育的“适切性”是最好的，最好的教育是正好“适切”于这个孩子。我有体会：六岁的孩子学五岁半的知识，轻而易举，不费吹灰之力；五岁半的孩子学六岁的知识，吃力得不得了。超前是大多数孩子没有办法做到的。如果是在游玩当中，开心开心，唱唱山歌，无

所谓。但作为任务去要求，孩子负担就重得不得了。

所以，最最重要的，是要把学生当人，把孩子当人。

玩里头其实有很多学问，四肢好运动，心智会发展。游戏是孩子的天性，它是促进全面发展的，不能认为玩就是不好的。要尊重孩子的天性。德国教育家福禄贝尔也讲过天性的问题。他说，一株葡萄结多少果实，不是园丁决定的，是葡萄本性决定的。它有遗传因子，园丁要按照它的本性来爱护、呵护它的发展。如果不顾它的本性，拼命施肥浇水要增加产量，结果反而会使产量降低，毁坏它的前途。我们的教育对孩子的本性要透彻地、充分地认识。他是什么年龄，他就喜欢什么。什么年龄说什么话、唱什么歌，是有规律的。人只能顺规律而行，而不能忽视规律。超前或压制他的积极性或拖后，都是不行的。只有充分地、透彻地认识孩子的本性，适时加以呵护，他才能开花结果。

其实，我们有很多成功人士，他们的家教很值得借鉴。大提琴家王健是很有名的音乐家。他讲小时候学拉大提琴，父亲规定他每天不得超过五分钟。这是培养他的兴趣，培养他专注的能力。小孩子思想很容易涣散，要他半个钟头、一个钟头专注于某件事是很难办到的。就五分钟，每天只拉五分钟，拉出兴趣之时却停了，一直吊他的胃口。后来他对拉大提琴就非常有兴趣。这尊重了儿童的心理特点，很成功啊！王健作为大提琴家简直首屈一指。所以，我们真的要蹲下身来，好好地了解儿童，尊重他的天性。他是一个独特的、完整的生命体。为什么儿童教育家陈鹤琴要呼吁“了解儿童的天性”？他真是讲究科学，这样才能把孩子培养出来。

我们现在很多孩子学拉小提琴、学弹琵琶，父母不停地说“你再给我弹弹”，一个钟头，两个钟头。孩子不要，厌了呀！小孩子不可能这样专注。哪怕是到了初中，特别是男娃娃，还是喜欢玩。我觉得，会玩的孩子，就是很有出息。顽皮捣蛋的孩子，我教下来，觉得起码有两个优点。第一，身体好。身体不好，他玩不动啊。他调皮捣蛋，一刻不停，走路都不会好好走的。他要跳的，走两步跳几跳，可爱吧？真的可爱啊！第二就是点子多，思维活跃，这是他的天性。我们总要求，你要坐好了，你不能动。这怎么可以呢？有的时候，他必须要“正襟危坐”，要培养他的专注力。但是，少年时代，很多时候，你要让他玩，让他双手双脚全部放开来，这是欢乐啊！他生命的欢乐啊！

好老师关键在能把孩子的潜能发现、发掘出来，变成发展的现实

其次，我们做师长的，要发现孩子的优点。

我做老师，对自己有一个要求，即必须锻炼出敏锐的目光，要能够敏锐地发现孩子身上的优点。每个孩子身上都有优点，关键看老师会不会发现。教师要发现美，感知美，跟学生一起体验美。学生的世界是五彩斑斓的，是“德智体美劳”多方面的，是立体的、多维的生命体。我们往往只看到某一点，如作业做得怎么样。其实，并不是如此。

孩子突出的、外显的优点比较容易被发现。老师的眼光要会发掘，发掘他内在的美、潜能、潜在的优质基因。是不是好老师，关键在能不能把孩子的潜能发现、发掘出来，把他的潜能变成发展的现实。心理学家乔治·拉伯萨特曾说：“人是带着一堆潜能，来到这个世界上的。”“一堆”，什么意思？多种多样。它不仅是数量多，还是五花八门的。我们培养下一代，不少人只看到习题、分数，这糟糕了，真的把多少美景都丢失了。

中国人是很聪明的。特别是小男孩，别看他调皮捣蛋，有时候一语惊人。你根本想不到，他“嘣”一下出来了，很有趣。我有次看到一篇文章，说阿尔卑斯山的山谷中有一条大汽车路，两侧风景极佳，美景如画。路上插了一个标语牌，劝告游人说：“慢慢走，欣赏啊！”我突然就想到，老师在学生、孩子当中，看到的也是美景如画，目不暇接，关键看你是不是静心、用心、精心去发现。那么多美好的东西，有时我们确实视而不见。我看到每个孩子的脸，就觉得非

常有趣。天工造物，真了不起。每个孩子都是两道眉毛、两个眼睛、一个鼻子、一张嘴，也都是按这个顺序来组合的。但每个人就不一样，各有特点，各有长处。罗丹说世界上不是缺少美，而是缺少发现，我们不只是用眼睛看，还要用心去观察。我一辈子做老师，真的是经常处在惊喜中。我跟什么孩子都处得来，因为我从心底里觉得他们非常可爱。

比如说，有个孩子不喜欢语文，数学比较好，而且很内向，寡言少语的。一个偶然的机会，大家讲圆周率，他一下子脱口而出，背到小数点后 28 位。我感到很惊喜，马上抓住这件事，在同学当中表扬他惊人的记忆力，而且请他向大家介绍怎么记的。这就给他一种肯定，一种信任。发现了潜能，要爱护。有的孩子背不到那么多位的，就对他投以羡慕的眼光。要不断呵护这种苗子。他坐在最后一排，有次我上课，发现他把擦眼镜的手帕咬在嘴上，眼睛一直看着我，身体朝前，专注听讲，进入了忘我的境界。课堂小结时，我就赞赏地说，真是美丽的风景啊！这看起来是很小的细节，但细节往往决定成败。叫孩子去做惊天动地的事，这是不可能的。细节标志着他的成长，他慢慢就开朗起来，跟同学关系也很融洽。所以，要善于发现，不仅是学业，还有兴趣爱好，方方面面，包括生活上。哪怕是穿件衣服、穿双鞋子，这里头都有学问，老师都可以发现表扬的细节、成长的契机。

我们表扬学生一定要实事求是，以事实为根据，而不能凌空。要让孩子能够做得到。适切的就是最好的。又比如有的孩子喜欢摄影，我就搭平台，请他表演、表现。他说起自己怎么选景，怎么构图，怎么用光线，什么角度好，如数家珍。一个孩子的成长，是要在众人当中，能够找到自己存在的位置。因此，教师一定要在很多时候搭建平台，让他有展示的机会，增强他的自信力、自强力。发现美、欣赏美，是师长教育下一代很重要的一条。比如，小孩子吃完饭以后，把饭碗拿到厨房，这个就要表扬。家长不能看成是小事。人的教育，就是这样点点滴滴入心头的。

缺点就是成长点，他的不足就是你的不足，教师字典里不能老是否定词

再次，对孩子身上的缺点，要包容甚至呵护。

人总是有优点、有缺点的，何况是未成年人。他在成长的过程中，粗糙，不周全，丢三落四，这样那样的不规范，这是常态，不是品德坏。不能够过分地责备，过分地批评，这是不行的。老师要有本事，不仅是包容，而且要把孩子不足的地方变成新的成长点。缺点就是成长点。他这里不足，你要呵护他、宽容他、爱护他，不断地引领他成长。

我教过一个小男孩，读初一了，两三百字都写不清楚，错别字多得一塌糊涂。他跟我讲，恨死作文了。我一个老师听了什么感受？你恨死我教的语文？恐怕要"好，马上关门了"吧？不，我就要寻根溯源，他为什么会这样？因为他小学一直被批评到毕业，他的积极性、好奇心、乐趣全都被批掉了。因此，我一定要在他的乐趣上面下功夫。我发现，这个男孩子，一天到晚裤子卷到膝盖下一点点，一双球鞋常常沾满泥，腿上也是泥。怎么回事呢？他喜欢捉鱼捉虾，常跑到河边去捉，学校荷花池也不放过，上课、作业不认真，该是他的缺点吧？但我看他对鱼虾那么有兴趣，这就是好事。我对他说：这样好不好？你呢，把鱼虾捉来放我办公室脸盆里，把水草也弄来，不过你每天要来换水。他很开心，天天认真坚持。一个人有乐趣是不以为苦的。他也会跟我讲，这个是龙虾，那个是小乌龟，怎样怎样。有一次我们写作文，题目叫《可爱的小生灵》。看了他写的文章，我真开心坏了，生动啊！尽管三百字左右，错别字很多，但他写乌龟跟龙虾大战，虾要先把腰蜷起来，然后再把钳子弄出去，细致得很。我请他到办公室来面批。我说："老师写不出这样的文章，你写得那么细致生动，因为你看得仔细，所以写得出。"我边讲边给他改一个个错别字。他不好意思，说："老师我写了那么多错别字。"我说："没关系

的，你重视了以后就会改掉的。”

然后，我就把这篇文章打印出来，跟其他同学写得好的几篇一起发给学生。班里同学大为惊讶。我说：“你们看，要写得出来就要仔细观察，他是观察入微啊。”这样表扬，他很开心，虽有点受宠若惊，但觉得自己是大大进步了。同学看到他这样进步，也要你追我赶。这就变成了他的一个转折点。后来我记得有次带他们去看市里的灯展，他看完了以后跟我讲他还没有看够，想星期天再来看。我说：“好啊。”从那以后他对写有了兴趣。就这样，一点一点，缺点变成生长点。他逐渐放下了小学一些经历给他带来的压力，在学习上好奇的星火又旺盛起来。有了学习乐趣，语文明显好了起来，他后来还考取了大学。

所以，我觉得，老师真的要跟孩子心心相印。他的事就是你的事，他的不足就是你的不足。教师字典里，老是否定词，“不能”“不可”“不行”，怎么教育他？教师字典里，应该是你怎样才行、你怎样做，就可以更好、可以更行，体现教和引导。

有些缺点，有时候表面还看不到原因。我教过一个班级，真的奇怪了，有四个口吃的孩子。我作为语文老师，不仅要教他们书面表达，还一定要他们的口头表达也好。我就很精心地去寻找原因。一名听课的青年教师着急地说，于老师，你讲你的，你不要叫他讲，他也讲不清楚。我说不行，他将来要生活、要工作，口头表达一定要清楚。后来我发现，他是生理上有点小毛病。我联系他母亲，说孩子舌头下的一根筋是不是短了点，是不是带他去医院看看。这位家长很配合，带去一看，真是短了一点，做了小手术。我再训练他讲，日子一久就很流利了。大学毕业后，他有次寄本杂志给我，上面有他的文章，说他在广州做外贸，做出成绩。做外贸，你说要口头表达吗？

孩子的成长是奇迹。千万不能用凝固的、一成不变的眼光来看。他是有潜能的，只不过有时潜能受到了影响。前面那个是生理上的影响，另一个是习惯影响，学人家口吃学坏了。我跟他说，你慢慢地，一个字一个字讲。第三个是家庭影响，太宠了，妈妈跟十几岁的儿子讲话，跟与幼儿讲话一样，不成句子。因此，孩子讲话乱七八糟，只有词和词组，没有完整的句子。每个人都不一样。口头表达能力是他将来生存、发展的本领，是我作为教师的责任。我就要精心地去了解他们这些说话的潜能被什么东西遮蔽了，帮助他们去掉这些遮蔽。

第四个又不一样，是一个女孩子，课堂上，请她复述一遍其他同学的发言，她总讲不出来，结结巴巴。有次下课见她跟同学跳橡皮筋时，说话却流利得很。我发现了，她原来是思维跟不上，抓口头表达是没有用的。因此，我对她的办法是，抓思维训练，促口头表达。她每天来上学要走 20 分钟到 25 分钟，我给她布置一个不要检查的作业，不是书面的。我说你每天走路的时候，看到对面一个什么人，马上脑子里头就要想这是个什么人，是大人还是小孩；看到母亲牵着孩子在走路，低下头想她大概在讲什么话。我要求她看见什么脑子里马上反应什么，看到什么讲什么。半年、一年下来，孩子的成绩上来了，反应快了。到最后，她参加全国作文比赛，还得了三等奖。

我们一定要认识到孩子是有潜能的。教育就是对人的存在之谜和成长之谜进行勘探。你是勘探者，他的存在之谜，有的是显露的，有的是隐藏的，你要把它勘探出来。他的成长之谜是什么，你要能够深入进去，逐步把握。教育做的是这样一种神圣的事情，把这些都勘探出来，持续地扬长避短。他的优点不断增加，慢慢地，在成长过程当中，那个不足的地方就克服了。

我们真的要明白，每个孩子不是带着空脑袋进教室的。他有从生活当中，从不知道什么地方，学到的一些东西，一些“缄默的知识”已经在他心里了。有的是生活经历，有的是环境启发，有的是学习积累。教师一定要学会赞赏孩子。孩子都有自己的梦，我们也是这样过来的，儿童的时候有儿童的梦。为什么一幅漫画，小孩子坐到月亮上面，就能够那样地打动小孩子？他有上天的梦呀！初中孩子有初中孩子的梦，青年有青年的梦，这些梦都是色彩斑斓的。要发现它，就势呵护他成长。

其实，孩子的那些叛逆都是有缘由的，一定要追根溯源。有的孩子在班级里很叛逆，不服老师。深入了解，会发现有的孩子书读得比较多，兴趣爱好广泛，家里的文化氛围又浓，他觉得你懂得太少，对不上号。所以，教师要不断学习。我总的一个感觉是，做教师，幸福感很强，经常被孩子的一些潜能、一些表现所感动，经常处在惊喜当中。我看到一些有才华的学生，真是由衷高兴，这是家庭之福、国家之福。他的潜能发挥出来，对家庭、对国家都是福气、福祉，千万要爱护。什么叛逆不叛逆，教师只要设身处地站在他的位置上想一想，体验一下，就明白了。就会觉得，他们真的是无比可爱，那些独特的想法、独特的做法，都是了不起的成人成才的火苗，是火种。

我深深体会到，教师、家长对学生的爱，实际上是一种温暖。庄稼成长要温暖，人的成长也是。我们的爱应该是一种温暖，一种关注，一种包容，一种理解，一种体贴，一种动力，一种引领，让他行走在人生的道路上，趣味无穷，热爱生活。这里十分重要的是，教师绝对不只是一个人发光，要和谐，要让每个孩子都发光。一种乐器奏不出交响曲，它的和谐来自每一样乐器的发光。教师非常重要的一条，是要制造和谐的氛围，让每个孩子都发光。每个孩子都是发光点，他有他的世界，教师要让他世界里最好的东西呈现在大家面前，这样他就能够不断地成长。

美是欣赏
——美育访谈录（三）

她的第四次哽咽，是说到一位“捣蛋王”。

于漪在20世纪60年代曾带过一个班级，有两个学生“真的调皮捣蛋得拆天，高中生啊，不断给教师出难题”。于漪不断家访，不是告状，而是深入了解，寻找闪光点。慢慢地，彼此共同语言多了，学生转变了，“做许多好事，还认真练字，字写得很漂亮”。再后来，他们毕业，工作，退休。其中一个不幸患上了癌症。于漪得知了情况，特地请同学带给他一包西洋参，要他保重身体。“他很感动。他身体不好，已是七十多岁的人，还专程上门来看我。”说到这儿，于漪哽咽了。

91岁的她动情感叹：“其实这种情分是无价的，不是金钱可以衡量的。从中也可见，人是会变的，我们不能用凝固的、一成不变的眼光来看待。小孩子的成长，是‘X’，这里头学问很大。”

第一篇她讲到做老师、做家长的，要尊重孩子的天性，要发现孩子的优点，要呵护孩子的缺点，强调非常重要的一条是要创造和谐的氛围，

本文刊登于《解放日报》2020年7月23日首席专版，原题为《于漪再谈教育焦虑与美育：今天我们怎样做老师做家长》，首席记者郭泉真根据采访录音整理，后附访札一篇。

让每个孩子都发光。那么，怎么营造氛围？她着重提了三个想法。

一定要去除冷漠、急躁、过度的要求，温柔一点，温柔是心灵的优雅

要营造和谐愉悦的氛围，让学生在这种氛围中成长，师长首先要使自己的心态好起来。

第一点，我们要端正心态，把握好两个不同。第一个不同是教师跟学生是成人和未成年人，有代际的不同。一般来说，师长起码比孩子大十几岁、二十几岁，有的老师要大三十多岁。我们要清醒地认识这个不同，把握这个不同，千万不能把自己的思想言行作为标杆来要求学生。

我们现在往往都是以成人的看法来要求孩子。我的想法如何如何，我的做法如何如何，我认为这样是对的，我认为这是怎样的。其实，成人自己小时候也不是现在这个样子，也是一步步成长到今天的。现在要拿成人的标准来要求孩子，怎么可能呢？没有人是没有缺点的，我们自己也不是十全十美。考虑得再周到，也有不周到的事情。要求孩子面面俱到，怎么行？

我讲一件真事。有个孩子，读小学四年级，考卷发下来了，数学得了 97 分，很高兴地回家。结果，爸爸一看分数，面孔马上板起来。先还不讲话，实在熬不住了，这位爸爸责问："还有 3 分到哪里去了？"孩子考到 97 分，很好了，应该是表扬啊。学习，是很艰难的。我们自己学一点东西，真正学到脑子里头，灵活运用，多么艰难。尤其对小孩子来说，学习是艰苦的脑力劳动，哪能是百分之百？这位爸爸这么一说，小孩子吓坏了，还有 3 分讲不出来，不知道到哪里去了。训斥的杂音让小孩子背了个沉重的包袱，下次一定要考 100 分，否则，还要挨骂，这怎么得了？

任何一个分数都不能代表孩子的综合素质。没有一张考卷，没有

一个分数，能够衡量出孩子的整体素质。它只是一个手段，对某个阶段的学习，了解一下，衡量一下。所以，一定要把握，要去除这种冷漠、急躁、过度的要求，要温柔一点。人的高贵，不仅在自身的修为，还在肩挑教育好下一代的神圣责任，薪火相传，绵延发展。作为师长，你要教育下一代，一定要学会温柔。温柔是心灵的优雅，是一种美。你温柔一点，孩子接受教育就温暖，就比较和谐。

第二个不同是时代的不同。我们成长的环境和孩子成长的环境已经发生翻天覆地的变化。信息革命、网络时代、人工智能……孩子和我们小时候是大大不一样了。我们作为长辈并不是什么都比小孩子强，比下一代强。我看到 2018 年全国互联网网民的调研数据，未成年网民规模是 1.69 亿，近九成的未成年网民会使用网络进行学习交流等活动。我们那个时候的小学生就获取网络信息资源这一点就不能跟现在的小学生比。现在的孩子，视野多么开阔，电脑、电视、手机，简直就是坐在家里见世界，咫尺天涯。远在天涯海角，一个手机就能看到了。你得承认社会发展到了这样一个阶段。我和青年教师比，也许经验教训比他们多，但是在信息方面，根本连他们的学生都不如。承认这个事实，才会有良好的心态。看到了自己的不足，就会虚心，就不会自以为是。所以，一定要调整好心态。心态好，有责任担当，就自然而然地会去除掉很多急躁，去除掉不切实际的要求。

孩子的成长都有他自身规律，父母也好，教师也好，任何人不能代替

第二点，我觉得要调整视野，开拓追求的目标。

当今时代，真就是一个地球村，一定要调整自己的视野。不能只是看到课堂里头，就是一张考卷，就是一个家庭。一定要把家庭、学校放到整个社会、整个世界的大背景下来认识思考。调整了视野，就能开拓培养的目标。孩子的成长都有他自身的规律，任何人都不能代替。父母也好，教师也好，没有一个人可以替学生成

长。有一句谚语："师傅领进门，修行在个人。"学生有他自己的成长规律，我们只是帮助他打好做人的基础，做人的底线一定要搞清楚。我们只是帮助他学些生存发展的本领，为他今后走健康的人生之路做准备。

基础打得正确，打得牢靠，打得宽泛，孩子就能发展得更好，成为国家的有用之人、有用之才乃至于栋梁之材。我们不是去虚无缥缈地高悬一些目标。不要听一些鼓动、一些吹嘘，一味追求高职位、高收入，沉迷在荣华富贵里。我前头讲到的"学以成人"为什么是中国教育的精神家园，因为它有三个注重：一是注重情感、道德、行为方式、价值取向的教化，二是注重对家庭秩序和社会秩序的维护，三是注重对家庭、国家、社会的奉献。这很有中国特色。我们学以成人，不是唯我独尊，而是既要爱自己也要爱别人，推己及人，美美与共，天下大同，追求的目标一定要清楚。

中国人讲得很清楚，"天生我材必有用""三百六十行，行行出状元"。成人成才的道路，终究是四通八达的。在六十几年前，学什么，将来就做什么。现在进入了信息社会，人机共存的时代，互联网的时代，新的产业、新的职业层出不穷，对未来你都想得到？都有预见性？不是这样的。

当人们有了基本的东西，把做人的底线牢牢把握住，有生存发展的真本领，从根本上说，是不用怕的。我们要打开这样一个视野，不要一味只求高悬的目标。要尽量考虑得很宽，而不是很逼仄，华山天险一条路，一切要从孩子的实际出发，从时代的需求出发。

在你看来不值一提，
在他就是困难，就解不开，
要帮助他，要倾听

第三点，要协调我们感官的功能。作为师长，要增强亲和力，要赢得孩子的信任、信赖、尊敬。根据我自己的体会与观察，教师也用眼睛，但有的时候观察得不够细致、不够深入。我们用得顶多的是嘴

巴，倒不是吃东西，而是不断地讲话。对学生提要求，做这个、做那个，乃至于喋喋不休，絮絮叨叨。学生烦死了。学生最讨厌的就是老师絮絮叨叨，讲一遍好了，讲五遍、十遍还要讲，真是没完没了。

我自己教课的时候，非常注意语言的得体和新鲜感。比如讲“观察”，每次都尽量用不同的词，否则学生会听腻。我讲“打开认识的窗户”，讲“识得真、勘得破”，讲“洞悉、穿透”，等等。老是“炒冷饭”，学生怎么要听呢？高中的孩子能够独立思考了。他的世界里头，东西是很多的。教师要调整感官，改掉絮絮叨叨的毛病，让耳朵多发挥一点功能，要倾听孩子的心声。

我过去很懵懂，以为上课上得一清如水，学生学得就好了。不是这样的。教师讲得一清如水是基本要求，但孩子的接受能力是不一样的。教育家卢梭在《爱弥儿》中写道：“我们在出生的时候所没有的东西，我们在长大的时候所需要的东西，全都要由教育赐予我们。”这句话讲得很深刻。为什么教育能够带给我们东西？因为人有求知欲，有好奇心，觉得有乐趣，觉得自己讲话大人听，自己某个方面有能力，自己在形成良好的习惯。这些不能被破坏被漠视，在每个孩子身上表现得又不一样。

因此，我们一定要倾听学生的呼声，学生内心的诉求。每个学生在成长的过程当中，都会碰到各种各样的困难。在你看来是不值一提的，但是在他看来就是困难、困惑，他就解不开。因此，教师要帮他承担，帮助他排解，要倾听他内心的需求。

要倾听，就要有亲和力。要知道学生有什么兴趣爱好，他喜欢什么，他关心什么。做老师，起码要走进学生的“三个世界”。第一，知识世界。这一点，我们老师做得比较多。第二，生活世界。学生对生活的向往是怎样的？生活世界是琳琅满目的，这就有对的，有不对的，那么我们怎么来引导？要走进他的生活世界，知道他追求什么，向往什么。第三，心灵世界。这包括学生的所思所想，对是非善恶的认识与判别，等等。

为了走进学生的世界，我认认真真去学那些我不懂的东西。男孩子往往喜欢体育，我觉得非常好。体育本身有一种精神，团队的精神，不怕苦的精神，克服困难的精神，奋斗的精神，还有技能技巧，对发展智力也很有好处。我做班主任、做校长，都非常重视体育。体育不仅是一门课，更是孩子成长的一个方面。为了和孩子有共同语言，彼此的心弦就要对准音调。一个交响乐，它的提琴和钢琴要对得起来。只有对准音调，教师讲的话才能在学生心中弹奏，发出音响，才能引起共鸣。因此，我真的去看足球，去看场上谁是前锋，谁是中场，谁是后卫，后卫里头什么是“清道夫”，现在“清道夫”不谈了。

我本不注意足球。因为学生喜欢，我就要了解，也就喜欢上了。后来发现，足球赛就是人生，学问大了。女孩子喜欢排球，我也跟她们一起打排球。男排、女排的特点是什么，女排精神是怎样的，二传手谁最好，“铁榔头”郎平为什么是行的……你说，不深入进去了解，怎么会有亲和力呢?

我跟高中同学经常谈什么?谈文学。新出来一本书，他有他的看法，有的时候我是想不到的。谈艺术，谈为什么中国人讲究留白，为什么西洋画不讲究。学生会有自己的很多想法。这对我们教师来说，就是学习的养料。

倾听，本身是一种修养，是一种品质。中国人是讲君子之道的。君子的气质里，非常重要的一点就是谦虚，虚怀若谷。倾听孩子，就会跟他有很多共同语言，你才有亲和力。有个女孩子，原来是坐不住的。她的奶奶就教她绣花，这位奶奶很有教养。后来慢慢地，她坐得住了。她把绣的花拿来给我看，这里针脚如何，那里没有绣好，说自己原来心像猫抓心一样（笑），特别叮嘱我：“于老师，你不要告诉别人噢，我只告诉你听。”这种珍贵的信任，去哪里找?

所以说，倾听非常重要。我自己也有教训。我就一个儿子。我平时不太管他学习的，只管做人。第一，不是自己的东西，金子也不能碰。第二，不能说一句谎。因为孩子说谎，就是坏的开始，再闯祸都不要紧，不能说谎。他大概小学三年级的时候，那天晚上，我难得翻他作业，一看，数学本子上，60 分改成 100 分，乱七八糟的。他当时已经睡觉了。我就把他喊起床，问他怎么回事，他又说不清楚。我当时住复旦大学宿舍，班主任家就在不远处，我就带他过去。因为说谎是不能原谅的。教育求其真，防微杜渐，任何坏事都是从小错误开始的。闯祸，打掉一碗饭，这都是无所谓的、没有关系的，就要说真话，所以我非常重视。

到了班主任老师家询问，老师说明了情况。原来不是他，是旁边一个同学捣蛋写的。我当然就不责怪他了。我们当时住在宿舍底楼，有块小黑板，平时工作很忙，有什么事情就写在小黑板上。第二天我下班回家，看到小黑板上面写了一句话：没有调查就没有发言权。（笑）我赶紧检讨，说我首先就没有信任他，应该认真地听他把话说清楚，而不是急着去核实。家庭成员不是大压小，而是大家要服从道理，明理。

不该管的管得太多，
该管的管得太少，
要耐心等待，精心呵护，耐心教育

最后我想说，真正该在意的是什么。有的时候，老师也好，家长也好，其实把孩子成长当中一个非常重要的事情忘掉了，就是习惯，培养良好的习惯。

习惯形成素质，素质形成品质。我们现在不该管的管得太多，该管的管得太少。不和谐啊！我记得俄国教育家乌申斯基讲过：好的习惯，就好像精神世界里存放的资本，它会不断地增长，你一辈子都用不完它的利息；而坏的习惯，就好像是道德上还不清的债，它会不断用利息来折磨你。好的用不完，坏的偿还不完，不断地折磨，乃至于破坏了一个人的创业、一个人的道德。其实，这是很有道理的。

所以，我们的家庭对孩子生活的良好习惯、尊老爱幼的习惯、推己及人的习惯，要很好地帮助他去养成。在学校里，学业成绩不好的，往往首先都是学习习惯不好。我教了很多学业困难的孩子，几乎都是因为学习伊始有了不好的习惯，纠正起来十分困难。学习有良好的习惯，做人有良好的习惯，生活有良好的习惯，这就是秩序。交响

乐之所以和谐，是因为它有秩序。主次详略，长音短音，都是很规范的。没有秩序，没有规律性，怎么会和谐呢。社会的和谐一定要有秩序，家庭有秩序，学校有秩序，社会就有良好的秩序，每个人都在他应有的位置上。

习惯养成，其实是从被动的到主动的，再到自动的。学生很小，你告诉他，看见年长的人应该叫什么，他听你的，是遵从，是被动的。慢慢地，他应该是主动的，主动认为这样做是对的。“我”已经十几岁了，晚上可以把大家吃的饭碗收拾好了去洗，成为一种习惯。吃饭了，大人没有动筷子，“我”最好等爸爸妈妈来了后一起吃，养成良好习惯。到了最后，认同了以后，习以为常了，就内化为自己的，“我”必须这样做。红灯，没人，“我”也不走，“我”自己必须遵守规则，这就是自动的了。

所以，我们对孩子的教育应该是方方面面的，是全方位的人的培养。我开头讲，交响乐那么和谐，一定是指挥者很好。比如指挥家余隆，比如老一辈的黄贻钧。指挥者的修养很重要，要让每个乐器发挥功能。黄贻钧会十多种乐器，吹拉弹唱，小提琴、中提琴、大提琴，爵士鼓、风琴、小号、圆号都会。这样，他就能够从容不迫、游刃有余地指挥全部演奏员。在他的指挥下，演奏员是不能懈怠的，吐法、弓法、弹法、敲法有没有问题，一目了然。所以，今天教师要继续学习，要有育人的真本领。做家长，恐怕同样也是要学习的。因为我们面临的是全新的问题，面对的是可爱的孩子，国家的后代，民族的希望。

今天怎样做教师，今天怎样做父亲，这个鲁迅先生提出来的问题，仍然是我们要解答的，要作有时代色彩的解答，因为人总是未完成的。我们带着已知的可能性，再进入新的可能性。我们的孩子是在成长的过程当中。鲁迅先生讲，生命的路是进步的，总是沿着无限的精神三角形的斜面向上走，什么都阻止他不得。作为师长，我们要耐心等待，精心地呵护，耐心地教育。要创造和谐，就要“慢慢走，欣赏啊”。

【访札】

于漪的“办法”是从哪来的

曾经有一位非常叛逆的学生，经过于漪春风化雨般的教育，后来成为博士。

另一个现在的小学生，看到她一个教学案例后，被深深打动。据说这是上海教育界广为流传的一堂经典公开课：一个同学脱口而出发问，课文中的“万万”是什么意思，惹得其他同学哄堂大笑。发问者一时十分尴尬。于漪这时说：“大家都知道‘万万’等于‘亿’，那么这里为何不用‘亿’而用‘万万’呢?”接着进一步互动、引导说：“是汉语言的叠词叠韵之美，影响了此处的用词。”最后又说道：“请大家想想，今天这一额外的课堂收获是怎么来的？大家要感谢谁呢？请让我们用掌声表达对他的谢意。”就这样，在大家的目光与掌声中，发问者又自信地抬起了头。

这正是于漪这次访谈讲到的“就势呵护”。呵护还不止于当时。现在那个小学生看后，一下就因为感动而产生了共鸣，并感叹“于老师真厉害呀”，进而很自然地产生了对她的尊敬、信任与认同。

她的“厉害”，她的办法，来自很多个点的集合。

第一，还是从爱出发。这次访谈，她四次哽咽，每一次都是因为对孩子们的爱护之情。也正因为始终从爱出发，她这两次访谈，又常常是说中带笑，为孩子们的缺点其实是可爱、有趣而笑，为大人错以自己的标准去要求孩子而笑，一次又一次地，确实如她学校的老师所说，“哪怕批评的时候也在笑”。其实对一些需要纠正的情况和现象，她也很是着急，所以一直没有停止花力气去思索，深挖根源，寻求破解。但同时，她又总是从爱出发，看到许多身处其中者的困难其实是困惑，着力于解决他们认识上的误区。可以说，在四次哽咽与频频笑言背后，都是一位教育者的初心与宽宏。

第二，也正是这样的动机与格局，促使她思索，勇于直面问题，始终紧盯问题。比如，她很诚恳地说：要看到现在的孩子有种种不同于以往的新特点，所以我们一定要静下心来，学习做老师、做家长，要“直面问题，来很好地认识，来很好地破解”。又如，她旗帜鲜明地一再强调：我们身为师长，必须蹲下身来，认认真真了解孩子，想方设法研究孩子，努力走进他们的世界。“不了解怎么行？”“不研究，怎么会有办法？”

第三，她的研究，抓真问题。从她的话，往往可以看出她思考的出发点与落脚点：“国家最最重要的是人，有了人就有了一切。”她教课，从来不喜欢去教务处看分数。她做校长也喜欢听课，老师水平一听就大致有数。她对孩子“办法多”，秘诀就是研究。“对小孩子研究不够，自然就缺少办法。”“不研究，就看不到孩子身上的具体情况。打架其实不都是坏事，有时候是打抱不平。”“不能脱离实际。西方来的有些是对的，有些是不对的。因为国情不一样，文化不一样。我们要教育的人，是有大视野、大情怀的，不是霸权主义、唯我独尊的。”

第四，她的办法，尊重规律。她的不少话值

得细品，就因其中有紧扣规律的深入思考。她与记者讨论时，脱口而出一句：“小孩子要放在群体里头去帮助，形成‘场效应’。”这就像交响乐里的每个乐器、每个音符，每个人找到自己恰如其分的位置，心态就会和谐。所以，她这次访谈从交响乐说起，其实是深入思考后的结果，有内在的深层逻辑。她还再三强调，小孩子，特别是婴幼儿，一个月一个样。七岁入学，大月份生的跟小月份生的就不一样，几个月差别就不一样，“急不得的，急不了的，急不来的”。人不能够破坏规律。我们中国讲究的不是控制自然，而是顺势，应天地而教化。到那个天时，小孩子会豁然开朗的。

她最后讲道，美是熏陶，美是感染。她深情回忆：“我们老师讲爱国，并没有说你们要如何爱国，他就是讲得激情澎湃，自然就感染了你。”她反复说：“最好的教育是无痕迹的。所以，美育是一个突破，因为人人都追求美好，向往美好。硬讲大道理，不要听的，现在小孩多敏感。不能是我们讲个正确的，马上就要他学。应该润物无声，在孩子面前少‘吐槽’，多讲些好的、正面的事例，并请他们发表意见，在讨论中潜移默化起作用。”

两次访谈后，记者最大的感受是：教育确实是一门艺术，要研究孩子，要研究规律，而且是认认真真地、当回事地去研究，放到心头非常重要的位置上。如她所说，孩子的不足就是你的不足，孩子的问题就是你的问题，从某种意义上，就像一本漫画的书名——《我的错都是大人的错》。要潜移默化，首先就得自己“有一身真本领”，首先得做好自己。事实上，回想起来也忽然意识到：两次上门采访，两次都是91岁的她自己前来开门迎接。虽然她的家人也在，但老人如此坚持，就是一处润物无声的细节，在接触者意识到的那一刻，埋下一点触动、一粒种子。“最好的教育是一棵树摇动另一棵树，一朵云推动另一朵云，一个灵魂唤醒另一个灵魂”，这句话其实蕴含着某种规律：做好自己，进而在自然而然中，让对方的心灵被唤醒，继而意识到。大人和孩子是一场缘分，孩子不是大人的物。好好对待孩子，做有办法的养育者，从研究孩子、尊重规律、成为更好的自己开始。

理想就在岗位上，信仰就在行动中

衷心感谢各级领导对我这名老教师的厚爱，成立于漪教育教学思想研究中心。几十年来，党和国家教育我、培养我，引领我爱岗敬业、教书育人、报效祖国，真是恩重如山。

回顾往昔，我自己只是坚守了一名新中国教师的本分，自己的贡献甚少甚微，真感到名实不相符。当自己工作的时候以为自己已经竭尽全力，但是今天来衡量，由于水平所限、专业能力不强，就那么一点本领，因此经常发生捉襟见肘之事，遗憾颇多。回顾往昔，总觉得对当年教过的学生深感内疚。

我个人力量是微小的，而祖国教育事业需要千千万万优秀教师。新中国的教育，从体量、发展规模、速度而言，从我们追求的理想境界、高远目标而言，在世界上是绝无仅有的。因此，我们需要数以百万计、千万计的教师胸怀壮志、立德树人，充分发挥自己的聪明才智，谱写新时代教育的新篇章。

我自己总有这样的想法，就像曹操的《短歌行》里所讲的那种“求贤若渴”，“青青子衿，悠悠我心。但为君故，沉吟至今”。作为老教师，对教师队伍中的优秀者、杰出者，我心怀感激、不断思念、

本文发表于《语文教学通讯》2020年第10期。2020年9月5日上午，人民教育家于漪教育教学思想研究中心在杨浦高级中学揭牌。研究中心由教育部教师工作司、中共上海市教育卫生工作委员会、上海市教育委员会、中共杨浦区委、杨浦区人民政府共同发起建立。在揭牌仪式上，92岁高龄的于漪老师向见习教师代表赠书，并作了热情洋溢的讲话。《语文教学通讯》经作者授权刊发其中的讲话内容，题目为后者所加。

无尽崇拜。

而今天不仅仅是求贤若渴，我们还要造就贤才、造就人才。我绵绵不断地思考，日夜期盼，中青年教师也要抓住时代机遇，倾心、醉心教育事业，自觉成长、快快成长，成为教师队伍中的能人、贤人、智者，成为习主席所讲的有理想信念、有道德情操、有扎实学识、有仁爱之心的“四有”好老师，勇于承担新时代的教育责任，创造我们新时代的教育辉煌，泽被莘莘学子。

感谢各级领导对我这名草根教师的厚爱，这个平台对我的研究只是一个引子和原点，搭建这个平台是为了让广大教师尤其是优秀教师能够交流思想、传播育人经验。我们要团结一致，群策群力，攻坚克难，共同研究新中国教师成长规律并付诸行动，使我们的基础教育队伍涌现出大量的卓越教师，不愧对这个伟大的时代。

教育的质量说到底就是人的质量，是教师和学生的质量。从事教育的人就要有点气象。在当今国内外纷繁复杂的形势下，教育者就更要有些气象，要自强不息，厚德载物，情怀博大，躬身践行。我们心中经常有天地之气在回旋，中华民族伟大复兴之气经常在胸中升腾，人就会高大起来，脊梁骨就会硬起来。当我们的老师正气凛然、德才全面提高的时候，学生就能终身受益，培养出来的人才就是最了不起的战略财富。我从教的准则是，理想就在岗位上，信仰就在行动中，要锲而不舍，坚韧不拔，奋勇前进。愿与老师们共勉。

创新育人方式，助教育开花结果

各位领导，各位专家，各位老师：

大家好！中国教育学会举办首届基础教育论坛，我这名鲐背之年的老师特致以衷心的祝贺！

多少年来，同志们怀着对基础教育的深情，做了许多促进基础教育发展和质量提高的工作，泽被广大师生，我有说不尽的感谢。育人质量是教育的生命，因为它不仅是学术性、专业性的问题，而且蕴含着巨大的战略意义。育人质量与民族的兴衰、国家的强弱、老百姓生活幸福与否密切关联，真是休戚与共，骨肉相连，是命运共同体。未来就在我们手中，我们来不得半点的主观随想，也来不得半点的花花草草，炫人耳目。而育人质量的标准只有一个，就是党的教育方针，要使我们每一个接受基础教育的学生都实现德智体美劳的全面发展，为他们成为中国特色社会主义建设者和可靠的接班人打下扎实而宽厚的基础。

“人的全面发展”这个思想是马克思主义的最高价值理想，也是我们未来社会的价值目标。我们今天讲全面发展，就是要放在推进教育现代化的整体进程当中去思考、去实践。因此，我们讲的德智体美劳全面发展，绝对不是简单的 1 加 1 加 1 加 1 加 1，也不是粗糙的“五育”齐头并进，而是要辩证地探索“五育”之间是怎样互相支撑、互相交融、互相渗透的，也就是说要辩证地追求育人的整体效

本文是作者 2020 年 11 月应邀在首届基础教育论坛上做的视频讲话，根据录音整理。

果。要以这个标准来实践育人的许许多多的措施，塑造志存高远、朝气蓬勃、奋发向上的新人。

我们讲育人的质量，就必须对人进行精心的研究、深入的研究。做老师的、做家长的，目中有人，心中有人，教育才有温度。而我们经常会有一些不太适合当前教育形势的做法，这就需要不时地反思。我经常反躬自省，觉得我认识当代学生就有两个障碍：一是观念比较陈旧落后，跟不上时代的发展，看不清青少年身上有怎样的时代印记；二是会有意无意地拿自我的标准，以陈旧的习惯性思维来推断学生、揣度学生，因此就会常常对不上号，也就是说犯了刻舟求剑的毛病。如果用这样的方法来对待学生，就会产生一些不必要的问题、不必要的矛盾。要能够经常看到新问题、新矛盾。现在的孩子成长在什么样的时代？是信息爆炸的时代，人工智能的时代。他们从小就广泛接收信息，认识事物，他们思维的那种快速、那种宽度，是他们很大的优势。

但是，与此同时，他们会遇到各种各样的问题。社会上有各种各样的诱惑，比如与手机广泛使用相伴而生的就是良莠并存的现象，而青少年往往缺乏辨别力、判断力，有时候会错把腐朽当神奇，如游戏成瘾，又如打赏成性。我们现在的孩子既要以自我为中心，但是有的时候又失掉了自我。他们是被学习、被生活，在十分娇惯的环境下成长的，在他们身上充满了矛盾，这些都是我们过去的老师、家长没碰到过的。同时，他们又感觉到压力很大，对他们的成长，有各种各样的要求，如学校的要求、家庭的要求、社会的要求，因此他们会产生焦虑，产生困惑，产生迷茫。所以，我们必须清醒地认识到，一代人有一代人成长的环境，一代人有一代人成长的方式、成长的道路。如果用老思想、老办法、老经验来套，不仅事倍功半，而且会产生诸多的不协调、不和谐。

人的成长是有规律的，任何人都不能代替别人成长。老师不能代替学生成长，家长不能代替孩子成长。我记得德国教育家福禄贝尔曾经对人的成长说过一个很生动的比喻。他说，一株葡萄最多能够结多少果实，不是由园丁决定的，而是由葡萄自身决定的。它有它的基因，它有它成长的规律。如果园丁不认识、不了解葡萄的本性，不了解它生长的过程，只是一味盲目地施肥，过分地呵护，即便是出于好心，其结果也只能是妨害了它的生长，甚至于降低了它的产量。育人的道理是一样的。因此我们在当今时代要提高育人的质量，对我们的教育对象——他们是那么丰富，那么多彩，那么有时代印记——就必须充分地了解，透彻地了解，探索他们成长的奥秘。创新我们育人的方式，教育才能开花结果。

从事基础教育很辛苦，要做大量的工作。但是，有两种做法值得思考：

第一，我们经常采用“纠错的教育”。什么意思呢？老师也好，家长也好，常习惯于以自我的标准来要求学生，要求小辈。“这也不行，那也不行，你应该怎样”，希望孩子像自己所想象的那样，按照自己所认定的标准去做，恐怕这种纠错式的否定的教育方式是不行的。对青少年的成长不应该有大量的否定，而是要告诉他应该怎么做。举个例子来讲，教学生写作文，学生感到很困难，即便老师把“你不行”讲一百遍，他也不会行的，关键是要正面地疏导、教育，教会他怎样才能行。教育者、教师的立德树人工作，需要练大基本功，就是教会学生怎样才能行，而不是纠错的教育。纠错的教育会产生许许多多的矛盾，导致亲子关系的激化、师生关系的激化，这是不行的。

第二，我们往往容忍“密植教育”。种庄稼如果密植就可以高产，但密植是有极限的，是有边际的。一亩地能够产几万斤、十几万斤粮食吗？这是不可能的，至少在当前是不可能的。禾苗不通风，它就不能成活，更不要说生长了，何况我们面对的是活泼泼的青少年？而现在，学校、家庭、社会把求学的孩子从小学到高中，里里外外所有的时间、空间都填得满满的，星期一到“星期七”，密不通风，他的发展空间在哪里呢？

针对这种情况，我们恐怕要搞一点唯物主义，坐下来，沉到第一线去做一点调查研究。对学生进行德智体美劳全面发展的教育，必须有空间和时间，而我们现在的“密植教育”往往把孩子紧箍在狭隘的所谓学业上——知识、考试、分数。其实，学生健康成长的过程就是教育。比如说参加体育活动，就可以接触到大自然，看到蓝天白云，就可以经历风风雨雨，也可以放松身心。在美育的过程中，他们可以陶冶性情，舒展心情。劳动教育可以让孩子锻炼筋骨，享受劳动的果实。哪怕是打扫卫生，学生看到本来很脏的地方经过自己的努力变得很干净了，就有一种成就感。可是我们把孩子禁锢在“密植教育”的学业里，就压缩了德育、美育、体育、劳动教育的时间和空间。

所以，我们确实要做一些深入的调查研究，把我们所有的课程，特别是高中的课程，每一门课程的要求聚焦到一个学生的身上或者一个班级的身上，把总数加一加，看看他究竟需要多少时间。时间是个常量，每个人每天只有 24 小时，学生不可能在 24 小时之外还多拥有一秒的时间。我们算一算，在高中加上了无穷无尽的考试，这需要多少时间？如果这一点不牢牢把控的话，要全面发展，是落不到实处的。我们无论如何不能把学生的学习变成只是看到课堂上的学业，只是考卷一张，只是分数。德育、美育、体育、劳动教育无处不是学习，从形象的到理性的，能够让孩子们的筋骨得以舒展，身心获得发展。

所以，我们不仅要有整体思维，而且要有差异思维。人是有差异的，每个人的天赋各自不同，成长的环境不一样，成长的方式也是不一样的。在新时代，针对不同孩子的成长环境、成长方式，我们的教育要跟上，要有判断的能力，通过教育价值的综合判断，在他很小的时候培养他形成辨别是非美丑的能力。

我们今天讲育人质量，必须放在时代的洪流当中去认识、去理解、去实践。我深切地感到自己跟不上时代，要不断地加强学习、转换观念。我总是在提醒自己要有一点新思维、新观察，真正地认识当代孩子生理、心理的需要，了解他成长的精神食粮是什么。成人应该引导他们自己选择良好的成长方式，选择正确的、健康的人生道路。人生是单程票，每一站都要走好，无法走回头路，所以每个学段的老师都要牢牢地把好质量关。

我一直觉得老师身上挑的是千钧重担，挑的是孩子的现在，挑的是国家的未来。要让孩子的身心健康发展，就要选择德智体美劳全面发展这一条正确的道路，这也是助他们的身心健康发展，让德性、智性、身心同时提升的一种非常精彩的育人方式。如果我们在这些方面能够下大力气，把学生的德智体美劳如何发展变成从事教育工作的基本功来练，我们的教育就能够取得更大的成果。

以上是我的一点粗鄙之见，请指正。这次教育论坛是一个盛会，学者、专家、优秀教师云集在一起，共同探讨基础教育如何提高育人质量和推进教育现代化进程，必定会有许多真知灼见，能够对一线教师有深刻的启迪和实践的指南。我这名鲐背之年的老教师再次向你们表示衷心的感谢。祝愿我们首届基础教育论坛取得丰硕的成果，谢谢大家！

更自觉地赓续红色血脉

习近平总书记在庆祝中国共产党成立100周年大会上的重要讲话高瞻远瞩，情深似海，句句说到党员和人民的心中。内容纵横古今中外，历史、现实、未来，极其丰富多彩，震撼人心，听了热血沸腾。这是向全国人民倾诉我们伟大、光荣、正确的中国共产党的丰功伟绩，向世界人民展示中国共产党百年奋斗征程给中国人民创造的幸福生活。我这名老党员、老教师是艰苦历程的见证者、参与者，又是幸福生活的受益者，禁不住激情澎湃，要从肺腑里发出声音，高呼没有共产党，就没有新中国；没有共产党，就没有当今的中国特色社会主义的太平盛世。当然，没有共产党，就不可能创造更加光辉灿烂的未来。

习近平总书记在回顾过往历史时说："一百年来，中国共产党团结带领中国人民进行的一切奋斗、一切牺牲、一切创造，归结起来就是一个主题：实现中华民族伟大复兴。"目标高悬，清晰深刻，装到亿万人民心中。展望未来时，强调"新时代的中国青年要以实现中华民族伟大复兴为己任，增强做中国人的志气、骨气、底气，不负时代，不负韶华，不负党和人民的殷切期望"。对革命事业后来人的拳拳之心、挚爱深情令人感动。殷切期望内涵无比丰厚，为我们教育工作者进一步指明了奋斗的方向。

我们中国共产党百年创建的历史丰碑，是中华民族几千年历史上最恢宏的史诗，前无古人；我们伟大的事业要坚守、要发展、要创造

本文发表于《人民教育》2021年第13—14期。

更大的荣光，一定要后有来者。后来者队伍浩浩荡荡，蓬勃向上，奋勇前行，最为根本的是要继承光荣的革命传统，赓续红色血脉，担当起伟大复兴使命，让我们的壮丽事业千秋万代传承。要后来者切实赓续红色血脉，必须从小抓起。教育者重任在肩，要更自觉地把党百年来艰苦卓绝斗争所形成的极其宝贵的精神财富传播到他们的心中，点亮生命的灯火，照亮人生的前程。培育时代新人，须有新思考、新作为、新格局。

厚植学习初心
牢记肩负使命

中国共产党一经诞生，就把为中国人民谋幸福、为中华民族谋复兴确立为自己的初心使命。“为中国人民谋幸福、为中华民族谋复兴”，这最初的心愿、信念、理想远大崇高，舍我无我，故我们党百年来能领导全党全国人民披荆斩棘，拼搏奋斗，推翻压在人民头上的三座大山，创建人民当家做主的新中国。百年来革命、建设、改革创造的伟绩惊天动地，彪炳千秋。而今，风华正茂，正意气风发地向着第二个百年目标进发。

初心的确立，是理想的树立，志气的昂扬。人的成长与发展道理相通，立身先立心。学生进学校求学，随着年龄的增长，须引领他们确立学习的初心。特别到了中学阶段，学生逐渐知事、懂事，要引导他们反复而深入地思考：“我为什么学习？为谁学习？学了干什么？”20 世纪 50 年代、60 年代初期，教育质量好的学校很重视学生学习动机、学习目的的教育。学习初心的教育，既是德育的内容，也是智育的内容，在教育活动、学科教学中细水长流地熏陶、润泽，学生逐步明做人之理，明报效国家之理，确立学习的志向，学习的主动性积极性也随之提高。当年周恩来总理求学时代写下“大江歌罢掉头东，邃密群科济世穷。面壁十年图破壁，难酬蹈海亦英雄”，这一救国救民的大抱负曾教育感动了许许多多学生。

今天，应充分重视学生学习动机的教育、学习初心的确立。我们对学生“学什么”“怎么学”关注、研究极多，相比之下，学习初心的教育比较薄弱。当今教育的外环境比半个多世纪前不知复杂多少倍，社会上多种多样的价值取向对学生学习动机的干扰乃至侵蚀屡见不鲜，“学而优则钱”“个人中心”“利己”“享乐”，对缺乏文化判断力、缺乏抵御力的未成年人而言，负面影响很大。“学而优则钱”的思想更是无孔不入，有些焦虑情绪的背后就是这种思想作祟。确立学习初心的实质就是少年立志的问题，影响人生一辈子的走向，故而要下功夫教育引导，学习体会，让学生从我们党的伟大建党精神，从长期艰苦奋斗形成的极其宝贵的精神资源中汲取立心、立身、立人的无穷力量，把个人小我融入祖国伟大事业的大我之中，担当民族复兴的光荣使命。

倾听时代声响
深入社会实践

习近平总书记在讲述新的征程时提出，一是必须坚持迈步新的征程的指导思想；二是必须“坚持把马克思主义基本原理同中国具体实际相结合、同中华优秀传统文化相结合，用马克思主义观察时代、把握时代、引领时代，继续发展当代中国马克思主义、21 世纪马克思主义”。这种宏伟气魄给深化教育改革、创建中国特色社会主义教育以极其珍贵的精神之源。用正确的世界观、方法论指导，解放思想，我们教育的方方面面尤其是育人方式会跨出更大更坚实的步伐。

党的十八大以来，教育在马克思主义基本原理同中华优秀传统文化相结合方面做了大量工作，取得了明显的效果。中华优秀传统文化积淀着中华民族最深沉的精神追求，包含着中华民族最根本的精神基因。中华文化有精华有糟粕，但它所积淀的核心价值基本未变，是涵养社会主义核心价值的重要渊源。取精华，除糟粕，传承精神命脉，能让青少年学生的心灵获得丰富的滋养。了解中国文化的“根”和“魂”，是要解决中国人就是中国人、中国人爱中国的问题。认真学习中国文化，不断受优秀文化熏陶，就能从文化认同进入文化自觉、文化自信，挺直脊梁骨，做堂堂正正勇挑强国重任的中国人。这是赓续红色血脉的基础，根子扎得深，扎得牢固，就有了做中国人的底气。

把马克思主义基本原理同中国具体实际相结合特别重要。历史映照现实，预示未来。往昔我们党领导的革命、建设、改革取得的一切伟大成果无不运用了这克敌制胜、攻坚克难的法宝。对纷繁复杂的具体实际深入了解、洞悉底细，准确把握是第一要务。培养青少年学生赓续红色血脉，一棒一棒传承，课堂里讲述革命理论，学习党史、新中国史、改革开放史、社会主义发展史，以明理、增信、崇德、力行，十分必要，须扎扎实实推行。但与此同时，必须打开校门，让学生切实参加众多类型的社会实践、生活实践，倾听时代的声响，感受时代前进的脉搏，觉悟肩上应挑起的使命责任。要学生德智体美劳全面发展，一是学生自身的素质优化，二是适应未来社会的需求，能立于不败之地。这种“五育”并举的培养，学校重任在肩，不仅在校内施行，更要打通校内外，放到社会实践中去打磨。

我们的红色资源极其丰富，学习、考察、行走、体验，入目入耳入脑，最后入心，收获就实在得多、丰厚得多。如有些中学生进入烈士陵园瞻仰，看到陈延年、陈乔年墓碑前放着那么多祭奠、崇仰先烈的鲜花，情不自禁地说：“他们也是青春年少，年华韶光，那个时代太苦了！我们今天生活甜蜜，怎能忘掉他们为我们舍命?”教育就是这样点点滴滴入心头的。这种活动，既是德育，又是智育、美育，体能也获得锻炼，相互融合，互相依存。我们的思政课向学生传递了许多时代的新信息、正能量，如若我们的学生有较多时间、较多机会步入社会，育人效果会更为理想。习近平总书记在庆祝中国共产党成立100周年大会上庄严宣告：经过全党全国各族人民持续奋斗，我们实现了第一个百年奋斗目标，在中华大地上全面建成了小康社会。孔子以来中国人千年小康社会的梦想，百年奋斗圆了梦，成为现实，这是亘古未有的伟业，其中艰辛、奉献、牺牲，就是史诗。单是脱贫攻坚，让学生走一走、看一看，访问、学习、思考，就会获得丰富的精神成长的养料。在各种类型的实践活动中，要让学生感受到我们要继续发展有不少制约与干扰，包括“卡脖子”的情况，激励他们长志气，增底气。

学校办学要开放，学生培养中的实践活动是重要板块，这可能无多少疑义，问题是时间从何而来。因此，深入了解、准确把握校情、教情、学情就至为重要。尤其要在“深入”“准确”上下功夫，既要有整体思维，又要有差异思维。每一门课程的具体要求聚焦到一个学生身上，总量是多少，究竟需要多少时间，不能毛估估，不能大约框框，也不能以成熟的教师、专家的业务能力来计算，要以各学段学生实际能力为依据，清楚学习总量每天是多少，每周是多少；高中三年考试用了多少时间，备考用了多少时间。人是有差异的，天赋不同，成长环境有别，成长方式也不完全一样，“一刀切”的要求就难以做到实事求是。因材施教，提供发展的多种可能，育人的效果会更佳。天井里长不出参天大树，因为空间太小，阳光照射、雨露播洒全受到影响。学生在学校如果空间、时间都填得满满的，密不通风，又怎样到校外发展？基础教育是给未成年人思想道德素质、科学文化素质打基础的，“基础”该学什么，学到什么程度，是科学，来不得半点主观臆断。有的以不断加深、不断拓展为高质量、为学术水平，以不断引进某些“怎么教”为先进，是否加重了学生的学业负担？似乎可梳理梳理，通过审视、鉴别，去除不切实际的做法，择优形成教育学生的财富。

打铁还需自身硬

要使学生赓续红色血脉，教育者就应努力提高自身修为，切实成为有理想信念、有道德情操、有扎实学识、有仁爱之心的人，全面提高育人质量，让人民满意。当前，在迈向新的征程时，特别要注意坚定信心，加强学习，增强本领，在做中国人的志气、骨气、底气方面为学生做榜样。

百年华诞，风华正茂。党的青春密码是人民至上，为人民谋幸福。“江山就是人民、人民就是江山，打江山、守江山，守的是人民的心。”教育是国之大计、党之大计。我们为人民培养后代，就要树立人民至上的观念，以后代成长的良好质量，满足人民美好的期望，守住人民的心。碰到任何困难、任何干扰，都要追求理想，坚守理想，矢志不渝。

中国共产党为什么能，中国特色社会主义为什么好，归根到底是因为马克思主义行。面对国内外纷繁复杂的环境，面对诸多挑战与不确定因素，教育的系统性、复杂性、艰巨性、前瞻性前所未有，必须用马克思主义来观察、把握、引领，方能心明眼亮，成竹在胸。因此，学习马克思主义、学习当代中国马克思主义尤为重要。认认真真读几本理论经典，学习用历史唯物主义和辩证唯物主义观点与方法剖析办学过程中、教育教学活动中、师生关系中、家校关系中、社会需求中的种种矛盾，不断追寻与选择妥善解决的途径、方法。经典是历史长河中经大浪淘沙流传下来的具有不朽精神内涵的典范之作，读革命经典，就是思想爬坡，磨脑子，掌握认识世界、改造世界的精神武器，提升人的政治素质、综合素养。登峰爬坡用体力，思想爬坡用心力。思想随革命经典上一个台阶，千山万壑尽收眼底。

要站在时代的高度认识和研究学生的新情况新特点，根据不同学段学生身心发展的情况，讲好中国革命、建设、改革的故事，在他们心田植入红色基因。舍身救国、建国、报国的有名无名的先烈、英雄数千万，感天动地、可歌可泣的故事数不胜数，只有自己感动，由衷敬仰，讲述时真情浇灌，才可能具体生动，以情激情，由情入理，获得学生心灵的共振，感悟思想的崇高、情怀的宽广、人生的非凡价值。教师讲，组织学生讲，设计专题讲，结合学科教学讲，营造学生成长的良好环境，抵御如“丧系”“躺平”种种消极思想的干扰与侵蚀。教师练好讲故事的本领，增添育人的底气，就是在引领学生两只眼睛看世界，教会他们发现时代与社会的亮色，寻找生活中的伟大与崇高、生活中的真善美，树立正确的世界观与积极的人生价值取向。

“为有牺牲多壮志，敢教日月换新天。”中国共产党正在以大无畏的气概领导人民在新征程中昂首阔步前进，创造新的辉煌，我们教师要在时代洪流中奋勇前行，不负初心使命。

一个人的精神上有青春密码，就永远有用不完的劲

“办教育，最重要的是培养孩子要有一颗中国心。这颗心里，要装着亲情、友情、师生情、乡情、赤子情，要装着国情、国运、老百姓的安危，求世界之大同。”

92 岁的于漪老师，拍了拍高一学生封皓元的肩膀：“千钧重担，挑着！”这是日前杨浦高级中学的教学楼内发生的一幕。

作为曾经的老校长，于漪老师此次重回阔别已久的校园，与这里的 00 后学子们，开启了一次特别的“青春对话”。忆往昔不易，谈未来奋斗。“一个人的精神上有青春密码，就永远有用不完的劲。”于老师与学子们聊了很多很多。在她的眼中，“青年是人生之王，让自己的青春在学生岗位上闪闪发光，德智体美劳全面发展，成为生逢盛世，肩负重任的中华脊梁”。这是寄语，更是这位人民教育家对青年学子的殷切期望。

本文刊登于《青年报》2021 年 6 月 1 日，作者为首席记者范彦萍。《青年报》推出“00 后给 00 后讲党史”系列报道。人民教育家于漪、优秀医师沈斌、离休老教师钟在雍、八路军老战士周俊、新四军老战士顾海楼、老地下党员范秀宝 6 位耄耋老前辈，与来自本市不同院校的大、中学 00 后学子促膝交谈，回顾过往，展望未来。附于漪老师与杨浦高级中学封皓元同学的对话片段。

谨记一切为了民族的振兴
今日的教育是明日的国民素质

“于老师，为何您会选择教师这个职业?”这是00后学子面对老校长，提出的第一个问题。而一说到教育问题，这位“人民教育家”的声音，提高了八度。在她看来，一个国家的强弱、民族的兴衰、人民的安危，“和教育紧密联系”。

感言，缘于她自己的亲身经历。高二那年的于漪，刚刚经历了抗日战争的结束，重回校园，面对的是被日本军队炸掉的学校。没有校舍，校方只能利用日本军队位于远郊的军马场建了临时校舍。“因为距离市区太远，学生们只能住读，十个人一间房，一人一张小席子在泥地上打地铺，空间小得连翻身的地方都没有。晚自修点不起蜡烛，点的是煤油灯，同学们把家里带来的高高低低的桌子充作课桌。吃饭都没坐的地方，只能站着吃。”回忆那段岁月，于漪笑着说，“你们能想象到当时那样的场景吗?我读高中时的情形和现在比，简直就是新旧社会两重天，那时的条件和你们现在的求学条件天差地别。”

如此艰苦的条件，反而让年轻时的于漪激起了愈加强烈的求学欲望。当时就读的（江苏）镇江中学的校训“一切为民族”，至今让她铭记于心。“作为青年，从小就要立志。我为何要学习?学习是为了懂得做人的道理。明做人之理，明报效国家之理，这个就是我们当时学习的动力。”

在于漪看来，人之所以能直立行走，就是因为有脊梁骨；人之所以能成为人，关键是精神支柱。而精神支柱就是每个人心中的一盏明灯。“人生的价值和意义不是别人给的，都是自己创造的。就好比尽管我们当时非常苦，却不以为苦。不断求知的时候，心中想着将来能为国家和老百姓做一些有益的事。一个人最大的快乐，就是别人需要你。”

回顾自己这么多年的教育事业，于漪的话语铿锵有力。“因为我深切体会到一个国家的强弱、民族的兴衰、人民的安危和教育紧密联系。教育培养的是我们的下一代，今天的教育质量就是明天的国民素质。教师的工作往深里说是为我们未来的国民素质打地基。”于漪说：“一个人的基础打得好不好，根子扎得正不正、深不深，会影响其一辈子的发展，就像一棵树，只有根子扎得深，树干才会粗壮。尤其是基础教育，是给儿童青少年奠定人生之基。我认为，教师这一工作是有战略意义的。所以，我选择了这份工作作为一辈子的事业。”这是她对如今00后学子的回答，也是对当年自己许下那份求学“承诺”的兑现。

德智体美劳需要全面发展
合格学子要有旺盛的求知欲

步入校园途经学校操场之时，恰逢学生在做课间操，于漪驻足许久，眼角带着笑意。在与00后的交流过程中，她多次提到青年学生要德智体美劳全面发展，“顶顶重要的第一位是需要一个强健的体格”。

把“体”放在第一位，自然有她的原因。因为“没有身体这个‘1’作为开端，后面什么都没有”。于漪认为，现在的学生物质营养很丰富，但还需锻炼四肢、五脏及六腑，接受风吹雨打。

这么说，多年来她也是这么做的。当年当校长，“当时看到有一些初中男孩子，初中了，一做操还会晕倒。我想这怎么能行，体格不健壮的话，难以胜任未来艰苦的工作”。于是，清晨6点的早操，她5点55分肯定准时在操场等学生。两年锻炼下来，“区里的中学生跑步比赛，一、二等奖全是我们拿的”。

体格强健了，德育更要同步跟上。在于漪的眼中，德是做人的根本。老师给学生上课就是“滴灌生命之魂”。做人，要守住基本的道德底线。而劳动教育，便是于漪认为的将“德育”与“体育”很好结合在一起的教育方式。“劳动是非常重要的。实际上并非要有多少劳动成果，而是培养一种劳动习惯。劳动创造价值，锻炼人的体质，更锻炼一个人的意志。而且，劳动让环境变好了，还产生了美感。”

于漪说，“我们为何要强调美育？因为它和真和善联系在一起。有了美才讲真，才讲善。记得陶行知曾讲过，千教万教教人求真，千学万学学做真人。真善美是联系在一起的。”

有意思的是，面对00后的一个个问题，于漪不只是简单地答疑，她还反问了学生：“你们觉得一个合格的学生应该是什么样子的？”拥有旺盛求知欲的学生，才是这位人民教育家最愿意看到的学生的样子。“我上课时最开心的是学生把我问倒，将我的军，那么我一天都会非常开心。”于漪说。

不忘往昔峥嵘岁月的磨砺
生逢盛世的你们更要勇挑重担

今年，习近平总书记在清华大学考察时指出，广大青年要爱国爱民，要锤炼品德，要勇于创新，要实学实干。2018年，习近平总书记在北大给青年提出十点新期望，其中一句是：“广大青年生逢其时，也重任在肩。”

学习了习近平总书记的重要讲话精神后，于漪对于如今的00后，也有着自己的期待。经历过战争年代的她，深刻体会到如今幸福生活的来之不易，而这些，都是“因为无数革命先烈抛头颅洒热血”。

她以彭湃烈士的遗孤彭士禄为例。彭湃就义时彭士禄才4岁，母亲背着4岁的彭士禄躲避追捕。作为烈士遗孤，彭士禄心心念念要继承革命遗志。直至彭士禄96岁过世，一生为共和国做了两件大事：一是作为中国第一艘核潜艇第一任总设计师，为核潜艇设计了“心脏”；二是为中国建设了核电站。直到生命垂危之时，他只有一个心愿，就是希望国家更加强大。“继承革命遗志绝不是一句空话。社会主义国家所有的成绩都是干出来的，不是说出来的，必须实干。”于漪说。

回顾往昔峥嵘岁月，再立足00后如今所处的年代，于漪用了“生逢盛世”四个字。“现在的00后生长在、成长在这样强大的国家。国内生产总值（GDP）突破100万亿元，是过去的几十倍。这是一代又一代的人，继承了我们革命先烈、革命前辈艰苦奋斗的精神，在自己的岗位上克勤克俭，兢兢业业才创造出来的。所以说，00后生逢盛世。”

虽生逢盛世，可在于漪看来，这个时代的年轻人，更要学会“勇挑重担”。“这是因为我们要实现第二个百年目标，真的做到全面现代化，尚受到很多制约，包括中国的教育。”于漪说，“西方有些国家认为中国永远是思想矮子、学徒身份，不是的，中国人要有中国人的志气和骨气。年轻人要身负重任，咬紧牙关，要掌握先进科学技术。”

于漪至今的信念依然是“办教育，最重要的是培养孩子要有一颗中国心。这颗心里，要装着亲情、友情、师生情、乡情、赤子情，要装着国情、国运、老百姓的安危，求世界之大同”。说这话时，她的情绪比此前说任何一句话都显得高昂，更为激动。

【对话】

封皓元

于老师，是什么让您始终坚持在教师这个岗位上，几十年如一日，干劲十足？

于漪

我今年90多岁了，身体也不太好，但一讲到教育浑身都是劲。这是为什么？因为我有我职业的青春密码。我精神上的青春密码就是学生至上。一名教师职业生涯中顶大的事就是一个心眼为学生。教师生命的意义和价值都在学生身上体现。每个孩子都是家庭的宝贝、国家的宝贝。我一定要按照党的教育方针让他们全面发展。所以说，一个人的精神上有青春密码，就永远有用不完的劲。

我非常幸运，如果不是新社会，我不知道死了几回了。如果不是新中国，如果不是现在的科学技术救我，我根本就活不下来。所以，我一辈子带着感恩的心情工作。没有党的领导，没有新中国，就没有我的生命。我一直坚信，要把自己的小我融入民族、国家的大我之中。

封皓元

于老师，您对我们00后有何看法？觉得和您年轻时有区别吗？

于漪

我觉得00后有很多优点，不过你们所处的时代和我们不一样。我们那时可简单了，就知道"1加1=2"，但社会绝对不是"1加1=2"。你们的优势是视野比较广，信息渠道非常多，通过手机就知道上海、世界的大事，接收科技信息的速度很快，思维非常活跃。对社会和自然的认识比我们那个时候强得多。文化和科技的起点不知道比我们那时高多少。00后和我们虽然看上去差距很大，但青年时代某些特质是相通的。因为我们的目标是一致的，为了国家的强大而奋斗努力。

封皓元

于老师，我们学生有时候会有一种想法，觉得自己很努力了，却仍旧做不好，无法与他人竞争，这时我们应该怎么做呢？

于漪

作为新时代青年，更重要的是为别人创造幸福。我们现在提倡竞争，但我觉得我们首先要合作。像我当年读书时学习好的旁边一定坐一个学习困难的，互帮互助，合作才能共赢啊！无序的竞争会让孩子焦虑，会认为自己已经很努力了，还竞争不过人家。其实，一个人天天有进步，就很好了。自己和自己比，不要和别人比。我从来不认为分数能衡量一个人的综合素质。任何一张考卷，都考不出一个人的综合素质。

封皓元

于老师，您对00后有什么寄语？

于漪

青春是人生之王。青年时代是一个人最有理想信念，最有人生追求，思维最活跃，吸收知识最好的阶段。因此，青春是无价的。珍惜自己的青春，德智体美劳全面发展，让青春在学生时代闪闪发光。就像习近平总书记所说的，“生逢其时，也重任在肩”。我们伟大祖国的复兴梦就寄托在你们身上。加油！再加油！

对一些问题的根本性思考

我这个鲐背之年的老教师应邀参加“浦东杏坛”的教师盛会，甚感荣幸。刚才看了会议议程，上面告知了许多优秀教师对浦东教育工作的方方面面要进行交流，这种研讨是非常有价值、有意义的。

刚才诸局长讲了浦东改革开放30年的非凡成就，我情不自禁地想到了30年前上海市副市长、市委常委赵启正同志，他被委任为首任浦东新区管理委员会主任后，曾在浦东召开了一个全市高教普教专家代表座谈会，商讨浦东新区教育发展的灿烂前景，我当时有幸也参加了。会上大家畅所欲言，发表了很多意见。赵启正同志对浦东新区建设的激情、发展的期望，对浦东教育如何把理想变为现实的壮志豪情，至今历历在目。最后，他总结发言，其中有一句话我至今不忘。他说，浦东新区开发从教育而言，最重要的就是花大力气把基础教育抓上去，提高人的素质。他举例说，那时浦东还未开放，比较困难，汽车也少，但人不断出车祸。为什么呢？人在马路上走，有的车从你左边开，有的车从你右边开，不懂规则，无规则意识。教育不是一件平常事，它是提高人的素质的，这一点我铭记在心。30年过去了，浦东新区学校林立，上海五分之一的学生与教师都在这块热土上成长，有大体量的基础教育，起了翻天覆地的变化。这是浦东教育人一代一代齐心协力，艰苦奋斗，改革创新，结成的硕果。想到这些，我这名老教师心中就升腾起对浦东教育的创建者、奉献者和参与者的无限崇敬。

如今30年过去了，我们还有许许多多的工作要做，特别是当前

本文是作者2021年9月8日在“浦东杏坛”上的讲话，根据录音整理，有删改。

“双新”“双减”的任务非常繁重，这是我们从来没有碰到过的新问题、新挑战。对新冠病毒的防控工作，学校也是重任在肩。但我们再忙再累，也不能忘掉教师队伍自身的建设、自身的修为。习主席讲，教师是教育工作的中坚力量，有高质量的教师，才会有高质量的教育。没有高水平的教师，就很难培养出高水平的创新人才，也很难产生高水平的创新成果。他特别提出，教师要成为大先生，做学生为人、为事、为学的示范，促进学生成长为全面发展的人。这些话对我们教师寄托着无限的期望。

我们从事教育，要高质量高水平，需要学习的东西非常多，需要锻炼的角度、方位也非常多。但我认为一名优秀教师、卓越教师的成长，除广泛学习、深入学习外，对我国教育的一些根本性的问题，须作根本性的思考。

我们所从事的是中国特色社会主义教育。中国特色社会主义教育的本质特征是什么？它的渊源是什么？须作深刻思考与探究。党领导下的中国特色社会主义教育的本质特征是社会主义。这个教育前无古人。中华文明有几千年，教育是伴随着中华文明的，没有良好的教育就不可能有几千年延续的中华文明。因此，我们的教育是有优秀传统的。但是，那时没有社会主义。而今，我们传承了中华教育的传统，创造性地转化，创新性地发展。放眼世界，没有任何现成的模板可照搬照抄。欧洲也好，美国也好，日本也好，它们没有社会主义教育，故无现成的可搬可抄，要靠我们自己创造。但必须清醒地认识到，现在是改革开放时代，我们办教育要海纳百川，面向世界，把世界各国教育的精华学过来，择善而用，丰富和壮大我们自己。

社会主义特色的教育，就我们中国有，在人类历史上进行创造，要有舍我其谁的高远志向和原创的教育教学思想和精神。我们的教育跟西方的教育、日本的教育有很多相近、相似乃至相同的地方，因为培养人，从儿童到少年到青年，有相似相近的规律。那么，有没有不同呢？有没有本质上的区别呢？作为一名觉醒了的教师，须想清楚，想明白。改革开放这些年，我们的教育大体量地全面普及，成就首屈一指。但我们不仅要在量上发展，还要在质上取胜，才有真正的话语权。

一百多年前，洋学堂是从西方引进的，规则是人家定的。中国特色社会主义教育必须有我们自己很多原创的东西，才有话语权，才真正对人类有贡献。思想上必须树立自信，站在战略的高度，厘清中外教育的同与不同。比如说培养目标，研究哈佛大学毕业生去向的一份材料说，哈佛强调以真理为友，但是大量的优秀毕业生都是到华尔街搞金融发财，搞垄断。我们要培养的是德智体美劳全面发展的社会主义建设者和接班人，是赓续红色血脉，能担当中华民族伟大复兴重任的时代新人。

教育部已经讲了，我们现在的基础教育已经是世界上的中上水平。但一讲到教育，有些人总认为我们就是落后的。我们确实有落后的地方，但真的就那么落后吗？改革开放这些年来，国家发生了翻天覆地的变化，绝大多数都是我们自己培养的人在从事建设的。因此，教育自信十分重要。比如，教育公平，我们做了大量工作是政治性、社会性、基础性的。不管是东部、中部还是西部，都要想办法让学生受到优质教育，因为我们是以人民为中心的。国外也讲教育公平，但往往看成是救济、慈善。有的是学校每周有几节课，老师为困难学生补困。国情不一样，同样的话语，教育内涵不一样。

又比如，立德树人是我们的根本任务，是我们的原创。育人，古今中外都讲。教育就是培养人，雅斯贝斯讲教育就是“人之完成”；我们讲教书育人，读书做人，关键在做人。为什么要立德？中国文化是做人要做君子，不能做小人。立德是做人的底线，缺德失德就丢失了人的本分。今天我们的立德树人就是要明大德、守公德、严私德，要有家国情怀，要坚守中国特色社会主义的共同理想。回顾历史，放眼看世界，对这个原创思想的价值意义就会有更深刻的认识与理解。中华人民共和国成立之际，殖民主义者就想把新生的人民共和国扼杀在摇篮里，抗美援朝艰苦卓绝的斗争粉碎了他们的美梦。但是，美国国务卿杜勒斯临死的时候，还把中国“变色”的希望放在中国第三代、第四代身上。现在美国“卡我们脖子”，过去是军事领域，现在是经济领域、科技领域、信息领域、思想领域、文化领域等，对此我们要有清醒的认识。立德树人是在中国土地上诞生的，这个原创思想源于中国立场、世界视野、时代特征。

我们从事教育的老师，要学会将马克思主义基本原理和中国教育的国情结合起来思考，寻觅并创造精彩纷呈、效果显著的教育教学途径与方法，教育专业、学科专业方面也不是习惯于听别人说短长。从1840年鸦片战争以来，中国沦为半封建半殖民地社会，积贫积弱，奋起抗争，艰难曲折，一次次失败让有些人成了思想矮子，而且习惯了不自知。如今党领导中国人民奋斗了100年，取得了令世人震惊的伟大成就，正向着第二个一百年前进。因此，思想上更要树立自信，挺直脊梁骨，用教育自信创建自信的教育。教育发展进程中有这样那样的问题不足为怪，关键在怎样面对，怎样分析、破解。要乘风破浪，自信心、自信力必不可少。我们的教育是有积淀的，从革命老区办学开始，就有好的经验；新中国70年，特别是改革开放以来，教育创造了许多行之有效的有中国特色的优秀经验，关键要认真梳理、凝聚、筛选，上升到理论层面来认识，洞悉规律与价值。如果缺乏自信，就会视而不见，甚至不屑一顾。

我们的认识、我们的思想对不对，要靠实践来检验，因为实践是检验真理的唯一标准。我们进行课程教材改革，从事大量的教育教学实践，增强自觉性十分重要，切忌盲目。现在实施“双减”，社会上庞大的培训机构，资本的运作，冲击学校教育体制，影响党的教育方针的全面落实，必须进行治理，拨正教育的航向。校外积极治理，校内过重的作业负担要减，让教育回归本原，使学生身心获得健康发展。学业减负不只是技术上的增减，要推敲它的质和量。社会上加在学生身上过重的学业负担减了，学校更要发挥教育的主体功能，根据学生的认知规律与身心发展的规律，提高教育教学质量。

作业减负的源头在课堂教学的质与量。从事教学实践，必须思考：这节课究竟要学生学什么？怎样指导才能让学生学习积极性充分发挥？这节课是否把握住了学科的特质？在单元知识、能力架构中起什么作用？凡此种种，均应想清楚。有时，为了趋时跟风，不切实际，效果适得其反，给学生增加了不必要的负担。比如，引进一种教学方法，本无可非议，异质、多元，可促进思考，从中吸取养料，获得自我提升。但是，如若盲目照搬，就会事与愿违。如1968年英国人托东尼·博赞发明的、1974年开始在全球推广的全脑思维记忆工具，把半个控制语言、线条、数字等抽象思维内容的理性脑和半个控制形状、色彩和想象力的感性脑整合起来，就可抓住记忆点，增强记忆效果。任何工具的发明都有其使用的价值，运用时须弄清其来龙去脉，把握它的优点与局限，若乱搬乱套，就会造成五花八门、光怪陆离的现象。如教张若虚的《春江花月夜》，整堂课的思维导图就是给诗中的景、情、物绘色，红、蓝、黄色不够，还得拼色。满目导的图是色彩，诗的意象、意境、语言文字的表现力模糊了，虚幻了，审美情趣的培养走样了。学生究竟学到了什么？这样的学业负担合理吗？在课堂教学中，我们常看到外来的风一浪逐一浪，浪头过去似乎也就销声匿迹了。

由此，我联想到美国一位文学理论大师说过的话。众所周知，美国文学是美国土著文学与欧洲殖民文学的结合体。他说，从欧洲引进的这些理论并不是超凡大度的，其理论、做法以及萌芽生长的一些东西，与特定的时间、特定的地点、特定的文化、特定的语言盘根错节，难解难分。若花大力气去拿来用了，并没有发挥本土的正面功能，而变成了《荷马史诗》里的“特洛伊的木马”，或者就是计算机里的一种病毒，改变了机构的程序，起到破坏的作用。教学与文学理论有别，具体问题要具体分析，不能一概而论。但这番话对我们仍有启迪作用：一要放出眼光拿来；二要从教材实际、学生实际出发，恰如其分地运用。

当前，学生作业负担要减得有效，关键在课堂教学目标、教学内容的适切性。有些课，教师和学生都在负重前进。一节课的教学内容多到古今中外皆有，学生没有那么多文化积累，也没有那么强的综合思维能力，只能是蜻蜓点水，云里雾里，学得不切实际，完成作业的难度可想而知。基础教育重在打基础，是奠基，不是高大上，一就是一，二就是二，具有科学性、适切性。“好”与“深”是两个概念。切合学生认知规律与身心发展规律，学生学得高兴、学得快乐，学有成就感、满足感，课堂教学质量才是优质的。

大道至简，要提高课堂教学质量，有效减少课后作业过重负担，至为重要的是教学要返璞归真，少一点装饰、挂件，少一点弯弯绕，多一点真知真思真问题。课前要充分备课，对学生须掌握的知识、能力成竹在胸，教学时要言不烦，一语中的。教学中含糊的，绕过来绕过去，废话最多的，一定是自己不深知底里，或生搬硬套，或一知半解的。教学实践中，要减少盲目性，增强自觉性，学科专业的真本领须不断锤炼、提升。

“双减”形势下，班级教学实践中因材施教十分重要。要善于调动不同层次学生的学习积极性和主动性。比如，某个章节、某篇课文的主问题，既要面对大多数学生，又要有最基本的，让学习最困难的同学也能寻求解答，还要有增加难度的，让学有余力的学生可攀登，让不同层次的学生学习各得其所，都有满足感，而且可体悟到逐步攀登的痕迹。教学千古事，得失寸心知。提高课堂教学实践的科学性、艺术性、适切性，永远行进在追求的路途之中。

对基础教育的一些根本问题作根本性的思考，目的在于树立思想自信，提升实践自觉，聚焦于教师内心的深度觉醒。每位老师都有相当大的潜力，当内心觉醒，把自己的命运与学生的命运、国家和民族的命运紧密联系在一起的时候，就会有无穷的智慧，有用不完的劲，群策群力，在新时代创造浦东教育的新硕果。

浦东新区是我们改革开放的前沿，是上海的骄傲，也是全国的骄傲。“苟日新，日日新，又日新”，天天学习，日日向上，浦东教育一定能在今天取得翻天覆地变化的基础上创造新辉煌。我这名老教师期盼着，祝愿着。

正确认识“双减”政策对于我国素质教育的重要意义

各位领导，各位专家，老师们：

大家好！闵行区举办第四届教育学术节，从主题的确定到会议日程的安排，都紧扣时代脉搏，多层次、多方位、多角度对教育进行研讨和交流，这反映了闵行教育人对教育的执着坚守，对学生的挚爱深情，也反映了闵行教育人对教育高质量发展的创新探索、倾心追求。我这名鲐背之年的老教师，特向你们致以热烈的祝贺和由衷的敬意！

教育是一个庞大的系统工程，有些事情看起来是技能技巧，但是放到学术层面去讨论，认识就很不一样。当前我们致力于“双新双减”工作，以及防疫的正常化工作。即使如此，对当前的工作作一些深入的思考，对其中的价值和意义就会有深一层的认识，我们教育的自觉性就会大大加强。就拿当前的“双减”工作来讲，对于学生的各种学业负担，我们教育行政部门，从教育部到地方教委发布了不少文件，但收效不是很理想。

这一次是中办、国办发的“双减”文件，可见意义非凡，回应了社会的关切、家长的焦虑、教育生态当中存在的诸多问题。所以，“双减”工作恐怕不只是一个技能技巧的问题，要深入认识它的价值意义。这里牵涉到学校是否能够全面贯彻党的教育方针，牵涉到素质教育能否落地的问题，我想从现象和本质、局部和整体、国际和国内

本文是作者 2021 年 10 月 15 日在闵行区第四届教育学术节开幕式上的视频讲话，根据录音整理。

等多方面来深入思考，对我们所从事工作的价值和意义就会有新的认识。

我们现在的教育生态应该说有很多值得肯定值得赞扬的地方，但是也有很多很不理想的地方。我们培养学生成人成才，很重要的是学校教育、家庭教育、社会教育三者要形成合力。可是我们家庭教育的生态状况不很理想，跟十年、二十年以前比，现在家长的焦虑情绪很厉害。

焦虑情绪的形成有诸多因素，强化养育方式可能是非常重要的因素之一。一个孩子从儿童到少年到青年的成长，有他自然的规律，我们的养育方式应该遵循自然规律。但我们现在是在不断强化养育方式，因此就出现了“虎妈”“直升机父母”，还出现了“鸡娃”……养育怎么强化呢？就是拼时间、精力、智力、金钱，加大力度往孩子身上打鸡血，也就是说把成人世界的很多东西加到儿童身上，加到少年身上。

学校本身、学生之间本不存在多少竞争，我们把成人世界的东西加进去了，把儿童世界需要成长的空间、时间改变了，规律丢弃了。家长非常焦虑，比，比，比；争，争，争，要孩子学习成绩好，最好都是第一名，学习的学科越多越好，学习得越早越好，兴趣爱好也是越多越好。

儿童是未成年人，是成长当中的幼苗。把诸多成人世界的东西加在儿童身上，加在少年身上，他们怎么承受得了？这种强化性的养育方式当然跟世界的趋势有关系，我们要冷静思考，沉着应对。用强化的方式养育，最好子女都是学霸。学霸是不是最好的？有的学霸生活上是巨婴，连独立生存的能力都没有，连一双袜子都不会洗，这能叫教育吗？家庭教育这种生态状况，来自家庭对孩子成长的认识误区，于是就出现焦虑，出现诸多不适合孩子健康成长的教育行为。

社会上的培训机构越来越庞大，它们通过超前、加深学业促使学生提前支付时间与精力以获得高分，把应试教育做到极致。他们的运作基本上是资本化的操作，用金钱来换取分数，换取学生的青春，因此到了非治理不可的时候。

学校处在家庭教育和社会教育当中，要认认真真地贯彻党的教育方针就十分艰难，要学生德智体美劳全面发展，有时候就无奈又无力。比如说，儿童入学应该是零起点，但是有的学生早就提前学习了很多；有的刚入高中，高中课程就已经在培训班读过一遍了，都是夹生饭，给教师的教育增加了非常多的困难。而学校又怕家长投诉，说分数怎么怎么不行啊，怎么要学生劳动啊，诸如此类。学校要花许多精力应对。这样一种教育生态，对孩子的健康成长，对党的教育方针的全面贯彻是有障碍的。因此，中办、国办发出的“双减”文件是拨正教育航向，让我们深刻理解学校要培养什么人，基础教育路在何方，应该走一条怎样的路。我们不能把“双减”只看成是技术层面的加减法，应该看到这是一个关乎战略全局的大问题，影响到教育的根本价值，涉及培养什么人，怎样培养人。我们要促进学生德智体美劳全面发展，赓续红色血脉，培养时代新人。

闵行教育学术节的主题就是要承百年的血脉，培育时代新人。为此，教育要拨正航向，再也不能被分数捆绑，不能被各种各样的“不输在起跑线上”“要超前”观念所捆绑，弄得学生不能健康成长。所以，把问题放到学术层面，放到我们的时代要求下，放到社会大背景下来认识，就会领悟到“双减”政策是牵一发而动全身的，需要教育理念的端正、教育思想的提升，真正让学校教育发挥对学生成人成长的主体作用，而不能够被乱象所左右。

社会上的乱象和资本化的炒作，是社会治理的问题。政府要花大力气协同各方力量来治理好，使我们学校办学的教育生态得到改善，有比较良好的环境。

教育内部也要下功夫。要减轻过重的作业负担，看起来是作业，但是作业的量和作业的质从何而来？这是跟课堂教学的质量紧密相连的。作业的量和质要符合学生所在学年段的认知要求、身心发展要求。这就要在课堂教学质量上下功夫钻研，做学术性的研讨。

在课堂教学方面，有两个倾向值得注意。一个是应试教育的影响，多少年来仍然有很深的痕迹，教课受知识点、考试点的困扰，碎片化教学，要考就教，不考就不教。还有一个倾向，就是我们在使用新课标、新教材的时候，理念跟不上，吃不透，对于究竟让学生学什么，要达到什么目的，似乎清楚，又不清楚。于是，有的课就成了拎空的“高大上”。

这个课你说它是学术研讨又不像，却好像都是研究性的课。我们基础教育的学科定位究竟定在哪里？理想的课堂应该是返璞归真的，教育没有多少花花草草。可是我们现在的花花草草很多，装饰品太多了，课简直不堪重负。

初中生是十三四岁的娃娃，他们的学科知识积累有限，综合思维的能力在成长发展之中。我们有的课，古今中外无所不包，学生只能是云里雾里，似懂非懂，负担很重。培养孩子的综合素质、综合能力，并不是在一节课、一个单元里就能够完成的。比如小学，为了激发孩子的兴趣，教识字可以举一个甲骨文是怎样写的，篆文是怎样写的例子。如果教识字，都用这种方法，都搬许慎的《说文解字》，说老实话，不要说学生搞不懂，教师也会讲一些自己都不懂的话。这有什么用？是不是所有的课都要上成研究课？这是很值得研讨的。

教课不是炫耀教师的学术水平，适合学生的才是最好的。学生在这个年龄段学这个学科，究竟应该学什么？怎么样用最简单的办法一语中的让他学会，这才是教师的真本领。

有些课是更高层次的碎片化，古代的拿一点来，外国的拿一点来，古今中外贴标签，把它们组装起来，美其名曰：我是综合的。其实，这是更高层次的碎片化，有些东西也是移植来的，自己未必融会贯通。国外引进的东西即使是正确的，也要看对孩子合不合适，合适的才是最好的。糖醋排骨有营养，又很好吃，如果给两岁不到的小孩吃，他牙齿还没长全，是没有办法吃的。所以，学业质和量的确定取决于你的课怎么上，学习目标究竟是什么，对于这个学龄段学生的认知水平、身心发展水平到了什么程度，一定要了解掌握。我觉得有四个字是最宝贵的，那就是“实事求是”。做事情要有实事求是之意，不要有哗众取宠之心。学术的价值在于求真，就是实事求是。从学生实际出发，寻找学科学习规律，让学生能够在快乐地动脑筋的情况下学好。所以，实事求是本身是一种自信，不要老是模仿别人。有人说模仿是永远没有成果的，因为模仿无生命，一出生就已经死亡了。所以，老师一定要自己独立自主思考问题，校长要独立自主思考问题：我这个学校怎么办？我这个课怎么上？这样，才能使孩子收到最大的效益，能够健康成长。

要搞清楚我们的教育一定要放在儿童当中，我们现在的“双减”就是要还原儿童成长的世界，不要再拿成人的世界来剥夺儿童的世界；不能用学生的身份剥夺孩子除了学业之外的其他发展，学生的身体发展、情感发展、智慧发展、人际关系的发展都是他成长中很重要的，不能因为成人世界的一种需求，就忘掉了儿童世界的本质。所以，一定要有实事求是之意。

最后讲一点课后服务。它的内涵是非常丰富的，不能只是看作把孩子留下来管一管，做保姆，不要出事情，恐怕不是这样的。我们从事教育工作的人要“有所为有所不为”，有些事情要主动作为。在留下来的课时、课余，我们做什么事情呢？其实是让学生更好地全面发展。比如学生做作业时，老师就可以了解谁做得快，谁做得慢。做得快的、做得对的，可以请他上来讲一讲：为什么这个题目这样做？你是怎么想的？老师可以因材施教，可以培养学生的合作精神。我们太需要合作精神了，仅仅对孩子灌输竞争意识是不行的。让一个孩子来讲他是怎么做的，然后请大家发表意见，这不是虚假形式的合作，而是真正为了一个共同的目标。

又比如，上完一天课，可以让每个孩子做他感兴趣的事情，可以画画，可以做小制作，然后进行交流，科学素养、人文素养、个性发展、兴趣爱好全都可以在这里发挥。教育不只是作业，不只是课堂。比如说，学校校园环境比较好，就可以领孩子去看花草树木，识记它们的名字，了解它们的生长特征以及怎样养护。可做的事情很多，课后是孩子全面发展的新天地，也有助于个性发展。优秀的能够带动中等的、学习困难的同学，培养合作精神、团队精神。

我们要有形式多样的教育，如一个月安排一两次动画片，安排一两次反映抗日战争的电影或者科技电影。教师让学生看了以后，讲故事、讲人物、讲体会，这些全都是学习。所以，我觉得“双减”给了学生发展的新天地，我们要主动作为。对教师来讲，这是新的挑战，要跟学生一起成长。因为教育不是一个结果，它是生命展开的过程，永远面向未来。

“双减”任务很繁重，但是认识到它的价值和意义，就要竭尽全力，提升教育思想，指导教育行为。写文章可以打草稿，错了可以撕掉重来，而人生是没有办法打草稿的。每个学生只有一次人生，是极其珍贵的。所以，我们教育工作者要竭尽全力奉献自己的青春和智慧，帮助学生绘好有意义的人生，让孩子全面发展、健康成长，赓续红色血脉，成为时代新人，使我们的红色江山代代相传。

无私成其私
——纪念陶行知诞辰 130 周年研讨会上的发言

2021 年是陶行知先生诞辰 130 周年，我这名老教师向先生致以无限的怀念和崇高的敬意。陶先生一辈子奉献教育，留下了极其宝贵的教育遗产，从理论到实践，至今仍闪发着育人的光辉，激励我们奋勇前行。

从教 70 年来，我一直向陶先生学习，从他留下的教育精神财富中不断获得心灵的滋养，认真自我修为，努力做一名为学生谋生存、谋发展、谋幸福的好教师。

比较系统地向陶先生学习，是从 70 年前开始的。我攻读的是复旦大学教育系，大四时写的毕业论文是《人民教育家陶行知先生》。尽管那时查阅到的相关资料有限，但读到他办教育的艰苦经历，读到他办教育的至理名言，读到他办晓庄师范、育才学校、山海工学团等非凡实践，我总是感动不已。特别是他救国救民，舍我其谁的中国魂，使我这个 20 岁出头的青年豁然悟到人生应该追求怎样的境界。“捧着一颗心来，不带半根草去”，这种赤诚之心、奉献之心、仁爱之心，光照人寰，铺就了教育事业的神圣与伟大。这是教师精神成长的一种动力源。每当我碰到困难、挫折、纠结，逡巡不前时，一想到这句话，一想到陶先生为教育亲力亲为的感人形象，就会猛省，就会珍惜肩挑的赓续红色血脉，培养后代的重任，就会有用不完的劲。

本文是作者 2021 年 10 月 18 日应邀为纪念陶行知诞辰 130 周年研讨会录制的视频讲话，根据录音整理。

我联想到老子《道德经》里说的“天长地久”。他认为唯有天最长，地最久，似乎永不毁灭。原因是：天地所做之事不是为自己，天地运行是为了世间万物的生老病死，四季枯荣，周而复始，气象更新。老子得出了一个结论：无私成其私。这真是大智慧、大气象、大格局。陶先生舍弃优越的物质生活、地位钱财，投身平民教育，以从国外学来的本领，根据国情，寻找解决中国教育贫困的途径与方法。这种无私忘我的境界，在今日物欲膨胀、物质追求遮蔽精神成长的氛围中，尤其显得高贵。他是真正的教育大先生，是我们永远学习的榜样。

人一辈子会碰到许多诱惑、困难、沟坎，其中最难战胜的是私欲。“无私成其私”，这是一种多么高尚的境界。习主席说，广大教师要继承发扬老一辈教育工作者“捧着一颗心来，不带半根草去”的精神，以赤诚之心、仁爱之心投身教育事业。

爱满天下是一种情怀。教育事业是爱的事业，没有爱就不可能一个心眼为学生。要有教无类，爱每个学生，教育无选择性。这是道德的锤炼，感情的净化。在教学生学习做人的同时，教师自己也在进行人之完成。只有具有赤诚之心、仁爱之心，教师才可能真正进入学生世界，倾听生命的呼唤、生命的诉求。人们熟知的陶先生给学生四颗糖的故事，看似教育方法的智慧，实则是对学生爱满天下的博大情怀。智慧出自情怀，深爱学生，就会根据学生的情况创造出带着智慧光彩的多种多样的教育方法，使学生沐浴在师爱的温暖中健康成长。

陶行知先生留给我们的教育财富十分丰富，他的教学做合一，他的“行是知之始，知是行之成”的教导，当今仍具有现实意义。我们所处的时代与陶先生所处的时代已是新旧社会两重天，我们的教育事业已经起了翻天覆地的变化，取得的伟大成就令世人瞩目。为了实现中华民族伟大复兴的中国梦，我们要继承发扬他的高远志向、博大胸怀、求实精神，在党的领导下，全心全意教好学生，赓续红色血脉，培养时代新人，让红色江山代代相传。

坚守初心与改革进取

新华网教育论坛邀我就教师职责讲几句话，我既感亲切，又由衷感谢。2010 年首评全国教书育人楷模，当时我应邀赴新华网直播交流的情景仍历历如在眼前，而今有幸重逢，倍感亲切。

我们教师生逢盛世，肩负重任。习近平总书记对教师寄予无限的期望。他说，教师是教育工作的中坚力量，没有高水平的师资队伍，就很难培养出高水平的创新人才，也很难产生高水平的创新成果。他又说，做好老师，就要执着于教书育人，有热爱教育的定力、淡泊名利的坚守，就要有理想信念，有道德情操，有扎实学识，有仁爱之心。这些至理名言内涵极其丰富，我反复学习，力求内化为自己的精神追求和教育理念、教育行为不断提升的原动力，每学一次，总会有点新的领悟。

当前，我认为特别需要的是坚守初心与改革进取。针对基础教育发展中的情况，中办、国办颁布了“双减”政策。开学两个多月来，各地认真实施，教育生态已开始有良好的变化。不少家长的焦虑情绪有所减缓，很多学生过重的作业负担有所减轻，这些皆有目共睹，值得肯定。但由于“双减”是新举措，对学校、家庭、社会教育机构是新挑战，人的认识一下子跟不上，认识不到位，一些教师、家长有这样那样的困惑，不足为怪。

面对新情况新挑战，教师最为重要的是坚守教育初心。我们要培

本文发表于《教育文摘周报》2022 年 1 月 19 日，标题为《于漪：教师要坚守教育的初心》。这是作者 2021 年 12 月 2 日在新华网教育论坛上的视频讲话，后根据录音整理。原标题为《于漪：初心是金，初心是宝，教师生逢盛世，自当肩负重任》。

养的是中国特色社会主义的建设者和接班人，要促进他们德智体美劳全面发展，成长为有理想、有本领、有担当的人，让红色基因、革命薪火代代相传。培养这样的人是我们教育的核心价值所在。为党育人、为国育才，是中国特色社会主义教育的灵魂所在。我们教师就是为这人类历史上还没有过的伟大事业奉献青春，奉献智慧，奉献毕生精力。初心是金，初心是宝，坚守信仰，遇到任何情况，都会心明眼亮，勇气倍增。

"双减"的实施不只是学业负担增减的技能技巧问题，从教育是国之大计、党之大计，从党和国家事业发展全局的高度来认识，就会领悟其非凡意义，小切口，大文章，牵一发而动全身，拨正教育航向，引领基础教育破解难题，克服障碍，高质量地健康发展。比如，学校教育、家庭教育、社会举办的校外教育，原本有各自担负的责任，这些年来几乎都聚焦于学业的应试、考分的追求，不仅形成学生不堪负担的乱象，更抑制了他们的全面发展。不少学校德育、美育、体育、劳动教育成为短板，乃至在某一方面缺失。学生生活自理能力差，即使在智育方面，自主学习、独立思考、求知追求也不理想。青少年的成长，自强、自立、自律十分重要，处处依赖阻碍健康成长。有人不解：国外培训机构也不少，为何我们要治理？稍作了解，可知国外培训机构多为补差，弥补学生学习的困难与不足，且政府也有诸多制约。我们社会培训机构体量越来越庞大，几乎囊括所有层次的学生，信奉的是超前学习，加深学业难度，用于应试竞争，其实质是促使学生提前支付时间与精力以获得成绩，获得高分，把应试教育、竞争意识做到极致。以金钱换成绩，换高分，资本化运作，学生、家庭捆绑其中，学校教育功能深受影响，到了非治理不可的地步。"双减"就是三方要协同改革，厘清边界，各司其职，建立教育体系新格局，让学生回归健康成长的原生态。

社会上培训机构要综合治理，与此同时，学校教育的主体责任要加强，要提升。学校减少了外界因素的干扰，要坚定不移地全面贯彻党的教育方针，把立德树人融入教育全过程，培根铸魂，启智润心。现在有的学生离开机械操练就手足无措，有的家长离开加班加点的培训对孩子学业质量是否会下降表示担忧或惶恐，这是可以理解的。较长时间以来，未成年人的全面成长、全面发展被压缩到只有学业，乃至只有应试、追分的狭窄范围，形成的思维习惯、学习习惯，不可能一下子就转变过来。再说，不少培训机构的超前强势、操练强势致使部分家长对学校教学质量缺乏足够的信任。这也促使学校深入进行课程改革，切实提高教育教学质量。

课一定要上好，学生课后作业的质与量合不合理，关键在课堂教学从内容到方式方法符不符合学生的认知规律和身心发展规律。每节课要学生掌握什么，获得哪些培养，一定要反复推敲，既要了解、分析学情，从实际出发，又要钻研课程标准、教材，深入底里，抓住重点难点，相机而教，使学生学有兴趣、学有所得、学有追求。学生进学校求学，大部分时间是在课堂里度过的，因而课堂教学的质量影响到学生生命成长的质量。要敬畏他们的生命，播撒心中的仁爱，以孜孜不倦获得专业真知的扎实学识，根据学生身心需求，精心培养他们为学、为事、为人的核心素养。课不再是机械操练，知识点、得分点罗列，而是立体、多维，把知识传授、能力训练、智力发展、思想情感价值观的熏陶融为一体，德智融合，使学生在学得科学文化的同时，在立德做人方面也获得培养。

课后服务是增添的一大块工作，如何对待，如何安排，既是科学，也是艺术。这是学校因材施教，培养学生自主学习、自强自律，促进学生全面发展的新天地。学校要统筹规划，各类学习活动、实践活动有分有合，既充分发挥教师各自的优势与特长，又适当吸纳家庭、社会正能量运作，形成育人合力。特别要解放思想，打开视野，不拘囿于作业的完成，而是要在力所能及的条件下，组织丰富多彩的活动，让学生的兴趣、爱好、特长、潜能充分发挥，形成生动活泼、德智体美劳全面发展的美丽风景。

要争取家长的认可与支持，特别在育人的理念与方式上要以事实说话，逐步取得共识。受世界趋势与潮流影响，许多家庭对子女强化养育方式，拼时间、精力、智力、金钱，比、比、比，争、争、争，把成人世界的许多东西加到儿童、少年身上。他们是未成年人，怎么承受得了？人的成长是有规律的，顺势而为，就能健康发展，如想超越规律，逆势而动，效果适得其反。一株葡萄能结出多少果实是由它的种子基因、土壤条件、光照雨露、施肥管理等诸多因素综合而成的，如果想高产，不管种子性能与其他相关因素，只拼命施肥、浇水，闷得它透不过气来，其结果不是低产，就是窒息而死。园丁无法代替葡萄成长，葡萄有其特有的基因，有其成长繁衍的规律，不能主观臆断，一厢情愿，要讲点科学。

“双减”实施推动基础教育从理念到体制机制、教育行为、教育方式进行变革，走出应试本位，回归育人初心，促进教育高质量发展。改革带来蓬勃生气，任务繁重，困难与机遇同行。行进在改革前沿的教师，肩挑使命，心怀大爱，必能战胜困难，积累经验，在倾注真情全面培养学生成长成人的同时，锤炼自我思想情操，增长专业才能，创造出教育生涯的精彩。

初心因践行而永恒，改革因担当创造奇迹。

教育目的是“人之完成”
——中国家校社共育三十人论坛开幕式书面致辞

中国家校社共育三十人论坛开办，我这名鲐背之年的老教师特致以衷心的祝贺，祝愿论坛敞开心扉，涌现诸多真知灼见，推进党的教育方针全面贯彻，泽被莘莘学子的健康成长。

论坛确立“双减背景下家校社协同育人的使命与路径”为主题，很有意义。“双减”是小切口、大文章，为教育拨正航向，回归教育本质，重建教育体制新格局，为高质量育人创造了勃勃生机。

教育是国之大计、党之大计。为党育人、为国育才是学校、家庭、社会共同肩负的使命。在当今社会，信息如潮涌，正面的、负面的，千奇百怪的、光怪陆离的，通过各种渠道作用于人的感觉器官。未成年人缺少生活经历，文化积淀少，缺乏对是非正误美丑的识别力、判断力，在不经意中，对各种信息就照单全收，乃至错把腐朽当神奇。为此，如何教育好下一代，促进和保障他们健康成长，是全社会共同负有的责任。

家庭、学校、社会各司其职，形成合力，协同育人，就能创造良好的教育生态，逐步消除矛盾、牵制、掣肘的障碍，呵护未成年人身心健康发展、幸福成长。理念是行动的指导，要形成合力，对教育的本质、教育的目的和任务须有共同的认识。没有共识，步调就难以一致。教育的本质就是培养人。教育的目的就是“人之完成”，把一个

2022年4月16日，中国首届家校社共育三十人论坛举行，作者应邀在开幕式上致辞，本文为书面致辞稿。

不懂世事的无知的小孩培养成社会的合格公民。立德树人是教育的根本任务。我们要培养的人是中国特色社会主义的建设者和可靠的接班人。培养什么样的人关系到国家建设的大业，民族复兴的大业，老百姓幸福生活的大业，不能有一点含糊、一点马虎。然而，这些年来，由于功利思想的盛行、工具理性的误导，“育分”不“育人”，“学而优则钱”，把教育对象作为谋取巨大利益的工具，强烈干扰着党的教育方针的全面实施，使未成年人有不能承受之重之苦，造成他们身心发展中的伤害。

德智体美劳全面发展是受教育者的权利。学校、家庭、社会都有义务和责任通过多种路径切实促进。这是人自身成长的境界。马克思早有论述，这是教育深层次价值的体现，这是现代社会高速发展对人的优良综合素质的需要。由于种种错误思潮和不当行为的干扰，形成了某一方面或某几方面的短板乃至残缺，这是有愧于受教育者，不可容忍的。如“育分”，分数不是命根，任何一张试卷考不出人的综合素质，重要的是抓正确的学习动机，培养内在的学习动力，指导学习方法，养成良好的学习习惯。这些抓好了，终生有益，比分数高一点重要千百倍。学习目的和动机正确，有内驱动力，就会克服困难，坚持不懈，学业成绩也会相应提高，甚至会突飞猛进，使人刮目相看。这就是“育”。根据受教育者的天赋、基础、智力、情商、优势、不足，精心引导，倾心激励，春风化雨，滋养他们茁壮成长。这种“育”，让受教育者感受到学习的有趣、长辈的关爱、成长的欢欣，品尝到教育的温暖、生活的幸福。要破除对分数的顶礼膜拜，回归学习本原，让受教育者真正做学习做人道理、学习生存发展本领的学习者，而不是一课多练的操作工、追求增加分数的奴仆。当然，如何实事求是地评价学生的学业、学生的发展与进步，是要花大气力深化改革的。

德性的培养更是重中之重。人之所以为人，是有人的样子。国学大师钱穆说：“人有人的样子，也便是有规矩了。”这个规矩就是远离动物性，就是人的生命的防线，拒假恶丑的东西于心门之外。陶行知先生说得更具体：“教育者不是造神，不是造石像，不是造爱人。

他们所要创造的是真善美的活人。”也就是说，要引导学生做事求真，做人求善，人生求美，谱写生命的乐章。历史启迪现在，当今社会飞速发展，多元价值并存，多样文化激荡，未成年人确立怎样的人生价值取向关系到我们培养什么人的根本性问题。因此，对受教育者从小就要进行心中有他人的教育，不能以自我为中心，更不能只有一己私利。心中要装亲人，装集体，装国家，装民族，要树理想信念之魂，要培养亲情、友情、乡情、赤子情，凡此种种，绝非一蹴而就。为此，家校社要形成合力，细水长流，坚持不懈地以适合青少年身心特点的方式方法进行。久久为功，善作善成。德性教育切不可成为短板，短板就会形成某些受教育者德性的残缺。肢体残缺可以装义肢弥补，德性残缺无义肢可装，轻则害自己，重则害他人，害社会，贻害无穷。从网络诈骗案中，我们看到其中不乏所谓极其“聪明”的人，有相当学历的人、技术纯熟的人，德性缺失，为私利伤害他人，危害社会，用自己的手织罗网，身陷囹圄之中，教训是极其深刻的。

未成年人成长自有其规律，任何高明的家长、高明的教师都不可能代替他们成长。成长是一个过程，需要培植，需要体验。教育者应做的是关爱、引导、培植，受教育者要自己思考，自己实践，自己体验，方能获得实实在在的效果。未成年人是活泼泼的生命体，有遗传基因，有家庭影响，有时代印记，有性格，有爱好，有灵气，有向往，不是无生命的一团面，把它捏成什么样就什么样。为此，要尊重他们的生命。每个孩子都是家庭的宝贝、国家的宝贝，要认识、研究他们的特点，顺应他们自主成长的规律，施以良好的培植。较长时间以来，我们习惯于长臂管理，包办代替。孩子成长最为重要的是激发和强化他们的内在因素，即自立、自强、自律，包办代替的结果是连生活自理能力都没有，生活依赖，学习依赖，处处依赖，怎可能茁壮成长，锻炼出生存发展的本领？教育后代成长成人成才，是极其复杂不易的事，既是科学，又是艺术，更要有正确的教育理念、博大的情怀和锲而不舍的毅力。教育者做对了，孩子“新的我”就会出现在明天，成长无极限。成长永远是对明天的向往，是明天奇迹的出现。

不揣简陋肤浅，讲了一些对教育的认识，恭请各位批评指正。

上下内外齐发力，为落实《新时代基础教育强师计划》作贡献

教育部等八部门印发《新时代基础教育强师计划》（以下简称《强师计划》），部署全国教育部门及相关部门认真落实。面对基础教育教师队伍建设如此具有战略性的大事，我这名从事基础教育 70 年的老教师感动不已。基础教育关系到我们国家每个孩子的成长、成人、成才，关系到国民整体素质“奠”怎样的“基”，从事基础教育的教师责任大如天。为此，党和国家对基础教育教师队伍建设十分重视，千方百计提高教师队伍质量。

进入新时代，习近平总书记更是对加强教师队伍建设作出了一系列重要指示，强调教师是教育工作的中坚力量，坚持把教师队伍建设作为基础工作来抓。这是着力推动教师教育振兴，努力造就新时代高素质专业化创新型中小学教师队伍的理论指导和实践指针。

《强师计划》深入贯彻习近平总书记重要指示精神，筑基提质、补短扶弱、做优建强、全面提高教师培养培训质量，为构建高质量教育体系奠定坚实的师资基础。从总体要求到具体措施到实施保障，展现从中国的国情、教情、学情出发，恳切、实在，致力创新，闪现中国特色社会主义教师队伍建设独有的光彩。

下面谈一点一名基础教育基层教师阅读学习《强师计划》的初步体会。

教育部等八部门印发《新时代基础教育强师计划》，作者受邀解读，2022 年 4 月 23 日在教育部政务新媒体“微言教育”上刊登。

一、构建教师队伍建设新格局

《强师计划》在“指导思想”部分明确提出“加快构建教师思想政治建设、师德师风建设、业务能力建设相互促进的教师队伍建设新格局”，令人振奋。较长时间以来，教师的培养培训重“专业发展”，而“专业发展”又往往被理解为偏重为业务能力、业务的技能技巧。后来重视并强调师德师风，并将它放在首位，但思想政治建设并未得到足够的普遍的重视。教师从教要求是整体素质的提高，“指导思想”中用了“相互促进”来表述十分精准。习近平总书记提出“四有”好教师的标准，其中“有理想信念、有道德情操”起灵魂作用。教师如果树立起这样的精神支柱，点亮生命灯火，就会产生强劲的内驱力。

要在教师成长的内驱力培养上下功夫。要让教师真正懂得自己从事的是中国特色社会主义教育，是中国特色社会主义的有机组成部分，“为党育人，为国育才”是教育的本质属性。培养后代成人成才的崇高目的就是为中国人民谋幸福，为实现中华民族的伟大复兴赓续红色血脉，使红色江山代代相传。如果教师自己真正体会到一个肩膀挑着学生的现在，一个肩膀挑着国家的未来，今日的教育质量就是明日的国民素质，平凡的工作与国家民族的命运、人民幸福生活的追求休戚与共，血肉相连，就会有责任感、紧迫感、忧患意识，就会把每个孩子都当作国家的宝贝、家家户户的宝贝倾心教育，满腔热情满腔爱；就会刻苦钻研，不断提升专业能力。有了仁爱之心，业务学识收获教育效果，又促使信仰更为坚定，教育情怀更为宽广。

《强师计划》中“基本原则”第一条就是“坚持师德为先”，第一句就是“把教师思想政治和师德师风建设放在首要位置”。教师培养首要着力“根”与“魂”的教育，是指导思想的新飞跃。教师内生的驱动力与外部培养力量结合起来，共同发力，必能推动教师队伍质量大提高。

二、
教师教育体系建设
要着力于创新性发展

回溯历史，我国师范院校为培养基础教育教师、为基础教育实施作出了不可磨灭的贡献。只是后来受商品经济大潮冲击、功利主义影响，师范院校的办学方向、办学目的发生了变化，师范性迅速下降，人力、物力、财力不济，生源、质量皆不如人意。党的十八大以来，师范教育从稳定走向提升，而今在振兴上花大力气。振兴，不仅要梳理历史的足迹，从曲折中吸取教训，更要振奋精神，站在教育是“国之大计，党之大计”的战略高度，肩挑“构建优质均衡的基本公共教育服务体系”的重任，来思考师范教育如何根据时代要求创新性发展。

《强师计划》就教师教育体系的建设作了系统思考，对系统内诸要素位置与作用辩证地指明，形成合力，加强建设的质量。“建设国家师范教育基地。重点支持建设一批国家师范教育基地，构建师范院校为主体、高水平综合大学参与、教师发展机构为纽带、优质中小学为实践基地的开放、协同、联动的现代教师教育体系。”纵向，大中小学贯通；横向，主体、参与、纽带、实践基地，既各得其所，又开放、协同、联动，上下内外齐发力。这些创新性举措，推动教师教育进入高质量发展的轨道。

《强师计划》在“总体要求”的“基本原则”中明确提出“坚持质量为重”，其中阐明要“强化师范院校在教师教育体系中的主体地位，推进职前培养和职后培训一体化，创新师范生教育实践和教师专业发展机制模式，提升教师培养培训质量”。质量是教育的生命，尽管当前改进师范院校评价与建设国家师范教育基地、建立协同创新平台同步进行，但办学的质量说到底就是培养的人的质量，即培养的师范生是否有理想、有道德、有教书育人的真本领。作为教师教育体系主体的师范院校，即使积累了以往办学的诸多经验，但面对时代的新问题、新挑战，深化改革、创新发展的空间还很大。培养的人素质、能力明显不足，往往就是办学的短板及缺失。

办学最为重要的是不能脱离中国实际。比如，当代师范生内心有哪些需求、哪些困惑、哪些追求，共性是什么，个性又怎样，须了解、研究。为什么有些学生年纪轻轻就“躺平”？追根寻源，从理论和实际结合的高度剖析，以理服人，以情感人，方能取得培根铸魂的效果。又如，课程教学的设置须与中小学深化课程教材教学改革的实际结合起来。21 世纪以来，后者的改革力度很大，从理念到做法，均须了解、研究，凌空地讲概念、术语，无济于事。再如，培养中国基础教育教师，总要让他们懂得并认同中华优秀文化。习近平总书记说：“中华优秀传统文化是中华民族的根和魂。”“文化自信是一个国家、一个民族发展中最基本、最深沉、最持久的力量。”不能一讲到专业，一写文章，一有改革举措，引经据典都是别国的。应该是中国立场、世界视野，用中国语言讲好中国教育的事，多一点教育自信，多一点自主思考，积极创造。

师范院校是教育的工作母机，培养数量可观的教师，一定要按教育规律办事。从实际出发，发现问题，分析问题，再解决问题，就会出思想、出成果、出经验。无论是职前培养还是职后培训，均至关重要。培养教师是追求永无止境的崇高事业，在这支队伍里行进的学者、专家、老师，志存高远，学识丰厚，业务精湛，全身心投入，必会受到由衷的敬仰与信赖。

三、
补短扶弱，做优建强，
践行为人民造福的初心

《强师计划》面向全国所有地区的所有教师及未来教师，全方位，多层次，使不同地区不同层次的教师都有发展的空间，既促进师资的优质均衡，又充分发挥优质师资的排头兵作用，切实建强基础教育教师队伍。其中，推动师资优质均衡又以中西部欠发达地区为

重点。

要继续实施中西方欠发达地区优秀教师定向培养计划，加大该地区师范院校、教师发展机构建设和高素质教师培养培训力度，增加紧缺薄弱领域师资培养供给。东西部协作，对口支援。从人力资源到体制机制，到财力、物力保障，具体，实在，使“补短扶弱”有章可循。关键在落实，一项项到位。这就像打脱贫攻坚战一样，要各级政府部门上上下下心往一处想，劲往一处使，各尽其责，攻坚克难。

党的十八大以来，党中央采取有力措施保障和改善民生，打赢脱贫攻坚战，近1亿人口脱贫，最困难的832个县也被攻下，脱了贫，全面建成小康社会，为促进共同富裕创造了条件。共同富裕是社会主义的本质要求，是中国式现代化的重要特征。共同富裕不仅是人民群众物质生活的富裕，精神生活也要富裕，要把后代培养好，有人才才不会返贫，才会促进经济与社会各项事业的发展。

理念是行动的先导。那种不认真兴办学校、拖欠教师工资的行为源于对教育的战略意义缺乏正确的认识。早在20世纪80年代初，邓小平同志就强调要把教育放在优先发展的地位。他说：“我们国家，国力的强弱，经济发展后劲的大小，越来越取决于劳动者的素质，取决于知识分子的数量和质量。一个十亿人口的大国，教育搞上去了，人才资源的巨大优势是任何国家比不了的。有了人才优势，再加上先进的社会主义制度，我们的目标就有把握达到。”但是，教育的优先地位在一些领导者的工作中并没有真正落实。针对这种情况，邓小平同志告诫说：“中央提出要以极大的努力抓教育，并且从中小学抓起，这是有战略眼光的一着。如果现在不向全党提出这样的任务，就会误大事，就要负历史的责任。”他指出：“各级领导要像抓经济工作那样抓好教育工作。”40多年过去了，现实针对性还那么强，深思对照，可大大提升认识的高度，增添行动的直觉。

进入新时代，科教兴国，教育是基础，面对当前世界百年未有之大变局，要有人力优势、人才优势，抓教育的高质量发展真正是时不我待。《强师计划》应时代急需而制定，提出若干保障措施，使短板补起来，弱者强起来，优者更优，强者更强，锤炼出专家型的教师、教育家型的教师，教师队伍整体素质明显提高。教师用心用情用力教好学生，立德树人，办人民满意的教育，践行为人民造福的初心。

任务繁重，困难不少，只要上下内外齐发力，理想的美景就会呈现在眼前。信仰抵达的地方，脚步终将到达。

牢牢把握，努力践行，增强建设高质量教育体系的自觉

当今，在中国大地上办教育，要对中国教育发展的道路及其本质属性有清晰的认识。只有牢牢把握，努力践行，才能增强建设高质量教育体系的自觉。

中国特色社会主义教育发展的道路是中国特色社会主义道路的有机组成部分，是党领导百年来教育事业方向性、战略性的经验结晶、智慧结晶。面对新民主主义革命时期、社会主义革命和建设时期、改革开放时期和社会主义现代化建设新时期的革命和建设对教育的需求，从中国的具体国情出发，党制定了一系列的教育方针政策，明确教育的目的任务、培养对象、培养目标、教育内容、体制机制建构，不断地探索，不断地改进，不断地发展与完善，始终坚守着为人民服务的宗旨和为社会主义建设服务的价值追求。

进入中国特色社会主义新时代，随着中国特色社会主义事业的强劲发展，对人力资源、人才强国建设的迫切需求，中国特色社会主义教育本质属性更为明确，更为显现，从实践推进到理论建树均有新发展、大发展。习近平总书记强调“教育是国之大计、党之大计”，在战略地位、优先发展、优质均衡、公平公正、队伍建设、深化教育教学改革、强化治理等方面全面进发，达到前所未有的高度，进入高质量发展的新阶段。

2018 年 9 月，习近平总书记在全国教育大会上系统总结了我国

本文发表于《上海教育》2022 年第 19 期“奋进十年”，7 月 1 日出版。

教育改革发展的“九个坚持”，强调坚持中国特色社会主义发展道路，发展具有中国特色、世界水平的现代教育。这是新时代创建高质量教育体系的理论指导和实践指针。

大会上，习近平总书记特别指出，“培养什么人、怎样培养人、为谁培养人”是教育的根本问题。这极具战略意义的“三问”，是时代之问，是党和国家之问，是人民之问。教育是有灵魂的，这正是当今教育的精魂所在。这不是说在嘴上、写在纸上，而是要全身心投入，用马克思主义的立场、观点、方法，结合中国的国情、教情、学情，认真回答、努力践行的。教育从来是国家、民族的大事，在中国大地上办教育，就要有中国教育的自信、中国教育的精神、中国教育的智慧、中国教育的话语权，凝聚成中国特色社会主义教育培育时代新人的强大力量。

我们从事教育教学实践的第一线教师，由于工作的平凡与琐细，往往习惯于对教育某些具体问题的探讨，对教育的根本性问题缺少深入思考，这就有形无形地影响着我们思想的高度、实践的自觉，影响着我们对当今教育纷繁复杂现象的判断力。从事教育，不是一般的泛泛而谈，须清醒认识自己所从事的教育的性质及其本质属性。我们所从事的是中国特色社会主义教育，“为党育人，为国育才”是中国特色社会主义教育的本质属性。当今世界正经历百年未有之大变局，不同价值观念相互碰撞，未成年人成长环境发生深刻变化，这些都对教育培养人提出了严峻的挑战。我们培养后代成长成人成才的崇高目的就是为中国人民谋幸福，实现中华民族伟大复兴，就是赓续红色血脉，使红色江山代代相传。不能认为这个崇高目的距离自己的具体工作比较远、高不可攀就降低对自己的要求。理想就在岗位上，信仰就在行动中。教育思想、教育内容、教育教学行为，这些有的是显性的，有的是隐性的，但都与教育的根本问题和目标紧密相连。我们要牢牢把握教育的本质属性，将其作为一切教育活动、教育行为的指南，心中有了准绳，眼睛就会明亮，步履就会坚实。

将“为谁培养人”把握住，就会对“培养什么人”进行深入而全面的思考。回顾历史，中国教育对“培养什么人”的发展脉络十分清晰。从初始的培养“劳动者”，进而转向为“建设者和接班人”；从“德智体”发展，进而到“德智体美”发展，再到“德智体美劳”全面发展，不断进步，不断完善。对培养目标的认识深化，反映了党对新时代教育特征的准确把握和对人的发展深层次教育价值追求的明确定位。

党的十八大以来，党中央高度重视教育工作，决定把劳动教育纳入社会主义建设者和接班人培养的要求之中，提出“德智体美劳全面发展”的总体要求，并落实为国家的法律规范。经十三届全国人大常委会第二十八次会议审议，《中华人民共和国教育法》第五条修改为“教育必须为社会主义现代化建设服务、为人民服务，必须与生产劳动和社会实践相结合，培养德智体美劳全面发展的社会主义建设者和接班人”，将党的教育方针落实为国家法律规范。所有办学者、执教者都必须遵守法律，依法全面贯彻党的教育方针。

党的教育方针是党的理论和路线方针政策在教育领域的集中体现，在教育事业发展中具有根本性地位和作用。为此，我们要切实贯彻党的教育方针，“五育”并举，促进学生全面发展，努力使他们成为社会主义的可靠建设者和接班人，成为有爱国情怀、社会责任感、创新精神和实践能力的时代新人，这是所有办学者与执教者的责任担当。较长时间以来，由于“学而优则钱”的功利思想与应试教育做法的强劲干扰，造成了学生发展中的短板和缺失。从眼前看，无视学生认知规律，校内外过重的课业负担形成巨大的压力，影响乃至伤害他们的身心健康；从长远看，对短板和缺失如不及时弥补，将使学生在人生的价值取向、自立自强的本领、关心他人的情怀、体质的强弱等方面留下痕迹，有的甚至会阻碍人的长足发展，难以改变。而今加大治理力度，以“双减”为小切口，做拨正教育航向的大文章，强化学校主阵地作用。面对如此的机遇，更须排除片面教育质量观的干扰，认真细致、一丝不苟地全面贯彻党的教育方针，促进学生全面发展，为人生奠定扎实而优质的基础。培养怎样的人与我国为人民造福、为中华民族复兴的宏伟大业休戚与共、血肉相连。在当前国际环境复杂多变、严峻挑战无处不在的情况下，更要坚定信念，有紧迫感、危机感、安全意识，坚持不懈地把握中国特色社会主义教育的本质属性，大力提高育人质量。

“怎样培养人”对中国特色社会主义教育紧扣本质属性作了极其精辟的回答。应用马克思主义辩证唯物论的方法论，结合中国国情，指导教育实践，进行理论创新，显现了中国特色。如要扎根中国大地办教育，要全面落实立德树人的根本任务，要树立和践行社会主义核心价值观，要深化课程教材教学改革，要做强教师队伍建设，要办好人民满意的教育……众多举措，既有针对性地解决当下问题，又具有历史前瞻性，意义深远。

人的培养是极其复杂的系统工程，不同国家有各自的做法。尽管世界各国教育有很多相近相似的理念与做法，但由于历史文化、地域特点、国家性质与建构不一样，差异必然存在，有的则是本质上不同，故而没有现成的模板可照抄照搬，我们必须走自己的路。比如，立德树人是我们培养人的根本任务，可到中华优秀传统文化中追寻渊源。立德修身、读书做人、家国情怀、匡济天下等是传统基因，而创造性转化、创新性发展则赋予社会主义核心价值观以时代内容；要培养学生立大德、守公德、严私德，就要以革命文化、社会主义先进文化和中华优秀传统文化中的精华来滋养学生的心灵，启智润心，培根铸魂，点亮他们人生道路的明灯。简言之，就是要厚植学生爱党爱国爱社会主义的情怀，厚植他们做中国人的志气、骨气和底气，厚植他们刻苦学习为人民服务的责任担当。

习近平总书记说：“要从党和国家事业发展全局的高度，坚守为党育人、为国育才，把立德树人融入思想道德教育、文化知识教育、社会实践教育各环节，贯穿基础教育、职业教育、高等教育各领域，体现到学科体系、教学体系、教材体系、管理体系建设各方面，培根铸魂，启智润心。”他十分明确地提出，融入“各环节”、贯穿“各领域”、体现“各方面”、实现全覆盖，落实立德树人的根本任务是所有教育工作者肩挑的重任。

别的暂且不说，就说如何“融入”文化知识教育，如何“体现”在学科体系、教学体系、教材体系中，就关系到所有学科执教的教师。接受基础教育的学生到学校求学，日复一日，月复一月，年复一年，绝大部分时间是在课堂里度过的，课堂教学的质量影响到学生生命成长的质量。课堂上教什么、怎么教，会直接影响到学生学什么、怎么学，细水长流，耳濡目染，学生的知识架构、思维品质、人生观、价值观均受到雕塑。因此，学科是育人的主渠道，课堂是育人的主阵地。立德树人的天地非常广阔，关键在执教者要有正确的教育思想、强烈的育人理念、扎实的专业素养和适应不同学年段学生成长需求的施教能力。所有学科教学都有教育性，在传授文化知识的同时，要深挖其内含的育人价值，德智融合，让学生既学到文化知识实用的本领，同时价值判断、人格品德又受到熏陶感染，心灵获得滋养，茁壮成长。

但由于“工具理性”价值取向以及应试教育的干扰，有的学校教育、学科教学专注于知识技能某些方面的机械操练，而剥离了教学中内含的精神价值，使得现在有些课上得“失魂落魄”。学生厌学，除了学业负担过重外，另一个重要的原因就在于这些课很少能感动、激励他们，很少能满足他们心灵发育成长对美好理想、美好事物的追求与渴望。

今天，随着课程改革的深化，立德树人的根本任务更进一步明确。课程方案体现着培养学生德智体美劳全面发展的要求，描绘了时代育人的新画卷。所有课程设置均明确了核心素养的培养，这就使课堂教学主阵地充分发挥教书育人的作用。新世纪初的课改中，学科教学的核心理念由以知识为本，转换到以学生为本，以学生发展为本。这是教育思想的新突破，也是教育本质的回归。怎样促使学生全面发展？要实现知识与能力、过程与方法、情感态度与价值观三个维度的融合。现在进一步总结实践经验，更为具体化、精细化地落实为各个课程的学科核心素养。学科核心素养立体多维，不仅育智，而且育德、育美、育体、育劳，根据各学科的个性特质，任务各有侧重，但共性是促进学生整体素养的提高。这种立体多维的培养，不是 1 加 1，而是要在“融”字上下功夫，在撒播科学文化知识的同时，撒播做人的良种。这种培养人的课堂教学模式是中国人独创的，既借鉴了国外学生素养培育的先进理念，又根据我国培养人的目标，具体细化到课程之中，体现着中国的特色。教师心中有着培养人的标尺，又能在精湛业务、施教方式上下功夫，必能取得高质量发展的实效。

习近平总书记谆谆教导：“如果没有中华五千年文明，哪里有什么中国特色？如果不是中国特色，哪有我们今天这么成功的中国特色社会主义道路？”我们要特别重视挖掘中华五千年文明中的精华，把弘扬优秀传统文化同马克思主义立场、观点、方法结合起来，坚定不移走中国特色社会主义道路。这条道路引领我们从站起来到富起来，再到强起来，开启第二个百年奋斗的新征程。中国特色社会主义教育是其有机组成部分，显现了马克思主义基本原理同中国具体实际相结合、同中华优秀传统文化相结合的光辉。这个事业是培养两亿几千个学生成人成才的伟大事业，能为这样伟大的事业奉献聪明才智，是教育工作者生命价值意义所在。坚定信念，牢牢把握它的本质属性，努力践行，不懈奋斗，必能谱写出新时代立德树人的新华章！

于漪知行录

山西教育出版社 2016 年 5 月版。

前言

行是知之始，知是行之成。

教育是实践的事业，倾心投入教育实践，反思是非正误、利弊得失，进行梳理、思考，从中获得一些认识，悟得一点道理，记录下来备考。再实践时又以某些认识与经验为指导，验证其正确性与有效性。于是，根据实践中的学情、教情、校情，对认识与经验进行修正、改进，提升，乃至扬弃，力求使“知”逐步接近学科教学规律、学生认知规律。实践，认识，再实践，再认识……在循环往复中，端正自己的人生态度，提高自己的专业素养。

个人的实践与认识，由于种种主客观条件的限制，必然是井底之蛙，视野狭窄，理性思考的深度、厚度远远不够，与教育事业对教师专业要求相距甚大。为此，必须潜心学习，向书本学习，向专家学习，向同行学习，向学生学习，向社会上各行各业有卓越贡献的人学习。学习，一是照镜子，二是择善而从，力求身体力行。读书是自己精神成长、心灵优化的需要，不是装门面，不是对着书，疲劳双眼，而是真心实意从观点到材料认真阅读，反复思考，对照分析。经典、佳作，读到精彩、深邃之处，有醍醐灌顶之妙，在乐不可支、思想升腾的同时，又深感自己的无知、浅薄。此时此刻，记点心得，以励前行。

向人与事学习，更是要有眼光与胸怀，既学认识相同相似的，更学意见相左的甚至对立的，而后者更能促进深入学习，促进积极思考，严密思考，更能接近认识事物的本质。学习时不能短视，不能一叶遮目。要看全局，看整体，看基本面，看长远；要善于发现，细于识别，勇于批判、扬弃、超越。一颗狭小的心有浩浩荡荡的学子，有多情的土地、伟大的祖国，胸怀就会无限宽广，无处不是学习的机会，无处没有智慧的闪光。当然，看到不合理的，污泥浊水的，会焦虑，会愤慨，会烧心。林林总总的看法、认识、体会，流于笔端，锲而不舍，竟然集成了一本小册子。有说的，有做的，知而行，行了又生新知，故而冠名为“知行录”。

许多“知”仍很肤浅，无甚高论；“行”就更不易。嘴上说说不费力，脚踏实地干，干出质量，干出效果，不仅要有持久的内驱动力，而且要有科学态度、奉献精神。有人说，世界上最远的距离，不是天涯，也不是海角，而是说和做的距离。正确的认识要付诸实践是要花大力气的。出版《知行录》，追求知行合一的境界，既是求教于同行，更是鞭策自己永不懈怠，奋然前行。

精神须成长

人的生命被赋予一种责任，就是精神的成长。

用精神的成长创造使命的精彩，铸就生命的辉煌。

人之所以为人，当然不能只停留在生物学的层面，还要有精神层面的追求。物质生活是生存的基本保证，基本保证满足就能获得快乐。而精神上的追求则是人内在的需求。追求诗意的精神家园，让生命的清泉汩汩流淌，它体现了生命的意义、生命的价值、生命的丰厚与完满。语文教师是育人的人，须帮助学生实现精神上的充实、伸展和提升。

人一辈子都处于价值取向的选择当中，有所“取”，一定要有所“舍”。“舍”的是个人微小私利，“取”的是民族复兴、国泰民安之大利。说说方便，做到不易，关键在修身养性，树立公心。

人的成长是一辈子的事。教育从来不是一个结果，而是一个生命展开的过程，它永远面向未来，不会结束。因此，教师要和学生一起展开生命，不断成长。一个不重视成长也不会成长的人，他的视野将越来越逼仄。

生命本来没有名字，没有职位、荣耀、金钱之累，但生命有一种责任，就是精神须成长。众所周知，人有了脊梁骨才能直立行走，人的精神不断成长，理想追求、道德光亮、文化憧憬才会紧密相守相伴，逐步成为一个心灵丰富、品德高尚、情操优美的人。社会欢迎，国家需要，百姓点赞。

我给自己立了个规矩，要独立思考，刻苦钻研，力求自己真懂。

生命的意义不是别人给予的，而是自己赋予自己的生命以意义。要想清楚人活着究竟为什么，自觉确立人生的态度，就要明白理想信念是生命存在与发展的核心。

教师不是先知先觉，但对所从事的教育事业、教学工作必须认真地“知”，清醒地“觉”，切不可“不知不觉”，拘囿于混沌之中。教育究竟是什么？我到底要做什么？我应该做什么？我现在在做什么？想清楚，就会在正道上迈开步子，奋勇向前。

教学，教学，“教”要在学生身上起作用。

精神支柱看似无形，但能起灵魂作用，有强大的凝聚力。人要有精神支柱，否则，立不直，立不正。支柱的核心是人文精神。一个民族没有现代科学技术就会落后，落后就要挨打；一个民族没有人文关怀，精神就会迷失，民族就会异化。一个社会没有人文精神，就是一个病态的社会，难以和谐，难以发展。一个人没有人文精神，就是一个残缺的人，丧失理想、信念，丧失奋斗目标，在个人荣辱得失中浮沉。

中华民族具有五千年丰厚的文化积累，其中有宝贵的精神财富，对天地、人生、社会的基本问题，均有深入的探索与思考。如人生意义、历史与现实、传统与变革、物质与精神、个人与集体、道德与审美、光荣与耻辱、人生观、世界观、价值观等现在须认识与探讨的问题，皆可从中找到脉络。我们对此不仅要有清醒的认识，而且对正确的须传承并付之于行动。

事业要取得辉煌，首先要让心灵辉煌起来。在人生旅途中，能最终领略美妙风景的必然是有强烈渴望登临山峰而不辞跋涉艰辛的创业者。心灵若无登临的渴望，就不可能有充沛的热情；心灵若不飞翔，就不可能有广阔的视野；心灵若贫瘠，怎可能有奋进的步伐？心灵辉煌的原动力是理想信念，执着追求。

感人的教育教学境界的出现，是从教者倾注心血投入，努力攀登，坚韧不拔的结晶。这种攀登不只是在教育技能技巧上着力，而是人生态度的攀登、情感世界的攀登，是为师者一种风范的创立。攀登的基础是敬畏学生生命，敬畏教育专业，以心相许。

家是最小国，国是最大家。浓郁的家国情怀，激发你一辈子精神振奋，有用不完的劲；浇注你丰满的感情，享受人生的价值与幸福。

在当今社会，“富有”这个词对众多的人来说，具有很大吸引力。然而，人们想到的往往是物质财富，对精神上怎样富有起来，想得很少。人要生存，要吃饭、穿衣，物质生活当然要考虑；但是，精神上贫乏，是个一无所有的乞丐，人的味道也就荡然无存了。

教师，作为人类精神文明的传播者，特别要讲究知识上的富有。生活上要逐步改善，这是无可非议的，但如果作为追求的唯一目标，做人就会走样离谱，还怎么能为人之师呢？

人处在社会中，应该互相关心，互相支持。“人”是一撇一捺，少了其中任何一笔，“人”就坍塌了。社会上，人人为我，我为人人，是对“人”的最好诠释，人与人之间必须互相支持。一个人绝对离不开别人对自己的支持。有的人总想“人人为我”，而不想“我为人人”，这是对“人”的误解与亵渎。

能与人为善的人，就是好人。遇到事情，总能换位思考，想到别人的处境，想到别人的利弊得失，就会作出正确的判断。心只有方寸之地，只容下自己，免不了成为小肚鸡肠，为私利斤斤计较；容得下别人，容得下集体，让狭小的心容得下伟大的宇宙，你就胸怀宽广，享受到人间挚爱深情的欢乐。

工作挑挑拣拣，钻入“利”眼，就目光短浅。教育不是立竿见影的事，十年树木，百年树人，应是超前意识和滞后效益的结合体，不能局限于近期效果，尤其须着眼于长远效益。

能从事如此有意义的工作，此生幸事；能与未成年人相处，教学互动，更是幸中之幸，因为每天能受到他们青春活力的感染，每天都充满了阳光与希望。

人的心里不能有“虫”。有“虫”，心就染病，轻则好坏不分，是非不辨；重则“虫”对心吞噬，赤心、良心、善心日益削弱，一旦荡然无存，就成为蛇蝎心肠，害人，伤人，噬人，戕害社会安宁。“虫”要趁早捉，趁小捉，勤捉，使“心”永远健康，永远善良。

古往今来，不少仁人志士身上都有一种气象，这种精神上的万千气象，直接接触也好，通过文字材料接触也好，立刻会有心灵感应，始而温暖，继而敬仰，终而增添生命的质量。气象是宏伟的，壮阔的，高大的，优美的，而气象的形成是靠家国情怀的持之以恒的修炼，才、学、识的锲而不舍的砥砺，在做人上下了大功夫。

为人要大气，要有胸怀。斤斤计较，锱铢也要计较，就会拒人于千里之外，丢失了与人和谐相处的基础。海之所以汪洋壮阔，是由于能吸纳百川；人有宽大胸怀，方能有视野，有友朋，有凝聚人的力量。精致的利己主义者看似聪明，实则愚蠢。

人总要有点精神，否则就如行路一样，连“北”都找不到。北极星、北斗星在哪儿不是找不到，而是视而不见，灵魂飘荡。

人如果太实际了，为物质生活所累，就没有超越职业训练的志向、旨趣和想象力，就很容易沉沦。

人是有肩膀的，双肩能挑重担。“为天地立心，为生民立命，为往圣继绝学，为万世开太平”这种对社会对国家的担当意识，是我们民族的骄傲，是我们仰慕并学习的榜样。

千万不能让自己的肩膀成为“美人肩”，尖得往下垂，碰到事情，能推诿则推诿，能逃脱就逃脱。一个缺乏担当意识的人，可信度不高。

规律是事物发展过程中的本质联系和必然趋势。任何事物都有自己的发展规律。规律是客观存在的，是不以人的意志为转移的。人们不能创造规律，改变规律，更不可能消灭规律。青少年学生成长有其本身固有的规律，不能无视它的存在而为所欲为，最为重要的是认真探究规律，多一点敬畏之心，少一点功利之举。

在规律面前，人也不是毫无作为，而是能通过实践认识它，利用它，并且能发挥主动性、创造性，达到《中庸》中说的“赞天地之化育”的境界。学生成长，心理、生理、认知在每个个体身上均有其固有的规律，不仅不能视而不见，掉以轻心，更不能逆规律而动，造成对生命体的伤害。要精准地从他们的实际出发，因势利导。

带青年教师也是我教学实践的重要内容。一花独放不是春，万紫千红春满园。当自己付出的劳动对同行有些微作用时，觉得有天地之气凝聚在心中，心灵得到安慰，深感无穷的快乐和幸福。

事物的固有规律是反复起作用的，人的培养也毫不例外。揠苗助长，强求速成，不适时地灌输，加压，超负荷运转，其结果是事与愿违。南辕北辙的事例并不鲜见，甚至有令人痛心的悲剧发生。为了孩子健康成长的权利，务必尊重规律，慎之又慎。

与人相处，总要给人提供方便，切不可给人添加麻烦或制造困难。然而，在现实生活中，常常在不经意间就给别人带来不便，带来困难，甚至有所伤害。究其原因，往往以自我为中心，不考虑所产生的影响。“自我中心”须破除，心中应有别人。遇事前前后后多想想，多给别人送方便，多做好事，才是做人的正道。

人总是往前走，这是习惯；鼓励往前走，这是要求。因此，前进是重要的。但有时后退更重要。工作矛盾、家庭矛盾、邻里矛盾激化之时，再也不能往前冲，而是要冷静下来往后退。退一步，海阔天空，风渐平，浪渐静。退，是一种理性，一种修养，一种解决问题的策略。

一件件具体的事情让我不断地照镜子，洗涤自己的灵魂。人总要有人的样子，在任何情况下，都要有颗善良的心，不能为自己为私利而加害别人。

尊师重教是仰望星空的事，不仅要看到眼前的利益，更要看到民族的前景、国家的前途。前景、前途辉煌的关键靠什么？靠素质良好的建设者，靠大量的专门人才和卓越人才。因此，尊师重教不是漂亮的口号，不是广告词，不是因某种需要而炒作一时的新闻语，而是对社会发展进步中教育、教师不可替代作用的深刻认识，是遵循育人育才规律的必要实践。

幸福感是没有固定标准的，各人的幸福指数也不尽相同。金钱成堆、权势显赫往往构不成幸福感，反而是滋生祸患的温床。许多心平气和的人信奉的是“平平安安就是福”，有份较稳定的工作，认真勤奋，平安和睦，日子过得有滋有味，就充满幸福感。知足常乐，物质生活无太高要求，心里就宁静，幸福感就相随相伴。

妒忌是十分丑恶的感情，一旦染上了这个病，或背后叽叽喳喳，或当面指桑骂槐，或无端生事，翻江倒海，既伤害别人，自己也不轻松。不断怒火中烧，身心受损，岂不也是伤害自己？这种病的起因多半是心胸狭隘，看不得别人好，自己又不肯努力。两只眼睛不是全面看世界，而是专门用来找碴挑刺，活得很累。药方是：反而求诸己。

恭宽信敏惠，孔老夫子早就告诉我们了。

现在的人往往自己疼自己，为人处世，目中无人，只顾自己性情。“疼”，并未错，问题在于作为一个社会中的人，处在各种关系之中，学习、工作、生活都要与别人打交道，都有个尊重别人、工作为重的问题，一味地“疼自己”，“疼”到不明事理，“疼”到影响工作、学习，乃至伤害别人，生命的价值又何在呢？珍惜的又是什么东西呢？

人总要有点兴趣爱好，或打球，或下棋，或唱歌，或哼戏，或阅读，或写字，或画画，或旅游，或发明，工作之余有精神依托，可自娱自乐，也可与好友集聚共乐。无兴趣爱好的，则情感贫乏，审美缺失，生活也就味同嚼蜡。兴趣爱好要健康、高雅一点，与文学艺术、体育科技为伴，绝非打麻将赌输赢之类。兴趣爱好应从小培养。

有人对权力特别有兴趣，不管处在什么位置，担任什么角色，家庭也好，工作单位也好，总要自己说了算，最好能一呼百应。对权力的顶礼膜拜，往往是私欲膨胀，加上个性强势。权力为谁而用？用了要达到什么目的，起什么作用？须反反复复想清楚。在大多数情况下，恐怕不是用权的问题，而应平等商量。权欲越少，人越清醒。

性格决定命运，此话有一定道理。人各有性格特点，外向的，内敛的，自恋的，自卑的，沉稳的，冲动的，旁观者一清二楚，本人也基本知晓。奇怪的是，开展工作、处理事情时，性格在其中发挥的作用往往很少有人重视。性格产生的负面作用已显而易见，但当事人还一个劲儿往里钻，造成不应有的损失。敝帚自珍，把性格弱点当作宝贝掩住不放，真不明智。

勤劳与懒惰在人的身上同时存在。有些人以勤为主，有些人以懒为主；对不同事物，有的勤，有的懒。勤能成事，勤能补拙，好处几乎无人不知，但就是有不少人避勤趋懒，少做，少动，不做，不动，身上有根懒筋。要抽掉这根懒筋实在不易，它的形成虽不旷日持久，但也有相当岁月，而核心又是图个人舒服、个人适意。为此，从小就要警惕坏习惯的养成。

《道德经》中说“知人者智，自知者明”，“知人”固然不易，“自知”似乎更难。希腊神庙有句“认识你自己”，中国有句“人贵有自知之明”，足可说明。一是许多人不注意“自知”，从不思考自己是个怎样的人，须如何修身；二是“自知”的主观色彩很浓，优点放大看，浑身是宝。不恰当的评价常会带来种种问题、种种不愉快。“明”，实事求是，多么不易！

学习也好，工作也好，起始阶段人与人之间的差距仅是少许，经过时间的淘洗，效果、业绩竟然差了一大截。究其原因，水平是有高下，但态度更是关键。责任心强弱，认真与否，就差那么一点儿。粗看，难以辨别；细看，那一点儿中蕴含的是敬业精神、专业追求、习惯力量。人与人之间的差距有时就是那么一点儿。“一点儿”的正能量从小就要培养。

年轻人生命力旺盛，爱浮想联翩，编织生活的梦想，美丽的，宏伟的。只要目标明确，方向正确，就值得赞扬，而织梦者更应为它的实现而奋斗。梦毕竟是想象的产物，要把理想变为现实，就须脚踏实地地努力，坚持不懈地奋斗。生命之歌就是一首高昂的奋进之歌，一首排除困难、勇往直前的歌。理想的实现靠行动，空想、空谈不可能取得任何成果。

中国有句俗话：大丈夫拎得起，放得下。遇事最怕黏糊，没完没了地缠在上面。人总是要向前看，不能因为摔了一跤，就趴在地上不起来，或者站起来在原地兜圈子。正确的态度是爬起来，抖擞精神继续往前走。挫折、失败，是一种锻炼、一种考验，跨越过去，意志、性格就得到熔铸。

心想事成只是一种良好的祝愿，事实往往与愿望相悖。相悖，就必须具有承受力。人不是玻璃制品，不能一碰就碎，应积极磨炼意志，和娇气、脆弱斗争。钢是在高温中冶炼出来的，有志的人是在与困难的反复较量中成长成熟的。

人生不是一支短短的蜡烛，燃烧瞬间就熄灭，而是一把高高的火炬，要用心把它燃得十分灿烂。灿烂在对生活的由衷热爱，对工作的尽心尽力，对社会的责任担当，对国家的无比忠诚。用生命的光亮增添社会的温暖，增添人间的绵长情意。

人在成长过程中，总是有意无意地和别人比，比什么，怎么比，比的目的何在，大有讲究。与思想深邃、道德高尚、才华出众的榜样比，就如沐春风，明理敬业，攀登人生的价值与意义，有使不完的劲。反之，与大富大贵的比，与显赫一时的比，不仅心态不平衡，自寻烦恼，还可能从中受到私利迷心的传染。比，真得看看对象。

人总要振奋精神往前走。碰到一点突如其来的不愉快或者不幸的事就钻入忧郁的浓雾中，窒息得透不过气来，除了折磨自己、消磨生命外，有百害而无一利。人世间不如意事十之八九，幸运之神不可能总跟着你伴着你。重要的是面对现实，冷静分析原因，寻找妥善解决问题的途径与方法。在处理问题的过程中，锻炼坚强的意志，培养克服困难的毅力。

孤独感不是天生的，而是由于这样那样的原因，心理上、性格上受影响所致。有的人自视甚高，看不惯别人；有的人自怨自艾，悔恨失落；有的人堕入冥想之中，寻找心灵的慰藉。他们共同的特点是自我封闭，用套子把自己裹紧。解开套子的办法是打开心灵的窗户，让清新的空气进入，认识到：改变还不理想的现实，自己也要尽一份力。

社会上与人相处，要努力培养自己的亲和力。板着面孔，冷若冰霜，别人只好退避三舍，噤若寒蝉，对工作对事业不利。和颜悦色，态度和顺，语气温和，是亲和力的标志，但更重要的是它支撑内心世界的美好。心地善良，与人为善；尊重生命，平等相待；有难相助，责任担当……有“我为人人”之心，则会笑口常开。

一个学生就是一本丰富的书，一个多彩的世界。几十年来，我教过各种类型的学生。面对这些丰富的“书”，我一本一本认真读，一点一点学习、领悟，逐步懂得师爱的真谛，也品尝到亦师亦友的无穷乐趣。

倾听每个生命的呼唤

基础教育是大众教育，须面向全体学生。大众教育不排斥英才教育，但不能只当英才教育的配角。人是有多元智能的，各有所长，各有所短。基础教育着眼于全体学生，为全民族素质的提高奠基。还要清醒地看到，有时有些受教育者并非真“英才”，而是拔苗助长的对象，无后劲。要倾听每个生命的呼唤，施以阳光与雨露。

我国的基础教育面对数以亿计的儿童、少年、青年，面广量大，属世界之最。充分认识基础教育乃本中之本的战略地位，从经费投入到物质装备，到精神层面的关心、呵护，怎么重视都不为过。基础教育不能追求即时效应，而要定下心来切实提高质量。切实提高基础教育质量，对提高全民族素质，促进祖国繁荣富强，会起到不可估量的作用。

知识传授和能力培养在基础教育中占有重要位置。基础教育阶段传授的知识，许多是知识的“核”，不因时间推移而老化。因此，这个时期学生学到的知识、培养的能力往往陪伴终身。然而，这只是人的素养的一部分，不是人的全部。重“术”轻“人”，忽视心灵世界的滋养与提升，学生就会缺少精神支柱的支撑，落入“技术主义”的桎梏。

坚持走中国特色的教育发展道路，一是要贯通古今，梳理我国几千年来的教育史，特别是中华人民共和国成立以来教育成功的经验；

二是要拓宽视野，“左顾右盼”，结合中国国情学习国外的先进经验，在教育软实力的建设中攻坚克难，提炼出自己的理论，拥有中国教育泥土的芳香，在世界上发出声音。

历史预示未来，以虚无主义对待历史，恶果是消解了民族自信力。中华人民共和国成立六十多年来，教育绝不是一无是处，可圈可点之处很多。仅一亿几千万学生接受义务教育，在世界上就首屈一指，史无前例，更何况所有学段的教育均获得了长足的发展。

“教育要面向现代化，面向世界，面向未来。”经过三十多年波澜壮阔的教育实践，更显现邓小平同志 1983 年 10 月 1 日为景山学校这一题词的思想光芒。它是邓小平同志建设有中国特色社会主义理论的重要组成部分，是新的历史时期教育改革和发展的战略指导方针，首先是教育理念上的更新与革命。

“面向现代化”，就是要求教育全面适应社会主义现代化建设的需要，从宏观到微观做系统思考，既思考如何为物质文明建设服务，又思考如何为精神文明建设服务，更要聚焦在人的培养上。这是对教育功能全方位思考的问题，而培养怎样的人又是重中之重，是教育的核心价值所在。

办教育当然不能自我封闭，要面向世界。世界各国教育状况怎样，尤其是发达国家办教育的经验，要比较、对照，科学地分析利弊得失。有了国际视野，知己知彼，心中更有谱，更能认清前进的方向。我们培养的学生当然要有国际视野，立足本国，放眼世界，具有参与国际社会生活与竞争的能力。

“面向未来”打开了教育的新天地，凸显了教育的战略性，针砭了教育中鼠目寸光、极其短视的弊病。教育是面向未来的事业，要教在今天，想到明天，以明日建设者的要求来指导今日的教育教学工作。对于教育预测未来这一特点，经济学家成思危说得十分精辟，他说："经济只能保证我们的今天，科技可以保证我们的明天，只有教育才能保证我们的后天。"此言极是！

未来社会更加开放，更加国际化。教育培养的人必须全面提高素质方能适应社会，方能立于不败之地。说得具体一点，就是须具有高尚的人格，宽厚的自然科学与人文科学的知识基础，自主求索、运用知识发展创新、服务社会的观念与能力。简言之，基础宽厚、勇于发展、敢于创新、人格完善、造福社会，也就是人格、知识、能力全面培养全面提高。

教育现代化聚焦在人的现代化的培养上。一个人的现代化程度如何，不仅取决于这个人成年后的社会经历，还取决于他早年的家庭生活、教育经历。教育对于一个人的价值观念、行为方式等人格因素十分重要，而学校教育是构成个人现代化的重要基础。

学习外国，以他山之石，攻我教育之玉，绝对没错。但必须清楚：教育从来就是国家的、民族的事业。任何国家的教育必须传承本民族的优秀文化传统，弘扬民族精神，培养为本民族、本国家、本地区建设服务的人才。办教育，眼睛要向外，开阔视野，但更要朝内，树立自信，走中国特色的道路。

教育现代化包括三个层面：一是教育在数量、规模上的发展；二是办学条件的先进程度；三是教育价值、教育思想、教育理念等方面的现代化。教育现代化的核心是教育思想的现代化，是教育思想的转变，而绝不仅是增加计算机、外语等课程或改善校园校舍的环境。

建立我们自己的教育话语权是对我们国家民族的尊重，是对我们自己教育的敬畏与自信，是对从事教育工作的人，特别是第一线的教师，点燃心中希望之火，用温暖支持他们挺直腰杆做培养学生成长、成才的大事，这样才能摆脱思想上矮人一等的困境。

教育改革发展是庞大的综合工程、系统工程、复杂工程，对教育的战略地位、战略主题、教育本质、育人规律等须有相当的共识。不仅从事教育事业的人应具有高度共识，还应在家庭、社会层面进行广泛的宣传教育，树立正确的育人观，坚决不做违背教育规律之事。

教育，不能让盲目崇拜的矮人思想作怪。面向世界，不是照抄、移植，更不是贩卖。任何教育理论的形成总有其特定的时代背景、历史文化土壤、社会需求、环境条件，其中有普适性价值，但地域特色往往十分鲜明，并非放之四海而皆准。不深究这些理论、经验、做法的来龙去脉，不深究它们在哲学、人文、科学高度上经受怎样的检验，盲目搬运的后果令人担忧。

鄙薄中国教育是不对的，不管是传统的，还是现代的、当代的。中国教育有深厚的资源，积累了极其丰富的经验。但因不了解、不研究、不珍惜，一谈改革，一谈发展，它总是处于被批判、被否定、被消解、被解构的无奈境地。无形之中，我们就成了思想的矮子，丢失了自己的教育话语权。

建立自己的教育话语权并非争语言上的长短，更不是说大话、空话、不着边际的话。我们的教育话语权有大量的教育实践作支撑，有教育硕果。如有普及义务教育的奇迹作支撑，有丹心与智慧浇铸而成的许许多多教书育人的经验作支撑，等等。教师对学生的至诚至爱，克服困难的坚强意志、创业精神，就值得大说特说。

我们进行了很多富有实效的教育实践，但依然缺少自己的教育思想提炼和教育理论研究。从教育内涵到学生培养到课程改革，从理念到做法，大部分都是从国外进口的。我们绝不排斥借鉴国外的经验，科学的先进的更应认真学习，消化吸收，但今天的中国教育理应树立自信，拥有自己的话语权和理论体系。

学校教育、家庭教育、社会教育三者最好形成合力，但现在很多是形成分力。比如学校要减轻负担，实施素质教育。学校减作业，家庭加作业，社会机构忙着赚钱。

现在几乎每个家长都期盼孩子成龙成凤，而不顾及孩子本身的具体状况。家庭教育本应着重于教育孩子的品德、习惯，这是做人最重要、最基础也是最核心的，但现在这部分缺失得厉害，力气用在打造孩子机械训练的技能技巧上了。追求高分、满分，这种错位实在得不偿失。

要依法治教。新《义务教育法》进一步明确了义务教育的公益性、统一性和义务性。这三者是义务教育的基本性质。《义务教育法》的灵魂是“二进”，推进教育公平，促进教育均衡。受教育、受良好教育是每个受教育者的权利，为此，须大力改变东西部地区和城乡地区的教育发展不均衡状态。这不是权宜之计，是提升全民素质的法律保障。

有些办学者脑子里总是缺法律这根准绳，从急功近利的政绩出发，学生入校设置种种关卡，考、考、考，弄得家长晕头转向，孩子疲于奔命。教育均衡发展，硬件固然重要，软件难度更大，特别是师资队伍的提升。按需培养，有序流动，乃应有之义。但现实状况是，有些人总想拉大差距，把人分成三六九等，想方设法让自己独占鳌头。“法”要执行才有生命力，治教必须依法。

依法治教，按法律法规办事，既是政府部门的事，也是办学者、从教者的事，都要自觉遵守。在法律面前，校校平等。这所学校特殊，那所学校特殊，教育法可以违背？不表态就是默认，默认造成有恃无恐，无法无天，乱象丛生。法治观念加强，以法律法规约束，许多乱象可以受到抑制。

在改革开放条件下，要牢牢抓住以德兴校的理念，去功利，去包装，去虚假，去炒作，切切实实把社会主义核心价值观落实到教育全过程中，落实到学生心中。要让学校回归育人的本原，让学校成为比较洁净的地方，显示社会主义精神文明的引领力量。

依法治校，依法办学，依法行事，口说无用，须落到实处，教育才有新提升、新气象。而要落到实处，就须建立一整套的督导制度，督政，督学，显示法律的威严，纠正违法的错误，追究法律责任。数以亿计的学生，数以千万计的教师，偌大的教育体量，有法而不严格执行，教育质量必七折八扣，问题不断。教育监督，责任重大。

要把教育放在战略地位上考虑，世界上的发达国家早就把教育放在战略地位。现在大家越来越体会到世纪之争实际上就是教育之争。有人说，现在在打一场无硝烟的世界大战，战争在本国进行，内容就是教育。各国都在抓教育，抓人才的培养，抓观念的更新、体制的改革、内容的创新。大战在本国进行，胜负则在世界竞争中见分晓。此言可深思。

每个学生都是活泼泼的生命体，都有全面发展的潜质，都是国家的宝贝、家庭的宝贝。如果由于培养目标偏离准星，做法错位，青少年学生在成长过程中付出了不应付出的代价，那么成人是有责任的，学校、家庭、社会都有责任。

我们的教育工作，最贴切的说法应该是“培养”。这个字眼实在好。这在英语中叫 cultivation，解释为“耕耘土地以期收成”。教师就是教苑的耕耘者，应该像农民和园林工人满腔热情地种植五谷、养育花草树木那样，精心地把学生培养成祖国有用之才。

什么是教育？教育就是培养人。什么是中国教育？就是培养有中国心的现代文明人。我们要培养的绝对不是那些只给外国人打工的人，而是要培养有中国自信、中国自尊的，能放眼世界的，为世界和平作贡献的人，也就是能真正屹立于世界民族之林的中国人。如果只重技能技巧，忽视大目标，就会贻误我们的未来。

什么是教育？教育就是教化，是在不知不觉中潜移默化，“随风潜入夜，润物细无声”。不可能靠教师、校长、书记作几场大报告，就把学生成长当中的需求、问题都解决了。班主任带一个班级三年，学生身上都会有班主任的影子。教育是细水长流，点点滴滴在心头。

有一种误解，认为基础教育不过是传授一般性的文化，没有惊人的发明创造，没有众所周知的灿烂辉煌，有什么战略可言？殊不知，我们基础教育的对象是浩浩荡荡的大军，他们的素质如何关系到能不能形成人才资源的巨大优势，关系到今后经济发展后劲的大小，关系到国力的强弱，对其战略地位、战略意义还能小视或熟视无睹吗？眼光千万不能短浅！

教书育人，“育人”是大目标，“教书”应该为“育人”服务。在“教书”的同时“育人”，教师才有可能成为塑造学生生命、塑造学生灵魂的人。寓教育于教学之中，是每名任课教师须精心探讨与研究的课题。

“育”有极其丰富的内容。培养一个学生，对他的思想素质、道德情操、知识的广度与深度、能力的强弱、智力的高低、体质的情况等要有总体的设想，是对学生进行全面培养，不能以偏概全，以局部代替整体。

教育要面向全体，不是面向一部分或小部分，这是提高全民素质的问题，具有战略意义。所有学生都有权利受到良好的教育。从树立观念到落实措施，还有很长的路要走。不以国家为重，不以人为重，办学措施就会变味，再动听也无用。

说的是促进学生全面发展，行的却相去万里。由于教育思想的偏差，急功近利的作祟，施教时人为地突出某一方面，削弱某些方面，在不经意中造成了受教育者成长中的某些不足与缺陷，严重的甚至出现做人基本准则的残缺，这是不能容忍的。

教育是真善美的事业，离开了真，善就是伪善，美就是假美。因此，陶行知先生说："千教万教教人求真，千学万学学做真人。"一个社会文明的程度是跟它诚信的程度、真实的程度成正比的。

社会是各种关系的总和。学校就是小社会，有各种各样的关系，如师生关系、生生关系、学校领导和教师的关系、教师之间的关系、教师与员工之间的关系等。这各种各样的关系如何和谐相处是一门大学问。尊重、宽容、利他，各得其所，必不可少。各有各的美丽，善于聚集，才能奏响生命的和谐乐章。

我们贯彻教育方针，培养学生要抓住一个核心、两个重点：以德育为核心，以实践能力、创新精神为重点。提出这样的要求是教育改革的现实需要，是为社会发展培养人才的需要。从青少年学生开始，就要培养他们的创新意识、创新精神。学生具备这种意识与精神，将来在合适的条件下，就能迸发出创造的火花，结出创造的果实。

教育的最终目的不是传授已有的东西，而是要把人的创造力量诱导出来。创新能力是一个人能力的最高表现形式，是能力的最高境界。富有创新能力的人总是把世界上一切事物看作是一种运动的过程，而不是静止不变的；不拘守过去，总是规划当今，展望未来。这种能力不是与生俱来的，要靠引导、培养、激发。

创新意识、创新精神的培育、激发，必须让学生发挥学习主体的作用，在学习生活中有思考、探究、发展的空间。办教育的要着力于把受教育者的心灵唤醒，把价值感唤醒，而不是用各种各样的训练把学生学习时间塞满，更不是用“一刀切”的办法画地为牢，把生动、活泼、多样的学生圈入其中，把同一性发挥到极致。创造意识不能抑制，创造精神要开发。

“真正的教育”是引导人的精神达到高处的真实之境，是人生境界的提升；知识、技能是帮助精神攀升的阶梯。实施全面发展是人自身发展的需要。人的生命体本身蕴含着多方面发展的潜能，教育的任务就是把学生的潜能变成发展的现实。在教育过程中，片面的教育质量观干扰很大，育人异化为育分，发展常呈跛脚。这不能容忍，必须改变。

课程改革的核心教育理念是以学生为本，以促进学生发展为本。从以知识为本、以知识体系为本转换到以学生为本，这是对人的尊重，对学生的尊重，是教育本质的回归。应努力改变有意无意地重技能技巧、轻人的总体素质的培养，切实改变把“人性”置于“技性”“物性”之下的种种做法，还学生全面发展的权利。

教育就是“仁而爱人”。办教育的、实施教育的都要“仁而爱人”。什么是“仁而爱人”？就是心中有别人，有浩浩荡荡的学生队伍，有队伍中独特的每一个人。“仁”是人字旁有个“二”，心中没有别人还怎么爱人？

一个社会是不是尊师重教，不仅反映了这个社会的文明程度，也反映了这个社会有没有持续发展的潜力。这不仅是现实问题，更是战略问题。要可持续发展，必然需要人才辈出，而人不可能自然成才，需要学校教育、家庭教育、社会教育的合力培养。

学校教育经常碰到的苦恼事是与社会教育、家庭教育的不协调乃至冲撞。学校教育的权威性常受到光怪陆离的某些社会现象的冲击，在学生身上，负面影响超过正面教育的效果。做深入细致的工作当然势在必行，但在合适的情况下，可运用法律武器，保障教育的有效性。教育法以法律的形式对社会环境做规范，对儿童青少年健康成长能起极大的保护作用。

办教育，要坚持把社会主义核心价值体系融入全过程，要把德育贯穿到育人的各个环节。要真正做到，既有牢固树立理念的问题，又有结合教育教学实际探寻各具特色的规律问题，在理论和实践结合上提高育人效果。要充分利用多种德育资源，如各学科教学力量、社会实践基地力量、家长力量等，形成合力，引导学生树立正确的价值观、人生观、世界观。

教育要有大量的实践活动，只有在社会实践中才能学会做社会人。中小学教育是公民教育，要把自然人培养成为社会人，懂得人与人、人与物、人与自然的关系。人的经验是了不起的，要实践，要磨炼，单靠书本是教不出来的。

教育不仅是教育工作者的责任，而且是全社会、全民的责任。《国家中长期教育改革和发展规划纲要（2010—2020 年）》序言说得好：“国运兴衰，系于教育；教育振兴，全民有责。”

校外教育对学生的个性发展、兴趣爱好、特长培育具有重要作用。校外教育涵盖了教育的广阔空间，不但具有基础教育的内容，而且也有科技、艺术、体育等专门化教育的训练，同时更是社会道德、文化传承的主要途径。可以说，校外教育对学生成长的影响是全方位的。

校外教育无论如何不能再有应试、应考的痕迹。要让学生全身心放松，展现他们的童心，发展他们的潜能。应创造适合学生的教育，提供适合学生的内容与方法，供他们选择，而不是去选择适合教育的学生。只有重视学生个性并彰显其本色，教育才富有活力，学生才会富有创造激情，快乐地成长。

作为基础教育的领军人物，应该有一种气象，有一种境界，是时代的良知、智能的火把、教育精神的代表。在多元经济并存、多样文化碰撞的十分复杂的情况下，教育要坚持正确的育人方向，拒绝急功近利的诱惑，远离陈腐文化，维护社会公正。这种气象，这种境界，要有辐射作用，让更多从事基础教育的人对此不懈追求。

一切教育成果的精髓在于“真”。办教育，要敢于高举求真的崇尚科学的旗帜，去除耀眼的包装，挤去教育质量的泡沫。不为假象所迷惑，不带主观偏见，不把偶然性当必然性，不把局部当全部，不把在一定条件下的结论无限扩充、夸大，没有经过实践条件下的反复论证，不轻易相信，更不贸然下结论。“真”，是办教育的灵魂所在。

我觉得“桃李满天下”只是一种形容，真正的快乐是看学生成长，并不是培养一个怎样职务的人，而在于一种民族的优秀精神能够在学生身上延续。

良心的活儿

教师的活儿是良心的活儿，手里捧的是学生鲜活的生命，一个个需要精神养料成长的鲜活的生命，要尽心尽力，一丝不苟，把他们培养成为国家的有用之才。工作不是做给别人看的，想获得什么犒赏，最为重要的是对得起每个鲜活的生命，对得起国家托付的千钧重担，对得起自己的良心。

教师肩负的千钧重担须聚焦于对学生滴灌生命之魂。德行与智性是生命之魂。教其德行，懂得做人之理，报效国家之理；教其智性，掌握扎实的科学文化知识，有生存、发展，为人民服务的本领。这是人的素质培养。分数不等于人的素质，任何一张考卷都无法考出人的综合素质。

每名志存高远的教师，都甘愿把自己的生命化成一架通向蓝天的云梯，让一届一届学生踩在自己的肩上，去摘取科学、技术、文化、艺术的明珠。

教育事业是爱的事业，没有爱就没有教育。师爱超越亲子之爱。教师与学生没有血缘关系，教师教育学生成长、成人、成才，肩负着国家的期望、人民的嘱托，是一种大爱、一种仁爱，是把阳光、雨露播撒到每个学生心中的无私的爱。

教师从事的是塑造学生生命的工作，一个肩膀挑着学生的现在，一个肩膀挑着国家的未来。今日的教育质量，就是明日的国民素质。挑这副千钧重担，要的是才、学、识，要的是无限忠诚。

对学生的爱不是说在嘴上，写在纸上，而是体现在一言一行之中。哪怕是一个手势，一个眼神，一个难以察觉的微笑，只要传递的是由衷的爱意、呵护，学生就会感受到阳光照射的温暖。

学生最讨厌教师的势利眼光，尤其对班主任。有些教师根据家长从事的行业、担任的职务等在不经意中对学生分出了伯仲。须知：未成年人都有一颗敏感的心，都希冀能得到重视和尊重。“有教无类”，在当今权力、利益炽热之时，牢记万世师表孔子的祖训会有几分清凉。

选择教师，就选择了高尚。因为教育是以人育人的事业，要把学生培育成人，成为有中国心的现代文明人，教师首先自己要做人，做一个品德高尚的有真才实学的堂堂正正的中国人。

与其说我做了一辈子教师，不如说我一辈子学做教师。

竭尽全力，学做人师，是我终生追求的目标。

教师内心深度觉醒，才能真正体会到日常大量平凡的乃至琐细的工作，不仅关系到今日学生的健康成长，而且关系到国家的千秋大业、老百姓的幸福生活。培养什么人，具有怎样的思想道德与科学文化，有怎样的坚实基础，不是空洞的概念，而是实实在在、一点一滴干出来的。

要使自己的教育教学永远生机勃勃，就必须找到自身最强烈的刺激，那就是四个字——自我教育。

学历水平不等于岗位水平。学历水平只说明职前受教育的程度，要想成才，还需在岗位上千锤百炼。学历水平高，为成才奠定了扎实的基础，不等于就是人才了。成才一定在“岗位”，在岗位熔炉里锤打、修炼，锻造思想，锻造才能，书写人生的真谛。

身教重于言教，榜样力量无穷。

教师要以自己高尚的人格引导学生形成完美的人格，以自己的真才实学激发学生旺盛的求知欲，以自己高雅的情操熏陶感染学生，引导他们形成健康的审美情趣。

育人的力量从何而来？最为关键的是，育人的人须有品、有德、有魂，在阑风伏雨面前，头脑清醒，认准方向，执着追求。

感情的事来不得半点虚假，教师对学生是全心全意、真心实意还是半心半意、三心二意、虚情假意，学生都很清楚，心中都有一笔账，哪怕是年龄小的小学生也不例外。学生渴望老师的爱，“老师喜欢他，不喜欢我”，是小学生最伤心的事。教师要锤炼感情，去除杂质，在真心真情上下功夫。

教育事业是爱的事业，它没有选择性，只要是生长在我们这多情土地上的孩子，都要对他们满腔热情满腔爱，切不可按照自己的好恶标准，挑挑拣拣。因为你是教师，必须有仁爱之心。

教师要练就敏锐的目光，发现学生身上的优点、特点，哪怕是思想言行有较多毛病的学生，身上也蕴藏着闪光的东西。教育的任务就是长善救失，要充分肯定和发扬他们的长处，在成长过程中逐步弥补自己的不足。任何教师都无法代替学生成长。

责骂、挖苦学生是教师最无能的表现。教师教育的本领在晓之以理，动之以情，导之以行，春风化雨，润物无声。切不可由着自己的性子，情绪失控。学生是人，是要尊重的。

教师的人格力量是素质教育的重要保证。教育力量只能从教师人格力量活的源泉中产生出来。离开了言传身教、春风化雨，教育功能就被消解。

不管是自觉还是不自觉，教师对学生的作用都不可能是“零”，不是正面作用，就是负面作用。因此，教师“正身”尤为重要。

一身正气，为人师表，不为物质所累，保持心境的纯正与安宁；抗诱惑，拒腐蚀，守护社会正义，守护社会道德，守护历史使命，守护教育者的尊严，为培养学生成长、成人、成才作出无私的奉献，才是教师人生价值的真正所在。

行动就是命令。老师说到做到，身体力行，率先垂范，学生就会跟着做，跟着养成一种习惯。这比写在纸上、挂在嘴上管用得多。反之，老师只说不做，学生当面不讲，背后嗤之以鼻，更糟糕的是为学生做了坏榜样。

岁月如歌，往事依依，留下的痕迹有浓有淡，有深有浅，有伤痕有欢乐，有失落有收获……

教育事业真正是遗憾的事业，教师责任大如天，追求永无止境。

基础教育做的是给未成年人奠基的工作，奠什么基，根子正不正，发展全不全面，影响到他们走怎样的生活道路。须牢记：基础教育陪伴人的一生，容不得半点马虎与懈怠。

心，生命的主宰，人格的凝聚，指挥着思想言行。心，虽仅方寸之地，但装载着什么却关系到人格的完善与残缺、品德的高尚与低下。对教师而言，尤其对青年教师来说，心要装国运，装教育，装学生，装责任，装追求。

古今中外对教师都有很高的要求，概括起来就两个字——“德”与“才”，要德才兼备，做人中的模范。人之模范，首先要道德高尚，人格高尚；人之模范，那就要“智如泉源”，有真才实学。这是一辈子自我修炼的事。

教师专业发展第一条应是树根立魂，树民族精神之根，立爱国主义之魂。没有热爱祖国、勇于追求的精神，哪会有过硬的业务？有了业务，又为谁服务？许多有志办好教育的校长与教师，不仅心里明白，而且努力践行。因为我们生长在这块土地上，这是我们的精神家园。

教师专业发展十分重要的是拒绝平庸，树立自信，不被外力左右。不少教师信教学参考书，信“一课一练”，信教育时尚，信“专家”评课，信网上下载，满足于做搬运工、二传手，就是不信自己。失掉自信力，也就失掉了自己。应我读，我思，我钻研，我是教学的主人，专业发展一定要建立在自信心的基础上。

教育是面向未来的事业，是实现理想的事业，没有理想就没有教育。李白唱神曲，天马行空；杜甫唱人歌，关注人民的苦难。教师既要仰天唱神曲，又要立地唱人歌，志存高远与脚踏实地有机结合，才能创造出教书育人的精彩。

庸医杀人不用刀，一名不合格的教师误人子弟也就是伤害生命。二三十年以后，学生身上还会留下你教过的某些痕迹。努力提升自己，力求做好每项工作，是教师义不容辞的责任。

教师思维具有双重性，一是自向性，二是他向性，二者须紧密结合。自向性指教师作为一个自我主体，他的思维必须用来思考和处理自身所面临的问题，大到对宇宙、人生的看法，小到备一节课，提一个问题，都要认真思考，分析判断，不仅要运用逻辑思维能力，而且要有运用直觉思维、综合思维的本领。

教师思维的他向性，是指教师运用自己的思维引导学生如何运用他自己的思维去认识世界，理解和掌握知识和能力，去发现、分析与解决学习过程中遇到的各种问题，也就是指导学生、激励学生学会正确的思维方式。学生学会思考是学会学习的关键，因而教师思维他向性的水平与质量就显得十分重要。

回顾与反思是教师必做的功课之一。教育生涯是一个充满思考、不断反思的过程。反思走过的路，不是自我陶醉，而是认识以往的模糊、迷茫乃至迷失，认识某些教学举措的走调、错位以及形成的后果，寻觅更适合学生内心需求的教育内容、教学方法。不断自我否定，不断自我超越，才会持续发展，永远向前。

教师工作是日复一日、年复一年地上课、批改作业、与学生谈话、组织学生活动，确实十分平凡，无惊人之举。但是，当这名教师尽心尽力，把自己的一切奉献给培养新一代人的伟大事业时，他的生命又是不朽的。个体生命是有限的，教育事业是常青的、无限的。教师的生命在学生身上延续，教师的忠诚在一代代青年人身上延伸。

当教师最怕成为“教油子”，五年一贯，十年一贯，年年如是，没有长进。求知要日新，教学也要日新，不能墨守成规，裹足不前。所谓新，不是变戏法，走捷径，而是除旧布新的“新”，年年有新的认识、新的进步，越来越接近和掌握学科教学规律，越来越有效提高教学质量。

在教学过程中，学生学习积极性高涨时，常有神来之笔使全场震惊，急需教师迅速应对。回避、蒙混、错答，均为下策。正确的态度是知之为知之，不知为不知，实事求是，与学生讨论，取得学生谅解。教师不是万能博士，可以查阅有关书籍，向别人请教，再予学生解答，但深刻的启示是：教师字典里没有“够”字，须不断学习，充实自己。

教师要做到四个“学会”。一要学会热爱，对国家、对教育、对学生情真、情浓、情深。二要学会敬业，学生的现在与祖国的未来，是教师工作的整个世界，要敬畏，要兢兢业业。三要学会作正确的价值判断，能透过光怪陆离的现象看清事物的本质，方向明，路子正。四要学会教育教学的真本领，在教育实践中自觉锻炼，努力攀登。

教师工作不是百米冲刺，而是万米赛跑，乃至是马拉松赛跑。教语文也是如此，集中精力，动用各种辅助工具，上几节出彩的课并不难，难的是使学生有持久的学习语文的积极性，每堂课都能有切切实实的收获，在学习中品尝到求知的快乐。教师要有耐力、韧性，永不满足，铸就教学生涯的质量。

文科教师要认真学习文化。这里所说的文化，不是指识字的ABC，而是指文化素养的“文化”。有学历不等于有文化，是不是能成为文化人，要靠自身的努力。中华优秀传统文化是中华民族的伟大创造，虽历经时代变迁、人间沧桑，但仍以其博大精深、辉煌灿烂的魅力影响着一代代人的思想和行为。用心攻读几本文化经典，能长志气、长智慧、长见识。

教师要学会“借脑袋”，博采众长。能不能、会不会博采众长，关键在自己有没有自知之明，有没有谦虚的品质。自以为是，做井底之蛙，就必然闭目塞听，看不到别人的长处和精彩。一个人再聪明，哪怕是聪明绝顶，也抵不过众人的脑袋。

要教学生一杯水，教师须有一桶水。但这桶水是不是“陈旧”了？有没有受到污染？在知识爆炸、科技迅猛发展的今天，教师只有源源不断地学习、反思、判断，才能引领学生在未知航程中努力前进。“问渠那得清如许？为有源头活水来。”

读书要在“恒”上下功夫，难也难在一个“恒”字。不积跬步，无以至千里，要坚持不懈，锲而不舍。积累需要时日，绝非一蹴而就。一日不多，十日许多，久而久之，学的东西就很可观。恒，是意志的锤炼，毅力的锤炼。岁月为砧恒为锤，锻炼出教师对教育事业的忠诚。

博采，除博览群书，还要广泛地向同行学习，择善而从。有两点须注意。一是不能有排他性，孤芳自赏，而应谦虚，有包容性。个人才智毕竟有限，善于学习就能拿来为我所用。二是独立思考，不盲目崇拜。学习别人不是被别人牵着鼻子走，而是要认真思考，谨慎筛选，特别是对虚张声势、蛊惑人心的，更要审视一番。要独立思考，自己去拿。

教师与学生的关系亦师亦友，在学生面前，应做到师风可学、学风可师，在学习方面也应是学生的榜样。教师与学生交往，学生耳濡目染，不仅加深对教师的依赖与尊敬，而且学习态度、学习习惯、学习方法会受到良好的熏陶。

学习要从自己的实际出发，有主攻方向，比较系统地学习某些知识，扎扎实实读点书。教师最可悲或最可怕的就是思想停滞、思想贫乏，对事业无兴趣，对新鲜事业不敏感，对学生缺少感情。要使自己的生命之树常绿，思想活泼如汩汩清泉，只有永不停步地去认真学习，认真实践。

以两把尺子伴随教学人生：一把尺子量别人的长处，拜众人为师，不断地“照镜子”，寻找自己的不是。一把尺子量自己的不足。每节课以后写总结，反思课的不足、缺陷乃至错误，思考如何改进。越“量”越有内驱动力，越“量”越心平气和。

要让学习支撑我们教师的生命，须树立终身学习的意识。教师是知识的重要传播者和创造者，连接着文明进步的历史、现在和未来，更应该与时俱进，不断以新的知识充实自己，成为热爱学习、学会学习和终身学习的楷模。

哲学讲的是对根本问题的根本思考，它使人深刻。不懂得一点哲学、不思考的教师是盲目的教师。哲学的思考让人想得深一些、远一些，让人从世界观、人生观、价值观的高度思考和理解问题。从事教育的人忽略和回避了对教育的根本问题的根本思考，就会造成极大的教育祸害。

语文教师要建立自己的文化坐标。坐标有纵轴和横轴。纵轴，要了解中国几千年文化，并有一点钻研，不数典忘祖；横轴，打开门窗看世界，不妄自菲薄，也不自我陶醉。要在纵与横的交叉中找到一个点——时代的要求。教师身上要有时代的年轮，学会把握时代特征，使自己思考问题具有时代气息。课堂上有时代活水流淌，学生就感奋不已。

什么叫未来？未来就在自己的脚下。一个对当前工作不全力以赴的人，是没有资格讲未来的。

教育要取得良好的效果，须对新时代学生的状况做一番认真的调查研究，生理的、心理的，智力的、非智力的，知识基础、能力水平，等等。既要了解时代赋予他们的共性特征，又要把握他们的个性特点。学生的追求、向往、视野、兴趣、爱好等有年龄段特征，但时代色彩更为明显。认清特点，从实际出发，方能有的放矢。

人的视觉有两种功能：向外，拓展世界；向内，发现内心。内心丰富、纯正，拓展世界就能认识正确，受益甚多。我用两根支柱支撑自我教育，一是勤于学习，二是勇于实践，二者的聚焦是反思。

生命的涌动

> 每节课都有教师的信念、情操、学识、仁爱之心在闪光；每节课都有亮点，都有耐人咀嚼、耐人寻味的东西，经得起听，不同层面的学生都能受益，都会升腾起满足感和上进心。

教课，全身心投入，用生命歌唱，是一种境界，一种诲人不倦、乐育英才的境界。这种教学境界的出现是要努力攀登的。这种攀登不只是技能技巧上着力，更是理想信念的攀登、学术专业的攀登，对专业、对学生“沧海自浅情自深”。

施教的语文教师更应具有炽热的感情和创新的智慧、扎实的文字功夫和文化积淀，努力追求在黑板上书写的是真理，抹掉的是功利，举起的是别人，奉献的是自己。

教学不是简单的知识传授、能力训练，而是师生互动、思想碰撞、心灵交流、生命涌动、共同成长的历程。

课堂气氛宽松、和谐，学生身心解放，无拘无束，无心理负担，就能勇于求知，寻根究底，对文本的阅读与学习就不会浮在表面，而会纵向深入，横向扩展，形成发自内心的独特体验与感受。

学生获得知识、提高能力不是全靠教师的“外塑”，主要靠学生自己的“内建”。学生在一定情境下，如在社会文化背景、学校文化背景、课堂环境气氛下，借助其他人的帮助、协作，获得知识与能力。教师传递的只是知识信息，学生积极参与，主动参与，才能内化为自己的所得。因此，学生在课堂上动口、动手、动脑，生命涌动至为重要。

每个学生的心灵深处，都有求知的需要，希望自己能成为一个发现者、研究者、探索者，当寻觅、探求获得预期效果时，那种愉悦往往难以言表。但不少教师无视这一点，常扮演成知识的传授者，一味往学生的大脑“器皿”里“灌”。学生学习的主动性受到侵害，就会厌倦，产生消极情绪，学习质量也就可想而知。

教学过程应该是师生共同参与的一个协同的脑力劳动过程。教师的脑力劳动应与学生的脑力劳动相结合，而最终目的是让学生积极地开展脑力劳动。从这个意义上说，教师应努力引领，善于指导。要学生积极开展脑力劳动，十分重要的是抓住“疑”字做文章。学始于疑，有疑才有问，才有思。阅读时脑海里问题涌动，学习就进入良好境界。

要点燃学生心中求知的主动性这盆火是多么的艰难。一个学生一个样，特别是内向的学生。课堂教学时，教师必须有敏锐的目光，关注每个学生的表情、动作、神态，哪怕是细小的变化、些微的进步，都不能有丝毫疏忽，要及时添柴加温。

教课不能想当然，认为要求不高，学生“吃得下”，多“压”一点，学生就“吃得饱一点”。殊不知，学生毕竟是娃娃，我们常把他们当作成人，脑子里似乎同时可装好些东西，于是就不恰当地扩容，再扩容，超越现有的学习能力。学生轻则叫苦不迭，重则厌学，事与愿违。

要从学生实际出发，准确把握学习的分量。

我们上一辈子课，很难让学生都记牢，但是应该也必须上一些让学生一辈子都难以忘怀的课。一想到这些课，学生就会感情激荡，精神振奋；就会情景再现，声音在耳边回响；就会冷静思考，作出正确的判断。教师在不知不觉中，进行生活道路的导航。

课不能只教在课堂上。教在课堂上，就随着你声波的消逝而销声匿迹了。课要教到学生身上，教到学生心中，思想、情感微波荡漾，成为他们良好素质的基因。

课堂教学是教师的安身立命之本。三尺讲台紧连着学生生命的成长，教什么，怎么教，怎样才能引领学生主动积极地发挥学习主体作用，是科学，也是艺术。不深入钻研业务，不认真研究学生，专注贴教育时尚的标签，这种课轻则是空中楼阁，重则是不着边际，浪费精力，浪费学生生命。

任何一种教学手段的运用都要有“度”，有分寸，为实现特定的教学目的服务。只有需要，只有恰当，才是最佳的；否则，就有赘疣之累。

学习语文，带领学生辨别语言文字使用的利弊得失，赏析语言文字的淡雅绚烂，既让学生感受语言文字的实用价值，又使他们在潜意识状态中发展了思维的能力，优化了思维的品质；在阅读、思考、吟唱的过程中，拨动心弦，激昂情感。这种以语言文字为中心的认知教育，与情感教育、审美教育、人格教育高度整合，可为学生的发展打下“精神的底子”。

要做到三个维度的融合，教师就要对所教学科的个性特征深入研究，准确把握，对某个章节、某个内容反复推敲，找到知识传承与思想情操熏陶的最佳结合点，进行“无缝焊接”。知识教育与思想情操熏陶，你中有我，我中有你，融合在一起，密不可分。

课程改革有三个维度支撑：知识与能力、过程与方法、情感态度与价值观。有的教师认为既然是三个维度，那知识与能力的重要性就冲淡了。课程改革绝不是淡化知识与能力，而是进行整合、筛选，“强主干，删枝叶”，去旧、去偏、去繁、去难，该教的基础知识必须教，不该教的冗枝杂叶要忍痛割爱。

学生学习的兴趣，自主学习的意识和习惯，不可能自然生成，也不可能一蹴而就，要靠不断激发，要靠持续培养，要靠努力唤醒。对此，教师责无旁贷，要有所作为。教师付出的是久盛不衰的热情、持之以恒的耐心和锲而不舍的韧劲。

课的有效性讲了千千万，不讲似乎还有点明白，越讲反而越糊涂了。能不能化繁为简呢？课有没有效果，就看学生是否身在其中，心入其中，是否学有兴趣，学有所得，学有追求，学有方向。

课教得一清如水是必须坚持的教学底线，真正做到并不容易。然而，它毕竟只是从文本出发，从教师的教出发，学生观念还是淡薄，更别说个性化施教。学生反馈值得深思：课很好听，好像很清楚，可惜我不会。为此，还应认真了解和研究学情，加强教学的适应性。

语文教学的弊病之一是太强调求同，趋同已成为一种习惯，就好像标准化试题、标准答案一样。语文若是太信奉标准答案，语文教师就可以废除，让机器代劳就行。课文是静态的，阅读是动态的，如果阅读者完全对作者唯命是从，那还有什么独特的看法、独特的见解？求异，有点不同看法，是追求真知的表现。

钻研教材时，有个司空见惯的状态，就是一心为作者。教者总是千方百计找优点，找特色，从内容到语言，从构思到结构到表现方法，一套一套，自圆其说，常有理，总有理。课上，有勇者提出疑义，进行挑剔，教者往往不费吹灰之力就加以抑制。抑制的不只是知识，而是掐掉了机遇，让创造意识的萌芽轻易地流失。

备课，钻研教材，应该也必须有自己的独特体会。对于教学中该不该与学生交流，放在什么场合交流，以什么方式交流，也须深思熟虑，而不是靠一时热情，一厢情愿。不管交流什么看法，或贯彻怎样的教学意图，都必须尊重文本，与文本内容有机结合。

教学中易犯零打碎敲的毛病，就词解词，就句解句，枝枝节节，使得学生脑子里充斥碎片，不易真懂，更易忘记。教师插讲一些规律性的知识，引导学生自己理解、判别，虽然多花一点时间，但因是学生思维所得，故印象深刻。掌握规律性的知识，自学能力增强，阅读能力也就切实提高。

学有所得是一堂课的基本要求，也是一堂课成功的底线。学生的青春是在一堂堂课中度过的。每堂课学什么、怎么学，直接关系到他们学习的质量、能力的提高、素养的形成。学生的青春耽误不起。课前课后我总要考问自己：你教给学生些什么？学生能学到什么？经过教学实践检验，学生究竟有多少收获？与预先设计的有何距离？教学是不能任性的。

学习古代作品，是否只是停留在复制文本的层面？传统的阐释学尽信书，总以为能一丝不变地领会作者的意愿，而忽视人的理解的历史性。历史记载只是人生道路上留下的“迹”，通过生命的表现，才能获得真正的理解。理解就是文本作者的过去视界与阅读者主体现在视界的融合，不是消极地复制文本，而是一种创造性活动。认识发展就是在创新。

语文课就是要和语言文字亲近、亲密、亲爱，而不是把它冷落在一旁，让学生“看电影”；也不是把课文甩在一旁，凭空讨论所谓的“问题”，言不及义，胡扯乱说。语文是什么？语文课教什么？学生学什么？真要想想清楚！

语文课就其本质而言，就是要让学生看到、悟到、感受到自己在阅读时看不到、悟不到、感受不到的东西，包括文与质两个方面。如果教师的“教”和学生个体的“学”在一个平面上移动，课必然让学生感到索然无味，课上与不上没有什么区别。为此，教师备课要善于发现，善于分析综合，有解读和挖掘文本的真本领。

语文教学千万不能只拘囿于课内，要以课内促进课外，尤其是引导学生广泛阅读，培养他们读书的嗜好，做到精读、博览相辅相成。嗜书的感情与习惯不是天生的，要靠引导，靠现身说法。培养学生的阅读嗜好，就等于帮助他们抓到源远流长的知识泉眼，让他们在人类、社会、人生的层面上学习语文，追寻真善美，构建起自己的精神家园。

教学上要有高标准，要追求卓越。年轻人要脱颖而出，这个“颖”就是锋芒，要有光彩。标准一定要高，这不是从个人获取渺小的名利出发，死乞白赖地维护个人的得失，实现个人的欲望。标准高，定位高，是语文教育事业的需要。创一流教育最为重要的是要有一流教师，青年语文教师就要有锐气，一心钻研教学。

有人把教课看得十分容易，认为一堂课 40 分钟，只要有教材都能上。那是看人挑担不吃力，没有入门的缘故。课堂教学不仅是科学，而且是艺术，不同的教师在等同的教学时间内创造的质量可以大相径庭。即使这个人能上课，平铺直叙与多维角度的塑造，学生得益必定很不相同。且不说业务水平高低，单是态度也值得研究。

如历其境和身历其境是两个不同的概念。我们的课堂教学经常是让学生如历其境，好像进到这个境界中去了，实际上还是旁观者。一定要让学生身历其境，自己进去了，去读去写去想，让课堂成为他实践的场所，成为他学习文本、理解和运用语言文字的场所。

教学原本就是创作，精心设计，用心取舍，既有感情的激荡，又有思辨的活跃。每名教师都是创造者，心中怀着培养学生成长、成人、成才的大目标，孜孜不倦地追求，必能用激情与生命铸就美丽的育人乐章。

教师板着面孔上课，满口严肃的话，学生就会如芒在背，学习效果大打折扣。笑是感情激流的浪花，课堂里有笑的细流在潜动，师生就感情融洽，气氛活跃。要善于营造这种和谐、愉悦的气氛，即使遇到不愉快的事，教师也要冷静思考，用温情的语言加以开导，让学生在无思想压力下受到温馨的教育。

幽默的语言不是无聊的乱侃、逗笑，不是庸俗、低级趣味，而是寓教于乐，寓庄于谐，有情趣、理趣和谐趣。幽默的语言多运用妙语警句、双关语，描述生动有趣，想象夸张。旧语换新义，特别须注意具体的场景、听者的心理状态。

当崇高的使命感和对教材的深刻理解紧密相连，在学生心中弹奏的时刻，教学艺术的明灯就在课堂里高高升起。

朗读从来都是学好语文的一种有效方法，课堂教学中适当地安排朗读，无可非议。然而，不是每一篇文章都要朗读的，有的经典著作也不一定适合朗读。任何教学手段、教学方法都有其积极作用，但也都有其局限性。不顾时间、条件，不顾文本的个性和学生的认知特点、实际水平，生搬硬套，没有不事与愿违的。

“拓展”本无错，开阔学生视野，增添一点广度、深度，本是学习的应有之义。然而，文本三言两语学一学，然后抓住某一点或某几点，一拓三千里，课的内容杂而乱，貌似博古通今，实则有点卖弄，这就值得警惕了。课要扎扎实实让学生学有所得，这是教学的基本原则。课内要准确定位，有些材料可印发给学生，供课外阅读。

习惯贵慎始。教师教学的兴奋点常集中在知识传授、能力培养上，未把学生学习语文良好习惯的培养放在应有的位置上。不良习惯冲淡乃至冲走了教学的痕迹，事倍功半。须知：习惯有巨大的惯性，一旦养成，就成为人的自然而然的心理与行为状态；习惯可以改变，“养成”与“改变”的条件都是时间久。为此，要坚持不懈地努力。

课的起始阶段就要精心设计，亮闪闪，吸引学生的注意力。“凡起句当如爆竹，骤响易彻。”亮点的设计要从学生实际出发，浅表、艰深、偏僻，效果适得其反。起点的亮，关键在妙言妙语、妙人妙事，聚焦于点燃学生心中的火焰。如果拖拖沓沓、絮絮叨叨，占用较多教学时间，亮点就成了黑点。

师生平等对话须坚持教学目的和要求的落实，正误判别不可马虎，尤其不能在是是非非面前和稀泥。对的就是对的，错的就是错的，要坚持科学性，切不可把“不对”说成“对”，说“都好”“都好”，离了教学的“谱”。不能认为跟着学生转就是“平等”。

“导入语”不是静态的，一与学生接触就流动起来，活跃起来，因而“导入”也要学会在各种情况下“导”，使它充分发挥应有的积极作用。

至于那种低俗的、卖弄噱头的、花里胡哨的、追求轰动效应的所谓“导入”，对课堂教学是一种亵渎，不能效仿。

有些课，学生的激情被点燃，气氛热烈。教师突然来一段知识讲授，温度下降。今日看来，这不是教学内容、教学环境处理不当的技巧问题，问题是：这类植根于现实生活土壤，作者用激情和生命歌唱的诗文，究竟拿什么来指向学生的心？语文知识当然要传授，并要在与内容的“融合”上下功夫，但直指人心的应该是感情的激荡。“感人心者，莫先乎情。”

文学作品是生活的教科书，学生阅读各种类型的小说，情节、人物、环境各有特色，单凭感情上产生激荡，难以深入底里，需要培养理性思考的能力，分析、比照、综合、判断、概括、提炼均不能忽略。

教师在教学中拥有话语权，不该用时滥用，当然会抑制学生学习的主动性、积极性，影响他们表达自己独特的体会、独特的见解。教学从来不能一味求同，要鼓励学生求异思维、创新思维。但教学毕竟不能杂乱无章，各行其是，正误、是非、深浅等要辨别清楚。就这一点来说，教师的话语权须牢牢掌握，发挥画龙点睛的作用。

运用现代信息技术时，千万不要冷落文字，语文学习的主要凭据是课本，课本中一篇篇课文由语言文字组合而成。作者织锦成文，学习者感知、感受、感悟，应着力于对语言文字表情达意的表现力、生命力的推敲咀嚼，从而体验母语传承文明、传承中华优秀文化的魅力，提高对母语理解和应用的敏感性，全面提高语文素养。

语文教学培养学生的思维能力、思维习惯有其独特的优势。语言是思维的外壳，思维是语言的内核。思维的存在凭借语言，而语言又是思维的工具。语言表达的过程实际上就是把思维的结果静态表现出来的过程。语言不是单纯的载体，思想、情感、语言同时发生。教学过程应把思维的培养及发展与语言文字的学习品味放在同等重要的位置。

带领学生解读文本，易犯重内容与表达、轻思维训练的毛病，思维的准确度、广度、深度常被忽略，未放到应有的位置上。有时将嚼烂的知识喂给学生，有时在散装的词句上兜来兜去，要学生圈一圈、画一画、记一记，把思维方面应有的训练转嫁或埋没于琐碎之中。这种学习常有口无心，收效甚少甚微。

怎样让学生的脑中常有问题涌动？一是反复强调学习中生疑、质疑、析疑的重要性，懂得“心之官则思，思则得之，不思则不得也”；“为学患无疑，疑则有进也”；二是鼓励和指导学生生疑，并常在学生不易产生疑问处设疑，启发学生思考；三是尊重学生思维的火花，分清主次、轻重，引导学生相互启发，寻找答案，形成探究氛围。

教学中不能企求学生的发现与认识都是正确的、无懈可击的。只要言之成理、持之有据，均可以鼓励。不完美的、片面的乃至有差错的，都要认真对待，满怀热情地积极引导，千万不能挫伤。点燃求知之火十分不易，而熄灭它一句冷言冷语就足够。对学生的求知欲，要千百倍地爱护。

在教学过程中，教师要根据教学目的与要求，善于运用恰当的钥匙，不断拧紧学生思维的发条，使它转动起来。为什么？怎么样？是何缘故？有何根据？引导学生对课文的内容、形式、语言等思考、辨别、分析、归纳，懂得形成结论的过程，以及怎样去掌握结论。

学生学习积极性高涨之时，会出现各种各样的疑问，提出各种各样的问题。面对众多问题，教师在喜悦的同时，须头脑清醒，立即分清主次、轻重，围绕教学目的、重点、难点进行筛选，择最需要的加以解答。否则，枝枝节节，围着大大小小的问题转，碎不成章。答疑是教学中的重要环节，解答什么须慎选，不能全面出击。

“问”，是学生学习的基本权利。为此，教师就要在专业素养、文化积淀上下功夫，经得起问。教师不是万能博士，不可能解答出学生提出的所有问题。知之为知之，不知为不知，不能糊弄学生。但是，无论如何要注意学习，多读点书，增加自己的文化底蕴。厚实的民族文化是教师文化底蕴的基石。

人是有情感世界的。语文教师对语言文字浇灌而成的美文佳作充满热爱之情，就会进入作品深处了解其精髓，深入作者内心触摸、感悟其深邃的思想、缜密的思维、生命的诉求、人生的探索，就会发生思维碰撞，进行真正意义上的“对话”，肝胆相照，心心相印。教师只有对作家、作品心醉神迷，才能真正懂得作品的价值意义所在，教时真心袒露，真情流淌，给学生以感染。

强调课堂上“能者为师”，不是放弃教师的责任，让学生随意讨论，随口说说，远离文本，不沾语言文字的边。语文课就是语文课，教师是教学的组织者、参与者，启发、引导、点拨学生学习的指导者。如果对自主与自流、讨论与“放羊”不严格加以区别，学生又怎能学有所得，深受其益?

教师不能充当学生学习资料的广播员，喋喋不休地讲啊讲。求知，“知”要自己去“求”，而不是坐在那儿听现成的。被动接受和主动学习，效果往往迥然不同。

预先告知学习目标，有时会影响学生思维的发展。先高悬一个结论，然后要求学生沿着这个轨迹去寻找例子来验证，远不及引导学生真正进入作者所写的文字中，从整体到局部，再从局部到整体，体会作者的思想情感及语言运用奥妙的真切。学生把点点滴滴体会归纳、概括、提升，具体而不空泛，能切实提高阅读能力。

学生提出多种多样的问题，教师不应急于解答，越俎代庖，丧失启迪学生思维的良机，也不能放任自流，说到哪里是哪里。任何问题，即使可多元解答，也总得有个“谱”。一时下不了结论的，可存疑，挂在那儿，继续探讨。教育是有计划、有目的的活动，学生在探究的过程中须收到实实在在的学习效果。

要鼓励学生培养求异思维，有自己独特的看法。求异思维能冲破习惯定式，经常有推测、假说、联想、想象等活动参与，创造出新颖的、不寻常的、耐人寻味的种种看法，有利于创造意识的培养。

板书要精心设计，书写端正、美观。板书能助学生学课文，理头绪，抓要点，品精彩，思维能力也伴随着对语言文字的理解与运用得到锻炼与发展。好的板书往往给学生留下深刻印象，想到它，课文就如在眼前，甚至一二十年后还如数家珍。

教学环节组织得恰当与否，看似是教学方法问题，实则是教育理念问题。尽管平时常把“面向”挂在嘴上，但心中究竟有多少学生？是几个学习尖子，十几个学习积极分子，还是全体学生？课堂教学几乎形成一种思维定式，只要有一些“学习台柱”支撑，教学过程就能顺妥地推进。教学环节设计是为“学”还是为“教”？

教学中培养尖子生当然责无旁贷，但这与教好每一个学生、大面积提高成绩并不矛盾。关键在承认学生的独特性、多样性，一视同仁地尊重与爱护。每个常人身上都蕴含着有待开发的巨大潜能。教师的责任就是把每个学生身上蕴含着的潜能变成发展的现实，千万不能因自己的粗疏，抑制乃至挫伤一些学生的求知欲和创造意识。

“我是认真的，很认真的。”教师要懂得自己所从事的工作的意义与价值，要尽心尽力。

语言的魅力

教学语言犹如万能钥匙，功能齐全。只要执教者珍视它，有效地使用它，言之有物、言之有理、言之有序、言之有情、言之有文，学生就会聚精会神、思维活跃，听到精辟精妙处，会情不自禁地欢呼雀跃。这种求知的气氛，求知的欢乐，单凭无生命的信息工具是无法创造的。

正确规范是教师教学语言的底线，不能把社会上失范的语言随意拿来，以求博得轰动效应。如语言的膨胀症，说大话，夸大其词，小事用大词，平常事用高端词；如夹杂最时尚的外语、某些不堪入耳的网络语，会给学生学习语言带来负面影响。课堂不是嘉年华，不是娱乐场，是学生求知、成长的场所，切不可忘。

教学语言清晰动听应是教师进行课堂教学的基本要求。要做到清晰并非易事，语音、语速、语调均要推敲。话一说出来就是最终形式，不像书面语能反复修改，因而更要精心。语音的高低、强弱，语速的快慢、节奏，语调的高扬低抑、平直曲折，均须视教学内容、教学情境而选择，力求学生听得清楚，听得愉悦，入耳入心。

优质的教学语言是多功能的，能创造教育性价值、情感性价值、审美性价值、和谐性价值、启发性价值等。视不同教学环境、不同学段学生采用，就会出现某一价值凸显，或某几个价值凸显，收语言魅力之效。

教师的教学语言大多数收到的是教学的即时效应，但不少言简意赅、言简意深的精辟语言常常会影响学生的人生走向、处世准则和对常识的追求，产生长期效应，乃至影响终身。为此，对教学语言的教育性价值不可小视。

施教之功在于启发引导，点拨开窍。启发引导直接影响教学质量的高低，如何启发引导在相当程度上取决于教师的教学语言。有教育家指出："教师的语言素养在极大程度上决定着学生在课堂上的脑力劳动效率。"优质的教学语言经常能显现对听者的启发性价值。

指导学生阅读或写作，谈某一个问题，三次、五次，总是同样的话，学生听腻了，味同嚼蜡。应丰富语汇，在同义词、近义词中用心选择，再加上角度的转换，效果就很不一样。谈同一个问题，在不同场合又有些微变化，不重复同一句或同一词语，学生有新鲜感，乐于接受。

声情并茂不是提高嗓音、矫揉造作，而是要有发自肺腑的真情。教师为文本中高尚人物所感动，自己动情，才可能对学生动之以情。教师动情，语言就会有感情的冲击波，这种感情的冲击波是心声的吐露，能叩开学生的心扉，使学生受到感染。强调"情"，不等于语言不考究，"言之无文，行而不远"。

教学中也要善于娓娓而谈。娓娓而谈，就是敞开自己的心扉，或叙述，或评论，目中有人，语调平和，字字句句轻叩学生的心弦，犹如小河流水，淙淙潺潺，悦耳动听；犹如春风化雨，吹拂学生的心田。

教师的教学，相对来说，用文字的比较少，大量是用口语。因此，口语是教师从事教育教学的基础。教师口语是否规范、生动、娴熟、有趣，是否有说服力和感染力，关系到教育质量的高低，丝毫不能掉以轻心。

情是教育的根，“感人心者，莫先乎情”。教师的语言要能拨动学生的心弦，就要以声传情，注情于声，声情并茂。教师带着感情教，满怀深情说，所教的课、所讲的道理就能在学生心中引起共鸣，从而使师生心心相印。

教师要善于用风趣的语言开导学生，讲究幽默，把情趣和理趣结合起来，使课堂充满笑声，充满和谐、愉悦的气氛。风趣、幽默，是语言艺术。对词义的褒贬、色彩、应用范围等创造性地运用，就能收到非比寻常的功效。风趣、幽默，特别能启迪智慧，因而对学生很有吸引力。

教学语言中叠音词的恰当运用，可增加语言的音乐美。如灵活的句式、长句短句、整句散句与一定的修辞手法，如比喻、对偶、排比等结合起来运用，就更增添教学的趣味性。哪怕是课的起始阶段，对文章概貌进行简介时，也要斟酌语言，挥洒色彩。

学点演讲的本领也是让教学语言闪现光彩的必由之路。演讲不同于讲课：讲课是按照学科本身内在的逻辑体系，循序渐进地传授知识，讲解问题；演讲则是按某些问题本身的逻辑，深入浅出地讲解其中的某些道理。讲课如适时适度地运用演讲技巧，可增强感染力，提升教学效果。

讲课中的演讲绝不是长篇大论，而是在关键之处插入，醒学生耳目，在思想深处留痕。要语言鲜明，不晦涩；采用有生命的词汇，不干瘪，不枯燥；语势通畅，有情有味。根据内容与学情，选用不同的语言风格来表达。只要内容翔实，语脉清晰，感情饱满，重点突出，就会富有吸引力，收满堂生辉之良效。

有些教师认为课程改革中学生是学习的主体，以讨论、交流为主，教师讲授已“退位”；真要讲问题，制作演示文稿即可，何必还要探讨教师的教学语言？殊不知，教师语言应是一种教学艺术，“教育人是艺术中的艺术，因为人是一切生物之中最复杂、最神秘的”（夸美纽斯语）。教学语言是实施教学工作最基本最直接的手段，理应讲究质量，讲究品位，讲究艺术。

教学语言是一种专业语言。它既不是纯粹的书面语言，也不是日常的大白话，须有文化含量。浅显中有内涵，通俗中有端庄，是科学性、教育性、艺术性的融合，具有独特的传递信息、开启心智、交流情感的巨大魅力。

优秀的教学语言总带有磁性，像磁石吸铁一样，对学生有吸引力、感染力，能辐射到每个学生的心中，激发他们的求知欲望，佐助他们提升求知质量。为此，教师须注意语言艺术的研究，加强自身的语言修养，对教学语言的基本功更是不可忽视。

语言贫乏，干瘪无味，是教师口语的大忌。翻来覆去用那几个词，说来说去就那几个句式，总觉得意思没能充分表达，但又苦于找不到恰当的言辞。这种情况貌似语言问题，实则受到学识和文化的制约。一些教师可能对要讲述的事物有某些认识某些了解，但往往拘囿于表层，既无深度，更谈不上旁征博引，因此表现在语言上就干枯无趣。

如果就语言训练语言，只是治标，难以收到理想的效果；如果探究语言毛病的内在因素，标本兼治，效果就大不相同。

口头解说能力在课堂教学中占十分重要的地位。口头解说须有很强的针对性，总是针对特定文本中的某些人、事、景、物，某些概念、事理进行阐释与说明。最为重要的是准确、科学地反映内容、形式与规律。只有对文本的钻研深入底里，对概念、事理有真切的了解，把握学情，才可能确定讲述的重点，解说得条分缕析，明白无误。

教师口语是否规范、生动、娴熟，是否有说服力和感染力，不仅是技能技巧问题，更与内在素质密切相关。应抓内在素质的提高，促口头语言的表达；抓口头语言的表达，促内在素质的提高。言为心声，言为表，心为里，二者须双锤炼、双提高。

三尺讲台方寸地，教师语言发挥的作用往往能超越时空，在学生心中弹奏经久不衰的乐曲。能否达到这个境地，关键在语言里是否有“魂”，是否有人的精神的光彩。

有些经验丰富的教师讲课要言不烦，一语中的。特别是数理化教师，逻辑推理一环扣一环，滴水不漏。究其原因，这些教师思路清晰，思维合乎逻辑。语言的轨迹也就是思路的轨迹，思路的轨迹清晰不乱，语言也就有条不紊。

语言重复啰唆，是因为思维赶不上趟，来不及反应，或者是思维出现这样那样的缝隙，一时找不到合适的东西补。须积极锻炼思维的敏捷性与严密性。经常训练思维的速度，反应灵敏度就会提高；经常开展多向思维、多角度多方位思维，有助于弥补不足，使思维日趋缜密。

要有意识地清除自己语言中的杂质。要讲普通话，力戒掺杂方言土语，掺杂网络语言，掺杂几句外语。语言上的混杂、不纯净，不仅影响听的清晰度，而且影响学生运用规范化语言思考的能力，影响他们语言的健康发展。

教学中常有“这个”“那个”“然后”“后来”等口头禅，必然影响语言的清楚明白。语言芜杂，拖泥带水，就会大大降低表达的效果。清除杂质，克服口头禅，净化语言，努力做到吐字准确，语言精练，“丰而不余一言，约而不失一辞”，学生听起来就愉快，接受起来就方便。

语言有温度，字词知温暖。在教学中，尤其在处理教学重点、教学难点时，教师语言要有形象性、情感性、制约性和调控性，要从学生求知的内心需求出发，让学生感到关心、体贴、尊重、信任、友好、诚恳。学习环境温馨，学生学习主动性大增，重点就容易理解，难点就勇于攻克。

语言是心灵的镜子，一个人只要说话，就映照出他的心灵。教师在教学中语言情真意切，令学生感动不已时，一定是由于他在钻研教材时，身心沉浸其中，心灵受到震撼，受到洗礼。对教材中蕴含的正气、精神、力量，要赞美，要歌颂。情动于中而言表于外，胸中真情激荡，语言才有感人魅力。

口头语言和书面语言有区别，前者作用于人的听觉，瞬息即逝；后者作用于人的视觉，读的人遇有艰深之处，可反复阅读，仔细咀嚼，思索理解。因此，口头语言较之书面语言来说，通俗易懂更为重要。教师讲述概念、定理、定律，剖析教学重点、难点、关键，要力求通俗易懂，千万不能佶屈聱牙。

语言是否通俗易懂，除对所教内容是否透彻理解外，还有赖于遣词造句的功力。要善于从同义词、近义词、反义词中选用最恰当、最鲜明、最常见、最易听懂的有关词语表达情意。深者浅之，难者易之，生僻的、容易误解的少用或不用。要注意长句化短，繁句化简，多用短句，少用复句，意思比较复杂的可用几个短句剖开来说，不搞修饰语、限制语的堆砌。

教学语言的大忌是对学生缺情少意。那些挑拨式的、预言式的、挖苦式的语言对学生心灵是很大的伤害。作家三毛中学时代受数学老师奚落伤害之事，可说是饮恨终身。学生的心灵是稚嫩的、柔弱的，教师在教学中有意或“无意”说出来的一句恶语，很可能刺伤那颗稚嫩的心，损伤他的自尊与自信，严重的甚至会影响一生。

语言暴力最伤害的是学生的自尊心，尤其是儿童受害更深。自尊心与儿童的心理、行为、学业、对环境的适应能力都有关系。自尊心一旦受到损伤，儿童的心理就会出现种种不健康的状态，如焦虑、不安、自卑、封闭等，影响正常发展。一个丧失自尊心的孩子，是不可能成人成才的。教师要像保护自己的眼睛一样，保护学生的自尊心。

语言暴力形式多样，破口大骂式的往往发生在低学年段的场合。一点小事不顺心，就口无遮拦，由着性子信口雌黄，还以为学生小，不懂事，可以骂“服帖”。殊不知，这给学生做了极坏的榜样，丢失了为师者的尊严。究其原因，信奉的是专制式的家长统治，忘却了甚至不理解教育春风化雨的育人本质。

学生勇于发表意见时，如果与教师的看法相左，甚至否定教师的看法，有的教师就控制不住自己的情绪，冷言冷语，说反话，弄得学生下不了台。学生如再申辩几句，教师就会突然由冷转热，暴跳如雷。语言暴力、教态反常的背后不仅是对学生缺乏尊重，而且缺乏对真知的探讨与追求。维护的是虚假的面子，丢失的是教师的自尊。

语言暴力不都是一大堆、一大串的，在恶语体系中冷箭最可怕。不动声色，短句，判断句，结论式，高度概括，直刺学生的心灵，那种痛楚锥心，难以排除。出恶语时唯恐不狠、戳不到痛处，以为只有如此才能获得成效，殊不知是对心灵的摧残。恨铁不成钢，也是可以好言劝导，循循善诱的。关键还在于修炼一颗仁爱之心。

做老师，要包容各种各样的学生。这个包容，不是居高临下的，而是走入学生的心里，跟他平起平坐，体会他的情感，体会他的想法，这样才有共同语言。

文化地质层

民族的语言文字是本民族的文化地质层，它无声地记载着这个民族的物质和精神的历史。爱自己的民族就应该热爱母语，它是民族文化的根。

母语的盛衰，意味着一个民族生命力的盛衰；母语被粗暴对待，实质上是对一个民族心灵的直接挫伤。

语言文字是民族文化的灵魂。翻开用汉字写成的一页页纸，你会惊喜地发现自己已步入画廊。在对书的内容尚不知晓的情况下，一个个汉字就好像是画廊壁上的一幅幅画，争先恐后地向你诉说它的喜怒哀乐，它的喧嚣宁静，它的幽默沉思……此时此刻，你的感官，你的想象，你的情绪，你的思维，会跟随着文字的内容迅速进入状态，不由自主，心甘情愿。

语言是人类用来表情达意的声音符号系统，文字可称为表情达意的形象符号系统。前者使用较快，且能以自己的无穷变化应对人类的繁复情意；后者的优点在于能传远方，传后世，有相当的存续性。中国浩如烟海的古籍记载了中国社会的发展变化、中国文化的源远流长、中国一代代人的精神与智慧。学习母语，热爱母语，能真正感受到与民族文化的血脉相连、骨肉亲情。

人类发明了文字，才彻底摆脱野蛮人的生活方式，启动人类的文明创造，传承思想、情感、智慧。汉语言是中华文化之根，语文教师不仅对它要满腔热情满腔爱，而且要心存敬畏，精心传播。

语言文字有巨大的魅力，它蕴含着人类独有的情和意，蕴含着浓郁的民族情结，丰富、深邃、色彩斑斓。以最大的审美敏感尊重它、爱护它、亲近它、探究它，它就会真诚地向我们敞开心扉，无私地向我们奉献无数的珍奇异宝。

汉字特别具有灵性，是具象的、灵活的、富有弹性的，创造的空间很大。汉字是民族的灵魂，是民族生命的百科全书。一个方块字，就是一片天地，就是一部历史，就是祖先的回忆与希望寄托之所在。

语言的背后是一种文化的深层编码，是一个民族的集体意识。一个个汉字的故事中无不蕴含着中华文化的基因，蕴含着哲学智慧、伦理道德、风俗习惯、审美意识，稍加触摸，就会感受到它的博大精深与无穷魅力。热爱语文，在习得语文能力的同时，孜孜不倦地把其中蕴藏的优秀文化基因植入自己的血脉，可促进心灵发育、精神成长。

识字真正不容易。一个字的读音就有许多学问，通常的情况是只知其一，不知其二。形声字误读也屡见不鲜，再加上方言的干扰，走音走调的也不少。释义也是如此，不是大而化之、欠精确而就是缺这少那而不完备。与文章分析比较，识字显然是教学中的软肋。识字是硬功夫，教师须有文字学的底子，若自己含糊，实在愧对学生。

语言是学养的基础，其重要性常被忽视。人生活在语言中，生命开始，意识刚产生，语言就像空气一样围绕在身旁。语言使人有了世界意识，有了文化意识，有了历史意识。人生活在文化、历史的世界之中，不能离开语言而存在。从教育的角度说，教育是培养人、塑造人、提升人的精神世界，思维、情感离不开语言。因此，没有语言就没有教育。

汉字的构成犹如人一样，有外形和骨架、思想和神韵、情感和精神。因此，书写汉字，不仅用手，更要用心，想清楚再下笔，端端正正，一丝不苟。汉字包蕴了东方思维——具象、隐喻和会意，这也是中华民族重要的精神资源。辨认有些字，稍加想象，先民们的生活便栩栩如生地展现在眼前。探究某些字的意义，会发现中华文化的基因藏寓其中，大大增长智慧。

多元经济并存、西方文化渗入，对缺乏文化判断力的学生而言，常会错把腐朽当神奇。更为可怕的是，“一切都是国外的好”这一论调的传播，搅乱了学生的思想。思想上的殖民对学生学习母语形成了巨大的冲击力，不少学生对语文漠然、无所谓乃至厌倦。母语教学面临前所未有的严峻挑战。

一个文明的、有素养的民族对自己的语言文字是视若珍宝的。语言文字对外是屏障，对内是黏合剂。它蕴含着民族的思维方式、民族的智慧。我们的语言文字，形美以悦目，音美以悦耳，意美以悦心，其中有无限的宝藏，陪伴人的终身。青少年如果真正进入了这个宝库，汲取中华优秀文化与人类进步文化，就能长知识、长能力、长智慧，一辈子受益不尽。

语言文字是民族之根基，对传播民族情感、滋润学生心灵具有不可替代的重要作用。母语伴随人的终生。如果孩童时代就因功利思维的泛滥，人为地制造与母语的疏离，让他们对自己祖国的语言文字无敬畏之心，无热爱之情，又疏于学习、训练，弄得不好，是会数典忘祖的。

语言是思想的直接体现。各民族的语言都不仅是一个符号体系，而且是该民族认识世界、阐释世界的意义体系和价值体系。符号因意义而存在，离开意义，就不成其为符号。这就是说，语言不但有自然代码的性质，而且有文化代码的性质；不但有鲜明的工具属性，而且有鲜明的人文属性。

语言是工具，然而又不是一般的工具。语言和人是俱在的。语言不是独立于人而存在的一种工具，而是人类自身才能拥有的工具。语言这一工具是和其装载的文化、思想不可分割的。也就是说，语言不能凭空存在。我们常说“语言是思维的外壳”，这“外壳”与“内核”是不可分离的一个整体。

离开了数字，谈数学就失去意义；离开了语言文字，还谈什么语文学科或语文教学呢？中学语文是一门基础学科，是学习文化的基础，非常实用，内容丰富多彩，属于人文学科范畴，而且语言文字本身装载着文化。民族文化是民族的根，语言是文化的根。所以，语言是一个民族的根之根。

语文教育有多种属性，因从事的是语言文字的学习与训练，故而本质属性是工具性与人文性的统一。语文教育有优秀的人文传统，培育出一代代道德文章彪炳千秋的文人学子、爱国爱民的志士仁人，哺育出千千万万的美诗佳文，传播中华优秀文化。抽掉人文内涵，语言文字之魂何在？

不承认语文的人文性，必然只注重语文形式，忽视语文内涵。文化内涵本是语文的固有根基，教材中的任何课文都是思想内容和语言形式的统一体，不可分割。只讲形式，就会架空内容，语言形式也就随之失去灵气，丢失光泽，变成缺乏生命力的僵死符号。

教学是一种个体意识很强的工作，由于认识的差异，对课程标准领悟的正误、深浅，实践中会产生各种各样的问题。如有的教师脱离文本、脱离语言文字对某个观点、某个问题大加生发，无限延伸，貌似表达人文，实则是扭曲。语文就是语文，不能丢掉语言文字，随心所欲地曲解。执教者应总结经验教训，加以改进。倘若以此作为否定人文性的根据，未免有失公允。

语文的“性别”一定要搞清楚，它是语文，是文科。培根讲过，物质以它的诗意的光辉向着整个人类微笑。语言文字也是如此。它应该以诗意的光辉向着学生微笑，来感染、影响学生。而今，为了“应试”这个“伟大的事业”，“没心没肝地把孩子撞倒了”。

为考而教，违背语文学习规律，后患无穷。语文不是教学生读书，学课文，而是刷题竞赛。将许多文质兼美的文章肢解成若干习题，抠这个字眼，抠那个层次，文章的整体就没有了，文章的灵魂也不见了。脑子里如马蹄杂沓，堆砌了许多字、词、句的零部件，许多零部件之间又缺乏逻辑联系，散物一堆，这算是学语文吗？

为考而教，着力机械操练、反复操练，实质上是将文章的语言和内容严重地割裂开来。语文中的字词，都是一定语言环境中的字词，脱离了语言环境，寻词摘段，抠字眼，说这个词用得好，那个词用得不行，能正确判断吗？把原先浑然天成、有血有肉的佳作，变成鸡零狗碎、毫无生气的东西，学生又怎能从中提高真正的语文能力？诸多学生不得已，只好“猜”“猜”“猜”。

考试本是手段，通常功能有二：一是检测，以考试检测教与学的情况，看到成绩与存在的问题，便于总结经验与提出改进措施；二是选拔，根据学校招生需要或单位用人需要按一定标准选拔考生。教育的本质是培养人，是“人之完成”，学校教育的目标是按照国家教育方针培养德智体美劳全面发展的建设者和接班人。以考定教，错把手段当目标，必然乱象丛生。

崇尚机械训练，在题海中翻腾，育分不育人，把活生生的人变为解题的机器人，学生的思维能力、想象能力、创造意识被抑制，个性、灵气也被消解。教师成了操作工，主要精力不是用于研究教材、研究学生，而是用于研究考题、研究解答的捷径。教育素养、学科素养的整体提升受到抑制，难以涌现特别优秀的教师，教育质量的全面提高深受影响。

语言文字是工具，不练难以深刻理解，不练难以体会其中的微妙，不练不能熟练地掌握。练，在语文教学中占有重要的位置。练什么，怎么练，其中大有学问。不能一提到练，就是书面作业。字、词、句、篇、语法、修辞等语文知识的理解与掌握，可通过书面进行训练，也可通过口头进行训练，还可把二者结合起来。练的天地十分广阔。

安排学生进行语文练习，课内也好，课外也好，不管是简单的、复杂的，单一的、综合的，不管是个别的、集体的，零碎的、系统的，一定要讲求实效，来不得半点虚浮。那种罚抄多少遍，在一个层面重复做许多道题的做法，不仅不能收到提高的效果，而且让学生心生厌倦，对语言文字的敏感度大大降低，实在得不偿失。

教学生学语文，要让学生对语言文字有敬畏之心、热爱之情，而不是无情无义地操练。汉字是文化的象征，中华文化能传承几千年，汉字是功不可没的。与拼音文字相比，汉字的艺术性很强。汉字是平面的、方块的，非常有画意。打开外文书籍，看上去像是砖头砌的墙，密密麻麻的。打开小学生的课本，犹如进入一个画廊，这些字向我们诉说自己的神韵。

汉字的书写虽是平面的，但它又是多角度的。比如，有的字笔画是平行的，有的是横竖交叉的，每个笔画都有自己的特点。错综复杂的笔画组合起来又很优美，有的雍容华贵，有的挺拔俊秀，本身能给人以很多美感。带领学生从小接触优美的汉字，认真地学习，品味其中的韵味，不仅学得技能，情操也获得陶冶，能收获一颗宁静的心。

语文教育要致力于拥有自己的话语权。从 19 世纪末以来，西方的话语权随着它的军事扩张、经济扩张，覆盖到世界每一个角落。而今，文化上的渗透可说是无处不在，给母语教育带来极大的挑战。而我们内部的有些人对自己的民族语言的意义与价值，缺乏深刻的理解，甚至认为学生不喜欢古文，不喜欢中国文章，就不要学。

教师要有拼命学习知识的素质与本领，犹如树木，把根须伸展到泥土中，吸取氮、磷、钾，直至微量元素。只有自己知识富有，言传身教，才能不断激发学生求知的欲望。

善读可医愚

读书是人类特有的神圣权利。人有文字，禽兽没有文字，禽兽当然无此权利。读书可跨越时空和圣者相遇，聆听教诲，与智者交流，吮吸精神养料，与同时代的人沟通交流，扩展视野，开启智慧。

人的成长需要心灵的发育，书是心灵发育的珍贵养料。阅读史就是人的心灵发育史，阅读应成为人生的伴侣。

1972 年联合国教科文组织大会上提出了“阅读社会”的概念，倡导全社会人人读书。“读书人口”在一个国家人口总量中的比例，将成为该国综合国力的重要标志。这一倡导提醒我们：国力不仅是经济、军事的实力，人的文化实力也至为重要。让人口不成为负担，成为人力资源，就要有文化素养；要具有文化素养，必须与书籍为友。

在当今时代，科技迅速发展，信息如潮涌，阅读更是必不可少。阅读对个人、对民族有无可替代的重要性。有位诗人曾这样沉重地说：“鄙视书，不读书，是深重的罪过。由于这一罪过，一个人将终生受到惩罚；如果这个罪过是由整个民族犯下的话，这一民族就因此受到自己历史的惩罚。”此言值得深味，联系历史与现状思考，更能有诸多感悟。

读书是一种美德。正确的阅读动机闪耀着理想的光彩。阅读是为了心灵的滋养、精神的成长、思想的充实，是为了成为国家建设者的责任担当。这种阅读动机有持久的求知动力，这种动力须付诸实践，须培养勤奋的态度。勤奋与理想结伴，阅读就成为一种美德，认真持久地读书，日积月累，成效就会显现。

“书犹药也，善读之可以医愚。”西汉目录学家刘向这句话催人警醒。一个人要脱离愚昧状态，少做愚蠢事，就要服“书”这种“药”。不仅要服用这种药，而且要“善读”，要知情达理。要读懂书中所言所思，从中明做人之理，明报效社会、国家之理。人之所以成为人，要不断医愚治愚，书是脱愚的宝物。

读书要树立宝藏意识，饶有兴趣地寻觅人类精神文明的宝库。兴趣是最好的老师，有兴趣，就有一股劲儿去追求、探索。兴趣来源于好奇，来源于憧憬的目标。《庄子·列御寇》中说：“夫千金之珠，必在九重之渊而骊龙颔下。”有探宝、寻宝、惜宝的意识，就会点燃阅读热情，精神振奋地寻找佳作美文阅读，一卷在手，趣味无穷。

阅读是一种心智锻炼，要动脑筋思考，遇到障碍、遇到内容较为艰深之处，更要磨磨脑子，方能从中获得启迪。那种一目十行，心不在焉，让书中字句在眼前飞速跃过，看似在读书，实则在神游，眼睛、面孔对着书，未与书中的人与事、情与理进行交流，除了浪费时间，效果极微，甚至毫无效果。切记：读书要锻炼心智，尤其要读经典作品。

心之官则思。有眼无心，阅读就会浮光掠影，不得要领。用心阅读，就要学会“层层剥笋”，步步深入，由语言文字进入到作品内容的表层、深层，体味其中精髓，把握其价值与意义。古人说：“作诗如食胡桃、宣栗，剥三层皮，方有佳味。”胡桃、宣栗去除外果皮、中果皮、内果皮，方可食到肉质的美味。读书用心咀嚼，意即在此。

有人说，读书犹如面临战场，与书对垒，须有必胜信念。要读懂它，掌握其内涵，吸收其中精神养料，滋润自己成长；不能不分青红皂白，为它所役使。食而不化，不懂装懂，均为读书之忌。打仗的失败是武力的失败，而读书的失败则是精神的失败。打仗要克敌制胜，读书同样需要精神，要克书制胜。

兴趣是阅读的动力。“知之者不如好之者，好之者不如乐之者”，读书不仅喜好，而且以此为乐，是一种人生享受。达到这样一种境界，书与人已经融为一体，是生活的必需，是人生的组成部分。此时此刻的读书，已不是外在的要求，更不是屈于种种外力的“被读书”。这种美妙境界的出现是钻进书中浸润、吮吸的回报。

读书要学会照镜子，把自己放进去。“书”写的是彼时彼地彼人彼事，阅读它，你接触的是你的“第二生活”。身入其中，观察、体验、交流、思索，寻找自己的角色，寻找情感的依托，在事理、情理错综复杂的关系中寻找自己思想的答案。

闪光的东西不都是金子。而今，包装盛行，炒作乱人耳目，面对鱼龙混杂、良莠并存的海量书籍，须拿出慧眼来辨识。要选择真金，阅读有价值的读物，不被外表光鲜的野草、毒草所蒙蔽。误选后者，沉湎其中，犹如服毒品，精神上慢性自杀。阅读之前，必须谨记一个原则——绝不滥读。青少年学生尤应如此。

人的心灵怎样发育成长与阅读什么书、阅读到怎样的水平息息相关。阅读最影响人的基本素质、人的价值观。你对社会的价值判断、个人的价值判断，人对当今世界、当今社会的文化的价值判断，很多时候是从阅读经典而来的。阅读优秀作品，高尚的审美情趣就获得了培养，逐步远离低俗。须牢记：阅读影响你的审美观、道德观、价值观的形成。

今天不是书少而是书太多，泥沙俱下，鱼龙混杂，垃圾不少。如果今天我们读书不加选择，泛滥地读，不仅一无所得，浪费生命，有时甚至受其毒害。

必须扎扎实实地读几本经典，因为经典是能够产生特殊影响的书籍。它带着长长的文化遗迹走向我们，经过时间的淘洗，依旧巍然屹立在世界上。在这些著作中，有深邃的思想、精辟的见解、优美的文字，是文质兼备的瑰宝。读了往往心弦颤动，心灵震撼，在心中打下印记，一辈子难以忘却。其中蕴含的丰富宝藏，取之不尽，用之不竭。

读，就要放出眼光来挑选。一个人暮年之时，读点消遣的书还可理解。青春年少之时，读什么书却大有讲究。描写祖国锦绣山川、颂扬中华民族灿烂文化、剖析世界风云变幻、展示科学技术成就、道破千古人生哲理的名著佳作，能使人生智慧、长觉悟、添修养、增才干，要多读，要读好。武打、言情之类的，可涉猎，有所了解，但不能沉湎其中。

书，就是一面镜子，常常照镜子，可以正衣冠，除灰尘，提升人的品位与形象。读书，学会照镜子，不是简单地做检讨，批判一下自己的毛病，而是要明是非，辨正误，见贤思齐学做人，增长见识学本领。书是人类进步的阶梯，一本本读，一本本思，逐步攀登，一丝不苟，就会读出真善美的精神境界，沉浸在成长的喜悦之中。

理想的书籍是人不可分离的生命伴侣。读书使人明智，使人快乐，使人心旷神怡。书籍浩瀚如海洋，怎么读呢？有的翻翻即可；有的浏览一下，捕捉信息；有的观赏一下，满足审美需要；有的要吞下，咀嚼消化。读书不能平均用力，有的要读全文，有的只需挑着读、拣着读。既要精读，又要博览，目的不一，方法各异。

经典作品的阅读要充分发挥自主性，不是靠别人灌输，而是要虚心自己汲取。汲取，就要努力发现，努力提出问题。《礼记·学记》

中以撞钟比喻“学”和“问”的关系：“叩之以小者则小鸣，叩之以大者则大鸣。”经典好像是学富五车、教学经验丰富的老师，敞开胸怀等待读者叩问，得益多少全视“小叩”还是“大叩”，用怎样的心力去叩。

有些诗文是需要记诵的，尤其是古诗词，背诵，积累，终身有益。一讲到记诵，就认为是死记硬背，有些人就反对。优秀诗篇蕴含着深厚的中华文化，可说是智慧的源泉；优秀诗篇是语言的精华，生动、形象、凝练、精辟、言简意赅，熟读、背诵，能收丰富语言、积淀文化之良效。

阅读要善于联想、想象。读书的过程非常微妙，读到高山大川，脑中会浮现巍巍高山、江水奔腾的图景；读到小说或人物传记，主人公的音容笑貌似乎就在眼前。这是由于想象、联想在发挥作用。它们使抽象的文字形象化，能使读者思接千载、视通万里，那种遨游、造访的快乐难以言表。它们作用发挥的大小是由读者的学习积累、生活经历所决定的。

读书贵在有所发现。发现不限于寻求人类尚未知晓的事物。在阅读别人经过实践、研究写下的人生启示、社会蓝图、历史轨迹等书籍时，切问而近思，能有自己特有的认识。在遣词造句、文章脉络、写作主旨、言外之意等诸多方面，均可探究。不是机械储存书中的各种信息，而是经过头脑思考，识别、筛选、评价、重组、整合，见人之所未见。

倡导读书有所发现，旨在培养探索精神。阅读要真正有收获，必依靠阅读者自身强烈的兴趣、探究的精神。读书最怕提不出问题，在书的浅层飘来飘去；提不出问题在于发现不了问题，未用心思考，缺乏寻根问底的眼光。宋代朱熹说：“读书无疑者须教有疑，有疑者，却要无疑，到这里方是长进。”读书有疑、生疑，进而析疑、解疑是取得成效的基本条件。

读书，贵在读出味儿。读出味儿，海阔天空尽收眼底，就能心领神会。阅读者的内心与作品中的外物产生感应，思想会空前活跃，智慧能迸发火花，对语言文字表现力的感悟会有突破性的进展。有的文章看起来平淡如水，深入咀嚼，方能捉摸到其中的奥妙。看似平常，实则高妙，往往是在构思上独具匠心。构思是“驭文之首术”，探索其特色，能品尝其中运笔的高妙。

真正的读书能增加人生的分量。教师应该是读书人。读书，表明一种身份，一种文明，一种境界。以书为师，以书为友，是读书人终生奉行不二的信条。教师必须是读书人。传道、授业、解惑，须臾离不开书。道不明，业不精，又如何解惑？自己有源头活水流淌，才能泽被学子一二。

任何一篇佳作，都有其特定的背景及特定的背景下产生的思想感情，都有明确的写作意图及表达意图的种种写法，这就构成了文章的个性。精读，就要读出文章的个性。只有读出文章的个性，才能真正体味到文章的佳妙。读出文章的个性，文章就不是平面的文字，而是活的、流动的、立体的，文中的珍奇佳妙之处就会印入脑中，增长知识，形成能力，融为学养。

任何好的作品，都是作者有强烈写作冲动的产物。胸中热情似火，有非写不可、非写好不可的迫切愿望，就会思绪纷呈，妙语连珠。这种强烈的感情，大而言之，针对国家社稷、黎民百姓；小而言之，事关家事、亲情、友情。阅读时，切不可停留在文字表面，要“披文以入情”，通过对文字的咀嚼、剖析、体味，遨游于情感的海洋，领略文章的真性情。

文学创作是复杂的精神劳动，文学家在创作实践中不断探索，就形成自身作品的风格，或奇伟，或险壮，或瑰丽，或温润，“各师其心，其异如面”。风格的土壤是生活，不同的环境、不同的经历，铸就了作品不同的风格。阅读不同作家的不同作品时，要把握每一滴露水在太阳的照耀下闪耀着的特异色彩，不能要求玫瑰花和紫罗兰发出同样的芳香。

有些佳作名文，抒情浓烈，议论精辟，笔锋深入之处，有震撼心灵、唤醒世人的作用。阅读这类文章，要学会抓准石破天惊之笔。石破天惊之笔的出现，绝非空穴来风，因而要善于梳理作者的思路，善于梳理感情的脉络。这类文章往往将浓郁愤慨之情寄寓于叙事之中，议论层层深入。

阅读有两端，一端是作品，一端是读者。作品有其原意，读者阅读又离不开自己的主观意识。解读文本，第一层是作者的原意；第二层是文本的意义，是作者在写作时未曾想到，而在历史的进程中产生的丰富的意义；第三层是读者，有一定的主体阅读的意识。解读文本，几乎不可能和作者的原意完全吻合，只是尽量接近作者的原意。

由于时间与空间的差距，解读有差异，不必大惊小怪。从理论层面说，解读可复合阅读，可生成阅读，可创造性阅读，可颠覆性阅读。文本已被解读过，照原来的理解读，是复合阅读；在原有的意思上多了自己的体会，此时的意义是叠加的，有了新的生成，是生成阅读；创造性阅读要有深厚的文化积淀，否则就易产生差错；至于颠覆性阅读，往往是逆反心理在作怪。

文本阅读，语言是核心。语言是通达作者文本意义的桥梁和中介。离开了语言，无法按作者的原意来理解文本。语言和文本的意义紧密相连，不可分割。解读的根本目的就是要理解。理解，是人类活动的基本形式，是文本解读的根本方法。阅读者跨越时空，通过语言形成整体感悟，达到和作者视界的交融。浅读，误读，都是在理解上出了毛病。

阅读要有动笔的习惯。善读书者，书不离笔。笔记是记忆的贮存器，人基本不可能过目不忘，精彩之处记下来，方能常阅常新。笔记又是思维的助推器，读到精到之处停一停，记几笔，思维就转动。笔记还有助创造力的发挥。精妙、精准的精神资源多了，打开视野，加工整理，会有新的发现、新的感悟。眉批、摘录、提纲、心得是常用的做笔记的方法。

有支灵动的笔

把心交给文字，是一种境界，是一种人生的快乐。写作是人的生命活力在文字上的展现，生命活力最重要的是“心”。出于真心、诚心、善心、慧心的写作，把心灵受到震撼的人、事、景、物诉之于笔端，或叙述，或议论，或抒情，皆如清泉一般汩汩流淌而出，创造织锦成文的精彩，实乃人间快事！

语文教师手中要有一支灵动的笔。写，应是语文教师必备的基本功，是语文素养中一项极其重要的能力。语文教育并不奢望语文教师进行文学创作，成为文学家，也不奢望其成为理论家，然而正确而熟练地运用祖国语言文字以表达自己真挚的感情，表达对自然、社会、人生、教育的独特感受与体验，却是情理之中的事。自己提笔千钧重，又怎能有效指导学生？

语文教师的“写”，不仅是基本功的表现，更是学生提高写作能力的有力保障。学生要把写作原理、写作方法内化为自己的本领，离不开教师的具体指点。教师进行写作实践，亲自体会语言文字表情达意的奥妙，深切感受调遣语言文字倾吐心声的甘苦，对学生的指导、点拨就实在、精要，不凌空，不僵硬。点拨鲜活，带着智慧露水，学生就会兴趣盎然。

中学生为什么要写作文？为的是培养与提高正确运用祖国语言文字以表情达意的能力。不管科学技术怎样发达，电脑使用范围多么广泛，作为一名中国人，用中华民族自己的语言文字表达情意、交流思想是必要的、不可改变的。语言文字是民族文化的根，掌握它，正确使用它，是一代代中国人义不容辞的责任。

文章是客观事物的反映，写作的人要反映大千世界中纷繁的客观事物，必然在观察、感受、思考的基础上有自己鲜明的态度：或悲，或喜，或爱，或恨，或赞扬，或批判，或同情，或厌恶……把这些用文字真实地表达出来，就是有真情实感的文章。“情”是文章的根本，情真是写文章的基本要求。

热爱是培育写作热情、激发写作冲动的基础。热爱生活，对生活中美好的事物爱慕、敬佩，主动接受教育，以高尚的人文美、雄伟粗犷或雅致灵秀的自然美陶冶自己的心灵，增长知识，丰富心灵，就会有绵绵思绪往外倾吐。热爱生活，对生活中假恶丑的东西充满憎恨、厌恶，同样有要写的感情冲动。教师对之要指导、要培养。

作文教学不能只见文，不见人。只见文，就会以“文”论高低，见到不顺眼的，就会埋怨、责备，甚至不屑一顾，置之不管。见到“人”，就会有爱惜之心、责任之心，就会有千方百计教好他们的智慧与耐心。少一点功利，多一点师生之间的真情，作文教学就不会是枯燥无味的条条框框，而是灵动的、有趣的、充满生活气息和生命活力的。

学生学习写文章有困难，这是常态。如果一学就会，轻而易举，要我们教师干什么？运用语言文字表达情意，牵涉认识能力、生活积累、学习经历、文化积淀等诸多方面，讲几个写作模式不可能真正提高写作水平。对学生作文说一百个“不行”也不会“行”，关键要精心指导他们怎样才会“行”，把写作的规律和学生认知规律有机结合起来指导。

作文是综合性很强的语文实践，不经过一定数量的训练，写作的要点、关键、窍门何在，确实难以把握，甚至一无所知。用两三篇作文应考，“打天下”，是荒谬的。数量不等于质量，但没有一定的训练量，又怎出得了质量？写文章，手熟十分重要。手熟，文字就顺畅流出，否则，疙疙瘩瘩，满纸障碍，别说文章的质量，就是写作兴趣也荡然无存了。

写作须思想、语言双锤炼。文章是思想的载体，如果言之无物、人云亦云，即使语言通顺，甚而辞藻华丽，也难以站立起来。意，是文章的灵魂，是文章的主帅，是统率结构与语言的。意，要靠文字来表达。再好的思想，再精辟深刻的见解，缺乏驾驭语言的技巧，文不达意，文章也味同嚼蜡。文章的表现力在相当程度上取决于词句锤炼的功夫。

有一种误解，认为文章写得好不好，主要是语言文字功底深浅的问题。其实不然。语言不是单纯的载体，它与思想情感同时发生。一个人的语言水平与他的智力发展水平紧密相关，与思维方式、情感因素紧密相关。

教师写文章，常常题材相同，做法相仿，毛病大抵出在教学实践往往停留在事物的表层，浅尝辄止。因此，写的都是大家说过的话，或者引述几条某某教育家的语录，缺少鲜明的个性色彩，缺少“我”独有的想法与做法。做得深入，想得深入，文章就会亮起来。语言的力量来自思想的闪光，思想的闪光来自实践的精彩。

文章的“意”要正确，要激发人们奋发向上，追求美好的理想；要新颖，能开启人们的未见未闻未思；要有一定的深度，能接触到事物的本质。脍炙人口的千古佳作，除文字上匠心独运外，思想上往往高人一筹。思想要锤炼，发现有价值的材料后要深思，在脑子里来一番去粗取精、去伪存真、由此及彼、由表及里的制作功夫，接触事物的本质，认识生活的深层。

锤炼思想不是故作惊人之笔，说大话，唱高调，而是要学会用两只眼睛看世界，看全面、看发展、看本质、看主流，正确反映事物的真实情况和内在规律。生活中有些现象与本质吻合，有些并不完全吻合，甚至与本质背离。若能认真思考，善于分析，有真切体会，就能形成独到的见解，诉之于文章，就会有个性，有新意。

运用语言不单纯是语言的问题。“言为心声”，语言是思想的直接表现，思想为里，语言为表。思想是语言的内核，语言是思想的外衣。“辞从意生”，思想明确、清晰，语言也就清楚明白。因此，语言训练时不能只停留在如何遣词造句方面，须同时进行思想的磨炼。想得清楚，才能说得清楚，写得清楚；想得正确、周到，才能写得准确、周密。

思想与语言的锤炼可以双促进。思想模糊，语言就含糊不清。要使思想清晰起来，除对事物再认识、再思考之外，可以用语言说出来、用文字写出来后再琢磨、再推敲，促进思想清晰起来。写文章实际上是一个使思想逐步成熟、逐步完善的过程，是整理思想和经验，使之明确化、条理化的过程。语言的深刻来源于思想的深刻，对事物精髓能一眼见底，语言表达就能入木三分。

俄国诗人纳德松说：“世上没有比语言的痛苦更强烈的痛苦。”如何消除呢？要锻炼自己的认识能力、体验能力，对语言的感受力、鉴赏力。对事物的真相认识得越清楚、越透彻，越有独特的感受，遣词造句就越准确、越生动。“一句话，百样说”，怎样说最恰如其分，最有效果？多思考、多比较，对语言的敏感程度就会不断增强。“百炼为字，千炼为句”，抓住一个“炼”字，快乐就会相随。

乐于追求是写好文章的主心骨。文章不是无情物，它是生命的倾诉、心灵的表述。文章质地的高下与心灵追求的程度紧密相连。崇尚真善美，摒弃假恶丑，文章就能站立起来，给人以启迪、以惊喜、以感染、以鼓舞。如果只是辞藻的堆砌、名家名言的组装，写作主旨不明，无美好的心灵追求，文章就没有力量，浮游，飘忽，无益于写作能力的提高。

敏于思辨是写好文章的支撑。要阐述对客观事物的观点，发表自己的主张和见解，就要说理论辩，以理服人。为此，要敏于思辨。对所要阐述的事物，要思考再思考，深入思考，多角度思考；辨别再辨别，纵向辨，横向辨，同类辨，异类辨，弄清事物真面目，把握实质与要领。这样，论辩时就能探幽析微，见解正确、深刻，逻辑性强。

敏于思辨，靠的是敏锐的目光、阅读的积累和对生活深厚的兴趣。思辨能力的形成绝非一日之功，要注意培养，不断锻炼，逐步形成敏于观察、敏于思考、敏于辨别的良好习惯。这种能力的形成、习惯的培养不能拘囿于写作教学之中，要与阅读教学结合，与课外学习和生活结合。经常明是非、辨曲直、比异同、发主张、阐道理，下笔说理就容易水到渠成。

要写出好作文，须认真学习语言，锤炼语言。清朝著名诗人袁枚说："一切诗文总须字立纸上，不可字卧纸上。人活则立，人死则卧。用笔亦然。"文章的语言"立"在纸上，就有活泼的生命力。怎样才能"立"起来呢？平时要注意语言的积累，阅读中积累，生活中积累。库存充实，使用时选择最恰当的表达，就清楚明白，生动形象，准确无误，文章质地也因之而提高。

要把写好作文的愿望变成写好作文的现实，十分重要的是练就慧眼与灵心。

古人说："厚积而薄发。"平时积累得丰厚，拿起笔就无脑子里一片“空白”之窘与搜索枯肠之苦。阅读积累、生活积累不可缺少。阅读与生活都是写作的源泉，一给予丰富的间接生活经验，一给予直接的生活经验，用眼看，用心思考，久而久之，新鲜的、生动的、大量的写作材料就会涌到笔下，供人调遣。

心之官则思。心的功能是思考。要练就敏锐的眼力，须用心看、用心听、用心思考。人在生活之中，心一定要随之进入，才会耳聪目明，将一个个接触到的生动的形象印在脑海里。这些形象不是照相机中机械的留影，而是经过头脑加工的有灵性有个性的鲜活形象。每天用心观察一些事物，日积月累，坚持去做，必有成效。

写作材料就在我们身边，如空气一般无处不在。学生对此常缺乏认识与体会，动笔时有搜索枯肠之苦。要指导学生学会从五光十色的生活中捕捉材料。用心捕捉，进入事物里层，带着感情摄取，挖掘寻找，就能从极其平凡普通的事物中发现一般人所看不到的生动、新鲜的东西，就能在平凡之中见深意。

学生的写作兴趣、写作热情、写作态度，绝不是靠教师的几次动员和苍白无力的说教就能形成的，而是要用具体、生动的事例，精湛、睿智的语言，深入浅出的文章，细水长流地对学生进行点拨、指导，唤醒他们的写作意识，让语言文字表情达意的美妙点点滴滴渗入他们的心头。

指导学生写作要抓好“三思”，即思想、思维、思路。文章的光彩在于思想的发光。“意”是文章的主心骨，下笔之前要深思熟虑，不可看到生活中一点现象就拿起笔来涂涂抹抹。要指导学生在观察和研究生活现象的基础上独辟蹊径，鼓励他们有所发现，有所创造。思想靠平时的锤炼，在听说读写等各项训练中，“意”的锤炼贯穿其间，临渴而掘井难以奏效。

写作最忌脑子僵硬，思维不活，因而写作教学全过程都要注意对学生思维进行训练，借助语言进行多角度、多侧面、多层次、多类型的思维训练。低年级尤要注意联想与想象力的培养，高年级侧重分析、综合和推理的能力。训练要善于把握学生思维的“触发点”，“触发点”犹如一团线的头，头拉得好，就会思绪绵绵，让思想插上翅膀。

写作思路的指导得法，脑中积累的写作材料就会如海水激荡，涌起波澜，蓄倾泻之势；如指导不得法，则会框住学生的脑子，使他们犹如步入窄胡同，步履维艰。思路指导宜“放”不宜“收”，但又要在“放”中理出头绪，思而有序。文章无定法，首先是打开思路，鼓励学生进行扩散性思维。

语言是事实和思想的外衣。“言之无文，行而不远”，文章的表现力在相当程度上取决于词句锤炼的功夫。语言文字可贵在表现得恰到好处，谨严而生动，朴素而不干枯，华丽而不浮杂。要指导学生平时多积累，多辨别。广采，精选，提炼，把锤字炼句和表情达意结合起来，把听和写、读和写结合起来，锲而不舍地进行训练，学生笔下会生花，出现意想不到的精彩。

学生作文是学生读、视、听、思、写的成果，要展现这些成果的优点与不足，激励他们写作的上进心，调动他们练笔的积极性，讲评是一种很有效的方法。作文讲评在活跃学生思维，培养和提高学生分析能力、鉴赏能力和运用语言文字表情达意的能力方面发挥着独特的作用。

作文讲评是写作教学的有机组成部分，抓学生习作中“点”的问题，以促进学生“面”上的提高。应把每一学期写作教学的目的要求和学生习作中的情况有机结合，制订切合学生实际的讲评计划，切不可无目的无计划地跟着学生的习作“飘”。教学从来应细水长流，循序渐进，“东一榔头西一棒槌”，效果甚微。

修改是文章写作过程中必不可少的一道工序。玉不琢，不成器。再好的材料，再好的构思，写成文章后总会瑕瑜互见，故而写文章要千斟万酌，再三修改，才能臻于完善。改文章实质是改思想，思想明确，有条理，文章才可能通顺、流畅。修改时，须删繁就简，突出主题；反复思考，理清脉络；咬文嚼字，妥帖确切；润色加工，文质皆佳。文章不厌百回改。

训练快速作文的本领是信息社会的需要。快速作文要求写作速度快，在有限的时间内写出相当字数的文章，而且须符合要求，不是草草了事。要快速，就须训练思维的敏捷性，听别人的话能迅速做出反应，抓住要点与精神。须加强阅读积累、生活积累，目光敏锐，见多识广。写时，须抓住写作要求，快速构思，搭框架，打腹稿，然后下笔成文。

“感人心者，莫先乎情。”应“为情而造文”，心中有感情的冲击波，流入笔端，形成文章。生活是激起感情的源泉和基础，感情来自对生活的热爱和思考、对理想的憧憬和追求。

即事抒情、借景抒情、托物抒情、寓情于理等，是间接抒情；直抒胸臆是直接抒情。不管采用何种方法，都应写出独特的感受、独特的感情。

文章要做到“言之有序”，须在谋篇布局上精工巧作。要紧扣中心，组织材料，搭好文章的总体框架，以线索贯穿其中；明确每一层次、每一段落的独特任务，力求段落清楚，层次分明；段落与段落之间、层次与层次之间要注意过渡与照应，力求结构严谨，首尾连贯。章有章法，“首尾开阖，繁简奇正，各极其度”，谋篇布局方法可根据文章内容灵活运用。

叙事记人要具体，忌空泛。概述要简明扼要，细写须细致生动，忌冗长。顺叙特别要重视在尺水中兴波澜，忌平淡无味；倒叙、插叙要注意过渡自然，衔接紧密。选用第几人称要根据主题表达的需要，其中使用第一人称时，要注意叙述的局限性。使用悬念、抑扬、陪衬、擒纵等方法时，要紧扣主题，根据表现主题的需要灵活运用。在记叙的基础上开展议论、抒情，应要言不烦。

说明须抓住事物的特征。抓事物特征，既要了解它们的表面特征，还要洞悉它们的本质特征和特殊性规律。根据说明对象的情况和说明的意图，可采用适当的说明方法，如诠释与下定义、分类与举例、比较与比喻、数字和图表等。说明须安排合理的顺序，根据事物本身的条理与特征，可按时间顺序、空间顺序、逻辑顺序组织说明材料。这类文章须注意知识性、科学性、条理性和明确性。

学生多写随笔是很有意义的事。学生兴之所至，信笔悠悠，高唱低吟，描摹感叹，使生活流动的河展现于笔端，享受写作的欢愉，应该支持、鼓励。要让学生知晓：写随笔是个性化的行为，千万不能人云亦云。写所见所闻所想，是“我”在一定时间、一定场合所独有的，而不是你的、他的、大家的。随笔不“随便”，不“随意”，应是思想的精华、语言的奇葩。

随笔与命题作文的写作并非截然对立，把握其中要义，二者可相互渗透，相互促进。随笔写得多，观察世界，品味人生，视野开阔，思维活跃。写命题作文时，有意无意迁移这些优点，就会打开思路，生动的形象、多彩的语言会奔涌而至。写命题作文时，用心思考，缜密构思，把握框架结构，注意细枝末节等，将这些手法用之于笔，其内涵就更加深刻，语言也更经得起推敲。

用力于“聚焦”

愚者自以为是，庸者麻木不仁，凡夫指手画脚，俗子急功近利。一校之长须做明白人，肩挑与国家大业兴衰、百姓生活幸福息息相关的重任，要竭尽全力团结全校教职员工聚焦于学生的培养。康德说：“什么是教育的目的？人就是教育的目的。”把学生培养成人，是至高无上的责任，也是至高无上的光荣。

学校里最大的事就是一个心眼为学生，为学生今日健康成长、明日长足发展。因此，什么事都可以拿到桌面上讨论，各抒己见。公开，透明，集思广益，背后的叽叽咕咕缺少市场，无须评判，声音就稀少，乃至匿迹。心往一处想，劲往一处使，才是真正的凝聚力。聚焦学生成长，校风、教风自会升腾起正气。

学校是传递和弘扬精神文明的阵地，是培育学生成长、成人的神圣殿堂。它必须有自己的精神支柱，不能随大流，不能跟风追风，要坚持不懈地弘扬社会主义正气，识别与抵御歪风邪气的侵袭，营造学生健康发展的良好环境。环境育人，尤其对青少年学生而言，熏陶感染，润物无声。近朱者赤，近墨者黑，已被无数事实证明。

社会转型时期，主流价值观与非主流价值观并存，学校面临严峻的挑战。如何构建学校的价值取向，是严肃的绕不开的问题。且不全面论说，单是“义”和“利”如何处理、如何把握，就关系到办学的方向、办学的质量。以往是重“义”轻“利”，讲奉献；今日将

“利”放在一定的位置，仍然须有制度的约束、人格的提升和思想的教化。

学校文化是一张名片，是学校的灵魂。学校的任务是传承中华优秀传统文化并加以发展创新。不注重“文化育人”，只在技术层面兜圈子，学校就越来越没分量，质量也就缺这少那，学生的全面发展会遇到极大的障碍。须知：文化无处不在，无时不在，浸润渗透，不知不觉。

社会上允许的，学校不一定允许；社会上流行的，学校不一定提倡。不能把学校的文明等同于社会上一般的文明，不能把学校的风气降低到社会上一般的风气。学校是育人的场所，必须反映最先进的文化，创建最健康、最积极向上的风气，让学生一进校门，就有神圣感，就有如沐春风的感觉。

社会上的多元价值、多样文化、金钱至上、功利泛滥，给学校办学带来严峻的挑战。怎么应对？发牢骚，撂挑子，马虎行事，得过且过，无疑是退出阵地。关键在于我们自己要有办学定力，做到“自胜者强”。篱笆扎得紧，野狗钻不进。学校正确的办学理念要风吹雨打不动摇，努力建设一支德才兼备的教师队伍，悉心按照教育方针培养学生成长成人。

学生求学，学习目的、学习动机的端正是为人为学的基本准则。人生迈出第一步时，就应把基础夯正、夯实。有人说：“这是老古董，今日求学就是为自己。”培养目标偏离准星，中华优秀文化中为人为学的志气与骨气不知不觉丢失。在这方面，学校必须有所作为，个人价值须和社会价值和谐统一，指引学生走正确的人生道路。

基础教育教的是知识的“核”，是最不易老化的。基础打得扎实、牢靠，终生难忘，终身有用。为此，教学要在准确无误上下功夫，讲究科学性、严谨性。打基础，不能拘囿于知识的记忆，还要把获得的知识作为认识事物本质、训练思维能力、掌握学习方法的手段，培养分析问题、解决问题的能力。

要做到牢固树立育人的大目标，就要研究和深入学生成长中的三个世界——生活世界、知识世界、心灵世界。要以德育为核心，促进他们生活上健康、开朗、自理、自立；促进他们爱学乐学，善于求知，勇于探索；促进他们丰富心灵，提升思想，奋发向上。三个世界要和谐发展，不能只重其一，不重其他，要坚持质量的全面提高。

学校工作如果形成这样一种格局：一个人用脑思考，大家动手动脚，这是很悲哀的。学校里，每个人都应各司其职，独立思考，充分发挥自己的自主性、积极性、创造性。不动脑筋，人云亦云，不要说工作的开拓、创新，就连基本的质量也难以保障。改变懒汉状态，才能真正做工作的主人。

学生在犯了错乃至闯了祸的情况下，教师的态度特别要冷静，要耐心。语言粗暴，情绪激烈，不仅于事无补，而且易产生难以调和的矛盾。弄清楚事情的来龙去脉，把握该学生的个性特点，将心比心，公正处理，是教师思想感情的锤炼、教育能力的提升。学校碰到这类事情，要持冷静、宽容的心态，多多提醒教师，切不可火上浇油。

文化是无处不在的。如果不主动积极抓住学校文化的建设与发展，就会在粗俗文化、西方入侵文化的侵蚀中随波逐流，渐渐失去主心骨。我们培养的建设者、接班人，如果没有很强的文化判断力，是非不分，美丑混淆，甚至错把腐朽当神奇，日后怎样为社会服务？学校文化的创建，学校每个部门都有责任，都应有所担当。

一所学校应下决心、花力气形成自己独特的优良文化。这种优良文化绝不是在“零基础”上起步，而是在继承中创新。要静下心来了解历史传统，传承其中精华，并用时代的活水和正确的观点加以阐发与充实。扎根于学校土壤的文化，有历史的孕育，有时代的滋养，更有生命力，更能养育师生。

社会文化传播者也要讲点良心。为了吸引眼球，创造暴利，用快餐文化、粗俗文化、垃圾文化乃至黄毒文化挤压优秀文化，污染文化环境，最易受害的是缺少生活经验、文化积累不够、文化判断力不强的未成年人。家长、学校要管起来，文化部门更应管起来，挑起激浊扬清的责任。

对民族文化精髓的部分无论如何不能丢弃，而我们有时却把好的东西糟蹋得很厉害。如果数典忘祖，学校教育也好，家庭教育、社会教育也好，就会变得浮游无根。丢失了文化的生命力、感染力，要把学生引向何方？

校园文化建设有三个层面。一是实践层面。学校文化不是标语、口号，仅仅说在嘴上，而是要认认真真实践的。二是制度层面。制度文化的创建是把学校教育理念化作制度，以适应师生内心的需求。三是精神层面。学校文化是心灵的养育，理想信念、道德情操、仁爱之心、学识追求渗入学生心田，获得精神成长。

教育要打开学生的心门。教育是教心的工作，不知心则无法教心。打开学生的心门，学生就能与教师进行思想交流、感情交流，教师已经成功了一半。办学校，要真正以学生为本，就要弯下身子了解学生的所思所想、所喜所恶、所爱所恨。不仅要把握年龄段的特点，更要把握时代、社会、家庭因素在他们身上的影响与反映。知心功夫下得深，教心就会创新思维，创新方法。

一个学生碰到一名好教师，那是终身的幸运；一所学校拥有多名德才兼备的好教师，学校的一片天就被撑起。学校不仅要培养学生成长，更须引领和促进教师的成长、成熟。在教育实践中，师生同成长，共进步，就为学校教育质量的提升拓展了无限的空间。

学校教育质量说到底是教师的质量，没有高水平的教师队伍，就没有高质量的教育。建设一支德才兼备的教师队伍，是百年大计中的大计。学校抓教育质量，首先要抓教师的质量，而抓教师的质量，须着力于建设，着力于关心、培养。通常情况是，学校对教师的使用考虑得多，培养考虑得少。应换个思维，培养重于使用，在使用中培养，发展空间才能不断拓展。

教师是学校的宝贵财富，校长是学校培养教师成长的第一责任人。在教育实践中，听课、评课、交流、探讨，站在理论和实践结合的高度研究教学规律，是极其具体生动的活的教育学。教师在创建"活的教育学"氛围中成长、提升，品尝到教书育人的快乐与美味。离开三尺讲台谈培养，无丰富的课堂教学实践，难以产生卓越教师。

学校要培养出在各学科教学领域出类拔萃的教师，关键不在数量多，但质量上要真正堪称一流。这种教师的出现有其自身的天赋，具备教师敬业爱生的特有品质，而学校为他们创设发展的空间，搭建展示的平台也十分重要。校长不仅要有敏锐的目光发现，更要有宽宏大量的包容心。人无完人，各有个性，关键在能看到教师对业务锲而不舍的钻劲和蕴藏深处的潜能。

教师成长有规则，有规范，"没有规矩，不成方圆"，这是为师的底线。此外，优秀教师的涌现一定是自身优势在宽松、和谐的环境中充分发挥的结果。思想要解放，应鼓励教师发挥各自的特点、优势，创造教学新业绩。备课、教课、处理作业都模式化、程式化、标准化，也许会在分数上取得一点效果，但丢失的是教师的主动性、创造性和成才的机遇，成本太大，得不偿失。

优秀教师的培养切不可停留在坐而论道的层面。论坛上交流碰撞，教研项目中陈述成果，发表几篇文章均不可少，但更为重要的是在实践中压担子，在教育实践、教育任务、教研科研中跌打滚爬，反复体验，积累正反面经验，摸索教书育人规律，在教育理念上豁然开朗，在教学技能上有独特风格。这种实践锻炼，是敬业精神的考验、意志韧性的锤打。百炼方能成钢！

青年教师的培养是学校重中之重的大事。政治上关心引领，教育教学上热情帮扶，生活上关心照顾，一样都不能少。青年教师是学校教育的未来，要采用适合他们青春特点的多种多样的方式培养。要激发他们的成长热情与继续求知的兴趣，增强他们从事教育的定力与热爱学生的责任。要和青年教师交朋友，知心交心，让他们感受到学校的温暖、成长的快乐。

校长要有一双慧眼，发现每一位教职员工的特质，善于扬长避短，将他们放在最合适的位置上，让他们充分发挥自己的优势，发挥最大的正能量。万紫千红才是春，花形、花色、花味、花期各不相同，搭配得好，春色满园。善于发现是智，敏于宽容是德，抓住时机，不仅人获得培养，而且无形中化解了许多矛盾。

教育思想是教育实践的灵魂。教育思想端正，实践时目标明、方向正，教育质量才能真正提高；反之，则会越走越偏，对学生成长极为不利。千万不能口说怎样的教育思想，行的却是另外一套。魂不附体，体必羸弱无力，前途迷茫。

教育总是追求理想。我们追求的理想是学生好学、爱学、乐学，德智体美劳全面发展，健康的个性得到张扬；教师喜教、爱教、乐教，教学个性充分发挥，教学风格百花齐放，摆脱分数与升学的压力。师生平等友爱相处，学校是教学相长、“人的完成”的诗意家园。

孩子成长需要足够的空间与时间，小天井里长不出参天大树。过分计较分数会大大束缚孩子的好奇心、想象力，束缚他们自由挥洒的天性。首当其冲的是调皮好动的男孩子。粗粗拉拉不是缺点，是没有长成，是待发展。千万不能把他们的成长用分数的绳索扼杀在摇篮里。

如果各学科教学的机械操练成为学校教育的主旋律，那么学校就成为工厂，学生变为解题的操作工或操作能手。先标准化学生，再标准化教师，丧失的是个性、灵性，让育人的神圣职责消解，这不能不说是教育的悲哀。办教育的必须清楚：教育是技能，更是哲学、艺术。教学是心灵与心灵的交流，思想与思想的碰撞，生命与生命的对话与拥抱。

考试是检测与选拔的手段。检测的目的在于了解教与学的情况，并明确如何加以改进。选拔的目的也不说自明。而今是错把手段当目标，以考定教，以考定学，以考办校，教育的本质被急功近利的思潮与做法异化，变得失魂落魄。应试作为笼罩学校工作的中心思维，不仅学生在反复操练中丢失灵性，自主发展受到压抑，而且难以出现思维活跃、视野开阔、业务精湛的优秀教师。

把分数人为地抬高到犹如原始社会的图腾一般，顶礼膜拜。其实，任何一张考卷都考不出学生的综合素质，即使是将某个学段中某个学科的某些章节覆盖无遗也非易事。以分数来评判教学质量的高下，评判学生的优劣，究竟有多少科学性？育人与育分错位，会造成怎样的恶果？只有将这些问题真正想清楚，珍视学生的生命与发展，才能从分数的桎梏中解放出来。

减轻负担，不能只做加减法，简单从事。哪些是合理负担？哪些是不合理负担？不合理负担是如何形成的？学校、家庭、社会各充当了什么角色？哪些是教育理念问题？哪些是选拔考试问题？哪些是功利政绩观问题？哪些是商业利益链问题？哪些是体制机制问题？凡此种种，总要综合考虑，开展综合治理，方能奏效。学校明确能做哪些，抓准了，坚持做，必对学生有益。

求学读书是为了什么？为明做人之理，明报效国家之理。如果我们培养出来的学生只以个人为中心，以追逐名利、享乐为目的，缺少服务国家、服务人民的社会责任感，那是教育的失败，有辱历史赋予的重要使命。办学校，这一点须抓牢不放。不是嘴上唱高调，要在班主任工作、团队工作、学科教学中坚持不懈地渗透，深入细致地落实。

健康的心灵寓于健康的身体。身体是否健康关系到一个人一辈子的生活、工作、学习。当前，学生的体质不容乐观，视力下降，耐力、爆发力差，许多体育锻炼项目不会、不适应、不参加，令人担忧。我们不是培养玻璃娃娃，不能用圈养的方法让他们碰不得、摔不得，不能经受风吹日晒雨淋。我们培养的人要体格健壮，精力充沛，意志坚强。

教师参与学生体育锻炼能极大地激发学生进行体育锻炼的积极性。此时此刻，师生之间的界限几乎自然消失。伙伴、竞争对手，那种思想放松、目标一致的追求，形成一道美丽的风景线。教师经常到操场上走走，尤其是班主任，对学生也是一种鼓励和引领。

谁都知道“因噎废食”是不对的，“废食”是要饿死人的。可有时我们偏偏这样做。怕出安全事故，中小学校陆续撤走了单杠、双杠、跳高架、爬杆等。大多数学校的体育设备十分寒碜，有的几乎没有。学生的奋斗精神、冒险精神、坚韧精神怎样培养？花房里是培养不出体格健壮、性格坚强的人的。

学生在成长中对体育、艺术、科技小制作等都有内心的渴求，都有参与的冲动感。课外的天地正是他们融长知识、长见识、长身体于一体的重要场所，刚强、勇敢、奋斗、合作、审美、创新从其中孕育而出，磨炼而出。思维的灵敏度、身体的协调性、同伴的亲密度都会获得锻炼。开展符合学生身心发展的课外活动，学生就会生龙活虎，快乐成长。

学生都有兴趣爱好，都有各自的追求，学校不仅要保护，而且要千方百计提供条件，满足他们的要求，发展他们的爱好。组织各类社团，包括科学的、文学的、艺术的、体育的、信息技术的等，让每个学生都有机会，都有展示平台，而不是只为了参加某种比赛，获得某种奖项，装点学校门面。

抓体育当然要抓技能技巧，要抓球类、田径等竞赛项目，但贯穿其中的应该是体育精神。那种团队精神、规则意识、勇敢拼搏、机智灵敏，是学生身心成长极佳的养料。抓牢体育精神的培养，不仅能使学生的体质体能和体育技术受益，而且思想品德、待人接物也会有明显的进步。体育不只是一门课程，还是学生发展成长的重要方面。

体育测评一定要求其真，弄虚作假是对体育的亵渎。对学生的体质与运动潜能要有足够的预测，因材施教，逐步提高。体质增强，运动技能技巧提高，靠的是持续不断的锻炼，想毕其功于一役，不仅不可能，而且易发生意外。教育从来是细水长流的，要有耐心，要有韧劲，体育教育也不例外。

一般来说，男生热爱体育活动是天性，打球、跑跳十分正常。但有人看不得学生在操场，总要把他们赶进教室做作业，理由是心散了，影响学习成绩。课外时间，学生在操场上活动到底可不可以？挤压学生时间，抑制学生兴趣，整天做作业，学习能提高吗？得不偿失的背后是教育思想有问题。

人活着，是要靠精神力量来支撑的。有了精神力量的支撑，脊梁骨就能挺直不弯。我就读的镇江中学的校训“一切为民族”就是我的思想脊梁，几十年来它一直支撑着我在教育生涯中风雨兼程。

创建精神家园

了解中国文化的“根”和“魂”，是要解决中国人就是中国人、中国人爱中国的问题。文化价值失落，人就找不到自己的精神家园，于国于民，都会发生危机。

立民族精神之根，树爱国主义之魂，是每个教育工作者、每个青少年学生责无旁贷的担当。

中国是世界上唯一维系了五千年文明而没有中断的伟大国家，根深、枝繁、叶茂。中华传统文化的丰富性、复杂性、多样性，世界罕见。文化传统中孕育出的天降大任的历史使命感哺育了无数仁人志士，哺育了无数民族脊梁。翻开历史典籍，会被无数惊天地、泣鬼神的人和事所感动。历史的深厚积淀是今日要选择的“根”和“魂”。

中华民族之所以历经内忧外患，五千年打不烂、摧不垮，归根到底是民族文化、民族精神的支撑。民族经济可不断变革，民族政治也因各种因素而变迁、变革，而民族文化是一个民族的深层性格，是一个民族的语言、信仰、价值观、生活方式和思维方式。只要有民族脊梁在，这种文化就压不垮。对此缺乏认识，缺乏敏感，就会迷失方向。

中华优秀传统文化积淀着中华民族最深沉的精神追求，包含着中华民族最根本的精神基因。中华文化有精华，有糟粕，但它所积淀的核心价值基本未变，讲仁爱、重民本、守诚信、崇正义、尚和合、求大同的理念是涵养社会主义核心价值的重要渊源。取精华，除糟粕，传承精神命脉，能让学生的心灵获得丰富的滋养。

对传统文化视而不见或任意鄙薄，不是无知，就是缺乏民族自信。了解并学习西方文化，无可非议。要有国际视野，非了解不可，但绝不是“抛却自家无尽藏，沿门持钵效贫儿”（明代哲学家王守仁）。社会上流传种种崇拜洋人、鄙视本土的论调，乱人耳目，在这种情况下，对学生进行“根”的教育尤为重要。

中华传统文化中的优秀精粹犹如醍醐，充满智慧；犹如琼浆，甘醇醒脑。早在春秋战国时期，那些至圣先贤研究人、研究人生、研究人类社会，从众多方面做了极其深刻的思考，阐述得深邃透辟，那种认识人生、认识社会的穿透力至今仍令人震撼。民族传统文化经历了绵长时间的检验、淘洗，留下了极其丰富的宝藏。这种大智大慧的思想结晶彪炳千秋。

学生成长时期，应引导他们吮吸中华文化精神养料，懂得立人、修身的道理。这样，一辈子受益不尽。就拿价值取向而言，传统文化精粹的价值取向看似离我们很远，实质上与现代人很贴近，血脉相通，其中许多指向仍然是今日做人的基本参照。“己所不欲，勿施于人”，这是两千多年前的文化智慧，今日依然光彩照人。自己不想干的事，不要强迫别人干，这是道德的底线。

了解过去，承认过去，目的在创造未来。忽视传统，丢失优秀文化传统，是悲哀；一切照传统办，亦步亦趋，是盲从。要以科学的态度进行梳理，有的要继承，有的要扬弃，根据时代发展的要求，举其中精要丰富内涵，加以发展创新。要研究师生最需要怎样的精神世界，又缺失怎样的精神支撑，有计划有针对性地进行优秀传统文化教育，满足他们精神的内在需求。

中国人首先应该用深厚的民族文化来滋润自己的心灵。众所周知，法国人不能不知道拿破仑，美国人不能不知道华盛顿，英国人不能不知道莎士比亚，对中国人来说，如果对孔子、墨子、老子、庄子、孟子、荀子都不知道，对《诗经》、《楚辞》、唐诗、宋词全然无知，怎么说得过去？文化的底子是做人的根，底子深厚，才能枝繁叶茂。

母语宽厚地孕育涵养着每一个子民，全息地体现着民族流动不息、丰富多彩的生活。母语教学绝不只是识多少字、做多少练习、写多少篇文章，而是使学生在理解祖国语言文字的同时，受到民族文化的教育、民族精神的熏陶和民族情结的感染。余光中先生说得好："中文乃一切中国人心灵之所托，只要中文长在，必然汉魂不朽。"

汉语是联合国的六种工作语言之一，也是世界上使用人数最多的语言，我们理应为之骄傲与自豪，无须感到自卑。由于外语的过分炽热，汉语被冷落，国人不那么重视母语了。须清醒地认识到：汉语言文字记载着中华数千年的灿烂文化，这个"形体"不是无生命的僵硬符号，而是蕴含着中华民族独特性格的精灵，它本身就是文化。热爱母语，以母语为荣，是我们的责任。

民族文化是培育民族精神的土壤，是一代代人赖以栖息的精神家园。文化就在人的身上，是人表现出来的。每个人都是文化的携带者。文化的携带者最为关键的是对文化是否自觉。教师要有自觉的文化担当，对中华优秀文化要坚守，要传承。

学科教学必然要传授知识，而知识是附着在文化的肌体上的。教学时有文化支撑，知识就是生动的、鲜活的，而不是孤立的、机械的。文化是一条奔腾不息的河流，从古流到今，积淀在河床上的有史韵，有义理，有诗意，而这些又和种种知识融为一体，难舍难分。知识有了这些积淀，血肉丰满，生命绵长。

学生在学习、使用祖国的语言文字时，能主动感受语言文字丰富的文化内涵和审美价值，提升自己的文化品位，深化热爱祖国语言文字的感情，相当程度上得益于教师的言传身教。教师钟情中华文化，心系中华文化，在教学实践中锲而不舍地撒播文化种子，引导学生深刻体会语言文字是民族意识、文化传统和道德观念的载体，关系到国家统一、民族团结、国际交往，学生会增强学习的自觉性。

语文教材中的许多诗文都从某一个侧面反映了中华传统美德。在金钱至上、见利忘义的社会，人情必然薄如纸，一碰就破，乃至不碰就破。传统美德中，人与人之间十分重情义，父母情、兄弟情、亲朋情、师生情、故乡情、山水情等，举不胜举。教师只要做有心人，通过语言文字的咀嚼、推敲，把情感的甘霖撒播到学生心中，浸润、感染，久而久之，就会在学生心中生根发芽。

为什么有些充满激情、充满智慧、充满深刻内涵的佳作，学生学起来并不振奋，感到味淡趣寡呢？关键在文章的精神没教出来，人为地使文章“失魂落魄”。要使所教的文章鲜活起来，学生在课文的学习中有文化认同，教师就要变无意为有意，从语言文字到思想内容的探究，从思想内容到语言文字的体味，识得其文化精髓，让文章的精、气、神站立起来。

中国是诗歌的王国。诗词蕴含着深厚的文化，宝藏极其丰富。可以说，上自天文，下至地理，万事万物，皆入诗中。美丽景色、做人道理、高尚情操、审美趣味，应有尽有，对情感熏陶、精神提升、习惯养成、人格塑造起到无可估量的潜移默化的作用。

诗歌中蕴含的思想精华和情感魅力，都是由一定的文化浇铸而成的。它是诗人生命的冲动。当外物和诗人内心猛烈撞击或交融时，就会形成动人的诗篇，就会产生千古绝唱。诗歌是灵动的，充满了诗人的智慧和灵秀，充满了优秀文化的光彩，教学生阅读，千万不能肢解，不能嚼烂，丢失秀气与灵气。要引导学生读出感情，读出气氛，读出精神，受到感染、启迪。

诵读是感受文字魅力、文化魅力的一种有效方法。古诗词语言精辟凝练，讲究韵律，乐感极强，平声仄声交错组合，跌宕起伏，节奏鲜明，诵读起来特别悦耳。教学时不能总信奉齐读，也不能只用一个模式。要解放思想，放手让学生自主诵读，拿什么腔、读什么调都可以。只要真正进入角色，与诗中景、诗中情、诗中物、诗中人沟通，与诗意、诗情、诗境合拍就行。

厚实的民族文化素养是文化底蕴的基石。教师不应该只是学科教师，首先应是文化人。阅读中面对大师、先贤、圣者、智者，诗云子曰，就如瞻仰一座座丰碑，凝神屏息，深入探究，领悟思想的深邃精辟、文字的隽永精湛，从而品尝到饮琼浆玉液的快乐。不真心诚意，蜻蜓点水，一目十行，在字面上飘，不仅不能入心，而且浪费时间，应力戒。

教师要带领学生切切实实读几本中华经典。经典是历史长河中经大浪淘沙流传下来的具有不朽精神内涵和艺术价值的典范之作，是对宇宙、自然、社会、人生的感悟与思考。它的思维包容量大，具有延伸性。读经典就是思想爬坡、磨脑子，但每上一个高度，都能有所收获。那种思维深邃之美、哲理思辨之美、语言文字之美、逻辑论证之美，会使人心旷神怡，自我升华。

文言文教学需有文化视野的观照，而我们常常剥离或挤压掉它的文化特征与意蕴，做文字符号的释义或语法功能的处理。丰富、灵动的文化由于应试的功利心态而在教学中丢失；即使不丢失，也是干枯的枝叶，震撼心灵、感人肺腑的精髓枯萎了。文言文是中华文化某个层面的载体，教学时须通过语言文字触摸、传递、探究文化内涵，给学生以感悟与熏陶。

古代诗文写作有极其丰富的经验积累，理论上论述也精彩纷呈。历代文论与绘画、音乐、历史、哲学相通相融，视野开阔，生动形象，其中有许多民族文化的精华。溯源辨流，取其精华用于今日写作教学，或指导，或讲评，可于增强写作文化分量的同时，激发学生的文化自信心和文化自豪感。古为今用，写作教学有中华文化的分量，它的成色、品位将大大提高。

一个人思维活跃的程度与他的文化底蕴、知识构成关系甚为密切。脑子里知识储存丰厚，知识面宽，有文化底气，阅读思考、讨论辨别之时，参照的人、事、景、物、思想、情感、语言就会奔涌而至，比较、对照、分析、判断、推理、创新，独特的体验、个性化的见解就自然而然地形成。“一丝而累，以至于寸；累寸不已，遂成丈匹”，苍天不负勤学之人。

布罗茨基曾说：“文学就是一部字典，一本解读各种人类命运的手册，而人的丰富多样正是文学的全部内容，也是它的存在意义。”优秀文学作品是各种社会现象的展示，是人生道路的指南，接受它的熏陶和感化，能使人远离污浊而走向高尚，远离俗套而走向创造。当前必须克服的弊病：一是读得太少，师生均如此；二是挤掉文化含量，关注可能出怎样的考题。

当前进行课程教材改革，课程文化建设在学校占十分重要的位置。今日的课程安排就是明日的国民素质。它不只是技术层面操作的问题，重要的在于育人的理念。统一的课程实施有文化含量的问题，有强化和剪裁的问题；校本课程的建设更是有选择与创新的问题，不能草率从事，不能填空当。要认真分析学校人力资源状况，明确能开设哪些课程。

课程建设实质上就是文化建设，设置哪些课程要讲究实效。要根据学校师资状况，开设一些激发学生旺盛求知欲、积累扎实的文化底蕴、开阔学生眼界的有质量的课程，提高学生学习生活质量。不能追风、赶时髦，不能搞花架子、凑数，成熟一门开设一门。既然是文化建设，就要在人的文化上下功夫。本校教师、外校教师、社会资源，或培训，或引进，质量第一。

文化对学生有巨大的穿透力，犹如水击石，或冲刷，或细镂，锲而不舍，石头就会变成令人叹为观止的奇形异态。

每个学生都生活在一定的文化氛围之中，由于兴趣、品位的差异和不同文化的感染、塑造，在不经意之中，精神世界的高低就大相径庭。

人生活在社会中，之所以能抵御多种多样的诱惑，文化价值观和文化判断力往往起决定性作用。认真执着地从民族优秀文化和人类进步文化中吮吸养料，就会不断提升思想，陶冶情操，认识社会，感悟人生，塑造优美的心灵。学生缺乏生活阅历，选择读物、欣赏艺术，要指导他们学会鉴别优劣，区别美丑，崇尚健康、高雅，鄙视低俗、污秽。

对学生而言，特别值得警惕的是种种腐朽文化、垃圾文化。如黄色、恐怖、消极、颓废等文化，并非都面目可憎，袭来时常披着乱人耳目的外衣，悄悄地污染心灵，诱发缺乏文化判断力的人背弃伦理道德，乃至形成扭曲的人格，甚至使人坠入犯罪的深渊。网络世界中的肮脏东西，绝不能沾染，如迷醉其中，就失掉了自我。学校、家长对学生的文化生活切不可漠然视之。

德国哲学家康德曾说："愚昧的人之所以区别于聪明的人，根本在于他不具有判断力。"在当今世界，多样性文化广泛存在，内容繁复，色彩斑斓，形式千姿百态，常从不同角度、不同侧面叩击年轻人的心灵。要学生不接触不可能，关键在培养他们的文化判断力，积极引导他们在文化生活中往高处追求，营造积极向上的文化氛围，以热爱、欣赏高尚文化为荣。

要充分利用语文学科中包含的中国哲学、历史、文学、艺术、体育、民俗等多方面资源，对学生进行优秀人文传统的教育和熏陶。不管从哪个角度切入，都要尊重课文本身，挖掘其丰富的内涵，培养学生赏析和判断的能力，绝不是穿靴戴帽，流于形式。要深入阐发内涵，不能泛化，要具体、适切、有个性色彩；不可能面面俱到，要突出重点，在感情激荡或理性思辨上下功夫。

中国文化的基本精神是以人为本，崇尚“自强不息”“厚德载物”，启发人的道德自觉、人格自觉与信仰自觉。中国文化既执着追求自身完美，又海纳百川，包容他人，温暖人心，推动社会文明和人类的进步。

中华民族是在历史发展过程中逐步形成的命运共同体，维护这个命运共同体的纽带是文化认同。中华文化的血脉就是在悠长的历史过程中不断加深不断巩固的，数千年未曾中断的根本原因是文化价值的连续性。如“仁者爱人”“君子和而不同”等文化基因已进入民族血液之中。民族文化能否光大，不是取决于吸收多少外来的精华，而是取决于优秀文化是否得到很好的传承。

中华文化有几个层面：有围绕衣食住行的物质文化，有风俗礼仪、学术宗教、制度法律、文学艺术等制度文化，有道德观、人生观、宇宙观、审美观等精神文化。决定文化面貌、文化特性的精神文化是一个民族、一个国家的精神追求，是最持久、最深层的力量。青少年学生学习中华优秀文化，就是要修己立人，焕发生命活力，保持对美好理想永不停息的追求。

中华文化需要薪火相传，代代守护，更需要与时俱进，勇于创新。人生需要信仰驱动，社会需要共识引领，国家需要价值导航。中华文化中一些优秀的价值基因跨越时空，焕发生命力，为当代核心价值观输送了厚重的力量。崇尚和传承中华优秀文化与树立和践行社会主义核心价值观一脉相承，学生耳濡目染，增强文化自觉，就能挺直自己的文化脊梁。

中华文化是一种包容性很强的文化，“山不厌高，海不厌深”，唯包容才能百川汇海，唯包容才能不断壮大。我们坚守本土文化，以开放的心态对待外来文化。但须有眼力，学会判别、挑选、扬弃、吸收、改造，以我为主，洋为中用。中华文化与外来文化在交流中丰富，在交锋中提升，在交融中传播。文化上的清醒是立身的根基。

文化是民族的血脉，中华文化是我们的精神家园。它滋养心灵，陶冶情操，丰富精神世界，铸就理想追求，是造就人之为人的不竭源泉。抛弃传统，丢掉根本，就等于割断自己的精神命脉。一个没有精神家园的人，不可能思考自己生命的意义和价值，也就不可能对他人有真正的情感关切，对社会有真正的责任担当。这是一种极大的悲哀！

图书在版编目（CIP）数据

于漪全集. 1, 基础教育 / 于漪著. —修订版. —上海：上海教育出版社，2023.8（2026.4重印）
ISBN 978-7-5720-2203-6

Ⅰ. ①于… Ⅱ. ①于… Ⅲ. ①基础教育 – 文集 Ⅳ. ①G4-53

中国国家版本馆CIP数据核字(2023)第151859号

上海教育出版社
官方微信平台

官方网站：
www.seph.com.cn

总 策 划　缪宏才
执行策划　何　勇
统　　筹　易英华
责任编辑　张少杰
书籍设计　张国樑　董　伟

YUYI QUANJI
于漪全集　1　基础教育（修订版）
于　漪　著

出版发行　上海教育出版社有限公司
官　　网　www.seph.com.cn
地　　址　上海市闵行区号景路159弄C座
邮　　编　201101
印　　刷　上海雅昌艺术印刷有限公司
开　　本　640 × 965　1/16　印张 43.5　插页 4
字　　数　626 千字
版　　次　2023年8月第1版
印　　次　2026年4月第2次印刷
书　　号　ISBN 978-7-5720-2203-6/G · 1962
定　　价　220.00 元

如发现质量问题，读者可向本社调换　电话：021-64373213